개발에 참여하신 선생님

KB083922

강재호	김용걸	방여경	원윤호	이현삼
곽승일	김원예	배휘정	유상철	이호균
권오황	김윤선	범영우	유성만	임세영
권창안	김윤하	서정민	윤민주	임성환
김경오	김이춘	서현승	윤영식	임철호
김경희	김희승	송민구	윤용민	정규덕
김계황	나유진	송민섭	윤지은	정명섭
김관성	남혜원	송영상	윤혜란	정민형
김도현	노연정	송훈섭	이금란	정봉창
김미애	마샘이	승현아	이상철	정상현
김민선	맹다영	신승진	이선미	정은지
김민영	박근정	신재숙	이선정	정향곤
김부헌	박동한	안주미	이선주	조경철
김상수	박상은	양준현	이소현	조수진
김상훈	박선은	오근영	이여름	조영매
김성은	박종희	오성원	이예림	최은혜
김영규	박주영	오수미	이인재	최종현
김영두	박찬정	오하은	이정민	홍승희
김영란	박홍인	우민석	이정식	홍유진
김영만	박희규	우성용	이종원	황미애

100명의 사회 교사 1000개의 사회 문제

중학 사회 ①

Structure

개념 정리

● 교과서 핵심 내용
교과서의 핵심 내용을 일목요연하게 정리했습니다.

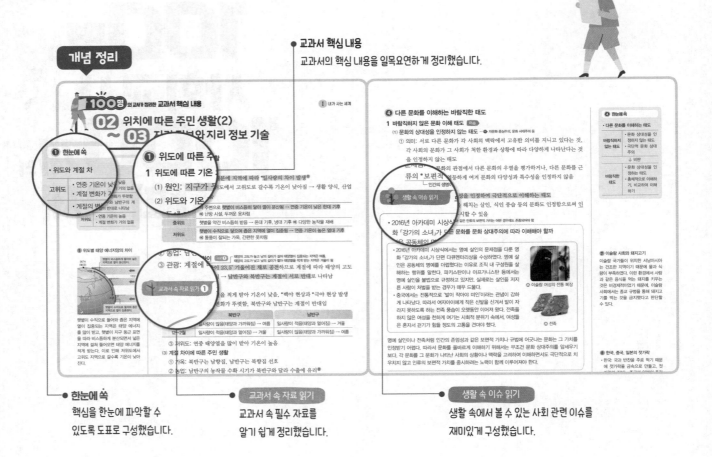

● 한눈에 쏙
핵심을 한눈에 파악할 수 있도록 도표로 구성했습니다.

● 교과서 속 자료 읽기
교과서 속 필수 자료를 알기 쉽게 정리했습니다.

● 생활 속 이슈 읽기
생활 속에서 볼 수 있는 사회 관련 이슈를 재미있게 구성했습니다.

차근차근 기본 다지기

• 괄호 넣기, 선긋기, 내용 채우기, 퍼즐판 문제 등으로 구성했습니다.
• 다양한 문제 유형을 통해 기본 개념을 파악할 수 있습니다.

차곡차곡 실력 쌓기

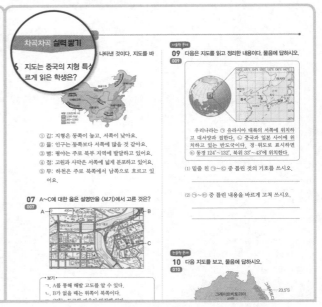

• 학교 시험을 대비하기 위한 기본 문항으로 구성했습니다.
• 다양한 유형의 문제 풀이를 통해 실력을 쌓을 수 있습니다.

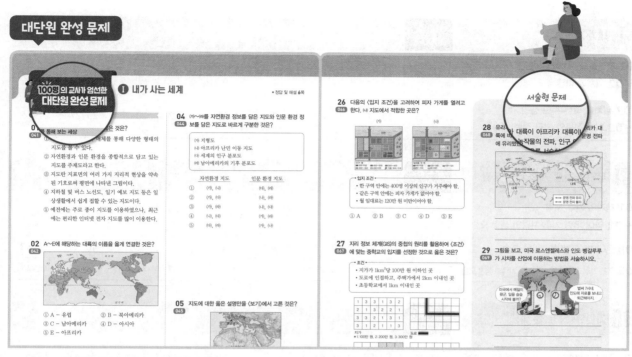

• 심화 문제 풀이를 통해 학교 시험 만점을 공략할 수 있습니다.

• 서술형 문제를 통해 사고력을 확장할 수 있습니다.

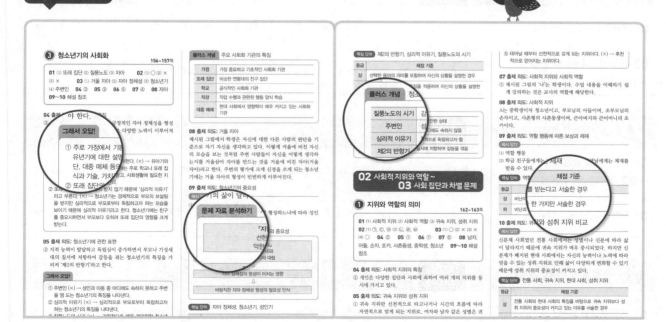

• '그래서 오답!'으로 왜 틀렸는지를 명확히 알 수 있습니다.

• '문제 자료 분석하기'로 문제의 자료를 낱낱이 파헤칩니다.

• 문제의 내용과 연계되는 '플러스 개념'으로 핵심을 정리했습니다.

• '출제 의도'와 '채점 기준'으로 서술형·논술형 문항의 어려움을 해결할 수 있습니다.

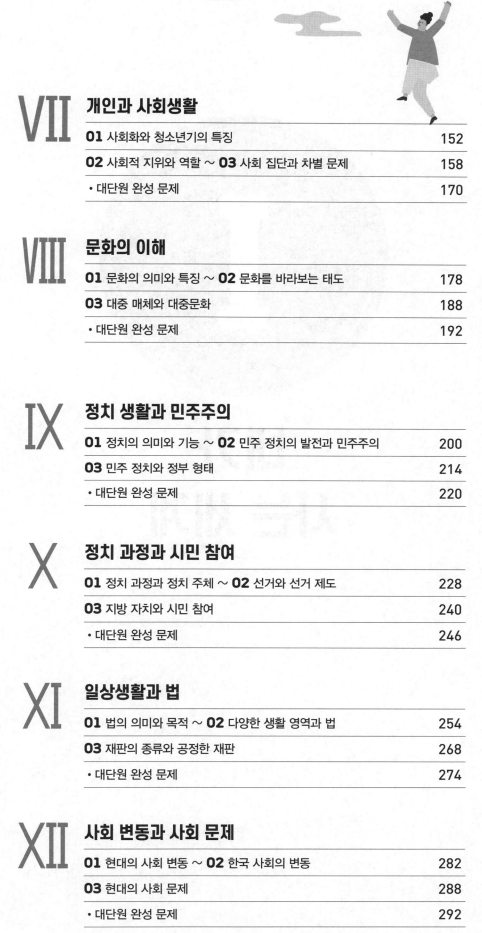

I

내가
사는 세계

01 지도를 통해 보는 세상
~ 02 위치에 따른 주민 생활(1)

① 한눈에 쏙

• 지도의 원리

지도	지구 표면을 일정한 비율로 줄여 약속된 기호를 사용해 평면에 나타낸 그림
지도 읽기	축척, 기호, 방위, 등고선 등을 통해 자연환경 및 인문 환경 파악

① 지도에 나타난 다양한 정보 읽기

1 지도의 의미와 종류

(1) **지도**: 지구① 표면의 전체 또는 일부를 일정한 비율로 줄여 약속된 기호로 평면 위에 나타낸 것
    [왜?] 넓은 지역을 지도에 담기 위해서

(2) **지도의 역할**
    [예] 산업, 인구, 도시, 교통, 문화 등
    ① 지형, 지역, 국가 등의 위치 파악, 지역의 자연환경과 인문 환경 정보 제공
    [예] 지형, 기후, 식생 등
    ② 세계의 각 지역을 이해하고, 세상을 바라보는 폭넓은 시각을 갖게 해 줌

(3) **지도의 종류**
    ① 축척에 따른 구분

대축척 지도	좁은 지역을 상세하게 표현한 지도
소축척 지도	넓은 지역을 간략하게 표현한 지도

    ② 사용 목적에 따른 구분

일반도	자연환경과 인문 환경을 종합적으로 나타낸 지도 예 세계 전도 및 우리나라 전도
주제도	특별한 목적에 따라 필요한 내용만 상세하게 나타낸 지도 예 기후도, 인구 분포도

① 지구의 모습

지구 표면의 약 30%는 육지, 약 70%는 바다로 되어 있다. 육지는 크게 유라시아(유럽과 아시아), 아프리카, 오세아니아, 북아메리카, 남아메리카, 남극 대륙으로 구분할 수 있으며, 바다는 태평양, 인도양, 대서양과 북극해, 남극해로 구분할 수 있다.

2 지도 읽기 [자료 ①]
지도를 통해 다양한 정보를 얻을 수 있으므로 '본다'라고 하지 않고 '읽는다'라고 함

(1) 지도상에 나타난 지표면의 정보들을 축척, 기호, 방위, 등고선 등을 통해 파악
(2) 국가나 지역의 위치, 자연환경 및 인문 환경을 파악할 수 있음

교과서 속 자료 읽기 ① 지도 읽기

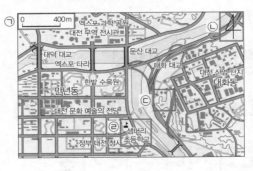

ⓐ 축척은 실제 거리를 줄여서 지도에 나타낸 비율로, 지도상의 두 지점 간 거리를 재어 실제 거리를 알 수 있다.
ⓑ 방위는 지도에서 방향을 나타내는 것으로, 방위표가 없을 경우 지도의 위쪽을 북쪽으로 본다.
ⓒ 등고선은 해발 고도가 같은 지점을 연결한 선으로, 등고선 간격이 넓으면 경사가 완만하고 간격이 좁으면 경사가 급하다.
ⓓ 기호는 지표면에 나타나는 여러 현상을 지도에 간단하게 표현하는 일종의 약속이다.

② 한눈에 쏙

• 경도와 주민 생활

시차	경도 15°마다 1시간씩 차이가 남
표준시	본초 자오선을 기준으로 동쪽으로 갈수록 빨라지고, 서쪽으로 갈수록 느려짐
시차와 인간 생활	산업 협력, 해외여행, 국제 운동 경기 생중계 등

② 공간 규모에 따른 위치 표현 및 경도에 따른 주민 생활

1 위치의 의미와 표현

(1) **위치**: 형체를 지닌 대상이 일정한 장소에서 차지하고 있는 자리
(2) **위치의 중요성**: 자연환경, 정치, 경제, 문화 등과 관계가 깊어 해당 지역이나 국가를 이해하는 밑바탕이 됨

(3) **위치의 표현**: 공간의 규모에 따라 위치를 표현하는 방법이 달라짐 [자료❷]

국가 규모의 위치 표현	• 대륙, 해양, 국가를 활용: 대략적인 위치 표현 가능 예 우리나라는 유라시아 대륙의 동쪽에 위치하며, 태평양과 접한다. • 위도와 경도❷를 활용: 정확한 위치 표현 가능 예 우리나라는 북위 33°~43°, 동경 124°~132°에 위치한다.
국가 내 지역 규모의 위치 표현	행정 구역을 근거로 한 주소, 랜드마크 등 → 내가 사는 동네, 약속 장소 등을 알려줄 때 사용한다.

교과서 속 자료 읽기 ❷ 위도와 경도

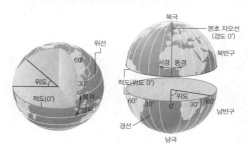

세계 지도나 지구본에는 지구상의 위치를 쉽게 알 수 있도록 그어 놓은 가상의 가로선과 세로선이 있다. 위도를 나타내는 가로선은 위선, 경도를 나타내는 세로선은 경선이다. 위선의 기준은 적도이고, 경선의 기준은 *본초 자오선이다. 위선과 경선이 만나는 지점이 나타내고자 하는 위치가 된다.

2 경도에 따른 시차 [자료❸]
시차가 발생하여 지역 간 교류에 어려움이 있을 수 있음

(1) **원인**: 지구가 하루에 한 바퀴씩 서쪽에서 동쪽으로 *자전 → 24시간 동안 360° 회전하기 때문에 경도 15°마다 1시간의 시차 발생

(2) **표준시**: 일정한 범위의 국가나 지역에서 기준이 되는 시간

① 시차에 따른 불편함을 해소하고자 세계 여러 국가가 본초 자오선을 기준으로 시간을 정함 → 표준 경선을 기준으로 표준시 지정
각 국가에서는 자국을 지나거나 인접한 경선을 표준 경선으로 정함
② 본초 자오선의 동쪽으로 15° 이동할 때마다 1시간씩 빨라짐
③ 본초 자오선의 서쪽으로 15° 이동할 때마다 1시간씩 느려짐
④ 러시아와 미국은 여러 개의 표준시 사용, 중국❸과 인도는 하나의 표준시 사용

(3) **날짜 변경선**: 본초 자오선이 지나는 곳보다 12시간이 빠른 동경 180°선과 12시간이 느린 서경 180°선이 만나는 선 → 이를 기준으로 24시간의 시차 발생

3 시차와 주민 생활

(1) **산업 협력❹**: 미국 서부와 인도는 약 13시간의 시차 발생 → 업무의 연속성을 확보하고 정보 기술 산업 성장

(2) **생활에 미치는 영향**: 해돋이를 가장 먼저 볼 수 있는 지역으로서 관광 산업 발달❺, 예 키리바시, 사모아 시차를 고려해 해외여행 계획, 운동선수의 시차 적응 훈련, 국제 경기 생중계 등

교과서 속 자료 읽기 ❸ 세계의 시간대

세계의 표준시는 본초 자오선을 기준으로 동쪽으로 갈수록 빨라지고, 서쪽으로 갈수록 느려진다. 우리나라는 동경 135°를 표준 경선으로 하며, 본초 자오선이 지나는 런던보다 9시간이 빠르다.

날짜 변경선이 구불구불한 이유는 생활의 편리성이나 지역 간 교류를 위해 인접 국가가 표준시를 변경하였기 때문

❷ 위도와 경도

위도	적도(위도 0°)를 기준으로 남위(S)와 북위(N) 각각 0°~90°까지 표현
경도	본초 자오선을 기준으로 동경(E)과 서경(W) 각각 0°~180°까지 표현

❸ 중국의 표준시

* 1912~1949년까지 사용하던 시간대 기준

△ 베이징과의 시간 차이

중국은 과거에 여러 개의 표준시를 사용하였으나, 현재는 베이징을 기준으로 하나의 표준시를 사용하고 있다. 따라서 베이징에서 7시에 해가 뜬다면, 우루무치에서는 오전 9시쯤 해가 뜬다.

❹ 미국과 인도의 산업 협력

미국에서 메일이 왔군. 일을 슬슬 시작해 볼까?

벌써 7시네. 인도에 자료를 보내고 퇴근해야지.

❺ 표준시를 바꾼 사모아

사모아는 오세아니아와의 교류를 위해 2011년에 표준시를 조정하였다. 이전에는 오스트레일리아보다 21시간이나 느렸는데, 표준시 조정으로 오히려 3시간이 빨라졌다.

용어 사전

• **본초 자오선** 경도 0° 위를 지나는 경선으로, 세계 시간의 기준이 됨
• **자전** 지구가 자전축을 중심으로 하루 동안 서쪽에서 동쪽으로 360° 회전하는 것

1 지도에 나타난 다양한 정보 읽기

차근차근 기본다지기

01 다음 설명이 맞으면 ○표, 틀리면 ✕표 하시오.
001
(1) 지도는 표면의 전체 또는 일부를 일정한 비율로 줄여 약속된 기호로 평면 위에 나타낸 것이다. (   )
(2) 인구, 도시, 교통 등을 자연환경이라고 한다. (   )
(3) 실제 거리를 줄여서 지도에 나타낸 비율을 축척이라고 한다. (   )

02 다음 괄호 안의 내용 중 알맞은 것에 ○표 하시오.
002
(1) 특별한 목적에 따라 필요한 내용만 상세하게 나타낸 지도를 (일반도 , 주제도)라고 한다.
(2) 등고선의 간격이 넓으면 경사가 (완만 , 급)하다.
(3) 지도에 방위표가 없을 경우에는 지도의 위쪽을 (동쪽 , 북쪽)으로 본다.

03 (1)~(4)에서 설명하는 단어를 퍼즐판에서 찾아 색칠하시오.
003

주	제	도	축	척
위	주	장	구	경
도	도	일	반	도
경	선	반	도	체
등	고	선	구	자

(1) 실제 거리를 줄여서 지도에 나타낸 비율은?
(2) 자연환경과 인문 환경을 종합적으로 나타낸 지도는?
(3) 지도상에서 해발 고도가 같은 지점을 연결한 선은?
(4) 적도를 기준으로 남위(S)와 북위(N) 각각 0°~90°까지 표현한 것은?

04 A~C 대륙과 해양의 이름으로 옳은 것은?
004

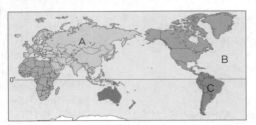

	A	B	C
①	유럽	태평양	북아메리카
②	유라시아	대서양	남아메리카
③	아프리카	인도양	오세아니아

05 ㉠~㉣에 대한 설명으로 옳은 것은?
005

> 지도는 축척에 따라 ㉠ 대축척 지도와 ㉡ 소축척 지도로 구분되고, 사용 목적에 따라 ㉢ 일반도와 ㉣ 주제도로 구분된다.

① ㉠ – 넓은 지역을 상세하게 표현한 지도
② ㉡ – 넓은 지역을 간략하게 표현한 지도
③ ㉢ – 특별한 목적에 따라 필요한 내용만 상세하게 나타낸 지도
④ ㉣ – 자연환경과 인문 환경을 종합적으로 나타낸 지도

06 지도는 중국의 지형 특성을 나타낸 것이다. 지도를 바
006 르게 읽은 학생은?

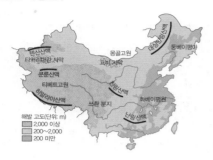

① 갑: 지형은 동쪽이 높고, 서쪽이 낮아요.
② 을: 인구는 동쪽보다 서쪽에 많을 것 같아요.
③ 병: 평야는 주로 북부 지역에 발달하고 있어요.
④ 정: 고원과 사막은 서쪽에 넓게 분포하고 있어요.
⑤ 무: 하천은 주로 북쪽에서 남쪽으로 흐르고 있
어요.

07 A~C에 대한 옳은 설명만을 〈보기〉에서 고른 것은?
007

보기
ㄱ. A를 통해 해발 고도를 알 수 있다.
ㄴ. B가 없을 때는 위쪽이 북쪽이다.
ㄷ. C에는 도로와 가옥이 밀집해 있다.
ㄹ. A~C를 통해 인문 환경을 파악하기 어렵다.

① ㄱ, ㄴ   ② ㄱ, ㄷ   ③ ㄴ, ㄷ
④ ㄴ, ㄹ   ⑤ ㄷ, ㄹ

08 ㉠, ㉡에 들어갈 알맞은 용어를 쓰시오.
008

　㉠　은/는 해발 고도가 높은 지점을 연결
한 선으로 그 간격이 넓으면 경사가 완만하고, 간
격이 좁으면 경사가 급하다. 　㉡　은/는 지도
에서 방향을 나타내는 것으로, 　㉡　을/를 나
타내는 기호가 없을 경우 지도의 위쪽을 북쪽으로
본다.

㉠: (　　　　　), ㉡: (　　　　　)

서술형 문제
09 다음은 지도를 읽고 정리한 내용이다. 물음에 답하시오.
009

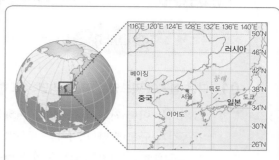

　우리나라는 ㉠ 유라시아 대륙의 서쪽에 위치하
고 대서양과 접한다. ㉡ 중국과 일본 사이에 위
치하고 있는 반도국이다. 경·위도로 표시하면
㉢ 동경 124°~132°, 북위 33°~43°에 위치한다.

(1) 밑줄 친 ㉠~㉢ 중 틀린 것의 기호를 쓰시오.

_____

(2) ㉠~㉢ 중 틀린 내용을 바르게 고쳐 쓰시오.

_____

_____

논술형 문제
10 다음 지도를 보고, 물음에 답하시오.
010

(1) 사막과 산맥의 위치를 설명하시오.

_____

(2) 위의 지역에 도시를 건설한다면 가장 적합한 곳
은 어디이며, 그 이유가 무엇인지 서술하시오.

_____

_____

_____

100명의 교사가 콕 찍은 주제별·유형별 대표문제

② 공간 규모에 따른 위치 표현 및 경도에 따른 주민 생활

• 정답 및 해설 **3**쪽

차근차근 기본다지기

01 다음 설명이 맞으면 ○표, 틀리면 ✕표 하시오.
011
(1) 위치는 어떤 지역이나 국가를 이해하는 바탕이 된다. (   )
(2) 공간의 규모에 따라 위치를 표현하는 방법이 달라진다. (   )
(3) 경도에 따른 시차는 남반구와 북반구의 농작물 수확 시기에 영향을 준다. (   )

02 다음 괄호 안의 내용 중 알맞은 것에 ○표 하시오.
012
(1) 우리나라는 유라시아 대륙의 (서쪽 , 동쪽)에 위치한다.
(2) 동경 180°와 서경 180°가 만나는 선은 (날짜 변경선 , 본초 자오선)이다.
(3) 각 국가나 지방에서 사용하는 통일된 표준 시각을 (표준시 , 표준 경선)(이)라고 한다.

03 다음 공간 규모에 알맞은 위치 표현을 바르게 연결하시오.
013
(1) 국가 규모의   •
위치 표현

(2) 국가 내 지역 규모의   •
위치 표현

• ㉠ 우리나라는 태평양과 접해 있다.
• ㉡ 우리 집은 서울특별시 송파구 백제고분로18길이다.
• ㉢ 우리나라는 북위 33°~43°, 동경 124°~132°에 걸쳐 있다.

04 가장 작은 규모의 위치 표현 방법을 사용한 사람은?
014

• 유진: 뉴욕은 북아메리카의 동쪽, 대서양의 서쪽에 있어.
• 지윤: 런던은 경도 0°, 북위 51° 상에 위치하고 있어.
• 세연: 세종대왕의 동상이 있는 곳은 서울에 있는 광화문 광장이야.

① 유진   ② 지윤   ③ 세연

05 다음 그림에 대한 설명으로 옳은 것은?
015

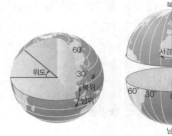
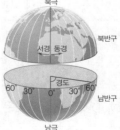

① 가로선은 경선, 세로선이 위선이다.
② 지구상에 실제로 그어 놓은 선이다.
③ 위선과 경선으로 지역 간 시차를 표현한다.
④ 위도는 적도, 경도는 본초 자오선을 기준으로 한다.

06 다음 그림을 보고 우리 집의 위치를 규모에 맞게 가장
016 정확히 설명한 것은?

① 공원 근처에 있다.
② 경기도 수원시에 위치한다.
③ 유라시아 대륙의 동쪽에 있다.
④ 북위 35°, 동경 125°에 자리하고 있다.
⑤ ○○ 중학교와 ○○ 주민 센터 건너편에 있다.

07 다음 그림을 보고 미국과 인도의 주민 생활에 시차가
017 준 영향만을 〈보기〉에서 고른 것은?

• 보기 •
ㄱ. 시차를 산업에 적극 활용하였다.
ㄴ. 국가 간 교류에 어려움이 많아졌다.
ㄷ. 두 지역 간 업무의 연속성을 높였다.
ㄹ. 시차 덕분에 관광 산업이 발전하였다.

① ㄱ, ㄴ   ② ㄱ, ㄷ   ③ ㄴ, ㄷ
④ ㄴ, ㄹ   ⑤ ㄷ, ㄹ

08 다음 설명에 해당하는 용어를 쓰시오.
018

• 지역마다 경도 15°마다 1시간씩 차이가 난다.
• 지구가 하루에 한 바퀴씩 자전하면서 발생한다.

(   )

서술형 문제

09 다음 지도를 보고, 물음에 답하시오.
019

(1) 위 지도에 표시된 도시들을 날짜와 시간대가 빠
른 순서대로 나열하시오.

_____

(2) 본초 자오선을 기준으로 동쪽과 서쪽의 시간 변
화를 서술하시오.

_____
_____
_____

논술형 문제

10 다음 글을 읽고, 물음에 답하시오.
020

태평양의 섬나라인 키리바시가 1995년 흩어져
있던 섬들의 표준시를 하나로 통일하면서 날짜 변
경선이 동쪽으로 튀어나왔다. 그 결과 키리바시는
세계에서 해돋이를 가장 먼저 볼 수 있는 나라가
되었다.

(1) 키리바시가 표준시를 변경하면 얻을 수 있는 경
제적 효과에 대해 밑줄 친 부분을 바탕으로 서
술하시오.

_____

(2) 시차가 주민 생활에 미치는 영향에 대해 자신이
경험하거나 보고 들은 다양한 사례를 활용하여
논술하시오.

_____
_____
_____
_____

02 위치에 따른 주민 생활(2)
~03 지리 정보와 지리 정보 기술

① 한눈에 쏙

• 위도와 계절 차

고위도	• 연중 기온이 낮음 • 계절 변화가 거의 없음
중위도	• 계절의 변화가 뚜렷함 • 북반구와 남반구의 계절이 반대로 나타남
저위도	• 연중 기온이 높음 • 계절 변화가 거의 없음

① 위도별 태양 에너지양의 차이

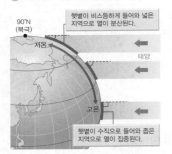

햇볕이 수직으로 들어와 좁은 지역에 열이 집중되는 지역은 태양 에너지를 많이 받고, 햇볕이 지구 둥근 표면을 따라 비스듬하게 분산되면서 넓은 지역에 걸쳐 들어오면 태양 에너지를 적게 받는다. 이로 인해 저위도에서 고위도 지역으로 갈수록 기온이 낮아진다.

② 계절 차이를 활용한 키위 농업

국가	1	2	3	4	5	6	7	8	9	10	11	12월
뉴질랜드												
대한민국												

⊙ 키위 수확 시기(2015년)

뉴질랜드의 Z사는 남반구와 북반구의 계절 차이를 활용해 일 년 내내 키위를 생산하고 판매한다.

용어 사전

• 일사량 태양에서 오는 태양 복사 에너지가 지표에 닿는 양
• 백야 현상 고위도 지역에서 여름철에 해가 지지 않는 현상
• 극야 현상 고위도 지역에서 겨울철에 해가 뜨지 않는 현상

---

① 위도에 따른 주민 생활

1 위도에 따른 기온 차이

(1) **원인**: 지구가 둥글기 때문에 지역에 따라 •일사량의 차이 발생①

(2) **위도와 기온 분포**: 저위도에서 고위도로 갈수록 기온이 낮아짐 → 생활 양식, 산업 등에 많은 영향을 줌

고위도	극 주변으로 햇볕이 비스듬히 닿아 열이 분산됨 → 연중 기온이 낮은 한대 기후 예 난방 시설, 두꺼운 옷차림
중위도	햇볕을 약간 비스듬히 받음 → 온대 기후, 냉대 기후 예 다양한 농작물 재배
저위도	햇볕이 수직으로 닿으며 좁은 지역에 열이 집중됨 → 연중 기온이 높은 열대 기후 예 통풍이 잘되는 가옥, 간편한 옷차림

2 위도에 따른 계절 차이 [자료①] 태양의 고도가 높고 낮의 길이가 길어 태양열이 집중되는 지역은 여름, 태양의 고도가 낮고 낮의 길이가 짧아 태양열을 적게 받는 지역은 겨울이 됨

(1) **원인**: 지구는 자전축이 23.5° 기울어진 채로 공전하므로 계절에 따라 태양의 고도와 낮의 길이가 달라짐 → 남반구와 북반구는 계절이 서로 반대로 나타남

(2) **위도별 계절 차이**

① 고위도: 연중 태양열을 적게 받아 기온이 낮음, •백야 현상과 •극야 현상 발생

② 중위도: 사계절의 변화가 뚜렷함, 북반구와 남반구는 계절이 반대임

구분	북반구	남반구
6~8월	일사량이 많음(태양과 가까워짐) → 여름	일사량이 적음(태양과 멀어짐) → 겨울
12~2월	일사량이 적음(태양과 멀어짐) → 겨울	일사량이 많음(태양과 가까워짐) → 여름

③ 저위도: 연중 태양열을 많이 받아 기온이 높음

(3) **계절 차이에 따른 주민 생활**

① 가옥: 북반구는 남향집, 남반구는 북향집 선호

② 농업: 남반구의 농작물 수확 시기가 북반구와 달라 수출에 유리②

③ 관광: 계절에 따라 즐길 수 있는 스포츠, 자연 경관 등이 다름
예 뉴질랜드는 7월이 되면 스키와 스노보드를 즐기려는 사람들로 붐빔

교과서 속 자료 읽기 ① 지구의 공전과 계절 변화

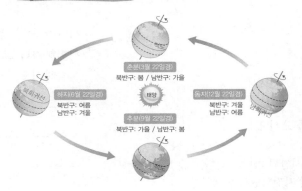

춘분(3월 22일경)
북반구: 봄 / 남반구: 가을
하지(6월 22일경)
북반구: 여름
남반구: 겨울
태양
동지(12월 22일경)
북반구: 겨울
남반구: 여름
추분(9월 22일경)
북반구: 가을 / 남반구: 봄

• 지구의 공전에 따라 태양 에너지가 북반구에 집중되는 시기와 남반구에 집중되는 시기가 달라지면서 북반구와 남반구의 계절이 반대로 나타난다.

• 중위도는 계절의 변화가 뚜렷하다. 적도 부근의 저위도 지역은 일 년 내내 태양열을 많이 받아 덥고, 극지방은 일 년 내내 태양열을 적게 받아 춥기 때문에 계절의 변화가 거의 없다.

❷ 지리 정보와 지리 정보 기술의 활용

1 지리 정보와 지리 정보 기술

(1) **지리 정보** ③ 자료 ② 예 산업, 인구, 도시, 교통, 문화 등

① 의미: 우리가 살아가는 공간 및 지역과 관련된 모든 지식과 정보

② 수집 방법: 과거에는 주로 종이 지도 이용 → 최근 과학과 정보 통신 기술의 발달로 인터넷 전자 지도, 위성 사진 등을 이용

> **교과서 속 자료 읽기 ❷ 지리 정보의 수집 방법**
>
>
>
> ▲ 종이 지도 　▲ 인터넷 전자 지도 　▲ 위성 사진
>
> • 종이 지도는 지표면의 여러 현상을 기호를 이용하여 종이에 표현한 지도이다.
> • 인터넷 전자 지도는 컴퓨터에 입력된 지리 정보를 인터넷으로 찾아볼 수 있는 지도이다. 확대와 축소가 자유롭고 원하는 지점을 쉽게 찾을 수 있으며, 다양한 축척의 지도를 검색할 때 편리하다.
> • 위성 사진은 인공 위성을 이용해 찍은 사진이나 영상 자료로, 정보가 실시간으로 제공되며 직접 가 보기 어려운 곳의 정보를 얻거나 실제 모습을 확인할 때 용이하다.

(2) **지리 정보 기술**

① 의미: 지리 정보를 수집하고 이용하는 기술

② 종류

원격 탐사	인공위성이나 항공기 등을 이용하여 멀리 떨어진 곳의 정보를 직접 가지 않고 얻어 내는 기술 　예 지표면이나 대기 등에 관한 정보
위성 위치 확인 시스템(GPS)	• 인공위성을 활용하여 사용자의 위치를 경·위도 좌표로 정확히 알려주는 기술 • 군사용으로 개발되어 미국만 이용하였으나, 2000년 이후 전 세계에 개방됨
지리 정보 시스템 (GIS) ④	• 지리 정보를 수집하여 컴퓨터에 입력·저장한 뒤 사용자의 요구에 따라 가공·분석하여 다양하게 표현해 주는 종합 정보 시스템 • 지리 정보 체계의 발달로 지리 정보의 분석과 활용이 매우 편리해짐

예 자동차, 선박 등의 내비게이션, 항공기의 위치 파악 및 관제 등 다양한 분야

2 지리 정보 기술의 활용

(1) **일상생활에서 지리 정보 기술의 활용** 인터넷, 스마트폰 등 정보 통신 기기가 발달하면서 더욱 손쉽게 이용할 수 있게 됨

내비게이션 (교통 안내)	위치 확인 시스템과 지리 정보 시스템 등을 결합한 것 → 최단 경로, 실시간 교통 정보 등을 바탕으로 소요 시간 파악
위치 기반 서비스(LBS)	스마트폰 등을 통해 얻은 사용자의 위치를 바탕으로 여러 가지 위치와 관련된 정보를 제공하는 서비스 예 주변 음식점, 주유소 찾기
증강 현실	현실의 이미지나 배경에 3차원의 가상 이미지를 겹쳐서 영상을 보여 주는 기술
커뮤니티 매핑	지역 구성원들이 특정 주제에 대한 정보를 수집한 후 지도로 만들어 공유 → 지역 문제를 해결하는 시민 참여형 활동 예 지역 안전, 재난 관리 등

(2) **공공 부문에서 지리 정보 기술의 활용**: 공간적 의사 결정, 재해·재난 관리, 국토 및 환경 관리, 도시 계획 수립, 공공 정보 제공 등

산업 및 주택 단지, 쓰레기 처리장, 고속 국도 등 주요 시설이 들어설 위치 선정에 활용

---

❷ 한눈에 쏙

• 지리 정보 기술의 활용

지리 정보 기술의 발전
원격 탐사, GPS, GIS 등

↓

지리 정보의 활용 증가	
일상생활	공공 부문
• 내비게이션 • 날씨, 교통, 여행 정보 등	• 주요 시설의 위치 결정 • 국토 관리, 재해·재난 관리 등

③ 지리 정보의 종류

공간 정보	지리 정보가 발생하는 위치에 대한 정보 예 우리 학교는 ○○구에 있다.
속성 정보	지리 현상의 특징에 대한 정보 예 우리 학교는 여자 중학교이다.
관계 정보	다른 지리 현상과의 관계에 대한 정보 예 우리 학교 옆에는 고등학교가 있다.

④ 지리 정보 시스템의 과정

▲ 지리 정보 수집

공장을 지어야 하는데…

▲ 컴퓨터에 입력·저장

▲ 사용자의 요구에 맞는 분석

여기가 가장 적절한 곳이란 말이지!

▲ 의사 결정에 활용

100명의 교사가 콕 찍은
주제별·유형별
대표문제

1 위도에 따른 주민 생활

• 정답 및 해설 **4**쪽

이 주제에서는 어떤 문제가 잘 나올까?
• 위도에 따른 기온 차이 비교하기
• 위도에 따른 계절 차이와 주민 생활 비교하기

차근차근 기본 다지기

01 다음 설명이 맞으면 ◯표, 틀리면 ✕표 하시오.
021
(1) 저위도에서 고위도로 갈수록 기온이 높아진다. (   )
(2) 남반구와 북반구의 계절은 서로 반대로 나타난다. (   )
(3) 고위도, 중위도, 저위도 중에서 계절의 변화가 가장 뚜렷한 곳은 저위도이다. (   )

02 다음 괄호 안의 내용 중 알맞은 것에 ◯표 하시오.
022
(1) (고위도 , 저위도)는 연중 태양열을 많이 받아 기온이 높다.
(2) 우리나라가 여름일 때, 오스트레일리아는 (여름 , 겨울)이다.
(3) 북반구의 극지방에서는 여름철에 해가 지지 않는 (극야 , 백야) 현상이 나타난다.

03 A~D의 위치에서 볼 수 있는 그림을 찾아 쓰시오.
023

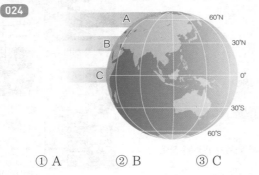

A: (   )   B: (   )   C: (   )   D: (   )

04 A~C 중 태양 에너지를 가장 많이 받는 곳은?
024

① A   ② B   ③ C

05 A 선에 대한 설명으로 옳지 않은 것은?
025

① A 선은 적도이다.
② A 선 부근은 저위도이다.
③ A 선에서 멀어질수록 시간 차이가 커진다.
④ A 선을 기준으로 북반구와 남반구로 구분한다.

06 다음 A에서 B로 가면서 나타나는 기후를 순서대로 나
026 열한 것은?

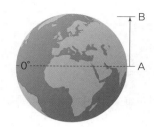

A	→	B

① 열대 기후→온대 기후→냉대 기후→한대 기후
② 열대 기후→냉대 기후→온대 기후→한대 기후
③ 온대 기후→냉대 기후→한대 기후→열대 기후
④ 온대 기후→열대 기후→냉대 기후→한대 기후
⑤ 냉대 기후→한대 기후→온대 기후→열대 기후

07 다음 사진과 같이 크리스마스를 보내는 지역을 지도
027 에서 모두 고르면?

① ㉠, ㉡   ② ㉠, ㉣   ③ ㉡, ㉢
④ ㉢, ㉤   ⑤ ㉣, ㉤

08 다음 설명에 해당하는 용어를 쓰시오.
028

> 북반구가 여름일 때, 북극을 중심으로 나타나는
> 해가 지지 않는 현상 또는 반대로 남반구가 여름
> 일 때, 남극을 중심으로 나타나는 해가 지지 않는
> 현상

(   )

서술형 문제

09 그림은 지구의 공전을 나타낸 것이다. 이를 보고, 물
029 음에 답하시오.

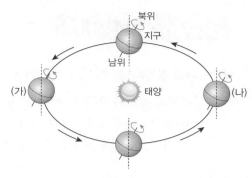

(1) ㈎와 ㈏에서 북반구와 남반구의 계절이 각각 어
떻게 나타나는지 설명하시오.

_____

_____

(2) 계절이 (1)번과 같이 나타나는 이유가 무엇인지
서술하시오.

_____

_____

논술형 문제

10 그래프는 밀 수확 시기를 나타낸 것이다. 이를 보고,
030 물음에 답하시오.

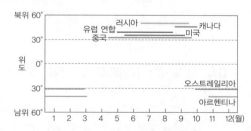

(1) 북반구와 남반구에 위치한 나라들의 밀 수확 시
기를 비교하시오.

_____

(2) 북반구와 남반구의 계절 차이를 바탕으로 북반
구와 남반구 간에 진행될 수 있는 경제적 협력
사례를 제시하시오.

_____

_____

_____

_____

② 지리 정보와 지리 정보 기술의 활용

• 정답 및 해설 **4**쪽

차근차근 기본 다지기

01
031
다음 설명이 맞으면 ○표, 틀리면 ✕표 하시오.

(1) 지리 정보는 우리가 살아가는 공간 및 지역과 관련된 모든 지식과 정보이다. (　　　)

(2) 인터넷 전자 지도는 종이 지도보다 축소 및 확대하기 용이하다. (　　　)

(3) 지리 정보 기술은 공공 부문을 제외한 민간 부문에서만 다양하게 활용된다. (　　　)

02
032
다음 괄호 안의 내용 중 알맞은 것에 ○표 하시오.

(1) 최근 과학과 정보 통신 기술의 발달로 주로 (종이 지도 , 인터넷 전자 지도)를 많이 이용한다.

(2) 인공위성을 활용하여 사용자의 위치를 알려주는 기술을 (GIS , GPS)라고 한다.

(3) 실시간 교통 정보를 바탕으로 최단 경로, 소요 시간 파악에 용이한 것은 (증강 현실 , 내비게이션)이다.

03
033
다음 용어에 대한 설명을 바르게 연결하시오.

(1) 증강 현실　•

(2) 원격 탐사　•

(3) 커뮤니티 매핑　•

• ㉠ 인공 위성이나 항공기 등을 이용하여 멀리 떨어진 곳의 정보를 얻어내는 기술이다.

• ㉡ 현실의 이미지나 배경에 3차원의 가상 이미지를 겹쳐서 영상을 보여 주는 기술이다.

• ㉢ 공통의 관심사를 지닌 지역 구성원들이 현장 답사를 통해 특정 주제에 대한 정보를 수집한 후 지도를 만들어 공유하는 것이다.

04
034
㉠에 대한 설명으로 옳지 <u>않은</u> 것은?

(㉠)은/는 우리가 살아가는 공간 및 지역과 관련된 모든 지식과 정보를 수집하는 기술이다.

① 공간적 의사 결정을 효율적으로 하는 데 도움을 준다.

② 일상생활에서는 널리 보편화되었지만 공공 분야에서는 아직 보급되지 않은 상태이다.

③ 원격 탐사, 위성 위치 확인 시스템(GPS), 지리 정보 시스템(GIS)이 대표적인 사례이다.

05
035
다음 지리 정보 시스템의 과정을 순서대로 옳게 연결한 것은?

(가)

사용자 요구 분석

(나)

지리 정보 수집

(다)

컴퓨터에 입력·저장

(라)

의사 결정에 활용

① (가)─(나)─(라)─(다)　　② (나)─(다)─(가)─(라)

③ (다)─(가)─(나)─(라)　　④ (라)─(가)─(나)─(다)

06 다음 중 일상생활에서 지리 정보 기술을 활용한 사례로 옳지 <u>않은</u> 것은?

036

①
스마트폰으로 일기 예보 검색

②
버스 정류장에서 버스 도착 정보 제공

③
길 안내 앱을 통해 현재 위치 확인

④
증강 현실 기술로 전시 유물 설명

⑤
종이 신문에서 건물의 사진 스크랩

07 ㉠~㉣에 대한 설명으로 옳지 <u>않은</u> 것은?

037

> 오늘은 대학교에서 진행되는 수업을 듣기 위해 ㉠ 내비게이션을 켜서 운전한 후 강의실에 도착하였다. 수업 주제는 ㉡ 지리 정보의 종류 및 지리 정보 기술의 활용이었다. ㉢ 공공 부문에서 지리 정보 기술을 활용하는 사례가 점차 늘고 있다고 한다. 수업 후에는 친구들과 함께 식사를 하기 위해 ㉣ 스마트폰으로 주변 음식점을 검색하였다.

① ㉠ – 위치 확인 시스템과 지리 정보 시스템 등을 결합한 것이다.
② ㉡ – 공간 정보, 속성 정보, 관계 정보가 있다.
③ ㉢ – 주로 산업 및 주택 단지, 쓰레기 처리장, 고속 국도 입지 선정 등에 활용된다.
④ ㉢ – 재해 및 재난 관리, 국토 및 환경 관리, 도시 계획 수립 등에 해당한다.
⑤ ㉣ – 원격 탐사에 해당하는 사례이다.

08 다음 설명에 해당하는 용어를 쓰시오.

038

> 지리 정보를 수집하여 컴퓨터에 입력·저장한 뒤 요구에 따라 가공·분석하여 다양하게 표현해 주는 종합적인 관리 체계

( )

서술형 문제

09 다음 자료를 보고, 물음에 답하시오.

039

(가) 　(나) 　(다)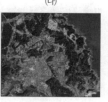
▲ 종이 지도　　▲ 인터넷 전자 지도　　▲ 위성 사진

(1) (가)와 비교했을 때 (나)의 장점을 서술하시오.

_____

_____

(2) (나)와 비교했을 때 (다)의 장점을 서술하시오.

_____

_____

논술형 문제

10 다음 자료에서 커뮤니티 매핑의 장점을 쓰고, 내가 살고 있는 지역에서 커뮤니티 매핑을 한다면 어떤 주제가 좋을지 상상해 서술하시오.

040

●위험한 장소　●자동차 위험한 장소　●안전한 장소

위치	대전광역시 중구 용두동 ○○○이발소
A 장소	안전한 장소
선정 이유	아동 안전 지킴이 집으로 위급할 때 도움 요청 가능

> 커뮤니티 매핑(Community mapping)은 지리 정보 기술을 이용하여 사회 구성원들이 공통의 관심사에 대한 정보를 답사를 통해 수집하고, 이를 지도로 만들어 공유하는 과정이다. 실제로 대전광역시에서는 자원 지도, 생태 지도, 안전 지도 등을 지역 주민들이 함께 제작하여 활용하고 있다.

_____

_____

_____

01 지도를 통해 보는 세상

01 지도에 대한 설명으로 옳지 <u>않은</u> 것은?
041

① 일상생활에서 여러 매체를 통해 다양한 형태의 지도를 볼 수 있다.
② 자연환경과 인문 환경을 종합적으로 담고 있는 지도를 주제도라고 한다.
③ 지도란 지표면의 여러 가지 지리적 현상을 약속된 기호로써 평면에 나타낸 그림이다.
④ 지하철 및 버스 노선도, 일기 예보 지도 등은 일상생활에서 쉽게 접할 수 있는 지도이다.
⑤ 예전에는 주로 종이 지도를 이용하였으나, 최근에는 편리한 인터넷 전자 지도를 많이 이용한다.

02 A~E에 해당하는 대륙의 이름을 옳게 연결한 것은?
042

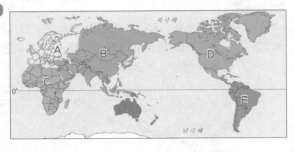

① A – 유럽
② B – 북아메리카
③ C – 남아메리카
④ D – 아시아
⑤ E – 아프리카

03 (가)~(나)에 들어갈 말을 바르게 연결한 것은?
043

> 우리나라는 세계에서 가장 넓은 유라시아 대륙의 (가)쪽에 위치하며, 남동쪽으로는 세계에서 가장 넓은 바다인 (나)와(과) 가깝다. 대륙과 해양을 연결하는 위치에 있어 다른 국가들과 육지와 바다를 통해 교류하기에 유리하다.

	(가)	(나)
①	서	대서양
②	서	태평양
③	동	인도양
④	동	태평양
⑤	동	대서양

04 (가)~(라)를 자연환경 정보를 담은 지도와 인문 환경 정보를 담은 지도로 바르게 구분한 것은?
044

> (가) 지형도
> (나) 아프리카 난민 이동 지도
> (다) 세계의 인구 분포도
> (라) 남아메리카의 기후 분포도

	자연환경 지도	인문 환경 지도
①	(가), (나)	(다), (라)
②	(가), (다)	(나), (라)
③	(가), (라)	(나), (다)
④	(나), (다)	(가), (라)
⑤	(다), (라)	(가), (나)

05 지도에 대한 옳은 설명만을 〈보기〉에서 고른 것은?
045

┌ 보기 ┐
ㄱ. A에는 세계에서 가장 넓은 사하라 사막이 위치한다.
ㄴ. 나일강은 북쪽에서 남쪽으로 흐른다.
ㄷ. 나일강이 흘러들어 가는 바다의 이름은 지중해이다.
ㄹ. 알프스 산맥은 아프리카 대륙에 위치한다.

① ㄱ, ㄴ   ② ㄱ, ㄷ   ③ ㄱ, ㄹ
④ ㄴ, ㄷ   ⑤ ㄷ, ㄹ

06 (가)와 (나) 지도를 비교 설명한 내용으로 옳은 것은?

046

(가)

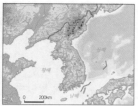
(나)

① (가)는 소축척, (나)는 대축척 지도이다.
② 좁은 지역을 자세하게 표현한 지도는 (나)이다.
③ (가)를 통해 주요 도시의 분포를 파악할 수 있다.
④ 야외 조사를 할 때는 (가) 지도보다 (나) 지도가 유리하다.
⑤ (나)는 같은 크기의 종이에서 더 넓은 공간 범위를 표현할 수 있다.

07 다음 지도에 대한 설명으로 옳은 것은?

047

① 공항은 레이캬비크에 있다.
② 아이슬란드의 수도는 케플라비크이다.
③ 비크는 팅벨리르보다 해발 고도가 낮다.
④ 헤클라산은 비크를 기준으로 남쪽에 위치한다.
⑤ 실제 거리를 지도상에 얼마나 줄여서 그렸는지를 알 수 없다.

08 일상생활에서의 위치 표현에 대한 옳은 설명만을 〈보기〉에서 모두 고른 것은?

048

┌─ 보기 ────────────────────────
ㄱ. 우리가 사는 곳의 위치를 표현하는 방법은 공간 규모에 따라 달라진다.
ㄴ. 약도는 공간 범위가 좁은 지역을 표현할 때 적합한 방식이라고 할 수 있다.
ㄷ. 공간 범위가 좁은 지역의 위치를 표현할 때는 위도와 경도로 나타내면 편리하다.
ㄹ. 우리나라에서는 도로명과 건물 번호로 위치를 나타내는 지번 주소 체계가 전면 시행되고 있다.
└──────────────────────────────

① ㄱ, ㄴ ② ㄱ, ㄷ ③ ㄱ, ㄹ ④ ㄴ, ㄷ ⑤ ㄷ, ㄹ

09 다음 제시된 상황에 어울리는 위치 표현 방식을 연결한 것으로 가장 적절한 것은?

049

	(가)	(나)
①	주소	경위도 좌표
②	약도	랜드마크
③	대륙과 해양을 기준으로	랜드마크
④	대륙과 해양을 기준으로	경위도 좌표
⑤	경위도 좌표	대륙과 해양을 기준으로

10 우리나라의 위치를 설명한 것으로 옳지 않은 것은?

050

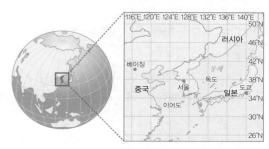

① 태평양에 인접해 있다.
② 유라시아 대륙의 동쪽에 위치한다.
③ 삼면이 바다로 둘러싸인 반도국이다.
④ 위도상으로는 남위 33°~43°에 위치해 있다.
⑤ 주위에는 중국, 일본, 러시아 등의 국가가 있다.

11 ㉠을 활용하여 상점의 위치를 표현한 것은?
051

> 주소 외에 그 지역의 대표적인 장소, 건물 등
> (㉠)을/를 활용하여 위치를 표현할 수도 있
> 다. 백화점, 병원, 극장 등 사람들이 잘 아는 곳은
> 모두 지역의 (㉠)이/가 될 수 있다.

① 상점은 북반구 중위도에 위치해 있다.
② 상점은 유라시아 대륙 동쪽에 위치해 있다.
③ 상점은 ○○시 ◇◇구 □□대로 100에 위치한다.
④ 상점은 동경 126°와 동경 127° 사이에 위치한다.
⑤ 상점은 △△역에서 북쪽으로 약 100m 떨어진
곳에 있다.

12 지구본에 표시된 ㈎, ㈏ 선
052 과 A~C 위치에 대한 설
명으로 옳은 것은?

① ㈎는 위선의 기준이
되는 본초 자오선이다.
② ㈏를 기준으로 지구를
반으로 나누면 북반구와 남반구로 나눌 수 있다.
③ A는 적도를 기준으로 북쪽으로 30°, 본초 자오
선을 기준으로 동쪽으로 30° 떨어진 곳에 있다.
④ B의 위치는 북위 15°, 동경 6°에 해당한다.
⑤ 북위 15°, 동경 15°에 해당하는 위치는 C에 해당
한다.

13 다음 위도에 따른 인간 생활의 차이에 대한 설명으로
053 옳지 <u>않은</u> 것은?

① 적도 부근은 일 년 내내 더운 날씨가 나타난다.
② 고위도 지역은 기온이 낮아 농업 활동에 불리
하다.
③ 위도에 따라 그 지역 사람들의 의식주 모습이
변화된다.
④ 고위도 지역의 사람들은 난방 시설이 갖추어진
가옥에서 두꺼운 옷을 입고 생활한다.
⑤ 저위도에서 고위도로 갈수록 열대 → 온대 →
한대 → 냉대 순으로 기후가 나타난다.

14 다음은 학생이 쓴 여행 노트이다. ㉠에 해당하는 것
054 은?

> 신비로운 '(㉠) 현상'을
> 체험할 수 있는 여행지
>
> 보통 하루에 한 번씩 태양이 뜨고 지지만,
> 몇몇 나라는 한밤중에도 해가 지지 않는 경우
> 가 있다. 바로 (㉠) 현상이다. (㉠)
> 현상은 북극 지방에서는 하지 무렵에, 남극
> 지방에서는 동지 무렵에 일어나며, 가장 긴
> 곳은 6개월이나 계속된다. 노르웨이, 스웨덴,
> 알래스카, 핀란드, 러시아 등의 나라에서 체
> 험할 수 있다.

① 유성   ② 백야   ③ 극야
④ 용오름   ⑤ 오로라

15 사진은 우리나라와 오스트레일리아의 크리스마스 풍
055 경이다. 같은 시기임에도 불구하고 두 지역의 크리스
마스 풍경이 다르게 나타나는 이유로 옳은 것은?

⬆ 우리나라   ⬆ 오스트레일리아

① 지구가 23.5° 기울어진 상태로 공전하기 때문
이다.
② 오스트레일리아에서는 백야 현상이 나타나기
때문이다.
③ 오스트레일리아는 적도 주변에 위치하여 일 년
내내 덥기 때문이다.
④ 우리나라는 남반구, 오스트레일리아는 북반구
에 위치하기 때문이다.
⑤ 우리나라는 중위도, 오스트레일리아는 저위도
에 위치하기 때문이다.

16 밑줄 친 ㉠에 들어갈 말로 옳은 것은?

056

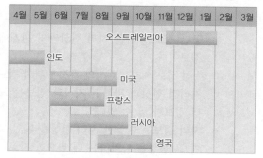

4월	5월	6월	7월	8월	9월	10월	11월	12월	1월	2월	3월

오스트레일리아
인도
미국
프랑스
러시아
영국

⚠ 주요 밀 수출 국가의 밀 수확 시기

교사: 남반구의 국가들은 대규모의 밀 시장이 있는 북반구에서 멀리 떨어져 있기 때문에 밀 수출에 불리할 것 같지만, 오히려 이익이 될 때가 많습니다. 왜 이러한 현상이 나타날까요?

학생: _____㉠_____

① 기온이 높고 강수량이 많아서요.
② 북반구와 밀 수확 시기가 달라서요.
③ 일 년 내내 밀을 수확할 수 있어서요.
④ 북반구에 비해 밀 수확량이 많아서요.
⑤ 밀 가격이 항상 비싸게 유지되고 있어서요.

[17-18] 다음 지도를 보고, 물음에 답하시오.

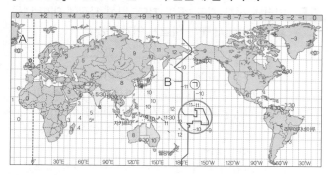

17 세계의 시간대에 대한 설명으로 옳은 것은?

057

① 서울과 앵커리지의 시차는 18시간이다.
② 러시아와 중국은 하나의 표준시를 사용한다.
③ A 선은 날짜 변경선, B 선은 본초 자오선이다.
④ 자카르타의 시간은 서울보다 빠르며, 런던보다는 느리다.
⑤ 런던, 자카르타, 리우데자네이루, 웰링턴 중에서 가장 빠른 시간대를 쓰는 도시는 리우데자네이루이다.

18 ㉠ 지역의 B 선이 직선이 아니라 구부러진 이유로 옳은 것만을 〈보기〉에서 고른 것은?

058

태평양의 섬나라인 키리바시는 경도 180° 선을 기준으로 여러 개의 섬이 흩어져 있어 지역마다 날짜가 달랐는데, 1995년에 표준시를 하나로 통일하였다. 사모아는 오스트레일리아와 인접해 있지만, 날짜 변경선 때문에 이전에는 오스트레일리아의 시드니와 시차가 21시간이나 나서 오스트레일리아와 교류하는 데 어려움이 많았다. 표준시를 조정한 결과, 사모아는 오스트레일리아보다 오히려 3시간이 빨라졌다.

• 보기 •
ㄱ. 키리바시는 지구 온난화에 따른 해수면 상승의 위험을 해결하기 위해 표준시를 변경하였다.
ㄴ. 키리바시는 지역마다 날짜가 달라 불편한 점을 개선하기 위해 표준시를 변경하였다.
ㄷ. 사모아는 교류가 많은 오스트레일리아나 뉴질랜드와의 시차를 줄이기 위해 표준시를 변경하였다.
ㄹ. 사모아는 미국의 대표적인 첨단 산업 단지인 실리콘 밸리와 교류하기 위해 표준시를 변경하였다.

① ㄱ, ㄴ ② ㄱ, ㄷ ③ ㄴ, ㄷ
④ ㄴ, ㄹ ⑤ ㄷ, ㄹ

19 다음 질문에 대한 답변으로 옳은 것만을 〈보기〉에서 고른 것은?

059

유럽에서 하는 축구 경기는 왜 우리나라 시간으로 새벽에 많이 하는 걸까요?

• 보기 •
ㄱ. 두 나라의 표준 경선이 다르기 때문
ㄴ. 영국과 우리나라는 9시간의 시차가 있기 때문
ㄷ. 나라마다 계절에 따라 즐기는 스포츠가 다르기 때문
ㄹ. 북반구와 남반구 중위도 지역의 계절이 다르기 때문

① ㄱ, ㄴ ② ㄱ, ㄷ ③ ㄴ, ㄷ
④ ㄴ, ㄹ ⑤ ㄷ, ㄹ

20
060 2020년 9월 20일 오후 7시, 우리나라에서 열리는 아이돌 그룹의 공연을 로스앤젤레스에서 생중계로 볼 때의 시각으로 옳은 것은? (단, 서울의 표준 경선은 동경 135°, 로스앤젤레스의 표준 경선은 서경 120°임.)

① 9월 20일 오전 2시

② 9월 20일 오후 2시

③ 9월 20일 오전 8시

④ 9월 19일 오전 2시

⑤ 9월 19일 오전 8시

21
061 다음 글을 읽고 ○○의 표준 경도를 구한 것으로 옳은 것은? (우리나라의 표준 경도는 동경 135°이다.)

> ○○ 동계올림픽 개막식은 현지 시각으로 7일 오후 8시 14분부터 올림픽 스타디움에서 열린다. ○○와 한국의 시차는 5시간이므로 한국에서는 오는 8일 오전 1시 14분부터 개막식을 볼 수 있다.

① 동경 60° ② 서경 60° ③ 서경 75°

④ 동경 75° ⑤ 동경 180°

03 지리 정보와 지리 정보 기술

22
062 (가), (나) 지도의 특성에 대한 설명으로 옳은 것은?

(가)  (나)

⬆ 종이 지도   ⬆ 인터넷 전자 지도

① (가)는 인터넷을 통해 제공되는 지도이다.

② (나)는 정보를 검색하기 편리하다.

③ (가)는 위성 사진, 항공 사진 등으로 볼 수 있다.

④ (가)는 (나)에 비해 확대와 축소가 쉽다.

⑤ (가)는 (나)보다 지역의 최신 정보를 파악하기 쉽다.

23
063 지리 정보에 대한 옳은 설명만을 〈보기〉에서 있는 대로 고른 것은?

> ┌─ 보기 ─
> ㄱ. 공간 정보는 다른 지리 현상과의 관계에 대한 정보이다.
> ㄴ. 속성 정보는 지리 현상의 특징에 관한 정보이다.
> ㄷ. 지리적 현상과 관련된 지식과 정보는 모두 지리 정보가 될 수 있다.
> ㄹ. 지리 정보는 다양한 지리 현상을 확인, 분석하여 그 특성을 파악하는 데 필요한 자료이다.

① ㄱ, ㄴ   ② ㄱ, ㄷ   ③ ㄴ, ㄷ, ㄹ

④ ㄱ, ㄴ, ㄹ   ⑤ ㄱ, ㄷ, ㄹ

24
064 지리 정보 기술 활용에 대한 설명으로 옳지 <u>않은</u> 것은?

① 댐, 관공서 등의 입지 선정에 활용된다.

② 지표면의 여러 현상을 기호를 이용하여 종이에 표현한다.

③ 교통 안내 시스템을 활용하여 모르는 길을 찾아가는 데 활용한다.

④ 인공 위성을 활용하여 홍수나 태풍 등 자연재해 상황을 파악할 수 있다.

⑤ 자동차 운전자의 보조 장치로 운전자의 위치, 속도를 파악하는 데 활용한다.

25
065 인터넷 전자 지도, 종이 지도, 위성 사진에 대한 내용을 〈보기〉에서 찾아 바르게 연결한 것은?

> ┌─ 보기 ─
> ㄱ. 가장 오래된 지리 정보 도구이다.
> ㄴ. 대기 중의 현상들을 사실적으로 관찰할 수 있다.
> ㄷ. 다양한 형태로 가공·저장 출력할 수 있다.
> ㄹ. 확대와 축소가 자유로우며, 거리와 면적을 구하기 쉽다.
> ㅁ. 사람이 직접 접근하기 어려운 지역의 정보를 수집하여 나타낸다.
> ㅂ. 자연재해를 예측하거나 자연재해 후 변화를 관측하는 데 활용한다.

	인터넷 전자 지도	종이 지도	위성 사진
①	ㄱ	ㄹ, ㅁ	ㄴ, ㄷ, ㅂ
②	ㄴ, ㅁ, ㅂ	ㄱ, ㄷ	ㄹ
③	ㄷ, ㄹ	ㄱ	ㄴ, ㅁ, ㅂ
④	ㄹ, ㅂ	ㄴ	ㄱ, ㄷ, ㅁ
⑤	ㅁ, ㅂ	ㄴ, ㄹ	ㄱ, ㄷ

26 다음의 〈입지 조건〉을 고려하여 피자 가게를 열려고 한다. (나) 지도에서 적합한 곳은?
066

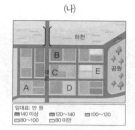

─ 입지 조건 ─
• 한 구역 안에는 400명 이상의 인구가 거주해야 함.
• 같은 구역 안에는 피자 가게가 없어야 함.
• 월 임대료는 120만 원 미만이어야 함.

① A ② B ③ C ④ D ⑤ E

27 지리 정보 체계(GIS)의 중첩의 원리를 활용하여 〈조건〉에 맞는 중학교의 입지를 선정한 것으로 옳은 것은?
067

─ 조건 ─
• 지가가 1km²당 100만 원 이하인 곳
• 도로에 인접하고, 주택가에서 2km 이내인 곳
• 초등학교에서 1km 이내인 곳

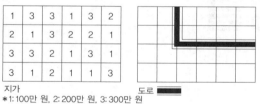

지가
*1: 100만 원, 2: 200만 원, 3: 300만 원

도로 ▬

주택가 ▨
초등학교 ▲
*가로, 세로의 길이는 1km

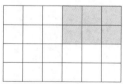
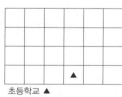

① 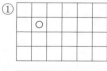 ②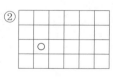

③ 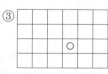 ④

⑤

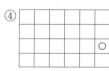

서술형 문제

28 유라시아 대륙이 아프리카 대륙이나 아메리카 대륙에 비해 농작물의 전파, 인구 이동 등 문명 전파에 유리했던 이유를 서술하시오.
068

29 그림을 보고, 미국 로스앤젤레스와 인도 벵갈루루가 시차를 산업에 이용하는 방법을 서술하시오.
069

30 다음 표는 지리 정보 시스템의 과정을 나타낸 것이다. 물음에 답하시오.
070

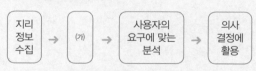

(1) (가) 단계에 들어갈 내용을 쓰시오.

(2) 지리 정보 시스템이 활용된 사례를 두 가지 서술하시오.

우리와 다른 기후,
다른 생활

01 세계의 기후 지역
~ 02 열대 우림 기후 지역의 생활 모습

한눈에 쏙

• 세계의 기후 지역

열대	→	적도 부근, 연중 고온
건조	→	연 강수량 500mm 미만
온대	→	중위도, 계절 변화가 뚜렷
냉대	→	기온의 연교차가 큼, 타이가
한대	→	극지방, 나무가 자라지 못함

❶ 날씨와 기후

| 날씨 | 짧은 시간 동안 나타나는 대기의 상태 |
| 기후 | 30년 정도의 오랜 기간을 두고 관찰 → 거의 규칙적으로 반복됨 |

❷ 바다, 해류, 지형, 바람과 강수량
바다의 영향을 많이 받는 해안은 강수량이 많고, 대륙은 강수량이 적다. 같은 해안에서도 난류가 흐르는 곳은 강수량이 많고, 한류가 흐르는 곳은 강수량이 적다. 이외에도 바람을 가로막는 산맥의 바람받이 지역은 강수량이 많지만, 바람 그늘 지역은 강수량이 적다.

❸ 기후 그래프

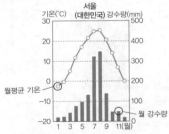

기후 그래프를 이용하면 지역의 기후 특성을 파악하기 쉽다. 가장 더운 달과 가장 추운 달의 기온 차이를 기온의 연교차라고 하고, 1~12월의 강수량을 모두 합한 값이 연 강수량이다.

용어 사전

• 등온선 연평균 기온이 같은 지점을 연결한 선

---

❶ 세계의 기후 지역

1 기후와 기후 요소

(1) **기후❶**: 어떤 지역에서 오랜 기간에 걸쳐 나타나는 기온, 강수, 바람 등의 평균적인 상태 → 인간의 거주지 형성에 큰 영향을 줌

(2) **기후 요소**: 기후를 구성하는 요소 예 기온, 강수량, 바람 등
└ 기후 요소를 변하게 하는 기후 요인에는 위도, 육지와 바다의 분포, 지형, 해류 등이 있음

2 세계의 기온 및 강수량 분포 〔자료 ❶〕

(1) **연평균 기온**: 적도에서 고위도로 갈수록 낮아지고, 연평균 *등온선은 대체로 위도와 평행함

(2) **연평균 강수량❷**: 적도 부근과 중위도 지역은 강수량이 많고, 남·북회귀선 부근과 극지방은 강수량이 적음

🌳 교과서 속 자료 읽기 ❶ **세계의 기온 및 강수량 분포**

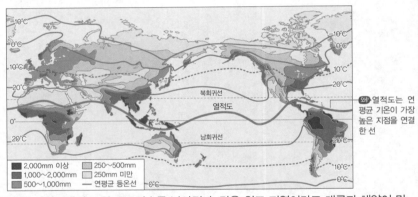

왜 열적도는 연평균 기온이 가장 높은 지점을 연결한 선

• 연평균 기온: 저위도에서 고위도로 갈수록 낮아진다. 같은 위도 지역이라도 대륙과 해양이 만나는 지점이나 대륙 내부에서는 위도와 평행하지 않고 구부러지며, 난류와 편서풍의 영향으로 대륙 서안은 대륙 동안보다 연교차가 작다. 〔왜 대륙이 해양보다 가열 속도와 냉각 속도가 빠르기 때문〕

• 연평균 강수량: 적도 지역에서 가장 많고, 남·북회귀선 부근과 극지방에서 적다.

---

3 세계의 기후 지역: 기온과 강수를 기준으로 구분❸ 〔자료 ❷〕

열대 기후	• 연중 일사량이 많은 적도 부근에서 나타남, 연중 기온이 높음 • 가장 추운 달의 평균 기온이 18℃ 이상, 강수량이 연중 풍부한 지역에서는 밀림 형성
건조 기후	• 남·북위 20°~30° 일대(남·북회귀선 부근)에서 나타남 • 연 강수량이 500mm 미만, 증발량 〉 강수량, 식생이 잘 자라지 못함
온대 기후	• 계절의 변화가 뚜렷한 중위도 지역에 나타남 • 기후가 온화하고 강수량이 적당함, 가장 추운 달의 평균 기온이 −3℃~18℃임
냉대 기후	• 온대 기후 지역보다 위도가 높은 지역에서 나타남(중위도 지역) • 겨울이 춥고 길며, 기온의 연교차가 큼(가장 추운 달의 평균 기온이 −3℃ 미만, 가장 따뜻한 달의 평균 기온이 10℃ 이상), 타이가라고 불리는 침엽수림이 넓게 분포함
한대 기후	• 극지방과 가까운 곳에 나타남 • 가장 따뜻한 달의 평균 기온이 10℃ 미만, 짧은 여름에 기온이 영상으로 올라가며 일부 지역에서는 이끼나 풀이 자람, 기온이 낮아 나무가 자라지 못함

밀림 주변에는 야생 동물이 살기 좋은 초원이 분포함

└ 남반구에 냉대 기후 지역이 나타나지 않는 이유는 해당 위도에 대륙이 없기 때문

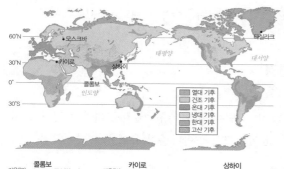

세계의 기후는 기온과 강수량을 기준으로 몇 개의 기후 지역으로 나눌 수 있다. 강수량을 기준으로 강수량보다 증발량이 많은 건조 기후, 기온을 기준으로 열대·온대·냉대·한대 기후로 구분한다.

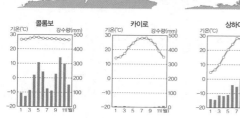

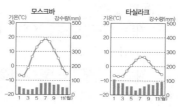

• 인간 거주와 기후 조건

자연환경	
↓	
인간 거주에 유리한 기후	인간 거주에 불리한 기후
• 냉·온대 기후 • 열대 계절풍 기후 • 고산 기후	• 건조 기후 • 한대 기후

❷ 인간 거주에 영향을 미치는 다양한 기후

1 인간의 거주에 영향을 미치는 자연환경

(1) **자연환경**: 인간 생활에 영향을 미치는 자연의 모든 요소 예 기후, 지형, 토양, 식생

(2) **특징**: 인류 문명이 발달하기 시작했을 때부터 거주 지역 선정에 많은 영향을 줌
예 기온이 온화하고 강수량이 충분하면 안정적 식량 생산 가능 → 인구 밀집 _왜농경과 목축에 유리하기 때문

(3) **최근**: 산업화·도시화 → 자연환경이 인간 거주에 미치는 영향력이 점차 줄어듦

2 인간의 거주에 유리하거나 불리한 기후 지역 자료 ❸

(1) **인간 거주에 유리한 기후 지역**
• 냉대 기후 지역의 북부: 기온이 낮아 인구가 적음, 타이가 지대 분포
• 냉대 기후 지역의 남부: 비교적 기온이 높아 상공업 및 도시가 발달하여 인간 거주에 유리

냉대 및 온대 기후 지역	• 북위 20°~40° 사이 중위도 지역에 전체 인구의 절반 정도가 집중해 있음 • 하천 주변의 평야 지대나 해안가를 중심으로 거주함 • 기후가 온화하고 비가 충분히 내려 물을 얻기 좋고, 농업에도 유리함
열대 계절풍 기후 지역	여름철 높은 기온과 풍부한 강수량 → 벼농사에 유리하여 인구 밀집
고산 기후 지역 ④	적도 부근의 *해발 고도가 높은 지역에서 일 년 내내 봄과 같이 온화한 날씨가 나타나 도시가 발달함 예 라파스, 키토 등 ─ 아프리카 동부의 고원 지대, 남아메리카 안데스산맥의 고산 지대 등

(2) **인간 거주에 불리한 기후 지역**: 적도 부근이나 극지방과 같이 너무 덥고 습하거나 너무 추운 지역, 사막과 같이 강수량이 적어 너무 건조하고 물이 부족한 지역, 해발 고도가 지나치게 높아 기온이 매우 낮고 산소가 부족한 지역 등

❶ **서부 유럽(독일)**
공업과 서비스업이 발달한 지역으로, 온대 기후 지역의 대표적인 인구 밀집 지역

❶ **동남아시아 인도네시아**
열대 계절풍 기후가 나타나 벼농사에 적합하여 인구가 조밀한 지역

❶ **러시아 시베리아**
기온이 매우 낮아 인간 거주에 불리한 지역

❷ **브라질 아마존강 유역**
열대 우림으로 덮인 곳으로, 덥고 습하여 인간 거주에 불리한 지역

1점당 10만 명임.

◎ 세계의 인구 분포

④ 고산 기후 지역

콘셉시온 인구 약 10,000명

라파스 인구 약 810,000명

라파스와 콘셉시온은 비슷한 위도(적도 부근)에 위치하지만, 인구수는 크게 차이가 난다. 이는 두 도시의 해발 고도가 다르기 때문이다. 콘셉시온은 라파스보다 해발 고도가 낮은 곳에 위치하여 기온이 높은 편이고, 라파스는 해발 고도가 높은 곳에 위치하여 봄과 같이 온화한 기후가 난다.

_왜 해발 고도가 높아질수록 기온은 점점 낮아지기 때문

용어 사전

• **해발 고도** 해수면의 평균 높이로부터 잰 어떤 지점의 높이

⑤ 한눈에 쏙

• 열대 우림 기후 지역의 자연환경

기후	• 연중 높은 기온 • 연중 강수량 많고 습함 • 매일 오후 스콜이 내림
열대 우림	• 다양한 높이의 나무 • 빽빽하게 들어선 밀림 • 다양한 동식물의 서식지

3 인간 거주 환경의 변화

과학 기술의 발달로 거주에 불리한 자연환경을 극복하는 지역이 늘어나고 있음
㉔ 미국 알래스카, 서남아시아 등

③ 열대 우림 기후 지역의 자연환경

1 열대 우림 기후의 특징⑤ [자료 ④]

(1) **분포**: 일 년 내내 태양 에너지를 많이 받는 적도 부근 ㉔ 아프리카의 콩고 분지, 동남아시아의 인도네시아 일대, 남아메리카의 아마존강 유역 등

(2) **기온과 강수량**

① 기온: 연중 기온이 높음, 가장 추운 달의 평균 기온이 18℃ 이상, 계절의 변화가 거의 없음

② 강수량: 연중 강수량이 매우 많고 습함

(3) **스콜⑥**

① 의미: 강한 햇볕을 받아 더워진 공기가 상승, 구름을 형성하고 내리는 비

② 특징

• 거의 매일 오후에 내리는 열대성 소나기로, 강풍, 천둥, 번개 등을 동반함

• 짧은 시간에 집중적으로 쏟아져 한낮의 더위를 식혀줌

⑤ 열대 우림 기후 지역의 하루

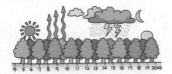

강한 햇볕을 받으면서 오전에는 찌는 듯이 덥다가 오후로 가면서 먹구름이 형성되고 스콜이 내린다.

⑥ 스콜의 원리

열대 기후 지역에서는 태양열을 받아 증발한 수증기가 구름을 만들어 거의 매일 오후에 소나기가 내린다.

⑦ 열대 우림(밀림)

열대 우림은 햇빛을 잘 받기 위해 성장한 키가 큰 나무로 이루어진 고목층, 키가 큰 나무들 때문에 햇빛을 받지 못해 키가 작은 저목층, 땅을 뒤덮듯 자라나는 지표층 등 여러 층으로 되어 있다.

🌲 **교과서 속 자료 읽기 ④** **열대 우림 기후 지역의 분포와 기후 특징**

🔼 열대 우림 기후 지역의 분포

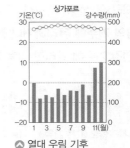

🔼 열대 우림 기후

열대 우림 기후 지역은 연중 태양 에너지를 많이 받는 적도를 중심으로 분포하며, 열대 우림 기후 지역은 계절의 구분 없이 일 년 내내 더운 날씨가 이어지고, 강수량이 많아 매우 습하다.

---

2 열대 우림 기후 지역의 모습

(1) **식생**: 열대 우림(밀림) 형성⑦

(2) **특징** └ 다양한 높이의 나무들이 빽빽하게 들어선 밀림

① 덥고 습한 열대 우림 기후 때문에 나무가 잘 자랄 수 있는 환경이 조성됨

② 비가 많이 내려 다양한 종류의 나무와 풀이 자람

③ 숲 아래쪽으로 햇빛이 거의 들지 않을 정도로 우거져 있음

(3) **가치** └ 전체 지구에서 서식하는 동식물 종의 절반 이상이 분포하여 '생태계의 보고'로 불림

① 다양한 동식물의 서식지가 됨

② 이산화 탄소를 흡수하고 산소를 공급해 공기를 정화함

③ 온실 효과를 억제하여 지구 온난화를 방지함

④ 식량 자원 및 의약품의 원료 공급지로 높은 잠재적 가치를 지님

④ 열대 우림 기후 지역의 주민 생활

1 열대 우림 기후 지역의 주민 생활 　자료⑤

(1) **의생활**: 가볍고 통풍이 잘되는 간편한 옷 → 덥고 습하기 때문

(2) **식생활**

　① 기름에 튀기거나 향신료를 많이 사용 → 음식이 부패하는 것을 막기 위함

　② 다양한 열대 과일을 먹거나 음식 재료로 사용

(3) **주생활**

　① 단순하고 개방적인 가옥 구조(얇은 벽, 큰 문과 창문 → 바람이 잘 통하도록 하기 위함), 경사가 급한 지붕(빗물이 잘 흐르도록 함)

　② 고상 가옥: 지표면에서 전달되는 열기와 습기를 피하고, 해충과 뱀 등의 침입을 막기 위해 바닥을 지면에서 띄워 지음

🌴 **교과서 속 자료 읽기 ⑤** **열대 우림 기후 지역의 의식주 생활**

🔺 간편한 옷

🔺 닭고기를 넣어 볶은 나시고랭

🔺 개방적 구조의 고상 가옥

열대 우림 기후 지역에서는 덥고 습한 날씨 때문에 통풍이 잘되는 간편한 옷을 입으며, 음식이 상하지 않도록 하기 위해 조리 시 기름이나 향신료를 많이 사용한다. 집을 지을 때는 지면의 열기와 습기, 해충이나 짐승 등의 침입을 막기 위해 고상 가옥이나 수상 가옥을 주로 짓는다.

---

2 열대 우림 기후 지역의 농업 활동

(1) **이동식 화전 농업⑧**

　① 방식: 밀림의 나무를 태운 뒤 경지를 만들어 여러 해 농사를 짓고 다시 땅이 척박해지면 다른 장소로 이동하여 새로운 경지를 만듦
　　　　　　　　　⟶왜? 비가 많이 내려서 흙 속의 양분이 잘 녹아 빠져나가기 때문

　② 재배 작물: 카사바, 얌, 타로, 옥수수 등

(2) **플랜테이션**

　① 방식: 유럽의 식민 지배 과정에서 발달한 상업적 농업 방식으로, 선진국의 자본과 기술, 원주민의 노동력을 결합하여 *상품 작물을 대규모로 재배
　　　　　　　　　⟶수확된 작물은 대부분 전 세계로 수출됨

　② 재배 작물: 천연고무, 카카오, 바나나 등

　③ 최근 플랜테이션의 확대 → 식량 작물 재배지가 줄어 식량 부족 문제 발생

3 열대 우림 기후 지역의 변화

(1) **열대 우림 파괴**: 농경지 및 목초지 개간, 도시 건설, 자원 개발, 도로 건설 때문 → 동식물의 서식지 파괴, 원주민들의 생활 근거지 파괴로 토착 문화 상실

(2) **관광 상품 개발**: 원주민의 생활 체험 등 자연환경을 개발하여 관광객 유치

(3) **도시 발달**: 교통이 편리한 해안이나 강가에서 일찍부터 무역 발달 → 도시 성장

　예 싱가포르⑨, 쿠알라룸푸르, 마나우스 등
　　　　⟶말레이시아의 수도로, 19세기 중엽까지 밀림이었으나 주석을 캐기 위해 근로자들이 모여들면서 도시로 성장함

---

④ 한눈에 쏙

- 열대 우림 기후 지역의 주민 생활

의식주	• 의복: 가볍고 시원한 옷 • 음식: 기름, 향신료 사용 • 가옥: 개방적인 고상 가옥
농업 활동	• 이동식 화전 농업 • 플랜테이션

⑧ 이동식 화전 농업

불을 붙여 밭을 만들자.
나무를 태운 재는 흙에 양분을 주어 농사가 잘돼.
이제 지력이 떨어질 때가 되었군.
다른 곳에서 다시 화전을 만들어 볼까?

⑨ 열대 우림 기후 지역에 세워진 도시, 싱가포르

싱가포르는 동부 아시아와 서남아시아를 잇는 교통의 요충지로, 일찍부터 *중계 무역을 통해 성장하여 오늘날에는 세계적인 금융업의 중심지가 되었다.

용어 사전

- *상품 작물 시장에 팔기 위해 재배되는 작물
- *중계 무역 다른 나라로부터 수입해 온 물자를 그대로 제3국에 다시 수출하는 무역 방식

① 세계의 기후 지역

• 정답 및 해설 8쪽

차근차근 기본다지기

01 다음 설명이 맞으면 ○표, 틀리면 ✕표 하시오.
071
(1) 여러 해 동안 한 지역에 일정하게 나타나는 대기 상태를 기후라고 한다. (　　　)
(2) 기후를 구성하는 요소에는 위도, 육지와 바다의 분포, 지형, 해류 등이 있다. (　　　)
(3) 세계의 기후 지역은 적도에서 극지방으로 가면서 한대·냉대·온대·건조·열대 기후가 나타난다.
(　　　)

02 다음 빈칸에 들어갈 알맞은 말을 쓰시오.
072
(1) 연평균 등온선은 대체로 (　　　)와/과 평행하다.
(2) 열대 기후는 가장 추운 달의 평균 기온이 (　　　)℃ 이상이다.
(3) 한대 기후는 가장 따뜻한 달의 평균 기온이 (　　　)℃ 미만이다.

03 다음 세계의 기후 지역과 특징을 바르게 연결하시오.
073
(1) 열대 기후　•　　　　　　　• ㉠ 적도 부근에 주로 나타남
(2) 건조 기후　•　　　　　　　• ㉡ 짧은 여름에 이끼와 풀이 자람
(3) 온대 기후　•　　　　　　　• ㉢ 계절에 따라 자연 경관이 달라짐
(4) 냉대 기후　•　　　　　　　• ㉣ 남·북회귀선 부근에 주로 나타남
(5) 한대 기후　•　　　　　　　• ㉤ 타이가라고 불리는 침엽수림이 분포함

04 그래프는 서울의 기후를 나타낸 것이다. 이를 분석한 내용으로 옳은 것은?
074

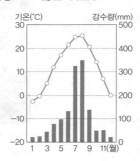

① 서울의 7월 기온은 약 25℃이다.
② 서울의 12월 강수량은 약 200mm이다.
③ 기온은 막대그래프를 이용하여 읽는다.

05 그래프는 어떤 지역의 기후를 나타낸 것이다. 이와 같은 기후가 나타나는 지역에서 볼 수 있는 경관은?
075

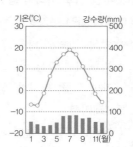

① 　　　②

③ 　　　④

06 글의 (가), (나)에 대한 설명으로 옳지 <u>않은</u> 것은?
076

> (가) 오늘 ○○ 지역은 오전 내내 흐리고 비가 오며, 최저 기온은 12℃이고 최고 기온은 24℃입니다.
> (나) 우리나라의 여름은 덥고 비가 많이 내립니다.

① (가)는 짧은 시간에도 자주 변할 수 있다.
② (가)는 변화 모습이 거의 규칙적으로 반복하여 나타난다.
③ (나)는 인간 생활뿐만 아니라 식물의 성장이나 분포에도 영향을 미친다.
④ (나)는 오랜 기간에 걸쳐 나타나는 기온, 강수, 바람 등을 평균하여 나타낸 것이다.
⑤ (가)는 날씨, (나)는 기후에 대한 설명이다.

07 다음에서 설명하는 지역의 기후 그래프는?
077

> • 일 년 내내 덥고 강수량이 많은 편이다.
> • 키 큰 나무들이 **빽빽**이 들어서 있는 밀림이 형성되어 있다.

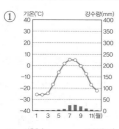 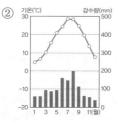
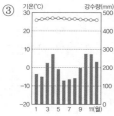 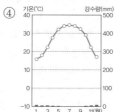
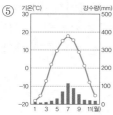
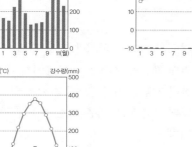

08 세계를 여러 기후 지역으로 구분할 때 기준이 되는 기후 요소를 두 가지 쓰시오.
078

_____

서술형 문제

09 위도별 강수량의 분포를 나타낸 것이다. ㉠~㉤ 중 건조 기후가 나타날 수 있는 지역을 모두 골라 쓰고, 그 이유를 서술하시오.
079

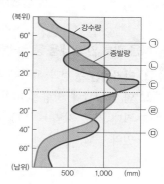

(1) 지역:

_____

(2) 이유:

_____

_____

논술형 문제

10 지도는 세계의 연평균 기온 분포를 나타낸 것이다. 세계 기온 분포의 특성을 두 가지 이상 서술하시오.
080

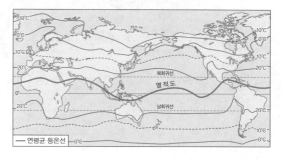

_____

_____

_____

② 인간 거주에 영향을 미치는 다양한 기후

차근차근 기본 다지기

01 다음 설명이 맞으면 ○표, 틀리면 ✕표 하시오.
081

(1) 온대 기후 지역은 인구가 밀집되어 있다. (　　　)

(2) 열대 고산 기후 지역은 인간이 거주하기에 불리하다. (　　　)

(3) 연중 기온이 높은 열대 기후 지역이나, 강수량이 적은 건조 기후 지역은 인간이 거주하기에 유리하다. (　　　)

02 다음 괄호 안의 내용 중 알맞은 것에 ○표 하시오.
082

(1) 과거에는 농경과 목축에 유리한 거주 지역을 선호하여 (산업화 , 자연환경)의 영향을 많이 받았다.

(2) 인간 생활에 영향을 미치는 자연환경에는 (기후 , 도시화), 지형, 토양, 식생 등이 있다.

(3) 열대 기후 지역 중 벼농사에 유리한 (고산 , 열대 계절풍) 기후 지역에도 많은 사람이 거주하고 있다.

03 다음 인간 거주에 유리하거나 불리한 지역을 모두 찾아 바르게 연결하시오.
083

(1) 　　열대 기후　　•

(2) 열대 고산 기후　•

(3) 　　건조 기후　　•

(4) 　　온대 기후　　•

(5) 　　한대 기후　　•

• ㉠ 인간 거주에 유리한 기후

• ㉡ 인간 거주에 불리한 기후

04 A~C 중 인간 거주에 유리한 기후 지역은?
084

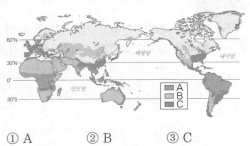

① A　　　② B　　　③ C

05 밑줄 친 ㉠에 해당하는 사례로 옳지 <u>않은</u> 것은?
085

> 　최근에는 불리한 ㉠ 자연환경을 극복하기 위한 노력이 이어지고 있다. 인구 증가에 따라 더 많은 거주 공간과 자원이 필요하게 되면서, 인류는 과학 기술의 발달을 바탕으로 극한의 자연환경을 지닌 지역을 개척하고 있다.

① 건조 기후인 두바이에 도시 건설

② 열대 계절풍 기후인 베트남에서 벼농사

③ 한대 기후인 미국 알래스카에서 석유 생산

④ 열대 기후인 아마존강 유역의 관광 산업 개발

06 다음 인간 거주에 영향을 미치는 자연환경에 대한 설
086 명으로 옳지 <u>않은</u> 것은?

① 기후는 인간의 거주에 많은 영향을 미친다.

② 식량 확보를 위해 농업 활동에 유리한 기후 지역에 많이 거주하였다.

③ 기온이 너무 낮거나 강수량이 부족하면 농업 활동이 어려워 거주에 불리하다.

④ 과학 기술이 발달한 오늘날에도 거주하기에 유리한 기후가 나타나는 지역에 많은 인구가 거주하고 있다.

⑤ 최근에는 산업화와 도시화가 진행되면서 자연환경 조건이 인간의 거주에 더 크게 영향을 미치고 있다.

07 다음 (가), (나)의 설명에 해당하는 기후 지역을 바르게
087 연결한 것은?

> (가) 건조하여 물이 부족한 지역은 농업에 부적합하기 때문에 인간이 거주하기에 불리하다.
> (나) 사계절이 나타나고 기온과 강수 조건이 농업 활동에 유리하여 오래전부터 많은 사람이 살고 있는 지역으로 인간 거주에 유리하다.

	(가)	(나)
①	건조 기후 지역	온대 기후 지역
②	건조 기후 지역	열대 고산 지후 기역
③	열대 기후 지역	열대 계절풍 기후 지역
④	열대 기후 지역	냉대 기후 지역
⑤	한대 기후 지역	온대 기후 지역

08 다음 설명에 해당하는 용어를 쓰시오.
088

> • 인간 생활에 영향을 미치는 자연의 모든 요소를 이르는 말이다.
> • 기후, 지형, 토양, 식생 등이 해당한다.

(   )

서술형 문제

09 지도는 오스트레일리아의 기후 분포와 지역별 인구
089 밀도를 나타낸 것이다. 이를 보고, 물음에 답하시오.

(1) ㉠~㉢ 중 인구 밀도가 높은 지역의 기호를 쓰고, 해당 지역에서 나타나는 기후를 쓰시오.

_____

(2) 인구 밀도가 낮은 지역은 왜 인간이 거주하기 어려운지 기후적 측면에서 서술하시오.

_____

_____

논술형 문제

10 다음 자료를 보고, 물음에 답하시오.
090

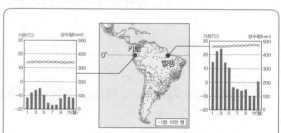

에콰도르의 키토는 안데스산맥에 위치하여 해발 고도가 약 2,850m이고, 브라질의 벨렝은 해안 지역에 위치하여 해발 고도가 약 25m 이하이다.

(1) 키토와 벨렝 중 어느 지역의 기후가 인간이 거주하기에 더 유리한지 그 이유를 쓰시오.

_____

_____

(2) 열대 기후 지역의 고산 기후와 온대 기후 지역의 고산 기후가 어떻게 다른지 서술하시오.

_____

_____

③ 열대 우림 기후 지역의 자연환경

● 차근차근 **기본다지기** ●

01 다음 설명이 맞으면 ○표, 틀리면 ✕표 하시오.

091

(1) 열대 우림 기후는 계절의 변화가 거의 나타나지 않는 편이다. (　　　)

(2) 스콜은 열대 기후 지역에서 매일 오전에 내리는 소나기이다. (　　　)

(3) 열대 우림은 키가 큰 나무들로만 자연 경관이 구성되어 있다. (　　　)

02 다음 괄호 안의 내용 중 알맞은 것에 ○표 하시오.

092

(1) 열대 우림 기후는 월별 기온의 차이가 (크다 , 작다).

(2) 열대 우림 기후는 연중 강수량이 매우 (적다 , 많다).

(3) 열대 우림 지역은 생물 다양성이 (낮은 , 높은) 편이다.

(4) 열대 우림은 (산소 , 이산화 탄소)를 흡수해 온실 효과를 억제한다.

03 다음 빈칸에 들어갈 알맞은 말을 쓰시오.

093

(1) 열대 우림 기후 지역은 (　　　　)을/를 중심으로 분포하고 있다.

(2) 열대 우림 기후는 가장 추운 달의 평균 기온이 (　　　　)℃ 이상이다.

(3) 다양한 높이의 나무들이 빽빽하게 들어선 밀림을 (　　　　)(이)라고 부른다.

04 다음 지역에서 공통으로 나타나는 기후는?

094

• 아프리카 콩고 분지
• 남아메리카 아마존강 유역
• 동남아시아의 인도네시아 일대

① 건조 기후
② 온대 기후
③ 열대 우림 기후

05 다음 기후 그래프를 통해 알 수 있는 기후 특성으로 옳은 것은?

095

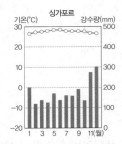

① 연중 강수량이 많아 습하다.
② 건기와 우기의 구분이 뚜렷하다.
③ 기온의 연교차가 크게 나타난다.
④ 계절의 변화가 뚜렷하게 나타난다.

06 지도에 표시된 지역에서 나타나는 기후 특색만을
096 〈보기〉에서 고른 것은?

> 북회귀선
> 남회귀선

─ 보기 ─
ㄱ. 기온의 연교차가 크게 나타난다.
ㄴ. 강수량에 비해 증발량이 많은 편이다.
ㄷ. 계절 변화 없이 연중 더운 날씨가 지속된다.
ㄹ. 소나기가 자주 내리며 연중 강수량이 매우 많다.

① ㄱ, ㄴ   ② ㄱ, ㄷ   ③ ㄴ, ㄷ
④ ㄴ, ㄹ   ⑤ ㄷ, ㄹ

07 사진 속의 식생에 대한 옳은 설명만을 〈보기〉에서 고
097 른 것은?

─ 보기 ─
ㄱ. 다양한 동식물의 서식지 역할을 하고 있다.
ㄴ. 키가 큰 나무와 작은 나무들이 어우러져 있다.
ㄷ. 계절의 변화가 뚜렷한 중위도 지역에 분포한다.
ㄹ. 식량 자원 및 의약품 원료의 공급에 장애가 된다.

① ㄱ, ㄴ   ② ㄱ, ㄷ   ③ ㄴ, ㄷ
④ ㄴ, ㄹ   ⑤ ㄷ, ㄹ

08 다음 설명에 해당하는 용어를 쓰시오.
098

> 열대 우림 지역에서 거의 매일 오후에 내리는
> 소나기로, 천둥과 번개 등을 동반하며 짧은 시간
> 에 집중적으로 쏟아져 한낮의 더위를 식혀주기도
> 한다.

(   )

09 그래프는 어느 지역의 기후를 나타낸 것이다. 이를 보
099 고, 물음에 답하시오.

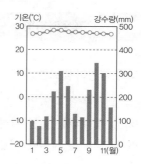

(1) 위와 같은 특징이 나타나는 기후 지역을 쓰시오.

_____

(2) 기온과 강수량의 특징을 각각 구분하여 서술하
시오.

_____

_____

10 다음 두 학생의 대화를 읽고 여학생의 주장을 뒷받침
100 할 수 있는 근거를 제시하시오.

> • 남학생: 열대 우림의 개발과 보존에 대해 어떤
>   생각을 갖고 있니?
> • 여학생: 난 열대 우림을 보존해야 한다고 생각
>   해. 그 이유는 _____

_____

_____

_____

_____

100명의 교사가 콕 찍은 주제별·유형별 대표문제

4 열대 우림 기후 지역의 주민 생활

🚩 **이 주제에서는 어떤 문제가 잘 나올까?**
• 고상 가옥이 생긴 이유를 기후와 연관 지어 설명하기
• 열대 우림 기후 지역의 농업 방식 고르기

• 정답 및 해설 **10**쪽

● 차근차근 **기본다지기** ●

01 다음 설명이 맞으면 ○표, 틀리면 ✕표 하시오.
101
(1) 열대 우림 지역의 주민들은 흰색의 긴 옷을 즐겨 입는다. (   )
(2) 많이 내리는 비를 피하기 위해 열대 우림 지역의 가옥들은 폐쇄적인 구조로 짓는다. (   )
(3) 열대 우림 지역에서는 플랜테이션을 통해 카사바, 얌 등의 식량 작물을 대규모로 재배한다.
(   )

02 다음 괄호 안의 내용 중 알맞은 것에 ○표 하시오.
102
(1) 열대 우림 기후 지역에서는 음식의 부패를 막기 위해 기름이나 (우유 , 향신료)를 많이 사용한다.
(2) 열대 우림 기후 지역 가옥의 경사가 (급한 , 완만한) 지붕은 많은 비에 대비하기 위한 것이다.
(3) 열대 우림 기후 지역에서는 열기와 습기를 피하기 위해 (흙집 , 고상 가옥)이나 수상 가옥을 짓는다.

03 (1)~(4)에서 설명하는 단어를 퍼즐판에서 찾아 색칠하시오.
103

향	신	화	전	플
오	신	싱	흙	랜
고	상	가	옥	테
자	저	포	자	이
군	곡	르	연	션

(1) 바닥을 지면에서 띄워 짓는 집을 부르는 말은?
(2) 밀림의 나무를 태운 뒤 경지를 만들어 여러 해 농사를 짓고 척박해지면 다른 장소로 이동하는 농업 방식은? 이동식 ○○ 농업
(3) 동부 아시아와 서남아시아를 잇는 교통의 요충지로, 일찍부터 중계 무역을 통해 성장한 나라의 이름은?
(4) 선진국의 자본과 기술, 원주민의 노동력을 결합하여 상품 작물을 대규모로 재배하는 농업 방식은?

04 지도는 어떤 기후 지역을 나타낸 것이다. 표시
104 된 지역의 주민 생활과 관련 <u>없는</u> 것은?

북회귀선
남회귀선

① 통풍이 잘되는 옷
② 다양한 열대 과일
③ 두꺼운 벽과 작은 문

05 밑줄 친 ㉠에 들어갈 알맞은 말은?
105

> 열대 우림 기후 지역의 음식들은 기름기가 많거나 향이 강할 때가 많다. 대부분 기름에 튀기거나 향신료를 많이 사용하기 때문인데, 그 이유는 _____㉠

① 밀 재배량이 많기 때문이다.
② 열대 과일이 풍부하기 때문이다.
③ 음식이 부패하는 것을 막기 위한 것이다.
④ 자극적인 음식을 좋아하는 문화 때문이다.

[06-08] 다음 그림을 보고, 물음에 답하시오.

불을 붙여 밭을 만들자.

나무를 태운 재는 흙에 양분을 주어 농사가 잘돼.

이제 지력이 떨어질 때가 되었군.

다른 곳에서 다시 화전을 만들어 볼까?

06 위와 같은 농업 방식을 부르는 명칭은?
`106`

(   )

07 위 그림처럼 경지의 지력이 떨어지는 이유를 기후와
`107` 연관지어 설명한 것으로 옳은 것은?

① 해충들이 많기 때문이다.
② 땅이 자주 얼다가 녹기 때문이다.
③ 기후 변화가 매우 심하기 때문이다.
④ 이 지역의 나무들이 많이 자라지 않기 때문이다.
⑤ 비가 많이 내려 흙 속의 양분이 잘 녹아 빠져나
가기 때문이다.

08 위 농업 방식에 대한 옳은 설명만을 〈보기〉에서 고른
`108` 것은?

┌─ 보기 ─
ㄱ. 카사바, 얌, 타로 등을 재배한다.
ㄴ. 이 지역의 전통적인 농업 방식이다.
ㄷ. 식량 작물보다 상품 작물을 더 많이 재배한다.
ㄹ. 선진국의 자본과 기술을 바탕으로 발달하였다.
└──────

① ㄱ, ㄴ   ② ㄱ, ㄷ   ③ ㄴ, ㄷ
④ ㄴ, ㄹ   ⑤ ㄷ, ㄹ

서술형 문제

09 그림은 어떤 기후 지역에서 볼 수 있는 가옥의 형태를
`109` 나타낸 것이다. 물음에 답하시오.

(1) 위와 같은 가옥의 형태를 일컫는 말을 쓰시오.

_____

(2) 집의 바닥을 지면과 떨어지게 만든 이유를 이 지
역의 기후와 연관 지어 서술하시오.

_____

_____

논술형 문제

10 다음 자료를 보고, 물음에 답하시오.
`110`

농업 관련 다국적 기업들은 열대 지역에 대규모
의 농장을 조성하여 카카오, 바나나, 천연고무 등
을 재배하는 경우가 많다.

(1) 위와 같은 농업 방식을 부르는 명칭을 쓰시오.

_____

(2) (1)의 농업 방식이 열대 우림 지역의 경제에 미치
는 부정적 영향을 써 보고, 이를 해결하기 위한
방법을 생각하여 서술하시오.

_____

_____

_____

_____

03 온대 기후 지역의 생활 모습

❶ 한눈에 쏙

• **다양한 온대 기후**

기후	기후 특징
온대 계절풍 기후	• 여름은 고온 다습 • 겨울은 한랭 건조 • 기온의 연교차가 큼
서안 해양성 기후	• 여름에는 서늘하고, 겨울에는 따뜻함 → 기온의 연교차가 작음 • 연중 고른 강수량
지중해성 기후	• 여름 고온 건조 • 겨울 온난 습윤

❶ 해양성 기후와 대륙성 기후

해양성 기후	바다의 영향을 많이 받아 연교차가 작은 기후
대륙성 기후	대륙의 영향을 많이 받아 연교차가 큰 기후

❷ 온대 기후 지역의 기후 그래프

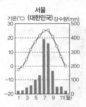

△ 온대 계절풍 기후

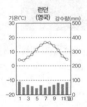

△ 서안 해양성 기후

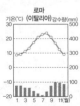

△ 지중해성 기후

용어 사전

• **계절풍** 계절에 따라 주기적으로 방향이 바뀌는 바람
• **편서풍** 중위도 지방에서 일 년 내내 서쪽에서 동쪽으로 부는 바람

❶ 온대 기후 지역의 자연환경

1 온대 기후의 특징

(1) **분포**: 주로 중위도 지역을 중심으로 분포

(2) **기온과 강수량**

① 가장 추운 달의 평균 기온이 −3°~18℃(대체적으로 기온이 온화함)

② 계절에 따라 기온 차가 큼, 계절 변화가 뚜렷함, 비교적 강수량이 풍부함

(3) **특징**: 인간이 생활하기에 가장 쾌적한 조건을 갖추고 있으며, 다양한 농업 활동이 이루어져 많은 인구가 거주함 → 상공업과 도시 발달

(4) **구분**: 계절별 강수량 분포, 여름철 기온에 따라 온대 계절풍 기후, 서안 해양성 기후❶, 지중해성 기후로 구분

2 다양한 온대 기후❷ 〔자료❶〕

(1) **온대 °계절풍 기후** • 여름: 북태평양 쪽에서 남동 · 남서 계절풍이 불어와 고온 다습함
• 겨울: 유라시아 대륙 쪽에서 북서 계절풍이 불어와 한랭 건조함

분포	대륙 동안 ⑩ 유라시아 대륙 동안, 북아메리카 대륙 동안 등
특징	• 대륙의 동안에 위치해 계절풍의 영향을 많이 받음 → 여름에는 덥고 비가 많이 내리며, 겨울에는 춥고 건조함 • 비슷한 위도의 대륙 서안보다 기온의 연교차가 큰 대륙성 기후가 나타남

(2) **서안 해양성 기후**

분포	대륙 서안 ⑩ 서부 유럽 및 북부 유럽, 북아메리카와 남아메리카의 서부 해안, 뉴질랜드 등
특징	• °편서풍과 난류인 북대서양 해류의 영향 → 여름에는 서늘하고, 겨울에는 따뜻함 • 연중 바다에서 불어오는 바람과 바다의 영향으로 기온의 연교차가 작고, 계절별 강수량이 고름

(3) **지중해성 기후**

분포	대륙 서안 ⑩ 유럽, 북아프리카의 지중해 연안, 오스트레일리아의 남서부 해안 등
특징	• 여름: 아열대 고압대의 영향 → 덥고 건조한 날씨가 지속됨 • 겨울: 온대 해양성 기단 및 전선대의 영향 → 온화하고 비교적 많은 비가 내림

🌲 교과서 속 자료 읽기 ❶ **온대 기후 지역의 분포**

• 대륙 서안에서 나타나는 온대 기후는 위도 30°~60°에, 대륙 동안에서 나타나는 온대 기후는 위도 20°~40°에 분포한다. ┗ 유라시아 대륙의 서안은 멕시코만에서 출발해 대서양을 따라 고위도 지역으로 올라가는 난류의 영향으로 대륙의 동안에 비해 위도가 더 높은 지역에서 온대 기후가 나타날 수 있음

• 서안 해양성 기후는 편서풍과 북대서양 해류(난류)가 영향을 주어 나타나며, 온대 계절풍 기후는 여름에는 북태평양에서 올라오는 고온 다습한 바람이, 겨울에는 시베리아에서 내려오는 한랭 건조한 바람이 계절에 따라 영향을 주어 나타난다.

❷ 온대 기후 지역의 주민 생활

1 온대 기후 지역의 주민 생활 [자료 ❷]

(1) 온대 계절풍 기후 지역

① 추위와 더위에 대비한 시설이 공존 예 겨울의 온돌과 여름의 *대청마루

② 계절에 따른 기온 차가 커서 의복과 음식 문화가 다양하게 나타남.

(2) 서안 해양성 기후 지역

① 흐리고 비가 내리는 날이 많아 외출할 때 우산과 가벼운 겉옷을 준비함

② 맑은 날에는 해변이나 공원에서 일광욕을 즐김

③ 집안의 습기를 제거하고 온도를 높이기 위해 벽난로를 설치하기도 함

(3) 지중해성 기후 지역

① 고온 건조한 여름으로 인해 가옥의 벽을 두껍게 만들고 외벽을 흰색으로 칠하거나, 창문을 작게 하여 햇빛과 열기를 차단함

② 풍부한 문화유산과 아름다운 자연 경관을 관광 자원으로 이용 → 여름철의 맑고 건조한 날씨에 많은 관광객이 방문함

🌲 **교과서 속 자료 읽기 ❷** | **온대 기후 지역의 주거 양식**

🔺 우리나라의 전통 가옥
(온돌과 대청마루)

🔺 영국의 벽난로

🔺 그리스의 가옥

---

2 온대 기후 지역의 농업

(1) 온대 계절풍 기후 지역

① 고온 다습한 여름철의 기후 조건을 바탕으로 벼농사 발달

② 쌀로 만든 밥을 주식으로 삼고, 반찬이나 요리를 곁들여 먹는 음식 문화 발달

③ 겨울철이 온화하고 강수량이 많은 곳에서는 차를 재배하기도 함

④ 저위도의 온대 기후 지역에서는 벼의 *2기작이 이루어지기도 함

(2) 서안 해양성 기후 지역

① 혼합 농업❸: 밀, 보리 등 식량 작물을 재배하면서 사료 작물을 기르고 동시에 가축을 사육하는 농업 형태 → 연중 강수량이 고르고, 겨울이 온화해 목초지 조성에 유리하기 때문

② *원예 농업, *낙농업: 대도시 주변이나 교통이 편리한 곳에서 발달

(3) 지중해성 기후 지역
┌ 여름철은 서늘하여 곡물 재배에는 불리하나 풀, 사료 작물, 감자 등은 잘 자람

① 수목 농업: 여름철 고온 건조한 기후에도 잘 견디는 뿌리가 깊고 잎이 단단한 나무 재배 예 포도, 올리브❹, 오렌지, 코르크나무 등

② 곡물 농업: 비교적 온난하고 습윤한 겨울철 기후를 이용한 농업 예 밀, 보리, 귀리 등

---

❷ 한눈에 쏙

• 온대 기후 지역의 농업

온대 계절풍 기후	
덥고 습한 여름	→ 벼농사

서안 해양성 기후	
서늘한 여름, 연중 고른 강수, 온화한 겨울	→ 혼합 농업

지중해성 기후	
덥고 건조한 여름	→ 수목 농업

❸ 혼합 농업

혼합 농업은 식량 작물과 사료 작물을 재배하면서 가축을 함께 사육하는 농업 방식이다. 서안 해양성 기후 지역에서는 여름철이 서늘해 벼농사가 어려워 밀, 호밀, 감자 등 식량 작물을 재배하면서, 풀이 잘 자랄 수 있는 기후 특성에 따라 목초지를 조성하고 사료 작물을 함께 재배하여 가축을 사육한다.

야자수에서 열리는 열매로, 당도와 열량이 높고 열매, 줄기, 잎 등 나무의 모든 부분을 이용할 수 있어 사막에 사는 사람들의 중요한 식량 자원임

❹ 수목 농업 지대와 올리브

용어 사전

* **대청마루** 더운 여름을 이겨 내기 위해 통풍이 잘되는 구조로 된 전통 가옥의 마루

* **2기작** 동일한 장소에서 1년에 동일한 작물을 두 번 재배하는 농업 방식

* **원예 농업** 꽃, 채소 등을 재배하는 농업

* **낙농업** 가축을 사육하여 우유, 버터, 치즈 등의 유제품을 만드는 농업

100명의 교사가 콕 찍은 주제별·유형별 대표문제

1 온대 기후 지역의 자연환경

🚩 **이 주제에서는 어떤 문제가 잘 나올까?**
• 온대 기후 지역의 특성 고르기
• 다양한 온대 기후 지역의 특성 비교하기

• 정답 및 해설 **12**쪽

차근차근 **기본다지기**

01
111
다음 설명이 맞으면 ○표, 틀리면 ✕표 하시오.

(1) 온대 기후는 주로 고위도 지역을 중심으로 분포한다. (　　)

(2) 온대 기후 지역은 계절에 따라 기온의 차가 크게 나타난다. (　　)

(3) 온대 기후는 연중 기온이 온화하며 비교적 강수량이 풍부하여 인간이 생활하기에 쾌적한 조건이다. (　　)

02
112
다음 괄호 안의 내용 중 알맞은 것에 ○표 하시오.

(1) 온대 계절풍 기후는 주로 대륙의 (동안 , 서안)에 나타난다.

(2) 서안 해양성 기후는 난류인 북대서양 해류와 (계절풍 , 편서풍)의 영향으로 여름에는 서늘하고, 겨울에는 따뜻하다.

(3) 지중해성 기후 지역은 여름에는 아열대 고압대의 영향으로 덥고 (습한 , 건조한) 날씨가 지속된다.

03
113
(1)~(4)에서 설명하는 단어를 퍼즐판에서 찾아 색칠하시오.

대	편	서	풍	해
양	륙	인	도	양
계	절	성	양	성
절	약	악	기	기
풍	화	장	품	후

(1) 계절에 따라 주기적으로 방향이 바뀌는 바람은?

(2) 중위도 지역에서 일 년 내내 서쪽에서 동쪽으로 부는 바람은?

(3) 바다의 영향을 많이 받아 연교차가 작은 기후는?

(4) 대륙의 영향을 많이 받아 연교차가 큰 기후는?

04
114
다음 설명에 해당하는 기후로 옳은 것은?

• 분포: 대륙의 동안
• 특징: 계절풍의 영향을 많이 받음 → 여름에는 덥고 비가 많이 내리며, 겨울에는 춥고 건조함

① 지중해성 기후
② 온대 계절풍 기후
③ 서안 해양성 기후

05
115
지도에 표시된 기후 지역에 대한 설명으로 옳은 것은?

① 계절의 기온 차가 작다.

② 비교적 강수량이 부족한 편이다.

③ 고위도 지역을 중심으로 분포한다.

④ 세계적인 인구 밀집 지역을 이루고 있다.

06 기후 그래프는 A 지역의 기후 특성을 나타낸 것이다.
116 이에 대한 설명으로 옳은 것은?

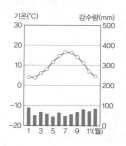 

① 대륙 동안에서 나타난다.
② 계절별 강수량이 고르다.
③ 여름철에 덥고 건조한 날씨가 나타난다.
④ 계절풍의 영향으로 겨울에는 춥고 건조하다.
⑤ 기온의 연교차가 큰 대륙성 기후가 나타난다.

07 (가)~(다) 기후에 대한 옳은 설명만을 〈보기〉에서 고른
117 것은?

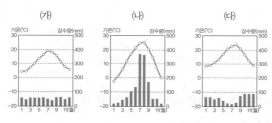

•보기•
ㄱ. (가)는 (나)보다 1월 평균 기온이 높다.
ㄴ. (가)는 (다)보다 계절별 강수량이 고르다.
ㄷ. (나)는 (다)보다 기온의 연교차가 작다.
ㄹ. 겨울에 춥고 건조한 기후는 (다)이다.

① ㄱ, ㄴ   ② ㄱ, ㄷ   ③ ㄴ, ㄷ
④ ㄴ, ㄹ   ⑤ ㄷ, ㄹ

08 다음 설명에 해당하는 온대 기후의 명칭을 쓰시오.
118

• 남·북위 30°~40°의 대륙 서안에서 주로 나타나
는 기후로 지중해 연안, 칠레 중부 등지에서 나
타난다.
• 여름은 아열대 고압대의 영향으로 고온 건조하
고, 겨울은 온대 해양성 기단 및 전선대의 영향
으로 비가 많이 내린다.

(   )

09 지도는 온대 기후 지역의 분포를 나타낸 것이다. 런던
119 이 서울보다 위도가 높지만 겨울철에 더 온화한 이유
를 서술하시오.

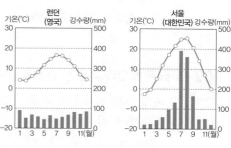

10 다음 그림에서 알 수 있는 당시의 날씨를 온대 기후의
120 특징과 연결시켜 서술하시오.

풍경화는 그림을 그릴 당시의 날씨가 잘 표현되
어 있다. 따라서 풍경화를 통해 그림의 무대가 된
지역의 기후를 알 수 있다. 그림은 네덜란드 출신
화가 고흐가 1889년 여름철 프로방스 지방(프랑스
남동부 지중해 연안
지역)의 올리브 나무
를 배경으로 하고 있
다. 태양이 이글거리
는 하늘의 모습을 노
란색 계열의 빛깔로
표현하고 있는 것이
특징이다.

⬆ 고흐-노란 하늘과 태양 아래
의 올리브 나무

② 온대 기후 지역의 주민 생활

차근차근 기본다지기

01 다음 설명이 맞으면 ○표, 틀리면 ×표 하시오.
121

(1) 온대 기후 지역의 여름은 모두 습하다. (   )

(2) 온대 계절풍 기후 지역은 벼농사가 발달하여 쌀을 주식으로 하는 음식 문화가 발달하였다. (   )

(3) 서안 해양성 기후 지역에서는 교통이 편리한 곳을 중심으로 혼합 농업이 증가하고 있다. (   )

02 다음 괄호 안의 내용 중 알맞은 것에 ○표 하시오.
122

(1) 온대 기후 지역은 주로 중위도에 있으며, 사람들이 (많이 , 적게) 거주하는 편이다.

(2) 지중해성 기후 지역에서는 포도, 오렌지, 올리브 등과 같은 수목 농업이 발달하며, 이는 주로 (겨울철 , 여름철)에 재배가 이루어진다.

(3) (낙농업 , 혼합 농업)은 곡물 재배와 가축 사육이 결합된 농업으로, 서늘한 기후에서도 잘 자라는 밀과 보리 등을 재배하면서 목초지를 조성하여 가축을 함께 기르는 농업을 말한다.

03 (1)~(5)에서 설명하는 단어를 퍼즐판에서 찾아 색칠하시오.
123

오	고	온	건	조
렌	대	돌	조	엽
지	중	해	벽	수
저	위	도	난	류
온	도	수	로	정

(1) 온대 계절풍 기후 지역에서 더위에 대비한 대청마루와 공존하는 추위에 대비한 것은?

(2) 고온 건조한 여름으로 인해 벽이 두껍고 창문이 작은 가옥이 있는 그리스의 기후는? ○○○성 기후

(3) 온대 기후가 분포해 있는 위도대는?

(4) 서안 해양성 기후 지역에서 집안의 습기를 제거하고 온도를 높이기 위해 설치하는 것은?

(5) 서안 해양성 기후 지역이 여름에는 서늘하고, 겨울에는 따뜻한 이유는? 편서풍과 ○○의 영향

04 다음 글의 주민 생활과 관련 있는 기후는?
124

> 여름철은 고온 다습하여 벼농사가 발달하였으며, 겨울철은 한랭하여 이를 대비한 김장 문화가 발달하였다. 이처럼 계절에 따른 기온차가 커서 음식이 매우 다양하다.

① 지중해성 기후

② 서안 해양성 기후

③ 온대 계절풍 기후

05 다음은 온대 기후 지역의 한 농업 방식을 설명한 것이다. 밑줄 친 ㉠에 들어갈 농업은?
125

> 서안 해양성 기후 지역의 대도시 주변에서는 가축을 사육하여 우유, 버터, 치즈 등의 유제품을 만드는 _____㉠_____이 발달하였다.

① 낙농업   ② 혼합 농업

③ 원예 농업   ④ 수목 농업

[06-07] 다음 지도를 보고, 물음에 답하시오.

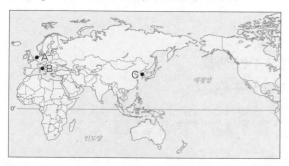

06 다음 (가)~(다) 음식을 주로 먹는 지역을 위 지도의
126 A~C와 바르게 연결한 것은?

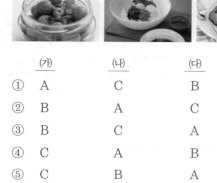

	(가)	(나)	(다)
①	A	C	B
②	B	A	C
③	B	C	A
④	C	A	B
⑤	C	B	A

07 위 지도에서 A~C 지역의 여름철 기후에 대한 옳은
127 설명만을 〈보기〉에서 고른 것은?

┌ • 보기 •
│ ㄱ. A 지역에서는 낮 동안의 태양의 열기를 피해
│   '시에스타'라고 불리는 낮잠을 즐긴다.
│ ㄴ. B 지역의 여름철에는 맑은 날 공원의 잔디밭
│   이나 강변에서 일광욕을 즐기곤 한다.
│ ㄷ. B 지역의 가옥은 햇빛을 반사해 기온을 낮추
│   기 위해 흰색으로 칠한 경우가 많다.
│ ㄹ. C 지역에서는 여름철 높은 기온을 이용하여 벼
│   농사를 주로 하며 그 결과 쌀이 주식이 되었다.
└

① ㄱ, ㄴ   ② ㄱ, ㄷ   ③ ㄴ, ㄷ
④ ㄴ, ㄹ   ⑤ ㄷ, ㄹ

08 밑줄 친 ㉠에 들어갈 기후를 쓰시오.
128

┌
│   영국은 연중 습윤한 ___㉠___ 로 북대서양 해류가
│ 가져오는 따뜻하고 습한 공기가 차가운 북극 해류
│ 와 만나 대량의 안개를 만들어 런던 거리를 뒤덮
│ 는다.
└

(   )

서술형 문제
09 다음 글에서 여름철 산불이 자주 발생하는 까닭을 기
129 후와 관련지어 서술하시오.

┌
│   유럽의 남부 지역에 산불이 잇따라 발생하고 있
│ 다. 에스파냐 남부에서는 이틀째 산불이 계속되
│ 어, 임야 450ha가 타고 주민 200여 명이 대피하
│ 였다. 이틀 전 이탈리아와 프랑스 남부에서도 산
│ 불이 나는 등 여름철 날씨 때문에 유럽 남부 지역
│ 에 산불 피해가 커지고 있다.
│   – 한국 방송 공사, 2013. 8. 22.
└

_____

_____

논술형 문제
10 (가), (나)에 해당하는 기후를 쓰고, 밑줄 친 내용과 같은
130 모습이 나타나는 이유를 (가), (나)의 기후 특성과 비교하
여 서술하시오.

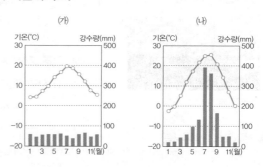

┌
│   서울의 한강처럼 파리에서도 도심을 관통하는
│ 센 강이 흐르고 있다. 생각보다 강의 폭이 넓진 않
│ 았다. 그런데도 불구하고 큰 선박이 정말 많이 드
│ 나들고 있었다. 가이드의 설명으로는 이곳의 기후
│ 조건 덕분에 수운 교통이 발달한 것이라고 하였다.
└

_____

_____

04 건조 기후 지역과 툰드라 기후 지역의 생활 모습

① 한눈에 쏙

• 건조 기후 지역의 생활 모습

사막 기후		스텝 기후
↓		↓
250mm 미만	연 강수량	250~500mm 미만
흙집, 흙벽돌집	주거	이동식 가옥
오아시스 농업, 관개 농업	농업	유목 생활

① 사막 기후 지역의 분포

남·북회 귀선 부근	아열대 고기압의 영향을 받아 맑은 날씨가 지속됨
대륙 내부	바다로부터 멀리 떨어져 있어 수증기의 공급이 적음
한류가 흐르는 해안	대기가 안정되어 있어 공기가 상승하기 어려움

② 건조 기후 지역의 가옥

⬆ 흙벽돌집(사막 기후)

⬆ 몽골 게르(스텝 기후)

③ 지하 관개 수로(카나트)

용어 사전

• **일교차** 하루 중 최고 기온과 최저 기온의 차이
• **남·북회귀선** 남·북위 23° 25′을 지나는 위선
• **외래 하천** 습윤 지역에서 발원하여 건조 지역을 통과하는 하천

---

① 건조 기후 지역의 자연환경과 주민 생활

1 건조 기후 지역의 자연환경과 주민 생활 〔자료 ①〕

(1) **기후**: 연 강수량 500mm 미만, 증발량 > 강수량, 기온의 •일교차가 큼
└─ 강수량이 부족하여 식물이 잘 자라지 못해 농업에 불리함

(2) **구분**: 연 강수량을 기준으로 사막 기후와 스텝 기후로 구분

구분	사막 기후	스텝 기후
분포①	•남·북회귀선 부근, 대륙 내부, 한류가 흐르는 해안 등	사막을 둘러싼 지역
강수량	250mm 미만	250~500mm 미만
식생	• 모래, 자갈, 바위 등으로 이루어진 사막 • 풀도 자라지 못함	• 짧은 풀이 자라는 초원 → 가축의 터전 • 우기에는 초원, 건기에는 황량해짐
의복	온몸을 감싸는 헐렁한 옷 → 모래바람이나 뜨거운 햇볕을 막기 위함	가축의 가죽이나 털로 만든 옷
가옥②	• 흙집, 흙벽돌집 → 주변에서 구하기 쉬움 • 두꺼운 벽, 작은 창문 → 낮의 더위와 밤의 추위를 막기 위함 • 좁은 건물 간격 → 그늘이 생기도록 함 • 평평한 지붕 → 비가 거의 오지 않기 때문	이동식 가옥(예 게르) → 가축의 털이나 가죽, 나무 등을 이용하여 만듦, 유목 생활에 편리함(조립과 분해가 쉬움)

🌴 **교과서 속 자료 읽기 ①** **건조 기후 지역의 분포와 기후 특징**

⬆ 사막 기후 그래프   ⬆ 스텝 기후 그래프

2 건조 기후 지역의 농목업

(1) **사막 기후 지역**

┌─ 야자수에서 열리는 열매로, 당도와 열량이 높고 열매, 줄기, 잎 등 나무의
│   모든 부분을 이용할 수 있어 사막에 사는 사람들의 중요한 식량 자원임

① **오아시스 농업**: 물을 비교적 쉽게 얻을 수 있는 •외래 하천이나 오아시스 주변에서 밀, 목화, 대추야자 등을 재배함

② **관개 농업**: 지하 관개 수로③를 이용해 물을 농경지로 끌어와 작물을 재배
└─ 물을 인공적으로 농경지로 끌어와 작물을 재배하는 농업

(2) **스텝 기후 지역**

유목민들도 가축의 가죽이나 털로 만든 옷을 입고 지냄 ─┐

① **유목**: 전통적으로 말, 염소, 양 등 가축을 이끌고 풀과 물을 찾아 이동 → 가축에서 나오는 고기, 유제품 등을 먹고, 천막 형태의 이동식 가옥에서 생활함 ─┘

② **밀 재배**: 관개 시설 확충하여 신대륙에 판매할 목적으로 재배

3 건조 기후 지역의 변화

예 사우디아라비아는 석유 개발의 이익으로 산업화·도시화가 급속히 진행됨 ─┐

(1) **정착 생활의 증가**: 일부 건조 기후 지역에서 관개 농업의 발달, 석유 자원 개발에 따른 산업화 등으로 일정한 곳에 정착하여 생활하는 유목민이 늘어남

(2) **사막화 현상 심화**: 농경지 조성, 가축 사육에 따른 삼림 파괴 때문

❷ 툰드라 기후 지역의 자연환경과 주민 생활

└─ 툰드라는 '나무가 없는 땅'이라는 뜻으로 라프 족의 말에서 유래함

1 툰드라 기후 지역의 자연환경 [자료 ❷]

(1) **기후**: 가장 따뜻한 달에도 10℃를 넘지 않음

(2) **분포**: 위도 60° 이상의 <u>고위도 지역</u>, 대체로 북극해를 둘러싸고 있음 예 시베리아 북부, 알래스카, 그린란드 해안, 캐나다와 스칸디나비아 반도의 북부 지역 등

(3) **자연환경**: 연중 얼어 있는 <u>영구 동토층</u>❹ 분포, 너무 추워 나무가 자라기 어려움

여름	• 2~3개월 정도로 짧음 → 이 시기에 기온이 0℃ 이상으로 올라감 • 땅의 표면이 녹으면서 습지를 형성해 이끼류 등의 풀이 성장함 → 야생 순록의 무리와 새, 작은 동물들이 모여듦 • *백야 현상이 나타남
겨울	• 춥고 긴 겨울이 이어지며, 땅이 눈과 얼음으로 덮임 • *극야 현상이 나타남

🔖 교과서 속 자료 읽기 ❷   툰드라 기후 지역의 분포와 기후 특징

△ 툰드라 기후 지역의 분포   △ 툰드라 기후

툰드라 기후 지역은 고위도 지역에 분포하며, 대체로 북극해를 둘러싸고 있다. 강수량은 적지만 기온이 낮아 증발량이 많지 않기 때문에 사막과 달리 지표는 다습한 편이다.

---

2 툰드라 기후 지역의 주민 생활

              ┌─ 부족한 비타민과 무기질을 보충함

의복	<u>털가죽 옷</u>, 순록 가죽으로 만든 신발
음식	날고기와 날생선을 먹음, 남은 음식은 냉동 · 훈제 · 염장 · 건조 등의 방식으로 저장함
가옥	• 폐쇄적인 가옥: 찬바람을 막고 추위를 견디기 위해 벽은 두껍게, 창문은 작게 만듦 • 이동식 가옥(예 춤), 이글루 등 ┌─ 춤은 순록의 가죽으로 만든 툰드라 기후 지역의 전통 가옥이며, 오늘날에는 목조 조립식 가옥을 지어 생활함 • <u>고상 가옥</u>❺: 영구 동토층까지 기둥을 박고 지상으로부터 약간 띄운 형태 → 얼어 있던 토양층이 난방 열기에 의해 녹으면서 가옥이 붕괴하는 것을 방지하고, 눈이 쌓여 집의 입구가 막히는 불편함을 줄이기 위함
농목업	순록 유목(짧은 여름에 순록 먹이인 이끼를 찾아 이동하며 사육), 사냥 · 수렵 · *어로 등
이동 수단	전통적인 개 썰매, 순록 썰매도 있으나 최근에는 현대적인 스노모빌, 모터보트도 사용함

3 툰드라 기후 지역의 변화

(1) **각종 개발 사업의 증가**: 석유 및 천연 가스의 개발 및 수송을 위한 도로, 철도, 파이프라인❺ 건설, 항공 및 해상 교통의 요충지로서 북극 지방 개발 등

(2) **관광객 증가**: 백야, 빙하, 오로라 등 신비한 자연 경관 체험

(3) **자연환경의 훼손 문제**: 각종 개발 및 도시 발달 때문 → 전통적으로 순록을 유목하던 사람들이 도시로 이주하여 정착하는 경우가 증가함

(4) **기온 상승**: 최근 북극해 주변 지역은 지구 온난화에 따른 기온 상승으로 빙하가 녹으면서 새로운 항로가 개척되어 인간의 접근이 쉬워지고 있음

❹ 영구 동토층

땅속 온도가 0℃ 이하를 유지하여 항상 얼어 있는 토양층으로, 여름에도 지표에 가까운 토양층은 녹지만 땅속의 영구 동토층은 녹지 않는다.

❺ 고상 가옥과 파이프라인

△ 툰드라 기후 지역의 고상 가옥

△ 알래스카의 송유관

오늘날 툰드라 기후 지역의 목조 조립식 가옥을 지을 때 바닥을 지표면에서 약간 띄워 짓는데, 이는 가옥의 열기 때문에 얼어 있는 땅이 녹으면서 가옥이 붕괴되거나 눈이 많이 내려 집의 입구가 막히는 것을 막기 위함이다. 같은 원리로 석유나 천연가스를 수송하는 파이프라인을 건설할 때도 영구 동토층까지 기둥을 박고 지표면에서 띄워 짓는 모습을 볼 수 있다.

용어 사전

• **백야와 극야** 고위도 지역에서 여름철에 해가 지지 않는 현상을 '백야', 겨울철에 해가 뜨지 않는 현상을 '극야'라고 함
• **어로** 고기나 수산물 등을 잡거나 거두어들이는 일

차근차근 기본다지기

01 다음 설명이 맞으면 ○표, 틀리면 ✕표 하시오.
131
　(1) 건조 지역은 강수량보다 증발량이 더 많은 지역을 말한다. (　　　)
　(2) 건조 기후는 연평균 기온을 기준으로 사막 기후와 스텝 기후로 나뉜다. (　　　)
　(3) 건조 지역은 주로 아열대 고기압대의 영향을 받는 남회귀선 · 북회귀선 부근을 따라 분포한다.
　　　　　　　　　　　　　　　　　　　　　　　　　　　　　　　　　　　　　(　　　)

02 다음 괄호 안의 내용 중 알맞은 것에 ○표 하시오.
132
　(1) 스텝 기후는 연 강수량이 (250mm , 250~500mm) 미만으로 짧은 풀이 자라 초원을 이룬다.
　(2) 대기가 안정되어 공기가 상승하기 어려운 (난류 , 한류)가 흐르는 해안 지역에도 사막이 형성되기도 한다.
　(3) 최근 아프리카의 사헬 지대를 비롯한 사막 주변의 초원 지대에서 (황사 , 사막화) 현상이 심화되면서 일부 지역에서는 주민들이 물과 식량을 구하는 데 어려움을 겪는다.

03 사막 지역과 스텝 지역의 특징과 생활 모습을 바르게 연결하시오.
133
　(1) 사막을 둘러싼 지역에 분포한다.　·
　(2) 연 강수량이 250mm 미만이다.　·

　· ㉠ 비가 거의 오지 않아 가옥의 지붕을 평평하게 한다.
　· ㉡ 유목 생활에 편리하게 조립과 분해가 쉬운 이동식 가옥에 거주한다.

04 기후 그래프가 나타나는 지역에서 볼 수 있는 자연 경관은?
134
　① 사막
　② 초원
　③ 밀림

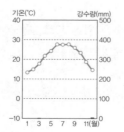

05 다음 스텝 지역의 생활 모습으로 옳은 것은?
135
　① 흙집, 흙벽돌집에서 생활한다.
　② 온몸을 감싸는 헐렁한 옷을 입는다.
　③ 비가 거의 오지 않아 지붕이 평평하다.
　④ 가축의 털이나 가죽, 나무 등을 이용하여 이동식 가옥을 만든다.

06 다음 그림처럼 지하에 수로를 파서 우물과 우물 사이
136 로 물이 흐르게 한 이유로 옳은 것은?

이란에서는 산지에 내린 비가 흘러들어 만들어
진 지하수층에 우물을 판 후, 지하 수로를 통해 마
을과 농경지로 끌어들여 생활용수로 이용하는데,
이런 시설을 카나트라고 한다.

① 연중 고온 다습한 기후이기 때문이다.
② 연중 추운 날씨가 나타나기 때문이다.
③ 여름에는 덥고 겨울에는 춥기 때문이다.
④ 강수량보다 증발량이 더 많기 때문이다.
⑤ 지면에서 올라오는 열기와 습기를 피하기 위해
이다.

07 다음 건조 지역의 변화에 대한 설명으로 옳은 것만을
137 〈보기〉에서 고른 것은?

·보기·
ㄱ. 대규모 관개 수로를 설치하고 물을 끌어와서
기업적 농업과 목축을 하게 되었다.
ㄴ. 국가 간 이동이 어렵고, 도시가 발달하여 유목
민들이 정착하는 경우가 많아지고 있다.
ㄷ. 선진국의 자본과 기술에 원주민의 노동력이 결
합하여 고무, 카카오 등을 대량으로 재배하고
있다.
ㄹ. 자원 개발, 도시 개발, 도로 건설, 농경지나 방
목지 조성을 목적으로 한 삼림 벌채가 이루어
져 밀림이 빠르게 줄어들고 있다.

① ㄱ, ㄴ   ② ㄱ, ㄷ   ③ ㄴ, ㄷ
④ ㄴ, ㄹ   ⑤ ㄷ, ㄹ

08 다음 빈칸에 공통적으로 들어갈 용어를 쓰시오.
138

사막에서 사는 주민들은 주로 오아시스나 하천
주변에서 대추야자, 밀, 보리 등을 재배하며 살아
간다. 일부 지역에서는 지하 (   ) 수로를 이
용해 다른 지역에서 물을 끌어와 (   ) 농업을
하고 있다.

(   )

서술형 문제

09 사진은 사막 지역에서의 주민 생활을 나타낸 것이다.
139 물음에 답하시오.

(가)   (나)

◈ 전통 의복   ◈ 전통 가옥

(1) 사막 지역에서 ㈎와 같은 전통 의복을 입는 이
유를 서술하시오.

_____

_____

(2) ㈏를 보고 빈칸에 적절한 내용을 쓰고 이러한
가옥이 나타나는 이유를 서술하시오.

가옥의 재료는 _____이고, 벽이 두껍고,
창문의 크기가 _____. 이러한 가옥이
나타나는 이유는 _____.

_____

_____

논술형 문제

10 그림은 사우디아라비아에서 추진되고 있는 현대식 농
140 장을 나타낸 것이다. 관개 농업이 과도하게 진행될 경
우에 발생할 수 있는 문제점을 서술하시오.

태양광 전기를
이용하여 지하수 개발

유기 농업

태양광
발전 시설

지하수를 이용한
관개 농업

_____

_____

_____

_____

_____

100명의 교사가 콕 찍은
주제별·유형별 대표문제

② 툰드라 기후 지역의 특징과 주민 생활

🚩 **이 주제에서는 어떤 문제가 잘 나올까?**
• 툰드라 기후 지역의 자연환경 특징 고르기
• 툰드라 기후 지역의 주민 생활에 영향을 준 요인 이해하기

• 정답 및 해설 **14쪽**

차근차근 **기본 다지기**

01 다음 설명이 맞으면 ○표, 틀리면 ✕표 하시오.
141
(1) 툰드라 기후는 저위도 지역에 분포한다. (　　　)

(2) 툰드라 기후란 가장 따뜻한 달에도 기온이 10℃를 넘지 않는 기후를 말한다. (　　　)

(3) 툰드라 기후 지역은 최근 백야, 오로라, 빙하 같은 독특하고 멋진 자연경관으로 관광업이 발달하고 있다. (　　　)

02 다음 괄호 안의 내용 중 알맞은 것에 ○표 하시오.
142
(1) 툰드라 기후는 2~3개월의 짧은 (겨울 , 여름) 동안 기온이 0℃ 이상으로 올라간다.

(2) 툰드라 기후 지역에서는 농목업으로 순록 유목과 (플랜테이션 , 사냥·수렵·어로)을/를 한다.

(3) 툰드라 기후 지역에서는 찬 바람을 막고 추위를 견디기 위해 (개방적인 가옥 , 폐쇄적인 가옥)을 짓는다.

03 툰드라 기후 지역의 특징과 원인을 바르게 연결하시오.
143
(1) 나무가 자라지 못한다. •

(2) 날고기와 날생선을 먹는다. •

(3) 이동식 가옥과 이글루 등을 짓는다. •

• ㉠ 유목, 사냥 등이 발달하여 이동식 생활을 한다.

• ㉡ 가장 따뜻한 날에도 기온이 10℃를 넘지 않는다.

• ㉢ 식물이 적어 섭취 가능한 비타민과 무기질이 부족하다.

04 그래프는 어느 지역의 기후를 나타낸 것이다. 이러한 기후 특성이 나타나는 기후 지역은?
144

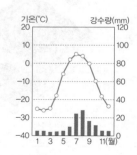

① 고산 기후 지역
② 냉대 기후 지역
③ 한대 기후 지역

05 다음 중 그린란드 지역을 여행할 때 볼 수 있는 모습으로 옳지 않은 것은?
145
① 지면에서 띄워서 지은 가옥
② 향신료를 많이 사용하여 만든 음식
③ 여름철에만 나타나는 습지와 이끼들
④ 동물의 털과 가죽으로 만든 두꺼운 의복

06 밑줄 친 ㉠에 들어갈 문장으로 옳은 것은?
146

툰드라 기후 지역에서는 이렇게 기둥을 땅속에 박고 지상으로 약간 띄운 형태의 고상 가옥을 짓습니다. 이러한 가옥을 짓는 이유는 ____㉠____

① 홍수 피해를 막기 위해서입니다.
② 해충과 동물들의 침입을 막기 위해서입니다.
③ 지표면에서 전달되는 열기를 피하기 위해서입니다.
④ 난방 열기에 얼어 있던 땅이 녹는 것을 막기 위해서입니다.
⑤ 지진이 발생하였을 때 피해를 최소화하기 위해서입니다.

07 다음 툰드라 기후 지역의 변화에 대한 옳은 설명만을 〈보기〉에서 고른 것은?
147

> • 보기 •
> ㄱ. 과도한 유목으로 인해 사막화가 발생하고 있다.
> ㄴ. 지하자원이 개발되며 도시화가 이루어지기도 한다.
> ㄷ. 기후 변화로 인해 인간이 거주 가능한 지역의 범위가 확대되고 있다.
> ㄹ. 사구, 오아시스, 버섯바위 등 신비한 자연 경관을 체험하기 위한 관광객이 증가하고 있다.

① ㄱ, ㄴ   ② ㄱ, ㄷ   ③ ㄴ, ㄷ
④ ㄴ, ㄹ   ⑤ ㄷ, ㄹ

08 다음 설명에 해당하는 용어를 쓰시오.
148

> • 땅속 온도가 0℃ 이하를 유지하여 항상 얼어있는 토양층
> • 툰드라 기후 지역의 여름철에도 지표에 가까운 토양층은 녹지만, 땅속의 이 토양층은 녹지 않는다.

(   )

서술형 문제

09 다음은 소셜 네트워크 서비스(SNS)를 통해 친해진 툰드라 기후 지역의 친구가 보낸 메시지이다. 이를 보고, 물음에 답하시오.
149

> 안녕? 우리 가족을 소개할게. 얘들은 우리 집에서 키우는 ㉠ 순록이야. 우리는 너희처럼 농사를 짓지 않고 순록으로 유목을 하며 살고 있어. 텐트처럼 생긴 것은 우리 집인데, '춤'이라고 불러. 순록의 가죽으로 만들었고, ____㉡____ 편리한 집이야.

(1) ㉠이 툰드라 기후 지역의 주민 생활에 주는 도움을 서술하시오.

(2) ㉡에 들어갈 알맞은 내용을 서술하시오.

논술형 문제

10 다음은 신문 기사의 일부이다. 물음에 답하시오.
150

> 기존의 항로 대신에 북극 주변의 빙하를 통과하게 되는 항로를 '북극 항로'라 일컫습니다. 북극 항로를 이용하는 가장 큰 이유는 거리와 시간 단축이 가능하다는 장점 때문입니다. 북극 항로는 원래 일 년 중 이용 가능한 기간이 정해져 있었습니다. 하지만 최근에는 (㉠) 현상으로 인해 북극 항로를 일 년 내내 이용할 수 있게 되었습니다.
> – 기상청, 「(㉠) 때문에 북극 뱃길이 개방되다?」

(1) ㉠에 알맞은 현상의 명칭을 쓰시오.

(2) 북극 항로가 개척됨에 따라 예상되는 문제점을 서술하시오.

01 세계의 기후 지역

01
151
지도는 세계의 기후를 표현한 것이다. A~E 기후가 옳은 것은?

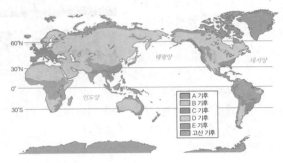

① A – 건조   ② B – 열대   ③ C – 온대
④ D – 한대   ⑤ E – 냉대

02
152
세계의 다양한 기후에 대한 설명으로 옳은 것은?
① 열대 기후는 주로 중위도에서 나타난다.
② 건조 지역은 연중 기온이 높고 강수량이 많다.
③ 냉대 기후는 가장 추운 달의 평균 기온이 −3℃ 이상이며, 사계절의 변화가 비교적 뚜렷하다.
④ 한대 기후는 가장 더운 달의 평균 기온이 10℃ 미만이며, 짧은 여름 시기에 일부 지역에서 이끼나 풀이 자란다.
⑤ 저위도에서 고위도로 가면서 열대 → 온대 → 한대 → 냉대 기후 지역이 나타난다.

03
153
다음 그림에서 알 수 있는 기후 특징으로 옳은 것은?

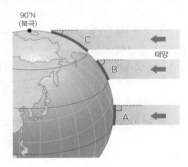

① B에서는 밀림이 형성된다.
② C는 B보다 연평균 기온이 높다.
③ B에서는 계절의 변화가 거의 없다.
④ 태양이 수직에 가깝게 비추는 곳은 C 부근이다.
⑤ A → B → C로 갈수록 태양 에너지가 넓은 지역으로 분산된다.

04
154
지도는 세계의 기온 분포를 나타낸 것이다. 옳은 설명만을 〈보기〉에서 고른 것은?

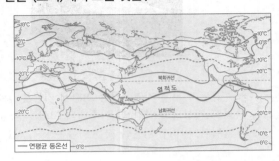

┌ 보기 ┐
ㄱ. 열적도와 적도는 일치한다.
ㄴ. 위도가 높아질수록 기온은 높아진다.
ㄷ. 연평균 등온선은 대체로 위도와 평행하게 분포한다.
ㄹ. 같은 위도 상에서 대륙과 해양의 기온 분포가 다른 것은 수륙 분포의 차이 때문이다.
└────┘

① ㄱ, ㄴ   ② ㄱ, ㄷ   ③ ㄴ, ㄷ
④ ㄴ, ㄹ   ⑤ ㄷ, ㄹ

05
155
지도는 세계 연 강수량 분포를 나타낸 것이다. 옳은 설명만을 〈보기〉에서 고른 것은?

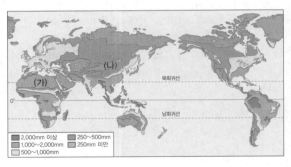

┌ 보기 ┐
ㄱ. 적도 부근은 강수량이 대체로 많다.
ㄴ. 대체로 고위도로 갈수록 강수량이 많아진다.
ㄷ. 유럽은 같은 위도의 대륙 내부보다 강수량이 적다.
ㄹ. (가)와 (나) 지역은 강수량에 비해 증발량이 많아 식생이 거의 분포하지 않는다.
└────┘

① ㄱ, ㄴ   ② ㄱ, ㄷ   ③ ㄱ, ㄹ
④ ㄴ, ㄹ   ⑤ ㄷ, ㄹ

06
156
각 지역의 기후 그래프이다. 설명으로 옳은 것은?

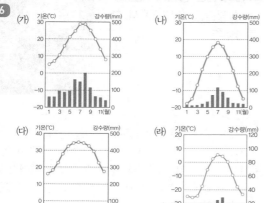

① ㈎는 열대 기후 지역으로 연교차가 매우 작다.
② ㈏는 온대 기후 지역으로 중위도에 위치한 지역이다.
③ ㈐는 건조 기후 지역으로 기온의 일교차가 가장 크다.
④ ㈐는 열대 기후 지역으로 강수량이 매우 적다.
⑤ ㈑에서는 타이가를 볼 수 있다.

07
157
인간 거주에 영향을 미치는 자연환경에 해당하지 않는 것은?

① 기온　　② 산업　　③ 지형
④ 강수　　⑤ 토양

08
158
지도는 세계의 인구 분포를 나타낸 것이다. 인간의 거주에 유리한 기후 지역으로만 바르게 연결한 것은?

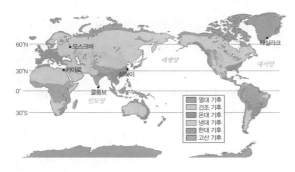

① 온대 기후 지역, 건조 기후 지역
② 온대 기후 지역, 한대 기후 지역
③ 온대 기후 지역, 열대 계절풍 지역
④ 열대 고산 기후 지역, 한대 기후 지역
⑤ 열대 고산 기후 지역, 사막 기후 지역

09
159
인간의 거주에 불리한 지역으로 옳은 것은?

① 교통이 발달한 지역
② 자원이 풍부한 지역
③ 기온이 온화한 지역
④ 하천이나 샘이 있는 곳
⑤ 높고 험준한 산지 지역

10
160
자료를 통해 파악할 수 있는 라파스의 기후 특징으로 옳은 것은?

구분	콘셉시온	라파스
위도/경도	16°15′S/62°03′W	16°31′S/68°11′W
해발 고도	490m	4,058m
인구	약 10,000명	약 810,300명

① 사막과 초원이 나타난다.
② 울창한 타이가가 분포한다.
③ 한낮에 스콜이 자주 내린다.
④ 짧은 여름동안 이끼류가 자란다.
⑤ 연중 봄과 같은 날씨가 나타난다.

11
161
밑줄 친 곳이 거주에 적합한 지역으로 변화한 이유로 옳은 것은?

> 덴마크령의 북극에 가까이 위치하여 한대 기후가 나타나며, 전체 면적의 85% 가량이 빙하로 덮여있다. 이처럼 인간이 거주할 수 없을 것만 같았던 그린란드는 최근 들어 인구가 증가하면서 독립을 추진하고 있다. 자원 개발과 관련하여 외국 기업이 그린란드로 진출하고 있으며, 인구도 더욱 증가할 것으로 예상된다.

① 삼림 자원의 개발과 관광 산업이 발달했기 때문
② 관개 시설의 확충으로 농업이 가능해졌기 때문
③ 인공적으로 바다를 메워 농사를 지을 땅을 만들었기 때문
④ 지구 온난화로 인해 빙하가 녹아 자원 개발이 쉬워졌기 때문
⑤ 석유 고갈에 대비하여 새로운 성장 동력을 찾기 위해 관광 산업에 투자하고 있기 때문

02 열대 우림 기후 지역의 생활 모습

12 A 기후 지역에 대한 설명으로 옳은 것은?
162

① 기온의 일교차보다 연교차가 크다.
② 가장 더운 달의 평균 기온이 18℃ 미만이다.
③ 비가 오는 시기와 오지 않는 시기가 뚜렷이 구분된다.
④ 한낮에는 50℃까지 올라가지만 새벽에는 0℃ 미만이다.
⑤ 오후 2~4시경에 강한 스콜이 내리고 해질 무렵은 맑다.

13 다음의 음식 문화가 나타나는 이유로 옳은 것은?
163

> 인도네시아에서는 닭고기와 각종 채소를 넣고 향신료로 양념하여 만든 볶음밥인 '나시 고렝'을 즐겨 먹는데, '나시'는 쌀을, '고렝'은 튀기거나 볶는 것을 의미한다.

① 음식이 상하는 것을 막기 때문
② 소화가 잘되면서 열량이 높기 때문
③ 단백질 섭취를 위한 방법이기 때문
④ 부족한 비타민을 보충할 수 있기 때문
⑤ 주식인 카사바와 얌의 요리법이기 때문

14 열대 기후 지역에서 이루어지는 플랜테이션 농업에 대한 설명으로 옳은 것은?
164

① 작물은 자급자족을 위해 생산한다.
② 유럽의 식민 지배 이전부터 행해지고 있다.
③ 다양한 종류의 작물을 대량으로 재배한다.
④ 선진국에 의존하지 않고 자국의 자본과 기술력으로 상품 작물을 대규모로 재배하고 있다.
⑤ 플랜테이션이 발달한 곳은 상품 작물을 집중적으로 재배하기 때문에 곡물 생산량이 감소하고 있다.

15 그림과 같은 농업에 대한 옳은 설명만을 〈보기〉에서 고른 것은?
165

> **• 보기 •**
> ㄱ. 나무를 태운 재는 흙에 양분을 준다.
> ㄴ. 고무, 카카오, 바나나가 주요 재배 작물이다.
> ㄷ. 카사바, 얌, 옥수수와 같은 농작물을 재배한다.
> ㄹ. 유럽의 자본과 기술, 원주민의 노동력이 결합하였다.

① ㄱ, ㄴ   ② ㄱ, ㄷ   ③ ㄴ, ㄷ
④ ㄴ, ㄹ   ⑤ ㄷ, ㄹ

16 사진의 전통 가옥이 주로 분포하는 지역을 지도 A~E에서 고른 것은?
166

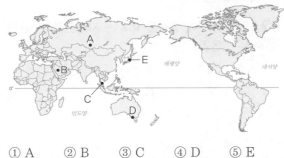

① A   ② B   ③ C   ④ D   ⑤ E

17 열대 우림 지역의 변화에 대한 설명으로 옳지 않은 것은?
167

① 원주민들의 생활 근거지가 파괴되면서 그들의 토착 문화가 사라지고 있다.
② 열대 우림 지역의 개발로 숲에 서식하는 다양한 동식물의 서식지가 파괴되고 있다.
③ 자원 개발, 농경지나 방목지 조성을 목적으로 한 삼림 벌채로 인해 밀림이 줄어들고 있다.
④ 숲이 사라짐으로써 대기 중의 이산화 탄소가 증가하여 지구 곳곳에서 이상 기후가 나타나고 있다.
⑤ 관개 농업 지역을 확대하거나 일자리를 얻어 일정한 곳에 정착하며 생활하는 유목민들이 늘고 있다.

18 온대 기후에 대한 설명으로 옳지 <u>않은</u> 것은?
168

① 우리나라는 유라시아 대륙의 동쪽에 있어 계절
　풍의 영향을 많이 받는다.

② 온대 기후는 중위도 지역을 중심으로 분포하며,
　가장 추운 달의 평균 기온이 −3°~18°C이다.

③ 유라시아 대륙 동안과 북아메리카 대륙 동안 등
　지에서 온대 계절풍 기후가 나타난다.

④ 지중해성 기후 지역은 여름에는 아열대 고압대
　의 영향으로 덥고 건조한 날씨가 이어진다.

⑤ 서안 해양성 기후는 계절풍과 북대서양 해류의
　영향으로 기온의 연교차가 작다.

19 세 지역의 기후 그래프를 비교한 내용으로 옳은 것
169 은?

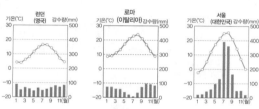

① 런던의 연교차가 가장 크다.

② 로마는 강수량이 여름철에 집중된다.

③ 서울은 연중 고른 강수의 패턴을 보인다.

④ 서울은 다른 지역에 비해 강수량의 계절 차가 크다.

⑤ 겨울에 서울은 춥고 비가 많이 오고 로마는 따
　뜻하고 비가 적게 내린다.

20 온대 지역의 주민 생활에 대한 설명으로 옳은 것만을
170 〈보기〉에서 고른 것은?

> • 보기 •
>
> ㄱ. 지표면의 열기와 습기를 피하고 해충과 뱀 등
> 　의 침입을 막기 위해 고상 가옥을 짓는다.
>
> ㄴ. 유목 생활에 편리하게 조립과 분해가 쉬운 이
> 　동식 가옥에 거주한다.
>
> ㄷ. 우리나라 전통 가옥은 겨울철 생활 공간인 온
> 　돌방과 여름철 생활 공간인 대청을 갖추었다.
>
> ㄹ. 서안 해양성 기후 지역은 흐리고 비 내리는 날
> 　이 많아 맑은 날이면 해변이나 공원에서 일광
> 　욕을 즐긴다.

① ㄱ, ㄴ　　　② ㄱ, ㄷ　　　③ ㄴ, ㄷ

④ ㄴ, ㄹ　　　⑤ ㄷ, ㄹ

21 사진과 같은 가옥이 발달한 지역에 대한 설명으로 옳
171 은 것은?

① 여름에 고온 다습한 기후로 벼농사가 발달한다.

② 고온 건조한 여름철에는 포도, 올리브 등 수목
　농업이 이루어진다.

③ 연중 강수량이 고르고 기온이 온화하여 목초지
　조성에 알맞은 곳이다.

④ 벽이 얇고 창문이 커서 외부의 열기가 집 안으
　로 들어오는 것을 차단한다.

⑤ 주민들은 순록을 유목하거나 물고기, 바다 표범
　등을 사냥하며 살아간다.

22 그림은 어떤 농업 방식의 원리를 나타낸 것이다. 이러
172 한 농업 방식으로 옳은 것은?

① 논 농업　　　　　　② 수목 농업

③ 혼합 농업　　　　　④ 관개 농업

⑤ 원예 농업

23 글의 농업 형태에 대한 설명으로 옳은 것은?

[173]

> (가) 저는 독일 함부르크에서 밀, 옥수수, 감자 등을 재배하면서 소와 돼지를 사육하고 있습니다. 이 지역은 여름 기온이 높지 않을 뿐만 아니라, 과거 빙하의 영향을 받아 토양이 척박하기 때문에 곡물만 재배하기 어렵습니다.
>
> (나) 저는 유틀란트 반도의 넓은 평야 지대에서 젖소를 사육하여 매일 아침마다 소매 상인에게 우유를 판매하고 있습니다. 북해 연안에 위치하고 있어 우수한 품질의 유제품을 다른 나라로 수출하기에 유리합니다.

① (가) 농업은 높고 험준한 산지 주변에서 행해진다.
② (가) 농업은 곡물 재배와 가축의 사육이 결합된 형태이다.
③ (나) 농업은 주로 벼농사와 같이 행해진다.
④ (나) 농업은 매일 스콜이 내려 습한 지역에서 행해진다.
⑤ (나) 농업은 대도시 주변에서 꽃, 채소 등을 재배하는 농업이다.

---

04 건조 기후 지역과 툰드라 기후 지역의 생활 모습

24 다음과 같은 경관을 볼 수 있는 기후 지역의 주민 생활 모습으로 옳지 <u>않은</u> 것은?

[174]

① 기온의 일교차가 작은 편이다.
② 일부 지역에서는 지하 관개 수로를 이용하여 관개 농업이 이루어진다.
③ 주변에서 쉽게 구할 수 있는 흙을 이용하여 흙집이나 흙벽돌집을 짓는다.
④ 모래바람과 뜨거운 햇볕으로부터 몸을 보호하기 위해 헐렁한 옷으로 온몸을 감싼다.
⑤ 물을 쉽게 얻을 수 있는 외래 하천이나 오아시스를 중심으로 밀, 대추야자 등을 재배한다.

---

25 건조 기후 지역의 특색으로 옳은 것은?

[175]

① 스텝 기후는 연 강수량이 250mm 미만으로 짧은 풀이 자라 초원을 이룬다.
② 사막 기후는 연 강수량이 250~500mm 미만으로 매우 적어 풀조차 자라지 못한다.
③ 건조 지역에는 증발량보다 강수량이 더 많아 나무가 자라지 못하는 사막이나 초원 지대가 있다.
④ 대기가 불안정하여 공기가 상승하기 어려운 한류가 흐르는 해안 지역에도 사막이 형성되기도 한다.
⑤ 서남아시아와 북부 아프리카, 오스트레일리아에 넓은 사막이 나타나는 것은 남회귀선과 북회귀선이 지나는 지역이기 때문이다.

---

26 지도의 A 지역에서 볼 수 있는 경관으로 옳은 것은?

[176]

① 황량한 사막이 나타난다.
② 침엽수림이 넓게 분포한다.
③ 나무가 울창한 밀림을 이루고 있다.
④ 초원 사이로 키가 큰 나무들이 나타난다.
⑤ 대부분의 기간에 눈과 얼음으로 덮여 있다.

---

27 사막 지역의 가옥 특징에 대한 설명으로 옳은 것만을 〈보기〉에서 고른 것은?

[177]

> ┌─ 보기 ─
> ㄱ. 가옥의 재료는 돌과 자갈로 주변에서 쉽게 구하기 어렵다.
> ㄴ. 골목길이 그늘지도록 건물을 다닥다닥 붙여서 짓는다.
> ㄷ. 비가 많이 오지만 침수의 위험이 낮아 가옥의 지붕을 평평하게 한다.
> ㄹ. 일교차를 조절하고 뜨거운 바람을 막기 위해 벽을 두껍게 만들고 창문을 작게 낸다.

① ㄱ, ㄴ   ② ㄱ, ㄷ   ③ ㄴ, ㄷ
④ ㄴ, ㄹ   ⑤ ㄷ, ㄹ

28 다음과 같은 기후와 경관 특징이 나타나는 지역의 생활 모습으로 옳지 <u>않은</u> 것은?
178

> • 기후 특징: 연 강수량이 250~500mm 미만으로, 짧은 우기와 긴 건기가 나타난다.
> • 경관 특징: 짧은 풀이 자라는 건조 초원 지대를 이룬다.

① 가축의 가죽이나 털로 만든 옷을 입고 지낸다.
② 전통적으로 가축을 이끌고 이동하는 유목 생활을 한다.
③ 가축에서 나오는 고기나 젖을 가공한 유제품을 양식으로 이용한다.
④ 고온 건조한 여름철에는 뿌리가 깊고 잎이 단단한 나무 위주의 수목 농업이 이루어진다.
⑤ 최근 아메리카와 오세아니아 등지의 지역에서는 관개 시설을 확충하여 대규모로 소를 방목하거나 밀을 재배하기도 한다.

29 사진의 가옥을 볼 수 있는 지역의 기후 그래프로 옳은 것은?
179

①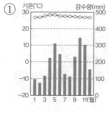
②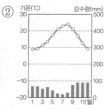
③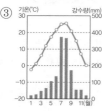
④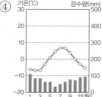
⑤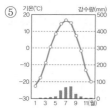

30 건조 기후 지역에서 나타나는 최근의 변화로 옳은 것만을 〈보기〉에서 고른 것은?
180

> • 보기 •
> ㄱ. 최근 서남아시아의 건조 기후 지역에서는 석유 개발을 통해 얻은 이익으로 강에 댐이나 인공 수로를 건설하여 대규모 관개 농업을 한다.
> ㄴ. 햇볕이 강한 건조 기후 지역에서는 태양열이나 태양광을 이용하여 전기를 생산하는 기업의 투자와 진출이 활발하다.
> ㄷ. 천연 고무, 기름야자 등의 작물을 대규모로 재배하는 플랜테이션이 행해지고 있다.
> ㄹ. 최근에는 오로라 같은 독특한 자연 경관을 즐기기 위해 툰드라 지역을 방문하는 관광객이 점차 증가하고 있다.

① ㄱ, ㄴ   ② ㄱ, ㄷ   ③ ㄴ, ㄷ
④ ㄴ, ㄹ   ⑤ ㄷ, ㄹ

31 툰드라 기후 특색에 대한 설명으로 옳은 것은?
181
① 가장 더운 달의 평균 기온이 10℃ 이상이다.
② 주로 저위도의 해안 지역 주변에서 나타난다.
③ 기온이 낮지만 나무가 자랄 수 있어 듬성듬성 분포한다.
④ 연중 기온이 매우 낮아 짧은 여름에도 기온이 0℃ 이상으로 올라가지 않는다.
⑤ 강수량은 적지만 기온이 낮아 증발량이 많지 않기 때문에 사막과 달리 지표는 다습한 편이다.

32 툰드라 기후 지역의 모습으로 옳은 것만을 〈보기〉에서 고른 것은?
182

> • 보기 •
> ㄱ. 툰드라 기후 지역의 땅속에는 일 년 내내 녹지 않고 얼어붙은 영구 동토층이 있다.
> ㄴ. 다양한 높이의 식생들이 빽빽하게 자라나 밀림을 형성한다.
> ㄷ. 지표면 부근 토양층에는 짧은 여름철에 눈과 얼음이 녹아서 생긴 습지가 곳곳에 분포한다.
> ㄹ. 초지가 잘 조성되어 목축에도 유리하여 가축 사육과 곡물 및 사료 작물 재배를 같이 한다.

① ㄱ, ㄴ   ② ㄱ, ㄷ   ③ ㄴ, ㄷ
④ ㄴ, ㄹ   ⑤ ㄷ, ㄹ

33 지도 A 기후 지역에 대한 설명으로 옳지 <u>않은</u> 것은?

183

① 음식을 튀겨 먹는 음식 문화가 나타난다.

② 순록을 중요한 이동 수단으로 이용하고 있다.

③ 여름에는 백야, 겨울에는 극야 현상이 나타난다.

④ 이끼는 대표적인 식물로 실생활에 두루 이용
된다.

⑤ 주로 동물을 사냥하거나 유목을 하며 생활하고
있다.

34 자료의 지역에서 다음과 같은 형태의 구조물이 나타
184 나는 이유로 옳은 것은?

이 지역에서는 영구 동토층까지 기둥을 박고 지면
에서 약간 띄워서 지은 구조물을 많이 볼 수 있다.

① 겨울에 송유관이 얼기 때문에

② 여름철 침수 피해를 줄이기 위해서

③ 순록의 이동을 원활하게 하기 위해서

④ 땅의 열기를 차단하고 통풍을 원활하게 하기
위해

⑤ 얼었던 땅이 녹아 건물이 기울어지는 것을 막기
위해

35 사진의 지역에 대한 옳은 설명만을 〈보기〉에서 고른
185 것은?

┌─ 보기 ┐
ㄱ. 카사바, 얌 등을 대규모로 재배한다.

ㄴ. 바닥에서 약간 띄운 고상 가옥을 짓는다.

ㄷ. 벽이 두껍고 창문이 거의 없는 폐쇄적인 가옥
구조가 나타난다.

ㄹ. 음식이 상하는 것을 막기 위해 향신료를 많이
사용한다.
└───────┘

① ㄱ, ㄴ   ② ㄱ, ㄷ   ③ ㄴ, ㄷ
④ ㄴ, ㄹ   ⑤ ㄷ, ㄹ

36 그림은 어느 지역에서 볼 수 있는 가옥을 그린 것이
186 다. 이러한 가옥의 특징만을 〈보기〉에서 고른 것은?

┌─ 보기 ┐
ㄱ. 바람이 잘 통하도록 벽을 얇게 만든다.

ㄴ. 빗물이 쉽게 흘러내리도록 지붕의 경사를 급
하게 만든다.

ㄷ. 생활에 편리하게 조립과 분해가 쉬운 이동식
가옥으로 만든다.

ㄹ. 골목길이 그늘지도록 가옥을 다닥다닥 붙여서
짓는다.
└───────┘

① ㄱ, ㄴ   ② ㄱ, ㄷ   ③ ㄴ, ㄷ
④ ㄴ, ㄹ   ⑤ ㄷ, ㄹ

37 그래프는 북반구 중위도에 위치한 런던과 서울의
187 기온과 강수량을 나타낸 것이다. 이를 보고, 물음에 답하시오.

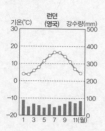 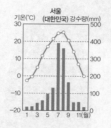

(1) 런던과 서울의 기후 특징을 서술하시오.

• 런던: _____

_____

• 서울: _____

_____

(2) 런던과 서울의 기후 특징이 서로 다른 이유를 비교하여 서술하시오.

_____

_____

_____

38 다음 사막 지역에서 사진 속의 사람처럼 옷을 입
188 게 된 이유를 기후와 연관 지어 서술하시오.

_____

_____

_____

39 다음 (가) 기후 그래프가 나타나는 지역에서 (나)와
189 같은 시설이 발달하는 이유를 서술하시오.

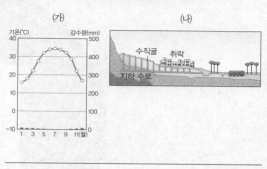

_____

_____

_____

40 자료는 어느 지역의 기후 그래프와 그 지역에서
190 주로 서식하는 동물을 나타낸 것이다. 이를 보고, 물음에 답하시오.

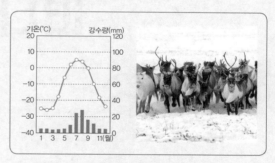

(1) 위 지역에 거주하는 사람들에게 순록이 가지는 의미를 서술하시오.

_____

_____

(2) 위 지역의 사람들은 사냥한 고기와 생선을 주로 날로 먹는다. 이러한 음식 문화와 기후 특징과 관련지어 서술하시오.

_____

_____

_____

자연으로
떠나는 여행

01 산지 지형으로 떠나는 여행

① 지구 내 · 외적 작용

② 히말라야산맥의 형성 과정

인도 · 오스트레일리아판이 유라시아판과 충돌하면서 땅이 솟아오른다.

↓

땅이 솟아올라 히말라야산맥이 만들어졌고, 주변에 시짱(티베트)고원이 만들어졌다.

용어 사전

• 풍화 햇빛, 공기, 물 등의 작용으로 오랜 시간에 걸쳐 지표의 암석이 부서지거나 약해지는 현상

① 산지 지형의 형성

1 지형의 형성

(1) **세계의 다양한 지형**: 오랫동안 지구 내부의 힘과 지구 외부의 힘을 받아 형성

(2) **지형 형성 작용①** — 지층이 옆에서 힘을 받아 구부러지는 작용 / 땅이 상대적으로 높아지는 현상

지구 내부의 힘	• 지각을 솟아오르게 하거나(융기) 가라앉게 하고(침강), 지각을 구부러지게 하거나(습곡) 어긋나게 함(단층), 화산 활동 등 — 땅이 상대적으로 낮아지는 현상 • 산지, 산맥, 고원, 화산 등이 형성됨 — 산지: 주변 지역보다 해발 고도가 높은 지역 / 산맥: 산지들이 길게 연속적으로 나타나는 지형
지구 외부의 힘	• 하천, 빙하, 강수, 바람 등에 의해 침식 · 운반 · 퇴적 · •풍화 작용 등 • 하천, 해안, 빙하 등이 형성됨

2 세계의 산지 지형 — 습곡 산지, 고원, 화산 등 세계의 산지 지형은 경관이 아름다워 멋진 관광 자원이 됨

(1) **습곡 산지**: 형성 시기에 따라 신기 습곡 산지와 고기 습곡 산지로 구분 자료 ①

구분	신기 습곡 산지	고기 습곡 산지
형성 시기	비교적 최근에 형성	오래 전에 형성
특징	• 해발 고도가 높고 험준함 • 지각 운동이 활발하여 지진, 화산 활동이 일어나기도 함	• 오랫동안 풍화와 침식 작용을 받아 해발 고도가 낮고 경사가 완만함 • 지각이 안정되어 있음
주요 산맥	알프스산맥, 히말라야산맥②, 안데스산맥, 로키산맥 등	애팔래치아산맥, 우랄산맥, 그레이트디바이딩산맥 등

(2) **고원**: 해발 고도가 높은 곳에 있지만 지형의 높낮이가 크지 않고 평탄한 곳

　① 형성: 낮고 평탄했던 지형이 융기하거나 화산에서 흘러나온 용암이 굳음

　② 대표 고원: 아비시니아고원, 티베트고원 등

(3) **화산**: 땅속 깊은 곳에 있는 마그마가 용암, 가스, 화산재 등의 형태로 분출하면서 만들어짐 예 하와이섬, 산토리니섬, 코토팍시산 등 — 해저에서 화산이 폭발하여 형성된 섬 / 세계에서 화산 활동이 가장 활발한 곳으로, 에콰도르에서 두 번째로 해발 고도가 높음

교과서 속 자료 읽기 ① 세계의 산지 지형

△ 신기 습곡 산지(히말라야산맥)

△ 고기 습곡 산지(애팔래치아산맥)

△ 고기 습곡 산지와 신기 습곡 산지

습곡 작용으로 형성된 산지는 형성 시기에 따라 높이와 형태가 다르다. 비교적 형성된 지 오래되지 않아 높고 험준한 신기 습곡 산지는 지각 운동이 활발하여 지진이나 화산 활동이 일어나기도 한다. 고기 습곡 산지는 오랜 시간 동안 풍화와 침식을 받아 해발 고도가 낮고 경사가 완만하며 지각이 안정적이다.

② 산지 지역의 주민 생활

1 산지 지역의 특징

(1) 유리한 점 ┌─ 지역을 구분하는 경계가 됨

① 경사지 이용: 계단식 농경지로 개간하거나 목초지를 조성

② 풍부한 자원: 각종 •임산물 채취, 지하자원 채굴(광업 도시 발달)

③ 방어에 유리: 외부의 침입에 방어하기 쉬움 ─ 높고 험준하여 사람들이 오가는 데 장애가 되기도 함

④ 깨끗한 자연환경 이용: 산악 스포츠 및 관광 산업 발달

(2) 불리한 점: 해발 고도가 높아 기온이 낮은 편이고, 토양이 척박하며 평평한 곳보다는 경사진 곳이 많음 → 농업 활동에 불리, 거주 공간 부족

2 산지 지역의 주민 생활 [자료 ②]

(1) 히말라야 산지의 주민 생활 ┌─ 세계에서 가장 높은 에베레스트산을 포함하여 해발 고도 8,000m 이상의 높은 봉우리가 14개나 있어 이를 등반하려는 관광객이 방문함

① 관광 산업: 관광객들에게 히말라야 산지 곳곳의 길을 안내해 주고 짐을 들어주는 셰르파❸가 생겨남

② 목축업: 춥고 건조하여 양이나 야크 등을 방목

─ 식용으로 이용될 뿐만 아니라 짐을 많이 운반할 수 있어 '고원의 배'라고도 불림

③ 농업: 일부 지역에서는 사과, 살구, 보리, 밀 등을 재배함

(2) 알프스 산지의 주민 생활

① 목축업: 소나 양을 •방목하거나 •이목 → 가축에서 얻은 우유로 치즈, 버터, 요구르트 등을 생산

─ 주로 겨울에는 상대적으로 따뜻한 저지대, 여름에는 시원한 고지대로 이동함

② 관광 산업: 아름다운 경치 활용, 스키 등 스포츠 발달

(3) 안데스 산지의 주민 생활

─ 열대 기후가 나타남

① 고산 도시의 발달❹: 적도 부근의 고산 지역에서는 평지와는 달리 일 년 내내 온화한 기후가 나타남 → 오늘날에도 라틴 아메리카의 주요 도시는 고산 지역에 자리함

② 농업: 감자, 옥수수 등 재배

③ 목축업: 야마, 라마, 알파카 등 사육

✈ 교과서 속 자료 읽기 ② **산지 지역의 주민 생활**

▲ 방목

▲ 이목

▲ 원주민과 알파카

▲ 셰르파

▲ 스키장

▲ 마추픽추

---

② 한눈에 쏙

- 산지 지역의 주민 생활

산지 지역의 특징	
유리한 점	불리한 점
풍부한 자원, 깨끗한 자연환경	높고 험준한 지형, 교통과 교류 불편

↓

	주민 생활
히말라야 산지	• 관광 산업(셰르파 증가) • 양, 야크 등 방목
알프스 산지	• 소, 염소 등 방목, 이목 • 관광 산업(자연환경)
안데스 산지	• 고산 도시 발달 • 라마, 알파카 등 사육

❸ 셰르파

셰르파는 네팔 동부 히말라야 산속에 사는 티베트계 사람들로, 최근에는 등반가들의 안내자 역할을 하거나 잠자리 등을 제공하며 살아가고 있다. 이들은 눈사태가 일어날 것으로 예상되는 장소나 시간을 직감할 정도로 산을 잘 알고, 희박한 산소에 대한 적응력이 일반 사람들보다 뛰어나다.

❹ 고산 도시의 발달

저위도 지역의 고산 지역은 연중 봄처럼 따뜻한 날씨가 나타나기 때문에 일찍부터 사람들이 거주하였다. 안데스산맥의 해발 고도 2,000m 이상의 고지대에는 고산 도시가 발달하였다.

용어 사전

- **임산물** 산림에서 나는 물품
- **방목** 가축을 일정한 목초지에 풀어 놓고 기르는 목축
- **이목** 계절에 따라 목초지를 옮겨 다니며 가축을 키우는 방식

① 산지 지형의 형성

차근차근 **기본다지기**

• 정답 및 해설 **18쪽**

01 다음 설명이 맞으면 ○표, 틀리면 ✕표 하시오.
191
(1) 신기 습곡 산지는 형성 시기가 오래되었다. (   )
(2) 세계의 산지 지형은 해발 고도가 높아 관광 자원으로 활용되기 어렵다. (   )
(3) 산맥, 고원 등과 같이 규모가 큰 산지 지형은 주로 지각판이 이동하면서 만들어진다. (   )

02 다음 괄호 안의 내용 중 알맞은 것에 ○표 하시오.
192
(1) 지층이 양쪽에서 힘을 받아 휘어진 상태를 (단층 , 습곡)이라고 한다.
(2) 해발 고도가 높은 곳에 있지만 지형의 높낮이가 크지 않고 평탄한 곳을 (고원 , 평원)이라고 한다.
(3) 땅속의 마그마가 지표면을 뚫고 나오는 곳에는 (화산 , 산맥)이 만들어진다.

03 (1)~(4)에서 설명하는 단어를 퍼즐판에서 찾아 색칠하시오.
193

침	식	안	풍	화
융	기	데	력	산
스	위	스	돌	섬
로	키	산	맥	침
잔	드	맥	하	강

(1) 세계에서 가장 긴 산맥은?
(2) 햇빛, 공기, 물 등의 작용으로 지표의 암석이 부서지거나 약해지는 현상은?
(3) 땅이 상대적으로 높아지는 현상은?
(4) 해저에서 마그마가 분출하여 형성된 섬은?

04 다음과 같은 형성 원인에 의해 만들어진 지형
194 의 예로 옳은 것은?

> 낮고 평탄했던 지형이 융기하거나 화산에서 흘러나온 용암이 굳어서 형성

① 코토팍시산
② 티베트고원
③ 알프스산맥

05 밑줄 친 ㉠에 들어갈 내용으로 옳은 것은?
195

> 고기 습곡 산지에는 애팔래치아산맥, 우랄산맥, 그레이트디바이딩산맥 등이 있으며 오랫동안 침식을 받아 신기 습곡 산지에 비해 _____㉠_____.

① 해발 고도가 낮고 완만하다.
② 고도가 높고 경사가 가파르다.
③ 형성 시기가 오래되지 않은 편이다.
④ 지진이나 화산 활동이 잦은 편이다.

06 밑줄 친 ㉠, ㉡의 지형 형성 작용의 사례가 바르게 연
196 결된 것은?

> 수십억 년 동안 지구에는 ㉠ 지구 내부의 힘과
> ㉡ 외부의 힘이 작용하였다. 세계의 다양한 지형
> 은 오랫동안 지구 내부의 힘과 외부의 힘을 받아
> 형성된 것이다.

	㉠	㉡
①	침식	단층
②	운반	퇴적
③	융기	습곡
④	습곡	화산
⑤	단층	침식

07 그림은 산지 지형의 형성 과정을 나타낸 것이다. 이
197 와 같이 형성되는 산지 지형에 대한 설명으로 옳은 것
은?

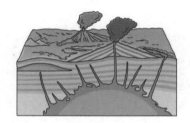

① 지구 외부의 힘에 의해 형성되었다.
② 판과 판이 충돌하여 땅이 솟아올랐다.
③ 주로 지각이 불안정한 지역에 분포한다.
④ 하천에 의한 침식이 활발하게 이루어졌다.
⑤ 오랜 기간 풍화와 침식을 받아 경사가 완만하다.

08 다음 설명에 해당하는 세계적인 산지 지형의 명칭을
198 쓰시오.

> • 세계에서 가장 높고 험한 산맥
> • 대륙 지각과 대륙 지각이 부딪치면서 형성

( )

서술형 문제

09 지도는 세계적인 산맥과 고원의 분포를 나타낸 것이
199 다. 이를 보고, 물음에 답하시오.

(1) A~D에 해당하는 산맥의 명칭을 쓰시오.

_____

(2) A~D 산맥의 공통적인 특징에 대해 서술하시오.

_____

_____

_____

논술형 문제

10 사진은 다양한 산지 지형을 나타낸 것이다. 방문하고
200 싶은 산지의 지형적 특징을 서술하시오.

▲ 아소산

▲ 킬리만자로산

▲ 아비시니아고원

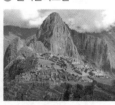
▲ 안데스산맥

_____

_____

_____

_____

_____

② 산지 지역의 주민 생활

· 정답 및 해설 **19**쪽

차근차근 기본 다지기

01 다음 설명이 맞으면 ○표, 틀리면 ✕표 하시오.
201
(1) 산지 지역은 임산물 채취와 지하자원 채굴에 유리하다. (　　　)
(2) 산지 지역은 고도가 높아 외부의 침입을 방어하기 어렵다. (　　　)
(3) 산지 지역은 저지대에 비해 기온이 높고, 토양이 비옥하다. (　　　)

02 다음 빈칸에 들어갈 알맞은 말을 쓰시오.
202
(1) 알프스 산지의 목축업은 계절에 따라 목초지를 이동하는 (　　　)의 방식으로 진행된다.
(2) 안데스 산지는 적도 부근의 다른 지역과는 달리 연중 온화한 기후의 (　　　) 도시가 발달하였다.
(3) 히말라야 산지에서는 관광객들에게 길을 안내해 주고 짐을 들어주는 (　　　)(이)라는 직업이 있다.

03 다음 세계의 산지 지역과 관련 있는 것을 바르게 연결하시오.
203
(1) 히말라야 산지　·　　　　　·　㉠ 야크
(2) 알프스 산지　·　　　　　·　㉡ 알파카
(3) 안데스 산지　·　　　　　·　㉢ 스키

04 다음 지도에 표시된 ㉠ 도시들의 공통점은?
204

① 연중 춥고 건조한 날씨가 나타난다.
② 연중 봄처럼 따뜻한 날씨가 나타난다.
③ 사계절을 활용한 관광 산업이 발달하였다.

05 다음 글은 산지 지역의 주민 생활에 대한 것이
205 다. 밑줄 친 ㉠에 들어갈 주민 생활 모습으로
옳은 것은?

> 산지 지역의 주민 생활은 공통점이 있기
> 도 하지만 지역에 따라 조금씩 다른 모습
> 이 나타난다. 이 중 히말라야 산지에서는
> 주로 　　　　　㉠　　　　　

① 스키가 발달하였다.
② 양이나 야크를 방목한다.
③ 계절에 따라 이목을 한다.
④ 야마, 라마, 알파카를 사육한다.

06
206 (개)~(대) 사진 속 산지 지역을 바르게 연결한 것은?

(개) (나) (대)

	(개)	(나)	(대)
①	알프스	안데스	히말라야
②	안데스	알프스	히말라야
③	안데스	히말라야	알프스
④	히말라야	알프스	안데스
⑤	히말라야	안데스	알프스

07
207 다음 (개)~(라)에 대한 옳은 설명만을 〈보기〉에서 고른 것은?

(개)  (나)

여름에는 산지에서, 겨울에는 마을에서 가축을 기른다.

광활한 평지에서 물과 풀을 찾아 이동하며 가축을 기른다.

(대)  (라)

계단식 경작지에서 벼농사를 주로 한다.

계단식 경작지에서 밭농사를 주로 한다.

┌─ 보기 ─
ㄱ. (개)의 산지는 계절에 따른 기온 변화가 뚜렷하지 않다.
ㄴ. (대)의 경사지는 평지에 비해 인간이 거주하기 불리한 조건에 해당한다.
ㄷ. (개)를 이목, (나)를 방목이라고 한다.
ㄹ. (대) 지역은 (라) 지역보다 덥고 습하다.
└─

① ㄱ, ㄴ   ② ㄱ, ㄷ   ③ ㄴ, ㄷ
④ ㄴ, ㄹ   ⑤ ㄷ, ㄹ

08
208 다음 설명에 해당하는 도시의 지명을 쓰시오.

안데스산맥에 위치한 페루의 고산 도시로 잉카 문명의 흔적이 남아 있다. 이곳의 사람들은 서늘한 기후에서 잘 자라는 감자와 옥수수를 재배하고, 알파카와 라마 등을 사육하며 지낸다.

(   )

서술형 문제

09
209 그림은 안데스 산지의 주민 생활 모습을 나타낸 것이다. 물음에 답하시오.

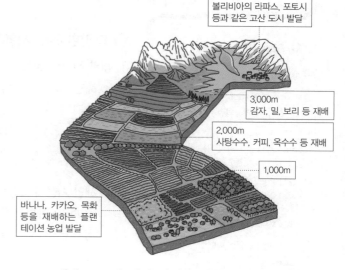

볼리비아의 라파스, 포토시 등과 같은 고산 도시 발달

3,000m 감자, 밀, 보리 등 재배

2,000m 사탕수수, 커피, 옥수수 등 재배

1,000m

바나나, 카카오, 목화 등을 재배하는 플랜테이션 농업 발달

(1) 해발 고도에 따라 안데스 산지의 주민 생활 모습이 다르게 나타나는 이유를 쓰시오.

(2) 열대 기후가 나타나는 저위도 지역에서 해발 고도 2,000m 이상의 고지대에 고산 도시가 발달하는 이유를 다른 위도대와 비교하여 서술하시오.

논술형 문제

10
210 글은 고산병에 대한 것이다. 고산병의 원인과 고산 도시를 여행하기 위해 준비해야 할 것들을 두 가지 이상 서술하시오.

해발 고도 3,000m 이상의 안데스의 고산 도시를 여행하기 위해서는 세심한 주의가 필요하다. 현기증과 구토, 두통을 동반하는 고산병 때문이다. 고산병은 일반적으로 해발 고도가 높아지면서 감소하는 공기 안에 포함된 산소도 줄어들어 발생한다. 이외에도 고지대에서는 신체의 수분이 빨리 증발하여 추위와 탈수 현상이 쉽게 나타나기 때문에 미리 준비해야 한다.

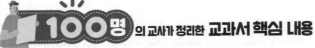
02 해안 지형으로 떠나는 여행
~ 03 우리나라의 자연 경관

① 한눈에 쏙

- **해안 지형의 형성**

파랑과 조류에 의한 침식 · 운반 · 퇴적 작용

↓

침식 작용 활발	퇴적 작용 활발
• 해식애	• 사빈
• 해식 동굴	• 석호
• 시 스택	• 갯벌

- **해안 지역의 관광 산업**

관광 산업의 발달	
긍정적 측면	부정적 측면
• 국가 경제 활성화	• 해양 생태계 파괴
• 주민 일자리 증대	• 환경 오염

① 곶과 만의 파랑 에너지

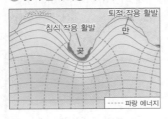

② 다양한 해안 지형

△ 그레이트오션로드(오스트레일리아)

△ 골드코스트(오스트레일리아)

---

① 다양한 해안 지형의 형성과 주민 생활

1 해안 지형의 형성

(1) **해안**: 육지와 바다가 만나는 곳①

곶	• 육지가 바다 쪽으로 돌출한 곳 → 파랑 에너지 집중, 파랑의 침식 작용 활발 • 해안 절벽, 돌기둥, 동굴 등 해안 침식 지형 형성
만	• 바다가 육지 쪽으로 들어간 곳 → 파랑 에너지 분산, 파랑의 퇴적 작용 활발 • 모래사장, 갯벌 등 해안 퇴적 지형 형성

(2) **해안 지형의 형성**: 파랑과 조류에 의한 침식 · 운반 · 퇴적 작용에 의해 형성
① 파랑: 바닷물이 바람의 영향을 받아 일렁이는 물결
② 조류: 달과 태양 사이의 당기는 힘(=인력)으로 발생하는 밀물과 썰물의 흐름

2 다양한 해안 지형 자료①

(1) **암석 해안**: 파랑의 침식 작용이 활발한 곳에서 형성 예 프랑스의 에트르타, 오스트레일리아의 그레이트오션로드(12 사도 바위)② 등

해식애	해안가에 형성된 절벽
해식 동굴	상대적으로 약한 암석의 일부분이 오랜 기간 깎여서 움푹 파인 동굴
시 스택	계속된 침식으로 육지와 분리되어 돌기둥으로 남은 부분
시 아치	구름다리와 같이 아치 모양으로 깎여 나간 지형

(2) **모래 해안**: 파랑의 퇴적 작용이 활발한 곳에서 형성

사빈	하천에 의해 운반된 모래나 주변에서 침식된 물질이 파도에 의해 해안에 형성된 모래사장 예 오스트레일리아의 골드코스트②, 브라질의 코파카바나 해안 등
석호	파도에 의해 모래가 쌓이면서 바다의 일부가 막혀 만들어진 호수 예 브라질의 리우데자네이루
사주	파랑에 의해 운반된 모래가 둑처럼 길게 쌓이면서 형성된 지형

교과서 속 자료 읽기① **다양한 해안 지형의 형성**

- 곶에서는 해안 침식 지형이, 만에서는 해안 퇴적 지형이 발달한다.
- 해식애, 해식 동굴, 시 스택 등은 파랑의 침식으로 인해 형성되고, 사빈과 석호는 파랑의 퇴적 작용이 활발할 때 형성된다.

(3) **갯벌**: 조류의 작용으로 미세한 흙이 퇴적되어 형성되는 지형으로 조차가 큰 해안에서 발달 → 밀물 때는 잠기고, 썰물 때는 드러남

(4) **˚산호초 해안**[3]: 산호초가 오랜 시간 쌓이거나 지각 운동으로 높아져 육지처럼 변하면서 아름다운 해안 지형을 형성 **예** 오스트레일리아의 그레이트배리어리프
└ 주로 열대의 깨끗하고 얕은 바다에서 잘 형성됨   └ '대보초'라고도 불림

3 해안 지역의 주민 생활

(1) **인간 거주에 유리한 해안 지역**

① 내륙에 비해 온화한 기후, 다른 지역과의 교류에 유리함

② 바다와 육지의 자원을 모두 활용할 수 있음 → 식량을 쉽게 얻음

(2) **주민 생활**

① 전통적으로는 어업과 ˚양식업에 주로 종사함

② 국가 간 교류 증대에 따라 무역항이나 공업 도시로 성장하기도 함

③ 관광 산업 발달[4]: 독특하고 아름다운 자연 경관을 바탕으로 많은 관광객이 찾아와 서비스 산업에 종사하는 주민이 증가

4 관광 산업의 발달과 해안 지역

(1) **긍정적 영향과 부정적 영향**

긍정적 영향	• 관광 산업 발달에 따른 국가 수익 증대 • 관련 서비스업의 주민 일자리 창출로 경제 활성화 • 도로, 통신 등 기반 시설의 개선
부정적 영향	• 무분별한 개발로 모래사장이 사라지고, 해안 습지가 파괴됨 → 해안 생태계의 균형이 깨짐 └ 해안의 모래가 쌓여 있는 언덕에 건물을 짓거나, 해수욕장을 따라 방파제, 콘크리트 구조물이 조성되면서 모래가 깎여나가기도 함 • 관광객 증가에 따라 쓰레기 배출 증가 → 환경 오염, 쓰레기 문제가 심각해짐 • 교통 체증, 소음 발생, 주민과 관광객 간의 갈등과 같은 다양한 문제 발생

(2) **지속 가능한 관광지로 발전하는 해안 지역** [자료 2]

① 자연환경의 훼손을 최소화: 인공 구조물 설치(해안의 침식을 늦추기 위함), 갯벌이나 맹그로브 숲[5] 등 자연을 복구하거나 보전하기 위한 활동 증가

② 개발의 이익이 외부 지역으로 유출되지 않고 지역 주민에게 돌아가도록 함

③ 관광 형태의 변화: 환경 보존, 지역 주민의 복지를 생각하면서 생태계를 체험하는 생태 관광이 증가함

🌲 **교과서 속 자료 읽기 2** **몰디브의 관광 산업 발달과 문제점**

⬆ 관광지로 개발된 몰디브 해안

⬆ 관광지에서 발생한 쓰레기

• 인도양에 있는 몰디브는 1,190여 개의 산호섬으로 된 세계적인 휴양지이다. 과거에는 수산업이 대부분의 산업 활동이었지만, 현재는 아름다운 해안을 관광 자원으로 활용해 관광 산업이 차지하는 비중이 70%에 이른다.

• 이곳을 찾는 관광객들이 배출하는 쓰레기가 하루 평균 8.2kg에 달한다. 관광지에서 발생한 쓰레기를 몇몇 섬에 모아 매립하면서 일부 섬은 쓰레기로 뒤덮이고 있다.

---

[3] **산호초 해안**

⬆ 그레이트배리어리프(오스트레일리아)

[4] **보령 머드 축제**

우리나라 충청남도의 보령에서는 머드 축제를 개최하고 있다. 갯벌이 발달한 해안 지형의 특징을 살려 머드 게임 경연, 머드 마사지 체험 등 다채로운 행사를 진행하고 지역 주민의 자발적인 참여를 유도하면서 꾸준히 관광객이 늘어나 우리나라를 대표하는 축제로 자리 잡았다.

[5] **맹그로브 숲**

주로 열대 기후 지역의 해안에 분포하며, 물 속 깊숙이 뿌리를 내리는 나무로 된 숲을 말한다. 유기물이 많아 영양분이 풍부하기 때문에 다양한 어류, 조류의 서식지이기도 하다. 해안을 관광지로 개발하면서 파괴되는 일이 많다.

용어 사전

˚**산호초** 산호가 죽거나 바다 속 생물의 탄산칼슘 성분이 쌓여 만들어진 군체

˚**양식업** 물고기나 해조류, 조개 등을 인공적으로 길러 내어 사람들에게 파는 산업

2 한눈에 쏙

· 우리나라의 산지 및 해안 지형

산지 지형	· 동고서저 지형 · 돌산과 흙산 발달
해안 지형	· 동해안: 수심이 깊고 해안선이 단조로운 해안, 모래사장 발달 · 서·남해안: 수심이 얕고, 해안선이 복잡한 해안, 갯벌 발달, 다도해

⑥ 우리나라 중부 지방의 단면도

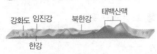

중부 지방의 단면도를 보면, 태백산맥이 동쪽으로 치우쳐 솟아 있어 서쪽으로는 경사가 완만하고, 동쪽으로는 경사가 급하다. 이로 인해 대부분의 큰 하천이 동쪽에서 서쪽으로 흐른다.

⑦ 돌산의 형성 과정

지하 깊은 곳에 화강암이 형성된다.

지표면이 침식되어 압력이 줄어들면 절리(갈라진 틈)가 형성된다.

절리를 따라 침식이 주로 이루어지고 남은 부분은 봉우리가 된다.

⑧ 리아스 해안의 형성 과정

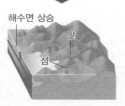

빙하기에 대부분 육지였던 황해와 남해가 후빙기에 해수면이 상승하면서 골짜기는 만이 되고, 산봉우리는 섬으로 변하면서 형성되었다.

⚫ 우리나라의 산지 지형과 해안 지형

1 우리나라의 산지 및 하천 지형

(1) 우리나라 산지 지형의 특징 [왜? 사계절이 뚜렷하여 계절마다 산지 경관이 달라지기 때문]

[왜? 오랜 시간 동안 풍화와 침식이 진행되었기 때문]

① 오래전에 형성: 세계의 큰 산맥들에 비해 해발 고도가 낮고 경사가 완만

② 국토의 70%가 산지, 산지 경관을 보기 위해 많은 등산객들이 산지를 방문함

③ **동고서저 지형⑥**: 동쪽이 높고 서쪽으로 갈수록 낮아짐
  · 산지의 대부분이 북동부에 분포, 높은 산지는 동해안에 가깝게 분포
  · 대부분의 큰 하천은 동쪽에서 서쪽으로 흐름 [예 함경산맥, 태백산맥 등]

(2) 돌산과 흙산 [자료 ❸]

돌산 ⑦	· 땅속 깊은 곳에서 **화강암** 형성 → 그 위를 덮고 있던 암석층이 오랫동안 침식을 받아 깎이면서 땅 위로 드러남 · **기암 괴석**이 절경을 이룸 → 암벽 등반 등을 위해 관광객이 많이 방문함 · 설악산, 북한산, 금강산 등
흙산	· 변성암이 오랜 풍화와 침식을 받아 형성 · 토양으로 두껍게 덮여 있음 · 지리산, 덕유산 등

2 우리나라의 해안 지형

(1) 해안 지형의 특징: 삼면이 바다로 둘러싸여 있음

(2) 해안별 특징 [자료 ❸]

[조류의 작용이 미약해 갯벌은 거의 분포하지 않음]

동해안	· 수심이 깊고 해안선이 단조로움 · 파랑의 퇴적 작용이 활발한 곳 → 모래사장을 해수욕장으로 이용, 석호 발달 · 파랑의 침식 작용이 활발한 곳 → 해식애, 시 스택 등 발달
서·남해안	· 수심이 얕고 해안선이 복잡한 리아스 해안 ⑧ · 조차가 커서 갯벌 발달 → 염전, 양식장, 관광지, 생태 학습장 등으로 활용 · 서해안: 드넓은 갯벌과 낙조 · 남해안: 다도해 → 해상 국립 공원으로 지정된 곳이 많음

🌲 교과서 속 자료 읽기 ❸ 우리나라의 산지 및 해안 지형

❶ 설악산(돌산)

❷ 지리산(흙산)

❸ 갯벌(서해안)

❹ 한려 해상 국립 공원(남해안)

❺ 경포대 해수욕장(동해안)

❸ 우리나라의 화산 지형과 카르스트 지형

1 우리나라의 화산 지형, 제주도 자료 ❹

(1) **세계 자연 유산**: 한라산, 성산 일출봉, 거문오름 용암 동굴계가 유네스코 세계 자연 유산에 등재되어 세계적으로 관심이 높아짐 └ 유네스코에서는 인류가 보존해야 할 가치가 있는 ─┐
자연 경관을 세계 자연 유산으로 등재하고 있음

(2) **제주도의 화산 지형**: 여러 차례의 화산 활동에 의해 생긴 화산 섬 → 섬 전체가 다양한 화산 지형으로 이루어져 있음 └ 섬 전체가 '화산 지형의 박물관'이라 불릴 정도로
학술적, 생태적, 지형적 가치가 높음

한라산	• 제주도의 중앙에 있는 화산 • 산의 경사가 대체로 완만하며, 정상부에는 화구호인 백록담이 있음
기생 화산 (오름)	• 한라산 사면에서 소규모의 화산 폭발로 형성된 작은 화산 → '측화산'이라고도 불림 • 제주도 곳곳에 수백 개의 오름이 있음
용암 동굴 ⁹	용암이 지표면을 덮고 흐를 때 표면이 먼저 식어서 굳고, 안쪽의 용암이 흘러나가 빈 공간이 생기면서 만들어짐
주상 절리	용암이 급격히 굳으면서 다각형의 기둥 모양으로 쪼개지며 형성됨

🌳 **교과서 속 자료 읽기 ❹ 제주도의 다양한 화산 지형**

⌃ 한라산

⌃ 지삿개 주상 절리

한라산
천연 보호 구역 ··· 우도
■ 완충 지역
■ 핵심 지역 성산 일출봉
⌃ 유네스코 세계 자연 유산

⌃ 만장굴

⌃ 성산 일출봉

제주도는 생물권 보전 지역(2002년), 세계 자연 유산(2007년), 세계 지질 공원(2010년)으로 등재되어 유네스코 지정 자연환경 분야 3관왕을 차지할 정도로 그 가치를 인정받고 있다. 또한, 화산 활동으로 형성된 지형들이 독특하고 아름다운 경관을 만들어내 매년 많은 관광객이 방문하고 있다.

2 우리나라의 카르스트 지형

(1) **석회암과 카르스트 지형의 형성**

과거에 바다였던 곳에 산호, 조개껍데기 등이 쌓여 석회암층을 형성	→	지각 운동으로 석회암층이 육지가 됨	→	빗물이나 지하수가 오랜 시간에 걸쳐 석회암을 녹이며 카르스트 지형 형성

(2) **분포 지역**: 강원도 남부, 충청북도 북동부 일대

(3) **주요 지형**

석회 동굴 ¹⁰	동굴이 확장되면서 종유석(천장에서 아래로 자람), 석순(바닥에서 위로 자라남), 석주(종유석과 석순이 만나 만들어진 기둥) 등이 나타남 예) 단양의 고수 동굴, 삼척의 환선굴, 울진의 성류굴 등
돌리네	땅속의 석회암이 물에 녹아 사라지면서 형성된 웅덩이 모양의 지형 → 물이 잘 빠져 주로 밭농사에 이용

❸ 한눈에 쏙

• **우리나라의 화산 및 카르스트 지형**

화산 지형	• 세계 자연 유산, 제주도 • 한라산, 기생 화산, 용암 동굴, 주상 절리 등
카르 스트 지형	• 석회암이 빗물이나 지하수에 녹으며 발달 • 석회 동굴 내에 종유석, 석순, 석주 등 형성

⁹ 용암 동굴의 형성 과정

용암이 분출하여 흐른다. | 용암이 분출하여 지표면으로 흐른다.

바깥쪽부터 굳는다. | 공기와 접하는 바깥쪽이 먼저 식으면서 굳는다.

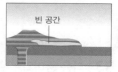
빈 공간 | 식지 않은 안쪽의 용암이 빠져나가 동굴이 형성된다.

¹⁰ 석회 동굴의 형성 과정

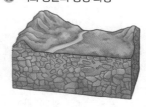
빗물이나 지표수가 틈을 타고 땅속으로 흘러들면서 석회암층을 녹인다.

하천이 흐르는 골짜기가 침식으로 깊어지면서 지하 동굴이 확장된다.

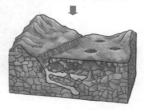
동굴 속으로 떨어지는 물에 의해 종유석, 석순, 석주 등이 형성된다.

1 다양한 해안 지형의 형성과 주민 생활

차근차근 기본다지기

01 다음 설명이 맞으면 ○표, 틀리면 ✕표 하시오.
211
(1) 바닷물이 바람의 영향을 받아 일렁이는 물결은 파랑이다. (   )
(2) 하천에 의해 운반된 모래가 파도에 의해 해안에 퇴적되어 형성된 모래사장은 갯벌이다. (   )
(3) 해안 지역은 바다와 육지의 자원을 모두 활용할 수 있어 인간 거주에 유리하다. (   )

02 다음 괄호 안의 내용 중 알맞은 것에 ○표 하시오.
212
(1) 파랑 에너지가 집중하여 파랑의 침식 작용이 활발한 곳은 (곶 , 만)이다.
(2) 사빈, 석호, 사주는 (암석 해안 , 모래 해안)에서 주로 나타난다.
(3) 해안 지역의 주민들은 전통적으로 어업이나 (농업 , 양식업)에 주로 종사한다.
(4) 해안 지형의 관광객 증가에 따라 쓰레기 배출은 (증가 , 감소)하고 있다.

03 다음 용어와 관련 있는 설명을 바르게 연결하시오.
213

(1) 만 •

(2) 조류 •

(3) 사주 •

(4) 생태 관광 •

• ㉠ 파랑에 의해 운반된 모래가 둑처럼 길게 쌓이면서 형성된 지형

• ㉡ 바다가 육지 쪽으로 들어간 곳

• ㉢ 환경 보존, 지역의 주민의 복지를 생각하는 생태계 체험 관광

• ㉣ 달과 태양 사이에 당기는 힘으로 발생하는 밀물과 썰물의 흐름

04 다음 사진에서 볼 수 있는 해안 지형은?
214

① 사주   ② 사빈   ③ 석호

05 다음 해안 지역의 주민 생활 설명으로 옳지 않은 것은?
215
① 전통적으로는 어업에 종사한다.
② 무역항이나 공업 도시로 성장하기도 한다.
③ 내륙에 비해 온화한 기후가 나타나 인간 거주에 유리하다.
④ 서비스 산업에 종사하는 주민은 지속적으로 감소하고 있다.

06 다음 해안 지형에 대한 옳은 설명만을 〈보기〉에서 고른 것은?
216

· 보기 ·
ㄱ. 만은 파랑의 침식 작용이 활발하다.
ㄴ. 파랑 에너지가 분산되는 곳은 곶이다.
ㄷ. 해안 절벽, 돌기둥 등은 주로 곶에서 발달한다.
ㄹ. 갯벌, 모래사장은 주로 만에서 발달한다.

① ㄱ, ㄴ ② ㄱ, ㄷ ③ ㄴ, ㄷ
④ ㄴ, ㄹ ⑤ ㄷ, ㄹ

07 자료는 해안 지역의 관광 산업을 정리한 것이다. 옳지 <u>않은</u> 것은?
217

〈해안 지역의 관광 산업 발달〉

긍정적 측면	부정적 측면
㉠ 국가 경제 활성화	㉢ 해양 생태계 파괴
㉡ 주민 일자리 증가	㉣ 환경 오염, 쓰레기 문제

↓

지속 가능한 해안 관광지로의 노력

• 자연환경의 훼손을 최소화
• ㉤ 개발의 이익이 외부 지역에게 돌아가도록 함
• 생태 관광의 증가

① ㉠ ② ㉡ ③ ㉢
④ ㉣ ⑤ ㉤

08 그림은 해안 지형을 나타낸 것이다. ㉠~㉣ 지형의 명칭을 각각 쓰시오.
218

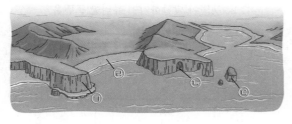

㉠: (   ), ㉡: (   )
㉢: (   ), ㉣: (   )

서술형 문제

09 다음은 가로세로 퍼즐이다. 물음에 답하시오.
219

〈가로열쇠〉
① 해안가에 형성된 절벽
② 구름다리와 같이 아치 모양으로 깎여나간 지형
〈세로열쇠〉
③ 파도에 의해 모래가 쌓이면서 바다의 일부가 막혀 만들어진 호수

(1) 가로열쇠 ①, ②, 세로열쇠 ③의 정답은?
_____

(2) 세로열쇠 ①과 ②에 들어갈 설명을 서술하고, ①과 ② 지형의 공통점을 두 가지 서술하시오.
_____
_____

논술형 문제

10 다음 글을 읽고, 물음에 답하시오.
220

비미니 제도는 아름다운 산호초 해안과 짙푸른 맹그로브 숲으로 유명하며, 뛰어난 자연환경을 바탕으로 호텔, 리조트, 요트 선착장을 갖춘 관광지로 개발되었다.
그 결과 _____㉠_____.
그러나 관광지로 개발된 이후 맹그로브 숲이 파괴되었고, 호텔과 리조트에서 많은 물을 끌어다 쓰면서 주민들은 물 부족 문제를 겪게 되었다.

(1) 밑줄 친 ㉠에 들어갈 문장을 앞 문장과 연계 및 추론하여 쓰시오.
_____

(2) 해안 지역을 관광지로 개발하는 것에 대한 자신의 의견을 찬성 또는 반대 입장에서 서술하시오.
_____
_____

② 우리나라의 산지 지형과 해안 지형

• 정답 및 해설 **21쪽**

● 차근차근 기본다지기 ●

01 다음 설명이 맞으면 ○표, 틀리면 ✕표 하시오.
221
(1) 우리나라 산지는 세계의 큰 산맥들에 비하여 해발 고도가 높고 경사가 급하다. (   )
(2) 변성암이 오랫동안 풍화와 침식을 받아 형성된 산은 돌산이다. (   )
(3) 동해안은 서·남해안에 비하여 수심이 깊고 해안선이 단조롭다. (   )

02 다음 괄호 안의 내용 중 알맞은 것에 ○표 하시오.
222
(1) 우리나라의 큰 하천은 대부분 (동쪽에서 서쪽 , 서쪽에서 동쪽)으로 흐른다.
(2) 기암 괴석이 절경을 이루는 산은 주로 (변성암 , 화강암)으로 이루어져 있다.
(3) 우리나라에서 조차가 커서 갯벌이 발달한 해안은 (서·남해안 , 동해안)이다.

03 (1)~(4)에서 설명하는 단어를 퍼즐판에서 찾아 색칠하시오.
223

다	영	경	안	동
도	구	적	사	고
해	식	애	리	서
산	스	모	아	저
물	질	시	스	택

(1) 동쪽이 높고 서쪽으로 갈수록 낮은 우리나라의 지형을 나타내는 말은?
(2) 섬이 많은 남해안의 특징을 표현하는 말은?
(3) 파랑 침식 작용이 활발한 곳에 발달하는 절벽은?
(4) 후빙기 해수면의 상승에 의해 형성된 복잡한 해안선을 보이는 해안의 명칭은?

04 다음 우리나라 중부 지방의 단면도를 보고, 이
224 러한 지형으로 인하여 발생한 현상으로 옳지 않은 것은?

① 산지의 대부분이 북동부에 분포한다.
② 높은 산지는 동해안에 가깝게 분포한다.
③ 대부분의 큰 하천은 A보다 B로 유입된다.

05 다음 문제별 정답 점수가 1점일 때, 학생의 점
225 수는?

> 1. 파랑의 퇴적 작용이 활발한 곳에 발달하는 지형은? 답: 석호
> 2. 갯벌이 발달하기에 유리한 조건은?
>   답: 파랑의 퇴적 작용이 활발해야 한다.
> 3. 섬이 많고 해안선이 복잡하여 해상 국립 공원으로 지정된 곳이 많은 해안은?
>   답: 남해안

① 0점   ② 1점   ③ 2점   ④ 3점

06 그림과 같은 지형 형성 작용을 통하여 형성된 산지에
226 대한 옳은 설명만을 〈보기〉에서 고른 것은?

•보기•
ㄱ. 대표적으로 설악산, 북한산, 금강산이 있다.
ㄴ. 암벽 등반을 위하여 관광객이 많이 방문한다.
ㄷ. 산의 경사가 비교적 완만한 편이다.
ㄹ. 지표가 토양으로 두껍게 덮여 있다.

① ㄱ, ㄴ   ② ㄱ, ㄷ   ③ ㄴ, ㄷ
④ ㄴ, ㄹ   ⑤ ㄷ, ㄹ

07 그림과 같은 형성 과정으로 만들어진 우리나라의 해
227 안에 대한 설명으로 가장 적절하지 <u>않은</u> 것은?

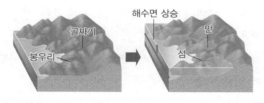

① 조차가 커서 갯벌이 발달한다.
② 수심이 얕고 해안선이 복잡하다.
③ 낙조를 관람하는 관광객이 많이 방문한다.
④ 골짜기는 만이 되고 산봉우리는 섬이 되었다.
⑤ 만의 입구가 막혀서 형성되는 호수가 발달했다.

08 다음 빈칸에 들어갈 알맞은 말을 쓰시오.
228

한반도는 70%가 산지이나 오랜 시간 풍화와 침
식이 진행되어 대부분 산지의 경사가 완만하다.
비교적 동쪽의 산지가 해발 고도가 높고 서쪽으로
갈수록 산지가 낮아지는 경향을 보이는데, 이러한
지형을 (   ) 지형이라고 한다.

(   )

서술형 문제
09 다음 글을 읽고, 물음에 답하시오.
229

서해안은 큰 하천에서 공급되는 작은 입자의 흙
이 육지 쪽으로 들어간 해안으로 운반되어 퇴적되
기에 유리하다. 이러한 과정이 오랜 시간 계속되
면 갯벌이 형성된다. 갯벌은 조개류와 낙지 등 다
양한 생물이 사는 곳이며 철새들에게도 중요한 장
소이다. 어민들은 갯벌을 (   )으로 이용한다.
반면, 동해안은 ㉠ 갯벌이 형성되기 어렵고, 입자
가 큰 모래가 파도에 의해 퇴적되기에 유리하다.
– 천재교육 사회① 교과서 65쪽, 톡톡톡 사회 일부 인용

(1) 빈칸에 들어갈 알맞은 말을 쓰시오.

_____

(2) 밑줄 친 ㉠이 어려운 이유를 〈조건〉에 맞게 서
술하시오.

•조건•
1. 서해안과 동해안의 수심을 비교할 것
2. 갯벌 발달에 필요한 지형 형성 작용을 언급
할 것

_____

_____

논술형 문제
10 자료는 어느 중학교의 수학여행에 대한 학급 회의 결
230 과이다. 학급별로 주제와 지역에 맞는 여행지에서의
활동을 서술하시오.

○○ 중학교 1학년 학급 회의 결과

1. 회의 주제: 7월 둘째 주 1박 2일 수학여행
2. 회의 결과: 우리나라의 매력적인 지형을 체험
할 수 있는 여행을 학급별로 준비한다.

위치	1반	2반	3반
여행 주제	육지와 바다 사이	아름다운 한국의 산	맑은 동해 푸른 파도
장소	보령 갯벌	지리산	경포대

3. 여행 규칙
가. 한 학급당 하나의 지역을 선정하기
나. 지형의 특징이 드러나는 활동 계획하기

_____

_____

③ 우리나라의 화산 지형과 카르스트 지형

차근차근 기본다지기

01 다음 설명이 맞으면 ○표, 틀리면 ✕표 하시오.
231
(1) 석회 동굴은 용암 동굴보다 동굴 내부 구조가 단순하다. (   )
(2) 석회암은 용암이 굳어져 형성된 암석보다 생물 화석이 풍부하다. (   )
(3) 한라산, 성산 일출봉, 거문오름 용암 동굴계는 세계 자연 유산이다. (   )

02 다음 괄호 안의 내용 중 알맞은 것에 ○표 하시오.
232
(1) 만장굴, 협재굴, 쌍룡굴은 (석회 동굴 , 용암 동굴)이다.
(2) 한라산 정상부에 있는 호수는 (천지 , 백록담)이다.
(3) 석회암이 빗물이나 지하수에 녹아 형성된 웅덩이 모양의 지형을 (오름 , 돌리네)(이)라고 한다.

03 다음 지형에 대한 설명으로 옳은 것만을 바르게 연결하시오.
233
(1) 주상 절리   •

(2) 기생 화산   •

(3) 카르스트 지형 •

• ㉠ 석회암이 빗물이나 지하수에 녹으며 발달한 지형
• ㉡ 한라산 사면에서 소규모의 화산 폭발로 형성된 작은 화산
• ㉢ 석회 동굴 내에 종유석, 석순, 석주 등이 형성되어 있는 지형
• ㉣ 용암이 급격히 굳으면서 다각형의 기둥 모양으로 쪼개지며 형성된 지형

04 사진은 강원도 남부 지역을 나타낸 것이다. 이
234 러한 지형에 대한 설명으로 옳은 것은?

① 주변에는 기생 화산이 분포한다.
② 물 빠짐이 불량하여 주로 논으로 이용한다.
③ 석회암이 빗물이나 지하수에 녹으며 형성되었다.

05 다음 중 세계 자연 유산으로 옳지 않은 것은?
235
① 마라도
② 한라산
③ 성산 일출봉
④ 거문오름 용암 동굴계

06 다음 대화에서 금강이와 소백이의 여행지로 적절한 곳을 지도의 A~C 중 바르게 연결한 것은?

`236`

> 금강: 용암이 만든 동굴을 걷고 싶어. 동굴 벽의 용암이 흐른 흔적을 보면서 걷는 것이 재미있을 것 같아.
>
> 소백: 지하수가 석회암을 녹여 만든 동굴을 보고 싶어. 종유석, 석순, 석주 등이 다양한 모습을 띄고 있다고 해.

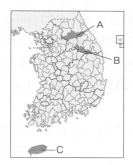

	금강	소백
①	A	B
②	A	C
③	B	A
④	C	A
⑤	C	B

07 다음 (가), (나) 호수에 대한 설명으로 옳은 것은?

`237`

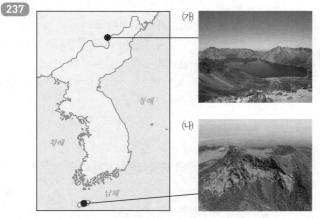

① (가)가 위치한 산은 세계 자연 유산에 등재되었다.

② (나)는 우리나라 최고봉에 위치한다.

③ (나)는 (가)보다 수심이 깊다.

④ (나)는 (가)보다 둘레의 길이가 길다.

⑤ (가), (나)는 화산 활동으로 형성된 곳에 물이 고여 만들어졌다.

08 다음 설명에 해당하는 곳을 쓰시오.

`238`

> • 화산 활동으로 형성되었으며 남한에서 가장 높은 산이다.
> • 산 정상부에 백록담이라는 호수가 있으며 세계 자연 유산에 등재되었다.

(   )

서술형 문제

09 그림은 ㉠ 지형의 형성 과정을 나타낸 것이다. 이를 보고, 물음에 답하시오.

`239`

(1) ㉠ 지형의 이름을 쓰시오.

_____

(2) ㉠ 지형의 형성 과정을 서술하시오.

_____

_____

논술형 문제

10 자료는 제주 제2공항 개발에 대한 것이다. 이에 대한 찬성과 반대 의견 중 하나를 골라 서술하시오.

`240`

> 제주 제2공항 예정 부지인 서귀포시 성산읍 수산리에 천연기념물로 지정된 용암 동굴인 수산 동굴이 있다. 이 동굴은 공항 예정 부지에서 약 650m 떨어진 곳에 있으며 동굴 안에는 용암 주석, 용암 선반, 용암 종유, 용암교 등 각종 용암 동굴 생성물이 발달해 있다. 2006년에 문화재청이 동굴 면적 44만 3,148m²를 천연기념물 제467호로 지정하였다.

_____

_____

_____

01 산지 지형으로 떠나는 여행

01 다음 (가)의 지형 형성 작용을 보고 (나)와 같이 정리할
241 때, 옳은 것만을 고른 것은?

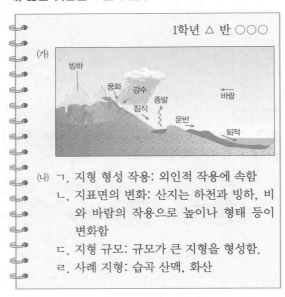

① ㄱ, ㄴ
② ㄱ, ㄷ
③ ㄴ, ㄷ
④ ㄴ, ㄹ
⑤ ㄷ, ㄹ

03 세계의 산맥과 산지에 대한 설명으로 옳지 <u>않은</u> 것은?
243
① 산지들이 길게 연속적으로 나타나는 지형을 산
맥이라고 한다.
② 산맥은 형성 시기에 따라 신기 습곡 산지와 고
기 습곡 산지로 구분할 수 있다.
③ 해발 고도가 높은 곳에 있지만 지형의 높낮이가
크지 않고 평탄한 곳을 고원이라고 한다.
④ 고원은 낮고 평탄했던 지형이 융기하거나 화산
활동으로 흘러나온 용암이 굳어져 형성된다.
⑤ 산지는 하천과 빙하, 비와 바람의 작용으로 높
이나 형태 등이 일정한 형태를 유지한다.

04 지도에 표시된 A, B 산맥의 특징으로 옳은 것만을
244 〈보기〉에서 고른 것은?

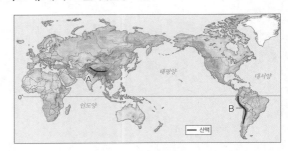

· 보기 ·
ㄱ. 히말라야 산맥은 화산 활동이 없는 습곡 산맥
이다.
ㄴ. 평균 해발 고도가 높고 험준하다.
ㄷ. 석탄, 철광석 등의 자원이 주로 매장되어 있다.
ㄹ. 고기 습곡 산지로 지각이 안정되어 있다.

① ㄱ, ㄴ
② ㄱ, ㄷ
③ ㄴ, ㄷ
④ ㄴ, ㄹ
⑤ ㄷ, ㄹ

02 다음 지형 형성 작용의 종류로 <u>다른</u> 것은?
242

①
②
③
④
⑤

05 지도의 ㉠~㉤ 산맥 중 형성 시기가 <u>다른</u> 것은?
245

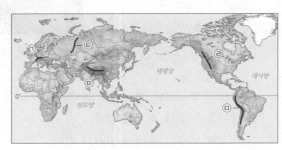

① ㉠
② ㉡
③ ㉢
④ ㉣
⑤ ㉤

06 글에서 설명하는 도시를 지도에서 고른 것은?

246

> 고대 잉카 제국의 수도였고, 관광과 교통의 중심지이다. 이 도시는 우리나라의 봄과 같은 날씨가 연중 나타나 사람이 살기에 유리하여 도시들이 발달해 있다. 또 해발 고도 3,500~4,500m의 산지에는 원주민인 인디언들이 전통적인 생활 양식을 유지하고 있다.

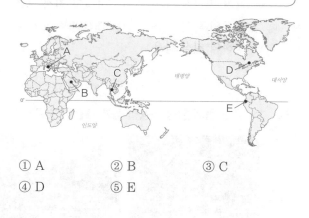

① A   ② B   ③ C
④ D   ⑤ E

07 그림은 히말라야 산맥의 형성 과정을 나타낸 것이다.

247 히말라야 산맥에 대한 옳은 설명만을 〈보기〉에서 고른 것은?

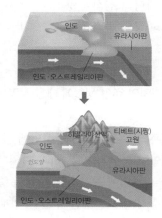

· 보기 ·
ㄱ. 고기 습곡 산지에 해당된다.
ㄴ. 서로 다른 판이 충돌하며 형성되었다.
ㄷ. 주로 지구 외부의 힘에 의해 형성되었다.
ㄹ. 조산 운동이 현재까지 계속되어 높고 험준한 편이다.

① ㄱ, ㄴ   ② ㄱ, ㄷ   ③ ㄴ, ㄷ
④ ㄴ, ㄹ   ⑤ ㄷ, ㄹ

08 다음 중 산지 지역의 주민 생활에 대한 설명으로 옳지

248 **않은** 것은?

① 지하자원이 풍부한 산지에는 광업 도시가 발달한다.
② 해발 고도가 높고 경사진 지형을 이루고 있어 농업에 불리하다.
③ 각종 지하자원과 물 자원, 삼림 자원이 풍부하지만 외부로부터의 방어에 불리하다.
④ 여름철의 서늘한 기후를 이용하여 고랭지 채소를 재배하거나 가축을 길러 젖과 고기, 털과 가죽 등을 얻는다.
⑤ 국토의 대부분이 산지로 이루어진 나라에서는 깨끗한 자연환경을 이용하여 산악 스포츠 및 관광 산업이 발달하였다.

09 알프스 산지에서 다음과 같은 산지의 이용 방식이 나

249 타나게 된 배경으로 옳은 것은?

나는 젖소야.
여름에는 여기에서 풀을 먹고 살다가 겨울에는 마을로 내려가지.

① 고대 문명이 발달하여 관광업이 발달하였다.
② 건조한 기후 지역으로 플랜테이션이 활발하다.
③ 기온이 높은 여름에 서늘한 산 위에서 가축을 기른다.
④ 농사지을 땅을 확보하기 위해 계단식 농경지를 만든다.
⑤ 여름에 서늘한 기후를 이용하여 고랭지 농업이 발달하였다.

02 해안 지형으로 떠나는 여행

10 그림은 해안가의 파랑 에너지 흐름을 나타낸 것이다.
250 ㉠, ㉡에 대한 설명으로 옳은 것은?

파랑 에너지의 흐름

① ㉠은 파랑의 에너지가 분산되는 곳이다.
② ㉡은 파랑의 에너지가 집중되는 곳이다.
③ ㉠에서는 사빈, 사주 등을 볼 수 있다.
④ ㉡에서 해식애, 파식대 등을 볼 수 있다.
⑤ 파랑의 에너지 분포 차이는 해안가에 서로 다른 경관을 만든다.

11 해안 지형에 대한 설명으로 옳지 <u>않은</u> 것은?
251
① 갯벌은 조류의 작용으로 미세한 흙이 퇴적되어 형성된 지형이다.
② 모래 해안에서는 해수욕장으로 이용되는 사빈과 석호를 볼 수 있다.
③ 암석 해안에는 파도의 퇴적 작용으로 형성된 해안 절벽인 해식애를 볼 수 있다.
④ 밀물 때는 물에 잠기고 썰물 때는 육지로 드러나는 갯벌은 주로 양식장이나 염전으로 이용된다.
⑤ 산호초와 맹그로브 숲은 해일이나 파도의 침식에서 해안을 보호하며 다양한 바다 생물의 안식처가 된다.

12 ㉠~㉤ 지형의 명칭을 바르게 연결한 것은?
252

① ㉠-해식동   ② ㉡-석호
③ ㉢-해식애   ④ ㉣-시 스택
⑤ ㉤-사빈

13 글에서 알 수 있는 지형 형성 작용으로 옳은 것은?
253

> 에트르타 해안가의 아발 절벽은 소설가 모파상이 '코끼리가 바다에 코를 처박은 형상'이라고 묘사해 '코끼리 바위'로도 잘 알려져 있는데, 인상파 화가인 모네는 이 해안 절벽을 배경으로 한 풍경화를 여러 점 남겼습니다.

① 파랑의 침식 작용   ② 바람의 퇴적 작용
③ 조류의 퇴적 작용   ④ 하천의 침식 작용
⑤ 빙하의 침식 작용

14 (가), (나) 지형의 형성 작용을 옳게 표현한 것은?
254

⬆ 그레이트베리어리프   ⬆ 골드코스트

	(가)	(나)
①	산호의 성장	파랑의 퇴적 작용
②	산호의 성장	파랑의 침식 작용
③	파랑의 침식 작용	하천의 침식 작용
④	파랑의 침식 작용	조류의 퇴적 작용
⑤	파랑의 퇴적 작용	바람의 퇴적 작용

15 해안 지역의 주민 생활에 대한 설명으로 옳지 <u>않은</u> 것
255 은?
① 전통적으로 어업과 양식업에 종사한다.
② 해안 지역에 휴양 시설과 편의 시설이 들어서면서 관광업에 종사하는 사람이 증가하였다.
③ 관광지에서 발생한 수입은 외부 지역으로 유출되지 않고 지역 경제 활성화에만 사용되어 지역 발전에 도움이 되고 있다.
④ 해상 교통이 발달하고 국가 간 교류가 활발해지면서 해안 지역은 대규모 무역항이나 공업 도시로 성장하기도 하였다.
⑤ 간척 사업으로 갯벌이 사라지고, 산업 단지나 휴양지 개발로 해안 습지가 파괴되는 등 해안 생태계의 균형이 깨지고 있다.

16 다음 관광 산업이 해안 지역에 미치는 영향으로 옳은
256 것만을 〈보기〉에서 모두 고른 것은?

> ┌─── 보기 ───
> ㄱ. 서비스 산업에 종사하는 사람이 증가하는 등
>   주민들의 경제 활동에도 변화가 나타난다.
> ㄴ. 관광 산업이 발달하면 일자리 창출, 주민들의
>   삶의 질 향상 등의 다양한 효과가 나타난다.
> ㄷ. 관광객이 증가하여도 교통 체증, 주차 문제 등
>   이 발생하지 않는다.
> ㄹ. 해수욕장을 따라 방파제나 콘크리트 구조물을
>   조성하고, 해안 사구 위에 도로와 건물 등을
>   건설하면서 해안 생태계가 파괴되고 있다.

① ㄱ, ㄴ   ② ㄱ, ㄷ   ③ ㄴ, ㄷ, ㄹ
④ ㄱ, ㄴ, ㄹ   ⑤ ㄱ, ㄷ, ㄹ

17 대화 중 간척 사업에 대한 특징으로 옳지 <u>않은</u> 것은?
257

> 도진: 어제 새만금간척사업지구에 다녀왔어.
> 이수: 간척 사업을 하면 ㉠ 교통이 편리해져.
> 도진: 갯벌을 흙으로 메워 ㉡ 넓은 땅을 만들 수도
>   있어.
> 이수: 아하! ㉢ 근처 어업과 양식업이 활발해져 어
>   민들도 부자가 될 수 있겠구나.
> 도진: 또한 관광객들이 많이 찾아와 ㉣ 지역 경제
>   가 활성화되기도 하지.
> 이수: 하지만 간척 사업을 하면 ㉤ 갯벌이 없어져
>   생태계가 파괴되기도 할 것 같아.

① ㉠   ② ㉡   ③ ㉢   ④ ㉣   ⑤ ㉤

18 바람직한 해안 지역의 개발 방향으로 옳지 <u>않은</u> 것은?
258

① 개발 이익이 지역 주민에게 돌아가는 방안을 모
  색해야 한다.

② 관광객은 지역과 지역 주민에 대한 이해와 배려
  의 자세를 가져야 한다.

③ 해안의 침식을 늦추기 위해 다양한 인공 구조물
  을 설치해야 한다.

④ 생태계의 보고이자 다양한 기능을 수행하는 갯
  벌을 보전하기 위해 노력해야 한다.

⑤ 관광의 형태도 환경의 피해를 고려하지 않고 생
  태계를 체험하는 생태 관광으로 변해야 한다.

19 다음 우리나라의 지형에 대한 옳은 설명만을 〈보기〉
259 에서 고른 것은?

> ┌─── 보기 ───
> ㄱ. 석회암이 녹으면서 만들어진 석회 동굴을 볼
>   수 있다.
> ㄴ. 해안을 따라 흐르는 한류에 의해 형성된 세계
>   유일의 해안 사막을 볼 수 있다.
> ㄷ. 우리나라는 산지와 평야로 이루어져 있으며,
>   하천은 산지와 어우러져 흐른다.
> ㄹ. 해안을 따라 모래 해안, 피오르 해안, 갯벌 등
>   다양한 해안 경관을 만날 수 있다.

① ㄱ, ㄴ   ② ㄱ, ㄷ   ③ ㄴ, ㄷ
④ ㄴ, ㄹ   ⑤ ㄷ, ㄹ

20 지도는 우리나라의 지형을 나타낸 것이다. 설명으로
260 옳은 것은?

① 우리나라는 산지보다 평야가 더 많이 분포한다.

② 남서부 지역이 북동부 지역에 비해 인구 밀도가
  높다.

③ 대부분의 큰 하천은 서쪽의 산지에서 시작하여
  동해로 흘러들어 간다.

④ 남북 간을 연결하는 교통로보다 동서 간을 연결
  하는 교통로가 발달하였다.

⑤ 북동부 지역에는 낮은 산지가 나타나고, 남서부
  지역에는 높은 산지와 평야가 나타난다.

21 (가)와 (나)에 대한 옳은 설명만을 〈보기〉에서 고른 것
261 은?

(가)　　　　　　　　(나)

┌─ 보기 ────────────────────────┐
│ ㄱ. (가)는 돌산, (나)는 흙산에 해당한다. │
│ ㄴ. (가)의 사례로는 설악산, 북한산 등이 있다. │
│ ㄷ. (나)는 화강암 바위로 땅속 깊은 곳에서 형성되 │
│ 　　 었다. │
│ ㄹ. (가)는 (나)에 비해 두꺼운 토양층이 덮여 있어 부 │
│ 　　 드럽고 포근한 느낌을 준다. │
└──────────────────────────────┘

① ㄱ, ㄴ　　② ㄱ, ㄷ　　③ ㄴ, ㄷ

④ ㄴ, ㄹ　　⑤ ㄷ, ㄹ

22 다음 우리나라의 해안 지역에 대한 설명으로 옳지 <u>않</u>
262 은 것은?

① 우리나라는 삼면이 바다로 둘러싸여 있다.

② 남해안에서는 많은 섬으로 이루어진 다도해를
볼 수 있다.

③ 동해안은 모래사장과 해안 절벽이 푸른 바다와
어우러진 모습이 나타난다.

④ 서·남해안은 해안선의 드나듦이 단순하고 동
해안은 해안선의 드나듦이 복잡하다.

⑤ 서·남해안은 조차가 크기 때문에 썰물 때 넓은
범위에 걸쳐 바닷물이 빠져나가면서 갯벌이 드
러난다.

23 다음 우리나라의 동해안에 대한 설명으로 옳은 것은?
263

① 사빈이 발달하여 해안선이 복잡하다.

② 조류의 작용이 활발하여 갯벌이 많이 분포한다.

③ 파도의 퇴적 작용으로 형성된 해식애, 시 스택
등의 지형이 나타난다.

④ 모래 해안은 동해로 흐르는 하천이 운반해 온 모
래를 파도가 해안을 따라 퇴적하여 만든 것이다.

⑤ 동해안에는 모래 해안을 따라 바다와 마주 보는
호수인 사빈이 형성되어 해수욕장과 함께 주요
관광지로 이용된다.

24 사진의 해안 지형이 형성된 이유로 옳은 것은?
264

① 조류의 퇴적 작용에 의해 갯벌이 형성되었다.

② 만의 입구에 모래가 쌓여 석호가 형성되었다.

③ 땅속의 석회암이 지하수에 의해 녹아 형성되었다.

④ 파랑의 침식으로 해안 절벽과 평탄한 대지가 형
성되었다.

⑤ 용암의 표면이 먼저 식고, 땅속으로 용암이 흘
러 형성되었다.

25 다음 제주도에 대한 설명으로 옳지 <u>않</u>은 것은?
265

① 한라산의 봉우리에는 화구호인 백록담이 있다.

② 제주도에서는 다각형의 기둥 모양인 주상 절리
를 볼 수 있다.

③ 대규모 화산 폭발 이후 소규모의 화산 폭발로
인해 형성된 오름을 많이 볼 수 있다.

④ 울릉도, 독도와 달리 용암의 점성이 높아 넓게
퍼지지 않고 굳어진 결과 경사가 급한 화산체가
되었다.

⑤ 한라산, 성산 일출봉, 거문오름 용암 동굴계는
지형학적 가치를 인정받아 유네스코 세계 자연
유산으로 지정되었다.

26 다음은 제주도에서 볼 수 있는 지형 경관이다. (가)~(라)
266 지형의 형성 과정이 옳게 연결된 것만을 〈보기〉에서 고른 것은?

△ 한라산

△ 성산 일출봉

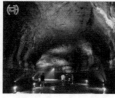
△ 만장굴

△ 지삿개 주상 절리

• 보기 •
ㄱ. (가) 점성의 차이가 있는 용암이 여러 차례 분출하면서 형성되었다.
ㄴ. (나) 용암이 흘러내리면서 식는 과정에서 규칙적인 균열이 생겨 형성되었다.
ㄷ. (다) 용암이 지표면을 덮고 흐를 때 표면이 먼저 굳고 안쪽으로 용암이 흘러내려 형성되었다.
ㄹ. (라) 얕은 바닷가에서 용암이 분출되고 화산재가 쌓여 형성되었다.

① ㄱ, ㄴ ② ㄱ, ㄷ ③ ㄴ, ㄷ
④ ㄴ, ㄹ ⑤ ㄷ, ㄹ

27 우리나라의 카르스트 지형에 대한 옳은 설명만을
267 〈보기〉에서 고른 것은?

• 보기 •
ㄱ. 석회 동굴에서는 종유석, 석순 등을 볼 수 없다.
ㄴ. 강원도 남부와 충청북도 북동부 일대에 분포한다.
ㄷ. 화강암이 물에 녹아 움푹 파여 만들어진 돌리네와 같은 지형이 나타난다.
ㄹ. 삼척의 환선굴, 영월의 고씨 동굴 등은 석회 동굴이 발달한 대표적인 곳이다.

① ㄱ, ㄴ ② ㄱ, ㄷ ③ ㄴ, ㄷ
④ ㄴ, ㄹ ⑤ ㄷ, ㄹ

28 세 지역의 음식이 발달한 이유를 산지 지역의 기
268 후와 관련지어 서술하시오.

• 스위스의 퐁뒤: 긴 꼬챙이에 빵이나 과일 등을 꽂아서 녹인 치즈에 찍어 먹는 음식
• 티베트 지역의 수유차: 야크 버터를 넣어 만든 차
• 페루의 전통음식 안티쿠초스: 한국의 꼬치구이와 비슷한데, 감자와 옥수수를 곁들여 먹는 것이 특징

_____

29 글의 밑줄 친 내용에 대한 이유를 지형 형성 작용
269 과 관련지어 서술하시오.

이곳은 많은 절벽과 돌기둥이 발달한 해안으로, 예수의 열두 제자를 의미하는 12사도 바위가 있다. 그러나 과거에 12개였던 바위는 일부가 무너져 현재 8개만 남아 있다.

_____

30 글을 읽고 우리나라의 아름다운 자연 경관을 보존
270 해야 하는 이유를 서술하시오.

동굴 훼손이 심한 석회 동굴에서는 종유석, 석순 등을 몰래 떼어가 시멘트로 석순과 종유석을 만들어 붙여 놓았다. 개방 이전에 동굴에 사는 것으로 확인된 생물이 개방 이후에는 최고 50%까지 멸종하여 개체 수가 절반 이상 줄어든 것으로 드러났다. 하나의 종유석이 만들어지는 데는 수백 년에서 수천 년이 걸린다. 하지만 한번 망가진 동굴은 영원히 과거 모습 그대로 복원할 수 없다.

_____

다양한 세계,
다양한 문화

01 세계의 다양한 문화 지역

① 한눈에 쏙

• 세계의 문화 지역

문화 지역	특징
동아시아	벼농사, 유교, 불교, 한자, 젓가락 문화
동남아시아	벼농사, 고상 가옥, 다양한 종교
인도	불교와 힌두교의 발상지, 소 숭배
건조	유목 생활, 이슬람교
유럽	크리스트교, 일찍 산업화
아프리카	유럽의 식민 지배, 부족 중심 생활, 원시 종교
앵글로아메리카	산업 발달, 다양한 인종 구성, 개신교
라틴아메리카	인디오·백인·흑인·혼혈족으로 구성, 가톨릭교
오세아니아	유럽인이 개척, 원주민 문화
북극	순록 유목, 추운 기후에 적응한 생활 양식

① 세계의 문화 지역

1 문화와 문화 경관

(1) **문화**: 인간이 자연환경을 극복하고 자연과 상호 작용하는 과정에서 만들어낸 사고방식이나 생활 양식 예 의식주, 종교, 언어 등

(2) **문화의 특징**

① 지역마다 자연환경과 경제·사회적 환경이 다름 → 다양한 문화가 나타남

② 교통·통신의 발달, 새로운 문화에 대한 인식 변화 → 서로 영향을 주고받으며 변화하고 발달함

(3) **문화 경관**: 어떤 장소에 특정 문화를 지닌 사람들이 오랜 기간 생활하면서 만들어 놓은 지역의 문화적 특성 예 종교 경관, 언어 경관, 도시 경관 등
└─ 문화 경관을 통해 그 지역의 문화를 이해하거나 지역 간 문화의 차이를 파악할 수 있음

2 문화 지역의 구분 [자료①]

(1) **문화 지역**: 같은 문화 요소를 공유하거나 유사한 문화 경관이 나타나는 공간적 범위
└─ 문화권이라고도 함

(2) **문화 지역의 구분**: 문화 지역은 고정된 것이 아니라 어떤 문화 요소(종교❶, 언어❷, 민족, 의식주 등)를 기준으로 하는지에 따라 달라질 수 있음

❶ 세계의 종교 인구

종교 없음 14
크리스트교 30
기타 15
(단위: %)
힌두교 13
이슬람교 22
불교 6

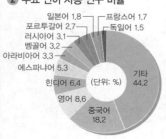

❷ 주요 언어 사용 인구 비율

일본어 1.8
프랑스어 1.7
포르투갈어 2.7
독일어 1.5
러시아어 3.1
벵골어 3.2
아라비아어 3.3
에스파냐어 5.3
힌디어 6.4 (단위: %)
기타 44.2
영어 8.6
중국어 18.2

교과서 속 자료 읽기 ① 세계의 다양한 문화 지역

유럽 문화 지역
크리스트교 문화가 발달하였으며, 일찍 산업화를 이루었다.

건조 문화 지역
주로 유목 생활을 하며, 대부분의 주민들이 이슬람교를 믿는다.

아프리카 문화 지역
유럽의 식민 지배를 받았으며, 부족 중심의 생활을 한다.

동아시아 문화 지역
유교, 불교, 한자, 젓가락 문화 등의 공통점이 나타난다.

동남아시아 문화 지역
주로 벼농사를 지으며, 인도와 중국의 영향을 받았다.

인도 문화 지역
불교와 힌두교의 발상지로 다양한 종교와 언어가 나타난다.

북극 문화 지역
순록을 유목하며, 추운 기후에 적응한 생활 양식이 나타난다.

앵글로아메리카 문화 지역
산업이 발달하였으며, 인종 구성이 매우 다양하다.

유럽 문화 지역
북극 문화 지역
앵글로아메리카 문화 지역
동아시아 문화 지역
건조 문화 지역
인도 문화 지역
동남아시아 문화 지역
태평양
대서양
아프리카 문화 지역
인도양
오세아니아 문화 지역
라틴 아메리카 문화 지역

오세아니아 문화 지역
유럽인이 개척한 지역으로, 원주민 문화의 전통이 남아 있다.

라틴 아메리카 문화 지역
인디오, 백인, 흑인, 혼혈족으로 구성되어 독특한 문화를 형성한다.

세계의 문화 지역은 종교, 언어, 민족, 의식주 등 여러 가지 문화 요소를 복합적으로 고려하여 크게 동아시아 문화 지역, 동남아시아 문화 지역, 인도 문화 지역, 건조 문화 지역, 유럽 문화 지역, 아프리카 문화 지역, 앵글로아메리카 문화 지역, 라틴 아메리카 문화 지역, 오세아니아 문화 지역, 북극 문화 지역 등 10개로 구분해 볼 수 있으며, 이는 고정된 것이 아니라 기준에 따라 달라질 수 있다.

② 자연환경과 경제·사회적 환경에 따른 문화의 지역 차

1 자연환경에 따른 문화의 지역 차: 기후는 전통적인 의식주 생활에 많은 영향을 주어 지역 차를 발생시킴

구분	의복 [3]	음식	가옥 [4]
열대 기후	시원하고 가벼운 옷	이동식 화전 농업, 카사바, 얌	나무집, 고상 가옥
건조 기후	온몸을 감싸는 옷	목축업, 밀, 대추야자	흙집
한대 기후	두꺼운 털옷	사냥 및 어로, 날고기, 날생선	고상 가옥, 얼음집

왜? 강한 햇볕 차단, 모래바람을 막기 위함

2 경제·사회적 환경에 따른 문화의 지역 차 [자료 2]

(1) 경제 수준이나 산업에 따른 문화의 지역 차

경제 수준이 높은 지역	인공적 경관, 현대적 생활 모습이 두드러짐 예 넓은 도로, 높은 건물
경제 수준이 낮은 지역	오래 전부터 전해진 전통적인 생활 양식과 문화 경관을 유지함

(2) 종교에 따른 문화의 지역 차

크리스트교	• 높고 뾰족한 탑에 십자가를 세운 교회나 성당에서 예배를 드림 • 부활절이나 크리스마스에 종교 행사를 함
이슬람교	• 둥근 지붕과 뾰족한 탑의 모스크, 하루에 다섯 번씩 메카를 향해 기도를 함 • 코란의 지침에 따라 여성들은 천으로 머리와 몸을 가리고 다니며 생활 [5] • 돼지고기, 동물의 피, 술 등을 먹지 않고 *할랄 식품만 먹음
힌두교	• 윤회 사상을 믿고, 지역마다 다른 신을 모시는 사원이 있음(다신교) • 갠지스강에서 몸을 씻는 종교 의식, 소를 신성시하여 쇠고기를 먹지 않음
불교	사찰, 불상, 탑을 볼 수 있음. 살생을 금지하는 항목이 있어 채식을 함
유대교	문어, 오징어, 독수리, 말 등을 먹지 않으며, 돼지는 부정한 동물로 취급

교과서 속 자료 읽기 ② **세계의 주요 종교와 경관**

크리스트교
이슬람교
힌두교
불교
유대교
기타

◈ 세계의 주요 종교 분포

◈ 크리스트교 문화 지역　◈ 이슬람교 문화 지역　◈ 불교 문화 지역　◈ 힌두교 문화 지역

종교는 생활 전반에 많은 영향을 주는 문화 요소로, 종교에 따라 문화의 지역 차가 나타나기도 한다.

② 한눈에 쏙

• 문화의 지역 차

기후	→	각 기후에 적응하기 위해 기후대별로 의식주 문화에 차이가 나타남
종교	→	• 크리스트교: 교회, 성당 • 이슬람교: 모스크, 코란 • 힌두교: 소 숭배, 다신교 • 불교: 불상, 사찰

3 기후에 따른 다양한 의복 문화

◈ 열대 기후 ◈ 건조 기후 ◈ 한대 기후

4 기후에 따른 다양한 주거 문화

◈ 고상 가옥(열대 기후)

◈ 흙집(건조 기후)

◈ 고상 가옥(한대 기후)

5 이슬람 여성의 의복

◈ 부르카　◈ 히잡　◈ 차도르

용어 사전

*할랄 식품 이슬람교에서 허용되는 재료와 조리법으로 만든 식품

100명의 교사가 콕 찍은
주제별·유형별 대표문제

🚩 이 주제에서는 어떤 문제가 잘 나올까?
• 문화의 의미와 특징 알아보기
• 문화 지역 구분하기

● 정답 및 해설 **25**쪽

① 세계의 문화 지역

차근차근 기본다지기

01 다음 설명이 맞으면 ○표, 틀리면 ✕표 하시오.
271
(1) 문화 지역의 경계는 대륙의 경계와 정확히 일치한다. (　　　)
(2) 문화란 인간과 환경이 상호 작용으로 형성된 공통된 생활 양식이다. (　　　)
(3) 문화 지역은 오랜 시간에 걸쳐 형성된 것으로 대부분의 기준에 비추어 볼 때 한 번 형성된 범위는 변화되지 않는다. (　　　)

02 다음 괄호 안의 내용 중 알맞은 것에 ○표 하시오.
272
(1) 문화 지역은 (다른 , 유사한) 문화 경관이 나타나는 공간적 범위이다.
(2) 기후, 지형 등과 같은 (자연환경 , 경제적·사회적 환경)에 따라 문화적 차이가 나타나기도 한다.
(3) (앵글로아메리카 , 라틴 아메리카) 문화 지역은 인디오, 백인, 흑인, 혼혈족으로 구성되어 독특한 문화를 형성한다.

03 문화 지역과 그 특징을 바르게 연결하시오.
273
(1) 유럽 문화 지역　　•
(2) 건조 문화 지역　　•
(3) 북극 문화 지역　　•
(4) 인도 문화 지역　　•
(5) 동아시아 문화 지역　•

• ㉠ 크리스트교, 일찍 산업화
• ㉡ 날고기, 순록 사육
• ㉢ 이슬람교, 유목 생활
• ㉣ 유교, 한자, 불교, 벼농사
• ㉤ 힌두교와 소 숭배

04 다음 문화에 대한 옳은 설명만을 〈보기〉에서 고른 것은?
274

┌─ 보기 ─────────────
│ ㄱ. 문화 지역의 경계는 국경선과 일치한다.
│ ㄴ. 문화는 자연환경과 인문 환경의 영향을 받는다.
│ ㄷ. 자연환경이 동일할 경우 같은 문화가 나타난다.
│ ㄹ. 기준이 다양하여 한 지역이 여러 개의 문화 지역에 포함되기도 한다.
└──────────────────

① ㄱ, ㄴ　　② ㄴ, ㄹ　　③ ㄷ, ㄹ

05 밑줄 친 ㉠에 해당하는 문화 지역은?
275

┌────────────────────
│ 　㉠　은/는 문자로는 한자 문화 지역에 속하고, 식사 도구로는 젓가락 문화 지역에 속하며, 사회 제도 형성에 영향을 준 사상 측면에서는 유교 문화 지역에 속한다. 또 불교로부터 건축이나 조각, 회화 등 전통문화에 깊은 영향을 받았다.
└────────────────────

① 유럽 문화 지역
② 아프리카 문화 지역
③ 동아시아 문화 지역
④ 오세아니아 문화 지역

06
276
지도는 세계의 문화 지역을 나타낸 것이다. A~E 문화 지역의 특징으로 옳지 <u>않은</u> 것은?

① A - 크리스트교, 일찍 산업화
② B - 털옷, 날고기, 순록 유목
③ C - 원시 종교, 부족 문화
④ D - 유럽인이 개척, 원주민 문화
⑤ E - 가톨릭교 문화, 다양한 혼혈 문화

07
277
다음 두 학생의 대화와 관계있는 문화 지역을 지도에서 찾으면?

> • 학생 1: 이 지역 주민들의 대부분은 이슬람교를 믿고 있으며, 아랍 어를 사용하고 있어.
> • 학생 2: 맞아. 이 지역은 물을 구하기 어렵고 가축에게 먹일 풀을 찾기 위해 이동 생활을 하고 있어.

① A   ② B   ③ C
④ D   ⑤ E

08
278
다음 빈칸에 들어갈 알맞은 용어를 쓰시오.

> (   )은/는 어떤 장소에 특정 문화를 지닌 사람들이 오랜 기간 생활하면서 만들어 놓은 지역의 문화적 특성을 말한다. 자연환경이 동일해도 주민의 문화적 특성에 따라 다르게 나타난다.

(   )

서술형 문제

09
279
지도는 아메리카의 문화 지역을 구분한 것이다. 물음에 답하시오.

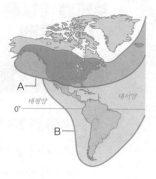

(1) A 문화 지역의 명칭과 대표적인 나라를 각각 쓰시오.

_____

(2) B 문화 지역에서 남부 유럽 문화의 영향을 받아서 나타나는 특징을 두 가지 서술하시오.

_____
_____

논술형 문제

10
280
다음 지도를 보고, 물음에 답하시오.

㉠   을/를 기준으로 한 문화 지역

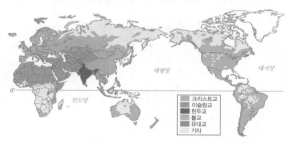

㉡   을/를 기준으로 한 문화 지역

(1) ㉠, ㉡에 해당하는 문화 지역의 구분 기준은 무엇인지 쓰시오.

_____

(2) 지도에서 아프리카의 문화 지역 범위가 다르게 나타나는 이유를 서술하시오.

_____
_____

② 자연환경과 경제·사회적 환경에 따른 문화의 지역 차

• 정답 및 해설 26쪽

이 주제에서는 어떤 문제가 잘 나올까?
• 자연환경에 따른 의·식·주 비교하기
• 종교의 영향을 받은 음식 고르기

차근차근 기본 다지기

01 다음 설명이 맞으면 ○표, 틀리면 ✕표 하시오.
281

(1) 자연환경에 따라 지역의 문화는 다르게 나타난다. (   )

(2) 지역마다 집을 짓는 재료나 집의 구조가 서로 다르다. (   )

(3) 일반적으로 경제 발전의 수준이 높을수록 인공적인 경관의 발달이 미약하다. (   )

02 다음 괄호 안의 내용 중 알맞은 것에 ○표 하시오.
282

(1) (건조 , 한대) 기후 지역에서는 사냥 및 어로 생활을 하고 보온이 잘되는 털옷을 입는다.

(2) 비나 눈이 많이 오는 지역에서는 지붕의 경사가 (급 , 완만)하다.

(3) (힌두교 , 이슬람교)에서는 돼지고기 먹는 것을 금기시한다.

03 다음 종교에 대한 설명을 바르게 연결하시오.
283

(1) 불교   •

(2) 힌두교   •

(3) 이슬람교   •

• ㉠ 돼지고기 먹는 것을 금기시한다.

• ㉡ 살생을 금지하는 계율이 있어서 고기를 먹지 않는다.

• ㉢ 소를 신성시하여 쇠고기를 먹지 않으며 인간의 영혼은 끊임없이 윤회한다고 믿는다.

04 다음 사진 속의 복장과 밀접하게 관련 있는 기
284 후로 옳은 것은?

① 열대 기후

② 건조 기후

③ 한대 기후

05 다음 글과 관련 있는 지역을 지도의 A~D에서
285 찾으면?

기온이 높고 강수량이 풍부하며 토양이 비옥한 지역에서는 벼농사가 활발하다. 이들 지역에서는 쌀로 면을 만들고 육수를 부어 먹는 음식이 발달하였다.

① A   ② B   ③ C   ④ D

06 (가), (나) 사진 속의 의복과 관계 있는 기후 지역을 바르게 연결한 것은?
286

(가)   (나)

	(가)	(나)
①	열대 기후 지역	건조 기후 지역
②	열대 기후 지역	한대 기후 지역
③	건조 기후 지역	열대 기후 지역
④	건조 기후 지역	한대 기후 지역
⑤	한대 기후 지역	열대 기후 지역

07 밑줄 친 ㉠에 대한 옳은 설명만을 〈보기〉에서 고른 것은?
287

다양한 문화는 경제·사회적 환경에 따라 달라진다. 특히 ㉠ 종교는 주변 경관을 변화시키고 사람들의 의복, 식습관 등의 행동 양식에 영향을 준다.

• 보기 •
ㄱ. 불교에서는 소를 신성시하여 쇠고기를 먹지 않는다.
ㄴ. 유대교에서는 살생을 금지하여 채식 위주의 식생활을 한다.
ㄷ. 이슬람교에서는 코란(쿠란)의 지침에 따라 생활하고 돼지고기 등을 먹지 않는다.
ㄹ. 힌두교에서는 갠지스강에서 목욕을 하며 죄를 씻는 의식을 중시한다.

① ㄱ, ㄴ   ② ㄱ, ㄷ   ③ ㄴ, ㄷ
④ ㄴ, ㄹ   ⑤ ㄷ, ㄹ

08 다음 설명에 해당하는 용어를 쓰시오.
288

• 아랍어로 '허용된 것'이라는 의미
• 이슬람 율법으로 허용되어 이슬람교도가 먹을 수 있는 식품을 의미

(   )

09 다음 사진을 보고, 물음에 답하시오.
289

(1) (가), (나) 가옥 구조가 나타나는 기후 지역을 각각 쓰시오.

_____

(2) (가) 가옥의 창문이 작은 이유를 서술하시오.

_____

_____

10 다음 자료를 보고, 물음에 답하시오.
290

(가)		십자가가 상징이며 주로 유럽이나 아메리카, 오세아니아 등에서 볼 수 있다.
(나)		탑과 불상이 있는 것이 특징이며, 지역마다 조금씩 다르게 나타난다.
(다)		둥근 지붕과 뾰족한 첨탑이 특징이며, 북아프리카, 서남아시아 등에서 주로 볼 수 있다.

(1) (가)~(다)는 어떤 종교와 관련 있는 경관인지 각각 쓰시오.

_____

(2) 종교에 따라 경관이나 생활 관습 등에 차이가 나타나는 이유를 서술하시오.

_____

_____

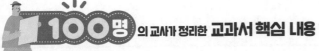
02 세계화에 따른 문화 변용
~ 03 문화의 공존과 갈등

❶ 한눈에 쏙

• 문화전파와 문화 변용

| 문화
접촉과
문화 전파 | → | 문화 공존, 문화
동화, 문화 융합 |

| 문화의
세계화 | → | • 문화의 획일화
• 문화의 다양화 |

❶ 라틴 아메리카의 언어 분포

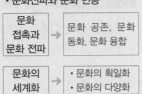

리오그란데강 남쪽의 아메리카 대륙과 카리브해의 여러 섬을 포함하는 지역은 과거에 에스파냐인들과 포르투갈인들의 지배를 받았다. 그래서 지중해 주변 남부 유럽의 라틴 민족 문화와 비슷한 문화적 특성을 띄게 되어 라틴 아메리카로 불린다.

❷ 문화 전파에 따른 문화 변용

문화 공존	서로 다른 두 문화가 함께 존재함 예 우리나라에 공존하는 유교, 불교, 크리스트교
문화 동화	하나의 문화는 남고, 다른 하나는 사라짐 예 우리나라의 가로쓰기 방식(세로쓰기)
문화 융합	두 문화가 만나 새로운 문화가 만들어짐 예 돌침대, 치즈 떡볶이

용어 사전

• **외래 문화** 바깥(외국 등)에서 들어온 문화

---

❶ 세계화에 따른 문화 변용

1 문화 전파에 따른 문화 변용

(1) 문화 접촉과 문화 전파

① **문화 접촉**: 서로 다른 문화적 배경을 지닌 개인이나 집단이 만나는 것

② **문화 전파** ❶: 문화 접촉이 반복적으로 이루어지면서 한 지역의 문화가 다른 지역으로 이동하거나 주변으로 퍼져나가는 현상 예 청바지
└ 미국 광부의 작업복으로 제작했으나,
오늘날 세계인이 즐겨 입는 의복이 됨

(2) 문화 변용 ❷ **과 사례** 자료 ❶

① **문화 변용**: 지역 간 문화 전파에 따라 둘 이상의 문화가 만났을 때 기존의 문화가 변화하는 현상
└ 문화 변용의 결과 주변 지역과 다른 독특한 문화 경관이 형성되기도
하고 멀리 떨어진 지역에서 유사한 문화 경관이 나타나기도 함

② **사례**: 멕시코의 과달루페 성모상, 말리의 젠네 모스크, 떡 케이크, 돌침대, 라이스 버거, 재즈 등

교과서 속 자료 읽기 ❶ 문화 전파에 따른 문화 변용의 사례

🔺 **멕시코의 과달루페 성모상**

에스파냐의 영향으로 가톨릭교가 전파되었고, 원주민이 이를 변형해 자신들의 모습과 비슷한 검은 머리, 갈색 피부의 성모상을 만들었다.

🔺 **말리의 젠네 모스크**

건조 기후 지역에 위치한 말리는 주변에서 쉽게 구할 수 있는 진흙을 이용하여 이슬람 사원을 만들었다.

🔺 **우리나라의 라이스 버거**

세계적으로 퍼진 햄버거는 각 지역의 사람들의 입맛에 맞게 변형되고 있으며, 우리나라에서는 빵 대신 밥을 이용한 버거가 생겨났다.

---

2 세계화에 따른 문화 변용

(1) 세계화: 교통·통신의 발달로 국경을 넘어 지역 간 상호 작용이 활발해지는 현상

(2) 문화의 세계화: 세계화에 따라 각 지역의 문화가 점차 유사해지는 현상

(3) 세계화가 문화에 미친 영향

| 문화의 다양화
(문화 융합) | 세계화에 따라 확산된 문화가 각 지역의 특성에 맞게 지역 문화와 섞이는 것
예 지역 특성을 반영한 햄버거와 피자, 다른 나라의 음식, 영화 등을 즐김 |
| 문화의 획일화 | • 한 지역의 문화가 다른 지역에서 비슷하게 나타나거나 전 세계적으로 같은 문화를 공유하는 현상 예 커피, 청바지, 패스트푸드
• 강력한 영향력을 가진 •외래 문화가 유입되면 전통문화가 사라짐 |

(4) 문화의 세계화가 지역에 미친 영향
└ 예 전통문화를 이용한 축제의 개최

| 긍정적 영향 | 지역 문화를 창조적으로 발전, 전통문화의 가치를 재발견하고 보존하기 위해 노력 |
| 부정적 영향 | 지역 간 문화적 차이로 인한 갈등, 청소년 문화의 서구화로 인한 세대 간 문화 격차가 커짐, 서구 문화로 획일화 → 전통문화 소멸, 문화적 다양성과 정체성 훼손 |

└ 예 인도 카슈미르 동부의 라다크 지역: 서구 문화가 전파되면서 이를 무작정 따라하거나, 전통 생활 방식을 부끄럽게 여기는 주민들이 생겨나 전통문화는 점차 사라져 감

❷ 서로 다른 문화의 공존과 갈등

1 서로 다른 문화의 공존

(1) **문화 공존**: 서로 다른 민족, 언어, 종교 등이 조화를 이루며 함께 존재하는 것

(2) **대표적인 문화 공존 지역** ❸ 자료 ❷

스위스	• 정부의 균형적이고 다양한 언어 정책 시행 • 모든 공공 문서를 4개 언어로 발행하고 언어별 인구에 비례하여 공무원 채용 • 주요 사용 언어 외 다른 언어 배우기 의무화, 개인의 언어 선택 자유 인정
싱가포르	• 원래 말레이인이 살던 곳이었으나, 인도양과 태평양을 잇는 해상 교역로에 위치하여 무역항으로 성장 → 다양한 인종과 문화가 유입되어 다른 언어와 종교 공존 • 종교별로 하나 이상의 법정 공휴일 지정, 헌법에 인종 간 평등주의 명시
말레이시아	해상 교통의 요충지, 중국과 인도에 지리적으로 인접 → 아시아 대표 문화 전시장
캐나다	*다문화주의를 정책 이념으로 함 → 모자이크 사회 지향
브라질	원주민, 백인, 흑인, 혼혈인이 함께 거주 → 주민들 간 경제 격차는 있지만, 인종과 민족 갈등이 거의 없음
우리나라	다양한 종교(유교, 불교, 크리스트교) 공존, 외국인 마을(예 서래 마을, 화교 마을)

└─ 우리나라도 2000년대부터 외국인의 비중이 급격히 커지면서 다문화 사회로 변화함

2 서로 다른 문화의 갈등

(1) **문화 갈등**: 서로 다른 문화를 인정하지 않고 자신만의 문화를 고집하거나 강요하는 것 → 언어, 종교, 민족 등이 주요 원인이 됨

(2) **대표적인 문화 갈등 지역**

두 지역 간 경제적 격차가 벌어지면서 갈등이 심화됨

벨기에	네덜란드어를 사용하는 북부 지역과 프랑스어를 사용하는 남부 지역 간의 갈등
카슈미르	주민 대부분이 이슬람교도인 카슈미르가 힌두교를 믿는 인도에 귀속되면서 갈등
팔레스타인	제2차 세계 대전 이후 팔레스타인 지역에 유대교를 믿는 이스라엘이 건국되자 수차례의 전쟁이 발발하였고, 분쟁이 지속됨
퀘벡주 ❹	캐나다(영어 사용)에서 퀘벡주(프랑스어 사용)가 분리·독립을 주장하며 갈등을 겪음
스리랑카	불교도인 싱할라족과 힌두교도인 타밀족 간의 갈등

(3) **문화 갈등의 극복**

① **문화 상대주의**: 모든 문화가 서로 다른 환경에 따라 고유한 가치를 지닌다는 생각으로 다른 문화를 이해하고 인정하는 태도 필요

② 다양한 문화가 조화롭게 공존할 수 있도록 법과 제도 마련

교과서 속 자료 읽기 ❷ 문화의 공존과 갈등 사례

△ 스위스의 언어 분포

△ 벨기에의 언어 분포

△ 카슈미르 지역

• 스위스는 4개의 공용어 사용이 자유롭게 인정되는 사회적 분위기를 바탕으로 서로 다른 문화가 조화롭게 공존하고 있지만, 벨기에는 서로 다른 언어를 사용하는 사람들 간의 갈등이 심각하게 나타나고 있다.
• 인도가 영국으로부터 독립할 때 주민 대부분이 이슬람교를 믿던 북서부의 카슈미르 지역은 파키스탄에 들어가길 원하였는데, 힌두교를 믿던 지배층이 인도에 통치권을 넘기면서 인도와 파키스탄 간에 갈등이 시작되었다.

---

❷ **한눈에 쏙**

• 문화의 공존과 갈등

문화 공존 지역	스위스, 싱가포르, 말레이시아 등
문화 갈등 지역	카슈미르, 팔레스타인, 퀘벡 주 등

❸ **인도의 화폐**

인도는 영국으로부터 독립한 후, 공용어를 힌디어로 지정하거나 몇 개 언어로 제한하지 않았다. 대신 자국의 언어 상황을 현실적으로 받아들이고 많은 언어가 충돌 없이 공존하는 방안을 마련하였다. 인도 화폐의 뒷면에는 15개의 언어가 표기되어 있다.

❹ **프랑스 문화가 있는 퀘벡주**

프랑스 전통이 남아 있는 캐나다의 퀘벡주는 전체 인구의 80% 정도가 프랑스어를 사용하고 있다. 두 차례에 걸친 주민 투표 결과 분리 독립 안건은 부결되었지만, 갈등의 소지는 남아 있다.

용어 사전

* **다문화주의** 한 사회 안에 혼재하는 여러 이질적인 문화를 소외시키거나 배제하지 않고 모두 수용하며 공존과 관용을 지향하는 입장

1 세계화에 따른 문화 변용

● 정답 및 해설 27쪽

● 차근차근 **기본 다지기** ●

01 다음 설명이 맞으면 ○표, 틀리면 ✕표 하시오.
291

(1) 문화는 다른 문화와의 상호 작용을 통하여 끊임없이 변화한다. (   )

(2) 지역 간 문화 전파에 의해 기존의 문화가 변화하는 현상을 문화 변용이라고 한다. (   )

(3) 문화의 세계화로 한 지역의 문화가 다른 지역에서 비슷하게 나타나거나 전 세계적으로 같은 문화를 공유하는 문화가 나타나면서 전통문화가 발달하게 되었다. (   )

02 다음 괄호 안의 내용 중 알맞은 것에 ○표 하시오.
292

(1) 문화 접촉이 반복적으로 이루어지면서 한 지역의 문화가 다른 지역으로 퍼져나가는 것을 (문화 전파 , 문화 동화)라고 한다.

(2) 아프리카 말리의 젠네 모스크 등은 (문화 접촉, 문화 변용)의 대표적인 사례이다.

(3) 문화의 세계화로 새로운 문화가 유입되고 기존의 문화와 만나 섞이면서 (문화의 획일화 , 문화 융합) 모습이 나타나기도 한다.

03 (1)~(4)에서 설명하는 단어를 퍼즐판에서 찾아 색칠하시오.
293

문	화	접	촉	전
화	장	수	변	용
전	일	세	계	화
파	요	파	문	제
획	일	화	말	리

(1) 한 지역의 문화가 다른 지역으로 옮겨가는 현상은?

(2) 서로 다른 문화적 배경을 지닌 개인이나 집단이 만나는 것은?

(3) 지역 간 문화 전파에 따라 둘 이상의 문화가 만났을 때 기존의 문화나 전파된 문화가 변하는 문화 ○○

(4) 한 지역의 문화가 비슷하게 나타나거나 전 세계적으로 같은 문화를 공유하는 문화의 ○○○ 현상

04 다음 문화 현상과 관련된 용어로 옳은 것은?
294

- 전 세계적으로 우리나라의 케이팝(K-pop)이 유행한다.
- 커피를 즐겨 마시는 지역과 국가가 점차 늘어나고 있다.
- 청바지는 미국 광부의 작업복이었으나 오늘날 전 세계인이 즐겨 입는 의복이 되었다.

① 문화 지역
② 문화 전파
③ 문화 경관

05 A, B에 들어갈 내용을 바르게 연결한 것은?
295

서로 다른 문화적 배경을 지닌 개인이나 집단이 만나는 것을 (A)(이)라고 하며, 한 지역의 문화가 다른 지역으로 이동하거나 주변으로 퍼져나가는 현상을 (B)(이)라고 한다.

	A	B
①	문화 접촉	문화 전파
②	문화 이동	문화 융합
③	문화 전파	문화 접촉
④	문화 변용	문화 갈등

06 다음 글과 관계 깊은 사례로 옳지 <u>않은</u> 것은?
296

> 문화 전파로 어떠한 지역에 이전에 형성된 문화가 변화하기도 하고 이전의 문화와 융합하기도 하고 문화를 받아들이는 집단이 전파된 문화를 선택적으로 받아들여 변형시키기도 한다.

① 　②

③ 　④

⑤

07 다음 각 나라의 햄버거를 통해 알 수 있는 내용으로
297 옳은 것은?

이집트	돼지고기를 사용하지 않는 버거
독일	패티 대신 소시지를 넣은 버거
필리핀	빵 대신 쌀을 이용한 라이스버거
캐나다	랍스터를 사용한 랍스터버거

① 한 번 형성된 문화는 변하지 않는다.
② 문화는 모든 지역에서 동일하게 나타난다.
③ 문화는 사람들 간의 직접적인 이동으로만 전파된다.
④ 필리핀에서 쌀을 주식으로 하는 것은 종교적 원인이다.
⑤ 다른 지역으로 이동한 문화는 그 지역의 문화와 결합하여 변형되기도 한다.

08 다음 빈칸에 들어갈 알맞은 용어를 쓰시오.
298

> 문화가 세계화되면서 세계의 문화가 비슷해지는 문화의 (　　　　) 현상이 발생하면서 강력한 영향력을 가진 외래 문화가 유입되면서 전통문화 소멸 등의 갈등이 발생하기도 한다.

　　　　　　　　　　　　　(　　　　　)

09 다음 자료를 보고, 물음에 답하시오.
299

> ㈎ 브라질의 삼바춤은 브라질로 이주해온 흑인 노예들이 힘든 노동을 잊기 위한 축제에서 유래되었으며, 라틴 아메리카의 문화와 결합된 브라질 춤이다.
>
> ㈏ 핼러윈은 원래 아일랜드에서 살던 켈트족의 전통의식이었으나 미국으로 전파되어 호박으로 등을 만들고 캐릭터 복장을 하고 사탕을 주고 받는 형식의 축제로 바뀌었다.

(1) ㈎, ㈏와 같은 문화 현상을 무엇이라고 하는지 쓰시오.

＿＿＿＿＿＿＿＿＿＿＿＿＿＿＿＿

(2) ㈎, ㈏와 같은 문화 현상이 문화에 미치는 영향을 서술하시오.

＿＿＿＿＿＿＿＿＿＿＿＿＿＿＿＿
＿＿＿＿＿＿＿＿＿＿＿＿＿＿＿＿

10 ㈎, ㈏ 그림에서 알 수 있는 문화의 세계화에 대한 장
300 점과 단점을 서술하시오.

＿＿＿＿＿＿＿＿＿＿＿＿＿＿＿＿
＿＿＿＿＿＿＿＿＿＿＿＿＿＿＿＿
＿＿＿＿＿＿＿＿＿＿＿＿＿＿＿＿

② 서로 다른 문화의 공존과 갈등

• 정답 및 해설 **28**쪽

차근차근 기본다지기

01 다음 설명이 맞으면 ○표, 틀리면 ✕표 하시오.

301
(1) 서로 다른 민족, 언어, 종교 등이 조화를 이루며 함께 존재하는 것을 문화 공존이라 한다. (   )
(2) 문화 갈등은 서로 다른 언어, 종교, 민족 등이 주요 원인이 된다. (   )
(3) 인도는 영국으로부터 독립한 후, 공용어를 힌디어로만 지정하였다. (   )

02 다음 괄호 안의 내용 중 알맞은 것에 ○표 하시오.

302
(1) 스위스, 싱가포르, 말레이시아 등은 (문화 공존 , 문화 갈등) 지역이다.
(2) 벨기에, 퀘벡주, 카슈미르, 스리랑카 등은 (문화 공존 , 문화 갈등) 지역이다.
(3) 문화 갈등을 극복하기 위해서는 (자문화 중심주의 , 문화 상대주의)적 관점이 필요하다.

03 지도는 스위스의 언어 분포를 나타낸 것이다. 지도를 보고 ㈎~㈐에 해당하는 언어를 쓰시오.

303

(가): _____

(나): _____

(다): _____

04 지도는 어느 분쟁 지역을 나타낸 것이다. 이 지

304 역에서 나타나는 갈등의 원인으로 옳은 것은?

① 언어   ② 종교   ③ 인종

05 다음 자료의 밑줄 친 ㉠에 들어갈 알맞은 언어

305 는?

캐나다는 언어로 인한 갈등을 겪고 있다. 지도에 표시된 지역의 주민들이 주로 사용하는 언어는 ____㉠____ 이다.

① 영어   ② 독일어
③ 프랑스어   ④ 에스파냐어

06
306
밑줄 친 ㉠~㉢에 대한 설명으로 옳지 <u>않은</u> 것은?

> 세계 곳곳에는 ㉠ 다양한 인종과 민족이 함께 사는 지역, ㉡ 여러 언어를 사용하는 지역, ㉢ 서로 다른 종교를 믿는 사람들이 함께 사는 지역 등이 있다. 이러한 지역 중에는 ㉣ 서로 다른 언어나 종교를 존중하고 인정하는 지역이 있는 반면 ㉤ 서로 다른 문화를 인정하지 않고 자신만의 문화를 고집하거나 강요하여 갈등이 발생하는 지역도 있다.

① ㉠ – 브라질은 인종과 민족 갈등이 심하다.
② ㉡ – 인도는 다양한 공용어가 있다.
③ ㉢ – 스리랑카에서는 불교와 힌두교 간의 갈등이 있다.
④ ㉣ – 싱가포르, 말레이시아 등이 해당된다.
⑤ ㉤ – 문화 상대주의적 관점에서 해결해야 한다.

07
307
지도의 A~C 국가에 대한 옳은 설명만을 〈보기〉에서 고른 것은?

> • 보기 •
> ㄱ. A는 종교보다 언어 갈등이 심각하다.
> ㄴ. B는 언어별 인구에 비례하여 공무원을 채용한다.
> ㄷ. C는 언어권별로 독립을 요구하고 있다.
> ㄹ. A~C 모두 언어로 인한 문화 갈등 지역에 속한다.

① ㄱ, ㄴ   ② ㄱ, ㄷ   ③ ㄴ, ㄷ
④ ㄴ, ㄹ   ⑤ ㄷ, ㄹ

08
308
자료에 제시된 (가), (나) 국가를 쓰시오.

(가)	(나)
• 인도양과 태평양을 잇는 해상 교역로에 위치 • 다양한 인종과 문화가 유입되어 다른 언어와 종교 공존	• 정부의 균형적이고 다양한 언어 정책 시행 • 4개의 공용어, 주요 사용 언어 외 다른 언어 배우기 의무화

(가): (   ), (나): (   )

서술형 문제
09
309
지도에 표시된 (가), (나) 지역에서 나타나는 분쟁의 원인을 종교와 관련하여 서술하시오.

(가) _____

_____

_____

(나) _____

_____

_____

논술형 문제
10
310
글은 문화의 갈등 사례를 나타낸 것이다. 글을 읽고, 물음에 답하시오.

> 세 가지 언어를 공용어로 사용하는 벨기에는 크게 네덜란드어를 주로 사용하는 플랑드르 지방과 프랑스어를 주로 사용하는 발롱 지방으로 양분된다. 이로 인해 수도인 브뤼셀에서만 두 언어가 법적으로 사용되고 있고, 언어권별로 의회 의석이 배분되는 독특한 정치 구조를 갖고 있다. 또한 서로의 언어를 배우려 하지 않아 ____㉠____.

(1) 밑줄 친 ㉠에 들어갈 알맞은 문장을 쓰시오.

_____

_____

(2) 위 국가와 유사한 갈등이 발생하는 지역의 사례를 서술하시오.

_____

_____

_____

01 세계의 다양한 문화 지역

01
311
지도는 유럽의 문화 지역 구분을 나타낸 것이다. ⑦와 ⓝ의 지역 구분 기준을 바르게 연결한 것은?

	(가)	(나)		(가)	(나)
①	종교	언어	②	종교	민족
②	언어	종교	④	언어	민족
⑤	민족	종교			

02
312
밑줄 친 ㉠에 해당하는 문화 지역은?

> 세계의 문화 지역은 다양하다. 그중 ㉠ 은/는 근대 자본주의가 발달한 지역이다. 종교적으로 크리스트교가 발달하여 중세 시대 건축 양식에도 크게 영향을 주었다. 최근 이슬람교도의 유입으로 인하여 문화 갈등이 발생하고 있다.

① 건조 문화 지역　　　② 동아시아 문화 지역
③ 유럽 문화 지역　　　④ 오세아니아 문화 지역
⑤ 앵글로아메리카 문화 지역

[03-05] 지도를 보고, 물음에 답하시오.

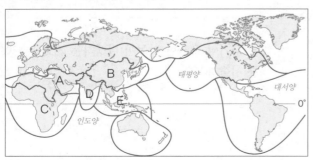

03
313
A~E 문화 지역에 대한 설명으로 옳은 것은?

① A 지역에서는 바닥의 열기를 차단하기 위해 고상 가옥이 나타난다.
② B 지역에서는 이슬람교를 기반으로 한 문화가 발달하고 있다.
③ C 지역에서는 모래바람을 막기 위해 전신을 감싸는 헐렁한 옷을 입는다.
④ D 지역에서는 향신료를 많이 사용한 음식 문화가 발달하였다.
⑤ E 지역에서는 한자를 주로 사용하며, 유교 문화가 발달하였다.

04
314
B 문화 지역에 대한 설명으로 옳지 않은 것은?

① 문자로는 한자 문화 지역에 해당된다.
② 유교가 사회 제도 형성에 영향을 주었다.
③ 한국, 중국, 일본, 몽골 등 국가가 있다.
④ 자연환경이 비슷하여 동일한 모양의 젓가락을 사용하는 문화가 발달하였다.
⑤ 우리나라는 한복, 중국은 치파오, 일본은 기모노의 서로 다른 의복 문화가 나타난다.

05
315
A와 D 문화 지역을 바르게 비교한 것은?

구분		A	D
①	의	바늘구멍이 없는 옷	온몸을 감싸는 옷
②	식	오래 끓이는 스튜	싱겁고 찐 요리
③	주	게르와 같은 이동식 가옥	침엽수를 이용한 통나무집
④	농업	오아시스 농업과 관개 농업	올리브, 포도 등 수목 농업
⑤	종교	메카를 성지로 하는 이슬람교	다양한 신을 믿는 힌두교

06 다음 문화 지역에 대한 설명으로 옳은 것은?
316

① 리오그란데강으로 A와 B 지역이 구분된다.
② A 지역은 주로 남부 유럽의 영향을 받아 대부분 포르투갈어를 사용하며, 가톨릭을 믿는다.
③ A 지역은 원주민과 식민 지배 동안 유입된 유럽인과 아프리카계 주민 간의 혼혈인이 많다.
④ 온대 및 냉대 기후가 나타나는 B의 해안가에는 영국의 앵글로 색슨족이 문화를 발달시켰다.
⑤ B 지역은 초기 이주민의 유입 이후 아시아, 아프리카, 라틴 아메리카 등 다양한 지역의 이주민이 유입되면서 다양한 문화가 공존한다.

07 자연환경에 따라 달라지는 의복 문화에 대한 설명으로 옳지 <u>않은</u> 것은?
317

① 열대 기후 지역 – 통풍이 잘 되는 옷을 입는다.
② 한대 기후 지역 – 보온이 잘되는 털옷이나 가죽옷을 입는다.
③ 온대 기후 지역 – 사계절 특성에 맞는 의복 문화가 나타난다.
④ 건조 기후 지역 – 더위를 막기 위해 짧고 간편한 옷을 입는다.
⑤ 인간은 자연환경에 적응하거나 극복하면서 다양한 의복 문화를 만들어 왔다.

08 문화 지역에 대한 설명으로 옳지 <u>않은</u> 것은?
318

① 높은 산지와 큰 하천은 문화 지역을 구분하는 경계 역할을 한다.
② 산업의 발달 등 인간의 활동은 문화 지역의 형성에 영향을 주지 못한다.
③ 기후는 지역의 농업, 의복, 가옥, 음식과 같은 문화의 발달에 큰 영향을 미친다.
④ 종교에 따른 생활 관습은 주민 생활에 공통성을 부여하며, 사회 체제 유지에 영향을 준다.
⑤ 자연환경에 따라 문화의 모습이 달라지기도 하고, 지역 특성과 정서가 문화를 발달시키기도 한다.

09 지도와 관련된 가옥 문화에 대한 설명으로 옳은 것은?
319

① A 지역은 침엽수림을 이용한 통나무집이 발달한다.
② B 지역에서는 순록 유목을 위한 이동식 가옥이 나타난다.
③ C 지역에서는 작은 창문과 두꺼운 벽이 특징으로 나타나는 흙집이 발달하였다.
④ D 지역에서는 여름철 고온 건조한 기후를 극복하기 위한 흰 벽돌집이 나타난다.
⑤ E 지역에서는 비가 많이 와 지붕 경사가 급한 고상 가옥이 나타난다.

10 A∼E 지역의 종교와 관련된 옳은 설명만을 〈보기〉에서 있는 대로 고른 것은?
320

• 보기 •
ㄱ. A는 중세 유럽 문화에 큰 영향을 주었으며, 예루살렘을 성지로 하고 있다.
ㄴ. B는 인도에서 기원하였으며 살생을 금기시하는 계율이 있어 사찰에서는 고기를 먹지 않는다.
ㄷ. C는 코란의 지침에 따라 생활하고 하루에 5번 메카를 향해 절을 한다.
ㄹ. D는 다신교이며 소를 신성시 여겨 쇠고기를 먹지 않는다.
ㅁ. E는 문어, 오징어, 말 등을 먹지 않고 돼지고기를 부정한 것으로 여긴다.

① ㄱ, ㄷ, ㄹ   ② ㄱ, ㄷ, ㅁ   ③ ㄴ, ㄷ, ㄹ
④ ㄴ, ㄹ, ㅁ   ⑤ ㄷ, ㄹ, ㅁ

02 세계화에 따른 문화 변용

11
321
문화 변용에 대한 설명으로 옳은 것은?

① 문화는 한 지역에 고정되어 변화하지 않는다.

② 이전에 없던 새로운 문화를 창조하는 것을 문화의 발견이라고 하며, 문화 변용의 원인이 된다.

③ 문화 전파에 의해 기존의 문화가 변화하거나 새로운 문화가 만들어지는 것이 문화 변용이다.

④ 서로 다른 문화적 배경을 지닌 개인이나 집단이 만나 새로운 문화로 발전하기도 하는데 이를 문화의 발명이라고 한다.

⑤ 교통과 통신이 편리해 지면서 문화간 교류가 활발해졌으나 자연환경으로 인하여 문화의 변화 속도는 느리게 이루어진다.

12
322
다음 지도의 주제로 적절한 것은?

축구를 즐기는 나라   크리켓을 즐기는 나라

① 두 스포츠는 영국에서 전파되었다.

② 크리켓과 축구는 전 세계인이 즐기는 스포츠이다.

③ 문화는 전파된 지역의 문화에 따라 다양하게 나타난다.

④ 유럽 문화는 식민지 지배 시기를 거치면서 전 세계로 확산되었다.

⑤ 문화의 장벽에 따라 문화의 확산 속도와 범위에 차이가 있을 수 있다.

13
323
다음 자료와 관련된 설명으로 옳은 것은?

멕시코 / 대서양 / 베네수엘라 / 가이아나 / 파나마 / 볼리바르 / 수리남 / 콜롬비아 / 기아나(프) / 에콰도르 / 페루 / 브라질 / 볼리비아 / 태평양 / 파라과이 / 칠레 / 우루과이 / 아르헨티나

에스파냐어 / 포르투갈어 / 영어 / 프랑스어 / 네덜란드어

① 북서부 유럽으로부터 가톨릭이 전파되었다.

② 라틴 아메리카 대부분 지역에서 개신교를 믿는다.

③ 남부 유럽으로부터 영어와 프랑스어가 전파되었다.

④ 유럽의 가톨릭이 전파되었으나 현지 문화와 융합되어 갈색 피부의 성모상을 만들었다.

⑤ 잉카, 마야, 아즈텍 문명 등 라틴 아메리카의 원주민 문화는 식민지 기간 유입된 유럽 문화에 동화되어 사라졌다.

14
324
사진은 로스앤젤레스 코리아 타운의 모습이다. 이곳의 모습과 유사한 문화 변용 사례는?

① 유럽의 침대가 우리 나라의 온돌과 결합하여 돌침대가 만들어졌다.

② 사냥 도구로 사용되던 활에서 소리가 나는 것을 착안하여 현악기가 발명되었다.

③ 싱가포르에서는 크리스트교, 이슬람교, 불교, 힌두교의 다양한 종교 경관이 함께 나타난다.

④ 베트남에서는 베트남의 언어에 유럽의 알파벳을 적용하여 자국만의 문자 체계를 만들어냈다.

⑤ 미국의 샌타페이에서는 아메리카 원주민의 독특한 건축 방식과 에스파냐 문화를 결합한 어도비 건축 양식이 발전하였다.

15
325
다음 글에서 설명하는 문화 변화로 옳은 것은?

유네스코는 21일 '세계 모어(母語)의 날(inter-national mother language day)'을 맞아 발표한 '세계 사멸 위기 언어 지도' 보고서에서 이같이 밝히면서 "하나의 언어가 사라지면 인간의 사고와 세계관을 인식하고 이해하는 도구를 영원히 잃어 버리게 된다."라고 경고했다. 호주의 경우 1970년 대까지 모어 사용을 금지, 수백 가지 원주민(애보리진) 언어가 사멸됐다.

– 동아일보, 2002. 2. 21.

① 문화 동화   ② 문화 전파   ③ 문화 공존

④ 자극 전파   ⑤ 문화 이동

16 사진은 햄버거의 세계화를 보여 준다. 이와 관련된 설명으로 옳지 <u>않은</u> 것은?

🔺 랍스터 버거   🔺 아라비아 햄버거   🔺 캐밥 모양의 버거
(캐나다)   (이집트)   (터키)

① 햄버거는 세계화되었으나 지역에 따라 다양한 모습을 하고 있다.

② 랍스터 버거는 미국식 햄버거와 캐나다의 음식 재료인 랍스터가 결합하여 만들어졌다.

③ 아라비아 햄버거는 돼지고기를 사용하지 않은 할랄 푸드로 다국적 기업에 의해 나타났다.

④ 음식 문화의 세계화는 지역 문화와 관계없이 다국적 기업에 의해 동일한 방식으로 확산된다.

⑤ 교통과 통신이 발달하면서 국경을 초월하여 지역 간 상호 작용이 활발해지면서 나타난 현상이다.

17 그림에 나타난 문화 현상으로 옳은 것은?

외국 영화를 보러 영화관에 가면 할리우드 영화밖에 없어.

맞아. 동남아시아나 아프리카 같은 곳에서 만든 영화를 찾아보기 어려워.

① 문화의 다양성   ② 문화의 상대성
③ 문화의 획일화   ④ 문화의 세계화
⑤ 문화의 지역화

18 세계화의 긍정적인 영향만을 〈보기〉에서 고른 것은?

┌─ 보기 ─────────────────────
ㄱ. 우리나라의 문화를 세계화하여 경제적 효과를 거둘 수 있다.
ㄴ. 자국의 문화가 다른 나라에서 변형되면서 문화의 정체성이 훼손되기도 한다.
ㄷ. 문화 간 접촉이 활발해지면서 새로운 문화가 만들어지고 문화의 다양성이 증가된다.
ㄹ. 다국적 기업에 의한 문화 산업의 영향이 커지면서 지역 고유의 문화가 사라지기도 한다.
└────────────────────────────

① ㄱ, ㄴ   ② ㄱ, ㄷ   ③ ㄴ, ㄷ
④ ㄴ, ㄹ   ⑤ ㄷ, ㄹ

---

03 문화의 공존과 갈등

19 문화의 공존과 갈등에 대한 설명으로 옳지 <u>않은</u> 것은?

① 정부의 법적, 제도적인 노력을 통해서만 문화의 갈등을 해결할 수 있다.

② 서로 다른 문화 지역 간의 문화 교류가 일어나면서 다양한 문화가 공존하기도 한다.

③ 다른 문화 집단 간에 불신이 커지면, 사회적 차별로 이어지게 되고 심각한 갈등이 나타나기도 한다.

④ 다양한 문화가 공존하기 위해서는 상대방의 역사적 지리적 환경적 측면에서 이해하기 위해 노력해야 한다.

⑤ 종교와 언어 갈등은 대개 인종과 민족 차이, 영해와 영토를 둘러싼 갈등 등 다양한 요소와 섞여 복잡한 양상을 띤다.

20 다음 자료에서 설명하고 있는 주제로 적절한 것은?

무역이 발달한 싱가포르는 노동력 확보를 위해 이민 정책을 적극적으로 펼쳤고, 원주민인 말레이계 민족과 이주민인 중국계, 인도계 등 다양한 인종이 거주하게 되면서 다양한 종교가 공존하고 있다. 싱가포르 정부는 헌법에 인종 간 평등주의를 명시하고, 종교별로 균등하게 법정 공휴일을 지정하도록 하였다. 이러한 정책은 인종과 종교 간 갈등을 줄이고 다양한 문화가 공존하는 싱가포르만의 정체성을 확립시키게 되었다.

① 문화의 교차로 싱가포르

② 싱가포르의 정부 정책과 역할

③ 다양한 문화가 공존하는 싱가포르

④ 싱가포르의 다양한 종교 문화 경관

⑤ 싱가포르! 그들의 고유한 역사와 문화

21 (가)와 (나) 지역에 대한 설명으로 옳은 것은?
331

① (가) 지역은 서로 다른 언어를 사용하는 지역 간에 갈등이 발생하고 있다.
② (가) 지역은 프랑스어, 독일어, 이탈리아어, 영어를 공용어로 사용하고 있다.
③ (나) 지역은 공업이 발달한 왈롱과 농업이 발달한 플랑드르 지역 사이의 갈등이 나타난다.
④ (나) 지역은 프랑스어를 사용하는 북부와 네덜란드어를 사용하는 남부와 독일어를 사용하는 일부 동부 지역으로 구분된다.
⑤ (가)는 정부의 다양한 언어 정책으로 갈등을 해결하였으나, (나)는 남부와 북부 간의 언어와 문화 차이로 갈등이 발생하고 있다.

22 카슈미르 지역에 대한 설명으로 옳은 것은?
332

① 힌두교와 이슬람교 간의 갈등이다.
② 중국의 영향으로 언어는 한자를 사용한다.
③ 불교의 발상지로 대부분 불교를 믿는다.
④ 인도계 이주민인 타밀족의 유입으로 종교 갈등이 촉발되었다.
⑤ 대다수 주민이 크리스트교로 개종하였으나 인도계 힌두교도가 지배층이 되면서 종교 갈등이 발생하였다.

23 (가), (나) 지역 분쟁의 원인을 바르게 연결한 것은?
333

(가) 프랑스 전통이 남아 있는 캐나다의 퀘백주는 전체 인구의 80% 정도가 프랑스어를 사용하고 있다.
(나) 스리랑카는 싱할라족이 전체 인구의 3/4을, 타밀족, 무어족 등이 사는 다민족 국가이다.

	(가)	(나)		(가)	(나)
①	민족	언어	②	언어	영토
③	영토	종교	④	언어	종교
⑤	종교	언어			

24 지도의 지역에 대한 설명으로 옳은 것만을 〈보기〉에서 고른 것은?
334

ㄱ. 종교 갈등과 함께 영토 분쟁이 동시에 나타난다.
ㄴ. 제2차 세계 대전 이후 팔레스타인들이 유입되면서 갈등이 발생하였다.
ㄷ. 민족별 지도자들 간 상대의 종교를 인정하기 위한 노력을 통해 갈등이 해결되었다.
ㄹ. 이슬람교를 믿는 팔레스타인과 유대교를 믿는 이스라엘 간의 전쟁이 발생하기도 하였다.

① ㄱ, ㄷ   ② ㄱ, ㄹ   ③ ㄴ, ㄷ
④ ㄴ, ㄹ   ⑤ ㄷ, ㄹ

25 A~E에 해당하는 분쟁의 원인으로 옳은 것은?
335

① A는 원시 종교와 이슬람교 간의 갈등이 발생한다.
② B는 남북 지역 간의 종교, 민족이 다르며, 석유 자원을 둘러싼 이권 다툼으로 분리 독립되었다.
③ C는 중국과 인도 간의 종교 갈등이 발생한다.
④ D는 불교를 믿는 타밀족과 힌두교를 믿는 신할리족 간의 갈등이다.
⑤ E는 퀘백주로 주로 영어를 사용하는 캐나다와 달리 네덜란드어를 사용하여 갈등이 발생하고 있다.

26 글에서 나타나는 분쟁에 대한 설명으로 옳지 <u>않은</u> 것은?
336

> 프랑스의 한 공립 병원 직원인 한 이슬람교 여성은 머릿수건인 '히잡'을 쓰고 근무했다는 이유로 일자리를 잃게 되었다. 유럽 인권 재판소(ECHR)는 직원에게 히잡 착용을 금지한 것은 합법이라고 판결했다. 이에 따라 원주민과 이슬람교도들 간에 갈등이 심화되고 있다.

① 원주인과 이주민 간에 서로의 문화를 존중하는 태도가 요구된다.
② 경제적 목적으로 유럽으로 유입된 이민자가 증가하면서 갈등이 발생하였다.
③ 서로 다른 문화 집단 간에 불신이 커지면서 사회적 차별로 이어지게 되었다.
④ 크리스트교를 기반으로 하는 원주민과 이슬람 문화를 지닌 이주민 간의 갈등이다.
⑤ 갈등을 해결하기 위해서는 이주민들이 원주민의 문화에 적응하여 현지의 문화에 동화되어야 한다.

27 다음은 수업이 끝난 뒤 스스로 정리한 마인드 맵이다. ①~⑤에 들어갈 내용으로 옳은 것은?
337

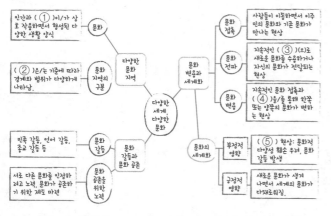

① 경제 활동 ② 문화 갈등
③ 상호 작용 ④ 문화 동화
⑤ 문화 다양화

28 다음과 같은 주거 문화가 나타나는 이유를 자연환경과 관련하여 서술하시오.
338

_____
_____
_____

29 다음 그림을 보고, 물음에 답하시오.
339

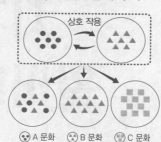

⦿ A 문화 ⦿ B 문화 ⦿ C 문화

(1) A~C에 들어갈 용어를 쓰시오

A: _____ B: _____ C: _____

(2) C에 해당하는 사례를 한 가지 이상 쓰시오

_____
_____

30 갈등을 극복하고 문화가 공존하기 위해 가져야 할 태도에 대해 서술하시오.
340

_____
_____

지구 곳곳에서
일어나는 자연재해

01 자연재해의 발생
~ 02 자연재해와 주민 생활

❶ 한눈에 쏙

• 자연재해의 발생 지역

지진과 화산 활동	지각판의 경계면 예 환태평양 조산대, 알프스·히말라야 조산대
홍수	고온 다습한 계절풍으로 집중 호우가 내리는 곳
가뭄	건조한 지역 예 사헬 지대
열대 저기압	열대 지역에서 발생하여 중위도 지역으로 이동

❶ 지진 해일의 발생 과정

단층이 어긋나는 만큼 바닷물이 위아래로 일렁거려 해일 발생

심해에서는 파도가 최고 시속 800km의 빠른 속도로 이동

해안에 가까워지면 해일의 속도는 시속 45km로 느려지나 파도는 높아짐

해일이 해안을 덮쳐 큰 피해 발생

바다 밑의 지각에서 발생한 지진과 화산 활동으로 바닷물이 일시적으로 멀리까지 빠져나갔다가 높은 파도와 함께 해안으로 밀려와 피해를 준다.

❷ 우리나라의 기상 재해 발생 시기

홍수	장마나 태풍이 발생하는 시기
가뭄	가을철~이듬해 봄철
열대 저기압	여름철~초가을

❸ 열대 저기압 발생 지역

열대 저기압은 발생 지역에 따라 부르는 이름이 다양하다. 북태평양 필리핀 동부 해상에서 발생하는 것을 태풍, 대서양에서 발생하는 것을 허리케인, 인도양과 아라비아해에서 발생하는 것을 사이클론이라고 한다.

용어 사전

• 토네이도 미국 중남부 지역에서 주로 발생하는 강력한 회오리바람
• 마그마 지구 내부에서 암석이 녹아 만들어진 물질
• 사헬 지대 아랍어로 '가장자리'라는 뜻으로, 사하라 사막 남부의 사막 기후와 스텝 기후가 만나는 지대

---

① 지각 변동 및 기상에 의한 자연재해

1 자연재해의 의미와 종류

의미	인간과 인간 활동에 피해를 주는 자연 현상
종류	• 지각 변동에 의한 재해: 지진, 화산 활동, 지진 해일❶ 등 • 기상에 의한 재해: 홍수, 가뭄, 열대 저기압, 폭설, 한파, •토네이도 등

2 지각 변동에 의한 자연재해 〔자료 ❶〕

지진		지구 내부 힘이 지표면에 전달되면서 땅이 흔들리거나 갈라지는 현상
화산 활동		땅속 •마그마가 지각의 약한 부분을 뚫고 나와 분출하는 현상
지진 해일	의미	바다 밑에서 지진이 발생하면서 일어나는 거대한 파도 → '쓰나미'라고도 부름
	특징	파도가 해안에 접근할수록 높아짐, 매우 빠른 속도로 다가오며 발생 지점부터 수천 km 떨어진 곳까지 영향을 줌

교과서 속 자료 읽기 ❶ **지진과 화산 활동의 발생 지역**

지진과 화산 활동은 대부분 판과 판이 부딪치거나 분리되는 경계면에서 발생하며, 세계에서 지진과 화산 활동이 가장 활발한 곳은 환태평양 조산대와 알프스·히말라야 조산대이다.

└ 지구 전체에서 발생하는 지진과 화산 활동의 약 90%가 집중되어 있기 때문에 '불의 고리'라고 불림

3 기상에 의한 자연재해 ❷

홍수	의미	비가 단기간에 집중적으로 내리거나 장기간에 지속적으로 내려 강, 시내, 호수가 크게 불어 흘러넘치는 현상
	발생 과정	고온 다습한 계절풍의 영향을 강하게 받아 집중 호우가 내리는 곳(예 동남아시아, 동아시아의 대하천 유역 등), 북극해로 유입되는 하천 부근에서 주로 발생, 일시적인 강수로 인해 건조 지역에서도 가끔 발생 〔왜 하천의 유량(상류)은 증가하나 북극해와 가까운 하류 일때는 얼음이 녹지 않아 북극해로 빠져 나가지 못하기 때문〕
	특성	최근에는 특정된 지역에서 집중되는 큰 비 때문에 피해가 커지고 있음
가뭄	의미	장기간 비가 내리지 않아 땅이 메마른 현상
	발생 과정	강수량이 적고 증발량이 많은 건조 기후 지역 예 아프리카 •사헬 지대, 중국 내륙, 인도 서부, 북아메리카 중서부 지역 등
	특성	진행 속도가 느리지만 피해 지역이 넓고 장기간에 걸쳐 점점 악화됨
열대 저기압 ❸	의미	열대 지역에서 발생하여 중위도 지역으로 이동하는 저기압으로 중심 부근의 최대 풍속이 17m/s 이상인 것
	발생 과정	해수면의 온도가 높고, 대기가 따뜻하며 공기 중에 수증기가 많은 해상 → 발생 지역에 따라 부르는 이름이 다름(태풍, 사이클론, 허리케인)
	특성	강한 바람과 집중 호우를 동반하며, 영향을 미치는 범위가 수백 km에 달함
폭설		짧은 기간 동안 많은 양의 눈이 내리는 현상 → 겨울철에 습한 공기가 많이 유입되는 지역에서 자주 발생

② 지각 변동에 의한 자연재해가 많이 발생하는 지역의 주민 생활

1 지진이 자주 발생하는 지역의 주민 생활

피해	각종 시설물 붕괴, 인명 및 재산 피해, 화재 발생, 산사태의 발생, 수도 · 전기 · 가스 · 통신망 등의 파괴 등
주민 생활	• 건물의 *내진 설계 의무화: 지진에 견딜 수 있도록 건축물의 기초를 설계함 • 평상시에 지진 대피 훈련 시행, 지진 피해 지역 보존 및 교육과 관광 자원으로 활용 • 지진 해일의 관측과 경보 전파 체계 구축 및 대피 안내 표지판 설치

2 화산 활동이 활발한 지역의 주민 생활

피해	• 분출된 용암이나 *화산 쇄설류에 따른 마을, 농경지, 삼림 등 훼손 • 화산재로 인해 시야가 흐려져 항공기 운항에 지장, 대기의 온도 하락 등 기후 변화
주민 생활	• 비옥한 토양을 이용한 농업 활동: 화산 폭발로 분출한 화산재가 쌓여 토양이 비옥해짐 ⑩ 이탈리아 베수비오 화산 주변의 농경지에서 포도, 오렌지 등을 재배 • 지열 발전: 지하의 열을 이용해 전력을 생산 ⑩ 아이슬란드, 뉴질랜드 등 • 관광 산업 발달: 온천, 독특한 화산 지형을 이용 ⑩ 일본의 벳푸 온천 마을, 미국 옐로스톤 국립 공원의 간헐천 등, 구리, 유황 등 자원 채취

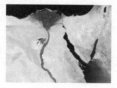
△ 벼농사(인도네시아)

③ 기상에 의한 자연재해가 많이 발생하는 지역의 주민 생활

1 홍수와 가뭄이 많이 발생하는 지역의 주민 생활 ④

홍수	의미	하천 주변 저지대에 위치한 농경지, 가옥, 도로 등 침수, 생태계 파괴, 산사태 발생 등 → 인명 및 재산 피해 발생 ― 여러 자연재해 중 가장 많은 사람들에게 피해를 주는 것은 홍수임
	긍정적 영향	• 땅이 비옥해짐: 하천이 범람해 토양에 많은 영양분을 공급하기 때문 • 가뭄 문제 해결: 한꺼번에 많은 물이 공급되기 때문
	주민 생활	• 터돋움집: 가옥이 물에 잠기지 않도록 하기 위해 터를 높게 하여 집을 지음 • 일시적으로 주거지를 이동하여 생활, 비옥해진 토양에서 농사를 지음
가뭄	피해	• 각종 용수 및 식수 부족 → 산업 용수가 부족하여 제조업의 생산성이 떨어지고, 물을 이용한 전기 생산도 어려워짐 ⑩ 동남 및 남아시아의 계절풍 지역은 매년 여름이면 홍수 피해를 입지만, 세계적인 벼농사 지역이기도 함 • 일부 지역에서는 고온 건조한 바람이 불어 농작물이 말라죽거나 산불 발생 • 오랜 가뭄으로 경작지와 초지를 잃어 식량과 물이 부족→일부 지역에서 난민 발생 ⑩ 사헬 지대는 가뭄이 지속돼 사막화가 심각해져 기아와 질병이 많이 발생
	주민 생활	지하수 개발, 해수 담수화 시설 등으로 용수 확보, 물을 오랫동안 보존하는 방안 개발 ⑤

2 열대 저기압과 폭설의 영향을 받는 지역의 주민 생활

열대 저기압	피해	강한 바람에 의해 차량, 가옥, 철탑 등 붕괴, 집중 호우로 인한 홍수, 산사태, 해일 발생 → 많은 인명과 재산 피해 초래
	긍정적 영향	가뭄 및 *적조 현상 완화, 지구의 열 균형 유지
	주민 생활	• 강한 바람과 폭우에 대비 ⑩ 일본 오키나와에는 담과 연결된 대문 대신 집을 가리는 돌벽을 세워 가옥이 무너지는 것을 방지 • 해안 지역 주민들이 내륙 지역으로 대피할 수 있도록 함, 임시 휴일 선포 등
폭설	피해	도로 교통 마비, 가옥이나 건축물 붕괴, 정전 등
	주민 생활	폭설에 대비하는 가옥 구조 발달(급한 지붕 경사, 고립에 대비한 생활 공간 등), 눈이 많은 환경을 이용한 관광 산업 ⑩ 스키장, 눈을 활용한 축제

---

② 한눈에 쏙

• 자연재해와 주민 생활

지진	• 건물의 내진 설계 의무화 • 지진 대피 훈련 시행 • 지진 피해 지역 보존 및 활용 • 지진 해일 관측 및 경보 시스템 구축
화산 활동	• 비옥한 토양을 이용한 농업 • 지열 발전을 통해 전력 생산 • 관광 산업 발달(온천, 화산 지형)
홍수	• 비옥한 토양을 이용한 농업 • 터돋움집을 지음
가뭄	• 지하수 및 해수 이용 • 물 보존 방안 개발
열대 저기압	• 강한 바람과 폭우에 대비하는 가옥 구조 • 피해를 최소화하기 위한 예방 및 대피 시스템
폭설	• 급경사 지붕, 고립에 대비하는 가옥 구조 • 스키장, 축제 등 관광 산업

④ 나일강의 홍수와 이집트 문명

나일강의 범람 때 상류에서 공급된 퇴적물이 강 유역에 쌓여 비옥한 토지가 만들어졌고, 그 토지는 농민들의 생활 터전이 되었다.

⑤ 물을 보존하려는 노력

미국 로스앤젤레스(LA)에서는 저수지에 '그늘 공(Shade ball)'이라 불리는 고무공을 풀어 물의 증발을 막는다. 극심한 가뭄에 시달리던 로스앤젤레스는 이 방법을 통해 저수지 물의 증발을 85~90% 막아 냈다.

용어 사전

* **내진 설계** 지진으로 인한 건물의 붕괴를 막기 위한 설계 방식
* **화산 쇄설류** 화산이 폭발하면서 화산재와 화산 가스 등이 뒤섞인 혼합물이 빠른 속도로 경사면을 따라 흘러내리는 현상
* **적조 현상** 수온 상승이나 물 오염 등의 원인으로 바다나 강의 색이 적색 계통으로 변하는 현상

차근차근 기본다지기

01 다음 설명이 맞으면 ○표, 틀리면 ✕표 하시오.
341
(1) 화산 활동, 가뭄, 열대 저기압 등은 지각 변동에 의한 자연재해이다. (   )
(2) 우리나라는 지각판의 경계에서 멀리 떨어져있어 지진이 일어나지 않는다. (   )
(3) 가뭄은 홍수에 비해 피해 지역이 넓고 장기간에 걸쳐 점차적으로 악화된다. (   )

02 다음 괄호 안의 내용 중 알맞은 것에 ○표 하시오.
342
(1) 지구 표면은 여러 개의 (조산대 , 지각판)(으)로 구성되어 있다.
(2) (토네이도 , 사이클론)은/는 미국 중남부 지역에서 주로 발생하는 강력한 회오리바람이다.
(3) (알프스·히말라야 조산대 , 환태평양 조산대)는 화산 활동과 지진이 자주 발생하여 '불의 고리'라고도 불린다.

03 (1)~(4)에서 설명하는 단어를 퍼즐판에서 찾아 색칠하시오.
343

이	자	연	재	해
지	구	저	압	기
진	화	산	폭	발
오	도	해	설	피

(1) 자연 현상이 인간 생활에 피해를 주는 현상은?
(2) 지각 변동으로 땅이 갈라지고 흔들리는 현상은?
(3) 지하의 마그마가 육지의 틈을 따라 분출하는 현상은?
(4) 눈이 짧은 시간에 아주 많이 내리는 자연재해는?

04 다음 〈보기〉에서 기상에 의한 자연재해는 모두
344 몇 가지인가?

┌─ 보기 ─────────────┐
• 지진   • 가뭄
• 지진 해일   • 태풍
• 홍수   • 화산 활동
└────────────────┘

① 두 가지   ② 세 가지   ③ 네 가지

05 다음은 지진 해일의 발생 과정이다. 순서대로
345 배열한 것은?

┌──────────────────────┐
│ ㉠ 바닷물이 높은 파도와 함께 해안으로
│   밀려옴
│ ㉡ 바다 밑의 지각에서 지진 또는 화산 활
│   동 발생
│ ㉢ 해안에 접근할수록 파도가 높아지며 피
│   해 발생
│ ㉣ 충격으로 바닷물이 일시적으로 멀리까
│   지 빠져 나감
└──────────────────────┘

① ㉠ - ㉡ - ㉢ - ㉣
② ㉠ - ㉡ - ㉣ - ㉢
③ ㉡ - ㉠ - ㉢ - ㉣
④ ㉡ - ㉣ - ㉠ - ㉢

06 다음 (가), (나)의 지역에서 주로 발생하는 자연재해는?
346

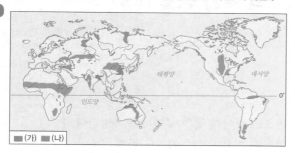

☐(가) ☐(나)

	(가)	(나)		(가)	(나)
①	가뭄	홍수	②	가뭄	폭설
③	한파	가뭄	④	홍수	가뭄
⑤	홍수	폭설			

07 (가), (나)에서 발생한 자연재해에 대한 설명으로 옳지
347 않은 것은?

(가)
2015년 4월 학교와 가옥들이 흔들리고 무너지며 8,879명이 사망하고, 2만 명이 넘게 다쳤다. 가옥도 88만 채 이상이 피해를 보았다.

(나)
2016년 5월 인도네시아 수마트라섬 시나붕산이 폭발하며 불을 뿜었다. 뜨거운 분출물에 의해 산에서 6~7km 떨어진 감베르 마을 주민 가운데 6명이 사망하고 3명이 중상을 입었다.

① (가)는 지진, (나)는 화산 활동에 의한 피해 상황이다.
② (가), (나) 모두 지각 변동에 의해 발생하는 자연재해이다.
③ (가)는 알프스–히말라야 조산대에 위치하고 있다.
④ (나)는 환태평양 조산대에 위치하고 있다.
⑤ (가), (나) 모두 지각판의 한 가운데 위치하여 지각 변동의 영향을 많이 받는다.

08 다음 설명에 해당하는 용어를 쓰시오.
348

• 아랍어로 '가장자리'라는 뜻이다.
• 사하라 사막 남부의 사막 기후와 스텝 기후가 만나는 지대

(   )

서술형 문제

09 지도는 열대 저기압의 발생 위치와 이동 경로를 나타
349 낸 것이다. 이를 보고, 물음에 답하시오.

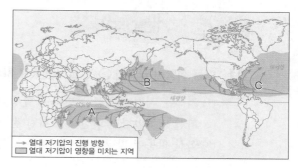

→ 열대 저기압의 진행 방향
☐ 열대 저기압이 영향을 미치는 지역

(1) 열대 저기압 A~C 의 명칭을 쓰시오.

_____

(2) 열대 저기압이 발생하는 지역의 공통적 특성을 쓰시오.

_____

_____

논술형 문제

10 지도는 지진과 화산 활동이 발생하는 지역을 나타낸
350 것이다. 이를 보고, 물음에 답하시오.

▲ 화산 — 판 경계
● 지진 → 판의 이동 방향

(1) A와 B의 조산대 중 '불의 고리'라고 불리는 것을 쓰시오.

_____

(2) 위 지도의 해당 지역에서 지진과 화산 활동이 빈번히 발생하는 이유를 '조산대'의 개념을 포함하여 서술하시오.

_____

_____

_____

_____

_____

② 지각 변동에 의한 자연재해가 많이 발생하는 지역의 주민 생활

🚩 이 주제에서는 어떤 문제가 잘 나올까?
• 지진과 화산 활동에 의한 피해 모습 이해하기
• 지진과 화산 활동이 활발한 지역의 주민 생활 이해하기

• 정답 및 해설 **32쪽**

● 차근차근 기본다지기 ●

01
351
다음 설명이 맞으면 ○표, 틀리면 ✕표 하시오.

(1) 지진은 지진 해일을 동반하여 발생 지점에서 수천 km 떨어진 곳까지 피해를 유발한다. (　　　)

(2) 화산이 폭발하면 화산재가 퍼져 전 지구적으로 연평균 기온이 상승하기도 한다. (　　　)

(3) 화산 활동이 활발한 지역에서는 독특한 화산 지형 경관을 활용한 관광 산업이 발달하기도 한다.

(　　　)

02
352
다음 괄호 안의 내용 중 알맞은 것에 ○표 하시오.

(1) 일본에서는 지진 피해를 줄이기 위해 전통적으로 (목조 , 석조) 가옥을 지었다.

(2) 화산 분출로 쌓인 화산재는 토양을 (비옥 , 척박)하게 한다.

(3) 지진과 화산 활동이 활발한 지역에서는 (지열 , 태양열) 발전에 유리하다.

03
353
(1)~(4)에서 설명하는 단어를 퍼즐판에서 찾아 색칠하시오.

온	태	암	해	내
천	양	황	구	진
지	열	발	전	설
리	헐	마	일	계
화	산	쇄	설	류

(1) 지하수가 땅의 열에 의해 평균 기온 이상으로 데워져 지표로 용출되는 샘은?

(2) 지하의 열을 이용해 전력을 생산하는 방식은?

(3) 지진으로 인한 건물의 붕괴를 막기 위하여 지진에 견딜 수 있도록 건축물을 설계하는 방식은?

(4) 화산이 폭발하면서 화산재와 화산 가스 등이 뒤섞인 혼합물이 빠른 속도로 경사면을 따라 흘러 내리는 현상은?

04
354
밑줄 친 ㉠에 들어갈 국가로 옳은 것은?

> 곳곳에 간헐천이 솟구치는 ＿＿㉠＿＿
> 은/는 1인당 지열 에너지를 가장 많이 사용하는 나라이다. 이 나라에서는 약 90%의 인구가 지열 에너지로 난방을 한다. 지열에 데워진 물이 풍부하여 겨울에도 노천 수영장을 이용할 수 있다.

① 이집트

② 방글라데시

③ 아이슬란드

05
355
밑줄 친 ㉠에 들어갈 문장으로 적절하지 않은 것은?

> 알프스·히말라야 조산대, 환태평양 조산대에 위치한 지역은 다른 지역에 비해 지진과 화산 활동의 발생 빈도가 높다. 이러한 자연 환경 속에서 이 지역에 사는 주민들은 ＿＿＿＿＿㉠＿＿＿＿＿.

① 집을 지을 때 내진 설계를 한다.

② 온천을 관광 산업의 소재로 이용한다.

③ 비옥한 토양을 이용하여 농사를 짓는다.

④ 침수 피해에 대비하여 고상식 가옥을 짓는다.

06 사진과 같은 자연재해가 발생할 때 나타나는 현상으로 가장 적절한 것은?
356

① 강한 바람과 많은 비를 동반한 피해를 유발한다.
② 용암과 화산재의 유출로 마을, 농경지가 훼손된다.
③ 각종 용수 및 식수 부족으로 인한 피해가 발생한다.
④ 하천 주변 농경지와 가옥의 침수로 인한 피해가 발생한다.
⑤ 많은 눈이 쌓여 구조물이 붕괴되고, 도로 교통이 마비된다.

07 다음 글이 설명하는 지역의 특징으로 옳은 것만을 〈보기〉에서 고른 것은?
357

> 인도네시아는 세계에서 활화산이 가장 많은 국가로, 지각이 불안정하여 화산 활동이 자주 발생한다.

• 보기 •
ㄱ. 폭설로 인한 피해가 자주 발생한다.
ㄴ. 품질 좋은 유황이 다량으로 생산된다.
ㄷ. 토지가 척박하여 농업 활동에 불리하다.
ㄹ. 지열을 이용하여 전력을 생산하기에 유리하다.

① ㄱ, ㄴ   ② ㄱ, ㄷ   ③ ㄴ, ㄷ
④ ㄴ, ㄹ   ⑤ ㄷ, ㄹ

08 다음 설명에 해당하는 용어를 쓰시오.
358

> 지진에 견딜 수 있도록 건축물의 내구성을 높이거나 충격을 흡수하는 설계 방식을 말한다. 지진이 자주 발생하는 지역에서의 필요성이 크다.

(   )

서술형 문제

09 사진은 지진과 화산 활동이 활발한 지역의 경관이다. 이러한 자연환경이 주민 생활에 미치는 긍정적인 영향을 두 가지 서술하시오.
359

_____
_____
_____
_____

논술형 문제

10 서기 2050년, 지도에 표시된 지역의 주민 생활 모습에 대해 지형 조건을 고려하여 유추한 내용을 서술하시오.
360

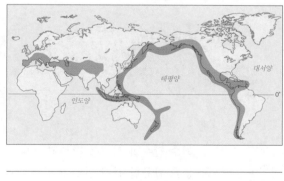

_____
_____
_____
_____
_____
_____
_____

3 기상에 의한 자연재해와 주민 생활

🚩 **이 주제에서는 어떤 문제가 잘 나올까?**
• 기상에 의한 자연재해의 종류와 발생 지역 비교하기
• 기상에 의한 자연재해가 주민 생활에 미치는 영향 알아보기

● 정답 및 해설 **33**쪽

차근차근 기본다지기

01
361
다음 설명이 맞으면 ○표, 틀리면 ✕표 하시오.
(1) 홍수는 인간 생활에 좋은 영향을 주기도 한다. (   )
(2) 가뭄은 산사태, 농경지·가옥·도로 침수의 원인이 된다. (   )
(3) 눈이 많은 환경은 관광 산업에 이용되기도 한다. (   )

02
362
다음 괄호 안의 내용 중 알맞은 것에 ○표 하시오.
(1) 홍수 피해가 잦은 지역에서는 (터돋움집 , 경사가 급한 지붕)을 지어 침수 피해를 줄이기도 한다.
(2) 열대 저기압은 바닷물을 뒤섞어 (적조 현상 , 물 부족 현상)을 완화한다.
(3) (폭설 , 가뭄)에 대비하기 위해 지하수 및 해수를 이용하고, 물을 보존하려고 노력한다.

03
363
다음 기상 재해와 관련 있는 주민 생활을 찾아 바르게 연결하시오.

(1) 짧은 시간 집중적
으로 내리는 비 •

(2) 오랜 시간 비가
내리지 않는 현상 •

(3) 강한 바람과 비를
동반하는 저기압 •

• ㉠ 일본 오키나와 전통 가옥의 작은 돌벽

• ㉡ 미국 로스앤젤레스의 '그늘 공(Shade ball)'

• ㉢ 캄보디아 톤레사프 호수 주변에 높게 지은 집

04
364
A~C 지역에서 공통적으로 나타나는 주민 생활의 특징은?

① 해수 담수화 시설을 갖추고 있다.
② 눈을 활용한 관광 산업이 발전하고 있다.
③ 강한 바람에 대비한 가옥 구조를 볼 수 있다.

05
365
다음은 소말리아에 사는 학생의 편지이다. 소말리아에서 볼 수 있는 현상으로 가장 적절한 것은?

> 안녕, 나는 소말리아에 사는 파라야. 나의 소원은 맑은 물을 마음껏 마셔보는 거야. 우리 마을의 우물이 다 말라 버려 마실 물을 구하려면 2시간을 걸어가야 해. 돌아올 때는 무거운 물을 지고 다시 같은 시간을 걸어와. 이렇게 힘들게 가져온 물이지만 더러워서 물 때문에 병에 걸리는 친구도 많아.

① 홍수 경보 시스템을 구축한다.
② 식량 부족으로 난민이 발생한다.
③ 스키장을 건설해 관광 산업을 발전시킨다.
④ 가옥이나 건축물 붕괴로 인명 피해가 발생한다.

06 그래프는 자연재해에 의해 피해를 입은 사람의 수
366 를 나타낸 것이다. A 자연재해에 대한 옳은 설명만을
〈보기〉에서 고른 것은?

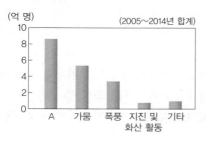

(억 명) (2005~2014년 합계)

A 가뭄 폭풍 지진 및 기타
                화산 활동

• 보기 •
ㄱ. A가 발생하면 산불이 자주 발생한다.
ㄴ. A로 인해 전염병 피해가 커지기도 한다.
ㄷ. A에 대비하기 위해 지하수를 개발한다.
ㄹ. 벼농사에 도움이 되기도 한다.

① ㄱ, ㄴ   ② ㄱ, ㄷ   ③ ㄴ, ㄷ
④ ㄴ, ㄹ   ⑤ ㄷ, ㄹ

07 밑줄 친 ㉠에 들어갈 내용으로 옳은 것은?
367

미국 로스앤젤레스의 식수 공급원인 'LA 저수
지'가 검은 플라스틱 공 9,600만개로 뒤덮였다.
'그늘 공(Shade ball)'이라고 불리는 이것은 극심
한 가뭄에 시달리는 이 도시가 물 자원을 보호하
기 위해 생각해 낸 대책이다. 저수지에 고무공을
풀어 ____㉠____ 방법은 이미 캘리포니아 곳곳의
저수지에서 사용하고 있다.

① 산불을 예방하는   ② 지하수를 개발하는
③ 물의 증발을 막는   ④ 해수를 담수화하는
⑤ 물의 사용을 억제하는

08 다음 설명에 해당하는 자연재해를 쓰시오.
368

강한 비, 바람을 동반하며 차량, 가옥 등의 파
괴, 산사태, 해일 발생으로 인명과 재산 피해를 가
져온다. 하지만 가뭄 및 적조 현상을 완화하고, 지
구의 열 균형을 유지해 주는 등 긍정적인 기능도
있다. 이 자연재해의 영향을 강하게 받는 일본 오
키나와에서는 강한 바람에 대비하기 위한 독특한
돌벽을 볼 수 있다.

(   )

서술형 문제
09 다음 글을 읽고, 물음에 답하시오.
369

5~6월 계절풍에 의해 에티오피아 고원에 내린
비는 7월이면 나일강 삼각주에 도착하고, 10월에
나일강 하구 부근은 최고 수위에 이르게 된다.
이렇게 나일강의 수위가 높아지면 ㉠ 주변 농경
지는 1~2m 깊이로 잠기고, 낮은 언덕에 자리한
마을은 섬이 된다. 나일강 주변에 사는 사람들은
이 과정을 매년 되풀이해 왔다.
하지만 범람 때마다 ____㉡____, 이렇게 만들
어진 토지는 농민에게 생활 터전이 되었다.

(1) ㉠에 해당하는 자연재해를 쓰시오.

_____

(2) ㉡에 들어갈 적절한 내용을 서술하시오.

_____

_____

논술형 문제
10 다음 (가), (나) 신문 기사의 자연재해가 주민 생활에 미
370 친 영향을 서로 비교하여 서술하시오.

(가)   "○○, 서울의 지도를 바꾸다"
1925년(을축년) 7월에 한반도를 휩쓸고 지나간
태풍이 서울에 기록적인 폭우를 내려 한강이 범
람하는 ○○○을/를 일으켰다. 이때의 ○○(으)로
서울 이촌동, 뚝섬, 송파, 잠실, 신천, 풍납동 지
역 대부분이 사라지다시피 했고, 뚝섬 정수장도
물에 잠겨 주민들은 마실 물을 구하지 못하였다.
– 중앙일보, 2010. 7. 19.

(나)   "농작물 말라 가니, 농민 마음 바짝바짝"
1994년에는 남부 지방에 비가 거의 내리지 않
아 강수량이 평년의 약 27%에 불과한 극심한 ○
○에 시달렸다. 이때의 ○○(으)로 영호남 지방의
농경지 1,400여 km² 가 피해를 입었다. 경상남도
의 저수지 가운데 60% 이상이 고갈되었으며, 약
18만 명의 지역 주민들에게 제한 급수를 실시해야
했다.
– 서울신문, 2015. 6. 24.

_____

_____

_____

_____

03 자연재해를 줄이기 위한 노력

① 한눈에 쏙

- 인간 활동에 의한 자연재해

인구 증가에 따른 인간의 활동	
·산업화·도시화	·과다한 방목
·무분별한 개발	·삼림 벌채
·하천의 직선화	·농경지 개척

홍수 피해 증가	사막화 심화

① 도시화에 따른 빗물의 이동

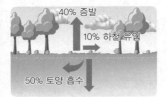

△ 삼림 지역 지면 상태의 지표

△ 아스팔트 등으로 포장된 상태의 지표

도시화에 따라 숲이 줄어들면서 하천으로 유입되는 빗물의 양이 많아져 홍수 발생 위험이 커진다.

② 사막화의 진행 과정

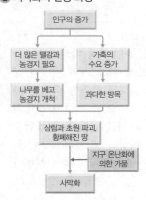

③ 아랄해의 변화

아랄해는 세계에서 네 번째로 큰 호수였으나, 주변의 목화 농장 확대에 따른 관개용수 사용 증가로 호수로 유입되는 물의 양이 줄어들어 과거에 비해 규모가 1/10로 축소되었다.

❶ 인간 활동에 의한 자연재해

1 인간 활동과 자연재해

(1) **인간 활동과 자연재해의 관계**: 자연재해의 발생을 인간의 힘으로 조절할 수는 없으나, 인간의 활동에 따라 그 피해가 증가하거나 감소할 수 있음

(2) **산업화 및 도시화로 인한 자연재해의 피해 증가**: 인간에 의한 인위적인 환경 변화로 자연환경의 균형이 파괴됨

2 인간 활동과 홍수 ① — 무분별한 개발에 따라 인간 활동에 의한 홍수 피해가 증가함

원인	·인구 증가와 도시화: 녹지 공간이 콘크리트와 아스팔트로 뒤덮여 빗물이 토양으로 흡수되지 못함 → 빗물이 하천으로 직접 유입되면서 하천 수위가 급격히 높아져 홍수 발생 ·무분별한 산지 개발: 홍수와 함께 산사태의 피해도 입을 수 있음 ·저지대에 주택을 건설하거나, 하천 변에 도로나 주차장 마련 ·하천 유로의 직선화 — 왜? 굽이굽이 흐르던 하천을 곧게 만들면 하천의 유속이 빨라지면서 하류 지역에 물이 급격히 불어나 홍수가 발생할 수 있기 때문 ·도시화 및 산업화로 인한 대기 중 온실 가스 증가로 지구 온난화 가속화 → 해수면이 높아져 홍수나 해일 피해 심각
대책	댐과 둑을 쌓고 둑을 정비, 직선화한 하천 복원 등

3 인간 활동과 사막화 [자료 ①]

(1) **사막화②**: 사막 주변의 초원 지대가 인간의 지나친 개발과 오랜 가뭄으로 사막과 같이 황폐해진 땅으로 변하는 현상

(2) **원인**: 오랜 가뭄(자연적 원인), 과도한 농경지 개발과 방목, 무분별한 삼림 벌채, 관개 농업을 위한 지나친 지하수 사용 등(인위적 원인)

(3) **발생 지역**: 사하라 사막 주변의 사헬 지대, 중국 내륙 지역, 아랄해③ 등

(4) **피해**: 식량 부족 문제, 기아 문제 등

(5) **대책**: 무분별한 방목 금지, 나무와 풀을 심어 녹지 면적 확보, 유엔 사막화 방지 협약(UNCCD)을 통해 피해 지역을 재정적·기술적으로 지원

> **교과서 속 자료 읽기 ① 사막화 피해 지역의 분포**
>
>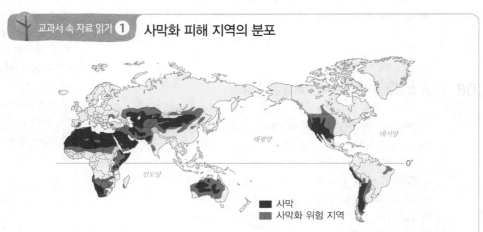
>
> 사막화로 인한 피해는 아프리카의 사헬 지대에서 가장 심각하게 나타나며, 식량 부족 문제와 기아 문제가 함께 발생하고 있다.

② 자연재해의 대응 방안

1 생활 수준에 따른 자연재해 대응 방안

(1) **자연재해의 피해**: 그 지역의 자연 조건뿐만 아니라 생활 수준, 개발 정도 등에 따라 달라짐

(2) **생활 수준이 높은 지역**: 철저한 대비 훈련, 피해 발생을 방지하기 위해 큰 비용 투자 → 자연재해의 피해가 작은 편임

(3) **생활 수준이 낮은 지역**: 자연재해 대비에 예산을 투자하기 어렵고, 대비 체계가 미흡 → 자연재해의 피해가 큰 편임

2 자연재해의 피해를 줄이기 위한 방안

(1) **지각 변동에 의한 자연재해를 줄이기 위한 방안**

① 지진 및 지진 해일: 내진 설계 강화, 정밀한 예보 체계 구축, 지진 대피 훈련 실시, 복구 체계 마련

② 화산 활동: 지속적인 화산 관측, 인공 벽이나 인공 하천 조성
└ 용암이 마을이나 농경지를 덮지 못하도록 함

(2) **기상에 의한 자연 재해를 줄이기 위한 방안** 자료 ②

홍수 ④ ⑤	• 다목적 댐 및 제방 건설, *저류 시설 설치, 빗물 처리장과 같은 배수 시설 정비, 숲을 가꾸어 녹색댐으로 활용, 아스팔트나 콘크리트 포장 면적 줄이기 등 • 지속적인 하천 관리, 하천 주변에 *홍수터를 만들어 자연스럽게 하천이 범람할 수 있도록 함 ─ 홍수 때는 하천의 범람을 막고, 가뭄 때는 저장한 물을 공급함
가뭄	댐의 건설, 산림 녹화 사업을 통한 녹색댐 조성, 습지 보전 사업, 지하수 개발, 빗물 저장 시설, 공동 우물, *관개 수로 등의 설치
열대 저기압	• 발생 시기와 이동 경로, 영향권 등을 예측 → 주민들이 미리 대비할 수 있도록 함, 주민들을 미리 대피시킴 • 해일이나 강풍에 대비하기 위해 제방 및 축대, 담장 등 시설물 관리, 선박 대피, 집 주변의 배수구 점검 • 갯벌이나 습지의 보존 → 해일과 강풍에 의해 커진 파랑 에너지를 흡수하여 해안과 육지를 보호하는 역할을 함
폭설	• 제설 장비 확보, 붕괴 위험이 있는 시설물에 지지대 설치, 교통 대책 마련 • 신속한 제설 작업 실시
산사태	위험 지역에 *사방 댐 설치, 숲을 가꾸어 토사 유출 방지, 주기적인 경사지 관리 및 대피 체계 구축

🌳 교과서 속 자료 읽기 ② **녹색댐의 다양한 효과**

홍수 조절 기능

나무가 무성한 숲은 그렇지 않은 숲보다 홍수기에 ha당 1일 28.4톤을 더 저장한다.

가뭄 완화 기능

나무가 무성한 숲은 그렇지 않은 숲보다 갈수기에 ha당 1일 2.5톤의 물을 흘려 보낸다.

수질 정화 기능

잘 가꾼 숲은 강수를 연간 193억 톤을 정화한다.

산사태 예방

잘 가꾼 숲의 나무 뿌리는 주변 토양을 지탱하는 힘으로 산사태를 방지한다.

녹색댐은 삼림을 일컫는 말로, 댐과 같이 빗물을 머금었다가 서서히 흘려보내 홍수와 가뭄을 방지하는 역할을 해 붙여진 이름이다. 나무는 빗물을 흡수해 자연적으로 조절할 수 있기 때문에 녹색댐 역할을 하는 숲을 조성하여 홍수와 가뭄에 대비할 수 있다.

② 한눈에 쏙

• 자연재해의 대응 방안

지진, 지진 해일	• 내진 설계 강화 • 정밀한 예보 체계 마련 • 철저한 지진 대비 훈련
화산 활동	• 지속적인 화산의 관측 • 인공 벽, 인공 하천 조성
홍수	• 댐, 제방 건설, 녹색 댐 조성 • 배수 시설, 홍수터 마련
가뭄	• 녹색댐 조성, 습지 보존 • 지하수 개발, 빗물 저장 시설 건설
열대 저기압	• 예보 시스템, 시설물 관리 • 갯벌, 습지의 보존
폭설	• 제설 장비 확보 • 붕괴 위험 시설물에 지지대 설치
산사태	• 사방 댐 설치 • 숲 조성

④ 스마트 터널

말레이시아의 스마트 터널은 평상시 도로로 이용되어 교통량을 분산하는 역할을 하지만, 홍수 시에는 빗물을 배출하는 통로로 활용된다.

⑤ 나일로미터

이집트 사람들은 나일강 수위를 측정하는 시설인 나일로미터를 활용하여 주기적으로 홍수를 예측하고 대비하였다.

용어 사전

*저류 시설 평소에는 빗물을 활용하고, 집중 호우 때는 빗물을 일시적으로 모아 두었다가 바깥 수위가 낮아진 후에 모아 두었던 물을 흘려보내기 위한 시설

*홍수터 홍수가 났을 때를 대비하여 하천 주변에 비워둔 땅

*관개 수로 근원지의 물을 논밭으로 보내는 물길

*사방 댐 산사태나 홍수를 막기 위한 둑

100명의 교사가 꼭 찍은 **주제별·유형별 대표문제**

1 인간 활동에 의한 자연재해

🚩 이 주제에서는 어떤 문제가 잘 나올까?
• 자연재해에 영향을 미치는 인간 활동 사례 찾아보기
• 홍수와 사막화 피해가 발생하는 과정 알아보기

● 정답 및 해설 **34**쪽

차근차근 기본다지기

01 다음 설명이 맞으면 ○표, 틀리면 ✕표 하시오.
371
(1) 자연재해의 발생을 인간의 힘으로 조절할 수 있다. (　　　)
(2) 자연환경의 균형은 산업화 이전보다 이후에 더욱 파괴되었다. (　　　)
(3) 산업화와 도시화는 홍수 피해 정도에 영향을 미친다. (　　　)

02 다음 빈칸에 들어갈 알맞은 말을 쓰시오.
372
(1) 산지를 무분별하게 개발하면 산사태와 함께 (　　　) 피해도 입을 수 있다.
(2) (　　　)(으)로 인해 녹지 공간이 콘크리트와 아스팔트로 뒤덮여 빗물이 토양으로 흡수되지 못하고 넘쳐 홍수가 발생한다.
(3) 사막 주변의 초원 지대가 황폐해지는 자연재해는 (　　　) 현상이다.

03 (1)~(4)에서 설명하는 단어를 퍼즐판에서 찾아 색칠하시오.
373

하	이	트	도	드
이	천	사	헬	리
가	뭄	직	이	도
아	랄	해	선	시
파	이	크	린	화

(1) 굽이굽이 흐르던 하천을 곧게 만들어 하천의 유속이 빨라지게 해 하류 지역에 물이 급격하게 불어나 홍수가 발생할 확률을 높이는 것은?
(2) 비가 오랜 기간 오지 않거나 아주 적게 내려 사막화의 자연적인 원인이 되는 것은?
(3) 세계에서 네 번째로 큰 호수였으나, 관개용수 사용 증가로 유입되는 물이 적어져 사막화가 발생하는 지역은?
(4) 녹지 공간을 아스팔트와 콘크리트로 뒤덮어 빗물의 토양 흡수를 방해하여 홍수에 영향을 미치는 것은?

04 다음 지도의 위험 지역에서 심각하게 발생하는 ㉠에 들어갈 자연재해는?
374

■ 사막
□㉠ 위험 지역

① 홍수　　② 사막화　　③ 산사태

05 다음은 도시화에 의한 홍수 피해 증가 과정이다. 밑줄 친 ㉠에 들어갈 내용은?
375

> 인구가 증가하여 도시화가 진행되면 녹지 공간이 콘크리트와 아스팔트로 뒤덮이게 된다. 그 위에 비가 오면 빗물의 　㉠　. 그래서 빗물이 하천으로 직접 유입돼 하천 수위가 급격히 높아져 홍수가 발생하게 된다.

① 양이 줄어든다.
② 성질이 변화한다.
③ 토양 흡수가 방해된다.
④ 토양 흡수가 빨라진다.

06 다음 중 자연재해에 영향을 미친 인간 활동에 대한 설명으로 옳지 <u>않은</u> 것은?
376

① 산지를 많이 개발하여 홍수에 대비했다.
② 하천의 유로를 직선화하여 유속이 빨라졌다.
③ 건조 지역의 초원에서 대규모 방목을 하였다.
④ 산업화를 통해 인위적으로 환경을 변화시켰다.
⑤ 도시화로 인해 녹지 공간이 아스팔트와 콘크리트로 포장되었다.

07 표는 어떠한 자연재해가 발생하는 과정이다. (가)~(다)
377 에 대한 옳은 설명만을 〈보기〉에서 고른 것은?

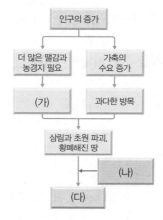

```
        ┌─────────────┐
        │   인구의 증가   │
        └──────┬──────┘
        ┌──────┴──────┐
  ┌──────────┐   ┌──────────┐
  │더 많은 땔감과│   │  가축의   │
  │ 농경지 필요  │   │ 수요 증가  │
  └─────┬────┘   └────┬─────┘
   ┌────┴───┐    ┌────┴────┐
   │  (가)   │    │ 과다한 방목 │
   └────┬───┘    └────┬────┘
        └──────┬──────┘
        ┌──────┴──────┐    ┌──────┐
        │ 삼림과 초원 파괴,│◄──│ (나)  │
        │  황폐해진 땅   │    └──────┘
        └──────┬──────┘
           ┌───┴───┐
           │  (다)  │
           └───────┘
```

┌─ 보기 ──────────────────────────┐
│ ㄱ. (가)에 들어갈 말은 나무심기 운동이다.   │
│ ㄴ. (가)를 위해 지하수를 끌어오기도 한다.   │
│ ㄷ. (나)는 지구 온난화와 같은 인위적 요인으로 인 │
│   한 자연재해이다.   │
│ ㄹ. (다)로 인해서 사막의 범위가 늘어난다.   │
└────────────────────────────────┘

① ㄱ, ㄴ   ② ㄱ, ㄷ   ③ ㄴ, ㄷ
④ ㄴ, ㄹ   ⑤ ㄷ, ㄹ

08 다음 설명에 해당하는 지역의 이름을 쓰시오.
378

┌────────────────────────────────┐
│ • 아프리카 사하라 사막의 주변부에 위치한다.   │
│ • 세계에서 사막화가 가장 심각하게 진행되고 있 │
│   는 지역이다.   │
└────────────────────────────────┘

(   )

09 다음은 자연재해에 대한 설명이다. 물음에 답하시오.
379

┌────────────────────────────────┐
│ • 자연재해의 발생을 사람이 조절할 수는 없으나 │
│   ⊙   에 따라 그 피해가 증가하거나 감소 │
│   할 수 있다.   │
│ • 인간에 의한 ⓒ <u>인위적인 환경</u> 변화로 자연환 │
│   경의 균형이 파괴되어 자연재해의 피해가 증가 │
│   한다.   │
└────────────────────────────────┘

(1) 밑줄 친 ⊙에 들어갈 말을 쓰시오.

_____

(2) 밑줄 친 ⓒ의 사례를 홍수와 사막화로 나누어 서술하시오.

_____

_____

_____

_____

10 다음 사진을 보고, 물음에 답하시오.
380

(가)   (나)

(1) (가), (나) 사진에 공통으로 영향을 미친 인간 활동을 쓰시오.

_____

(2) 위와 같은 자연재해 피해가 증가하는 이유를 생각해 보고, 이러한 피해를 줄이기 위해서 해야할 일을 서술하시오.

_____

_____

_____

_____

_____

② 자연재해의 대응 방안

🚩 **이 주제에서는 어떤 문제가 잘 나올까?**
• 생활 수준에 따른 자연재해 대응 방안 알아보기
• 자연재해로 인한 피해를 줄이기 위한 노력 알아보기

• 정답 및 해설 **35**쪽

◀ 차근차근 **기본 다지기** ▶

01
381
다음 설명이 맞으면 ○표, 틀리면 ✕표 하시오.
(1) 자연재해에 의한 피해는 생활 수준, 개발 정도에 따라 다르게 나타난다. (   )
(2) 숲은 홍수 피해를 줄이는 데 도움을 주지만, 가뭄에는 도움이 되지 않는다. (   )
(3) 화산 활동에 의한 피해를 예방하기 위해 배수 시설이 필요하다. (   )

02
382
다음 빈칸에 들어갈 알맞은 말을 쓰시오.
(1) (   )(이)란 지진에 의한 피해를 줄이기 위한 건축 방법 중 하나이다.
(2) 강이 범람했을 때를 대비하여 강 주변에 비워둔 땅을 (   )(이)라고 한다.
(3) (   )은/는 폭우, 강풍을 동반하며, 해안가의 선박에 피해를 주는 자연재해이다.

03
383
다음 각 자연재해의 대응 방안을 바르게 연결하시오.

(1) 지진, 지진 해일 •
(2) 화산 활동 •
(3) 홍수 •
(4) 가뭄 •
(5) 열대 저기압 •

• ㉠ 정밀한 예보 체계, 대피 훈련
• ㉡ 지하수 개발, 빗물 저장 시설 건설
• ㉢ 갯벌의 보존, 습지의 보존
• ㉣ 지속적인 관측, 인공 벽 조성
• ㉤ 배수 시설, 댐 및 제방 건설

04
384
홍수 피해를 줄이기 위한 대책으로 옳지 <u>않은</u> 것을 〈보기〉에서 고른 것은?

┌─ 보기 ─────────────┐
ㄱ. 나무를 심어 숲을 조성한다.
ㄴ. 습지를 아스팔트 도로로 개발한다.
ㄷ. 빗물을 모으기 위한 저장 시설을 설치한다.
└──────────────────┘

① ㄱ   ② ㄴ   ③ ㄷ

05
385
다음 중 자연재해로 인한 피해를 줄이기 위한 방안으로 옳은 것은?

① 가뭄 예방을 위해 인공 하천을 만든다.
② 산사태를 막기 위해 선박을 대피시킨다.
③ 지진 피해를 예방하기 위해 대피 훈련을 실시한다.
④ 화산 피해를 예방하기 위해 제설 장비를 점검한다.

06 다음 ㈎, ㈏와 같은 방안으로 대비할 수 있는 자연재
386 해를 바르게 연결한 것은?

> ㈎ 인공 벽을 건설한다.
> ㈏ 해안가에 방파제를 건설한다.

	㈎	㈏
①	폭설	열대 저기압
②	지진 해일	폭설
③	지진 해일	화산 활동
④	화산 활동	산사태
⑤	화산 활동	열대 저기압

07 자료는 비슷한 시기에 발생한 두 나라의 지진과 그 피
387 해를 비교한 것이다. 옳은 설명만을 〈보기〉에서 고른
것은?

칠레		아이티
2010년 2월 27일	발생일	2010년 1월 12일
8.8	지진 규모	7.0
700명	사망자	22만 명
150억~300억 달러	재산 피해액	81억~139억 달러
1만 3,331달러	1인당 국내 총생산(GDP)	830달러
의무화	내진 설계	규정 없음
지진 대비 교육 실시	지진 대비 교육	지진 대비 교육 미흡

> • 보기 •
> ㄱ. 아이티에서 발생한 지진의 규모가 더 크다.
> ㄴ. 칠레는 평소 지진에 대한 대비가 잘 되어 있다.
> ㄷ. 지진 규모가 큰 곳에서 사망자가 많이 발생하
> 였다.
> ㄹ. 칠레는 아이티에 비해 생활 수준이 높은 나라
> 이다.

① ㄱ, ㄴ   ② ㄱ, ㄷ   ③ ㄴ, ㄷ
④ ㄴ, ㄹ   ⑤ ㄷ, ㄹ

08 다음 설명에 해당하는 용어를 쓰시오.
388

> 삼림을 일컫는 말로, 댐과 같이 빗물을 머금었
> 다가 서서히 흘려보내 홍수와 가뭄을 방지하는 역
> 할을 하여 붙여진 이름이다.

(   )

서술형 문제

09 다음 그림을 보고, 물음에 답하시오.
389

(1) ㉠에 들어갈 자연재해의 명칭을 쓰시오.

_____

(2) (1)의 자연재해로 인한 피해를 줄이기 위한 방안
과 ㉡에 들어갈 적절한 대처 방법을 서술하시오.

_____

_____

논술형 문제

10 사진은 어떤 자연재해에 의한 피해 모습이다. 물음에
390 답하시오.

(1) 위 사진은 어떤 자연재해에 의한 피해 모습인지
쓰시오.

_____

(2) (1)의 자연재해가 발생했을 때 내가 할 수 있는
행동 요령에 대해 서술하시오.

_____

_____

_____

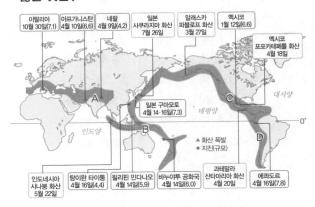
01 자연재해의 발생

01
391
지각 변동에 의한 자연재해만을 〈보기〉에서 있는 대로 고른 것은?

> ┌ 보기 ┐
> ㄱ. 화산 활동   ㄴ. 폭설
> ㄷ. 쓰나미   ㄹ. 열대성 저기압
> ㅁ. 지진   ㅂ. 한파

① ㄱ, ㄴ, ㄷ   ② ㄱ, ㄷ, ㅁ
③ ㄴ, ㄹ, ㅁ   ④ ㄴ, ㄷ, ㅂ
⑤ ㄷ, ㄹ, ㅂ

02
392
우리나라에서 발생하는 자연재해에 대한 설명으로 옳지 <u>않은</u> 것은?

① 여름에는 폭염과 홍수 피해가 나타난다.
② 겨울에는 한파와 폭설에 의한 피해가 나타난다.
③ 6~9월 열대 이동성 저기압에 의한 피해가 발생한다.
④ 우리나라에 가장 많은 피해를 주는 자연재해는 태풍이다.
⑤ 지각판의 경계에서 멀어 지각 운동이 활발하지는 않지만, 최근 크고 작은 규모의 지진의 발생이 늘고 있다.

03
393
화산 활동과 지진에 대한 설명으로 옳지 <u>않은</u> 것은?

① 화산 활동과 지진은 주로 지각의 내부에서 자주 일어난다.
② 지구 내부의 마그마가 지각의 갈라진 틈으로 분출하는 것을 화산이라고 한다.
③ 지구의 내부의 힘에 의해 땅이 흔들리거나 갈라지는 현상을 지진이라고 한다.
④ 지진은 알프스 산맥과 히말라야 산맥을 잇는 알프스 · 히말라야 조산대에서 주로 발생한다.
⑤ 화산은 태평양의 가장자리를 따라 둥근 형태로 이어지는 환태평양 조산대에서 활발하게 발생한다.

04
394
지도는 2016년에 발생한 주요 화산 폭발과 지진이 발생한 지역을 표시한 것이다. A~D에 대한 설명으로 옳은 것은?

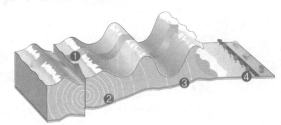

① A 지역에서는 화산 활동이 활발하게 일어난다.
② B 지역은 대륙판과 대륙판이 충돌하는 지역이다.
③ C 지역은 두 지각판이 어긋나는 지역으로 지진은 일어나지만 화산 활동은 발생하지 않는다.
④ D 지역은 해양판이 대륙판 아래로 섭입하는 지역으로 지진과 화산 활동이 활발하게 발생한다.
⑤ A~D 지역 모두 화산 활동이 활발하여 불의 고리라고 한다.

05
395
다음은 지진 해일의 발생 단계이다. ①~④의 단계를 순서대로 나열한 것은?

> ┌ 보기 ┐
> ㄱ. 해일이 해안을 강타해 큰 피해 발생
> ㄴ. 심해에서 파도가 최고 시속 800km의 빠른 속도로 이동
> ㄷ. 단층이 어긋나는 만큼 바닷물이 위아래로 일렁거려 해일이 발생
> ㄹ. 해안에 가까워지면 해일의 속도는 시속 45km로 느려지나 파도는 위쪽으로 올라가 파도가 높아짐

① ㄱ-ㄴ-ㄷ-ㄹ   ② ㄱ-ㄹ-ㄴ-ㄷ
③ ㄴ-ㄷ-ㄹ-ㄱ   ④ ㄷ-ㄹ-ㄴ-ㄱ
⑤ ㄷ-ㄴ-ㄹ-ㄱ

06
396
다음 글에서 설명하는 자연재해는?

> 방글라데시는 갠지스강과 브라마푸트라강의 하류에 있으며, 국토 면적의 약 80%가 낮은 평야 지대이다. 따라서 인구 대부분이 하천이 흐르는 넓은 평야에서 벼농사를 지으며 살아간다. 이로 인해 해마다 벵골만에서 발생하는 사이클론과 여름철 집중 호우로 하천 주변의 저지대가 쉽게 물에 잠겨 인명 피해와 재산 피해가 엄청나다.

① 홍수 　② 가뭄 　③ 폭염
④ 폭설 　⑤ 한파

[07-08] 지도를 보고, 물음에 답하시오.

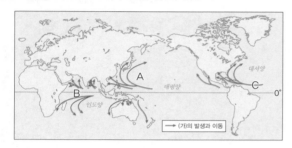

07
397
㈎ 대한 설명으로 옳은 것은 ?

① 중위도 해상에서 주로 발생한다.
② 장기간에 걸쳐 넓은 범위에 피해를 준다.
③ 북극해로 유입하는 하천에서 봄철에 발생한다.
④ 겨울철 습한 공기가 유입되는 지역에서 발생한다.
⑤ 적조 현상을 완화하고 지구의 열균형을 유지해 준다.

08
398
A~C에 대한 설명으로 옳은 것은?

① A는 태평양 열대 해상에서 발원하여 풍수해를 발생시킨다.
② A는 남태평양에서 발원하여 벵골만 지역으로 이동하면서 강한 홍수 피해를 준다.
③ B는 허리케인이라고 불리며, 뜨거운 육지를 지나며 세력이 점처 강해진다.
④ C는 사이클론이라고 불리며 중심부근의 최대 풍속이 17m/s 이상이다.
⑤ C는 대기가 따뜻하고 안정되어 있어 강한 안개를 발생시킨다.

09
399
㈎와 ㈏에 해당하는 자연재해에 대한 설명으로 옳은 것은?

① ㈎는 오랜 기간에 걸쳐 넓은 범위에 발생하는 것이 특징이다.
② ㈎는 고온 다습한 계절풍의 영향을 강하게 받는 지역에서 발생한다.
③ ㈎와 같은 자연재해는 아프리카 사헬 지대, 중국 내륙, 인도 서부 등지에서도 발생한다.
④ ㈏는 하천의 범람에 의해 주로 발생한다.
⑤ ㈏로 인해 건물이 붕괴되고 교통이 마비되기도 한다.

02 자연재해와 주민 생활

10
400
자연재해가 빈번한 지역에서 사람들이 사는 이유로 옳지 않은 것은?

① 자연재해가 가져오는 긍정적인 측면도 있기 때문이다.
② 한꺼번에 대규모의 사람들이 이주할 곳이 없기 때문이다.
③ 자연재해로 인해 발생하는 스릴과 액티비티를 즐기기 위해서이다.
④ 아직 큰 재해가 발생하지 않아 큰일이 없을 것이라고 생각하기 때문이다.
⑤ 자연재해가 발생해도 자신의 삶의 터전에서 떠나고 싶지 않아 다시 돌아오기 때문이다.

11 (가)와 (나)와 같은 주민 생활이 나타나는 지역에서 발생
401 하는 자연재해를 옳게 짝지은 것은?

	(가)	(나)
①	홍수	화산
②	가뭄	지진
③	화산	홍수
④	지진	열대 저기압
⑤	열대 저기압	가뭄

12 홍수가 인간 생활에 주는 긍정적인 측면만을 〈보기〉
402 에서 있는 대로 고른 것은?

> **• 보기 •**
> ㄱ. 오랫동안 비가 오지 않은 지역의 가뭄 문제를
> 　해결한다.
> ㄴ. 하천 저지대에 위치한 농경지나 가옥, 도로 등
> 　을 침수시킨다.
> ㄷ. 생태계가 파괴되고 산사태가 일어나는 등 인
> 　명 및 재산 피해를 유발한다
> ㄹ. 홍수로 하천이 범람하면 한꺼번에 많은 물과
> 　영양분이 공급되어 땅이 비옥해진다.

① ㄱ, ㄴ　　　② ㄱ, ㄹ　　　③ ㄴ, ㄷ
④ ㄱ, ㄴ, ㄹ　　⑤ ㄴ, ㄷ, ㄹ

13 가뭄이 인간 생활에 주는 영향으로 옳지 않은 것은?
403
① 비가 오지 않아 공업 발달이 유리해진다.
② 사람들의 식수가 부족해지고, 더러운 물로 인한
　질병 문제가 발생한다.
③ 가뭄이 지속되면 하천수와 지하수의 고갈로 농
　사를 짓기 어려워진다.
④ 가뭄이 오랫동안 이어져 경작지가 파괴되고 기
　아와 기근 문제가 발생한다.
⑤ 고온 건조한 바람에 의하여 농작물이 말라죽거
　나 산불이 발생하기도 한다.

14 열대 저기압이 인간 생활에 주는 긍정적인 영향만을
404 〈보기〉에서 있는 대로 고른 것은?

> **• 보기 •**
> ㄱ. 바닷물을 뒤섞어 적조 현상을 완화한다.
> ㄴ. 무더위를 식혀주고 가뭄을 해결해준다.
> ㄷ. 강한 바람에 의해 각종 시설물이 파괴된다.
> ㄹ. 맑은 날이 유지되어 태양력 발전에 유리해진다.
> ㅁ. 하천의 범람으로 하천 주변의 토양이 비옥해
> 　진다.

① ㄱ, ㄴ　　　② ㄱ, ㄷ　　　③ ㄴ, ㄷ
④ ㄴ, ㄹ, ㅁ　　⑤ ㄷ, ㄹ, ㅁ

15 사진 속 경관이 나타나는 지역의 긍정적인 측면으로
405 옳은 것은?

① 지열이 높아 인간이 살기 어려운 땅으로 변한다.
② 화산 쇄설물이 쌓여 화재와 산사태 등을 유발
　한다.
③ 화산회토를 이용하여 벼농사를 짓거나 포도, 커
　피 등을 재배한다.
④ 유럽에서는 화산으로 인한 강한 바람을 이용하
　여 풍력 발전에 이용한다.
⑤ 화산재가 바람을 타고 주변 지역으로 퍼지면서
　항공 교통의 마비를 가져온다.

16
406 사진과 같은 피해를 주는 자연재해가 빈번한 지역의 주민 생활로 옳지 않은 것은?

① 건물을 지을 때 내진 설계를 통해 대비한다.

② 피해 지역을 보존하여 교육과 관광 자원으로 활용하고 있다.

③ 아프리카 지역에서는 경작지와 초지를 잃고 굶주림이 늘고 있다.

④ 경보와 대피 체계를 구축하고 학교에서는 주기적으로 대피 훈련을 한다.

⑤ 아파트 난간을 합판으로 지어 길이 막혔을 때 옆집으로 이동하여 피할 수 있게 하였다.

17
407 (가)와 (나)에서 공통으로 발생하는 자연재해는?

(가) 유황은 의학과 화학의 주원료이다. 광산에서는 유독가스가 뿜어져 나오지만, 순도 99%인 유황은 주민들의 중요 수입원이다.

(나) 곳곳에 간헐천이 솟구치는 이 지역은 1인당 지열 에너지를 가장 많이 사용하는 나라이다. 이 지역에서는 90%의 인구가 지열 에너지로 난방을 한다.

① 홍수   ② 가뭄   ③ 폭설
④ 화산   ⑤ 지진 해일

18
408 사진과 같은 자연재해가 발생하는 지역의 주민 생활로 옳은 것은?

① 산사태가 발생하여 인명 재산 피해가 크다.

② 비옥한 평야 지대에 고대 문명이 발달하였다.

③ 초원의 말을 이용한 관광 산업이 발달한다.

④ 건물 붕괴를 막기 위해 지붕의 경사를 급하게 짓는다.

⑤ 농경지가 황폐해져 농작물을 거의 재배할 수 없게 되었다.

[19-20] 그림을 보고, 물음에 답하시오.

(가) 비 / 토양에 흡수되는 수분 / ⬆ 개발 전
(나) 비 / → 물의 흐름 / 토양에 흡수되는 수분 / ⬆ 개발 후

19
409 위와 같은 변화로 인해 발생하는 자연재해에 대한 설명으로 옳은 것은?

① 지구 온난화로 인하여 이상 기후 발생이 증가한다.

② 지하수를 무분별하게 개발하여 사막화가 진행된다.

③ 이상 고온으로 인하여 이동성 저기압의 피해를 증가한다.

④ 대도시의 건물이 증가하여 일조량이 줄어들어 식물이 고사한다.

⑤ 아스팔트 포장 면적이 증가하여 빗물이 땅속으로 흡수되지 못하고 넘쳐 홍수 발생 위험이 커진다.

20
410 (나)에 나타나는 문제점을 해결하기 위한 방안으로 옳지 않은 것은?

① 높은 건물에 옥상 정원을 조성한다.

② 도시 곳곳에 빗물을 저장할 수 있는 빗물 저장소를 설치한다.

③ 포장 도로를 덮고 있는 아스팔트를 물이 투과될 수 있는 소재로 바꾼다.

④ 구불구불하게 흐르는 하천을 직선화하여 물이 바다로 빠르게 이동하게 한다.

⑤ 홍수 피해를 줄이기 위해 만들었던 콘크리트 제방을 제거하고 그곳에 식생이 자랄 수 있게 한다.

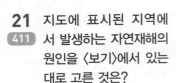

21 지도에 표시된 지역에서 발생하는 자연재해의 원인을 〈보기〉에서 있는 대로 고른 것은?

사헬 지대

┌─ 보기 ─────────────────────┐
ㄱ. 하천의 직선화
ㄴ. 과다한 방목과 목축
ㄷ. 지구 온난화에 의한 가뭄
ㄹ. 아스팔트 포장 면적의 증가
ㅁ. 인구 증가로 인하여 식량 요구량 증가
└──────────────────────────┘

① ㄱ, ㄴ, ㄷ　　② ㄱ, ㄷ, ㄹ　　③ ㄴ, ㄷ, ㄹ
④ ㄴ, ㄷ, ㅁ　　⑤ ㄷ, ㄹ, ㅁ

22 국제 사회에서 사막화 현상을 겪고 있는 개발 도상국을 재정적, 기술적으로 지원하기 위한 협약은?

① 바젤 협약
② 람사르 협약
③ 도하 아젠다
④ 몬트리올 의정서
⑤ 유엔 사막화 방지 협약

23 녹색댐의 기능으로 적절하지 <u>않은</u> 것은?

① 오염된 물을 정화하는 기능을 한다.
② 홍수 시 물을 저장하여 홍수를 조절한다.
③ 나무뿌리가 토양을 지탱하여 산사태를 예방한다.
④ 갈수기에 나무가 수분을 내뿜어 가뭄을 완화한다.
⑤ 강의 입구를 막아 물을 저장하여 홍수와 가뭄에 대비한다.

24 다음과 같은 인간 활동으로 나타날 수 있는 자연재해에 대한 설명으로 옳은 것은?

🔺 수확 전의 배추밭 (강원도 강릉시)　　🔺 수확 후의 배추밭 (강원도 강릉시)

① 빗물의 흡수량이 증가하여 홍수 피해를 줄인다.
② 겨울철 지표에 눈이 직접 쌓여 가뭄을 예방할 수 있다.
③ 빗물에 의해 토사 유출이 일어나면서 산사태가 발생한다.
④ 지표에 건축물이 적어 지진 발생 시 재산 피해가 감소한다.
⑤ 농경으로 인간의 영향력이 커져 개발 전보다 자연재해에 의한 피해를 줄일 수 있다.

25 그림속의 ㉮~㉺ 중 홍수 피해를 증가시키는 인간 활동을 모두 고른 것은?

① ㉮, ㉯, ㉰　　　　② ㉮, ㉰, ㉺
③ ㉯, ㉰, ㉱　　　　④ ㉯, ㉱, ㉺
⑤ ㉰, ㉱, ㉺

26 다음 영화에서 나타나는 자연재해 발생 시 행동 요령
416 으로 적절하지 <u>않은</u> 것은?

① 탁자 밑으로 들어가 몸을 보호한다.
② 재난 안전 방송 등 올바른 정보에 따라 행동한다.
③ 바다에 있을 때 해일이 발생할 수 있으니 높은 지대로 이동한다.
④ 아파트 고층에 위치하고 있을 때에는 엘리베이터를 이용하여 신속하게 대피한다.
⑤ 실내에 있을 때는 사용 중인 가스 불과 전열기 등을 끄고, 문을 열어 출구를 확보한다.

27 다음 신문 기사와 관련된 자연재해 피해를 줄이기 위
417 한 방법으로 옳은 것은?

> △△ 뉴스, 2016년 2월 16일
> "얼어붙은 한반도! ○○과 강추위로 몸살"
>
>  2016년 2월 17일 서울은 눈을 뜨고 걷기 힘들 정도로 많은 눈이 내렸습니다. 중국 내륙에서 접근하던 저기압이 황해를 지나며 많은 수증기
> 를 공급받아 우리나라 중부 내륙의 찬공기와 충돌한 것이 그 원인입니다.

① 사방 댐을 건설한다.
② 건물 붕괴를 막기 위한 내진 설계를 한다.
③ 자가용 이용을 자제하고 대중 교통을 이용한다.
④ 탁자 밑에 들어가거나 방석 등을 이용하여 몸을 보호한다.
⑤ 하천을 직선화하여 빠르게 하천의 물을 바다로 유입시킨다.

서술형 문제

28 (가)와 (나)에 해당하는 자연재해는 무엇인지 쓰고, A
418 지역에서 (가) 자연재해가 자주 발생하는 이유를 서술하시오

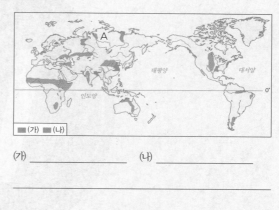

(가) _____ (나) _____

_____

_____

[29-30] 지도를 보고, 물음에 답하시오.

29 A, B에 들어갈 용어를 쓰고, (가) 지역에서 지진은
419 자주 발생하나 화산 활동은 발생하지 않는 이유를 서술하시오.

A: _____ B: _____

_____

_____

_____

30 (나) 지역에서 자주 발생하는 자연재해를 쓰고, 이
420 자연재해가 주민 생활에 미치는 긍정적 영향과 부정적 영향을 각각 한 가지 이상 서술하시오.

_____

_____

_____

자원을 둘러싼
경쟁과 갈등

01 자원 분포와 자원을 둘러싼 갈등

① 한눈에 쏙

• 자원의 종류와 특성

종류	• 좁은 의미: 천연자원 • 넓은 의미: 천연자원＋인적 자원＋문화적 자원
특성	• 편재성: 자원이 일부 지역에 집중 분포함 • 유한성: 자원 매장량에 한계가 있음 • 가변성: 시대와 장소에 따라 자원의 가치가 다름

① 자원의 의미

자연
기술적 의미의 자원
경제적 의미의 자원

② 자원의 가채 연수

*가채 연수 어떤 자원의 확인된 매장량을 그해의 연간 생산량으로 나눈 값을 말한다.

226년 석탄
56년 석유
54년 천연가스

② 한눈에 쏙

• 자원의 분포와 소비

석유	• 페르시아만에 집중 분포 • 국제적 이동량이 많음
석탄	• 비교적 고르게 분포 • 국제적 이동량이 적음
쌀	• 고온 다습한 아시아 계절풍 기후 지역에서 주로 생산 • 국제적 이동량이 적음
밀	• 전 세계적으로 널리 재배 • 국제적 이동량이 많음

용어 사전

• **냉동 액화 기술** 실온에서 기체 상태인 물질을 수송과 저장이 쉬운 상태로 바꾸는 기술

---

① 자원의 의미와 특성

1 자원의 의미①와 종류

의미	인간 생활에 쓸모가 있고, 현재 기술로 개발할 수 있으며 경제적으로 이용 가치가 있는 것
종류	• **좁은 의미**: 천연자원, 기술적으로 개발이 가능, 경제적 가치가 있어야 함 ⑩ 식량 자원, 광물 자원, 에너지 자원 등 〔철광석, 구리 등 / 석유, 석탄, 천연가스 등 / 곡물, 육류 등〕 • **넓은 의미**: 천연자원＋인적 자원(⑩ 노동력, 창의력, 기술 등)＋문화적 자원(⑩ 사회 제도, 종교, 전통 등) • 재생 가능한 자원(재생 자원): 무한정 사용할 수 있는 자원(⑩ 태양광, 풍력, 수력 등) • 재생 불가능한 자원(고갈 자원): 사용함에 따라 고갈되는 자원(⑩ 석유, 석탄, 천연가스 등)

2 자원의 특성

편재성	자원이 지역적으로 고르게 분포하지 않고 일부 지역에 집중적으로 분포 ⑩ 중국의 희토류
유한성	자원의 대부분은 매장량이 한정되어 있음 ⑩ 자원의 가채 연수②
가변성	자원의 가치가 시대와 장소, 과학 기술의 발달, 사회적·문화적 배경 등에 따라 변화함 ⑩ 석유의 가치 변화, 신선한 공기를 담은 캔 판매

〔인구 증가 및 기술 발달 → 자원의 종류와 사용량은 많아졌고, 새로운 자원 개발이 꾸준히 이루어지고 있음〕

② 자원의 분포와 소비

1 에너지 자원의 분포와 소비

(1) **석유와 석탄** 자료① 〔석유는 편재성이 큼〕

구분	석유	석탄
분포	지역적으로 불균등하게 분포해 생산지와 소비지가 다름 → 국제적 이동량이 많음	지역적으로 비교적 고르게 분포 → 국제적 이동량이 적음
소비	경제 발전 수준이 높거나 공업이 발달하여 자원 소비량이 많은 국가에서 많이 수입	제철 공업이 발달하고 화력 발전을 많이 하는 국가에서 주로 소비함
특징	• 세계에서 가장 많이 사용하는 에너지 자원 • 운송 수단 및 가정용 난방의 연료, 공업 제품의 원료	산업 혁명기에 제철 공업의 원료로 사용, 화력 발전의 연료로 이용

(2) **천연가스**: 석유와 비슷한 지역에 분포, 열효율이 높고 연소 시 대기 오염 물질의 배출이 적음, 최근 •냉동 액화 기술과 수송 수단의 발달로 이용량이 많이 증가함

2 식량 자원의 분포와 소비 자료①

쌀	고온 다습한 아시아 계절풍 기후 지역에서 생산 및 소비 → 국제 이동량이 적음
밀	기후 적응력이 높아 서늘하거나 건조한 곳에서도 잘 자라 세계적으로 널리 재배, 소비지가 널리 분포 → 국제 이동량이 많음 〔밀은 쌀보다 재배 범위가 넓음〕
옥수수	아메리카 대륙에서 주로 생산 및 수출, 가축 사료와 바이오 에너지의 원료로 사용 〔육류 소비가 늘어나면서 사료용 작물로 많이 사용됨〕

3 물 자원의 분포와 소비

〔적도 지방은 물 자원이 풍부하지만, 건조 지역(사막과 그 주변 지역)은 물 자원이 많이 부족함〕

분포	지역적으로 불균등하게 분포 → 강수량과 증발량의 영향을 크게 받음
이용	생활용수, 공업용수, 농업용수, 교통로와 수력 발전 등
가변성	물 자원 확보를 위한 노력: 댐 건설, 해수 담수화 시설 설치, 지하수 개발 등

교과서 속 자료 읽기 ❶ 자원의 분포와 국제 이동

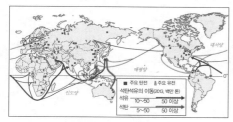

⬆ 석유와 석탄의 분포와 이동

⬆ 쌀과 밀의 분포와 이동

❸ 자원을 둘러싼 갈등

1 석유 자원을 둘러싼 갈등 〔자료 ❷〕

> 예) 주요 산유국들이 석유 수출국 기구(OPEC)를 결성해 석유 생산량과 원유 가격 조절에 영향력을 발휘하면서 갈등 발생

원인	• 석유의 지역적 편재 및 수요 증가 → 자원 생산국과 소비국 간의 갈등, 영유권을 둘러싼 갈등 발생 • 자원 민족주의: 자원을 보유하고 있는 국가가 자원을 무기로 삼아서 자국의 정치·경제적 이익을 얻고자 하는 태도가 확대됨
주요 지역	• 카스피해 ❸: 다량의 석유와 천연가스가 매장되어 있어 주변 국가 간에 갈등 발생 • 남중국해: 1968년 석유 매장 지역으로 알려지면서 중국, 베트남 등 6개국이 갈등 • 기니만 연안: 앙골라, 적도 기니, 나이지리아, 콩고 민주 공화국, 가봉 등 유전 지대의 영유권을 놓고 분쟁 • 북극해 주변 ❹: 캐나다, 미국, 러시아, 덴마크, 노르웨이가 자원을 확보하기 위해 경쟁
해결 노력	• 자원 외교: 산유국과 긴밀한 관계를 유지해 자원을 안정적으로 공급 받음 • 해외 유전 개발, 다양한 국가에서 자원 수입 등

2 물 자원을 둘러싼 갈등 〔자료 ❷〕

원인	물 소비량의 증가, 물의 자정 능력 한계 임박, 물 부족 문제에 대한 위기 의식 고조 등
주요 지역 (국제 하천 주변)	• 메콩강 ❺: 하천 상류에 있는 중국이 물 자원을 확보하기 위해 댐 건설 → 하천 하류에 위치한 타이, 베트남 등의 국가는 물 부족 현상을 겪으면서 갈등 발생 • 나일강: 하천 상류에 위치한 케냐, 에티오피아 등이 댐 건설 추진 → 하천 하류에 위치한 이집트와 수단과 갈등 발생 • 티그리스·유프라테스강: 하천 상류에 위치한 터키의 댐 건설 → 하천 하류에 위치한 이라크와 시리아가 물 부족에 시달리며 갈등 발생

> 국제 하천의 상류와 하류에 위치한 국가 간에 갈등이 발생함

교과서 속 자료 읽기 ❷ 세계의 자원 분쟁 지역

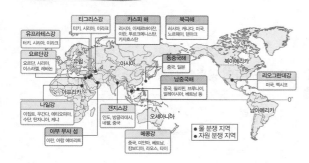

자원은 국가의 경제 발전을 위해 꼭 필요하기 때문에 지속적으로 수요가 증가한다. 최근에는 자원 확보를 둘러싼 국가 간의 갈등이 점점 치열해지고 있다.

3 식량 자원을 둘러싼 갈등

> 왜) 사막화 및 지구 온난화 → 세계 곳곳의 가뭄과 홍수 증가
→ 농경지 파괴 → 곡물 생산량 감소 → 곡물 가격 폭등

원인	• 기후 변화에 따른 식량 생산량 감소, 육류 소비 증가로 사료용 곡물 수요 증가, 인구 증가로 식량 수요 증가, 식량 분배의 불균형, *국제 식량 대기업의 영향력 확대 등 • 애그플레이션 발생: 곡물 가격 상승이 경제 전반의 물가 상승으로 이어지는 현상
해결 노력	식량을 안정적으로 확보하기 위해 해외 농장 임대

---

❸ 한눈에 쏙

• 자원을 둘러싼 갈등

석유 자원	물 자원
석유 매장 지역이나 운송로를 차지하기 위한 갈등	국제 하천의 상류와 하류에 위치한 국가 간의 갈등
• 카스피해 • 남중국해 • 북극해 • 기니만 연안	• 메콩강 • 나일강 • 티그리스·유프라테스강

❸ 카스피해의 자원 갈등

카스피해에 매장된 많은 양의 석유와 천연가스를 두고, 이곳을 바다로 볼 것인지, 호수로 볼 것인지에 따라 주변국들의 이해 관계가 엇갈린다.

❹ 북극해의 자원 갈등

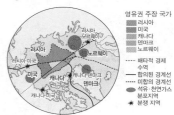

북극해에는 세계 석유의 약 13%, 천연가스의 약 30%가 매장되어 있다. 최근 지구 온난화로 북극해의 개발 가능성이 커지면서 북극해를 둘러싼 자원 갈등이 나타나고 있다.

❺ 메콩강의 물 자원 갈등

용어 사전

*국제 식량 대기업 세계에 곡물을 수출하는 다국적 기업

① 자원의 의미와 특성

이 주제에서는 어떤 문제가 잘 나올까?
• 자원의 의미와 종류 알아보기
• 자원의 특성을 사례와 같이 알아보기

• 정답 및 해설 38쪽

차근차근 기본다지기

01 다음 설명이 맞으면 ○표, 틀리면 ✕표 하시오.
421
(1) 자원은 인간이 생활하는 데 있어 유용하게 사용할 수 있는 것을 말한다. (   )
(2) 현재는 인구 증가 및 기술 발달로 과거보다 자원의 종류와 사용량이 늘어났다. (   )
(3) 좁은 의미의 자원은 인적 자원을 말한다. (   )

02 다음 빈칸에 들어갈 알맞은 말을 쓰시오.
422
(1) 식량 자원, 광물 자원, 에너지 자원 등을 (   ) 자원이라고 한다.
(2) 넓은 의미의 자원은 사회 제도, 종교, 전통 등의 (   ) 자원을 포함한다.
(3) 노동력, 창의력, 기술과 같은 넓은 의미에 포함되는 자원을 (   ) 자원이라고 한다.

03 재생 가능성에 따른 자원의 종류를 구분하여 바르게 연결하시오.
423

(1) 재생 자원 •

(2) 고갈 자원 •

• ㉠ 석탄
• ㉡ 풍력
• ㉢ 석유
• ㉣ 태양광
• ㉤ 천연가스

04 글에서 알 수 있는 자원의 특성으로 옳은 것은?
424

> 아이슬란드에서는 현지의 신선한 공기를 담은 공기 캔을 관광객에게 판매한다.

① 유한성
② 편재성
③ 가변성

05 다음 자원들의 공통된 특징으로 옳은 것은?
425

> • 노동력   • 철광석
> • 석유   • 종교

① 천연자원이다.
② 재생 자원이다.
③ 좁은 의미의 자원이다.
④ 넓은 의미의 자원이다.

차곡차곡 실력 쌓기

06 다음 사례를 통해 알 수 있는 자원의 특성으로 옳은
426 것은?

> • 중국: 우리는 음식 재료로 돼지고기를 많이 사
>   용하며 세계에서 가장 소비가 높아요.
> • 사우디아라비아: 우리는 종교적인 이유로 돼지
>   고기를 금기시하고 있어요.

① 자원은 재생 가능하다.
② 자원의 매장량에는 한계가 있다.
③ 자원의 가치는 문화적 배경에 따라 변한다.
④ 자원은 일부 지역에 집중적으로 분포한다.
⑤ 자원의 가치는 과학 기술의 발달에 따라 변한다.

07 자료는 자원의 의미를 나타내는 것이다. ㉠, ㉡에 들
427 어갈 말이 바르게 연결된 것은?

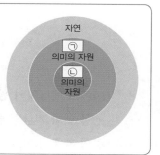

> 자원은 인간 생활
> 에 유용하게 이용되
> 는 모든 것으로 현재
> (㉠)으로 개발 가능
> 하며, (㉡)으로도
> 가치가 있는 것을 자
> 원이라고 한다.

	㉠	㉡
①	넓은	좁은
②	고갈	재생
③	경제적	기술적
④	기술적	경제적
⑤	경제적	문화적

08 그래프는 주요 에너지 자원의 가채 연수를 나타낸 것
428 이다. 이와 관련있는 자원의 특성을 쓰시오.

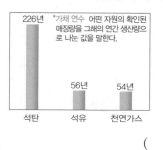

(   )

서술형 문제

09 그래프는 희토류의 매장량을 나타낸 것이다. 이를 보
429 고, 물음에 답하시오.

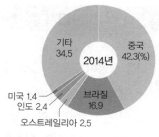

(1) 희토류의 매장 현황을 보고 알 수 있는 자원의
특성을 쓰시오.

_____

(2) (1)에 서술한 자원의 특성을 〈보기〉의 용어를 활
용하여 서술하시오.

> ┌ 보기 ┐
> 고르게 분포   집중

_____

_____

논술형 문제

10 다음 자료를 보고, 물음에 답하시오.
430

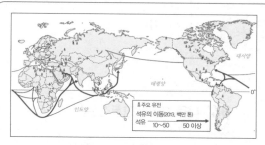

석유는 과거에는 쓸모없는 '검은 물'이었지만,
_____㉠_____ (으)로 인해 현재 세계에서 가장 많이
사용하는 에너지 자원이 되었다.

(1) 밑줄 친 ㉠에 들어갈 내용을 쓰시오.

_____

(2) 위의 자료를 참고하여 자원의 특성 세 가지를 석
유 자원과 연결지어 서술하시오.

_____

_____

_____

차근차근 기본 다지기

01 다음 설명이 맞으면 ○표, 틀리면 ✕표 하시오.
431

(1) 석유는 산업 혁명기에 제철 공업의 원료로 사용되었다. (　　　)

(2) 밀은 국제 이동량이 많다. (　　　)

(3) 옥수수는 아시아 대륙에서 주로 생산하고 수출한다. (　　　)

02 다음 괄호 안의 내용 중 알맞은 것에 ○표 하시오.
432

(1) 서남아시아의 페르시아만 주변에는 전 세계 (석유 , 석탄) 매장량의 절반 정도가 분포한다.

(2) 상업적 농업이 발달한 (아시아 , 오스트레일리아)는 식량 수출량이 많다.

(3) 쌀은 (아시아 계절풍 , 서안 해양성) 기후 지역에서 주로 생산된다.

03 다음 자원과 특징을 바르게 연결하시오.
433

(1) 석유　　•

(2) 석탄　　•

(3) 천연가스 •

(4) 옥수수　•

• ㉠ 바이오 에너지의 원료로 사용

• ㉡ 냉동 액화 기술의 발달로 이용량 증가

• ㉢ 공업 제품의 원료로 사용

• ㉣ 화력 발전의 연료로 이용

04 다음 자원의 공통점은?
434

| 석유　　천연가스　　쌀 |

① 국제적 이동량이 많다.

② 아메리카 대륙에서 주로 생산된다.

③ 생산지가 특정 지역에 집중해 있다.

05 다음 (가), (나)가 설명하는 자원을 바르게 연결한 것은?
435

(가) 고온 다습한 기후에서 재배되며, 생산지에서 대부분 소비된다.

(나) 서늘하거나 건조한 곳에서도 잘 자라며, 소비지가 널리 분포한다.

	(가)	(나)
①	밀	쌀
②	쌀	밀
③	쌀	옥수수
④	옥수수	밀

06 지도는 석유와 석탄의 분포와 이동을 나타내는 것이
436 다. A, B 자원에 대한 옳은 설명만을 〈보기〉에서 고른
것은?

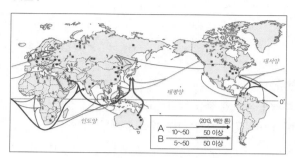

• 보기 •
ㄱ. A는 지역적으로 고르게 분포한다.
ㄴ. A는 경제 발전 수준이 높거나 공업이 발달한
　국가에서 많이 수입한다.
ㄷ. B는 세계에서 가장 많이 사용하는 에너지 자
　원이다.
ㄹ. B는 화력 발전을 많이 하는 국가에서 주로 소
　비한다.

① ㄱ, ㄴ　　　② ㄱ, ㄹ　　　③ ㄴ, ㄷ
④ ㄴ, ㄹ　　　⑤ ㄷ, ㄹ

07 다음 물 자원에 대한 설명으로 옳은 것만을 〈보기〉에
437 서 고른 것은?

• 보기 •
ㄱ. 적도 지방은 물 자원이 많이 부족하다.
ㄴ. 물은 지역적으로 균등하게 분포되어 있다.
ㄷ. 물의 분포는 강수량과 증발량의 영향을 크게
　받는다.
ㄹ. 건조 지역은 지하수 개발과 같은 물 자원 확보
　를 위한 노력이 필요하다.

① ㄱ, ㄴ　　　② ㄱ, ㄷ　　　③ ㄴ, ㄷ
④ ㄴ, ㄹ　　　⑤ ㄷ, ㄹ

08 다음 글이 설명하는 자원을 쓰시오.
438

• 최근 냉동 액화 기술과 수송 수단의 발달로 이
　용량이 증가하였다.
• 이 자원은 열효율이 높고 연소 시 대기 오염 물
　질의 배출이 적다.

(　　　　　)

09 지도는 식량의 주요 생산지와 국제 이동을 나타낸 것
439 이다. 이를 보고, 물음에 답하시오.

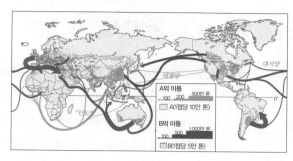

(1) A와 B가 나타내는 식량 자원을 각각 쓰시오.

(2) A와 비교하여 B의 이동량이 더 많은 이유를 서
　술하시오.

10 다음 기사의 사건이 국제 석유 시장에 미칠 영향을 전
440 세계 석유 생산량 그래프를 참고하여 서술하시오.

　사우디아라비아 국영 석유 회사 아람코의 최대
석유 탈황·정제 시설인 아브카이크 단지와 인근
쿠라이스 유전이 14일 새벽 드론 공격으로 불이
나 큰 피해를 입었다. 사우디아라비아 에너지 장
관은 무인기 공격으로 불이 난 석유 시설의 가동을
당분간 중단한다고 밝혔다. 이 장관은 "이번 공격
으로 사우디아라비아 전체 산유량의 절반인 하루
평균 약 570만 배럴의 원유 생산이 지장을 받게 됐
다."라고 말하였다.
　　　　　　　　　　　　－ 글로벌이코노믹, 2019. 9. 14.

총 4,362백만 톤

석유 생산량
(2015년)
러시아 12.4　중국 4.9
미국 13.0　기타 47.3
사우디아라비아 13.0(%)　캐나다 4.9　이라크 4.5

③ 자원을 둘러싼 갈등

차근차근 기본다지기

01
441
다음 설명이 맞으면 ○표, 틀리면 ✕표 하시오.

(1) 자원 분쟁은 대부분 자원의 편재성 때문에 발생한다. (　　　)

(2) 주요 산유국들은 석유 수출국 기구(OPEC)를 결성하여 석유 분쟁을 해결하고 있다. (　　　)

(3) 국제 곡물 가격이 급등할 때 곡물을 충분히 수입하기 어려운 국가는 식량 부족 문제가 발생한다.

(　　　)

02
442
다음 괄호 안의 내용 중 알맞은 것에 ○표 하시오.

(1) 카스피해, 남중국해, 기니만 연안, 북극해는 (물 , 석유)을/를 둘러싼 갈등이 발생하고 있는 지역이다.

(2) 국제 하천의 (상류 , 하류)에 댐을 건설하면 하천 상류 국가와 하류 국가 간에 갈등이 발생할 가능성이 크다.

(3) 서남아시아 국가들은 (석유 , 식량)의 안정적인 확보를 위해 해외 농장 사업을 시행하고 있다.

03
443
지도는 물 분쟁이 발생하고 있는 국제 하천을 나타낸 것이다. ㉠~㉣에 들어갈 강의 이름을 쓰시오.

(1) ㉠: (　　　　　　　)

(2) ㉡: (　　　　　　　)

(3) ㉢: (　　　　　　　)

(4) ㉣: (　　　　　　　)

04
444
밑줄 친 '이 지역'으로 옳은 것은?

　　이 지역은 세계 석유의 약 13%, 천연가스의 약 30%가 매장되어 있다. 이에 따라 이 지역에 인접한 러시아, 미국, 캐나다, 노르웨이, 덴마크는 이 지역의 영유권을 주장하고 있다. 최근 지구 온난화로 개발 가능성이 커지면서 국가 간 갈등은 더욱 커질 것으로 예상된다.

① 북극해　　② 남중국해　　③ 카스피해

05
445
다음 지도에 표시된 댐 건설이 이라크에 미치는 영향으로 옳지 않은 것은?

① 식수 부족　　　　② 유적지 수몰

③ 농업용수 부족　　④ 수질 오염 증가

06 다음 글의 ㉠ 지역을 지도의 A~E에서 고른 것은?
446

> (㉠)에 대한 법적 지위 논쟁이 20여 년 만에 일단락되었습니다.
>
> 아제르바이잔, 이란, 카자흐스탄, 러시아, 투르크메니스탄 5개국 정상들은 (㉠)을/를 기본적으로 바다로 규정하되, 세부 조항에서는 특수한 법적 지위를 부여하기로 한 것으로 전해졌습니다. 그동안 주변 5개국은 석유와 천연가스가 풍부한 이곳을 바다로 볼지, 호수로 볼지에 따라 자원의 소유권이 달라져 논쟁을 이어 왔습니다.

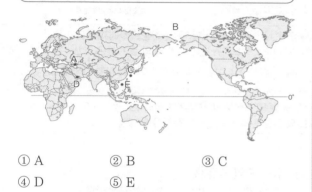

① A
② B
③ C
④ D
⑤ E

07 다음 식량 자원에 대한 설명으로 옳은 것은?
447

① 가격이 오르면 즉시 공급을 확대할 수 있다.
② 육류 소비 증가로 곡물 수요는 줄어들고 있다.
③ 자연환경은 식량 자원에 미치는 영향이 적다.
④ 국제 식량 대기업의 영향력은 점차 감소하고 있다.
⑤ 최근에 기상 이변으로 식량 자원 확보 경쟁이 치열하다.

08 다음 설명에 해당하는 용어를 쓰시오.
448

> • 농업과 지속적인 물가 상승을 뜻하는 인플레이션을 합성한 단어이다.
> • 곡물 가격 상승이 식료품비를 포함한 경제 전반의 물가 상승으로 이어지는 현상이다.

(   )

서술형 문제

09 지도는 물 자원 갈등이 있는 지역을 나타낸 것이다. 이를 보고, 물음에 답하시오.
449

(1) A 하천의 이름을 쓰시오.

(2) 위 하천에서 발생하고 있는 갈등에 대해 상류에 위치한 국가와 하류에 위치한 국가의 입장으로 나누어 서술하시오.

논술형 문제

10 다음 글을 읽고, 물음에 답하시오.
450

> 석유의 수요가 증가하면서 석유 자원의 확보 및 개발과 관련된 국가 간 갈등이 증가하고 있다. 특히 자원을 무기화하고 자국의 이익을 확대하려는 (㉠) 움직임이 확대되면서 석유 자원을 둘러싼 경쟁과 갈등은 더욱 치열해졌다.

(1) ㉠에 들어갈 알맞은 말을 쓰시오.

(2) 우리나라에 필요한 자원 정책을 서술하시오.

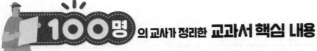
02 자원 개발과 주민 생활의 변화
~ 03 지속 가능한 자원 개발

❶ 노르웨이

노르웨이는 1970년대부터 시작한 북 해 유전 개발의 이익을 국가가 직접 관리하여 국민연금을 조성하고, 기업 의 윤리적 투자를 강조하는 등 성장 과 복지 정책을 동시에 이뤄낸 대표 적인 자원 강국이다.

❷ 사우디아라비아와 아랍 에미리트

석유 수출량이 가장 많은 사우디아라 비아는 석유 수출로 얻은 이익을 해 수 담수화 시설, 복지 등 다양한 분야 에 투자해 경제 성장을 이뤘다. 아랍 에미리트 역시 석유 매장량과 생산량 이 풍부한 나라로, 국가 주도 하에 석 유를 개발하고 이를 통해 얻은 자본을 관광·서비스·제철 산업, 신·재생 에너지 개발에 박차를 가하고 있다.
└ 🔍 석유 자원이 고갈된 이후 상황을 대비하기 위함

❸ 베네수엘라 볼리바르와 나우루 공 화국

세계적인 원유 수출국 베네수엘라 볼 리바르는 원유 개발자들에게만 이익 이 돌아가 원유를 '악마의 배설물'이 라 부른다. 비료의 원료로 쓰이는 인 광석이 많이 매장되어 있는 나우루 공화국은 인광석이 고갈되면서 환경 파괴와 생활고에 시달리고 있다.

용어 사전

* 1인당 국내 총생산(GDP) 한 국가에 서 생산된 모든 생산물의 가치를 인 구 수로 나눈 값

---

❶ 자원 개발과 주민 생활의 변화

1 풍부한 자원을 바탕으로 경제 성장을 이룬 지역 (자료❶)

(1) 자원 개발의 긍정적 영향

① 국가 경제 성장: 자원 개발 및 자원 관련 산업(광업) 발달로 일자리 증가 → 주민 소득 증대, 경제 성장 이룩

② 주민 생활 수준 향상: 자원 수출로 얻은 소득을 자국의 발전에 투자함
└ 도로, 항만 등 사회 기반 시설 확충, 교육 및 의료 시설에 투자 등

(2) 풍부한 자원으로 경제 성장을 이룬 국가

미국, 캐나다, 오스트레일리아	•자국에서 생산한 자원과 뛰어난 기술력을 바탕으로 경제 성장 이룩 •높은 서비스업 비중, 고도화된 산업 구조, 삶의 질이 높은 편임
노르웨이❶	북해 유전 개발로 경제 성장, 석유 개발로 얻은 이익을 복지 정책에 사용
사우디아라비아, 아랍 에미리트❷, 쿠웨이트	•석유가 중요한 에너지 자원이 되면서 석유를 수출하여 외화 획득 •도로, 항만, 공항 등 사회 기반 시설 확충에 석유로 얻은 이익 투자 •교육, 의료와 같은 편의 시설을 늘려 생활 수준 향상

2 자원이 풍부하지만 어려움을 겪는 지역 (자료❶)

(1) 자원 개발의 부정적 영향 — 자원에 대한 인식 부족, 자본 및 기술 부족 등을 풍부한 자원을 제대로 개발하고 활용하기 어려워 부정적 영향이 크게 나타남

① 환경 문제: 무리한 자원 개발로 대기·수질·토양 오염 문제 발생

② 빈부 격차 심화: 자원으로 얻은 이익을 특정 계층이 독점하기 때문

③ 불균형한 산업 구조: 자원 개발 관련 산업의 발전에만 치우칠 수 있음

④ 높은 기술 의존도: 기술 수준이 낮아 선진국의 기술에 의존 → 외화 유출

⑤ 높은 자원 수출 의존도: 자원 고갈 → 경제 침체 발생

(2) 자원 개발에 따른 어려움을 겪는 지역❸

나이지리아	•석유와 천연가스 생산량이 많음 → 자원 개발 이후 빈부 격차 및 갈등 심화 •불법 정유 시설과 기름 유출 사고 등으로 환경 오염 심화 → 주민들의 건강 악화, 생활 터전 파괴 등의 문제 발생
콩고 민주 공화국❹	•휴대 전화나 컴퓨터 등의 첨단 기기에 들어가는 콜탄의 세계적인 생산국 •콜탄을 둘러싼 자원 쟁탈전으로 이어져 정부군과 반군의 갈등 지속 → 광산 근로 자들의 노동력 착취(낮은 임금), 열대 우림의 생태 환경 파괴
시에라리온	•다이아몬드로 얻은 소득 때문에 오히려 빈부 격차 심화 •10년 이상 내전이 이어짐 → 아이들은 소년병이 되어 전쟁터에 끌려 나감

🌴 교과서 속 자료 읽기 ❶ 자원이 풍부한 국가의 *1인당 국내 총생산(GDP)

노르웨이
풍부한 자원 : 석유
7만 1,497달러

나이지리아
풍부한 자원 : 석유
2,260달러

아랍 에미리트
풍부한 자원 : 석유
3만 8,050달러

베네수엘라 볼리바르
풍부한 자원 : 석유
1만 755달러

오스트레일리아
풍부한 자원 : 석탄, 철광석 등
5만 1,593달러

콩고 민주 공화국
풍부한 자원 : 구리, 콜탄 등
473달러

1인당 국내 총생산(GDP) (2015년 기준)

자원이 풍부한 국가들의 1인당 국내 총 생산(GDP)의 차이가 크게 나타난다. 이 는 풍부한 자원을 어떻게 이용하느냐에 따라 국가의 경제 성장과 국민의 삶의 질에 다른 영향을 줄 수 있다.

3 자원의 이동과 우리의 삶

(1) **자원을 매개로 한 연결**: 자원의 생산 · 소비 과정 → 우리의 삶과 다른 지역의 삶이 연결되어 있음

(2) **윤리적 소비**: 생산 과정에 의미를 두는 소비 → 나의 소비가 다른 사람(지역)의 삶에 미칠 영향을 고려하여 바람직한 방향으로 자원 소비
　　　　　　　└─ 예 공정 무역 상품 구매

② 지속 가능한 자원 개발

1 자원의 지속 가능한 활용 방안

(1) **생활 속 자원 절약의 실천**: 냉난방 절제, 대중 교통 이용, *에너지 소비 효율 등급 표시제, *탄소 포인트제, *탄소 성적 표지제 등

(2) **신 · 재생 에너지의 개발 및 이용 확대**: 화석 연료를 대체할 수 있는 방안

2 신 · 재생 에너지

(1) **의미**: 기존의 화석 연료를 변화하여 이용하거나, 재생 가능한 자원을 이용

(2) **장점과 단점**

종류	장점	단점
재생 에너지(태양광, 수력, 풍력, 지열, 조력, 파력, 폐기물, 바이오❹ 등), 신에너지(석탄 액화 가스화, 수소 에너지, 연료 전지 등)	• 고갈 위험이 없고, 지구상에 고르게 분포함 • 오염 문제가 적어 친환경적임 • 화석 연료의 의존도를 낮출 수 있음	• 초기 개발 비용이 높아 경제성이 낮음 • 저장 · 수송, 대량 생산이 어려움 • 자연환경의 영향을 많이 받음

(3) **개발 조건** 〔자료❷〕

수력	유량이 풍부하고 낙차가 큰 하천 지역 예 브라질
풍력	강한 바람이 지속적으로 부는 산지나 해안 지역 예 영국, 네덜란드, 덴마크
태양광	사막과 같이 일사량이 많고, 비가 적게 내리는 지역 예 에스파냐, 사우디아라비아
지열	판의 경계에 있어 화산 활동이 활발한 지역 예 아이슬란드, 일본, 뉴질랜드
조력	밀물과 썰물의 차이가 큰 해안 지역 예 우리나라 서해안❺

〔교과서 속 자료 읽기❷〕 **세계 각국의 신 · 재생 에너지 개발**

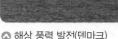
⬆ 해상 풍력 발전(덴마크)

⬆ 지열 발전(아이슬란드)

⬆ 태양광 발전(에스파냐)

3 지속 가능한 지원 개발의 효과와 문제점

효과	부작용
친환경 에너지 분야 관련 일자리의 창출, 무공해 · 무한정한 미래 에너지의 확보, 에너지 관련 시설을 이용한 관광 산업 발달	• 수력 발전: 댐 건설로 상류에 *수몰 지구 발생, 하천 생태계 변화 문제 • 조력 발전: 방조제 부근 해안 생태계 파괴, 어획량 감소 • 바이오 에너지: 주원료인 옥수수, 콩 등의 곡물 가격 상승, 개발 도상국의 식량 부족 문제 심화, 토양 및 물 오염 등

---

② **한눈에 쏙**

• 지속 가능한 자원의 개발

　　화석 연료 사용
　　　　↓
　　신 · 재생 에너지 확대

• 친환경적, 고갈 위험이 없음
• 초기 개발 비용이 높음
• 자연환경의 영향을 많이 받음

❹ **바이오 에너지**

옥수수, 사탕수수, 감자 등 곡물이나 당분을 발효시켜 만드는 바이오 에탄올과 콩기름, 팜유, 폐식용유 등에서 식물성 기름을 뽑아 만드는 바이오 디젤, 그리고 음식물 쓰레기, 가축 배설물 등을 발효시킬 때 생성되는 바이오 가스가 대표적이다.

❺ **우리나라 신 · 재생 에너지 발전소의 분포**

*태양광풍력 발전소는 5MW 이상 규모만 나타냄.
(2016년 10월 기준)

● 풍력 발전
● 태양광 발전
● 조력 발전

태양광 발전은 일사량이 많은 호남 지방과 영남 북부 지방에서 주로 이루어지고, 풍력 발전은 대관령, 영덕, 제주도 일대에서 주로 이루어진다.

용어 사전

* **에너지 소비 효율 등급 표시제** 소비자들이 에너지 효율이 높은 제품을 구입하도록 유도하는 제도
* **탄소 포인트제** 가정, 상업 시설에 온실가스 감축 실적에 따라 포인트를 발급하고 이에 상응하는 혜택을 제공하는 제도
* **탄소 성적 표지제** 제품의 생산 · 수송 · 사용 · 폐기 등 모든 과정에서 발생하는 이산화 탄소 배출량을 제품 겉면에 표기하는 것
* **수몰** 물에 잠기는 것

① 자원의 개발과 주민 생활의 변화

● 차근차근 **기본다지기** ●

01 다음 설명이 맞으면 ○표, 틀리면 ✕표 하시오.
451
(1) 자원 수출로 얻은 소득을 자국의 발전에 투자함으로써 주민 생활 수준이 향상된다. (   )
(2) 개발 도상국은 기술 수준이 낮아 선진국의 기술에 의존하면 외화 유출로 이어질 수 있다. (   )
(3) 윤리적 소비란 생산의 결과에 더 의미를 두는 소비를 의미한다. (   )

02 다음 빈칸에 들어갈 알맞은 말을 쓰시오.
452
(1) 시에라리온은 다이아몬드 때문에 10년간 (   )이/가 이어졌으며, 이 때문에 아이들이 소년병이 되어 전쟁터에 끌려가기도 했다.
(2) 세계적인 원유 수출국 베네수엘라 볼리바르는 원유 개발자들에게만 이익이 돌아가 원유를 (   )(이)라고 부른다.

03 다음 용어와 관련 있는 것을 바르게 연결하시오.
453

(1) 콜탄　　　•

(2) 노르웨이　•

(3) 1인당 국내 총생산　•

• ㉠ 북해 유전 개발로 경제가 성장했으며, 석유 개발로 얻은 이익을 복지 정책에 사용한 국가다.

• ㉡ 콩고 민주 공화국은 휴대 전화나 컴퓨터 등의 첨단 기기에 들어가는 ○○의 세계적 생산국이다.

• ㉢ 한 국가에서 생산된 모든 생산물의 가치를 인구수로 나눈 값이다.

04 다음 설명에 가장 알맞은 국가는?
454

> 자국에서 생산한 자원과 뛰어난 기술력을 바탕으로 경제 성장을 이룩하였으며, 서비스업 비중이 높고, 산업 구조가 고도화되었으며, 삶의 질이 높은 편이다.

① 캐나다
② 쿠웨이트
③ 시에라리온

05 다음 글을 통해 추론할 수 있는 내용으로 가장 알맞은 것은?
455

> 구보 씨가 마시는 커피 원두는 남아메리카의 콜롬비아에서 생산한 것이다. 구보 씨는 커피 머신 안에 물 200mL를 붓고 만든 원두 커피를, 바닥에 '메이드 인 차이나'라고 작게 쓰인 컵에 부었다. 커피 잔에 넣은 두 숟가락의 설탕은 미국 플로리다주에 있는 사탕수수 밭에서 온 것이다.
> – 존 라이언, 「녹색 시민 구보씨의 하루」 재구성

① 구보씨는 과소비가 심하다.
② 윤리적 소비를 지향해야한다.
③ 구보씨가 소비한 것들은 모두 개발 도상국에서 생산되었다.
④ 자원을 소비하는 과정에서 우리는 다른 지역의 삶과 연결된다.

06 자원 개발의 부정적 영향으로 옳은 것만을 〈보기〉에
456 서 있는 대로 고른 것은?

> ┌─ 보기 ─
> ㄱ. 국가 경제가 성장한다.
> ㄴ. 환경 문제가 발생한다.
> ㄷ. 빈부 격차가 심화된다.
> ㄹ. 자원 의존도가 높아진다.

① ㄱ   ② ㄱ, ㄴ   ③ ㄴ, ㄷ
④ ㄴ, ㄹ   ⑤ ㄴ, ㄷ, ㄹ

07 그래프는 자원이 풍부한 국가들의 2015년 1인당 국내
457 총생산을 나타낸 것이다. 이를 통해 알 수 있는 내용
으로 가장 적절한 것은?

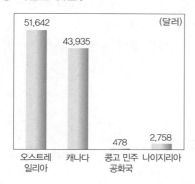

① 캐나다는 석유를 토대로 1인당 국내 총생산이
  높아졌다.
② 자원이 많다고 해서 모두 경제 성장을 이루는
  것은 아니다.
③ 오스트레일리아와 캐나다는 자원 수출 의존도
  가 높을 것이다.
④ 콩고 민주 공화국은 정부군과 반군이 지속적으
  로 갈등하고 있다.
⑤ 오스트레일리아와 캐나다의 1인당 국내 총생산
  이 10,000 달러 이상 차이가 난다.

08 다음 설명에 해당하는 국가의 이름을 쓰시오.
458

> • 인광석이 많이 매장되어 있어 이를 개발하여 주
>   민들이 부유한 생활을 누릴 수 있었다.
> • 인광석이 고갈되면서 환경 파괴와 생활고에 시
>   달리고 있다.

(   )

서술형 문제

09 그래프는 어느 국가의 석유 생산량과 1인당 국내 총생
459 산(GDP)의 변화를 나타낸 것이다. 이를 보고, 물음에
답하시오.

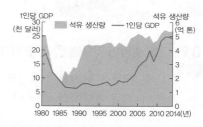

(1) 그래프에서 알 수 있는 사실을 석유 생산량과
  1인당 GDP를 이용하여 서술하시오.

_____

_____

(2) 위와 같은 그래프와 비슷한 모습을 보인 국가를
  하나만 쓰시오.

_____

논술형 문제

10 다음은 아랍 에미리트의 두바이에서 한 할아버지와
460 젊은이가 나눈 대화 내용이다. 이를 보고, 물음에 답
하시오.

(1) 아랍 에미리트에서 이와 같은 변화를 가능하게
  한 자원을 쓰시오.

_____

(2) 아랍 에미리트가 지속적인 발전을 위해서 해야
  할 일들에 대해 서술하시오.

_____

_____

_____

_____

2 지속 가능한 자원 개발

• 정답 및 해설 41쪽

차근차근 기본 다지기

01 다음 설명이 맞으면 ○표, 틀리면 ╳표 하시오.
461
(1) 신·재생 에너지는 친환경적이서 자연환경의 영향을 받지 않는다. (　　　)
(2) 신·재생 에너지의 개발 및 이용 확대는 화석 연료를 대체할 수 있는 방안이다. (　　　)
(3) 신·재생 에너지는 기존의 화석 연료를 변화하여 이용하거나, 재생 가능한 자원을 이용하는 것이다. (　　　)

02 다음 빈칸에 들어갈 알맞은 말을 쓰시오.
462
(1) 태양광 발전은 사막과 같이 (　　　)이/가 많고, 비가 적게 내리는 지역에서 유리하다.
(2) (　　　)의 종류에는 석탄 액화 가스화, 수소 에너지, 연료 전지 등이 있다.
(3) 바이오 에너지 중 콩기름, 팜유, 폐식용유 등에서 식물성 기름을 뽑아 만든 것을 (　　　)(이)라고 한다.

03 우리나라에서 각 발전 방식과 발달된 지역을 바르게 연결하시오.
463
(1) 풍력 발전　•
(2) 조력 발전　•
(3) 태양광 발전　•

　• ㉠ 시화호
　• ㉡ 대관령 일대
　• ㉢ 호남 지방 중심

04 다음 사진에서 볼 수 있는 지속 가능한 자원의 개발 사례가 잘 나타나는 국가는?
464

① 브라질
② 에스파냐
③ 아이슬란드

05 다음은 신·재생 에너지에 대한 설명이다. 밑줄 친 ㉠에 들어갈 내용으로 옳지 않은 것은?
465

> 신·재생 에너지는 화석 연료를 재활용하거나 태양, 바람, 물, 등의 재생 가능한 자원을 변환하여 이용하는 에너지로, ＿＿＿㉠＿＿＿ 특징이 있다.

① 오염 문제가 적어 친환경적이라는
② 저장·수송, 대량 생산이 어렵다는
③ 초기 개발 비용이 낮아 경제성이 높다는
④ 고갈 위험이 없고, 지구상에 고르게 분포하는

06 다음과 같은 특징을 지닌 신·재생 에너지에 해당하는
466 것은?

> • 청정 에너지로 무한 사용 가능
> • 해상과 육상 모두 설치 가능하며, 해상에 설치
> 하면 자연 훼손이 적음
> • 우리나라는 제주도, 강원도 일대에 설치되어
> 있음

① 수력 ② 풍력 ③ 조력
④ 파력 ⑤ 태양광

07 다음 글에서 설명하는 에너지와 관련된 내용으로 옳
467 지 않은 것은?

> 옥수수, 사탕수수, 감자 등 생물체를 직접 연소
> 하거나 발효시켜 얻는 에너지이며, 알코올이나 가
> 스 등으로 저장하여 사용할 수 있다.

① 환경 친화적인 에너지의 한 종류이다.
② 온실 가스를 증가시키는 주된 원인이다.
③ 차량 연료의 대체 에너지로 사용되고 있다.
④ 지속 가능한 자원 개발에 도움이 되는 에너지이다.
⑤ 이와 유사한 에너지로 태양광, 조력, 지열 등이
 있다.

08 다음 설명에 해당하는 용어를 쓰시오.
468

> 가정, 상업 시설에 온실 가스 감축 실적에 따라
> 포인트를 발급하고 이에 상응하는 혜택을 제공하
> 는 제도

(   )

서술형 문제

09 (가), (나) 사진을 보고, 물음에 답하시오.
469

(가)

(나)

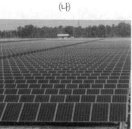

(1) (가), (나)에 해당하는 신·재생 에너지의 명칭을 각
 각 쓰시오.

_____

_____

(2) 신·재생 에너지의 장점을 기존 에너지와 비교
 하여 서술하시오.

_____

_____

_____

논술형 문제

10 자료는 우리나라의 신·재생 에너지에 대한 것이다. 우
470 리나라 조력 발전의 입지와 특성에 대해 서술하시오.

⌃ 시화호 조력 발전소 ⌃ 신·재생 에너지 발전소의 분포

_____

_____

_____

_____

_____

01 자원분포와 자원을 둘러싼 갈등

01
471
밑줄 친 ㉠에 들어갈 용어로 옳은 것은?

> 석유, 물, 식량 등 인간 생활에 필요한 자원은 지구상에 고르게 분포하지 않고, 일부 지역에 집중된 경향이 있다. 이를 _____㉠_____ 이라고 한다. 현대 사회에 꼭 필요한 자원은 _____㉠_____ 이 커서 자원의 확보 과정에서 경쟁과 갈등이 발생한다.

① 자원의 희소성　　② 자원의 유한성
③ 자원의 이동성　　④ 자원의 편재성
⑤ 자원의 가변성

02
472
(가)와 (나)에서 설명하는 자원의 속성으로 옳은 것은?

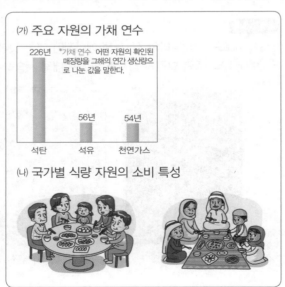

(가) 주요 자원의 가채 연수

226년　*가채 연수 어떤 자원의 확인된 매장량을 그해의 연간 생산량으로 나눈 값을 말한다.
56년
54년
석탄　석유　천연가스

(나) 국가별 식량 자원의 소비 특성

	(가)	(나)
①	자원의 편재성	자원의 희소성
②	자원의 희소성	자원의 유한성
③	자원의 유한성	자원의 가변성
④	자원의 가변성	자원의 이동성
⑤	자원의 이동성	자원의 편재성

03
473
자원에 대한 설명으로 옳지 <u>않은</u> 것은?

① 철광석 같은 자원은 재생 불가능한 자원이다.
② 자원이란 현재 기술로 개발할 수 있으며 경제적으로 이용 가치가 있는 것을 의미한다.
③ 좁은 의미의 자원으로는 노동력, 창의력 등의 인적 자원이 포함된다.
④ 좁은 의미의 자원은 천연자원을 의미하는데 곡물, 육류와 같은 식량 자원이 포함된다.
⑤ 자원은 태양력, 수력과 같은 재생 가능한 자원과 석탄과 같은 재생 불가능한 자원으로 구분하기도 한다.

04
474
지도는 A 자원의 국제적 이동을 나타낸 것이다. A 자원으로 옳은 것은?

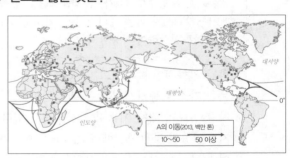

A의 이동(2013, 백만 톤)
10~50　50 이상

① 석유　　② 석탄　　③ 구리
④ 물 자원　　⑤ 천연가스

05
475
다음 국가와 관련 있는 설명을 바르게 연결하시오.

(1) 일본, 우리나라　•

• ㉠ 세계적인 선진국으로 석유 생산량이 많지만, 소비량도 많이 수입함

(2) 미국　•

• ㉡ 경제 발전 수준이 높으며, 석유가 거의 생산되지 않기 때문에 필요한 양은 주로 수입에 의존함

06

476

A~E에 대한 설명으로 옳은 것은?

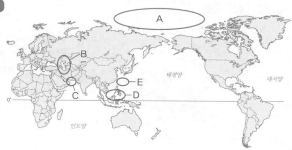

① A는 자원 매장량이 많아 국제 분쟁을 피하기 위해 영유권 주장이 금지되어 있다.
② B는 호수로 볼 것인가 바다로 볼 것인가에 따라 국가별로 석유 자원에 대한 이권이 달라져 자원 분쟁이 발생하고 있다.
③ C는 이란과 이라크 간의 석유 자원 분쟁이 발생하고 있다.
④ D는 일본, 중국, 타이완 간의 석유와 천연가스를 둘러싼 갈등이 발생하고 있다.
⑤ E는 중국, 필리핀, 브루나이, 베트남 등의 국가에서 석유 자원을 둘러싼 자원 분쟁이 발생하고 있다.

07

477

A~E에 대한 설명으로 옳은 것은?

① A는 나일강으로 상류인 이집트가 댐을 건설하여 수단과 물 자원 분쟁이 발생하고 있다.
② B는 갠지스강으로 인도와 방글라데시 간의 수자원 분쟁이 발생하고 있다.
③ C는 티그리스강과 유프라테스강으로 터키와 이라크 간의 갈등이 발생하고 있다.
④ D는 황허로 몽골과 중국 간의 물 자원 분쟁이 발생하고 있다.
⑤ E는 메콩강으로 상류인 중국이 댐을 건설하여 하류인 동남아시아 국가들과 갈등이 발생하고 있다.

08

478

밑줄 친 ㉠에 들어갈 용어로 옳은 것은?

> 물 자원은 인간 생활에 필수적이지만 대체할 수 있는 자원이 없다는 특징이 있다. ____㉠____ 은/는 여러 나라를 가로질러 흐르는 하천을 의미한다. ____㉠____ 에서는 상류에서 더 많은 하천에서 물을 확보하기 위해서 댐을 건설하고 있다. 이에 따라 수자원 분쟁이 발생한다.

① 건천   ② 건조 하천   ③ 내륙 하천
④ 국내 하천   ⑤ 국제 하천

[09-10] 지도는 A와 B의 식량 자원의 이동을 나타낸 것이다. 물음에 답하시오.

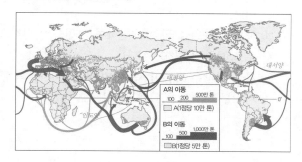

09

479

지도의 A와 B 자원을 바르게 연결한 것은?

	A	B		A	B
①	콩	귀리	②	쌀	밀
③	밀	쌀	④	귀리	콩
⑤	옥수수	귀리			

10

480

A와 B 자원에 대한 설명으로 옳은 것은?

① A는 기온이 낮고 건조한 기후에서 잘 자란다.
② A는 최근 바이오 에너지의 원료로 수요량이 증가하고 있다.
③ B는 고온 다습한 아시아 계절풍의 평야 지대에서 집중적으로 재배한다.
④ B는 아프리카에서 주로 생산하나 수출량이 많아 식량 부족 문제가 발생한다.
⑤ A는 생산지와 소비지가 비교적 일치하여 B보다 국제적 이동량이 적다.

11 (가), (나)의 밑줄 친 현상이 발생하는 공통적인 이유로
481 옳은 것은?

> (가) 사우디아라비아는 국토 대부분이 건조하여서 농작물 생산에 적합하지 않아, 식량의 대부분을 수입하고 있다. 그래서 에티오피아의 농장을 임대하여 이곳에서 생산된 농작물을 자국 내로 들여오는 '해외 농장 사업'을 시행하고 있다.
> (나) 우리나라에서는 석유와 천연가스가 거의 매장되어 있지 않아 대부분 수입에 의존하고 있다. 따라서 페루나 베트남 등 해외에서 석유 광구를 직접 개발하고 있다.

① 자원 개발을 통한 경제적 이득을 보기 위해서이다.
② 자원의 희소성으로 자원이 고갈되고 있기 때문이다.
③ 자금을 투자, 국제적 영향력을 향상시키기 위해서이다.
④ 해외의 자원을 직접 개발하여 자원을 안정적으로 확보하기 위해서이다.
⑤ 자국에 많은 자본이 축적되어 새로운 자본의 투자처를 확보하기 위해서이다.

02 자원 개발과 주민 생활의 변화

12 자원이 풍부한 지역에 대한 설명으로 옳지 않은 것은?
482
① 자원이 풍부하면 1인당 국민 총생산(GDP)이 매우 높다
② 자원 개발 과정에서 일자리가 생겨 지역 경제가 활성화된다.
③ 자원을 판매하여 얻은 수익으로 대규모 산업 단지를 조성하는 등 기반 시설을 늘릴 수 있다.
④ 미국과 캐나다 등은 풍부한 자원과 높은 기술력을 바탕으로 세계적인 선진국으로 성장할 수 있다.
⑤ 서남아시아 국가들은 자원을 개발하여 수출한 돈으로 불리한 자연환경을 극복하고 빠른 경제 성장을 이루었다.

13 A 국가가 다음과 같이 성장할 수 있었던 이유로 옳지
483 않은 것은?

> A 국가는 풍부한 자원을 바탕으로 세계 13위(2016년 기준)의 국내 총생산 규모를 갖게 되었다.

① 세계에서 3번째로 인구 수가 많아 인적 자원을 기반으로 산업을 성장시켰다.
② 서부 지역에 철광석이 풍부하게 매장되어 있어 산업 발전의 기반을 마련할 수 있었다.
③ 동부 지역에 풍부한 석탄이 매장되어 있어 2013년 기준 전세계의 30%를 생산하고 있다.
④ 열대 기후 지역에 속한 북부 지역에 보크사이트가 풍부하게 매장되어 있어 알루미늄 산업이 발달하였다.
⑤ 중부의 찬정 분지를 개발하여 소와 양 등 가축을 대규모로 기르면서 세계적인 목축업 국가로 성장하였다.

14 사우디아라비아에서 자료와 같은 변화가 발생한 이유
484 로 옳은 것은?

자본을 공업, 담수화 시설, 농업, 교육, 복지 등의 분야에 투자하고 있다.

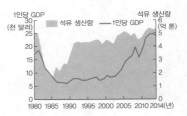

① 철광석이 발견되었기 때문이다.
② 자원 고갈로 산업 변화가 필요했기 때문이다.
③ 아랍 에미리트 간의 자원 분쟁이 발생하여, 석유 생산량이 감소하였기 때문이다.
④ 석유 자원 개발로 얻은 이익을 이용하여 미래에 대비하기 위한 투자를 했기 때문이다.
⑤ 국제 사회에서의 경쟁력을 강화하고 국가의 이미지를 재고하기 위해 석유 개발을 포기했기 때문이다.

15 자원 개발로 인한 문제점으로 옳지 <u>않은</u> 것은?
485

① 자원 개발과 소유권을 둘러싸고 갈등이나 전쟁이 발생하기도 한다.
② 자원 개발과 관련된 산업이 발전하여 지역이 균형적으로 발전하게 된다.
③ 무리한 자원 개발로 인하여 대기 오염, 물 오염 등 환경 문제가 발생한다.
④ 자원의 수출 의존도가 높은 국가는 국제 환경의 변화에 지역 경제가 큰 영향을 받는다.
⑤ 자원 수출을 통해 얻은 이익을 특정 계층이 독점하면서 계층 간 빈부 격차가 발생할 수 있다.

16 카자흐스탄에서 발생한 변화의 이유로 적절한 것은?
486

> 카자흐스탄은 중앙아시아 최대의 자원 부국이다. 세계 매장량의 1.8%에 해당하는 300억 배럴의 석유가 매장되어 있는 등 자원이 많지만 경기 침체 위기를 맞았다. 그러나 정부의 정책을 통하여 2000년부터 7년 동안 연평균 10%에 가까운 매우 높은 경제 성장을 이루었다.

① 자원 개발로 많은 이윤을 얻었기 때문이다.
② 자원 개발 과정에서 많은 일자리가 창출되었기 때문이다.
③ 자원 개발을 포기하고 새로운 산업으로의 변화를 꾀하였기 때문이다.
④ 자원 개발로 인한 이윤이 소수 계층에게 독점되어 빈부 격차가 심화되었기 때문이다.
⑤ 정부 중심으로 산업 다변화를 꾀하고, 교육을 통해 경쟁력을 강화하였기 때문이다.

17 다음 글의 주제로 적절한 것은?
487

> 구보 씨가 마시는 커피 원두는 남아메리카의 콜롬비아 안티오키아 지역에서 생산한 것이다. 커피잔에 넣은 두 숟가락의 설탕은 미국 플로리다 주에 있는 사탕수수 밭에서 온 것이다.
>   – 존 라이언, 『녹색 시민 구보 씨의 하루』 재구성

① 자원 개발의 긍정적인 이유
② 자원 개발의 부정적인 면들
③ 자원과 경제 성장의 상관 관계
④ 자원의 이동과 우리의 생활의 관계
⑤ 지속 가능한 자원을 개발하기 위한 방법

18 (가)와 (나) 두 나라 간 생활 수준 차이가 발생하는 이유로 옳은 것은?
488

(가)   (나)

🔺 석유로 세계 최고의 복지 국가가 된 브루나이   🔺 석유를 수출하지만 가난한 나라 나이지리아

① (가)와 (나)나라 모두 자원 매장량이 부족하기 때문이다.
② (가)에서는 자원으로 얻은 수익이 소수 계층에게 분배되기 때문이다.
③ (가)에서는 자원을 개발할 기술이 부족하여 해외에 의존하기 때문이다.
④ (나)에서는 자원 개발로 인한 갈등이 많이 발생하기 때문이다.
⑤ (나)에서는 자원 개발로 얻은 이익을 교육과 복지에 투자하기 때문이다.

19 밑줄 친 내용과 관련 있는 소비 방식은?
489

> 스마트폰을 만드는 데 필요한 탄탈럼은 콜탄이라는 광물에서 얻는다. 아프리카의 콩고 민주 공화국에는 콜탄이 많이 매장되어 있다. 그러나 이를 둘러싸고 주변 국가까지 개입하여 전쟁이 발생하고 있으며, 주민들은 열악한 환경에서 낮은 임금을 받으며 일하고 있다. 우리가 사용하는 스마트폰에도 콩고 민주 공화국의 콜탄이 사용되었을 가능성이 높다. <u>스마트폰으로 인해 누군가는 어려움을 겪을 수 있음을 알고, 우리의 소비 행위에 대해 반성해 볼 필요가 있다.</u>

① 윤리적 소비
② 민주적 소비
③ 세계화된 소비
④ 지속가능한 소비
⑤ 다국적 기업과 소비

03 지속 가능한 자원 개발

20 지속 가능한 자원에 대한 설명으로 옳지 않은 것은?
490

① 화석 에너지는 재생할 수 없어 고갈된다.

② 화석 에너지는 환경 오염과 지구 온난화를 일으킨다.

③ 지속 가능한 자원으로는 수력, 풍력, 태양광 발전 등이 있다.

④ 지속 가능한 자원은 환경 문제를 전혀 일으키지 않는 청정 에너지다.

⑤ 많은 국가가 화석 연료를 대체할 수 있는 지속 가능한 자원 개발을 위해 노력하고 있다.

21 사진과 같은 발전 방식으로 생산한 에너지는?
491

① 조력 에너지　　② 풍력 에너지

③ 태양광 에너지　　④ 폐기물 에너지

⑤ 바이오 에너지

22 사진의 에너지 자원에 대한 설명
492 으로 옳은 것은?

① 우리나라의 동해안에서 나타나는 발전 방식이다.

② 땅속의 마그마에 의한 열을 이용하는 발전 방식이다.

③ 밀물과 썰물의 높이 차이를 이용하여 전기를 생산한다.

④ 바다 속의 미생물을 이용하여 에너지 자원을 생산한다.

⑤ 비가 잘 내리지 않아 일조량이 풍부한 지역에서 발달한다.

23 밑줄 친 내용이 설명하는 에너지 자원은?
493

> 2006년부터 독일 니더작센 주의 윤데 마을에서는 가축의 분뇨와 톱밥, 나무토막, 유채, 옥수수, 건초 등을 이용해 에너지를 생산하고 있다. 또한 전기의 양도 마을에 필요한 양보다 훨씬 많기 때문에 남는 에너지를 판매해 수익을 얻고 있다. 이러한 명성이 알려지면서 관광객도 늘어나 관광 수입도 증가했다.

① 조력 에너지　　② 풍력 에너지

③ 태양광 에너지　　④ 폐기물 에너지

⑤ 바이오 에너지

24 지도를 보고 풍력 발전
494 소가 발달할 수 있는 지역을 〈보기〉에서 있는 대로 고른 것은?

· 보기 ·
ㄱ. 밀물과 썰물의 차이가 큰 지역
ㄴ. 장애물이 없어 바람이 일정하게 부는 해안가
ㄷ. 건조한 모래바람이 부는 사막
ㄹ. 높은 산지로 강한 바람이 부는 지역
ㅁ. 강수량이 적어 일조량이 많은 지역

① ㄱ, ㄴ　　② ㄴ, ㄹ　　③ ㄴ, ㄷ, ㄹ

④ ㄷ, ㄹ, ㅁ　　⑤ ㄴ, ㄷ, ㄹ, ㅁ

25 지속 가능한 자원의 문제점으로 옳지 <u>않은</u> 것은?
495

① 개발 비용이 높아 에너지 효율성이 낮다.

② 고갈의 위험이 적고 환경에 미치는 영향력이 적다.

③ 자연 조건의 영향을 많이 받아 개발 장소의 제한이 크다.

④ 대규모 발전 시설을 건설하는 과정에서 주변 생태계가 파괴된다.

⑤ 개발 과정에서 소음이나 수질 오염 등으로 주민과의 갈등이 발생한다.

26
496

A~E에 대한 설명으로 옳은 것은?

① A에서는 거대한 폭포를 이용한 수력 발전이 나
타난다.

② B에는 조석 간만의 차가 커 세계에서 가장 큰
규모의 조력 발전이 나타난다.

③ C에서는 세계 최초로 바이오 에너지를 개발하
였다.

④ D는 조산대에 위치하고 있어 지열 발전이 나타
난다.

⑤ E는 맑은 날씨를 이용하여 세계 최대의 태양광
발전소가 나타난다.

27
497

글의 A 자원에 대한 옳은 설명만을 〈보기〉에서 있는
대로 고른 것은?

> A는 옥수수, 사탕수수와 같은 곡물을 재료로 하
> 여 만든다. A는 화석 연료와는 달리 고갈의 위험
> 이 낮고 연소 시 이산화 탄소를 거의 배출하지 않
> 는 장점이 있어 최근 세계적으로 생산량이 증가하
> 고 있다.

보기
ㄱ. A 자원은 바이오 에탄올이다.

ㄴ. A 자원을 생산하는 과정에서 초원을 파괴한다
는 문제점이 있다.

ㄷ. A 자원은 날씨의 영향을 크게 받아 에너지의
안정적 수급이 어렵다.

ㄹ. A 자원을 생산하는 과정에서 물의 순환을 막
아 물 오염을 유발한다.

ㅁ. A 자원 생산량이 증가하면서 국제 곡물 가격
이 상승하여 식량 문제가 발생하였다.

① ㄱ, ㄴ, ㄷ   ② ㄱ, ㄴ, ㅁ

③ ㄴ, ㄷ, ㄹ   ④ ㄴ, ㄹ, ㅁ

⑤ ㄷ, ㄹ, ㅁ

서술형 문제

28
498

그래프를 보고 식량 부족 문제가 발생될 것으로
예상되는 지역과 그 이유를 서술하시오.

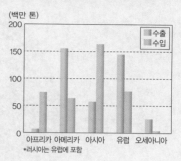

_____

_____

29
499

다음 글을 읽고 물음에 답하시오.

> ____㉠____ 은/는 1960년 석유 자원의 수
> 출을 통제하여 경제적 안정 및 국제적인 영향
> 력을 향상하기 위한 목적으로 만든 기구이다.
> 2016년을 기준으로 이란, 이라크, 쿠웨이트,
> 사우디아라비아, 베네수엘라, 나이지리아 등
> 10여 개의 국가가 가입되어 있으며 이들이 전
> 세계 석유 시장의 40% 이상을 담당하고 있다.

(1) 밑줄 친 ㉠에 들어갈 국제 기구는?

_____

(2) ㉠이 결성된 이유와 이로 인해 나타난 문제점
을 서술하시오.

_____

_____

30
500

자원 고갈을 막고 지속 가능한 자원 이용을 위한
방법을 개인적 측면과 국가 및 국제적 측면에서
서술하시오.

_____

_____

_____

개인과
사회생활

 **01 사회화와 청소년기의 특징**

① 한눈에 쏙

• 사회화와 재사회화

사회화	인간이 그 사회에서 필요한 언어와 행동 양식, 가치관 등을 배우는 과정
재사회화	급격한 사회 변화 과정에서 새로운 지식, 규범과 가치 등의 생활 양식을 배우는 과정

① 본능적인 행동과 사회화된 행동

졸릴 때 하품을 하거나 배고플 때 음식을 먹는 것은 본능적인 행동이다. 하지만 하품을 할 때 입을 가리거나 숟가락을 이용하여 밥을 먹는 것은 사회화의 결과로 나타난 행동이다.

② 재사회화의 중요성

현대 사회는 변화의 속도가 빨라 기존에 습득한 지식이나 가치, 규범만으로는 적응하는 데 어려움을 겪게 된다. 따라서 새로운 지식, 기술, 가치 등을 계속 배워야만 하기 때문에 재사회화의 중요성이 커지고 있다.

용어 사전

• **내면화** 한 개인이 다양한 사회적 영향을 받아서 다른 사람이나 자신이 속한 사회의 신념이나 가치, 규범 등을 자신의 것으로 받아들이는 것
• **언어적 상호 작용** 둘 이상의 사람들이 말이나 글 등을 통해 서로 영향을 주고받는 것
• **동일시** 다른 개인이나 집단의 특징을 자신의 것과 동일하게 여기는 것
• **자아 정체성** 다른 사람과 구별되는 자기 자신에 대한 주체적인 인식이나 평가, 신념 또는 태도

① 사회화의 의미와 기능

1 사회적 존재로서의 인간

(1) **사회적 존재**: 인간은 혼자 살아가는 것이 아니라 사회 속에서 다른 사람들과 관계를 맺으며 그 과정에서 인간다운 모습으로 성장함

(2) **동물과의 차이점**
　① 언어를 습득하여 의사소통을 함
　② 일상생활에 필요한 지식과 가치 등을 배움

2 사회화의 의미와 특징 ① 〔자료 ①〕

(1) **의미**: 인간이 다른 사람들과의 사회적 상호 작용을 통하여 자신이 속한 사회에 필요한 언어와 행동 양식, 지식과 가치관, 기능 등을 배워 *내면화하는 과정

(2) **특징**
　① 평생에 걸쳐서 진행됨 ── 플러스 인간의 사회화는 유년기에서 노년기까지 평생 동안 계속되는 과정임
　② 시대나 사회에 따라 사회화의 내용이나 방식은 다양함
　③ 주로 *언어적 상호 작용을 통해 이루어짐
　④ 보상과 처벌의 경험이나 모방과 *동일시 등의 방법을 통해 이루어짐
　　└─ 해도 되는 행동과 하면 안 되는 행동을 보상과 처벌을 통해 깨달아 학습함

(3) **기능**

개인적 측면	사회생활에 필요한 행동 양식 및 규범 학습, 사회 구성원으로서의 소속감 형성, *자아 정체성 형성 등
사회적 측면	사회의 규범과 가치 등의 공유와 세대 간 전승, 사회의 유지와 존속 및 발전에 기여 등

3 재사회화 ②

(1) **의미**: 급격한 사회 변화 과정에서 새로운 지식, 규범과 가치 등의 생활 양식을 배우는 과정

(2) **사례**: 정보 통신 기술이 발달하면서 인터넷이나 스마트폰 사용 방법을 배우는 것, 다문화 사회로의 변화 과정에서 필요한 가치와 태도를 습득하는 것 등

🌲 **교과서 속 자료 읽기 ①　사회화의 중요성**

> 2007년 캄보디아의 정글에서 '야생 소녀' 프니엥이 발견되었다. 프니엥은 여덟 살 때 실종되었다가 18년 만에 발견되었다. 발견 당시 프니엥은 벌거벗은 상태로 야생 동물의 소리를 내었다고 한다. 이후 프니엥은 옷 입기를 강하게 거부하고, 말을 익히지 못하는 등 인간 사회에 적응하지 못하였다.

• 인간은 사회화 과정을 경험하지 못할 경우, 인간으로 살아가는 데 필요한 지식이나 가치, 규범 등을 배우지 못해 인간 사회에 적응하기 어렵다.
• 인간이 사회적 존재로 살아가기 위해서는 사회가 요구하는 지식이나 가치, 기능 등의 생활 양식을 학습하는 사회화 과정이 필요하다.

② 사회화의 과정과 사회화 기관

1 사회화의 과정

유아기와 유년기	주로 가정이나 또래 집단 등에서 기본적인 욕구를 충족하고, 인성과 가치관의 토대를 마련함
청소년기	주로 학교나 또래 집단, 대중 매체 등을 통해 사회생활에 필요한 지식과 기술, 규범과 가치관 등을 습득하고, 진로 및 직업을 선택함
성인기	주로 직장에서 업무를 수행하면서 관련 지식과 기술 등을 배우고 직장생활에 필요한 태도를 형성해 나감
노년기	노인 대학이나 대중 매체 등을 통해 변화하는 사회에 필요한 새로운 생활 양식을 습득함

2 사회화 기관

(1) **의미**: 사회 구성원들의 사회화가 이루어지는 집단이나 기관

(2) **주요 사회화 기관**

가정	가장 중요하고 기초적인 사회화 기관으로 언어, 예절, 기본적인 규범 및 가치관 등과 관련된 사회화가 이루어짐
또래 집단	비슷한 연령대의 친구 집단으로, 소속감과 심리적 안정감을 주고 가치관 형성에 영향을 미침
학교	지식, 기술, 규범 등을 체계적으로 학습하는 공식적 사회화 기관 ┈┈ 사회화를 목적으로 설립된 기관
직장	직업과 관련하여 업무 수행에 필요한 지식과 기술, 가치 등의 행동 양식을 학습함
대중 매체	다양한 정보를 전달하는 사회화 기관으로, 현대 사회에서 중요성이 매우 커짐

└ 예 신문, 텔레비전, 인터넷 등

③ 청소년기의 사회화

1 청소년기의 특징 ③

(1) **개인적 측면**: 급격한 신체적·심리적 변화, 독립심 증가, 지적 능력 발달 등

(2) **사회적 측면**: 인간관계의 범위 확대, 친구 관계 중요시, 또래 집단의 영향 증대

2 자아 정체성과 청소년기의 중요성 [자료 ②]

(1) **자아 정체성의 형성**: 청소년기에는 다양한 상호 작용 속에서 자아 정체성 형성 → 청소년기에 자아 정체성을 어떻게 형성하느냐에 **따라 성인기의 삶이 달라짐**

└ 가정, 또래 집단, 학교, 대중 매체 등 다양한 요소와의 상호 작용이 활발하게 이루어짐

(2) **긍정적인 자아 정체성의 형성 방법**

① 현재 자신의 모습을 탐색하고 점검해야 함 ┈ '내가 무엇을 잘 하는가?', '나에게 무엇이 중요한가?', '나는 어떤 삶을 살고 싶은가?' 등의 질문을 스스로에게 해야 함

② 자신의 존재 가치와 의미, 삶의 방향을 고민해야 함

③ 미래에 자신이 원하는 모습을 이루기 위한 계획을 수립해야 함

교과서 속 자료 읽기 ② **거울에 비친 *자아(거울 자아)**

나는 누구일까?

- '거울에 비친 자아'란 거울에 비친 자신의 모습을 보는 것처럼 주변 사람들이 자신을 어떻게 생각하는지를 거울삼아 자신을 파악함으로써 자아를 형성하는 것을 의미한다.
- 개인은 다른 사람들과 상호 작용하는 과정에서 자신의 행동을 사람들이 어떻게 해석하는지 평가하여 스스로 자아를 형성하게 된다.

---

② 한눈에 쏙

• 사회화 과정과 사회화 기관

사회화 과정	유아기와 유년기, 청소년기, 성인기, 노년기에 걸쳐서 사회 구성원으로서 지식 및 가치관 등을 내면화함
사회화 기관	• 사회화를 담당하는 집단이나 기관 • 가정, 또래 집단, 학교, 대중 매체, 직장 등

③ 한눈에 쏙

• 청소년기의 특징과 과제

특징	신체적·심리적 변화가 급격히 이루어지는 시기
과제	긍정적인 자아 정체성을 형성해야 함

③ 청소년기를 나타내는 표현

질풍노도의 시기	질풍노도란 '빠르게 부는 바람과 거센 물결'이라는 뜻으로, 감정적으로 불안한 상태를 나타냄
주변인	성인과 아동 중 어디에도 속하지 못하고 주변을 맴돌며 방황하는 상태를 나타냄
심리적 이유기	경제적으로 부모의 보살핌을 받지만, 심리적으로 부모로부터 독립하고자 하는 모습을 가리킴
제2의 반항기	부모나 기성세대의 질서에 저항하여 갈등을 겪는 시기를 의미함

용어 사전

* **자아** 자신만의 고유하고 독특한 모습

① 사회화의 의미와 기능
② 사회화의 과정과 사회화 기관

🏳 **이 주제에서는 어떤 문제가 잘 나올까?**
• 사회화의 의미와 특징 이해하기
• 재사회화의 의미 이해하기
• 주요 사회화 기관의 의미와 기능 구분하기

• 정답 및 해설 **45쪽**

차근차근 기본다지기

01 다음 설명이 맞으면 ○표, 틀리면 ✕표 하시오.
501
(1) 졸릴 때 하품을 하는 것은 사회화의 결과로 나타나는 행동이다. (　　)
(2) 사회화 과정은 성인기에 비로소 완료된다. (　　)
(3) 대중 매체는 개인의 인격과 가치관을 형성하는 데 영향을 미치지 않는다. (　　)

02 빈칸에 들어갈 용어를 쓰시오.
502
(1) 사회 변화에 따라 새롭게 요구되는 지식, 규범과 가치 등의 생활 양식을 배우는 과정을 (　　　)
(이)라고 한다.
(2) (　　　)은/는 가장 중요하고 기초적인 사회화 기관으로, 유아기와 유년기에 기본적인 욕구를 충
족하고 인성과 가치관의 토대를 마련한다.
(3) (　　　)은/는 지식, 기술, 규범 등을 체계적으로 학습하는 가장 대표적인 공식적 사회화 기관이다.

03 다음 사회화 기관과 그 특징을 바르게 연결하시오.
503
(1) 가정 •

(2) 학교 •

(3) 대중 매체 •

• ㉠ 다양한 정보를 전달하며, 현대 사회에서 중요성이 커
진 사회화 기관

• ㉡ 언어, 예절 등의 가장 중요하고 기초적인 사회화를 담
당하는 사회화 기관

• ㉢ 사회화를 목적으로 설립된 기관으로, 체계적인 학습
이 이루어지는 공식적 사회화 기관

04 밑줄 친 '이것'에 대한 설명으로 옳은 것은?
504

> 이것은 다른 사람들과의 사회적 상호 작
> 용을 통해 사회에 필요한 언어와 행동 양
> 식, 지식과 가치관, 기능 등을 배워 내면화
> 하는 과정을 의미한다.

① 언어적 상호 작용을 통해서만 이루어진다.
② 유아기부터 노년기까지 평생에 걸쳐 진
행된다.
③ 모든 사회에서 동일한 내용과 방식으로
이루어진다.

05 밑줄 친 ㉠, ㉡에 해당하는 사회화의 기능을 잘못
505 연결한 것은?

> 인간은 사회적 존재로서 다른 사람들과
> 관계를 맺으며 사회화를 통해 인간다운 모
> 습으로 성장한다. 이러한 사회화는 ㉠ 개인
> 적 측면의 기능과 ㉡ 사회적 측면의 기능이
> 있다.

① ㉠ – 사회 구성원으로서의 소속감 형성
② ㉠ – 사회생활에 필요한 행동 양식 및 규
범 학습
③ ㉡ – 자아 정체성 형성
④ ㉡ – 사회의 규범, 가치 등의 세대 간 전승

06 인간의 성장 시기와 사회화 과정을 옳게 연결한 것은?
506
① 유아기와 유년기 – 주로 가정에서 가장 기초적인 사회화가 이루어진다.
② 청소년기 – 주로 재사회화가 이루어진다.
③ 청소년기 – 또래 집단의 영향을 크게 받아 인간관계의 범위가 축소된다.
④ 성인기 – 주로 가정에서 기본적인 인성과 가치관의 토대를 마련한다.
⑤ 노년기 – 다양한 상호 작용 속에서 자아 정체성을 형성한다.

07 밑줄 친 ㉠, ㉡과 같은 사회화 기관에 대한 설명으로 옳은 것은?
507

> 중학생 A는 ㉠ 텔레비전을 통해 어려운 사람들을 돕는 의사의 모습을 보고 크게 감동하여 의사를 꿈꾸게 되었다. 그래서 지금은 ㉡ 중학교에서 열심히 공부하며 의대에 진학하기 위해 노력하고 있다.

① ㉠은 가장 기초적인 사회화를 담당한다.
② ㉠은 노년기의 사회화에 영향을 미치지 않는다.
③ ㉡을 통해 사회화가 완료된다.
④ ㉡은 사회화를 목적으로 설립된 공식적 사회화 기관이다.
⑤ ㉠은 ㉡과 달리 사회의 유지와 존속에 기여하는 역할을 한다.

08 다음에서 공통으로 설명하는 사회화 기관은 무엇인지 쓰시오.
508

> • 유아기와 유년기의 사회화에 가장 큰 영향을 미친다.
> • 가장 중요하고 기초적인 사회화 기관으로 언어, 예절, 기본적인 규범 및 가치관 등과 관련된 사회화가 이루어진다.

(   )

서술형 문제
09 다음 글을 읽고 물음에 답하시오.
509

> 기존에 습득한 지식이나 가치, 규범만으로는 빠른 속도로 변화하는 현대 사회에 적응하기 어렵기 때문에 새로운 지식, 규범과 가치 등을 배워야 한다. 이렇게 변화하는 사회에 적응할 목적으로 새로운 지식, 가치 등의 생활 양식을 배우는 과정을 (㉠)(이)라고 한다.

(1) ㉠에 들어갈 용어를 쓰시오.

_____

(2) ㉠의 사례를 한 가지만 서술하시오.

_____

_____

논술형 문제
10 ㉠의 기능을 〈조건〉에 맞게 서술하시오.
510

> 인간이 다른 사람들과의 사회적 상호 작용을 통하여 자신이 속한 사회에 필요한 언어와 행동 양식, 가치관, 기능 등을 배워 내면화하는 과정을 (㉠)(이)라고 한다.

┌ 조건 ┐
• ㉠에 들어갈 용어를 쓴다.
• ㉠의 기능을 개인적 측면과 사회적 측면으로 구분하여 각각 서술한다.

_____

_____

_____

100명의 교사가 콕 찍은 **주제별·유형별 대표문제**

🚩 **이 주제에서는 어떤 문제가 잘 나올까?**
• 청소년기의 특징 이해하기
• 청소년기의 중요성 이해하기
• 긍정적 자아 정체성의 형성 방법 파악하기

• 정답 및 해설 **46**쪽

3 청소년기의 사회화

◆ 차근차근 기본 다지기 ◆

01 빈칸에 들어갈 용어를 쓰시오.
511
(1) 청소년기는 인간관계의 범위가 확대되는 시기로, 비슷한 연령대의 친구 집단인 (　　　)의 영향을 많이 받는다.
(2) 청소년기는 '빠르게 부는 바람과 거센 물결'처럼 감정적으로 불안한 상태를 보여 (　　　)의 시기라고도 한다.
(3) (　　　)은/는 자신만의 고유하고 독특한 모습을 말하는데, 청소년기에는 활발한 상호 작용 속에서 (　　　) 정체성이 형성된다.

02 다음 설명이 맞으면 ○표, 틀리면 ✕표 하시오.
512
(1) 청소년기는 신체적·심리적 변화가 급격히 이루어지는 시기이다. (　　　)
(2) 청소년기는 부모로부터 경제적인 독립뿐만 아니라 심리적인 독립을 하고자 하는 시기여서 '심리적 이유기'라고 한다. (　　　)
(3) 청소년기에 형성되는 자아 정체성은 성인기나 노년기에는 거의 영향을 미치지 않는다. (　　　)

03 (1)~(4)에서 설명하는 용어를 퍼즐판에서 찾아 색칠하시오.
513

자	아	정	체	성
청	성	반	거	비
소	인	항	울	주
년	기	기	자	변
기	자	아	아	인

(1) 주변 사람들이 자신을 어떻게 생각하는지 파악하여 자아를 형성하는 것은? ○○에 비친 ○○
(2) 자신만의 목표나 역할, 가치관 등에 관한 명확한 인식을 의미하는 것은?
(3) 성장 과정에서 신체적·심리적으로 급격한 변화를 맞으면서 독립심이 강해지는 시기는?
(4) 아동과 성인 중 어디에도 속하지 못하고 주변을 맴돌며 방황하는 청소년기의 특징을 가리키는 표현은?

04 청소년기에 대한 설명으로 옳은 것은?
514
① 주로 가정에서 기본적인 욕구를 충족한다.
② 또래 집단의 영향을 많이 받지 않기 때문에 '심리적 이유기'라고 부른다.
③ 긍정적인 자아 정체성을 형성해야 하는 시기이다.

05 다음 글에서 설명하는 청소년기의 특징을 나타낸 용어로 가장 적절한 것은?
515

> 청소년기는 부모나 기성세대의 질서에 저항하여 갈등을 겪는 시기이다.

① 주변인　　　② 심리적 이유기
③ 제2의 반항기　　④ 질풍노도의 시기

06 청소년기에 긍정적인 자아 정체성을 형성하는 방법으
516 로 적절하지 <u>않은</u> 것은?

① 현재 자신의 모습을 탐색하고 점검한다.
② 자신의 존재 가치와 삶의 방향을 고민한다.
③ 미래에 이루고 싶은 자신의 모습을 위해 계획을 수립한다.
④ 자신이 무엇을 잘하고 무엇을 중요하게 여기는지 스스로에게 질문한다.
⑤ 다른 사람과의 상호 작용을 최소화하고 자기 내면의 목소리를 듣는 데 집중한다.

2 + 3 통합 문제

07 다음에서 공통으로 설명하는 청소년기의 사회화 기관
517 으로 옳은 것은?

- 비슷한 연령대의 친구 집단으로, 소속감과 심리적 안정감을 준다.
- 청소년기에 부모로부터 심리적 독립을 원하면서 영향력이 커지는 사회화 기관이다.

① 가정　　　　　　② 학교
③ 동아리　　　　　④ 또래 집단
⑤ 대중 매체

08 ㉠에 들어갈 용어를 쓰시오.
518

위 그림의 청소년과 같이 인간은 다른 사람들과 상호 작용하는 과정에서 자신의 행동을 다른 사람들이 어떻게 해석하는지 평가하여 스스로 (㉠)을/를 형성하는데, 이를 '거울에 비친 (㉠)'(이)라고 한다.

(　　　　　　)

09 다음은 어느 중학생이 쓴 독후감의 일부이다. 이를 읽
519 고 물음에 답하시오.

> 『지킬 박사와 하이드』를 읽고
>
> 　지킬 박사는 자신이 만든 약으로 인간에게 잠재된 선과 악을 구분할 수 있다고 생각하였다. 자신의 의지에 따라 선한 (㉠)와/과 악한 (㉠) 중 하나를 선택할 수 있다고 생각한 것이다. 하지만 그의 기대와는 다르게 악한 하이드는 선한 지킬 박사를 누르고 끊임없이 모습을 드러냈고, 실험은 결국 실패로 돌아갔다. 책을 덮으면서 어제 사회 수업 시간에 선생님께서 청소년기의 자아 정체성과 성인기의 관계에 대해 하신 말씀이 떠올랐다.
> "　　　　　　(가)　　　　　　"
> 지킬 박사처럼 불행한 어른이 되지 않기 위해 바람직한 자아 정체성을 형성해야겠다.

⑴ ㉠에 들어갈 용어를 아래 의미에 맞게 쓰시오.

　　자신만의 고유하고 독특한 모습

_____

⑵ (가)에 들어갈 내용을 서술하시오.

_____
_____

10 다음은 청소년기의 특징을 나타낸 용어들이다. 이 중
520 하나를 골라 〈예시〉와 같이 현재 자신의 상황을 설명하시오.

- 주변인　　　　　　· 제2의 반항기
- 심리적 이유기　　· 질풍노도의 시기

・예시・
　나는 주변인의 상태에 있다. 왜냐하면 지금 나는 아동도 아니고, 어른도 아니기 때문이다.

_____
_____
_____

02 사회적 지위와 역할
~ 03 사회 집단과 차별 문제

① 한눈에 쏙

• 지위와 역할

귀속 지위	개인의 의지와 상관없이 선천적이거나 자연적으로 가지게 되는 지위
성취 지위	후천적으로 개인의 노력이나 능력에 따라 얻게 되는 지위
역할	사회적 지위에서 기대되는 행동 양식
역할 행동	개인이 실제로 역할을 수행하는 구체적인 행동 방식

① 지위와 역할의 의미

1 사회적 지위 [자료 ①]

(1) **의미**: 개인이 집단이나 *사회적 관계 속에서 차지하는 위치

(2) **특징**

① 개인은 사회 속에서 *상호 작용 과정을 하는 가운데 개인과 개인 사이의 관계, 개인과 집단 사이의 관계 속에서 여러 개의 지위를 동시에 가짐

② 과거에 비해 현대 사회에서는 귀속 지위보다 성취 지위의 중요성이 더욱 커짐

> **주의** 전통 사회에서는 귀속 지위가 중요했지만, 사회가 발달하고 전문화될수록 성취 지위가 더욱 강조됨

(3) **귀속 지위**

① **의미**: 개인의 의지와 상관없이 선천적이거나 자연적으로 가지게 되는 지위

② **특징**: 혈통이나 신분을 중시하는 전통적 신분제 사회에서 중시됨

③ **사례**: 여자, 남자, 아들, 딸, 청소년, 노인 등

(4) **성취 지위**

① **의미**: 후천적으로 개인의 노력이나 능력에 따라 얻게 되는 지위

② **특징**: 개인의 능력을 중시하는 현대 사회에서 중시됨

③ **사례**: 남편, 아내, 어머니, 아버지, 의사, 회사원 등

🌳 교과서 속 자료 읽기 ① 귀속 지위와 성취 지위

> A는 의류 회사에서 디자이너로 일한다. 남편은 아내가 디자이너인 것을 자랑스러워하고, 아들도 친구들에게 엄마 자랑을 자주 한다. 지난 주말에는 오랜만에 다른 지역에 계시는 어머니를 찾아뵈었다. 딸이 왔다고 기뻐하시는 어머니를 보니, 바쁘다는 핑계로 자주 찾아뵙지 못한 것이 죄송했다.

A가 집단이나 사회적 관계 속에서 차지하는 위치, 즉 사회적 지위에는 디자이너, 아내, 엄마, 딸이 있다. A의 사회적 지위 중에서 딸은 태어날 때부터 가지게 된 귀속 지위이고, 디자이너, 아내, 엄마는 후천적으로 얻은 성취 지위이다.

---

① 서로 다른 역할 행동

지위에 기대되는 행동 양식인 역할을 수행하는 방법은 개인의 특성이나 가치관에 따라 달라질 수 있다. 예를 들어 같은 학급 회장이라도 어떤 사람은 학급 친구들의 의견을 잘 수용하여 학급을 잘 이끌어 가지만, 어떤 사람은 학급 친구들의 의견을 무시하고 학급을 이끌어 간다.

2 역할

(1) **의미**: 지위에 따라 사회적으로 기대되는 행동 양식

(2) **사례**: 학생에게는 열심히 공부하는 역할이 기대됨

3 역할 행동 ①

(1) **의미**: 개인이 실제로 역할을 수행하는 구체적인 행동 방식

(2) **역할 행동에 대한 보상과 *제재**

보상	개인이 사회적 기대에 부응하여 역할을 제대로 수행하면 보상을 받음 예) 학생이 수업을 열심히 듣고 교칙을 잘 지키면 칭찬을 받음
제재	개인이 사회적 기대에 부응하지 못하거나, 역할을 제대로 수행하지 못하면 비난이나 처벌 등과 같은 제재를 받음 예) 학생으로서 규정에 어긋나는 행동을 하면 꾸지람을 듣거나 벌점을 받음

용어 사전

• **사회적 관계** 다른 사람들과 지속적인 상호 작용을 통하여 맺는 관계
• **상호 작용** 둘 이상의 구성원, 집단 등이 서로 영향을 주고받는 과정
• **제재** 정해진 규칙을 위반하는 행동을 제한하거나 금지하는 것

❷ 역할 갈등의 의미와 해결 방안

1 역할 갈등의 이해❷ 자료❷

(1) **의미**: 한 개인이 가지고 있는 여러 가지 지위에 따른 역할이 충돌하여 나타나는 심리적 갈등

(2) **발생 원인**

① 한 개인이 가지는 여러 가지 지위에 따른 역할이 서로 충돌하여 발생함

② 한 개인이 가지는 하나의 지위에 대해 서로 다른 역할을 요구받을 경우에 발생함

(3) **사례**

① 중간고사를 앞두고 있는 학생이 가수 팬클럽의 회장으로서 팬클럽 모임에 가야 할 것인지 중간고사 시험공부를 해야 할 것인지 고민함 └─ 두 가지 지위(팬클럽 회장, 학생)에 따른 역할 사이에서의 갈등

② 아버지로서 아이들이 편하게 대할 수 있는 친구 같은 아버지의 역할을 할 것인지, 권위 있고 엄격하게 훈육하는 아버지의 역할을 할 것인지 고민함 └─ 한 가지 지위(아버지)에 따른 상반된 역할 사이에서의 갈등

(4) **양상**: 사회가 복잡해지고 다양한 사회적 관계가 형성되어 그에 따른 지위와 역할이 다양해지면서 역할 갈등이 증가함 └─ 왜? 개인의 사회적 지위가 다양하고 여러 개의 지위를 동시에 수행해야 하는 상황이 증가하기 때문임

🌳 **교과서 속 자료 읽기 ❷** **역할 갈등의 다양한 사례**

사례 ❶ 다양한 지위와 다양한 역할	사례 ❷ 하나의 지위와 다양한 역할

경찰관인 A는 근무 중에 교통 신호를 위반한 어머니를 만났다. 이제 A는 교통 법규를 집행해야 하는 경찰관의 역할과 아들의 역할 사이에서 고민하고 있다.	중학교 교사인 B는 학생들이 편하게 대할 수 있는 친근한 교사가 되어야 할지, 학생들의 생활지도를 위해 엄격한 교사가 되어야 할지 고민하고 있다.

사례 ❶은 경찰관과 아들이라는 서로 다른 지위에 따른 역할의 충돌로 발생하는 역할 갈등의 사례이고, 사례 ❷는 교사라는 하나의 지위에 대해 상반된 두 가지 역할이 요구되어 발생하는 역할 갈등의 사례이다. 이처럼 역할 갈등은 두 가지 이상의 사회적 지위에 대해 서로 다른 역할이 요구되거나, 한 가지 사회적 지위에 대해 상반된 역할이 요구될 경우에 발생한다.

---

2 역할 갈등의 해결 방안❸

(1) **개인적 측면**

사회적 지위에 따른 역할 분석하기: 지위에 따른 역할은 각각 무엇인가?

↓

🏃 더 중요한 역할이 무엇인지 •우선순위 정하기 ① 중요한 일인가?　　② 시급한 일인가?　　③ 만족감을 주는가?

↓

우선순위에 따라 역할 수행하기

(2) **사회적 측면**

① 역할 간 중요성에 대한 사회적 합의를 이루어야 함

② 한 개인이 여러 가지 역할을 동시에 수행할 수 있도록 제도적 장치가 마련되고, 그에 따라 지원이 이루어져야 함

❷ **역할 갈등인 것과 역할 갈등이 아닌 것**

학급 회장으로서 학급 행사를 주최해야 할지, 동아리 회장으로서 동아리 행사에 참석해야 할지 고민하는 것은 두 가지 역할의 충돌로 발생하는 역할 갈등이다. 그런데 A 고등학교에 갈 것인지, B 고등학교에 갈 것인지 고민하는 것은 역할 갈등이 아닌 진로 선택에 대한 고민이다.

❸ **역할 갈등을 해결해야 하는 이유**

역할 갈등을 원만하게 해결하지 못하고 그대로 두면 개인은 정서적 불안을 겪게 되고, 사회는 혼란해질 수 있다. 따라서 역할 갈등은 합리적으로 해결해야 한다.

용어 사전

• **우선순위** 어떤 것을 먼저 차지하거나 사용할 수 있는 차례나 위치

❸ 한눈에 쏙

• 사회 집단

의미	
둘 이상의 사람이 소속감을 가지고 지속적인 상호 작용을 하는 집단	
↓	
소속감 기준	내집단, 외집단
접촉 방식 기준	1차 집단, 2차 집단
결합 의지 기준	공동 사회, 이익 사회

❸ 사회 집단의 의미와 유형

1 사회 집단의 의미와 사례

(1) **사회 집단의 의미**: 둘 이상의 사람들이 소속감을 가지고 지속적으로 상호 작용을 하는 집단 ──── 사회 집단 구성원으로서의 일체감을 느낌

(2) **사회 집단의 사례**: 가족, 학교, 회사 등

(3) **사회 집단이 아닌 사례**: 시장에 물건을 사러 나온 사람들, 시내버스에 탄 사람들 등 ──── 왜? 소속감을 갖고 있지 않거나 지속적으로 상호 작용을 하지 않기 때문에 사회 집단의 사례가 될 수 없음

2 사회 집단의 분류 [자료 ❸]

(1) **소속감에 따른 구분** [4]

내집단	집단에 소속해 있고, '우리'라는 •공동체 의식이나 소속감을 느끼는 집단
외집단	집단에 소속해 있지 않고, 이질감이나 적대감을 가지는 집단

(2) **접촉 방식에 따른 구분**

1차 집단	친밀한 접촉, 전인격적인 인간관계 형성 예 가족, 또래 집단 등
2차 집단	목적을 달성하기 위한 수단적 만남, 형식적인 인간관계 형성 예 회사, 정당 등

(3) **결합 의지에 따른 구분**

공동 사회	자신의 의지와 상관없이 속한 집단 예 가족, 촌락 등
이익 사회	목적을 위해 선택하여 구성한 집단 예 회사, 학교 등

❹ 내집단과 외집단의 관계

내집단과 외집단의 구분은 고정된 것이 아니라 상황에 따라 달라진다. 예를 들어 교내 학급 대항 경기에서 우리 반은 내집단, 다른 반은 외집단이지만, 학교 간 대항 경기에서 우리 반과 다른 반은 우리 학교로서 내집단, 다른 학교는 외집단이 되어 상황에 따라 달라진다.

📖 교과서 속 자료 읽기 ❸ 사회 집단의 분류

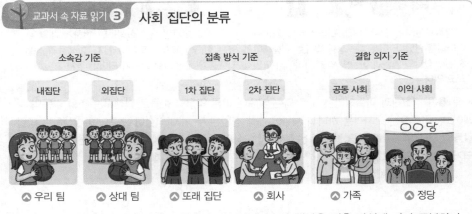

소속감 기준		접촉 방식 기준		결합 의지 기준	
내집단	외집단	1차 집단	2차 집단	공동 사회	이익 사회
🔺 우리 팀	🔺 상대 팀	🔺 또래 집단	🔺 회사	🔺 가족	🔺 정당

내집단과 외집단은 소속감에 따라 구분하고, 1차 집단과 2차 집단은 접촉 방식에 따라 구분하며 공동 사회와 이익 사회는 결합 의지에 따라 구분한다.

❺ 준거 집단과 소속 집단

준거 집단은 실제 자신의 소속 여부와 상관없이 사고와 행동의 기준이 되는 집단이다. 따라서 준거 집단은 소속된 집단일 수도 있고, 소속되지 않은 집단일 수도 있다. 준거 집단이 소속 집단이라면 만족감과 소속감은 커지겠지만, 준거 집단이 소속 집단이 아닐 경우에는 자신이 소속된 집단에 대한 불만이 생길 수 있다.

3 준거 집단 [5]

(1) **준거 집단의 의미**: 개인이 자신의 신념이나 태도, 가치 등을 규정하고 행동의 지침으로 삼기 위해 의지하는 집단

(2) **준거 집단의 영향**

① 준거 집단과 개인이 소속 집단이 일치할 경우: 소속감과 만족감을 느낌

② 준거 집단과 개인이 소속 집단이 일치하지 않을 경우: 불만이 생길 수 있음

(3) **청소년기와 준거 집단**: 청소년기에는 진로 선택 과정에서 준거 집단의 영향을 많이 받음

용어 사전

• 공동체 의식 일정한 집단에 대하여 가지는 정신적 일체감이나 소속감

④ 사회 집단에서 나타나는 차별 문제

1 차이 자료④

(1) **의미**: 서로 같지 않고 다른 것을 의미함

(2) **유형**: 선천적 요인에 의한 차이, 후천적 요인에 의한 차이 ❻

(3) **사례**: 남성과 여성의 성별 차이, 장애인과 비장애인의 차이 등

(4) **특징**

① 성별이나 인종 등으로 선천적으로 타고날 수도 있고, 문화 등의 후천적 학습으로 나타날 수도 있음

② 차이가 발생하는 것은 자연스럽고 당연한 현상임

③ 차이는 서로 다르다는 것을 의미하므로, 옳고 그름에 대한 판단은 할 수 없음

교과서 속 자료 읽기 ④ **'다르다'와 '틀리다'**

우리가 흔히 사용하는 말 중에 '다르다'와 '틀리다'가 있다. '다르다'는 드러나는 모습을 서로 견주어 풀이하는 말이고, '틀리다'는 해 놓은 일을 기준에 맞추어 가늠하는 말이다. "언니와 나는 생김새가 달라."라고 말할 때 '달라'라는 말은 언니와 내가 서로 다른 모습을 지녔다는 말이다. "이 문제의 답이 틀렸어."라고 말할 때 '틀렸어'는 정답이 있는데 그 기준에 맞지 않을 때 평가하는 말이다. 분명히 다른 이 말을 많은 사람이 구분하지 않고 쓴다. "저 사람은 피부색이 우리와 틀린데."라는 말은 올바른 피부색이 있는데 그렇지 못한 피부색을 가졌다는 말이 된다. 우리의 언어 습관에서 나타나는 이런 편견도 차별을 가져올 수 있지 않을까?

– 전국 사회 교사 모임, 『사회 선생님도 궁금한 101가지 사회 질문 사전』 –

'다르다'는 차이를 말하는 것이다. 따라서 다름을 '틀리다'고 말하는 것은 차이를 인정하지 않는 것으로, 자연스럽고 당연한 현상인 차이를 이유로 차별하게 되는 현상으로 이어질 수 있다.

---

2 차별 ❼

┌── 차이에 대한 편견이나 오해가 차별의 원인이 되기도 함

(1) **의미**: 차이를 이유로 어떤 사람이나 집단을 부당하고 불합리하게 대우하는 것

(2) **유형**

① **성차별**: 성별이 다르다는 이유로 직업, 소득 등에 대해 차별하는 것

② **장애 차별**: 신체적 또는 정신적 장애가 있다는 이유로 취업, 진학 등에 대해 차별하는 것

③ **인종 차별**: 피부색이 다르다는 이유로 임금 등에 대해 차별하는 것

(3) **차별의 문제점**

① •**인간의 존엄성 침해**: 차이에 따른 차별은 인간의 존엄성을 침해할 수 있음

② **고통과 소외감 유발**: 차별받는 당사자들에게 심리적인 고통과 소외감을 유발 수 있음

③ **대립과 갈등 유발**: 사회 구성원 간, 사회 집단 간의 대립과 갈등을 유발하여 사회 통합을 어렵게 할 수 있음

3 차별 문제의 해결 방안 ── 고정 관념이나 편견을 버려야 함

(1) **의식적 측면**: 차이를 인정하고 차별하지 않는 의식 함양, 부당한 차별 거부, 다른 사람을 배려하고 존중하는 자세 확립 등

(2) **제도적 측면**: 차별을 금지하는 법이나 제도 제정, 인간다운 삶을 보장할 수 있는 복지 제도 마련 등 ❽
    └──◎ 적극적 우대 조치 등

---

④ 한눈에 쏙

• **차이와 차별**

차이	차별
사람을 구별할 수 있는 서로 다른 특성	차이를 근거로 어떤 사람이나 집단을 부당하게 대우하는 것

↓

차별 해결 방안	• 차이 및 다양성 인정 • 타인의 권리 존중 • 사회적 약자를 위한 법·제도 마련

---

❻ **차이의 유형**

성별, 외모, 신체 조건 등의 선천적 요인에 의한 차이가 있는가 하면, 직업, 재산, 학력 수준 등의 후천적 요인에 의한 차이가 있다.

❼ **차이와 차별**

차이는 선천적·후천적 요인에 의해 다르다는 것을 의미하므로 사회 집단 간, 사회 구성원 간의 차이는 자연스럽고 당연한 현상이다. 그런데 이러한 차이에 기인하여 불평등하게 대우하거나 권리의 행사를 제한하는 것은 차별에 해당하는 것으로, 사회적 극복의 대상이다.

❽ **적극적 우대 조치**

인종, 피부색, 종교, 성별, 출신 국가 등에서 비롯되는 차별을 없애기 위해 도입된 정책이나 조치를 말한다. 여성 고용 할당제나 장애인 의무 고용 등이 대표적인 사례이다.

용어 사전

• **인간의 존엄성** 모든 인간은 인간이라는 사실만으로 존중받아야 한다는 것

① 지위와 역할의 의미

🚩 이 주제에서는 어떤 문제가 잘 나올까?

· 귀속 지위와 성취 지위 구분하기
· 지위에 따른 역할 이해하기
· 역할 행동의 결과 파악하기

● 정답 및 해설 **47**쪽

● 차근차근 **기본 다지기** ●

01 다음 괄호 안의 내용 중 알맞은 것에 ○표 하시오.
521
(1) 개인이 자신이 속한 집단이나 사회 속에서 차지하는 위치를 (사회적 역할, 사회적 지위)(이)라고 한다.
(2) (사회적 역할, 사회적 의무)은/는 지위에 따라 기대되는 행동 양식이다.
(3) 전통 사회에서는 (귀속 지위, 성취 지위)가 중요했지만, 현대 사회에서는 (귀속 지위, 성취 지위)의 중요성이 커지고 있다.

02 사회적 지위의 유형과 그 의미 및 사례를 바르게 연결하시오.
522
(1) 귀속 지위 ·

　　　　　　　　　　　　　　　　ⓐ 딸, 아들
　　　　　　　　　　　　　　　　ⓑ 아버지, 어머니
　　　　　　　　　　　　　　　　ⓒ 전통 사회에서 중요시되는 지위
(2) 성취 지위 ·　　　　　　　　　ⓓ 현대 사회에서 중요시되는 지위
　　　　　　　　　　　　　　　　ⓔ 선천적 또는 자연적으로 얻는 지위
　　　　　　　　　　　　　　　　ⓕ 개인의 의지나 노력으로 얻는 지위

03 다음 설명이 맞으면 ○표, 틀리면 ✕표 하시오.
523
(1) 사회적 지위에 따른 역할은 시대와 상황에 따라 달라질 수 있다. (　　)
(2) 역할이 같으면, 그에 따른 역할 행동 또한 모두 같다. (　　)
(3) 모든 개인이 자신의 역할을 제대로 수행하면 사회가 혼란스러워진다. (　　)
(4) 역할을 제대로 수행하지 못하면 비난이나 처벌과 같은 사회적 제재를 받기도 한다. (　　)

04 사회적 지위에 대한 설명으로 옳은 것은?
524
① 한 번 얻은 지위는 바꿀 수 없다.
② 개인은 동시에 여러 개의 지위를 가질 수 있다.
③ 현대 사회로 오면서 지위의 종류는 감소하고 있다.

05 귀속 지위의 사례로 적절한 것은?
525
① 여자　　　　　② 의사
③ 남편　　　　　④ 어머니

06 다음 사회적 지위들의 공통적인 특징으로 가장 적절한 것은?

526

> • 아내   • 아버지   • 소방관   • 운동선수

① 성취 지위이다.
② 전통 사회에서 중시되는 지위이다.
③ 남자, 누나와 같은 유형의 지위이다.
④ 개인의 노력과 상관없이 얻을 수 있는 지위이다.
⑤ 태어날 때부터 선천적으로 갖게 되는 지위이다.

07 그림을 보고 알 수 있는 '나'의 사회적 역할로 적절하지 <u>않은</u> 것은?

527

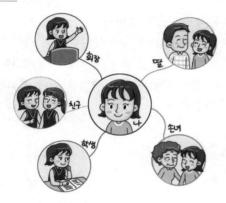

① 사회 과제를 수행한다.
② 아버지의 심부름을 한다.
③ 할머니의 말벗을 해 드린다.
④ 친구의 고민을 진심으로 들어 준다.
⑤ 수업 내용을 이해하기 쉽게 강의한다.

08 다음 글에 나타난 A의 사회적 지위를 모두 쓰시오.

528

> 중학생 A는 할머니의 생신을 맞이하여 부모님과 함께 조부모님 댁을 방문하였다. 한동안 찾아뵙지 못했던 할아버지와 할머니의 어깨를 주물러 드리고, 오랜만에 만난 사촌형과는 농구 시합도 하면서 즐거운 시간을 보냈다. 집으로 돌아가기 전에 인사를 드리니, 큰어머니께서 중학생이 된 것을 축하한다며 용돈을 주셨다. 그리고 큰아버지께서는 멋진 청소년이 되라며 격려해 주셨다.

(   )

서술형 문제

09 다음 글을 읽고 물음에 답하시오.

529

> 학급 회장이라는 사회적 지위에는 학급을 잘 이끌어가는 역할이 기대된다. 하지만 역할이 같더라도 구체적인 행동인 (㉠)은/는 개인의 특성에 따라 다르게 나타난다. 학급 친구들의 의견을 수용하여 민주적으로 학급을 이끌어가는 학급 회장은 칭찬과 인정을 받지만, 학급 친구들의 의견을 무시하고 제멋대로 학급을 이끌어가는 학급 회장은
> <u>   (가)   </u>

⑴ ㉠에 들어갈 용어를 쓰시오.

_____

⑵ ㈎에 들어갈 내용을 서술하시오.

_____

_____

논술형 문제

10 그림을 바탕으로 현대 사회에서 성취 지위의 중요성이 커지고 있는 이유를 〈조건〉에 맞게 서술하시오.

530

귀속 지위 — 나는 태어날 때부터 왕의 장남이었으니, 당연히 세자가 되었지.

성취 지위 — 저는 어려운 가정에서 태어났지만, 열심히 노력해서 기업의 대표가 되었습니다.

> ┌─ 조건 ─────────────────────────
> • 전통 사회와 현대 사회를 비교하여 서술한다.
> • 귀속 지위와 성취 지위를 비교하여 서술한다.

_____

_____

_____

_____

② **역할 갈등의 의미와 해결 방안**

• 정답 및 해설 **47**쪽

● 차근차근 **기본 다지기** ●

01 다음 설명이 맞으면 〇표, 틀리면 ✕표 하시오.
531
(1) 역할 갈등은 개인의 심리적 갈등이 종료된 후에 나타난다. (   )
(2) 현대 사회에서는 역할 갈등이 점차 늘어나고 있다. (   )
(3) 야식으로 치킨과 피자 중 무엇을 먹을지 고민하는 것은 역할 갈등의 사례이다. (   )
(4) 역할 갈등은 개인적 문제이므로 해결을 위한 사회적 노력은 필요하지 않다. (   )

02 다음 역할 갈등의 해결 방안과 그 내용을 바르게 연결하시오.
532
(1) 개인적 측면의 해결 방안 •
(2) 사회적 측면의 해결 방안 •

• ㉠ 역할의 우선순위 정하기
• ㉡ 역할 간 중요성에 대한 사회적 합의 이루기
• ㉢ 여러 가지 역할의 동시 수행을 위해 지원하기
• ㉣ 여러 가지 역할의 동시 수행을 위한 제도적 장치 마련하기

03 빈칸에 들어갈 용어를 쓰시오.
533
(1) 개인에게 주어진 여러 가지 지위에 따른 역할들이 서로 충돌하여 내적인 갈등이 발생하는 상태를 (   )(이)라고 한다.
(2) 하나의 지위와 그에 따른 두 개 이상의 역할이 서로 부딪히는 상태를 (   )(이)라고 한다.
(3) 역할 갈등을 해결하기 위해 더 중요한 역할이 무엇인지 (   )을/를 정하는 것은 개인적 측면의 해결 방안이다.

04 역할 갈등에 대한 설명으로 옳은 것은?
534
① 현대 사회에서 감소하고 있다.
② 사회적 혼란의 원인이 될 수 있다.
③ 시간이 지나면 자연스럽게 해결된다.

05 역할 갈등을 해결하기 위한 개인적 측면의 방안을 순서대로 옳게 나열한 것은?
535

⟨㉮ 역할의 우선순위를 정한다.
㉯ 지위에 따른 역할을 분석한다.
㉰ 우선순위에 따라 역할을 수행한다.⟩

① ㉮ - ㉯ - ㉰   ② ㉮ - ㉰ - ㉯
③ ㉯ - ㉮ - ㉰   ④ ㉯ - ㉰ - ㉮

06 역할 갈등에 대한 사회적 해결 방안만을 〈보기〉에서
536 고른 것은?

• 보기 •
ㄱ. 충돌하는 역할 중 한 가지 역할을 포기한다.
ㄴ. 역할 간 중요성에 대해 사회적 합의를 이룬다.
ㄷ. 역할 갈등을 일으키는 지위와 역할을 분석하
여 역할의 우선순위를 정한다.
ㄹ. 한 개인이 여러 가지 역할을 동시에 수행할 수
있도록 제도적 장치를 마련한다.

① ㄱ, ㄴ   ② ㄱ, ㄷ   ③ ㄴ, ㄷ
④ ㄴ, ㄹ   ⑤ ㄷ, ㄹ

07 다음 사례에 나타난 것과 같은 유형의 역할 갈등을 겪
537 고 있는 사람만을 〈보기〉에서 고른 것은?

천주교 신부인 A는 며칠 전 고해 성사를 통해 중대한 범죄 사실을 알게 되었다. A는 지금 신부로서 고해 성사의 비밀을 지켜야 할지, 시민으로서 범죄자를 경찰에 신고해야 할지 고민하고 있다.

• 보기 •
ㄱ. 인문계 고등학교에 진학해야 할지, 특성화 고
등학교에 진학해야 할지 고민하는 중학생
ㄴ. 범인을 잡으러 가야 할지, 친구가 출연하는 연
극 공연을 보러 가야 할지 고민하는 경찰관
ㄷ. 회사의 중요한 회의에 참석해야 할지, 아픈 딸
을 데리고 병원에 가야 할지 고민하는 회사원
ㄹ. 자녀를 친구처럼 친근하게 대해야 할지, 권위
있고 엄격하게 훈육해야 할지 고민하는 어머니

① ㄱ, ㄴ   ② ㄱ, ㄷ   ③ ㄴ, ㄷ
④ ㄴ, ㄹ   ⑤ ㄷ, ㄹ

08 다음 고민들에서 공통으로 나타나고 있는 사회적 현
538 상은 무엇인지 쓰시오.

• 학생들에게 친근한 교사가 되어야 할까, 엄격한
교사가 되어야 할까?
• 나에게 도움을 청하는 친구의 부탁을 친구로서
들어주어야 할까, 공직자로서 거절해야 할까?

(   )

서술형 문제

09 다음 동요의 가사를 읽고 물음에 답하시오.
539

「내 동생」
(1절) 내 동생 곱슬머리 개구쟁이 내 동생
이름은 하나인데 별명은 서너 개
엄마가 부를 때는 꿀돼지
아빠가 부를 때는 두꺼비
누나가 부를 때는 왕자님
… (중략) …
(2절) 내 동생 곱슬머리 개구쟁이 내 동생
이름은 하나인데 별명은 서너 개
잘 먹고 건강하게 꿀돼지
착하고 복스럽게 두꺼비
용감하고 슬기롭게 왕자님
랄라랄라랄라랄라
㉠ 어떤 게 진짜인지 몰라 몰라 몰라

(1) 위 동요에 나타난 '내 동생'의 역할을 세 가지 쓰
시오.

_____

_____

(2) 밑줄 친 ㉠을 역할 갈등이라고 판단할 수 있는
조건을 서술하시오.

_____

_____

논술형 문제

10 역할 갈등의 해결 방안을 〈조건〉에 맞게 서술하시오.
540

• 조건 •
• 개인적 측면의 해결 방안과 사회적 측면의 해결
방안을 모두 서술한다.
• 개인적 측면의 해결 방안은 세 단계로 서술한다.
• 사회적 측면의 해결 방안은 두 가지 서술한다.

_____

_____

_____

_____

③ 사회 집단의 의미와 유형

• 정답 및 해설 **48**쪽

• 차근차근 **기본 다지기** •

01 다음 설명이 맞으면 ◯표, 틀리면 ✕표 하시오.
541

(1) 사회 집단은 셋 이상의 사람들이 지속적으로 상호 작용하는 집단이다. (　　　)

(2) 대형 마트에 물건을 사러 나온 사람들은 사회 집단의 사례에 해당한다. (　　　)

(3) 회사나 학교 같이 목적을 위해 선택하여 구성한 사회 집단은 이익 사회이다. (　　　)

(4) 1차 집단과 2차 집단은 소속감을 기준으로 사회 집단의 유형을 분류한 것이다. (　　　)

02 빈칸에 들어갈 용어를 쓰시오.
542

(1) 개인이 집단에 속해 있으면서 공동체 의식을 느끼는 집단은 (　　　)이다.

(2) 가족이나 촌락과 같이 자신의 의지와 상관없이 속한 집단은 (　　　)이다.

(3) 회사나 정당 같이 목적을 달성하기 위한 수단적 만남과 형식적 인간관계가 이루어지는 집단은 (　　　)이다.

03 다음 괄호 안의 내용 중 알맞은 것에 ◯표 하시오.
543

(1) 사회 집단을 결합 의지에 따라 구분할 때 이익 사회의 예로는 (가족, 회사)이/가 있다.

(2) 사회 집단을 소속감에 따라 구분할 때 내집단의 예로는 (우리 학교, 다른 학교)가 있다.

(3) 사회 집단을 접촉 방식에 따라 구분할 때 1차 집단의 예로는 (정당, 또래 집단)이 있다.

04 사회 집단에 대한 설명으로 옳은 것은?
544

① 구성원이 한 명인 경우도 있다.

② 같은 공간에 모여 있는 사람들은 모두 사회 집단이다.

③ 소속감이 있고, 지속적인 상호 작용이 이루어져야 한다.

05 밑줄 친 '이것'에 대한 설명으로 옳은 것은?
545

> 개인이 자신의 신념이나 태도, 가치 등을 규정하고 행동의 지침으로 삼기 위해 의지하는 집단을 이것이라고 한다.

① 모든 공동 사회를 포함한다.

② 개인이 소속한 집단과 항상 일치한다.

③ 청소년기의 진로 선택 과정에 영향을 미친다.

④ 소속 집단과 일치할 경우에는 불만을 초래한다.

06
546

(가), (나)에 대한 설명으로 옳은 것은?

(가)
△ 축구장의 관중

(나)
△ 조기 축구회

① (가)는 2차 집단에 해당한다.
② (나)는 공동 사회에 해당한다.
③ (가), (나)는 접촉 방식에 따라 구분되는 사회 집단이다.
④ (가)와 달리 (나)는 사회 집단에 해당한다.
⑤ (가), (나)는 모두 구성원 간에 지속적인 상호 작용이 이루어지지 않는다.

07
547

(가), (나)는 일정한 기준으로 사회 집단을 분류한 것이다. 이에 대한 설명으로 옳지 <u>않은</u> 것은?

(가)
△ 또래 집단

(나)
△ 회사

① (가)에서는 전인격적인 인간관계가 형성된다.
② (나)에서는 형식적인 인간관계가 형성된다.
③ (가)는 내집단이고, (나)는 외집단이다.
④ (가)의 사례로는 가족, (나)의 사례로는 정당이 있다.
⑤ (가), (나)는 접촉 방식을 기준으로 분류할 수 있다.

08
548

(가), (나)에 공통으로 해당하는 사회 집단의 사례를 한 가지만 쓰시오.

> (가) 접촉 방식에 따라 분류할 때 친밀한 접촉이 나타나는 집단
> (나) 결합 의지에 따라 분류할 때 자신의 의지와 상관없이 속한 집단

(   )

서술형 문제

09
549

다음 사례를 읽고 물음에 답하시오.

> 초등학생 A는 농구팀으로 유명한 ○○ 중학교에 입학할 예정이다. 어려서부터 농구를 좋아해 온 A는 입학 후에 ○○ 중학교 농구팀에 들어가는 것을 목표로 매일 열심히 연습하고 있다.

(1) 위 사례에서 A에게 ○○ 중학교 농구팀은 어떤 사회 집단에 해당하는지 쓰시오.

_____

(2) 위 사례에서 A가 ○○ 중학교 농구팀에 들어갈 경우와 들어가지 못할 경우 A에게 나타날 수 있는 현상을 각각 서술하시오.

_____

_____

논술형 문제

10
550

다음 사례를 읽고 아래 교사의 질문에 대한 대답을 서술하시오.

> 자전거를 좋아하는 A 씨는 자전거 동호회에 가입하여 일요일마다 동호회 회원들과 함께 자전거를 탄다. 동호회 회원들은 매달 ○○ 자전거 대회에 참가하는데, 이 대회는 총 12개의 자전거 동호회가 순서대로 번갈아가며 주최하고 있다. 자전거 대회가 끝난 후에는 모든 ⊙ 대회 참가자들이 모여 식사를 하면서 즐거운 시간을 보내는데, 몇 년 동안 대회를 계속해 오는 과정에서 이제는 서로 다른 동호회 회원 간에도 스스럼없이 개인적인 이야기를 주고받을 만큼 가까운 사이가 되었다.

밑줄 친 ⊙을 사회 집단으로 볼 수 있는지에 대한 자신의 생각을 밝히고, 그 이유를 구성원 간의 상호 작용과 관련하여 이야기해 볼까요?

_____

_____

_____

_____

④ 사회 집단에서 나타나는 차별 문제

차근차근 기본 다지기

01 다음 설명이 맞으면 ○표, 틀리면 ✕표 하시오.
551
(1) 차별 문제는 제도적 측면의 노력만으로 해결할 수 있다. (　　)
(2) 차별이란 차이를 이유로 어떤 사람이나 집단을 부당하고 불합리하게 대우하는 것을 의미한다.
(　　)
(3) 사회 집단 내에서 구성원들은 서로 다른 특성과 지위를 가지는데, 이러한 차이가 차별로 이어지기도 한다. (　　)

02 다음 괄호 안의 내용 중 알맞은 것에 ○표 하시오.
552
(1) 차별 문제를 해결하기 위해서는 사회 구성원이 (관용, 편견)의 태도를 가져야 한다.
(2) 차별 문제를 해결하기 위해서는 차이를 인정하고 (획일성, 다양성)을 존중해야 한다.
(3) 여성 고용 할당제나 장애인 의무 고용 등은 (차별, 역차별)을 줄이기 위한 정책이다.

03 (1)~(3)에서 설명하는 용어를 퍼즐판에서 찾아 색칠하시오.
553

차	이	법	인	갈	등
별	대	립	종	제	도
성	장	애	차	별	덕
법	성	차	별	복	지
인	간	의	존	엄	성

(1) 신체적 또는 정신적 장애가 있다는 이유로 취업, 진학 등에 대해 차별하는 것은?
(2) 피부색이 다르다는 이유로 임금 등에 대해 차별하는 것은?
(3) 모든 인간은 인간이라는 사실만으로 존중받아야 한다는 것은?

04 ㉠, ㉡에 들어갈 용어를 옳게 연결한 것은?
554

사회 집단에서 나타나는 차별 문제를 해결하기 위해서는 (　㉠　)을/를 인정하고 (　㉡　)을/를 거부하는 의식을 함양해야 한다.

	㉠	㉡
①	차이	차별
②	차별	차이
③	차별	평등

05 밑줄 친 '이것'으로 옳은 것은?
555

인종, 피부색, 종교, 성, 출신 국가 등에서 비롯되는 차별을 없애기 위해 도입된 정책을 이것이라고 한다.

① 차별
② 역차별
③ 소극적 우대 조치
④ 적극적 우대 조치

06 사회적으로 문제가 되는 차별의 사례로 적절한 것은?
556
① A는 키가 크고, B는 키가 작다.
② C는 치킨보다 피자를 좋아한다.
③ D는 흑인이라는 이유로 백인과 같은 버스에 타지 못한다.
④ E는 장애가 있어 비장애인과 다른 조건에서 수능 시험을 본다.
⑤ F와 G는 같은 시간, 같은 종류의 일을 하고, 같은 임금을 받는다.

07 다음 법률들을 제정한 목적으로 적절하지 <u>않은</u> 것은?
557

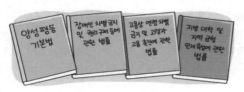

① 다른 사람을 존중하기 위해서
② 사회적 약자를 보호하기 위해서
③ 모두가 인간다운 삶을 누리기 위해서
④ 고정 관념이나 편견을 강화하기 위해서
⑤ 차이를 인정하고 차별을 거부하기 위해서

08 ㉠에 들어갈 용어를 쓰시오.
558

우리나라가 2019년에 경제 협력 개발 기구(OECD) 회원국 중 '유리 천장 지수' 꼴찌를 기록하였다. 유리 천장 지수란 직장 내 여성 차별 수준을 평가하는 지수로, 지수가 낮을수록 (㉠)이/가 심하다는 의미이다. 차별의 유형 중 하나인 (㉠)은/는 성별이 다르다는 이유로 직업, 소득 등에 대해 차별하는 것을 말한다.

(   )

서술형 문제
09 다음 사례를 읽고 물음에 답하시오.
559

우즈베키스탄 출신의 A는 4년 전 한국인과 결혼한 후 귀화하였다. 그런데 며칠 전 A는 동네에 있는 대중목욕탕을 찾았다가 피부색이 다르다는 이유로 출입을 거부당하였다. A는 목욕탕 주인에게 주민 등록증을 보여 주면서 자신이 한국인임을 알렸지만 끝내 목욕탕에 들어가지 못하였다.

(1) 위 사례에 나타난 사회 문제는 무엇인지 쓰시오.

_____

(2) 위 사례에 나타난 사회 문제를 해결하기 위한 방안을 의식적 측면과 제도적 측면에서 각각 한 가지씩 서술하시오.

_____

_____

논술형 문제
10 밑줄 친 ㉠을 차별이라고 할 수 있는지에 대한 자신의 생각을 밝히고, 그 이유를 〈조건〉에 맞게 서술하시오.
560

○○ 무역 회사에서는 채용 과정에서 '차별 없는 표준 이력서'를 사용하고 있다. 표준 이력서에는 사진이나 성별, 연령, 출신 대학 등의 항목을 제외하는 대신, 직무 적합성을 판단하기 위한 항목을 추가하였다. 이 기준에 따라 ㉠ ○○ 무역 회사의 공개 채용에 지원하는 사람들은 이력서에 전공 및 직무와 관련된 직업 교육 내역을 기입하며, 자격증은 무역과 관련된 분야에 대해서만 기입할 수 있다.

• 조건 •
이유는 차별의 의미를 포함하여 구체적으로 서술한다.

_____

_____

_____

_____

01 사회화와 청소년기의 특징

01 다음 글을 바탕으로 성별 차이에 대해 내릴 수 있는 결론으로 가장 적절한 것은?
561

> 갑은 여러 나라를 여행하면서 성별 간 차이를 연구하였다. A국은 남녀 모두 성품이 부드러웠고, B국은 남녀 모두 성품이 사납고 공격적이었다. 그리고 C국은 여성이 용감하고 외향적인 데 비해, 남성은 외모 가꾸기를 좋아하고 성품이 온순하였다.

① 선천적으로 타고나는 것이다.
② 사회화로 인한 후천적 특성이다.
③ 자신이 속한 사회와 무관하게 형성된다.
④ 급격한 사회 변화에 대처하기 위한 것이다.
⑤ 개인의 노력에 따라 자신만의 자아 정체성을 형성하는 것이다.

02 다음 사례를 통해 내릴 수 있는 결론으로 가장 적절한 것은?
562

> 8세 때 실종되었던 프니엥은 18년 만에 동물과 비슷한 상태로 발견되었다. 프니엥은 동물과 같은 소리를 냈고, 사회에서 필요한 교육을 받고 난 후에도 단어 몇 개를 이야기할 수 있을 뿐 말을 익히지 못했다. 음식은 손으로 먹고, 옷 입기를 강하게 거부하는 등 인간 사회에 적응하지 못하였다.

① 인간의 행동은 생물학적 본능에만 영향을 받는다.
② 사회화는 모든 사회에서 동일한 내용으로 이루어진다.
③ 문화를 다음 세대에 전달하여 사회를 유지·존속해야 한다.
④ 사회 변화에 따라 새로운 기술을 습득하기 위해 노력해야 한다.
⑤ 유년기에 기초적 생활 양식에 대한 사회화가 이루어져야 한다.

03 사회화된 행동으로 볼 수 없는 것은?
563
① 졸리면 하품을 한다.
② 공동주택에서는 밤에 뛰지 않는다.
③ 재채기를 할 때 옷소매로 가리고 한다.
④ 강아지와 산책할 때 강아지의 배변을 치운다.
⑤ 영화관에서는 휴대 전화를 사용하지 않는다.

[04-05] 다음 글을 읽고 물음에 답하시오.

> 자신이 속한 사회의 지식, 가치, 행동양식, 규범 등을 배우는 과정을 (㉠)(이)라고 한다. 그런데 오늘날에는 사회 변화에 따라 지식, 기술, 가치 등을 다시 배울 필요가 커지면서 (㉡)이/가 강조되고 있다.

04 ㉠의 내용으로 적절한 것만을 〈보기〉에서 고른 것은?
564
┌─ 보기 ─────────────────────┐
│ ㄱ. 신체 발달   ㄴ. 식사 예절 │
│ ㄷ. 인사 방식   ㄹ. 호르몬 분비 │
└─────────────────────────┘

① ㄱ, ㄴ   ② ㄱ, ㄷ   ③ ㄴ, ㄷ
④ ㄴ, ㄹ   ⑤ ㄷ, ㄹ

05 ㉡의 사례로 적절하지 않은 것은?
565
① 디지털 교육을 받는 노인
② 말을 배우기 시작한 유아
③ 새로운 정보 통신 기술을 배우는 직장인
④ 해외로 유학을 가서 그 나라의 언어를 배우는 대학생
⑤ 국제결혼 후에 아내가 태어난 나라의 요리를 배우는 남편

06
566
밑줄 친 ㉠~㉣에 대한 일반적인 설명으로 옳은 것은?

> 중학생 A는 ㉠ 텔레비전에서 북극곰과 관련된 다큐멘터리를 보고 환경 문제에 관심을 갖게 되었다. 이후 ㉡ 학교에서 ㉢ 친구들과 함께 환경 보호 동아리에서 활동하기 시작했고, 어른이 되면 ㉣ 환경 보호 단체에서 일하겠다는 목표를 세웠다.

① ㉠과 ㉡은 모두 전문적인 사회화를 담당한다.
② ㉠은 현대 사회에서 영향력이 더욱 커지고 있다.
③ ㉠과 ㉣은 항상 매체를 통해 새로운 정보를 전달한다.
④ ㉡과 ㉣은 모두 공식적 사회화 기관이다.
⑤ ㉢은 ㉣과 달리 구성원에게 공동체 의식과 소속감을 부여한다.

07
567
다음은 어느 중학생의 일기이다. 이를 바탕으로 학교에서 이루어지는 사회화의 내용으로 적절한 것만을 〈보기〉에서 있는 대로 고른 것은?

> 20○○년 3월 ○○일
> 중학교에 입학한 지 오늘로써 1주일이 되었다. 아직 학교가 낯설지만 새로운 친구들과 사귀는 일이 즐겁다. 오늘 체육 시간에는 축구를 했는데 수비 기술을 배웠다. 실력을 길러서 학교 축구팀의 대표가 되고 싶다는 생각이 들었다.

┌ 보기 ┐
ㄱ. 가장 기초적인 생활 양식을 학습한다.
ㄴ. 사회생활에 필요한 지식과 가치를 습득한다.
ㄷ. 사회 속에서 자신의 개성과 자아를 형성해 간다.
ㄹ. 사회 구성원과의 상호 작용을 통해 행동 양식을 학습한다.

① ㄱ, ㄷ　　② ㄱ, ㄹ　　③ ㄴ, ㄷ
④ ㄱ, ㄴ, ㄹ　　⑤ ㄴ, ㄷ, ㄹ

[08-10] 다음 글을 읽고 물음에 답하시오.

> 영화 「인사이드 아웃」의 주인공 라일리는 11세 소녀이다. 하키와 친구들을 좋아하며 밝기만 하던 라일리는 어느 날부터 내성적이고 화를 잘 내는 성격으로 변하였다. 새로운 곳으로 이사한 후에는 학교에 적응하지 못하고, 전에 하지 않던 거친 행동까지 하면서 부모님과도 심각한 갈등을 겪게 된다.

08
568
윗글에 나타난 청소년기의 특징과 거리가 먼 것은?

① 신체적·심리적으로 급격하게 변화하는 시기이다.
② 감정의 기복이 심하고 충동적으로 행동하기도 한다.
③ 미래의 자기 모습을 구체적으로 계획하고 수립한다.
④ 부모의 간섭에서 벗어나 정서적으로 독립하려고 한다.
⑤ 아동과 성인 중 어디에도 속하지 않아 방황하기도 한다.

09
569
윗글에 나타난 라일리의 신체적·심리적 상태를 설명할 수 있는 표현으로 적절하지 않은 것은?

① 사춘기　　　　　② 청소년기
③ 재사회화기　　　④ 심리적 이유기
⑤ 질풍노도의 시기

10
570
윗글의 라일리에게 할 수 있는 조언으로 적절한 것만을 〈보기〉에서 고른 것은?

┌ 보기 ┐
ㄱ. 자신을 존중하고 현재 자신의 모습을 성찰해야 한다.
ㄴ. 자신의 존재 가치와 미래의 목표에 대해 탐색해야 한다.
ㄷ. 부모님의 보호를 벗어나 낯선 곳에서 스스로 독립해야 한다.
ㄹ. 자신에 대한 주변 사람들의 생각을 무조건적으로 수용해야 한다.

① ㄱ, ㄴ　　② ㄱ, ㄷ　　③ ㄴ, ㄷ
④ ㄴ, ㄹ　　⑤ ㄷ, ㄹ

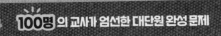

02 사회적 지위와 역할

11 밑줄 친 ㉠~㉤에 대한 설명으로 옳은 것은?
571

> 링컨의 ㉠ 아버지는 가난한 ㉡ 목수였다. 어릴 때 집을 떠난 링컨은 ㉢ 상인으로 일하면서도 책을 놓지 않았고, 결국 독학으로 ㉣ 변호사 시험에 합격하였다. 유능한 ㉤ 서민 정치가로 활동하던 그는 1860년 미국의 제16대 대통령으로 당선되었다.

① ㉠과 ㉡은 모두 귀속 지위이다.
② ㉠과 ㉤은 모두 선천적으로 타고난 지위이다.
③ ㉢은 ㉠의 성취 지위이다.
④ ㉣은 링컨의 역할 행동에 대한 보상이다.
⑤ ㉤은 링컨의 준거 집단이다.

12 사회적 지위의 특징에 대해 모두 옳게 대답한 학생은?
572

특징＼학생	갑	을	병	정	무
지위는 한 번 결정되면 바꿀 수 없는가?	예	예	아니요	아니요	예
현대 사회에서는 성취 지위의 중요성이 커지고 있는가?	예	예	아니요	예	아니요
여러 개의 지위를 동시에 가질 수 있는가?	아니요	예	아니요	예	아니요

① 갑
② 을
③ 병
④ 정
⑤ 무

13 밑줄 친 ㉠~㉤ 중에서 지위의 성격이 나머지 넷과 다른 것은?
573

> 중학생 A는 집안의 ㉠ 장남이고, 학교에서는 ㉡ 학생 회장으로 활동하고 있다. ㉢ 어머니는 가족이 함께 운영하는 병원에서 ㉣ 의사로 일하시는데, A도 나중에 의사가 되기를 바라신다. 하지만 A는 앞으로 의사가 아니라 ㉤ 외교관이 되고 싶어 한다.

① ㉠
② ㉡
③ ㉢
④ ㉣
⑤ ㉤

14 밑줄 친 ㉠~㉆에 대한 설명으로 옳은 것은?
574

> 중학생 A는 ㉠ 영화배우가 되고 싶어 ㉡ 학교의 ㉢ 연극 동아리에서 활동하고 있다. 지난번 축제에서는 잘 알려진 ㉣ 영화를 연극으로 만든 작품에서 주인공인 ㉤ 여왕 역할을 맡아 ㉥ 열심히 연기했고, ㉆ 관객들에게 큰 박수를 받았다.

① ㉠과 ㉤은 모두 A의 성취 지위이다.
② ㉡은 ㉢과 달리 공식적 사회화 기관이다.
③ ㉣은 A의 사회화에 영향을 미치지 않았다.
④ ㉥은 ㉠의 역할 행동이다.
⑤ ㉆은 ㉤의 역할 행동에 대한 보상이다.

15 역할 갈등의 사례에 해당하는 것만을 〈보기〉에서 있는 대로 고른 것은?
575

> **보기**
> ㄱ. 주말에 시험공부를 해야 할지 할아버지의 생신 모임에 참석해야 할지 고민하는 중학생
> ㄴ. 딸의 유치원 재롱 잔치에 참석해야 할지, 회사원으로서 출장을 가야 할지 고민하는 직장인
> ㄷ. 변호사나 영화감독이 되고 싶은데, 법학과에 가야 할지 영상정보학과에 가야 할지 고민하는 고등학생

① ㄱ
② ㄱ, ㄴ
③ ㄱ, ㄷ
④ ㄴ, ㄷ
⑤ ㄱ, ㄴ, ㄷ

16 역할 갈등에 대한 설명으로 옳지 않은 것은?
576

① 서로 다른 지위에 따른 역할이 충돌할 경우에 발생한다.
② 개인의 지위와 역할이 다양해지면서 더욱 증가하고 있다.
③ 하나의 지위에 대해 상반된 역할이 요구될 경우에 발생한다.
④ 개인적 측면에서는 우선순위에 따라 역할을 수행함으로써 해결할 수 있다.
⑤ 대부분 시간이 지나면 저절로 해결되기 때문에 그대로 두는 것이 바람직하다.

17 다음 설명을 바탕으로 할 때 사회 집단의 사례로 적절한 것만을 〈보기〉에서 고른 것은?

577

> 사회 집단이란 비슷한 관심과 목적을 가진 둘 이상의 사람들이 소속감을 가지고 지속적인 상호 작용을 하는 집단을 말한다.

• 보기 •
ㄱ. ○○ 축구팀의 경기를 관람하는 관중
ㄴ. △△ 버스 회사에서 함께 일하는 기사들
ㄷ. □□ 야구팀에서 선수들을 관리하는 직원들
ㄹ. 매일 같은 시간에 같은 위치에서 지하철을 타는 승객들

① ㄱ, ㄴ   ② ㄱ, ㄷ   ③ ㄴ, ㄷ
④ ㄴ, ㄹ   ⑤ ㄷ, ㄹ

18 표에 대한 옳은 설명을 〈보기〉에서 고른 것은? (단, A, B는 가족과 학교 중 하나이다.)

578

질문＼사회 집단	A	B
수단적 만남과 형식적 인간관계가 주로 이루어지는가?	예	아니요
(가)	예	아니요
(나)	아니요	예

• 보기 •
ㄱ. A는 가족, B는 학교이다.
ㄴ. (가)에는 '자연 발생적으로 형성된 집단인가?'가 들어갈 수 있다.
ㄷ. (가)에는 '이해관계에 따른 결합 의지에 의해 형성된 집단인가?'가 들어갈 수 있다.
ㄹ. (나)에는 '기초적인 사회화를 담당하는 기관인가?'가 들어갈 수 있다.

① ㄱ, ㄴ   ② ㄱ, ㄷ   ③ ㄴ, ㄷ
④ ㄴ, ㄹ   ⑤ ㄷ, ㄹ

19 다음 글에 대한 설명으로 옳은 것은?

579

> 중학생 A는 얼마 전 ㉠ 아버지의 고향에 있는 ㉡ ○○ 중학교로 전학하였다. 아버지는 ㉢ 아들이 자신과 같은 학교를 다닌다며 좋아하셨지만, A는 학교에 소속감을 느끼지 못하고 겉돌고 있다. ㉣ 선생님과 친구들이 낯설어 수업시간에도 어려움을 겪고 있지만, ㉤ 가족은 그런 모습이 ㉥ 청소년의 특징이라면서 심각하게 생각하지 않는다.

① A는 내집단과 준거 집단이 일치하고 있다.
② A는 ㉡에서 재사회화를 경험하고 있다.
③ ㉣은 역할 갈등에 해당한다.
④ ㉠은 ㉢, ㉥과 달리 성취 지위이다.
⑤ ㉡, ㉤은 모두 공식적 사회화 기관이다.

20 자료는 중학교 교사인 A의 주간 계획표이다. 밑줄 친 ㉠～㉤과 관련된 내용을 옳게 연결한 것은?

580

월	수업
화	㉠ 교육청 출장
수	㉡ 학교 체육대회 학급 경기 응원
목	㉢ 우체국 택배 발송
금	㉣ 가족 저녁식사
토	휴식
일	㉤ 유기견 보호소 봉사 활동

① ㉠ – 1차 집단
② ㉡ – 2차 집단
③ ㉢ – A의 내집단
④ ㉣ – 이익 사회
⑤ ㉤ – 공동 사회

21 다음 사례들을 통해 공통으로 설명할 수 있는 개념으로 가장 적절한 것은?
581

> • 초등학교 교사가 되기 위해 교대에 가려는 고등학생 A
> • 가수가 되고 싶어 방송국에서 주최하는 오디션에 참가한 대학생 B

① 재사회화　　② 1차 집단　　③ 공동 사회
④ 역할 갈등　　⑤ 준거 집단

22 다음 수업 시간의 대화에 대한 설명으로 옳은 것은?
582

> 교사: (㉠)의 유무에 따라 구분할 수 있는 사회 집단 A, B의 사례를 들어 볼까요?
> 학생: A의 사례로는 학교가 있습니다.
> 교사: 왜 그렇게 생각했나요?
> 학생: 중학교가 의무 교육이기 때문에 학교는 자연 발생적으로 형성된 집단이라고 생각했어요.
> 교사: 그랬군요. 하지만 학교는 교육이라는 목적을 위한 구성원의 결합 의지가 반영되었기 때문에 B의 사례로 보는 것이 적절합니다.

① ㉠에는 '개인의 소속감'이 들어갈 수 있다.
② A는 공동 사회, B는 이익 사회이다.
③ A는 특정한 목적을 위해 설립된 기관이다.
④ A와 B의 구분은 소속감을 기준으로 이루어진다.
⑤ B는 A와 달리 구성원 간에 전인격적인 인간관계가 이루어진다.

23 부당한 차별의 사례에 해당하지 <u>않는</u> 것은?
583

① 피부색 때문에 외국인 강사 채용에서 거부당한 외국인
② 승차 시설이 없어 버스를 이용하지 못하는 발달 장애인
③ 동일한 업무를 하지만 월급은 더 적게 받는 비정규직 직원
④ 맞벌이 부부지만 육아와 가사 노동을 혼자서 책임지는 아내
⑤ 대학 수학 능력 시험에서 비장애인보다 시간을 1.5배 더 부여받은 시각 장애인

24 ㉠, ㉡에 들어갈 내용으로 적절한 것만을 〈보기〉에서 골라 옳게 연결한 것은?
584

> ○○ 기업의 차별 없는 이력서가 화제를 불러일으켰다. 이 기업의 이력서는 일반적으로 표준 이력서가 요구했던 (㉠) 등을 빼는 대신 (㉡)은/는 적도록 해서 공정한 채용을 추구하였다.

> **보기**
> ㄱ. 성별　　　　　　ㄴ. 학과
> ㄷ. 출신 지역　　　　ㄹ. 관련 자격증

	㉠	㉡
①	ㄱ, ㄴ	ㄷ, ㄹ
②	ㄱ, ㄷ	ㄴ, ㄹ
③	ㄱ, ㄹ	ㄴ, ㄷ
④	ㄴ, ㄷ	ㄱ, ㄹ
⑤	ㄴ, ㄹ	ㄱ, ㄷ

25 다음 신문 기사를 읽고 A와 C에게 공통으로 할 수 있는 조언으로 적절하지 <u>않은</u> 것은?
585

> | ○○ 신문 | 20○○년 ○○월 ○○일 |
> |---|---|
>
> **욕설 봉변당한 인도인, 불법 체류자 취급한 경찰**
>
> 한국인 A는 같은 버스를 탄 인도인 B에게 이유 없이 반말로 욕설을 하였다. A의 한국인 친구가 만류했는데도 A는 욕설을 그치지 않았고, 결국 B는 A를 경찰에 신고하였다.
> 문제는 여기서 그치지 않았다. 신고를 받고 현장에 도착한 경찰관 C는 우리나라 ○○ 대학교의 교수 신분증을 제시한 B에게 어떻게 외국인이 우리나라에서 교수가 되었느냐면서 B의 외국인 등록증을 빼앗고 B에 대한 신분 조사를 진행하였다.

① '다르다'를 '틀리다'로 이해해서는 안 됩니다.
② 차이를 인정하고 차별을 하지 말아야 합니다.
③ 인간이라면 누구나 존중받을 권리가 있습니다.
④ 피부색에 대한 편견을 버리기 위해서 노력해야 합니다.
⑤ 외국인이라고 함부로 무시한 것은 역차별에 해당합니다.

26 (가), (나)에 대한 옳은 설명만을 〈보기〉에서 고른 것은?

586

> (가) 국군 간호 장교를 양성하는 간호 사관학교는 남자가 지원하지 못하도록 하는 입학 자격 제한을 철폐하였다.
> (나) ○○ 중학교에서는 여학생에게 치마 교복만 입도록 한 교칙을 폐지하고 바지 교복을 선택할 수 있도록 하였다.

> • 보기 •
> ㄱ. (가)는 사회 제도를 통해 기회의 평등을 보장한다.
> ㄴ. (나)는 성차별을 바로잡은 사례이다.
> ㄷ. (가), (나)는 모두 차이를 고려하지 않은 사례이다.
> ㄹ. (가), (나)는 모두 개인적 차원에서 차별을 없애려는 노력이다.

① ㄱ, ㄴ   ② ㄱ, ㄷ   ③ ㄴ, ㄷ
④ ㄴ, ㄹ   ⑤ ㄷ, ㄹ

27 다음 제도들의 공통적인 목적으로 가장 적절한 것은?

587

> • 우리나라는 국가 기관과 50명 이상의 민간 기업에 대해 일정 비율 이상 장애인을 의무적으로 고용하도록 하고 있다.
> • 미국은 대학교에서 흑인, 라틴계 등 소수 인종들이 일정 비율 이상 합격할 수 있도록 하는 제도를 운영하고 있다.

① 개인의 능력이나 노력을 인정하지 않는다.
② 차별을 받지 않는 사람들에게 불이익을 준다.
③ 신체적·문화적 차이로 인한 차별을 강화한다.
④ 차별을 받는 사회적 소수자를 적극적으로 지원한다.
⑤ 개인 간의 차이를 인정하지 않는 관용의 자세를 확립한다.

28 (가), (나)의 사회화 기관에서 이루어지는 사회화의 내용을 비교하여 서술하시오.

588

(가)

△ 가정

(나)

△ 학교

_____

_____

29 밑줄 친 ㉠에서 거울이 아이들의 행동에 미친 영향을 서술하시오.

589

> 한 심리학자가 20명의 아이들을 대상으로 각자 정해진 방에서 자율적으로 쿠키를 한 개씩만 가져가도록 하였다. 10명의 아이들은 거울이 있는 방에서, 다른 10명의 아이들은 거울이 없는 방에서 쿠키를 가져가도록 하고 심리학자는 자리를 피했다. 그런데 ㉠ 거울이 없을 때보다 있을 때 더 많은 아이들이 지시받은 대로 쿠키를 하나만 가져간 것으로 나타났다.

_____

_____

30 밑줄 친 ㉠을 통해 해결하려는 차별의 유형을 쓰고, 그 의미를 서술하시오.

590

> A국은 기업 내 ㉠ 여성 임원 할당제를 실시하여 일정한 규모 이상 기업들의 임원 중 40%를 여성으로 채우도록 법으로 강제하였다.

_____

_____

문화의 이해

01 문화의 의미와 특징
~ 02 문화를 바라보는 태도

① 한눈에 쏙

• 문화의 의미와 특성

좁은 의미	넓은 의미
예술, 문학, 공연 등과 관련된 것, 세련되고 교양 있는 것	한 사회의 구성원이 공통으로 가지고 있는 생활 양식

↓

보편성	모든 사회에서 공통으로 나타나는 문화 요소가 있음
특수성	사회마다 서로 다른 문화가 나타남

① 문화의 어원

문화(culture)라는 말은 '경작하다'는 의미를 담고 있는 라틴어 'cultus'에서 나온 말이다. 이는 나중에 자연에 대비되는 '문명'이라는 의미로 이해되기도 하였고, 오늘날에는 '인간 집단의 생활 양식'으로 받아들여지고 있다.

② 문화와 문명의 차이

문화는 사람들이 살아가는 방식 자체를 의미하는 것이고, 문명은 넓은 의미의 문화 중에서도 특히 물질적·사회적 측면 등에서 발전한 상태를 의미한다.

③ 제도문화와 관념 문화

제도 문화	사회 질서의 유지를 위한 제도적 장치 예 법, 관습, 가족, 정치 등
관념 문화	인간의 정신적 산물 예 철학, 예술, 종교, 언어 등

용어 사전

• **생활 양식** 사람들이 살아가는 방식으로 기본적인 의식주뿐만 아니라 정치, 경제, 사회, 문화, 가치관, 규범 등을 포함함

① 문화의 의미와 특성

1 문화의 의미 ① ②
예 문화생활, 문화 상품권, 문화재 등

좁은 의미	예술적인 것, 세련되고 고양 있는 것, 고급스러운 것 등의 제한적 의미
넓은 의미	인간의 사회적 *생활 양식의 총체 — 예 한국 문화, 농촌 문화, 청소년 문화 등

2 문화가 아닌 것: 자연 현상이나 본능적인 행위, 개인적인 습관이나 버릇은 문화에 해당하지 않음 자료① 예 졸릴 때 하품을 하는 것, 눈을 감는 것 등

🌳 교과서 속 자료 읽기 ① **문화인 것과 문화가 아닌 것**

턱을 괴는 건 좋지 않은 습관이야.

졸려서 자는 것, 턱을 괴는 것은 본능적인 행동이나 개인의 특수한 버릇이므로 문화에 해당하지 않는다. 하지만 침대에서 자는 것, 턱을 괴는 것을 좋지 않은 습관이라고 보는 것은 사회적 생활 양식에 대한 것으로 문화에 해당한다.

3 문화의 구성 요소

(1) **물질문화:** 인간 생활에 필요한 물건, 그것을 만들고 이용하는 기술 등을 의미함
— 인간이 환경에 적응하는 데 중요한 수단이 됨
(2) **비물질 문화:** 제도문화와 관념 문화 ③
— 인간 활동에 의미를 부여하거나 삶을 풍요롭게 함

4 문화의 특성 자료② — 예 혼인 제도, 언어 사용 등 예 혼인 방식의 차이, 다양한 언어 사용 등

(1) **보편성:** 모든 사회에서 공통으로 찾을 수 있는 문화 요소나 특성이 나타남
(2) **특수성:** 사회마다 환경과 역사적 배경에 따라 서로 다른 문화가 나타남

🌳 교과서 속 자료 읽기 ② **난방 방식에 나타난 문화의 보편성과 특수성**

날씨가 추울 때 난방을 하는 것은 모든 지역에서 나타나는 현상이다. 하지만 지역마다 자연환경이나 사회적 상황 등에 따라 난방의 방식은 다양하게 나타난다. 예를 들어 우리나라는 아궁이에 불을 지피고, 그 열기로 바닥을 따뜻하게 하는 온돌 방식을 사용해 왔다. 이에 비해 서유럽에서는 전통적으로 벽난로에 나무를 넣고 태울 때 나오는 열이 방출되면서 실내의 공기를 데우는 방식으로 난방을 한다.

모든 지역에서 추울 때 난방을 하는 것을 통해서는 문화의 보편성을 확인할 수 있고, 지역마다 난방 방식이 다양하게 나타나는 것을 통해서는 문화의 특수성을 확인할 수 있다.

❷ 문화의 속성 [자료 ❸]

1 공유성

의미	문화는 한 사회의 구성원들이 공통으로 가지는 생활 양식임
특징	사회 구성원 간에 사고와 행동의 동질성을 형성하여 특정 상황에서 상대방의 행동을 쉽게 이해하고 예측할 수 있게 함으로써 원활한 사회생활에 기여함
사례	우리나라에서 시험을 앞둔 사람에게 합격을 기원하며 찹쌀떡이나 엿을 선물하는 것

2 학습성 ❹

의미	문화는 선천적인 것이 아닌 후천적 학습에 의해 형성되는 생활 양식임
특징	개인의 사회적 행동이 문화적 환경 속에서 형성되고 변화됨을 보여 줌
사례	어린이가 반복적인 학습을 통해 숟가락과 젓가락의 사용법을 익히는 것

3 축적성

의미	문화는 언어와 문자를 통해 세대 간에 *전승되면서 새로운 요소가 추가되어 점점 더 풍부해짐
특징	세대를 거듭하면서 문화가 발전하는 원동력이 됨
사례	김치를 만드는 기술이 전승되면서 다양한 방법이 추가되어 나타나는 것

4 변동성

의미	문화는 시간이 흐르면서 형태나 내용 등이 변화함
특징	인간이 새로운 환경에 적응하기 위해 끊임없이 변화를 추구하는 과정에서 나타남
사례	과거의 전통 혼례 방식에서 서양식 결혼 방식으로 변화한 것

5 전체성 ❺

의미	문화는 여러 구성 요소들이 서로 밀접하게 관계를 유지하면서 하나의 전체로서 의미를 갖는 생활 양식임
특징	문화 요소 간의 상호 연관성 때문에 한 부분의 변화는 다른 부분에 연쇄적인 변화를 초래함
사례	전자 통신 기술의 발달로 전자 투표, 재택근무, 전자 상거래 등 다양한 분야에서 연쇄적 변화가 나타난 것 ── 문화의 한 요소는 그 자체로서 독립되어 존재하는 것임 아님

🌳 교과서 속 자료 읽기 ❸   **떡볶이와 관련된 문화의 속성**

> 갑: 우리나라에서는 여러 명이 모여 있을 때 누군가 간식을 먹자고 하면 떡볶이를 떠올리는 사람들이 많아요.
>
> 을: 오늘날의 떡볶이 조리법은 오래전부터 전해 내려온 수많은 조리법들을 바탕으로 만들어졌어요.
>
> 병: 어릴 때부터 부모님께서 떡볶이를 자주 만들어 주셔서 자연스럽게 만드는 법을 배우게 되었어요. 떡볶이는 제가 가장 자신 있게 만들 수 있는 음식이랍니다.
>
> 정: 우리나라에서 떡볶이가 발달한 것은 쌀을 주식으로 하는 농경문화와 관련이 있어요. 떡볶이를 좋아하는 사람이 많기 때문에 떡볶이 산업의 규모도 매우 크죠.

여러 사람이 동시에 간식으로 떡볶이를 떠올리는 것을 통해서는 문화의 공유성을, 떡볶이 조리법이 세대 간에 전승되는 것을 통해서는 문화의 축적성을, 떡볶이 조리법을 배우는 것을 통해서는 문화의 학습성을, 떡볶이와 농경문화, 산업을 관련 짓는 것을 통해서는 문화의 전체성을 파악할 수 있다.

---

❷ 한눈에 쏙

· 문화의 속성

공유성	한 사회의 구성원들에게는 공통된 행동과 사고방식이 있음
학습성	문화는 자신이 속한 사회에서 성장하면서 후천적으로 습득하는 것임
축적성	문화는 한 세대에서 다음 세대로 전해지는 과정에서 그 내용이 점차 풍부해짐
변동성	문화는 시간이 흐름에 따라 끊임없이 변화함
전체성	한 사회의 문화를 구성하는 여러 요소들은 서로 밀접하게 연결되어 있음

❹ **인간과 동물의 학습 능력**
고구마를 씻어 먹는 것을 알게 된 원숭이와 그 원숭이를 흉내 내는 다른 원숭이들은 동물도 학습을 할 수 있다는 주장의 근거가 될 수 있지만, 원숭이들은 학습한 내용을 인간처럼 언어나 문자 등을 통해 다음 세대로 전달하지 못한다는 한계가 있다.

❺ **과학 기술의 발달과 문화의 전체성**

과학 기술의 발달은 사회의 여러 부문에 영향을 미쳤다. 이처럼 하나의 문화 요소는 다른 문화 요소와 긴밀한 관계를 맺으면서 전체를 이룬다.

용어 사전

* **전승** 문화, 풍속, 제도 등을 이어받아 계승함

③ 한눈에 쏙

• 문화 이해 태도

자문화 중심주의	자기 문화를 우수하다 고 보고, 다른 문화를 부정적으로 평가하는 태도
문화 사대주의	다른 사회의 문화를 우수하다고 생각하면 서, 자신의 문화를 열 등하다고 여기는 태도
문화 상대주의	한 사회의 문화를 그 사회가 처한 환경과 사회적 맥락 속에서 이해하는 태도

③ 문화를 바라보는 여러 가지 태도

1 자문화 중심주의⁶ [자료 ④]
　　　　　　　　　　└── 자기 문화를 기준으로 다른 문화를 평가하는 태도
(1) **의미**: 자기 문화를 우수하다고 보면서, 다른 문화를 열등하게 평가하는 태도

(2) **기능**

　① 긍정적 기능: 자기 문화에 대한 자부심을 느끼게 하고, 내부의 결속력 강화에
　　기여함

　② 부정적 기능: 문화 •제국주의나 •국수주의로 나타날 수 있음
　　└──────── 세계화 시대에 문화적 갈등을 일으키거나 스스로 고립되는 결과를 가져올 수 있음

> 🌳 **교과서 속 자료 읽기 ④**　**일제 강점기의 문화 제국주의**
>
> 　　일제 강점기에 일본은 자신들의 천황을 숭배하기 위한 신사를 우리나라 곳곳에 세우고 우
> 리나라 사람들에게 참배를 강요하면서, 우리나라를 정치적 측면에서 뿐만 아니라 문화적 측
> 면에서도 지배하고자 하였다.

문화 제국주의는 한 나라가 경제력이나 군사력을 바탕으로 자신들의 문화를 다른 나라에 강요하
는 것으로, 일제 강점기에 일본의 지나친 자문화 중심주의는 문화 제국주의로 이어졌다.

**⑥ 자문화 중심주의와 문화 사대주의
의 비교**

구분	자문화 중심주의	문화 사대주의
공통점	문화를 평가하는 절대적 기 준이 있다고 봄	
차이점	자기 문화는 우수하고, 다 른 문화는 열 등하다고 봄	다른 문화는 우수하고, 자 기 문화는 열 등하다고 봄

2 문화 사대주의⁶ [자료 ⑤]

(1) **의미**: 다른 사회의 문화를 우수하다고 생각해 동경하거나 추종하면서, 자신이 속
　한 문화를 열등하게 평가하는 태도

(2) **기능**
　　　　　　　　┌─ 왜 다른 문화의 수용을 통해 자신이 속한 문화를 개선하고자 하기 때문임
　① 긍정적 기능: 다른 문화의 우수한 요소를 수용하는 데 개방적임

　② 부정적 기능: 자신이 속한 문화를 비하하여 자기 문화에 대한 주체성이나 정체
　　성이 상실될 수 있음

> 🌳 **교과서 속 자료 읽기 ⑤**　**영어와 문화 사대주의**
>
> 　　우리말과 영어를 필요에 따라 섞어 '우리말이 아닌 우리말'이 되어 버린 문구를 간판이나
> 티셔츠 등에서 자주 볼 수 있다. 어떤 사람들은 "광고에서 우리말만 나오는 것보다 영어가 함
> 께 사용되었을 때 더 고급스러운 느낌이 난다."라고 주장하기도 한다.

우리말보다 영어를 고급스럽다고 느끼면서 선호하는 것은 다른 문화를 기준으로 자기 문화를 낮
게 평가하는 문화 사대주의에 해당한다.

3 문화 상대주의

(1) **의미**: 각 사회가 처한 특수한 자연환경, 사회적 맥락, 역사적 배경 등을 고려하여
　다른 문화를 이해하는 태도

(2) **특징**: 자문화 중심주의와 문화 사대주의와 달리 문화를 우수한 것과 열등한 것으
　로 평가할 수 없다고 생각함

(3) **기능**: 자기 문화와 다른 문화의 가치를 존중하여 문화적 다양성 보존에 기여함

(4) **의의**: 문화 간에 우열을 가릴 수 없다고 보아 문화의 다양성과 특수성을 인정함
　　→ 세계화 시대에 바람직한 문화 이해 태도

용어 사전

• **제국주의** 경제적·군사적으로 우월
한 국가가 다른 국가에 대해 자신의
문화를 강요하는 태도
• **국수주의** 자기 사회의 문화가 가장
우수하다는 맹목적 믿음으로 다른
사회의 문화를 배척하는 태도

❹ 다른 문화를 이해하는 바람직한 태도

1 바람직하지 않은 문화 이해 태도

(1) **문화의 상대성을 인정하지 않는 태도** ── 예 자문화 중심주의, 문화 사대주의 등

① **의미**: 서로 다른 문화가 각 사회의 맥락에서 고유한 의미를 지니고 있다는 것, 각 사회의 문화가 그 사회가 처한 환경과 상황에 따라 다양하게 나타난다는 것을 인정하지 않는 태도

② **문제점**: 자기 문화의 관점에서 다른 문화의 우열을 평가하거나, 다른 문화를 근거로 자기 문화를 열등하게 여겨 문화의 다양성과 특수성을 인정하지 않음

(2) **극단적 문화 상대주의**

① **의미**: 모든 문화의 상대성을 인정하여 극단적으로 이해하는 태도

② **문제점**: 인간의 존엄성을 해치는 살인, 식인 풍습 등의 문화도 인정함으로써 인류의 *보편적 가치를 무시할 수 있음
└ 인간의 생명이나 존엄성과 같은 인류의 보편적 가치는 어떤 경우에도 존중되어야 함

생활 속 이슈 읽기   모든 문화를 문화 상대주의에 따라 이해해야 할까

- 2016년 아카데미 시상식에서는 명예 살인의 문제점을 다룬 영화 「강가의 소녀」가 단편 다큐멘터리상을 수상하였다. 명예 살인은 공동체의 명예를 더럽혔다는 이유로 조직 내 구성원을 살해하는 행위를 말한다. 파키스탄이나 아프가니스탄 등에서는 명예 살인을 불법으로 규정하고 있지만, 실제로는 살인을 저지른 사람이 처벌을 받는 경우가 매우 드물다.

⬆ 이슬람 여성의 전통 복장

- 중국에서는 전통적으로 '발이 작아야 미인'이라는 관념이 강하게 나타났다. 따라서 여자아이에게 작은 신발을 신겨서 발이 자라지 못하도록 하는 전족 풍습이 오랫동안 이어져 왔다. 전족을 하지 않은 여성을 천하게 여기는 사회적 분위기 속에서, 여성들은 혼자서 걷기가 힘들 정도의 고통을 견뎌야 했다.

⬆ 전족

명예 살인이나 전족처럼 인간의 존엄성과 같은 보편적 가치나 규범에 어긋나는 문화는 그 가치를 인정받기 어렵다. 따라서 문화를 올바르게 이해하기 위해서는 무조건 문화 상대주의를 앞세우기보다, 각 문화를 그 문화가 나타난 사회의 상황이나 맥락을 고려하여 이해하면서도 극단적으로 치우치지 않고 인류의 보편적 가치를 중시하려는 노력이 함께 이루어져야 한다.

2 바람직한 문화 이해 태도

(1) **문화의 상대성을 인정하는 태도**: 인류의 보편적 가치를 훼손하지 않으면서도 다른 문화의 가치를 인정하는 태도

(2) **문화를 편협하게 이해하지 않는 태도**
┌ 문화를 정치, 경제 등 다양한 삶의 측면을 고려하여 이해하고자 함

① **종체적으로 이해하기(종체론적 관점)**

의미	한 사회의 문화를 그 사회의 다양한 요소들과 관련지어 전체적인 맥락에서 이해하는 태도
사례	돼지고기를 먹지 않는 이슬람 사회의 문화를 그 사회의 기후 및 돼지의 특징과 관련지어 이해함 ❼

② **비교하여 이해하기(비교론적 관점)**

의미	한 사회의 문화를 다른 문화와 비교하여 이해하는 태도
의의	• 문화의 보편성과 특수성을 파악함으로써 문화를 객관적으로 이해할 수 있음 • 문화 이해의 폭을 넓히고, 자기 문화의 발전을 꾀할 수 있음
사례	한국의 젓가락 문화를 중국이나 일본과 비교하여 공통점과 차이점을 이해함 ❽

---

❹ 한눈에 쏙

• **다른 문화를 이해하는 태도**

바람직하지 않은 태도	• 문화 상대성을 인정하지 않는 태도 • 극단적 문화 상대주의

↓ 비판

바람직한 태도	• 문화 상대성을 인정하는 태도 • 총체적으로 이해하기, 비교하여 이해하기

❼ **이슬람 사회와 돼지고기**

이슬람 국가들이 위치한 서남아시아는 건조한 지역이기 때문에 물과 식량이 부족하였다. 이런 환경에서 사람과 같은 음식을 먹는 돼지를 키우는 것은 비경제적이었기 때문에, 이슬람 사회에서는 종교 규범을 통해 돼지고기를 먹는 것을 금지했다고 판단할 수 있다.

❽ **한국, 중국, 일본의 젓가락**

• 한국: 국과 반찬을 주로 먹기 때문에 젓가락을 금속으로 만들고, 젓가락의 길이는 중국과 일본의 중간 정도임

• 중국: 기름에 튀긴 음식을 주로 먹기 때문에 뜨거운 것에 데지 않기 위해 길이가 긴 젓가락을 사용함

• 일본: 생선을 많이 먹기 때문에 생선 가시를 발라내는 데 편리하도록 젓가락이 짧고 뾰족함

용어 사전

• *보편적 가치 인간의 존엄성, 자유, 평등 등과 같이 시대와 장소를 초월하여 언제나 존중되어야 할 가치

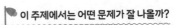
100명의 교사가 콕 찍은
주제별·유형별
대표문제

1 문화의 의미와 특성
2 문화의 속성

차근차근 **기본다지기**

01
591
다음 설명이 맞으면 ○표, 틀리면 ✕표 하시오.

(1) 좁은 의미에서 문화는 세련되고 교양 있는 것 등과 관련된다. (   )

(2) 한국 문화, 농촌 문화에서 '문화'는 넓은 의미로 사용된다. (   )

(3) 나의 머리카락은 검은색이고, 외국인 친구의 머리카락은 갈색인 것은 문화의 차이 때문이다.
(   )

02
592
(1)~(4)에서 설명하는 용어를 퍼즐판에서 찾아 색칠하시오.

물	보	특	학	수
성	질	편	습	변
전	공	유	성	동
총	체	적	문	제
도	축	성	제	화

(1) 모든 사회에서 공통으로 나타나는 문화의 특징을 의미하는 것은?

(2) 문화는 후천적으로 배우는 생활 양식이라는 것과 관련된 문화의 속성은?

(3) 우리나라에서 시험을 앞둔 사람에게 합격을 기원하며 찹쌀떡이나 엿을 선물하는 것과 관련된 문화의 속성은?

(4) 문화가 한 세대에서 다음 세대로 전달되어 쌓이는 것과 관련된 문화의 속성은?

03
593
빈칸에 들어갈 용어를 쓰시오.

(1) 음식, 옷 등은 물질문화에 해당하고, 법, 관습, 정치와 같은 제도문화, 철학, 언어와 같은 관념 문화는 (   )에 해당한다.

(2) 과거에는 칠판을 보고 필기하면서 수업을 하였지만, 최근에는 컴퓨터나 전자책 등을 활용하여 수업을 하는 것은 문화의 속성 중 (   )와/과 직접 관련이 있다.

(3) 휴대 전화의 발달이 게임 산업 등 경제적 측면은 물론, 공부하는 방법 등 문화적 측면에도 큰 영향을 미치는 것은 문화의 속성 중 (   )와/과 직접 관련이 있다.

04
594
밑줄 친 '문화'의 의미가 나머지 둘과 다른 것은?

① 나는 이번 주에 <u>문화</u> 상품권으로 영화를 볼 거야.

② 신문의 <u>문화</u>면에 내가 좋아하는 연예인이 나왔어.

③ 한 사회의 음식 <u>문화</u>는 자연환경과 밀접한 관련이 있어.

05
595
다음 글을 통해 알 수 있는 문화의 속성으로 가장 적절한 것은?

우리나라에서는 중요한 일을 앞둔 사람에게 "파이팅!"이라고 말하며 격려한다. 그러나 외국인은 원래 싸운다는 의미가 있는 그 말을 격려할 때 사용하지 않기 때문에 그 상황을 제대로 이해하기가 어렵다.

① 공유성　　　　② 축적성

③ 변동성　　　　④ 전체성

06 밑줄 친 부분을 통해 직접 알 수 있는 문화의 특성으로 가장 적절한 것은?
596

> 날씨가 추울 때 난방을 하는 것은 모든 지역에서 나타나는 현상이다. 하지만 지역마다 자연환경이나 사회적 상황 등에 따라 난방의 방식은 다양하게 나타난다. 예를 들어 우리나라는 아궁이에 불을 지피고, 그 열기로 바닥을 따뜻하게 하는 온돌 방식을 사용해 왔다. 이에 비해 서유럽에서는 전통적으로 벽난로에 나무를 넣고 태울 때 나오는 열이 방출되면서 실내의 공기를 데우는 방식으로 난방을 한다.

① 보편성 ② 특수성 ③ 학습성
④ 전체성 ⑤ 변동성

07 (가), (나)를 통해 직접 알 수 있는 문화의 속성을 옳게 연결한 것은?
597

> (가) 화려한 꽃 장식을 하고 달리는 자동차를 보면 갓 결혼한 부부가 신혼여행을 떠나는 중이라는 사실을 알 수 있다.
> (나) 처음에 휴대 전화에는 음성 통화와 문자 전송 기능밖에 없었지만, 시간이 흐르면서 음악 재생, 영상 통화, 인터넷 검색, 길 찾기 등 다양한 기능이 계속 추가되고 있다.

	(가)	(나)
①	공유성	축적성
②	학습성	전체성
③	축적성	변동성
④	변동성	전체성
⑤	전체성	공유성

08 다음 글을 통해 직접 알 수 있는 문화의 속성은 무엇인지 쓰시오.
598

> 우리나라에서 떡볶이가 발달한 것은 쌀을 주식으로 하는 농경문화와 관련이 있다. 떡볶이를 좋아하는 사람이 많기 때문에 떡볶이 산업의 규모도 매우 크다.

( )

서술형 문제

09 (가)~(바)를 읽고 물음에 답하시오.
599

> (가) 잠을 충분히 자지 못하면 계속 하품이 나온다.
> (나) 알래스카에서는 몇 개월 동안 밤에도 해가 보인다.
> (다) 석기 시대 사람들은 돌을 도구로 사용하여 사냥했다.
> (라) 나이가 들면 피부에 주름이 생기고 체력이 떨어진다.
> (마) 명절이 되면 교통 혼잡을 무릅쓰고 고향에 다녀온다.
> (바) 가뭄이 계속되면 비가 오기를 기원하는 제사를 지낸다.

(1) (가)~(바) 중에서 문화에 해당하는 것을 모두 골라 기호를 쓰시오.

(2) (1)과 같이 문화인 것과 문화가 아닌 것을 구분한 이유를 서술하시오.

논술형 문제

10 (가), (나)에서 설명하는 문화의 속성을 각각 밝히고, 그 사례를 〈조건〉에 맞게 서술하시오.
600

> (가) 문화는 태어날 때부터 본능적으로 가지는 것이 아니라, 성장하면서 후천적으로 학습되는 것이다.
> (나) 문화는 언어나 문자 등을 통해 한 세대에서 다음 세대로 전해지는데, 이때 새로운 지식과 경험이 더해져 더욱 풍부하고 다양하게 발전한다.

• 조건 •
(가), (나)에 나타난 문화의 속성을 보여 주는 사례를 각각 두 가지씩 제시한다.

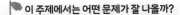
100명의 교사가 콕 찍은
주제별·유형별 대표문제

③ 문화를 바라보는 여러 가지 태도

• 정답 및 해설 **55**쪽

차근차근 기본 다지기

01 빈칸에 들어갈 문화 이해 태도를 쓰시오.
601
(1) 자기 문화는 우수하게 생각하면서 다른 사회의 문화는 열등하다고 보는 태도를 (   )(이)라고 한다.
(2) 다른 사회의 문화를 우수하다고 생각하고 자신이 속한 문화를 열등하게 평가하는 태도를 (   )(이)라고 한다.

02 다음 내용이 바람직한 문화 이해 태도에 해당하면 ○표, 그렇지 않으면 ×표 하시오.
602
(1) 아프리카에는 옷을 입지 않고 사는 원시 부족이 있대. 정말 야만적이야. (   )
(2) 우리말만 쓰는 건 왠지 촌스러워. 영어를 함께 써야 고급스럽고 멋있지. (   )
(3) 인도의 소 숭배 문화를 이해하기 위해서는 인도의 종교, 사회, 경제 등을 함께 살펴보아야 해.
(   )

03 ㉠, ㉡에 들어갈 내용을 각각 쓰시오.
603

문화 이해 태도	의미	문화의 절대적 평가 기준
자문화 중심주의	자기 문화는 우수하고 다른 문화는 열등하다고 보는 태도	있음
문화 사대주의	다른 문화는 우수하고 자기 문화는 열등하다고 보는 태도	㉡
㉠	각 사회의 문화를 그 사회의 환경과 사회적 상황 등을 고려하여 이해하는 태도	없음

(   )

04 다음 대화에서 학생이 바람직한 문화 이해 태
604 도를 가졌다고 할 때 ㈎에 들어갈 대답으로 가장 적절한 것은?

> 교사: 티베트 사람들은 인사를 할 때 모자를 벗고 혀를 내민다고 해요.
> 학생: _____㈎_____

① 혀를 내밀고 인사를 하다니 정말 미개한 민족이에요.
② 문화는 우월한 것과 그렇지 않은 것으로 나눌 수 있어요.
③ 티베트 사람들의 인사법은 그 나라의 역사, 문화 등을 고려하여 이해해야 해요.

05 문화 상대주의적 태도를 지닌 사람이 다른 사
605 회의 문화를 이해할 때 고려하는 요소로 적절하지 <u>않은</u> 것은?

① 역사적 배경
② 사회적 맥락
③ 문화적 우수성
④ 자연환경의 특징

06 밑줄 친 ㉠, ㉡에 나타난 문화 이해 태도의 공통점으로 가장 적절한 것은?
`606`

> • '브런치'와 '아점'은 모두 점심을 겸한 늦은 아침 식사를 가리킨다. 그런데 많은 사람들이 ㉠ 우리말인 '아점'보다 영어인 '브런치'가 더 세련되고 고급스럽다고 생각한다.
> • 우리나라 가수 A는 외국에서 그 나라의 전통 의상을 입고 공연하려고 했지만, ㉡ 우리나라보다 문화적 수준이 낮은 나라의 전통 의상을 입어서는 안 된다는 팬들의 반대에 부딪혔다.

① 문화에 우열이 있다고 본다.
② 문화를 이해하는 바람직한 태도이다.
③ 모든 문화는 나름의 의미와 가치가 있다고 본다.
④ 다른 문화는 우수하고 자기 문화는 열등하다고 본다.
⑤ 각 사회의 문화를 그 사회의 배경을 고려하여 이해하는 태도이다.

07 다음 사례에 나타난 문화 이해 태도에 대한 설명으로 옳지 <u>않은</u> 것은?
`607`

> 팔미라 유적지는 시리아에 위치한 고대 유적으로, 유네스코 세계 문화유산으로 지정되었다. 그런데 이슬람 극단주의 무장 세력인 이슬람 국가(IS)가 우상 숭배라는 이유로 이 유적지에서 2,000년 된 고대 신전을 폭파하였다.

① 문화 제국주의로 흐를 가능성이 있다.
② 세계화 시대에 국제 교류를 어렵게 할 수 있다.
③ 사회 구성원들의 결속을 다지는 데 도움이 된다.
④ 다른 문화와 갈등을 일으키는 원인이 될 수 있다.
⑤ 자기 문화를 낮게 평가하여 문화적 정체성을 잃을 수 있다.

08 다음 사례들에서 공통으로 나타나는 문화 이해 태도는 무엇인지 쓰시오.
`608`

> • 우리나라의 전통 명절을 무시하면서 외국의 축제일은 무조건 멋있다고 생각하며 동경한다.
> • 우리나라 영화가 할리우드 영화보다 수준이 떨어진다고 생각하여 할리우드 영화만을 본다.

(   )

서술형 문제

09 다음 글을 읽고 물음에 답하시오.
`609`

> 유학자 최만리는 세종의 한글 창제에 반대하면서 다음과 같은 상소문을 올렸다. "우리는 옛날부터 중국을 섬겨 한결같이 중화의 예를 따랐습니다. 그런데 이제 새로운 글자를 사용하는 것을 중국에서 알면 대국을 섬기는 데 부끄러운 일입니다. 몽골, 서하, 여진 등은 각기 글자가 있지만 이들은 모두 오랑캐입니다. 이제 글자를 만든다는 것은 중국을 버리고 스스로 오랑캐와 같아지려는 것입니다."

(1) 윗글에 나타난 문화 이해 태도는 무엇인지 쓰시오.

_____

(2) (1)의 태도가 지닌 문제점을 **두 가지** 서술하시오.

_____

_____

논술형 문제

10 다음 을의 관점에서 갑의 문화 이해 태도가 바람직하지 <u>않은</u> 이유를 서술하시오.
`610`

> 갑: 인도 사람들은 손으로 밥을 먹는대. 우리처럼 숟가락과 젓가락을 사용하거나 서양인들처럼 포크나 나이프를 사용하지 않다니 정말 야만적이야.
> 을: 그렇지 않아. 인도 사람들이 손으로 밥을 먹는 것은 그 사회가 처한 상황을 바탕으로 이해해야 해.

_____

_____

_____

_____

차근차근 기본 다지기

01 다음 설명이 맞으면 ○표, 틀리면 ×표 하시오.
611
(1) 모든 문화의 우열을 가릴 수 있는 기준이 존재한다. (   )

(2) 문화는 각 사회의 환경에 따라 다양하게 나타나기 때문에 개방적인 태도를 가지고 무조건 존중해야 한다. (   )

(3) 문화 상대주의는 다른 사회의 문화를 그 사회의 자연환경과 사회적 맥락을 고려하여 이해하는 태도이다. (   )

02 다른 문화를 이해하는 바람직한 태도와 그 내용을 바르게 연결하시오.
612
(1) 상대성 인정하기   •

(2) 비교하여 이해하기   •

(3) 총체적으로 이해하기 •

• ㉠ 한 사회의 문화를 다른 문화와 비교하여 객관적으로 이해함

• ㉡ 보편적 가치를 존중하면서 다른 문화의 고유한 가치를 인정함

• ㉢ 문화를 정치, 경제, 종교 등 다양한 요소들과 관련지어 전체적인 맥락에서 이해함

03 빈칸에 들어갈 문화 이해 태도를 쓰시오.
613
(1) 올바른 (   )은/는 인류의 보편적 가치를 훼손하지 않으면서도 다른 문화의 가치를 인정하는 태도이다.

(2) 과거 중국에서 여자아이에게 작은 신발을 신겨서 발이 자라지 못하도록 한 '전족' 풍습을 문화로 이해하는 것은 (   )에 해당한다.

04 다른 문화를 이해하는 태도가 가장 바람직한
614 사람은?

① 갑: 외국에서 산 가방이라 질이 아주 좋은 것 같아.

② 을: 인도인들은 음식을 손으로 먹더라. 너무 지저분해.

③ 병: 건조 지역에서는 물이 귀해서 환영의 뜻으로 상대방에게 침을 뱉는 관습이 있대.

05 다음 글에 나타난 바람직한 문화 이해의 태도
615 로 가장 적절한 것은?

> 인도에는 암소를 숭배하는 문화가 있다. 이러한 문화가 나타난 데에는 종교적인 이유도 있지만, 농경 사회인 인도에서 암소가 매우 중요한 생계유지의 수단이었기 때문이다.

① 비교론적 관점   ② 총체론적 관점

③ 문화 사대주의   ④ 자문화 중심주의

06 문화를 이해하는 자세로 바람직하지 않은 것은?

616

① 다른 문화의 고유한 가치를 인정한다.
② 다양한 문화 속에서 보편성과 특수성을 파악한다.
③ 각 문화를 비교하여 문화의 우수성과 열등성을 평가한다.
④ 다른 문화에서 나에게 도움이 되는 점을 배우고 자신의 문화도 돌아본다.
⑤ 다른 사회의 문화를 그 사회 구성원의 입장에서 바라보는 자세를 갖기 위해 노력한다.

③ + ④ 통합 문제

07 갑, 을의 문화 이해 태도에 대한 설명으로 옳은 것은?

617

> 갑: 유대인들과 이슬람교도는 돼지를 불결한 동물로 여겨서 돼지고기를 먹지 않는대. 돼지고기를 안 먹다니, 참 이상해!
>
> 을: 그렇게 무조건 이상하다고 말하는 건 바람직하지 않아. 그 지역은 건조 기후라서 수분이 필요한데, 돼지는 물과 식량을 둘러싸고 인간과 경쟁하는 위협적 존재이기 때문에 돼지를 키우기가 어려웠던 거래.

① 갑은 문화를 평가하는 기준이 없다고 본다.
② 갑의 태도는 문화의 다양성을 인정하여 문화를 풍부하게 만든다.
③ 을의 태도는 다문화 사회에서 더욱 요구된다.
④ 을의 태도는 다른 문화와 갈등을 일으키는 원인이 될 수 있다.
⑤ 갑과 을의 태도는 문화적 정체성을 상실할 위험성이 높다.

08 다음 수행평가 보고서에서 문화를 이해하기 위해 사용된 관점은 무엇인지 쓰시오.

618

> **수행평가 보고서**
> 작성자: ○학년 ○반 ○○○
> • 주제: 식사 문화에 담긴 사회적 의미 파악하기
> • 연구 계획: 한국, 일본, 중국의 식사 예절에 관한 자료를 조사하여, 각 나라 식사 예절의 공통점과 차이점을 분석한다.

(   )

09 ㉠에 들어갈 문화 이해 태도는 무엇인지 쓰고, 그 의미를 서술하시오.

619

> 이슬람교도라면 누구나 하루에 다섯 번 메카 방향을 향해서 기도를 해야 한다. 우리나라의 ○○ 기업은 이러한 이슬람 사회의 문화를 고려하여 이슬람교도를 주요 판매 대상으로 하는 새로운 스마트폰을 출시해서 큰 성공을 거두었다. 이 스마트폰은 이슬람 경전인 『쿠란』을 음성과 문자로 제공하며, 방위 표시와 나침반 기능을 통해 메카의 방향을 알려 준다. 또한 기도 시간마다 알람을 설정할 수 있고, 기도 시간에 전화가 오면 수신 거절과 함께 자동으로 기도 중이라는 문자 메시지를 발송해 준다. 이러한 ○○ 기업의 성공은 문화 상대주의를 바탕으로 (㉠)을/를 실천함으로써 문화를 편협하지 않게 이해했기 때문에 가능했다고 평가할 수 있다.

10 다음 신문 기사를 읽고 '명예 살인'을 이슬람의 독특한 문화로 인정하는 것이 정당한지에 대한 자신의 생각을 밝히고, 그 이유를 〈조건〉에 맞게 서술하시오.

620

> **○○ 신문**   2014년 7월 15일
>
> 이슬람 문화권에서 자행되는 여성들에 대한 '명예 살인'이 국제 사회의 뜨거운 감자가 되고 있다. 약혼자와 전화 통화를 했다는 이유로 15세 딸을 화형에 처하고, 부모의 동의 없이 결혼을 했다는 이유로 신혼부부를 공개 처형하는 일 등이 끊이지 않고 있기 때문이다. 유엔 인구 기금(UNFPA)에 따르면, 매년 전 세계에서 5,000여 명의 여성이 명예 살인으로 희생된다.

> • 조건 •
> • 문화로 인정받기 위한 조건을 서술한다.
> • 문화 상대주의의 한계가 나타나도록 서술한다.

03 대중 매체와 대중문화

① 한눈에 쏙

- 대중 매체

전통적 대중 매체	• 정보의 일방향 전달 • 인쇄 매체, 음성 매체, 영상 매체

↓

뉴 미디어	• 정보의 쌍방향 전달 • 인터넷, SNS

① 대중 매체의 기능

대중 매체는 생활에 필요한 유용한 정보를 전달하고, 사람들이 즐겁게 여가를 보낼 수 있도록 오락과 휴식을 제공한다. 또한 중요한 사회화 기관으로서 사회화를 담당하고 있기도 하다.

② 대중 매체의 의사소통 방향

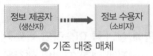

△ 기존 대중 매체

정보 제공자 (생산자) ┅┅▶ 정보 수용자 (소비자, 생산자)

△ 새로운 대중 매체

기존 대중 매체가 정보 생산자에서 정보 소비자로 일방향으로 전달되는 매체라면, 새로운 대중 매체는 정보 생산자와 정보 소비자가 쌍방향으로 소통하는 매체이다.

③ 대중 매체와 대중문화

대중문화의 형성과 대중 매체의 발달은 밀접하게 연관되어 있다. 대중 매체의 발달로 오페라, 미술 작품과 같이 소수의 특권층만 즐기던 문화를 누구나 즐길 수 있게 되면서 대중문화가 형성되었다.

용어 사전

- **대중** 현대 사회를 구성하는 대다수의 사람
- **매체** 어떤 작용을 한쪽에서 다른쪽으로 전달하는 물체나 수단

① 대중 매체와 대중문화의 이해

1 •대중 매체① ②

(1) **대중 매체의 의미**: 대량의 정보를 불특정 다수에게 한꺼번에 전달하는 •매체

(2) **전통적 대중 매체**

① 의미: 전문 제작자에 의해 생산된 정보를 소비자에게 일방향으로 전달하는 매체

② 특징: 정보의 생산자와 소비자가 명확하게 구분됨

③ 유형

예 문자, 사진 등

구분	인쇄 매체	음성 매체	영상 매체
의미	시각 자료를 이용해 정보를 전달하는 매체	음악, 소리 등의 음성 정보를 전달하는 매체	음성, 영상 등의 시청각적 정보를 전달하는 매체
종류	신문, 잡지, 책 등	라디오 등	텔레비전 등
특징	음성 매체나 영상 매체보다 정보 전달 속도가 느리지만, 깊이 있는 정보를 전달할 수 있음	정보 전달 속도가 인쇄 매체보다 빠르고, 적은 비용으로 넓은 범위에 정보를 전달할 수 있음	정보 전달 속도가 인쇄 매체보다 빠르고, 전파를 이용하여 넓은 범위에 정보를 전달할 수 있음

(3) **새로운 대중 매체(뉴 미디어)** 자료①

정보 전달 속도가 전통적 대중 매체보다 빠름

① 의미: 인터넷, 누리 소통망(SNS) 등 쌍방향으로 정보를 전달하는 매체

② 특징: 정보 생산자와 소비자의 경계가 분명하지 않음

> **교과서 속 자료 읽기 ①** **기존의 텔레비전 방송과 1인 방송**
>
> 기존의 텔레비전 방송은 전문적 능력을 가진 작가, 프로듀서 등이 콘텐츠를 기획·제작하여 정해진 채널을 통해 대중에게 제공되었다. 이에 비해 새롭게 주목받고 있는 1인 방송은 컴퓨터, 인터넷, 스마트폰 등의 보편화를 바탕으로 콘텐츠의 기획과 제작 등 모든 과정을 한 사람이 담당하는 등 기존의 텔레비전 방송과는 여러 면에서 차이점을 나타내고 있다.

전통적 대중 매체인 텔레비전을 이용한 방송은 정보를 일방향으로 전달해 왔다. 하지만 1인 방송은 쌍방향 소통의 매체를 이용하여 전문 제작자가 아니어도 방송을 제작할 수 있고, 정보 전달자가 정보를 제공받는 동시에 제공하기도 하는 형태로 이루어진다.

2 대중문화③

(1) **의미**: 대중이 즐기고 누리는 문화로서, 대중 매체를 통해 생산되고 유통됨

(2) **특징**

① **문화의 보급과 확대**: 다양한 문화를 보급하고 확대하는 데 기여함

② **대중화**: 소수의 특권층만 누리던 문화를 누구나 쉽게 누릴 수 있도록 함

③ **상업화**: 대중의 소비 심리를 자극하여 문화가 상품으로서 소비되도록 함

④ **오락과 휴식 제공**: 대중에게 오락과 휴식을 제공하여 여가를 즐길 수 있도록 함

⑤ **다양한 정보 전달**: 대중에게 새로운 소식과 정보를 제공함

⑥ **양면성**: 긍정적 측면과 부정적 측면이 동시에 존재함

❷ 대중문화의 바람직한 수용 태도

1 대중문화의 문제점 이슈

(1) **상업성** ❹

　① 원인: 문화를 상품의 형태로 생산하고, 이를 판매함

　② 특징: 문화가 상품으로 생산·소비되는 과정에서 선정적이고 폭력적인 문화가 확산되거나 저급한 문화가 만들어질 우려가 있음

　③ 영향: 대중문화의 질적 수준이 낮아질 수 있음

(2) **획일화** ❺

　① 원인: 비슷한 형식과 내용의 문화를 대량 복제하여 일방적으로 전달함

　② 특징: 대중문화를 무비판적으로 수용할 경우 개성이 상실됨

　③ 영향: 사람들의 몰개성화, 문화의 다양성 훼손

생활 속 이슈 읽기 　간접 광고(PPL)의 문제점은 무엇일까

아, 저 가방 사고 싶다!

　오늘날에는 대중적으로 큰 인기를 얻는 텔레비전 드라마나 예능 프로그램에서 특정 기업의 상품이 두드러지게 등장하면서 이루어지는 간접 광고가 일반화되고 있다. 해당 드라마나 예능 프로그램에서는 맥락과 상관없는 특정 상품을 계속해서 보여 주면서, 드라마 주인공이나 예능 프로그램 출연자들이 직접 상품을 사용하거나 상품을 홍보하는 대사까지 반복하도록 하여 시청자의 편안한 시청을 방해하기도 한다. 하지만 드라마나 예능 프로그램에서 간접 광고를 한 상품의 매출이 크게 증가하는 현상이 계속되면서, 텔레비전에 협찬을 하는 기업들은 지속적으로 간접 광고를 내보내고 있다.

대중 매체는 정보 전달의 기능도 있지만 상업성을 띤다는 특징도 있다. 따라서 대중 매체를 통해 전달되는 드라마, 영화, 프로 스포츠와 같은 대중문화는 문화를 하나의 상품으로 보는 관점에서 대중에게 더 많이 파는 것을 목표로 생산될 수 있다. 그리고 이러한 상황에서는 쉽게 대중의 시선을 끌 수 있도록 자극적이고 선정적인 대중문화가 형성되는 문제가 발생할 수 있다.

---

2 대중문화에 대한 바람직한 태도

(1) 대중문화의 특성 이해

　① 대중문화의 긍정적 측면과 부정적 측면을 동시에 이해해야 함

　② 대중문화의 수용 과정에서 부정적 측면을 인식하고, 이를 개선하려는 자세를 가져야 함

(2) 대중문화의 <u>비판적 수용</u>

　① 대중문화를 있는 그대로 받아들이기보다, 자신의 관점에서 해석하고 검토하려는 노력이 필요함

　② 대중문화를 주체적으로 향유하려는 태도를 가져야 함

(3) 대중문화에 대한 능동적 참여

　① 대중문화에서 바람직하지 않거나 잘못된 내용에 대해 적극적으로 문제를 제기해야 함

　② 바람직한 대중문화의 형성을 위해 주체적인 문화 생산자로서 바람직한 문화를 창조하는 활동에 적극적으로 참여해야 함 ⓔ 대중 매체의 시청자 참여 프로그램 참여, 시청자 운동 참여 등

---

❷ 한눈에 쏙

• 대중문화

대중문화의 문제점	• 상업성 • 획일화
↓ 비판적 자세	
바람직한 수용 태도	• 비판적 수용 • 능동적 참여

❹ **대중문화의 상업성**

대중문화는 대중 매체의 상업성 추구로 인하여 상업성을 띠게 된다. 대중 매체가 상업성을 추구하는 과정에서 대중은 휴식과 오락을 즐길 수 있지만, 지나치게 상업성만을 추구하면 자극적이고 선정적인 내용을 다루게 되어 대중문화의 질적 수준을 저하시킬 수 있다.

❺ **대중 매체의 획일성과 몰개성화**

대중 매체가 대량으로 생산하는 문화 상품들이 유행하면서 대중은 자신도 모르게 비슷한 정서와 취향을 가지게 되어 몰개성화되기도 한다.

용어 사전

• **상업성** 경제적 이익을 우선적으로 추구하는 성질

• **획일화** 모두가 한결같아서 다른 점이 없게 되는 것

100명의 교사가 콕 찍은 주제별·유형별 대표문제

1 대중 매체와 대중문화의 이해
2 대중 문화의 바람직한 수용 태도

🚩 **이 주제에서는 어떤 문제가 잘 나올까?**
• 대중 매체와 대중문화의 의미 이해하기
• 전통적 대중 매체와 뉴 미디어 비교하기
• 대중문화의 특징 파악하기

● 정답 및 해설 **57**쪽

차근차근 기본 다지기

01
621 빈칸에 들어갈 용어를 쓰시오.
(1) 대량의 정보를 불특정 다수의 사람들에게 한꺼번에 전달하는 매체를 (   )(이)라고 한다.
(2) (   )(이)란 대중이 즐기고 누리는 문화를 말한다.
(3) 정보 통신 기술의 발달에 따라 새롭게 등장한 인터넷, 스마트폰, 누리 소통망(SNS) 등의 대중 매체를 (   )(이)라고 한다.

02
622 다음 설명이 맞으면 ○표, 틀리면 ×표 하시오.
(1) 인터넷 등 새로운 대중 매체는 일방적으로 정보를 전달하던 기존의 대중 매체와는 달리 쌍방향 소통을 가능하게 한다. (   )
(2) 대중문화는 대중 매체를 통해 생산되고 유통된다. (   )
(3) 대중문화는 대중 매체를 통해 동일한 정보를 대중에게 일방적으로 전달하므로 사람들의 사고나 취향이 획일화되기 쉽다. (   )
(4) 대중문화는 대중 매체가 제공하는 그대로 받아들여야 한다. (   )

03
623 다음 대중 매체와 그 사례를 바르게 연결하시오.
(1) 뉴 미디어 •
(2) 영상 매체 •
(3) 음성 매체 •
(4) 인쇄 매체 •

• ㉠ 라디오
• ㉡ 신문, 잡지, 책
• ㉢ 텔레비전, 영화
• ㉣ 인터넷, 스마트폰

04
624 전통적 대중 매체에 대한 설명으로 옳은 것은?
① 일반 대중에 의해서 정보가 생산된다.
② 정보를 소비자에게 일방향으로 전달한다.
③ 인터넷, 누리 소통망(SNS) 등이 대표적인 사례에 해당한다.

05
625 다음과 같은 의사소통 방향을 보이는 대중 매체로 가장 적절한 것은?

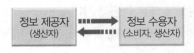

정보 제공자 (생산자) ⇄ 정보 수용자 (소비자, 생산자)

① 신문
② 라디오
③ 인터넷
④ 텔레비전

06 다음 신문 기사를 통해 알 수 있는 대중문화의 특징으로 가장 적절한 것은?

626

> ○○ 신문 　　　　　　　　　2016년 8월 29일
>
> 　텔레비전에 방영 중인 한 애니메이션이 인기를 끌면서, 그 애니메이션에 등장하는 캐릭터를 활용한 장난감도 폭발적인 인기를 얻고 있다. 이 장난감의 인기에는 하나의 문화 콘텐츠를 기반으로 다양한 상품을 만드는 전략이 자리잡고 있다. 애니메이션과 장난감, 게임 등으로 이어지는 이 전략이 애니메이션의 인기를 높이고, 여기에 새로운 문화 상품이 더해지면서 흥행 돌풍이 이어지는 것이다.

① 문화의 다양성을 강화한다.
② 사회 문제를 개선하는 데 도움을 준다.
③ 다양한 문화의 보급 및 확대에 기여한다.
④ 대중의 소비 심리를 자극하는 상업성을 띤다.
⑤ 소수의 특권층만 누리던 문화를 누구나 즐기게 한다.

07 대중문화의 바람직한 수용 태도만을 〈보기〉에서 고른 것은?

627

> • 보기 •
> ㄱ. 대중문화를 있는 그대로 받아들인다.
> ㄴ. 대중문화의 잘못된 내용에 대해 문제를 제기한다.
> ㄷ. 대중문화의 부정적 측면보다 긍정적 측면에 집중한다.
> ㄹ. 바람직한 문화를 창조하는 활동에 적극적으로 참여한다.

① ㄱ, ㄴ　　　② ㄱ, ㄷ　　　③ ㄴ, ㄷ
④ ㄴ, ㄹ　　　⑤ ㄷ, ㄹ

08 ㉠에 들어갈 전통적 대중 매체의 유형은 무엇인지 쓰시오.

628

인쇄 매체	문자와 사진 등 시각적 자료를 이용하여 정보를 전달하는 매체
음성 매체	음악, 소리 등의 음성 정보를 전달하는 매체
㉠	음성, 영상 등의 시청각적 정보를 전달하는 매체

(　　　　)

서술형 문제

09 다음 글을 읽고 물음에 답하시오.

629

> 　(㉠)(이)란 대중이 즐기고 누리는 문화를 말한다. 대중 매체의 발달로 과거에는 소수의 특권층만 누릴 수 있던 오페라나 미술 작품 등을 누구나 즐길 수 있게 되면서 (㉠)이/가 형성되었다.

(1) ㉠에 들어갈 용어를 쓰시오.

_____

(2) ㉠의 문제점을 두 가지 서술하시오.

_____

_____

논술형 문제

10 밑줄 친 ㉠의 입장을 시청자의 입장에서 〈조건〉에 맞게 비판하시오.

630

> 　드라마의 등장인물들은 항상 같은 카페에서 만나고, 같은 상표의 음료수를 마시면서 이야기를 나눈다. 심지어 배우를 배경으로 놓고 특정 상표의 음료수가 화면의 중심을 차지하기도 한다. 이처럼 현대 사회에서는 대중문화의 영향이 점점 커지면서 드라마 등에 특정 상품을 드러내어 홍보하는 간접 광고(PPL)가 크게 증가하고 있다. ㉠ 간접 광고는 기업에게는 효과적인 마케팅 수단이 될 수 있고, 방송사에게는 제작비를 마련하는 방법이 될 수 있어 자유롭게 허용해야 한다는 입장이 있다.

> • 조건 •
> 　지나친 간접 광고의 문제점을 두 가지 포함하여 서술한다.

_____

_____

_____

_____

01 문화의 의미와 특징

[01-02] 다음 글을 읽고 물음에 답하시오.

> 동아프리카에 사는 키크유족은 상대방의 손바닥에 침을 뱉어 반가움을 표현하는 ⊙ 인사 문화가 있다.

01 밑줄 친 ⊙과 '문화'가 다른 의미로 사용된 것은?
631

① 주말마다 <u>문화</u>생활을 하려고 노력한다.
② 줄임말을 사용하는 것은 청소년 <u>문화</u>의 특징이다.
③ 한국 <u>문화</u>에는 우리 민족만의 고유한 특징이 있다.
④ 기온이 높은 지역에서는 짜고 향신료가 많이 들어간 음식 <u>문화</u>가 발달한다.
⑤ 유목생활을 하는 민족은 주거 지역의 이동이 많기 때문에 화장을 하는 장례 <u>문화</u>가 발달한다.

02 키크유족의 인사 문화에 대한 태도가 가장 바람직한
632 사람은?

① 갑: 침을 뱉으며 인사를 한다니 너무 더러워.
② 을: 키크유족의 인사 방법이 독특하네. 무조건 따라해 보자.
③ 병: 타인의 손에 침을 뱉는 것은 인권을 침해하는 인사 방법이야.
④ 정: 우리나라처럼 목과 허리를 숙이고 인사하는 방법으로 바꾸라고 해야겠어.
⑤ 무: 키크유족이 사는 곳은 사막이기 때문에 수분을 나눈다는 의미가 있어서 존중해 줘야 해.

03 문화에 대한 옳은 설명만을 〈보기〉에서 있는 대로 고
633 른 것은?

> • 보기 •
> ㄱ. 시간이 지나면서 의미나 형태가 변화하기도 한다.
> ㄴ. 본능적인 행동이나 개인의 버릇도 문화적 행위에 해당한다.
> ㄷ. 예술, 종교와 같은 인간의 정신적 산물은 비물질 문화에 해당한다.
> ㄹ. 문화는 자연환경 등의 차이로 각 사회마다 서로 다르게 형성된다.

① ㄱ, ㄴ   ② ㄱ, ㄷ   ③ ㄴ, ㄹ
④ ㄱ, ㄷ, ㄹ   ⑤ ㄴ, ㄷ, ㄹ

04 다음 글을 통해 알 수 있는 문화의 특징으로 가장 적
634 절한 것은?

> 대부분의 사회에서 의식주와 관련된 문화를 발견할 수 있다. 이에 대해 사람들은 "사람 사는 곳은 다 똑같다."라고 이야기한다.

① 보편성   ② 특수성   ③ 학습성
④ 축적성   ⑤ 전체성

05 밑줄 친 ⊙~ⓔ 중에서 물질문화에 해당하는 것만을
635 옳게 골라 묶은 것은?

> 국악, 클래식과 같은 고전 ⊙ 예술에 대한 수요는 줄어들고 있는 데 비해, ⓒ 전자 통신 기술의 발달에 따라 ⓒ 스마트폰으로 짧은 시간을 이용하여 웹드라마, 웹툰 등을 즐기는 스낵컬쳐(snack culture) 시장은 점점 확대되고 있다. 하지만 온라인 공간이 발달할수록 악성 댓글, ⓔ 한글 파괴 등에 대한 우려의 목소리도 커지고 있어 건전한 인터넷 문화를 정착시키기 위한 제도적 보완의 필요성이 강조되고 있다.

① ⊙, ⓒ   ② ⊙, ⓒ   ③ ⓒ, ⓒ
④ ⓒ, ⓔ   ⑤ ⓒ, ⓔ

06 다음 사례들을 통해 직접 파악할 수 있는 문화의 속성
636 에 대한 설명으로 가장 적절한 것은?

> • 김치를 먹어 보지 못했던 외국인이 우리나라에 살게 되면서 김치를 즐겨 먹게 되었다.
> • 쌍둥이가 서로 다른 나라로 입양된 후 얼굴 생김새는 같지만 언어, 행동 등이 서로 달라졌다.

① 시간이 흐르면서 형태나 내용이 변화한다.
② 세대 간 전승을 통해 더 풍부하고 다양해진다.
③ 후천적 학습 과정을 통해 형성되는 생활 양식이다.
④ 사회 구성원 간 원활한 상호 작용의 토대가 된다.
⑤ 한 부분이 변화하면 다른 부분에 연쇄적인 변화를 초래한다.

[07-08] 다음 글을 읽고 물음에 답하시오.

> 우리나라에서는 사람이 죽으면 장례를 치르기 위해 가족들이 희거나 검은 상복을 입는다. 그리고 이 모습을 본 사람들은 무슨 일인지 물어보지 않아도 상을 치르고 있다는 것을 이해한다.

07 윗글을 통해 직접 알 수 있는 문화의 속성에 대한 옳은 설명만을 〈보기〉에서 고른 것은?
637

> • 보기 •
> ㄱ. 여러 구성 요소들이 밀접하게 영향을 미친다.
> ㄴ. 구성원의 공통적인 행동 방식과 사고를 형성한다.
> ㄷ. 특정 상황에서 상대방의 행동을 예측 가능하게 한다.
> ㄹ. 세대 간에 전승되면서 새로운 요소가 추가되어 더 풍부해진다.

① ㄱ, ㄴ   ② ㄱ, ㄷ   ③ ㄴ, ㄷ
④ ㄴ, ㄹ   ⑤ ㄷ, ㄹ

08 윗글을 통해 직접 알 수 있는 문화의 속성을 보여 주는 사례로 가장 적절한 것은?
638

① 시험을 앞둔 사람에게 찹쌀떡이나 엿을 선물한다.
② 외국인이 우리나라에서 젓가락으로 음식을 먹는다.
③ 사람들이 명절 기간에 성묘 대신 가족여행을 떠난다.
④ 벌레를 먹는 음식 문화는 단백질 보충이 어려운 자연환경과 관련되어 나타났다.
⑤ 목축업이 도입되면서 유제품과 육류의 소비가 늘어나고 양모를 활용한 의복이 발달하였다.

09 다음 글을 통해 알 수 있는 문화의 속성으로 가장 적절한 것은?
639

> 현대 사회에서 사람들이 원하는 많은 양의 고기를 공급하기 위해서는 대량의 소를 키워야 하고, 소가 먹을 목초지를 조성하는 과정에서 열대 우림이 파괴된다. 숲이 파괴되면서 이산화탄소 제거 기능이 사라지고, 지구 온난화의 속도는 가속화된다.

① 전체성   ② 변동성   ③ 학습성
④ 축적성   ⑤ 공유성

10 밑줄 친 ㉠~㉯에 대한 옳은 설명만을 〈보기〉에서 고른 것은?
640

> '핼러윈 축제'는 유령이나 괴물 분장을 하고 돌아다니며 캔디를 주고받는 ㉠ 서양 명절이다. 하지만 언제부터인지 ㉡ 우리나라의 젊은 세대는 물론 아이들에게까지 핼러윈 문화가 침투하여 새로운 ㉢ 놀이 문화로 자리 잡았다. 이에 최근 유치원에서는 핼러윈 축제가 ㉣ 의상과 소품까지 준비해서 꼭 챙겨야 하는 기념일로 떠올랐다. 하지만 ㉤ 외국 문화를 ㉯ 내용이나 의미, 유래 등도 제대로 모른 채 무조건 받아들이는 데 대한 비판의 목소리도 있다.

> • 보기 •
> ㄱ. ㉠은 비물질 문화, ㉣은 물질문화이다.
> ㄴ. ㉡은 전승된 문화를 바탕으로 새로운 문화가 창출된다는 것을 보여 준다.
> ㄷ. ㉢과 ㉯에서 '문화'는 모두 넓은 의미로 사용되었다.
> ㄹ. ㉯은 문화 사대주의를 심화시킬 것이다.

① ㄱ, ㄴ   ② ㄱ, ㄷ   ③ ㄴ, ㄷ
④ ㄴ, ㄹ   ⑤ ㄷ, ㄹ

⭐11 문화의 속성과 그 사례를 <u>잘못</u> 연결한 것은?
641

① 학습성 – 돌잔치에 참석해 경험하면서 돌잔치가 열리는 방식을 이해하게 된다.
② 축적성 – 최근에는 돌잔치를 여는 대신 가족들끼리 간단하게 식사를 하는 경우가 늘고 있다.
③ 공유성 – 돌잔치가 열리면 아이가 태어난 지 1년이 되어 장수와 복을 기원하는 의미라는 것을 안다.
④ 변동성 – 인터넷의 발달로 과거와 달리 누리소통망(SNS)을 통해 돌잔치 초대장을 주고받는다.
⑤ 전체성 – 돌잔치는 자식을 귀하게 여기는 풍습, 의료 기술이 발달하지 않아 영아 사망률이 높았던 사회적 배경 등과 연관이 있다.

12 다음 글을 통해 직접 알 수 있는 문화의 속성에 대한
642 설명으로 옳은 것은?

> 인도에서 소고기를 먹지 않는 이유를 이해하려
> 면 인도의 종교와 농경생활을 함께 살펴보아야 한
> 다. 암소는 농사에 매우 유용하고, 풍부한 유제품
> 의 원료를 제공한다. 따라서 소를 잡아먹는 것보
> 다는 보호하는 것이 더 이득이기 때문에 종교를
> 통해 소를 신성시하게 되었을 것이다.

① 선천적이기보다는 후천적으로 학습된다.
② 세대 간에 전승되면서 점점 더 풍부해진다.
③ 구성원의 사고와 행동의 동질성을 형성한다.
④ 하나의 문화 요소는 다른 문화 요소와 관련을
　맺으며 존재한다.
⑤ 새로운 특성이 추가되거나 소멸하는 등 시간의
　흐름에 따라 변화를 겪는다.

02 문화를 바라보는 태도

13 자문화 중심주의에 대한 설명으로 옳은 것은?
643
① 다른 문화를 거울삼아 자기 문화를 파악한다.
② 다른 문화를 적극적으로 수용하려는 태도이다.
③ 모든 문화의 고유한 가치를 존중하려는 태도이다.
④ 자문화의 결속력과 정체성의 보존에 유리하다.
⑤ 문화를 그 사회의 사회적 상황과 연결시켜 이해
　한다.

14 다음 대화에서 갑, 을의 문화 이해 태도에 대한 설명
644 으로 옳은 것은?

> 갑: 어제 이슬람교를 믿는 외국인을 만났는데 돼
> 　지고기를 안 먹는대. 다음에는 삼겹살을 같이
> 　먹으면서 꼭 생각을 바꿔 줘야겠어.
> 을: 상대방의 종교적 차이와 가치관은 인정해 줘
> 　야지. 삼겹살 대신 다른 음식을 함께 먹는 게
> 　어때?

① 갑: 문화를 이해의 대상으로 본다.
② 을: 다른 문화와 갈등을 겪을 가능성이 높다.
③ 을: 사회적 상황과 문화를 연결시켜 파악한다.
④ 을: 특정 기준으로 다른 문화를 평가할 수 있다
　고 본다.
⑤ 갑, 을: 국수주의로 이어질 수 있다.

15 ㈎~㈐는 서로 다른 문화 이해의 태도이다. 이에 대한
645 설명으로 옳은 것은? (단, ㈎~㈐는 자문화 중심주의,
문화 상대주의, 극단적 문화상대주의 중 하나이다.)

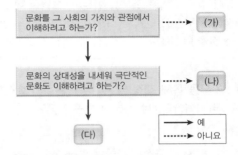

① ㈎는 ㈏와 달리 타문화 수용에 적극적이다.
② ㈎는 ㈐와 달리 문화의 우열을 가릴 수 없다고
　본다.
③ ㈏는 ㈐와 달리 인간의 존엄성을 해치는 문화에
　대해서는 인정하지 않는다.
④ ㈏는 ㈎, ㈐와 달리 모든 문화의 고유한 가치를
　존중한다.
⑤ ㈐는 ㈎, ㈏와 달리 문화의 다양성 보존에 기여
　한다.

16 밑줄 친 부분에 대한 비판으로 가장 적절한 것은?
646

> 옛날 중국 사람들은 발이 작은 여자를 미인으로
> 여겼다. 그래서 작은 발을 만들기 위해 여자아이
> 의 발이 더 자라지 못하도록 헝겊으로 발을 동여
> 매는 '전족'이라는 풍습이 유행했다. 전족을 하면
> 발이 자라면서 기형적으로 변하고 통증도 심해 제
> 대로 걸을 수도 없었다. 하지만 이러한 풍습 역시
> 그 사회의 고유한 문화이므로 존중해야 한다.

① 자기 문화의 정체성을 상실해서는 안 된다.
② 자기 문화의 우월성을 바탕으로 다른 문화를 수
　용해야 한다.
③ 여러 문화를 비교해 보고 공통점과 차이점을 파
　악해야 한다.
④ 모든 문화가 나름대로 가치를 지니고 있다는 점
　을 인정해야 한다.
⑤ 인간의 존엄성을 훼손하고 고통을 초래하는 문
　화까지 이해해서는 안 된다.

17 다음 사례에 나타난 문화 이해 태도의 공통점으로 적절한 것만을 〈보기〉에서 고른 것은?

647

> • 우리나라의 지도인 「천하도」는 지도의 한 가운데 중국을 두고, 조선은 주변국으로 묘사하였다. 이는 중국 문화를 동경하고 우선시하는 당시 사람들의 세계관이 반영된 것이다.
> • 미국의 경제 전문지는 암모니아 향이 강하고 시큼한 맛이 난다는 이유로 몽골의 일상적인 음료인 마유주를 세계 혐오 음식으로 소개하였다.

> • 보기 •
> ㄱ. 문화의 다양성 보존에 유리하다.
> ㄴ. 문화를 평가의 대상으로 간주한다.
> ㄷ. 모든 문화는 고유한 가치가 있다고 본다.
> ㄹ. 특정 문화를 기준으로 문화의 우열을 판단한다.

① ㄱ, ㄴ   ② ㄱ, ㄷ   ③ ㄴ, ㄷ
④ ㄴ, ㄹ   ⑤ ㄷ, ㄹ

18 문화를 바라보는 태도 A~C에 대한 설명으로 옳은 것은? (단, A~C는 각각 자문화 중심주의, 문화 사대주의, 문화 상대주의 중 하나이다.)

648

질문 \ 문화 이해 태도	A	B	C
문화에 우열이 있다고 보는가?	예	예	아니요
다른 문화 수용에 적극적인가?	아니요	예	예

① A는 자기 문화의 정체성을 상실할 우려가 있다.
② B는 자문화를 가장 우수한 것으로 믿고 다른 문화를 평가한다.
③ C는 인류의 보편적 가치를 침해하는 문화도 인정한다.
④ A와 달리 C는 각 사회가 가진 문화의 고유한 가치를 인정한다.
⑤ B는 C와 달리 문화의 다양성을 보존하는 데 기여한다.

19 갑과 을의 문화 이해 태도에 대한 설명으로 옳은 것은?

649

> 갑 : 나는 우리나라와 다른 나라의 결혼 문화를 조사해 공통점과 차이점을 분석해 볼 계획이야.
> 을 : 나는 우리나라의 결혼 문화가 신분제, 종교, 역사, 자연환경 등과 어떻게 연관되어 있는지 연구해 볼 계획이야.

① 갑은 문화의 보편성과 특수성을 이해하기 용이하다.
② 을은 문화 제국주의로 흐를 가능성이 있다.
③ 갑은 을과 달리 문화가 부분이 아니라 전체로서 의미가 있는 생활 양식임을 강조한다.
④ 을은 갑과 달리 다른 문화를 거울삼아 자기 문화를 파악하는 데 유리하다.
⑤ 을은 갑과 달리 문화를 비교해서 자기 문화를 객관적으로 이해하려고 한다.

★20 다음 글에서 강조하는 문화 이해 태도에 대한 설명으로 옳은 것은?

650

> 티베트에서는 독수리에게 죽은 이의 시체를 먹게 하는 장례 문화가 발달하였다. 그 이유는 티베트에는 화장하는 데 필요한 나무가 충분하지 않고, 기온이 낮고 건조해서 시신이 잘 썩지 않으며, 토양이 단단해서 시신을 묻을 공간을 찾기가 어렵기 때문이다.

① 문화 간의 유사점과 차이점을 파악하고자 한다.
② 문화 요소의 보편성을 발견하는 것에 초점을 둔다.
③ 자기 문화의 관점에서 다른 사회의 문화를 이해한다.
④ 다른 문화와 비교하여 문화 현상의 객관적 의미를 파악한다.
⑤ 특정 문화가 발달하게 된 문화 요소 간의 연관성을 파악하는 데 주목한다.

21 다음 글에 나타난 문화 이해의 태도로 가장 적절한 것은?

651

> 많은 서양 영화에서 아시아인은 주로 악당으로 그려지고, 서양인은 그 악당으로부터 지구를 구한다.

① 총체론적 관점
② 문화 사대주의
③ 문화 상대주의
④ 자문화 중심주의
⑤ 극단적 문화 상대주의

---

03 대중 매체와 대중문화

22 대중 매체의 특징에 대한 옳은 설명만을 〈보기〉에서

652 고른 것은?

> • 보기 •
> ㄱ. TV는 소비자가 직접 제작한 콘텐츠를 전달하기 위한 매체이다.
> ㄴ. 인터넷은 정보 생산자와 소비자 간의 쌍방향 의사소통이 가능하다.
> ㄷ. 라디오는 소리, 음악을 전달하고, 인쇄 매체보다 정보 전달 속도가 빠르다.
> ㄹ. 신문은 문자와 사진 등 시각 자료를 이용해 정보를 전달하고, 정보 전달 속도는 가장 빠르다.

① ㄱ, ㄴ
② ㄱ, ㄷ
③ ㄴ, ㄷ
④ ㄴ, ㄹ
⑤ ㄷ, ㄹ

---

23 다음 글을 통해 알 수 있는 대중 매체의 특징으로 가

653 장 적절한 것은?

> 한 방송 프로그램에서 '모세의 기적' 프로젝트를 기획하였다. 소방차나 구급차가 출동할 때 다른 차량들이 길을 양보하는 방법과 인식을 공유해 화재나 응급환자 발생 시 빠르게 대응할 수 있도록 한 것이다. 방송이 나간 후 각종 커뮤니티에는 '모세의 기적'이 나타난 실제 사례들이 올라왔다.

① 사회 문제를 해결하는 데 기여한다.
② 대중이 고급 문화를 향유할 수 있도록 한다.
③ 대중문화를 통해 사람들에게 즐거움과 휴식을 준다.
④ 일방적인 정보 전달로 대중을 수동적인 존재로 만든다.
⑤ 문화를 대량 생산해 사람들의 가치관과 사고방식을 획일화한다.

---

24 표에 대한 설명으로 옳은 것은? (단 A, B는 각각 신문

654 과 뉴 미디어 중 하나이다.)

대중 매체	특징
라디오	(가)
A	양방향 정보 전달에 유리함
B	(나)

① A는 신문, B는 뉴 미디어이다.
② (가)에는 '시각 정보를 통한 깊이 있는 정보를 전달함'이 들어갈 수 있다.
③ (가)에는 '영상 정보를 통해 생동감 있는 정보 전달이 용이함'이 들어갈 수 있다.
④ (나)에는 '정보의 복제와 재가공이 용이함'이 들어갈 수 있다.
⑤ (나)에는 '생산된 정보가 소비자에게 일방향적으로 전달됨'이 들어갈 수 있다.

---

25 다음 글을 통해 알 수 있는 대중 매체의 문제점으로

655 가장 적절한 것은?

> 오늘날 인터넷에는 연예인의 사생활이나 신기한 사건 등을 다룬 기사가 끊임없이 올라온다. 그런데 이 기사들은 대부분 자극적인 제목으로 사람들의 시선을 끌기 위한 것일 뿐 실제 내용은 제목과 다른 경우가 많다.

① 대중의 정치적 무관심을 초래한다.
② 대량의 정보를 제공하여 사회적 혼란을 유발한다.
③ 특정 집단의 이익을 옹호하기 위한 도구로 활용된다.
④ 자극적이고 즉흥적인 내용으로 문화의 질을 떨어뜨린다.
⑤ 정보의 조작을 통해 여론을 왜곡하는 수단으로 사용된다.

26 다음 사례에 나타난 신문의 보도 태도에 대한 비판으로 적절한 것만을 〈보기〉에서 고른 것은?

> ○○ 신문에서는 유명 외식업체인 A 기업이 운영하는 식당이 좋지 않은 재료를 사용한다고 보도하였다. 그 뒤로 A 기업은 큰 손실을 입었고, 결국 폐업까지 하게 되었다. 하지만 실제로 좋지 않은 재료를 사용한 업체는 A 기업이 운영하는 식당이 아니었다.

• 보기 •
ㄱ. 국가가 보도 내용을 사전 검열해야 한다.
ㄴ. 객관적인 근거를 바탕으로 보도해야 한다.
ㄷ. 대중에게 왜곡된 정보 제공으로 편견을 갖게 해서는 안 된다.
ㄹ. 기사 내용이 사실이더라도 피해자가 생길 경우에는 보도하면 안 된다.

① ㄱ, ㄴ ② ㄱ, ㄷ ③ ㄴ, ㄷ
④ ㄴ, ㄹ ⑤ ㄷ, ㄹ

27 다음은 동일한 사건에 대한 서로 다른 신문 기사의 제목이다. 이를 바탕으로 알 수 있는 대중 매체에 대한 바람직한 수용 태도로 적절하지 <u>않은</u> 것은?

○○ 신문	2019년 8월 2일
올림픽 경기장 건설, 지역 경제 활성화 기대	

○○ 신문	2019년 8월 2일
올림픽 경기장 건설, 환경 파괴 우려	

① 대중 매체가 제공하는 정보는 무조건 수용해야 한다.
② 대중 매체를 주체적으로 향유하려는 태도를 가져야 한다.
③ 대중 매체가 제공하는 정보가 정확한지 비교하여 검토해야 한다.
④ 대중 매체가 제공하는 잘못된 정보에 대해서는 적극적으로 문제를 제기해야 한다.
⑤ 대중 매체가 제공하는 정보에 대해 객관적으로 해석하고 검토하려는 태도를 가져야 한다.

서술형 문제

28 다음 글에 나타난 원숭이의 행동을 문화라고 볼 수 없는 이유를 문화의 속성과 관련하여 서술하시오.

> 1953년 사회학자들은 일부 원숭이가 흙이 묻은 고구마를 바닷물에 씻어 먹는다는 사실을 발견했다. 이 원숭이의 행동을 지켜본 원숭이 무리의 80~90%가 고구마를 바닷물에 씻어 먹게 되었고, 이를 바탕으로 원숭이도 학습 능력이 있다는 사실을 발표하였다.

29 다음 대화에서 을의 문화 이해 태도의 문제점을 서술하시오.

> 갑: 분홍색 목걸이 예쁘네. 금으로 만든 거야?
> 을: 분홍에다가 금이라니, 촌스럽게. 이거 핑크골드 액세서리야. 글로벌한 시대에는 영어를 잘 사용해야 뒤처지지 않는 거야.

30 다음 글을 읽고 물음에 답하시오.

> 오늘날 많은 사람들이 자신이 직접 주제를 정하고 방송하는 1인 미디어를 통해 유행을 만들고 수익까지 창출하고 있다. 하지만 광고비를 받고 광고가 아닌 것처럼 홍보하거나 거짓 정보를 유포하는 등의 문제점도 제기되고 있다.

(1) 윗글에 나타난 대중 매체의 종류는 무엇인지 쓰시오.

(2) 윗글을 바탕으로 할 때 정보 수용자에게 요구되는 바람직한 태도를 서술하시오.

정치 생활과 민주주의

01 정치의 의미와 기능
~ 02 민주 정치의 발전과 민주주의

① 한눈에 쏙

• 정치의 의미와 기능

좁은 의미	넓은 의미
정치권력을 획득하고 유지·행사하는 활동	대립과 갈등을 조정하여 해결해 나가는 활동

↓

기능
• 대립과 갈등 완화 • 사회 질서 유지 • 공동체 발전

① 정치에 대한 두 가지 관점

정치란 국가를 주체로 하는 현상이라고 보는 관점과, 정치가 국가에서만 나타나는 고유한 현상이 아니라 모든 사회 집단에서 나타나는 현상이라고 보는 관점이 있다. 오늘날과 같이 다원화된 사회의 정치 현상을 설명하는 데는 일반적으로 정치가 모든 사회 집단에서 나타나는 현상이라고 보는 관점이 더 적합하다고 평가받는다.

용어 사전
───────────
• **정치권력** 국가가 정치적 기능을 수행하기 위해 행사하는 힘
• **사회적 희소가치** 부, 권력, 명예와 같이 누구나 갖고 싶거나 누리고 싶지만 그 양이 정해져 있는 가치

① 정치의 의미와 기능

1 정치의 의미 ① [자료 ①]
└─ 예 국회 의원이 법을 만드는 활동, 정부가 정책을 수립하는 활동, 국무 위원이 국무 회의에 참석하는 활동 등

좁은 의미	• **정치권력을 획득하고 유지·행사하기 위한 활동에만 한정함** • 국가의 통치 행위에 관한 현상만을 의미함
넓은 의미	• 일상생활에서 발생하는 구성원 간의 대립과 갈등을 조정하여 해결해 나가는 모든 활동을 의미함 • 우리의 일상생활에서 흔히 나타나는 보편적인 현상으로 정치를 인식함
└─ 예 청소 담당을 정하는 학급 회의, 아파트 관리비를 정하는 주민 회의 등

교과서 속 자료 읽기 ① 좁은 의미의 정치와 넓은 의미의 정치
└─ 좁은 의미의 정치를 포함하여 공동체의 의사를 결정하는 모든 과정을 의미함

⊙ 국회 본회의   ⊙ 국무 회의   ⊙ 주민 회의   ⊙ 학급 회의

국회 의원들이 국회에 모여서 법을 만들거나 대통령과 국무총리 등이 국무 회의에 참석하여 국가의 중요한 문제를 논의하는 활동을 정치라고 하는 것은 좁은 의미의 정치에 해당한다. 이에 비해 주민 회의나 학급 회의에서 마을이나 학급의 문제를 결정하는 것은 우리 주변에서 일어나는 크고 작은 갈등을 해결하는 과정에 해당하는 것으로, 넓은 의미의 정치라고 할 수 있다.

2 정치의 필요성
(1) 대립과 갈등의 발생
　① 가치관과 이해관계의 차이: 개인이나 집단마다 가치관과 이해관계가 서로 다르기 때문에 대립과 갈등이 발생할 수 있음
　② 다양한 **°사회적 희소가치**: 사회적 희소가치의 분배를 둘러싸고 개인이나 집단 간에 대립과 갈등이 발생할 수 있음
(2) 대립과 갈등의 해결: 대립과 갈등을 조정하여 원만하게 해결하지 못하면 사회가 혼란에 빠지거나 사회 질서가 무너질 수 있음 → 정치의 역할 필요

3 정치의 기능
└─ 정치 과정을 통해 대립과 갈등의 해결 방안을 마련함
(1) 대립과 갈등 완화, 이해관계 조정: 이익을 보는 개인이나 집단과 손해를 보는 개인이나 집단 간에 발생하는 대립과 갈등을 조정하는 역할을 함
(2) 사회 질서 유지: 사회의 통합과 질서 유지를 위해 국가 권력을 행사하여 여러 가지 사회 문제를 해결함
(3) 공동체 발전: 민주주의 실현, 복지 증진 같은 사회 전체의 목표를 추구함으로써 공동체의 발전에 이바지함

❷ 국가와 시민의 역할 ②

1 국가의 역할

(1) **정당한 정치권력의 행사**: 국민의 동의와 지지를 바탕으로 형성된 정치권력을 정당하게 행사해야 함
└─ 예) 언론과 집회의 자유 보장, 국민의 의견을 반영한 정치 제도 마련 등

(2) **사회 질서 확립**: 법과 제도를 통해 국민이 안정된 생활을 유지할 수 있도록 해야 함

(3) **국민의 삶의 질 향상**: 사회적 약자의 권리를 보장함으로써 국민 전체의 삶의 질이 높아지도록 해야 함
└─ 예) 장애인, 저소득층, 외국인 노동자 등

(4) **갈등의 해결 및 사회 통합**: 복잡한 이해관계를 합리적으로 조정하여 갈등을 해결하고 사회 통합에 기여해야 함

2 시민의 역할

(1) **정치 참여**: 주인 의식을 바탕으로 자발적이고 적극적으로 정치에 참여해야 함

(2) **정치권력의 감시 및 통제**: 국가 기관이 국가 권력을 올바르게 행사하도록 정치권력을 감시하고 정책을 비판해야 함
└─ 공동체 의식을 가져야 함

(3) **사익과 공익의 조화**: 개인의 이익과 공동체의 이익을 함께 추구해야 함
└─ 와) 시민이 자신의 이익만을 추구하면 사회적 대립과 분열로 이어질 수 있음

❸ *민주 정치의 발전 과정

1 고대 아테네의 민주 정치

(1) **발달 배경**: 고대 아테네는 도시 국가로서 영토가 작고 인구가 적었으며, 대부분의 노동을 노예가 담당함

(2) **특징**

직접 민주 정치	*민회에서 정책을 결정하거나 추첨제 및 윤번제를 통해 공직자를 선임하는 등 시민이 직접 국가의 일을 결정함
제한적 민주 정치	노예, 외국인, 여성을 제외한 자국의 성인 남성에게만 시민의 지위를 부여함

└─ 추첨을 통해 공직자를 선출하는 추첨제와 모든 시민이 돌아가면서 공직에 참여하는 윤번제를 함께 실시함

2 근대 민주 정치

(1) **발달 배경**: 근대 시민 혁명으로 시민의 자유와 권리가 신장됨 ③
└─ 인간은 자유롭고 평등하게 태어났다는 자연권 사상, 국가는 개인 간의 합의로 만들어졌다는 사회 계약설의 영향을 받아 발생함

(2) **특징**

대의 민주 정치	시민의 대표로 구성된 의회를 중심으로 하는 대의 민주 정치가 확립됨
제한적 민주 정치	성별, 신분, 재산 등을 기준으로 참정권이 제한됨

└─ 일정한 수준 이상의 재산을 가진 성인 남성에게만 참정권을 부여함

3 현대 민주 정치

(1) **발달 배경**: 근래 민주 정치에서 소외되었던 노동자, 여성, 농민, 흑인 등이 참정권 확대 운동을 전개함
└─ 19세기 영국의 노동자들은 「인민 헌장」을 의회에 제출하고, 자신의 참정권 보장을 요구하는 차티스트 운동을 펼침

(2) **특징**

보통 선거 확립	대부분의 민주 국가에서 일정한 나이 이상의 모든 국민에게 선거권이 주어짐
대의 민주 정치	주권자인 국민이 선거를 통해 대표를 선출하고, 이들이 국민을 대신하여 정책의 근거가 되는 법을 제정함
직접 민주 정치 요소 시행	대의 민주주의의 한계를 보완하기 위해 국민 투표, 국민 소환 등 직접 민주 정치의 요소를 도입함
전자 민주주의	정보 통신 기술의 발달에 따라 인터넷, 스마트폰 등을 통해 국민이 정치에 직접 참여할 수 있는 기회가 확대됨

└─ 우리나라에서는 지방 자치 단체장 등에 대한 주민 소환제만 실시하고 있음
└─ 대표에 의한 정치가 시민의 의사와 다르게 이루어질 수 있음

---

❷ 한눈에 쏙

• **국가와 시민의 역할**

국가의 역할	시민의 역할
• 정치권력의 정당한 행사	• 적극적인 정치 참여
• 사회 질서의 확립	• 정치권력의 감시, 통제
• 대립과 갈등 해결, 사회 통합	• 사익과 공익의 조화 추구

❷ 국가 권력과 시민 권리의 관계
국가 권력이 지나치게 강조되면 시민의 권리가 제한되기 쉽고, 시민의 권리를 지나치게 강조하면 국가 권력이 원활하게 행사되기 어렵다. 따라서 국가 권력과 시민의 권리는 서로 조화를 이루어야 한다.

❸ 한눈에 쏙

• **민주 정치의 발전 과정**

고대 아테네 민주 정치	• 직접 민주 정치 • 제한적 민주 정치
↓	
근대 민주 정치	• 시민 혁명 • 대의 민주 정치
↓	
현대 민주 정치	• 보통 선거 제도 • 대의 민주 정치 • 직접 민주 정치 요소

❸ 근대 시민 혁명

구분	영국 명예혁명	미국 독립 혁명	프랑스 대혁명
원인	국왕의 전제 정치	영국의 지나친 과세	구제도의 모순
결과	입헌 군주제 확립	민주 공화국 수립	공화정 수립

근대 시민 혁명의 영향으로 자유와 평등의 이념이 널리 퍼졌고, 근대 민주 정치가 확립되었다.

용어 사전

• *민주 정치 국민의 뜻에 따라 이루어지는 정치
• *민회 모든 시민이 참여하여 입법, 행정, 재정 등 국가의 중요한 일을 결정하는 최고 의결 기관

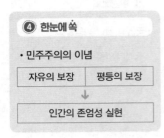

④ 한눈에 쏙

- 민주주의의 이념

자유의 보장	평등의 보장

↓

인간의 존엄성 실현

---

④ 민주주의의 어원

고대 그리스어인 데모스(demos, 다수)와 크라토스(kratos, 지배)의 합성어로, '다수에 의한 통치'라는 의미이다.

---

⑤ 적극적 자유와 소극적 자유

소극적 자유	국가로부터 부당한 간섭을 받지 않을 자유
적극적 자유	• 국가의 정치 과정에 참여할 수 있는 자유 • 인간다운 삶의 보장을 요구할 수 있는 자유

---

⑥ 자유와 평등의 조화

자유를 지나치게 강조하면 빈부 격차 등과 같은 사회적 불평등이 심화되고, 평등을 지나치게 강조하면 개인의 자유가 제한되거나 침해될 수 있어 자유와 평등의 조화가 필요하다.

용어 사전

- **다수결의 원리** 어떤 문제에 관한 결정을 내릴 때 다수의 의견을 따르는 것
- **관용** 나와 다른 가치관이나 사고방식을 인정하고 포용하는 태도
- **신체의 자유** 법률에 따르지 않고는 신체적 구속을 받지 않을 자유

---

④ 민주주의의 이념 [자료 ②]

1 민주주의의 의미와 이념 ④

(1) 의미

정치 형태	주권을 가진 국민이 나라를 다스리는 정치 형태
생활 양식	일상생활에서 발생하는 문제를 민주적으로 해결하려는 생활 양식 → 비판과 토론, 대화와 타협, *다수결의 원리, *관용 등을 통해 실현할 수 있음

(2) 이념: 인간의 존엄성, 자유와 평등

2 인간의 존엄성 — 헌법 제10조 모든 국민은 인간으로서의 존엄과 가치를 가지며, 행복을 추구할 권리를 가진다.

(1) 의미: 모든 인간은 인간이기 때문에 그 자체로 존중받아야 함

(2) 의의

① 민주주의의 출발점인 동시에 민주주의가 추구하는 궁극적 목표임

② 성별, 신체 조건 등과 관계없이 모두에게 보편적으로 인정되는 절대적 가치

③ 자유와 평등을 비롯한 기본적 인권을 보장해야 한다는 사상으로 발전함

3 자유 ⑤ ⑥

(1) 의미

① 외부의 간섭을 받지 않고 스스로 판단하여 행동하는 것

② 국가로부터 부당한 강제나 구속을 받지 않는 것

(2) 의의: 자유가 보장되지 않으면 인간의 존엄성을 실현할 수 없어 민주주의의 이념을 달성하지 못함

(3) 보장: 헌법에 *신체의 자유, 표현의 자유 등을 보장함 ┌─ 헌법 제12조 ① 모든 국민은 신체의 자유를 가진다.

(4) 한계: 개인의 자유는 타인의 권리를 침해하지 않는 범위 내에서 실현되어야 함

4 평등 ⑥ — 헌법 제11조 ① 모든 국민은 법 앞에 평등하다. 누구든지 성별·종교 또는 사회적 신분에 의하여 …(중략)… 차별받지 아니한다.

(1) 의미: 성별, 종교, 재산 등에 따라 차별하지 않고 균등하게 기회를 부여하며, 법 앞에서 모든 사람을 동등하게 대우하는 것

(2) 종류

형식적 평등	다른 것을 고려하지 않고 모든 사람들을 동등하게 대우하는 것
실질적 평등	사람들의 선천적·후천적 차이를 고려하여 사회적 약자를 배려하는 것

🌱 **교과서 속 자료 읽기 ②** 「프랑스 인권 선언」에 나타난 민주주의의 이념

> **제1조** 인간은 자유롭고 평등한 권리를 지니고 태어나서 살아간다. 사회적 차별은 오로지 공공 이익에 근거할 경우에만 허용될 수 있다.
>
> **제4조** 자유는 타인을 해치지 않는 한 모든 행위를 할 수 있는 자유를 의미한다. 따라서 각자의 자연권 행사는 다른 사회 구성원에게도 동등한 권리를 보장해 주어야 할 경우 말고는 어떤 제약도 받지 않는다. 이러한 제약은 오로지 법에 의해서만 결정될 수 있다.

프랑스 혁명 과정에서 발표된 「프랑스 인권 선언」의 정식 명칭은 「인간과 시민의 권리 선언」이다. 제1조에서는 자유와 평등을, 제4조에서는 자유를 규정함으로써 인간의 존엄성 실현을 추구하였다.

⑤ 민주 정치의 기본 원리

1 민주 정치의 기본 원리 [자료 ③]

(1) **목적**: 인간의 존엄성과 자유와 평등의 이념을 실현하기 위함

(2) **내용**: 국민 주권의 원리, 국민 자치의 원리, 입헌주의의 원리, 권력 분립의 원리

2 국민 주권의 원리

(1) **의미**: *주권이 국민에게 있다는 원리
　　　└─ 주권은 그 어떤 권력보다 우위에 있고, 무엇에 의해서도 훼손될 수 없는 권력임

(2) **내용**: 모든 국가 권력의 성립과 행사는 국민의 동의를 바탕으로 해야 정당함

(3) **실현 방안**: 국민이 직접 선거를 통해 대표를 선출함으로써 실현할 수 있음

3 국민 자치의 원리

(1) **의미**: 주권을 가진 국민이 스스로 국가를 다스려야 한다는 원리

(2) **내용** ❼

직접 민주 정치	국민이 직접 정치에 참여하여 주권을 행사함
간접(대의) 민주 정치	국민이 대표를 선출하여 간접적으로 주권을 행사함

(3) **실현 방안**: *국민 투표, 주민 투표, 지방 자치 제도 등을 통해 실현할 수 있음

4 입헌주의의 원리

(1) **의미**: 헌법에 따라 국가 기관을 구성하고 권력을 행사해야 한다는 원리
　　　└─ 국민의 기본권을 보장하고, 국가 기관의 조직과 작용의 원리를 정하는 최고의 법

(2) **목적**: 국가 권력의 남용 방지, 국민의 자유와 권리 보장, 인간의 존엄성 및 자유와 평등의 이념 실현

(3) **실현 방안**

① 헌법에 국민의 자유와 권리를 명확히 규정해야 함

② 국민의 자유와 권리가 국가 권력에 의해 부당하게 침해당하지 않도록 국가 권력을 제한해야 함

5 권력 분립의 원리

(1) **의미**: 국가 권력을 서로 독립된 기관이 나누어 맡도록 하는 원리

(2) **목적**: 국가 권력 기관의 견제와 균형을 통한 국민의 자유와 권리 보장
　　　└─ 권력의 남용으로 인한 기본권 침해를 방지함

(3) **실현 방안**: 법을 제정하는 권한은 입법부, 법을 집행하는 권한은 행정부, 법을 적용하는 권한은 사법부가 행사하면서 국가 기관 간의 견제와 균형을 유지해야 함

🌳 교과서 속 자료 읽기 ❸　우리나라 헌법 속의 민주주의 원리

제1조	② 대한민국의 주권은 국민에게 있고, 모든 권력은 국민으로부터 나온다.
제10조	…… 국가는 개인이 가지는 불가침의 기본적 인권을 확인하고 이를 보장할 의무를 진다.
제24조	모든 국민은 법률이 정하는 바에 의하여 선거권을 가진다.
제40조	입법권은 국회에 속한다.
제66조	④ 행정권은 대통령을 수반으로 하는 정부에 속한다.
제101조	① 사법권은 법관으로 구성된 법원에 속한다.

헌법 제1조는 국민 주권의 원리, 제10조는 입헌주의의 원리, 제24조는 국민 주권의 원리와 국민 자치의 원리, 제40조, 제66조, 제101조는 권력 분립의 원리와 관련이 있다.

---

⑤ 한눈에 쏙

• 민주 정치의 기본 원리

국민 주권	주권이 국민에게 있음
국민 자치	주권을 가진 국민이 나라를 다스려야 함
입헌주의	헌법에 따라 국가 기관을 구성·통치해야 함
권력 분립	국가 권력을 독립된 기관이 나누어 맡게 함

❼ 직접 민주 정치와 간접 민주 정치

구분	직접 민주 정치	간접 민주 정치
의미	모든 국민이 한자리에 모여 직접 주권을 행사하는 정치 형태	국민이 선출한 대표자가 정책을 결정하는 정치 형태 (대의 민주 정치)
장점	국민 자치의 실현에 가장 바람직한 형태	영토가 넓고 인구가 다수일 때 효율적
한계	영토가 넓고, 인구가 많은 현대 사회에서는 시행 곤란	정치적 무관심, 정치 참여 기회 제한, 시민 의사 왜곡 우려

용어 사전

• **주권** 국가의 의사를 결정하는 최고의 권력

• **국민 투표** 국가의 중대한 사항을 주권자인 국민의 의사를 물어 결정하기 위한 투표 제도

① 정치의 의미와 기능

• 정답 및 해설 **62**쪽

차근차근 기본 다지기

01 다음 글을 보고, 빈칸에 들어갈 용어를 쓰시오.
661

(1) 좁은 의미의 정치란 (　　　　)을/를 획득하고 유지·행사하는 활동을 말한다.

(2) 넓은 의미의 (　　　　)은/는 사회 구성원 간의 대립과 갈등을 조정하여 문제를 해결하는 모든 활동이다.

(3) 정치는 개인이나 집단 간에 발생하는 대립과 갈등을 조정하여 (　　　　)을/를 유지하고 사회를 통합하는 기능을 한다.

02 다음 설명이 맞으면 ○표, 틀리면 ✕표 하시오.
662

(1) 정치는 대통령이나 국회 의원 같은 정치인들이 국가와 관련되어 하는 활동만을 의미한다. (　　)

(2) 일상생활 속에서 학급 회의나 가족회의를 통해 구성원의 의견을 조율하여 문제를 해결하는 것은 좁은 의미의 정치 활동에 해당한다. (　　)

(3) 사람들은 정치를 통해 서로 다른 생각과 의견을 조정하여 대립과 갈등을 완화하고 공동체가 직면한 문제를 해결하기 위해 노력한다. (　　)

03 그림은 정치의 의미를 구분한 것이다. ㈎, ㈏에 해당하는 사례를 바르게 연결하시오.
663

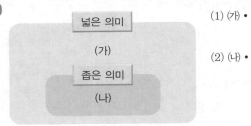

(1) ㈎ •

(2) ㈏ •

• ㉠ 임금 인상 협의를 위한 노사 협상
• ㉡ 정부의 주요 정책을 심의하는 국무 회의
• ㉢ 법률안 개정안을 의결 중인 국회 본회의
• ㉣ 쓰레기 분리수거 문제 해결을 위한 주민 회의

04 ㉠에 들어갈 내용으로 가장 적절한 것은?
664

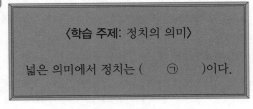

① 국가와 관련된 정치인들만의 활동
② 구성원 간의 대립과 갈등을 조정하는 활동
③ 공동체의 이익보다 개인의 이익을 우선시하는 활동

05 정치의 기능으로 적절하지 않은 것은?
665

① 사회 질서를 유지한다.
② 정치인의 이익을 실현한다.
③ 국민의 삶의 질을 향상한다.
④ 사회 구성원들의 다양한 이해관계를 합리적으로 조정한다.

06 그림에 대한 옳은 설명만을 〈보기〉에서 고른 것은?
666

정치란 대통령이나 국회 의원과 같은 정치인들만이 하는 활동이야.

아니야. 학급 회의나 주민 회의에서 공동의 문제를 해결하는 것도 정치야.

갑   을

・보기・
ㄱ. 갑은 정치가 일상생활에서 흔히 나타나는 보편적인 현상이라고 생각한다.
ㄴ. 을은 정치권력을 획득·유지하고 행사하기 위한 활동도 정치라고 본다.
ㄷ. 갑은 을에 비해 정치를 폭넓게 이해하고 있다.
ㄹ. 을의 견해는 갑의 견해에 비해 다원화된 현대 사회의 정치 현상을 설명하는 데 적합하다.

① ㄱ, ㄴ   ② ㄱ, ㄷ   ③ ㄴ, ㄷ
④ ㄴ, ㄹ   ⑤ ㄷ, ㄹ

07 다음 사례에 나타난 정치의 기능으로 가장 적절한 것은?
667

○○시는 일정한 조건과 규격을 갖춘 노점에 합법적으로 장사를 할 수 있도록 허가하는 '노점 양성화 정책'을 추진하였다. 정책에 반대하는 노점상 단체와 수많은 회의를 통해 의견을 조정하면서 노력한 결과 노점상의 크기와 점포 수를 줄이는 데 합의하였고, 무질서했던 거리가 쾌적해졌다.

① 국가 권력을 강화한다.
② 특정 집단의 이익을 증진한다.
③ 대립과 갈등을 조정하여 해결한다.
④ 지방 자치 단체의 자율성을 확보한다.
⑤ 시민의 자유로운 경제 활동을 보장한다.

08 다음에서 공통으로 설명하는 용어를 쓰시오.
668

• 정치권력을 획득·유지하고 행사하기 위한 활동이다.
• 일상생활에서 발생하는 구성원 간의 대립과 갈등을 조정하여 해결해 나가는 모든 활동이다.

(   )

서술형 문제

09 밑줄 친 ㉠을 '정치'라고 할 수 있는 이유를 서술하시오.
669

○○ 중학교 1학년 5반 학생들은 체육 대회에서 입을 학급 단체복을 구입하기로 하였다. 그런데 학생마다 원하는 디자인이나 색상이 모두 달랐다. 그래서 ㉠ 학급 회의를 통해 어떤 스타일의 학급 단체복을 맞출 것인지 결정하기로 하였다.

논술형 문제

10 자료에 나타난 갈등의 내용을 쓰고, 이를 해결하기 위해 정치가 필요한 이유를 〈조건〉에 맞게 서술하시오.
670

우리 지역과 B 지역의 쓰레기를 처리할 광역 쓰레기 소각장은 B 지역에 건설하는 것이 더욱 적합하다는 연구 결과가 나왔습니다. 따라서 우리 지역보다는 B 지역에 쓰레기 소각장을 설치해야 합니다.

우리 지역에 광역 쓰레기 소각장을 설치하여 A 지역의 쓰레기를 처리하는 것에 반대합니다. 쓰레기 소각장은 우리 지역보다 쓰레기를 더 많이 배출하는 A 지역에 건설해야 합니다.

광역 쓰레기 소각장의 설치를 둘러싼 A 지역과 B 지역 간의 갈등이 몇 년째 지속되고 있다.

・조건・
• 정치의 의미를 포함하여 서술한다.
• 정치의 기능이 드러나도록 서술한다.

차근차근 기본 다지기

01 다음 설명이 맞으면 ○표, 틀리면 ✕표 하시오.
671
(1) 국가는 복잡한 이해관계를 합리적으로 조정하여 대립과 갈등을 해결하고 사회 통합을 이루어야 한다. ( )
(2) 시민은 주인 의식을 바탕으로 국가 권력의 행사에 무조건 따라야 한다. ( )
(3) 시민은 자신과 자신이 속한 집단의 이익을 추구하면서도 공익을 함께 고려해야 한다. ( )

02 빈칸에 들어갈 용어를 쓰시오.
672
(1) 국가는 ( )의 동의와 지지를 바탕으로 정치권력을 정당하게 행사해야 한다.
(2) ( )은/는 국민이 안정된 생활을 유지하도록 법과 제도를 통해 사회 질서를 확립해야 한다.
(3) 시민은 바람직한 정치 생활을 위해 정치 현상에 관심을 가지고 적극적으로 ( )해야 하며, 국가의 정당한 권위를 존중해야 한다.

03 (1)~(3)에서 설명하는 용어를 퍼즐판에서 찾아 색칠하시오.
673

사	행	중	재	자
회	정	상	참	여
적	부	치	정	민
약	수	도	권	한
자	연	강	제	력

(1) 국가가 시민의 동의와 지지를 바탕으로 행사해야 하는 것은?
(2) 국민의 삶의 질 향상을 위해 국가가 보호하고 권리를 보장해야 하는 장애인, 저소득층 등을 가리키는 것은?
(3) 시민은 적극적인 ○○를 통해 정치권력을 감시해야 한다.

04 정치 생활에서 국가가 해야 할 역할로 적절하지 않은 것은?
674
① 사회 질서의 확립
② 갈등 해결 및 사회 통합
③ 국민의 정치적 무관심 유도

05 밑줄 친 '이것'으로 가장 적절한 것은?
675

> 시민은 개인의 이익이나 자신이 속한 집단만의 이익을 추구하기보다 다른 사람들의 이익도 고려하면서 함께 살아가려는 마음, 즉 이것을 가져야 한다.

① 개인주의　　② 희생 정신
③ 공동체 의식　　④ 정치적 무관심

06 다음 사례들을 통해 설명할 수 있는 주제로 가장 적절한 것은?
676

> • ○○ 시민 단체는 매년 국정 감사를 실시하는 국회 의원들의 업무를 평가한다.
> • 국가 기관의 부당한 정책으로 이익을 침해당한 시민이 인터넷을 통해 정부에 해결을 요청하는 민원을 제기하였다.

① 좁은 의미의 정치
② 바람직한 정치의 실현을 위한 시민의 노력
③ 시민의 권리를 제한하기 위한 국가의 정책
④ 현대 민주 정치에서 나타나는 정치적 무관심
⑤ 시민이 권리보다 의무를 중시할 때 나타나는 문제점

07 정치 생활에서 시민이 해야 할 역할로 적절한 것만을 〈보기〉에서 고른 것은?
677

> • 보기 •
> ㄱ. 적극적으로 정치에 참여한다.
> ㄴ. 정치권력을 정당하게 행사한다.
> ㄷ. 국가 권력을 감시하고 비판한다.
> ㄹ. 자신의 이익보다 공익을 항상 우선시한다.

① ㄱ, ㄴ   ② ㄱ, ㄷ   ③ ㄴ, ㄷ
④ ㄴ, ㄹ   ⑤ ㄷ, ㄹ

08 빈칸에 들어갈 용어를 쓰시오.
678

> 오늘날 국가는 수많은 정치 활동을 수행하는 과정에서 갈등을 해결하고, 시민들이 합의한 내용을 실현하기 위해 다양한 집단이나 개인을 강제할 힘이 필요한데, 이를 (   )(이)라고 한다.

(   )

서술형 문제

09 다음 사례에 나타난 시민의 역할을 서술하시오.
679

> 대중교통 요금을 합리적으로 조정해야 한다는 사회적 목소리가 커지는 가운데, 정부가 대중교통 요금을 개편하기 위한 공청회를 개최하였다. 평소 대중교통을 자주 사용하는 시민 A는 공청회에 참석하여 대중교통 요금과 관련된 자신의 의견을 정부 관계자 등 이해 당사자들에게 적극적으로 표현하였다.

논술형 문제

10 밑줄 친 ㉠이 정당한지에 대한 자신의 생각을 밝히고, 그 이유를 〈조건〉에 맞게 서술하시오.
680

> 조지 오웰의 소설 『동물 농장』에서 농장의 동물들은 인간을 몰아내고 새로운 농장을 건설한다. 그런데 이 과정을 주도한 ㉠ 일부 돼지들은 스스로 지배 세력이 되어 정치권력을 행사한다. 돼지들은 다른 동물들과 함께 만든 규칙을 어기고 다른 동물들의 자유와 권리를 억압하면서, 이에 반대하는 동물들을 감시하고 잡아 가둔다.

> • 조건 •
> 정치권력의 행사가 정당하기 위한 조건이 드러나도록 서술한다.

③ 민주 정치의 발전 과정

● 정답 및 해설 63쪽

● 차근차근 **기본 다지기** ●

01
681
다음 설명이 맞으면 ○표, 틀리면 ✕표 하시오.

(1) 민주 정치란 국민의 뜻에 따라 이루어지는 정치 형태를 뜻한다. (　　　)

(2) 고대 아테네에서는 모든 사람들이 정치에 참여할 수 있었다. (　　　)

(3) 근대 시민 혁명의 결과 노동자와 여성도 정치에 참여할 수 있게 되었다. (　　　)

02
682
빈칸에 들어갈 용어를 쓰시오.

(1) 고대 아테네의 시민들은 누구나 최고 의결 기관인 (　　　)에 참여하여 공동체의 중요한 일을 결정하였다.

(2) 근대 민주 정치의 시작이 된 근대 (　　　)은/는 자연권 사상과 사회 계약설의 영향을 받아 발생하였다.

(3) 규모가 커지고 복잡해진 현대 사회에서는 대부분의 국가가 국민의 선거로 뽑힌 대표자가 나라의 중요한 일을 결정하는 (　　　) 민주 정치를 실시하고 있다.

03
683
(1)~(4)에서 설명하는 용어를 퍼즐판에서 찾아 색칠하시오.

사	프	북	미	국
자	회	랑	국	민
연	사	계	스	투
권	리	조	약	표
명	예	혁	명	설

(1) 국가는 자연권을 보장받기 위한 개인들의 합의를 통해 만들어졌다는 사상으로, 근대 시민 혁명에 영향을 준 것은?

(2) 영국의 부당한 식민 지배에 저항하여 독립 혁명을 일으킨 국가는?

(3) 국왕의 전제 정치에 반대하여 의회가 중심이 되어 일으킨 영국의 시민 혁명은?

(4) 현대 민주 정치의 한계를 보완하기 위해 국가의 중대한 문제를 국민이 직접 투표로 결정하는 제도는?

04
684
고대 아테네 민주 정치에 대한 설명으로 적절하지 않은 것은?

① 추첨이나 윤번을 통해 공직자를 선출하였다.

② 여자, 외국인, 노예는 정치에 참여할 수 없었다.

③ 국가의 중요한 정책은 왕과 귀족들이 결정하였다.

05
685
㉠에 들어갈 용어로 가장 적절한 것은?

　　많은 사람이 부당한 제도나 권력에 맞서 싸우면서 선거권은 점차 확대되었다. 그 결과 20세기 중반 이후 대부분의 민주 국가에서는 성별, 신분, 재산 등에 관계없이 일정한 나이 이상의 모든 사람에게 선거권을 부여하는 (㉠) 선거 제도가 실시되었다.

① 직접　② 평등　③ 비밀　④ 보통

06 근대 민주 정치의 특징으로 적절한 것만을 〈보기〉에
686 서 고른 것은?

┌─ 보기 ─────────────────────────┐
│ ㄱ. 직접 민주 정치   ㄴ. 대의 민주 정치   │
│ ㄷ. 보통 선거 제도   ㄹ. 제한된 민주 정치   │
└─────────────────────────────┘

① ㄱ, ㄴ   ② ㄱ, ㄷ   ③ ㄴ, ㄷ
④ ㄴ, ㄹ   ⑤ ㄷ, ㄹ

07 민주 정치의 발전 과정에 대한 설명으로 옳은 것은?
687
① 고대 아테네에서는 성인이면 누구나 정치에 참
여할 수 있었다.
② 근대 시민 혁명으로 모든 사회 구성원들이 참정
권을 갖게 되었다.
③ 근대 민주 정치에서는 의회를 중심으로 하는 대
의 민주 정치가 확립되었다.
④ 현대 민주 정치에서는 국민 투표, 국민 소환 등
간접 민주 정치 요소를 시행하고 있다.
⑤ 오늘날 대부분의 민주 국가에서는 모든 시민이
직접 참여하여 국가의 중요한 일을 토론을 통해
결정한다.

08 그림은 고대 아테네의 민주 정치의 모습이다. 밑줄 친
688 '시민'에 해당하는 사람은 누구인지 쓰시오.

(   )

서술형 문제

09 다음 글에 나타난 현대 민주 정치의 한계를 보완하기
689 위한 제도를 두 가지만 서술하시오.

┌─────────────────────────────┐
│ 규모가 커지고 복잡해진 현대 사회에서는 국민   │
│ 의 선거로 뽑힌 대표자가 국민의 의견을 정책에 │
│ 제대로 반영하지 못하거나 국민이 선거 외의 정치 │
│ 참여에서 소외되는 문제가 발생하기도 한다.   │
└─────────────────────────────┘

_____

_____

논술형 문제

10 자료를 통해 알 수 있는 근대 민주 정치의 특징을 밝히
690 고, 이러한 노력을 통해 나타난 현대 민주 정치의 특징
을 〈조건〉에 맞게 서술하시오.

┌─────────────────────────────┐
│   **인민 헌장**   │
│ 1. 21세 이상 남성에게 선거권을 부여하라.   │
│ 2. 유권자의 보호를 위해 비밀 투표를 보장   │
│   하라.   │
│ 3. 의원의 재산 자격 제도를 폐지하라.   │
│ 4. 의원에게 세비를 지급하라.   │
│ 5. 인구수에 따라 선거구를 조정하라.   │
│ 6. 해마다 선거를 실시하라.   │
└─────────────────────────────┘

┌─ 조건 ─────────────────────────┐
│ • 근대 민주 정치의 특징을 두 가지 제시한다.   │
│ • 현대 민주 정치의 특징을 선거 제도와 관련하여 │
│   서술한다.   │
└─────────────────────────────┘

_____

_____

_____

_____

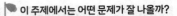
 차근차근 **기본다지기**

01 빈칸에 들어갈 용어를 쓰시오.
691
(1) 한 사람 또는 소수가 아닌 다수 국민의 뜻에 따라 나라를 다스리는 정치 형태를 (　　　)(이)라고 한다.
(2) 민주주의의 이념인 인간의 존엄성을 실현하기 위해서는 자유와 (　　　)을/를 보장해야 한다.

02 다음 괄호 안의 내용 중 알맞은 것에 ○표 하시오.
692
(1) 자신과 다른 가치관이나 사고방식을 인정하고 포용하는 민주적 생활 양식은 (관용, 다수결의 원리) 이다.
(2) 국가 운영 과정에 참여할 수 있는 자유, 국가에 인간다운 삶의 보장을 요구할 수 있는 자유는 (소극 적 자유, 적극적 자유)에 해당한다.
(3) 사람들의 선천적·후천적 차이를 고려하여 사회적 약자를 배려하는 것은 (형식적 평등, 실질적 평 등)을 보장하기 위한 것이다.

03 (1)~(4)에서 설명하는 용어를 퍼즐판에서 찾아 색칠하시오.
693

민	헌	법	질	서
독	주	률	자	유
재	참	주	정	기
정	평	등	의	본
치	다	수	결	권

(1) 주권을 가진 국민이 나라를 다스리는 정치 형태는?
(2) 다수의 의견에 따라 어떤 문제에 관한 결정을 내리는 민주적 생 활 양식은? ○○○의 원리
(3) 외부의 간섭 없이 자신의 뜻에 따라 행동하는 것은?
(4) 성별, 종교, 재산 등에 따라 차별하지 않고 모든 사람을 동등하게 대우하는 것은?

04 민주주의에 대한 설명으로 옳지 **않은** 것은?
694
① 주권을 가진 국민이 나라의 주인이 된다.
② 인간의 존엄성 및 자유와 평등을 이념으 로 한다.
③ 왕이나 소수의 귀족이 나라를 다스리는 정치 형태이다.

05 밑줄 친 ㉠을 실현하기 위한 방안으로 적절하 695 지 **않은** 것은?

> 오늘날 민주주의는 정치 형태를 넘어 생 활 양식으로 그 의미가 확대되었다. 일상 생활에서 발생하는 여러 가지 문제를 민주 적으로 해결하려는 것을 ㉠ 생활 양식으로 서의 민주주의라고 한다.

① 관용
② 대화와 타협
③ 비판과 토론
④ 만장일치에 의한 의사 결정

06 인간의 존엄성에 대한 옳은 설명만을 〈보기〉에서 고른 것은?
696

> • 보기 •
> ㄱ. 민주주의의 출발점이자 궁극적인 목표이다.
> ㄴ. 자유와 평등이 보장되지 않아도 실현될 수 있다.
> ㄷ. 인간은 그 자체로 존중받을 자격이 있음을 의미한다.
> ㄹ. 공동체의 이익을 위해 필요한 경우에는 포기할 수 있다.

① ㄱ, ㄴ   ② ㄱ, ㄷ   ③ ㄴ, ㄷ
④ ㄴ, ㄹ   ⑤ ㄷ, ㄹ

07 ⑺ ~ ⒟에서 실현하고자 하는 민주주의의 이념을 옳게 연결한 것은?
697

	⑺	⒝	⒟
①	소극적 자유	적극적 자유	실질적 평등
②	적극적 자유	실질적 평등	형식적 평등
③	적극적 자유	형식적 평등	실질적 평등
④	형식적 평등	적극적 자유	실질적 평등
⑤	형식적 평등	실질적 평등	적극적 자유

(가)
우리 학교에서는 학교 규정을 개정할 때 학생 대표가 참여하여 의견을 제시할 수 있게 되었어요.

(나)
우리 학교에서는 성적을 이유로 회장 선거 입후보를 제한하는 규정을 폐지했어요.

(다)
우리 학교에 엘리베이터가 새로 설치되어 교실로 쉽게 이동할 수 있게 되었어요.

08 다음에서 공통으로 설명하는 용어를 쓰시오.
698

> • 주권을 가진 국민이 나라를 다스리는 정치 형태
> • 일상생활에서 발생하는 문제를 민주적으로 해결하려는 생활 양식

(   )

서술형 문제

09 다음 제도들이 공통으로 실현하고자 하는 민주주의의 이념을 두 글자로 쓰고, 그 의미를 서술하시오.
699

> • 누진세 제도: 소득의 차이에 따라 세율을 다르게 적용하는 제도로, 고소득자에게는 높은 세율을, 저소득자에게는 낮은 세율을 적용한다.
> • 장애인 의무 고용 제도: 일정 수 이상의 근로자를 채용하고 있는 사업주에게 일정 비율 이상을 장애인으로 고용하도록 한다.

_____

_____

논술형 문제

10 다음 사례를 바탕으로 자유와 평등의 바람직한 관계에 대해 서술하시오.
700

> 고교 평준화 제도는 성적이 아니라 추첨을 통해 해당 지역에 있는 일반계 고등학교에 학생들을 나누어 배정하는 제도이다. 고교 평준화 제도에 대한 찬반 입장은 뚜렷하게 대립한다. 자유를 중시하는 사람들은 학생의 학교 선택권 보장, 사립학교 운영의 자율성 보장 등을 이유로 이 제도에 반대한다. 반면, 평등을 중시하는 사람들은 교육 기회의 균등, 학교 간 교육 격차 완화 등을 이유로 이 제도에 찬성한다.

> • 조건 •
> 자유를 지나치게 강조할 경우와 평등을 지나치게 강조할 경우에 나타날 수 있는 문제점을 포함하여 서술한다.

_____

_____

_____

_____

⑤ 민주 정치의 기본 원리

• 정답 및 해설 **65**쪽

차근차근 기본다지기

01 빈칸에 들어갈 용어를 쓰시오.
701
(1) 민주 정치의 기본 원리는 인간의 (   )와/과 자유, 평등의 이념을 실현하기 위한 목적을 갖는다.

(2) 주권이 국민에게 있다는 (   )은/는 모든 국가 권력의 성립과 행사가 국민의 동의를 바탕으로 이루어져야 한다는 것이다.

(3) 권력 분립의 원리는 국가 권력 기관의 견제와 (   )을/를 통한 국민의 자유와 권리 보장을 목적으로 한다.

02 다음 괄호 안의 내용 중 알맞은 것에 ○표 하시오.
702
(1) 주권을 가진 국민이 스스로 국가를 다스려야 한다는 민주 정치의 기본 원리는 (입헌주의, 국민 자치)의 원리이다.

(2) 국민 자치의 원리를 실현하는 데 가장 바람직한 형태는 (직접, 간접) 민주 정치이다.

(3) 입헌주의의 원리는 (헌법, 법률)에 따라 국가 기관을 구성하고 권력을 행사해야 한다는 원리이다.

03 (1)~(4)에서 설명하는 용어를 퍼즐판에서 찾아 색칠하시오.
703

행	주	회	질	사
국	권	력	구	법
민	참	력	참	부
투	평	등	분	본
표	공	복	리	립

(1) 국가의 의사를 결정하는 최고의 권력은?

(2) 국가의 중대한 사항을 주권자인 국민의 의사를 물어 결정하기 위한 투표 제도는?

(3) 국가 권력을 서로 독립된 기관이 나누어 맡도록 하는 원리는?

(4) 권력 분립의 원리에 따라 법을 적용하는 권한을 갖는 국가 기관은?

04 밑줄 친 '이것'으로 가장 적절한 것은?
704

> 민주 국가에서 국민은 이것을 통해 대표를 선출함으로써 국민 주권의 원리를 실현할 수 있다.

① 선거
② 주민 소환
③ 국민 투표

05 다음 우리나라 헌법 조항을 통해 파악할 수 있는 민주 정치의 기본 원리로 가장 적절한 것은?
705

> 제10조 …… 국가는 개인이 가지는 불가침의 기본적 인권을 확인하고 이를 보장할 의무를 진다.

① 입헌주의   ② 국민 주권
③ 국민 자치   ④ 권력 분립

06 (가), (나)에 대한 설명으로 옳지 <u>않은</u> 것은?
706

> (가) 모든 국민이 직접 나라의 일을 결정한다.
> (나) 국민이 선출한 대표자가 나라의 일을 결정한다.

① (가)는 직접 민주 정치에 해당한다.
② (나)는 간접 민주 정치에 해당한다.
③ (가)는 인구가 많고 영토가 넓은 나라에서 적용하기 쉽다.
④ (나)는 대부분의 현대 민주 국가에서 실시하고 있다.
⑤ (가), (나)는 모두 국민 자치의 원리를 실현하기 위한 방법이다.

07 다음 내용이 공통으로 추구하는 민주 정치 원리를 규
707 정한 우리나라의 헌법 조항으로 가장 적절한 것은?

> • 국회가 국정 감사를 통해 정부를 견제한다.
> • 대통령이 법률안 거부권을 통해 국회를 견제한다.

① 대한민국의 주권은 국민에게 있다.
② 사법권은 법관으로 구성된 법원에 속한다.
③ 모든 국민은 법률이 정하는 바에 의하여 선거권을 가진다.
④ 대통령은 …(중략)… 중요 정책을 국민 투표에 부칠 수 있다.
⑤ 모든 국민은 법률이 정하는 바에 의하여 공무 담임권을 가진다.

08 ㉠~㉢에 들어갈 용어를 각각 쓰시오.
708

> 우리나라는 권력 분립의 원리에 따라 법을 제정하는 권한은 (㉠), 법을 집행하는 권한은 (㉡), 법을 적용하는 권한은 (㉢)가 나누어 맡도록 하고 있다.

( )

서술형 문제
09 밑줄 친 ㉠이 침해한 민주 정치의 기본 원리를 쓰고,
709 그 의미를 서술하시오.

> 다음은 나치 독일에서 히틀러가 통과시킨 「민족과 국가의 위난을 제거하기 위한 법률」의 조항이다.
>
> 제1조 독일 제국의 법률은 ㉠ 헌법에서 규정하는 절차와 관계없이 제국의 정부에 의하여 의결될 수 있다.
> 제2조 독일 정부가 의결하는 법률에는 바이마르 헌법과 다른 규정을 둘 수 있다.

_____

_____

논술형 문제 ❸+❺ 통합 문제
10 자료를 통해 알 수 있는 간접 민주 정치의 한계를 〈조건〉
710 에 맞게 서술하시오.

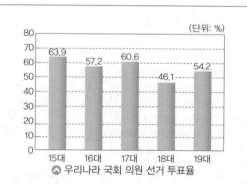

△ 우리나라 국회 의원 선거 투표율

> 위 자료에서 제19대 총선 투표율을 보면, 유권자 2명 중 약 1명은 선거권을 행사하지 않고 있다.

• 조건 •
> 간접 민주 정치의 한계를 민주 정치의 기본 원리 두 가지와 관련하여 제시한다.

_____

_____

_____

100명의 교사가 정리한 교과서 핵심 내용

03 민주 정치와 정부 형태

❶ 한눈에 쏙

• 정부 형태

대통령제	의원 내각제
• 입법부와 행정부가 각각 국민에 의해 구성	• 입법부에 의해 행정부 구성
• 행정부의 강력하고 연속성 있는 정책 수행 가능	• 내각 불신임권과 의회 해산권으로 정치적 책임에 민감

❶ 견제와 균형의 원리

의원 내각제

대통령제

의원 내각제에서는 의회의 내각 불신임권, 총리의 의회 해산권으로 의회와 내각이 서로 견제할 수 있도록 하고, 대통령제에서는 입법부의 각종 동의·승인권, 행정부의 법률안 거부권을 통해 입법부와 행정부가 서로 견제할 수 있도록 하여 권력 분립의 원리를 실현하고 있다.

용어 사전

• 내각 국가의 행정권을 담당하는 최고 합의 기관으로, 의원 내각제에서는 행정부를 가리킴
• 행정부 수반 행정부의 가장 높은 자리에 있는 사람

---

❶ 민주 국가의 정부 형태 [자료 ❶]

1 정부 형태

(1) **의미**: 한 국가의 권력 체계를 구성하는 형태

(2) **종류**: 의원 내각제, 대통령제, 대통령제와 의원 내각제가 혼합된 형태
└── 입법부와 행정부의 관계에 따라 구분함

└── 영국에서 처음 시작된 정부 형태로, 영국에서는 상원과 하원의 양원제로 운영됨

2 의원 내각제

(1) **의미**: 의회에 대해 책임을 지는 *내각을 중심으로 국가를 운영하는 정부 형태

(2) **특징**

① 입법부에 의해 행정부가 구성됨 → 의회와 내각의 긴밀한 협조(의회 의원이 각료를 겸직할 수 있고, 내각이 법률안을 제출할 수 있음)

② 의회와 내각의 상호 견제❶

의회 → 내각	내각 불신임권: 내각은 의회에 책임을 물어 내각 구성원을 사퇴하게 할 수 있음
내각 → 의회	의회 해산권: 내각은 의회를 해산하고 총선거를 실시할 수 있음

③ 국가 원수는 명목상 존재하며, 실질적인 통치권은 행정부 수반인 총리에게 있음
└── 예 국왕, 대통령 등

└── 미국에서 전형적인 대통령제를 찾아볼 수 있음

3 대통령제

(1) **의미**: 대통령이 국가 원수이자 *행정부 수반으로서 권한을 행사하는 정부 형태

(2) **특징**

① 국민이 직접 선거로 대통령을 선출하며, 대통령이 행정부를 구성함

② 행정부와 입법부 간에 엄격한 권력 분립이 이루어짐 → 원칙적으로 의회 의원은 각료를 겸직할 수 없고, 법률안 제출은 의회 의원만 할 수 있음
└── 의회와 행정부가 완전히 독립되어 있음

③ 입법부와 행정부의 상호 견제❶

입법부 → 행정부	• 국정 감사권: 국회는 국정 전반에 대해 감사할 수 있음 • 탄핵 소추권: 대통령을 비롯한 고위 공직자에 대해 책임을 물을 수 있음
행정부 → 입법부	법률안 거부권: 대통령은 국회가 의결한 법률안을 거부할 수 있음

🌳 교과서 속 자료 읽기 ❶ 의원 내각제와 대통령제

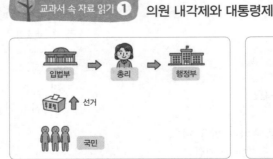

의원 내각제

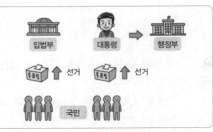

대통령제

의원 내각제는 국민이 입법부(의회)를 구성하면 의회에서 총리를 선출하여 행정부(내각)를 구성한다. 이에 비해 대통령제는 국민이 의원과 대통령을 각각 선출하여 입법부와 행정부를 구성한다.

4 의원 내각제와 대통령제의 장단점

구분	의원 내각제	대통령제
장점	• 정치적 책임에 민감 → 책임 정치 실현 가능 와이 국민의 요구를 수용하지 않을 경우 의회에서 다수당이 되지 못하여 내각을 구성할 수 없음 • 의회와 내각의 상호 협조 용이	• 정국의 안정, 정책의 연속성 보장 • 대통령의 법률안 거부권으로 다수당의 횡포 견제 와이 대통령의 임기가 보장되어 임기 동안 안정적으로 정책 결정과 집행이 이루어질 수 있음
단점	• 군소 정당 난립 시 정국 불안 • 다수당의 횡포 우려	• 대통령의 독재 발생 우려 • 국회와 행정부의 대립 시 조정 곤란

② 우리나라의 정부 형태

1 정부 형태: 대통령제를 기본으로 하면서 의원 내각제 요소를 부분적으로 도입함 자료 ②

> **교과서 속 자료 읽기 ②** 헌법에 규정된 우리나라의 의원 내각제 요소
>
> 제52조 국회 의원과 정부는 법률안을 제출할 수 있다.
> 제63조 ① 국회는 국무총리 또는 국무 위원의 해임을 대통령에게 건의할 수 있다.
> 제86조 ① 국무총리는 국회의 동의를 얻어 대통령이 임명한다.
> ② 국무총리는 대통령을 보좌하며, 행정에 관하여 대통령의 명을 받아 행정 각부를 통할한다.

행정부의 법률안 제출, 국무총리 제도 등을 통해 우리나라가 대통령제를 채택하고 있으면서도 의원 내각제 요소를 일부 채택하고 있음을 알 수 있다.

2 대통령제 요소와 의원 내각제 요소 이슈

(1) 우리나라 정부 형태의 대통령제 요소 ②

① 입법부를 구성하는 국회 의원과 행정부의 수반인 대통령을 별도의 선거를 통해 국민이 각각 선출함

② 대통령이 *법률안 거부권을 행사할 수 있음

③ 대통령은 국가 원수와 행정부 수반으로서의 지위를 동시에 가짐

④ 국회가 대통령을 비롯한 주요 공직자에 대한 *탄핵 소추권을 행사할 수 있음
└ 헌법 재판소가 탄핵을 결정하면 해당 공무원은 직위를 잃게 됨

(2) 우리나라 정부 형태의 의원 내각제 요소

① 국무총리 제도를 운영하고 있음

② 행정부가 법률안을 제출할 수 있음

③ 국회 의원이 행정부 장관을 겸직할 수 있음

④ 국회가 국무총리와 국무 위원에 대한 해임을 건의할 수 있음

⑤ 국무총리 임명 시 국회의 동의가 필요함

> **생활 속 이슈 읽기** 우리나라 정부 형태의 특징은 실제로 어떻게 나타날까
>
> | 대통령, 통일부 장관 교체 | 정부, ○○○ 법률안 제출 |
> |---|---|
> | 대통령은 현직 국회 의원인 A를 새로운 통일부 장관으로 임명하였다. | 정부가 저소득층에 대한 지원을 강화하기 위한 법률안을 국회에 제출하였다. |
>
> 대통령이 행정부 수반으로서 행정부를 구성하는 것은 대통령제의 요소이다. 이에 비해 국회 의원이 장관을 겸직할 수 있고, 정부가 법률안을 국회에 제출할 수 있는 것은 의원 내각제의 요소이다.

② 한눈에 쏙

• 우리나라의 정부 형태

우리나라 정부 형태	대통령제를 기본으로 일부 의원 내각제 요소 도입

↓

대통령제	의원 내각제
• 국가 원수이자 행정부 수반인 대통령을 선거로 선출 • 대통령의 법률안 거부권	• 국무총리 제도 운영 • 행정부의 법률안 제출 • 국회 의원의 각료 겸직 가능

② 대통령제를 규정한 우리나라의 헌법 조항

제53조	② 법률안에 이의가 있을 때에는 대통령은 제1항의 기간 내에 이의서를 붙여 국회로 환부하고, 그 재의를 요구할 수 있다.
제66조	④ 행정권은 대통령을 수반으로 하는 정부에 속한다.
제67조	① 대통령은 국민의 보통·평등·직접·비밀 선거에 의하여 선출한다.

용어 사전

• *법률안 거부권* 대통령이 의회가 의결한 법률안의 승인을 거부할 수 있는 권한
• *탄핵 소추권* 국회가 대통령이나 특정 고위 공무원의 위법 행위에 대하여 탄핵 소추를 의결할 수 있는 권한

① 민주 국가의 정부 형태

차근차근 기본다지기

01 빈칸에 들어갈 용어를 쓰시오.
711
(1) 의원 내각제와 대통령제는 입법부와 (   )의 관계에 따라 구분된다.
(2) 입법부에 의해 행정부가 구성되고, 입법부와 행정부의 관계가 밀접한 정부 형태는 (   )이다.
(3) (   )은/는 입법부와 행정부가 별도로 구성되어 엄격하게 분리된 정부 형태로, 대통령이 국가 원수이면서 행정부 수반으로서의 지위를 갖는다.

02 다음 내용을 읽고 맞으면 ○표, 틀리면 ✕표 하시오.
712
(1) 의원 내각제는 미국에서 처음 시작되었다. (   )
(2) 대통령제에서는 국민이 선거를 통해 대통령과 의회의 의원을 각각 뽑는다. (   )
(3) 의원 내각제에서 왕이나 대통령은 나라를 대표하는 상징적 존재이다. (   )

03 ㉠, ㉡에 들어갈 국가 기관을 각각 쓰시오.
713

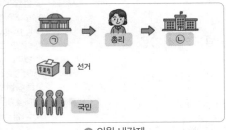

◎ 의원 내각제   (   )

04 다음 정부 형태에 대한 설명으로 옳은 것은?
714

> 의회 의원 선거와는 별도로 국민이 직접 선거를 통해 정부의 대표를 선출한다.

① 입법부와 행정부가 상호 긴밀하게 협력한다.
② 의회 의원이 총리나 내각 각료를 겸직할 수 있다.
③ 입법부와 행정부 간에 상호 견제와 균형의 원리가 충실하게 실현된다.

05 다음에서 설명하는 입법부의 권한으로 옳은 것은?
715

> 대통령제에서 입법부는 국정 전반에 대하여 감사를 실시함으로써 행정부를 견제할 수 있다.

① 의회 해산권   ② 국정 감사권
③ 국정 조사권   ④ 법률안 거부권

06 밑줄 ㉠을 행사할 때 기대할 수 있는 효과로 가장 적
716 절한 것은?

> 의원 내각제 정부 형태를 채택하고 있는 A국에
> 서 의회가 정치적 혼란의 책임을 물어 ㉠ 내각 불
> 신임권을 행사하려고 한다.

① 다수당의 횡포를 방지할 수 있다.
② 행정부에 대하여 상호 견제와 균형을 유지할 수
　있다.
③ 대통령이 임기 동안 안정적으로 정책을 수행할
　수 있다.
④ 대통령에 권한이 집중되어 독재화하는 것을 막
　을 수 있다.
⑤ 의회와 행정부가 대립하여 조정이 어려워지는
　것을 방지할 수 있다.

07 다음에서 공통으로 가리키는 정부 형태에 대한 설명
717 으로 옳은 것은?

> • 입법부와 행정부가 긴밀하게 협조하는 권력 융
> 합형 정부 형태이다.
> • 명목상의 국가 원수가 존재하고, 실질적인 권력
> 은 행정부 수반인 총리가 행사한다.

① 대통령이 의회에 대해 책임을 진다.
② 행정부의 구성에 의회가 개입할 수 없다.
③ 행정부와 의회가 대립하면 조정이 어렵다.
④ 대통령이 행정부의 수반이자 국가 원수이다.
⑤ 행정부의 각료가 의회 의원을 겸직할 수 있다.

08 밑줄 친 '이것'에 해당하는 대통령의 권한은 무엇인지
718 쓰시오.

> 대통령제 정부 형태에서 대통령은 입법부인 의
> 회가 의결한 법률안의 승인을 거부할 수 있다. 즉,
> 행정부의 수반인 대통령은 이것을 행사함으로써
> 입법부를 견제할 수 있다.

(　　　　　　　)

서술형 문제

09 밑줄 친 부분을 옳게 고쳐 쓰시오.
719

> A국에서는 국민이 대통령과 의회 의원을 별도의
> 선거를 통해 선출한다. 이 나라에서는 입법부와 행
> 정부가 엄격히 분리되어 있어서 정부는 의회를 해
> 산할 수 없고, 의회는 정부를 불신임할 수 없다. 한
> 편, A국의 의회는 법률안 거부권을 통해, 행정부는
> 국정 감사권과 탄핵 소추권 등을 통해 상호 견제하
> 며 균형을 추구한다.

_____

_____

논술형 문제

10 그림에 나타난 정부 형태의 장점과 단점을 〈조건〉에
720 맞게 서술하시오.

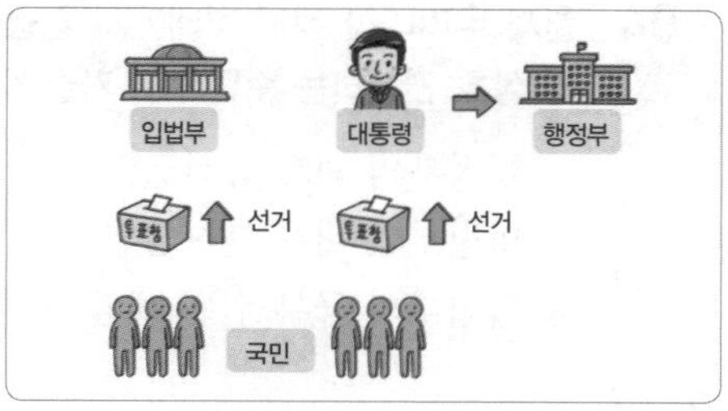

┌─ 조건 ────────────────────────┐
│ • 정부 형태의 명칭을 포함하여 서술한다.
│ • 장점과 단점을 각각 두 가지씩 서술한다.
└──────────────────────────────┘

_____

_____

_____

_____

2 우리나라의 정부 형태

• 정답 및 해설 **66**쪽

차근차근 기본다지기

01 다음 글을 읽고 맞으면 ○표, 틀리면 ✕표 하시오.
721
(1) 우리나라의 정부 형태는 의원 내각제를 기본으로 하고 있다. (　　)
(2) 우리나라 정부 형태에서는 입법부와 행정부가 독립적으로 조직된다. (　　)
(3) 국무총리 제도는 대통령제 정부 형태의 전형적인 특징이다. (　　)

02 다음은 우리나라 정부 형태에 대한 설명이다. 괄호 안의 내용 중 알맞은 것에 ○표 하시오.
722
(1) 국회는 (단원제, 양원제)로 구성되어 있다.
(2) 행정권은 (대통령, 국무총리)을/를 수반으로 하는 정부에 속한다.
(3) 국회 의원과 장관은 겸직이 (가능, 불가능)하고, 정부는 법률안을 제출할 수 (없다, 있다).

03 밑줄 친 ㉠~㉢ 중 대통령제 요소와 의원 내각제 요소를 구분하여 기호를 쓰시오.
723

> A국은 ㉠ 국민의 직접 선거로 대통령이 선출되고 의회의 다수당이 결정된다. ㉡ 행정부를 구성하는 국무총리는 의회 다수당에서 선출된다. 대통령은 국가 원수, 국무총리는 행정부 수반의 지위를 보유하며, ㉢ 대통령은 의회를 해산시킬 수 있는 힘을 가지고 있다.

(1) 대통령제 요소: (　　　　)　　　　(2) 의원 내각제 요소: (　　　　)

04 현재 우리나라 정부 형태에서 입법부와 행정부
724 가 상호 견제하는 수단으로 가장 적절한 것은?

① 행정부의 의회 해산권
② 입법부의 내각 불신임권
③ 입법부의 국무 위원 해임 건의권

05 다음에서 설명하는 정부 형태와 관련된 우리나
725 라의 제도 및 원칙으로 가장 적절한 것은?

> • 정부와 국회의 관계가 긴밀하다.
> • 다수당의 횡포가 우려되고, 군소 정당의 난립 시 정국이 불안하다.

① 대통령은 외국에 대하여 국가를 대표한다.
② 국무총리는 국회의 동의를 얻어 대통령이 임명한다.
③ 국회는 고위 공무원에 대해 탄핵의 소추를 의결할 수 있다.
④ 법률안에 이의가 있을 때 대통령은 거부권을 행사할 수 있다.

06 밑줄 친 ㉠, ㉡에 해당하는 정부 형태의 특징을 옳게
726 연결한 것은?

> 우리나라는 ㉠ 입법부와 행정부가 엄격히 분리
> 된 정부 형태를 원칙적으로 채택하고 있다. 한편,
> ㉡ 입법부와 행정부 간의 상호 의존 관계를 중시하
> 는 정부 형태의 요소를 일부 도입하고 있다.

① ㉠ – 국무총리 제도 실시
② ㉠ – 행정부의 법률안 제출 가능
③ ㉠ – 대통령의 법률안 거부권 행사
④ ㉡ – 국회의 탄핵 소추권 행사
⑤ ㉡ – 대통령의 국가 원수와 행정부 수반으로서
　의 지위

❶+❷ 통합 문제

07 그림은 여러 나라의 정부 형태를 나타낸 것이다. (가),
727 (나)에 들어갈 질문을 옳게 연결한 것은?

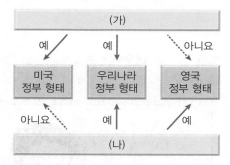

① (가) – 국가 원수와 행정부 수반이 동일한가?
② (가) – 의회 의원은 각료를 겸직할 수 있는가?
③ (가) – 행정부는 의회에 법률안을 제출할 수 있는가?
④ (나) – 대통령의 법률안 거부권이 인정되는가?
⑤ (나) – 국민의 직접 선거로 행정부가 구성되는가?

08 밑줄 친 '이것'에 해당하는 입법부의 권한은 무엇인지
728 쓰시오.

> 이것은 고위 공직자에 의한 헌법 침해로부터 헌
> 법을 보호하기 위한 권한이다. 이것은 행정부나
> 사법부에 대한 입법부의 견제 수단으로, 대통령을
> 비롯한 국무총리, 헌법 재판소장 등을 대상으로
> 행사할 수 있다.

(　　　)

서술형 문제

09 자료를 보고 물음에 답하시오.
729

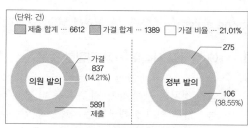

△ 국회 법안 발의 및 처리 현황(2018)

(1) 위 자료를 통해 알 수 있는 우리나라 행정부의
　권한은 무엇인지 쓰시오.

＿＿＿＿＿＿＿＿＿＿＿＿＿＿＿＿＿

(2) (1)의 권한을 통해 알 수 있는 우리나라 정부 형
　태의 특징을 서술하시오.

＿＿＿＿＿＿＿＿＿＿＿＿＿＿＿＿＿
＿＿＿＿＿＿＿＿＿＿＿＿＿＿＿＿＿

논술형 문제

10 밑줄 친 ㉠으로 정부 형태를 개편할 경우 나타날 수
730 있는 장점과 문제점을 서술하시오.

> 최근 한 여론 조사에서 우리나라 국민이 가장
> 원하는 정부 형태는 ㉠ 4년 연임 대통령제라는 결
> 과가 나타났다. 현재의 5년 단임 대통령제를 대통
> 령의 임기를 4년으로 줄이고, 오직 연속으로 두
> 번의 임기만 연임할 수 있도록 하는 방식으로 개
> 편하자는 것이다.

＿＿＿＿＿＿＿＿＿＿＿＿＿＿＿＿＿
＿＿＿＿＿＿＿＿＿＿＿＿＿＿＿＿＿
＿＿＿＿＿＿＿＿＿＿＿＿＿＿＿＿＿
＿＿＿＿＿＿＿＿＿＿＿＿＿＿＿＿＿

01 정치의 의미와 기능

01
731
㉠에 들어갈 사례로 가장 적절한 것은?

> 갑 : '정치의 사례 찾기' 탐구 활동 다 했니?
> 을 : 넓은 의미에 해당하는 사례는 찾았는데, 좁은 의미에 해당하는 사례를 못 찾겠어.
> 갑 : 그랬구나. 좁은 의미의 정치에 해당하는 사례로는 (㉠)이 있어.

① 학급회장을 선출하는 학급 회의
② 아파트 관리비를 결정하는 주민 회의
③ 외국과 조약을 체결하는 대통령의 활동
④ 시민 단체가 정부 정책을 감시하고 비판하는 활동
⑤ 바자회 수익금의 사용처를 결정하는 학생회 활동

02
732
㉠, ㉡에 대한 옳은 설명만을 〈보기〉에서 있는 대로 고른 것은?

> (㉠)은/는 정치 현상을 정치권력을 획득하고 유지하기 위한 활동으로 본다. 반면에 (㉡)은/는 일상생활에서 발생하는 구성원 간의 대립과 갈등을 조정하는 것도 정치 현상으로 본다.

・보기・
ㄱ. ㉠은 좁은 의미의 정치, ㉡은 넓은 의미의 정치에 해당한다.
ㄴ. ㉠은 ㉡보다 현대 사회의 다원화된 정치 현상을 설명하기에 적합하다.
ㄷ. ㉠과 ㉡ 모두 국회 의원의 입법 활동을 정치로 본다.
ㄹ. ㉡은 ㉠과 달리 학급에서 교칙을 개정하는 과정도 정치 현상으로 본다.

① ㄱ, ㄴ　　　② ㄱ, ㄷ　　　③ ㄴ, ㄹ
④ ㄱ, ㄷ, ㄹ　　⑤ ㄴ, ㄷ, ㄹ

03
733
다음 사례에 나타난 정치의 기능과 거리가 먼 것은?

> 신종 감염병의 유행으로 전염병 예방을 위한 사회적 거리 두기가 시행되고 있다. 이에 매출 감소 등 어려움을 호소하는 소상공인을 위해 정부는 경기 부양을 위한 특별 지원금을 지급하기로 하였다.

① 집단 간 대립과 갈등을 강제로 조정한다.
② 경제를 활성화하고 경제 발전을 도모한다.
③ 시민을 위한 여러 가지 법률과 정책을 만들고 집행한다.
④ 사회적 희소가치를 재배분하여 국민의 복지를 증진한다.
⑤ 공동체가 직면한 문제를 인식하고 해결책을 제시하여 사회가 나아갈 방향을 모색한다.

04
734
밑줄 친 ㉠의 내용으로 적절한 것만을 〈보기〉에서 고른 것은?

> 2020년 4월 15일에 실시된 제21대 총선거의 투표율은 66.2%로 나타났습니다. 제20대 총선 투표율 58%보다 8.2% 포인트 증가하였지만, 여전히 투표율이 낮다며 민주 정치의 발전을 위한 ㉠ 시민의 역할을 강조하는 목소리도 있습니다.

・보기・
ㄱ. 사회적 약자를 보호하고 그들의 권리를 보장해야 한다.
ㄴ. 법과 제도를 통해 사회 질서를 확립할 수 있도록 노력해야 한다.
ㄷ. 주인 의식을 바탕으로 자발적이고 적극적으로 정치에 참여해야 한다.
ㄹ. 국가 기관이 올바르게 권한을 행사하도록 정치권력을 감시해야 한다.

① ㄱ, ㄴ　　　② ㄱ, ㄷ　　　③ ㄴ, ㄷ
④ ㄴ, ㄹ　　　⑤ ㄷ, ㄹ

05 다음 사례들에 나타난 국가 기관의 노력이 공통으로 추구하는 목적으로 적절하지 <u>않은</u> 것은?

735

> • ○○시는 시민이 제안한 아이디어를 정책으로 시행하는 제도를 운영하고 있다. 시민이 제안한 정책의 실현 가능성을 충분히 검토한 후에, 휴대 전화를 충전할 수 있는 '태양광 버스 정류장'과 같은 정책을 시행하고 있다.
> • △△시는 노점상 연합 단체와 4년 동안 200회가 넘는 회의를 통해 의견을 조정한 결과, 노점상의 크기와 점포를 줄이는 데 합의하였다. 이를 통해 사업 시행 전보다 노점상 수를 40% 줄이는 데 성공하였고, 거리가 쾌적해졌다.

① 정책의 신속성과 효율성을 우선적으로 실현한다.
② 정책 결정 과정에서 시민의 의견을 충분히 반영한다.
③ 시민의 자발적인 참여를 통해 공공의 이익을 추구한다.
④ 국민의 동의와 지지를 바탕으로 정치권력을 행사한다.
⑤ 정당성을 갖춘 정치권력의 행사를 통해 사회 질서를 확립한다.

---

02 민주 정치의 발전과 민주주의

★06 (나) 시기에 비해 (가) 시기 민주 정치의 특징으로 가장 적절한 것은? (단, (가) 시기와 (나) 시기는 각각 고대와 근대 중 하나이다.)

736

> (가) 시민이 직접 정책 결정에 참여했지만, 누구나 시민이 될 수 있었던 것은 아니다.
> (나) 대표를 통해 정책 결정에 의사를 반영했지만, 일부 사람들에게는 대표를 뽑거나 대표가 될 권리를 주지 않았다.

① 입헌주의의 원리를 통해 민주주의를 실현하였다.
② 여성과 농민의 참정권 운동이 활발하게 이루어졌다.
③ 시민 혁명을 통해 시민의 자유와 권리가 신장되었다.
④ 시민의 대표로 구성된 의회가 중심이 되는 대의 민주 정치였다.
⑤ 공직 참여의 공정한 기회를 제공하기 위해 추첨과 윤번제를 활용하였다.

---

07 밑줄 친 ㉠의 범주로 가장 적절한 것은?

737

> 고대 아테네에서는 민회에 참가한 ㉠ 시민이 자유로운 토론을 통해 직접 정책을 결정하는 민주 정치를 실시하였다.

① 왕, 귀족
② 성인 남성
③ 남성, 여성
④ 남성, 여성, 외국인
⑤ 남성, 여성, 외국인, 노예

---

08 고대 아테네에서 직접 민주 정치가 발달한 배경으로 적절한 것만을 〈보기〉에서 고른 것은?

738

> ─ 보기 ─
> ㄱ. 영토가 작고 인구가 적은 도시 국가였다.
> ㄴ. 시민 혁명을 통해 시민의 자유와 권리가 신장되었다.
> ㄷ. 대부분의 노동과 가사 일을 담당하는 계층이 존재하였다.
> ㄹ. 모든 사람에게 선거권을 부여하는 보통 선거 제도가 확립되었다.

① ㄱ, ㄴ　　② ㄱ, ㄷ　　③ ㄴ, ㄷ
④ ㄴ, ㄹ　　⑤ ㄷ, ㄹ

---

09 다음 사례들에서 공통으로 추구한 민주 선거의 원칙으로 가장 적절한 것은?

739

> • 차티스트 운동은 1850년대 영국에서 경제적·사회적 약자였던 노동자들이 참정권을 요구한 의회 개혁 운동이다.
> • 1913년 영국의 에밀리 데이비슨은 수많은 관람객이 있는 경마장에서 "여성에게 참정권을!"이라고 외치며 말 앞으로 뛰어들었다. 이 일로 그녀는 머리를 크게 다쳐 숨을 거두었다.

① 직접 선거　　② 평등 선거　　③ 보통 선거
④ 비밀 선거　　⑤ 제한 선거

10 그림은 민주 정치의 발달 과정에서 발생한 사건을 나
740 타낸 것이다. 그 결과로 나타난 현상만을 〈보기〉에서 있는 대로 고른 것은?

1689년 영국 명예혁명	1776년 미국 독립 혁명	1789년 프랑스 혁명

• 보기 •
ㄱ. 성별, 신분, 재산 등을 기준으로 참정권이 제한되었다.
ㄴ. 인간의 존엄성, 자유와 평등 같은 민주주의 이념이 확산되었다.
ㄷ. 시민의 대표로 구성된 의회를 중심으로 대의 민주 정치가 발달하였다.
ㄹ. 일정한 연령에 도달하면 투표권을 부여하는 보통 선거 제도가 확립되었다.

① ㄱ, ㄷ ② ㄱ, ㄹ ③ ㄴ, ㄹ
④ ㄱ, ㄴ, ㄷ ⑤ ㄴ, ㄷ, ㄹ

11 현대 민주 정치에 대한 설명으로 옳지 <u>않은</u> 것은?
741
① 모든 시민이 직접 정치에 참여하여 국가의 중요한 문제를 결정한다.
② 선거를 통해 정치를 시행하는 과정에서 시민의 의사가 왜곡될 수 있다.
③ 차티스트 운동, 여성 참정권 운동 등을 통해 보통 선거 제도가 확립되었다.
④ 일상생활에서 시민의 자발적인 정치 참여를 강조하는 참여 민주주의가 강조된다.
⑤ 전자 통신 기술의 발달로 인터넷, 스마트폰을 이용한 전자 민주주의가 발달하고 있다.

12 (개), (내)는 민주 정치의 발전 과정에서 나타난 문서들이다.
742 각 문서와 관련된 사건에 대한 옳은 설명만을 〈보기〉에서 있는 대로 고른 것은?

(개) **제1조** 의회의 동의 없이 왕권에 의해 법률이나 법률 집행을 정지할 수 없다. – 「권리 장전」
(내) **제1조** 인간은 자유롭고 평등한 권리를 지니고 태어난다. – 「프랑스 인권 선언」

• 보기 •
ㄱ. (개)를 통해 입헌주의에 입각한 정치 형태가 등장하였다.
ㄴ. (내)는 영국의 지나친 과세 때문에 발생하였다.
ㄷ. (개), (내)를 통해 보통 선거 제도가 확립되었다.
ㄹ. (개), (내) 모두 인간의 존엄성 등 민주주의의 이념을 실현하고자 하였다.

① ㄱ, ㄴ ② ㄱ, ㄹ ③ ㄴ, ㄷ
④ ㄱ, ㄷ, ㄹ ⑤ ㄴ, ㄷ, ㄹ

13 밑줄 친 부분의 근거로 가장 적절한 것은?
743

1950년대 미국 남부에서는 버스에서 흑인과 백인을 분리하는 법이 시행되었다. 백인과 흑인들의 자리가 나뉘어 있었지만, 흑인은 자리가 부족하면 백인들에게 자리를 양보해야만 했다. 하지만 15세 흑인 소녀 클로뎃 콜빈은 자신이 버스 좌석에 앉을 권리는 헌법에 규정된 것이라고 주장하면서 백인에게 자리를 양보하는 것을 거부하였다.

① 개인의 재산을 보호받을 권리
② 부당한 법이라도 따라야 할 의무
③ 국가의 정책 결정 과정에 참여할 수 있는 자유
④ 개인의 기본권 보장보다 공동체의 목적 달성을 우선시할 의무
⑤ 성별, 인종, 재산 등을 기준으로 부당하게 차별받지 않을 권리

14 다음 권리 및 원칙을 규정한 목적으로 가장 적절한 것은?
(744)

> • 집회·결사의 자유는 정부의 제한을 받지 않고 다수의 사람들이 집단을 결성하거나 특정 장소에 모일 수 있는 권리이다.
> • 미란다 원칙은 범죄 용의자라고 하더라도 그 사람을 연행할 때 체포 이유와 변호인의 조력을 받을 권리, 진술을 거부할 권리 등을 미리 알려주어야 한다는 원칙이다.

① 국가로부터 부당한 간섭과 제약을 받지 않도록 하기 위해서

② 시민이 정치 과정에 참여할 수 있는 권리를 보장하기 위해서

③ 타인의 권리를 침해하더라도 개인의 자유를 보장하기 위해서

④ 성별, 장애, 종교와 상관없이 균등한 기회를 보장하기 위해서

⑤ 사람들의 선천적·후천적 차이를 고려해 사회적 약자를 배려하기 위해서

15 실질적 평등의 사례로 적절한 것만을 〈보기〉에서 고른 것은?
(745)

> **보기**
> ㄱ. 국민의 교육받을 권리를 인정하고, 중학교까지 의무 교육을 받도록 한다.
> ㄴ. 국민 기초 생활 보장 제도를 통해 생활이 어려운 빈곤 계층에 최저 생계비를 지원한다.
> ㄷ. 모든 국민은 성별, 직업, 장애 등 조건과 상관없이 선거에서 1인 1표를 행사하도록 한다.
> ㄹ. 대학 입시에서 농어촌 지역 학생에게 공평한 교육 기회를 부여하고자 별도의 농어촌 특별 전형 제도를 실시한다.

① ㄱ, ㄴ   ② ㄱ, ㄷ   ③ ㄴ, ㄷ
④ ㄴ, ㄹ   ⑤ ㄷ, ㄹ

16 밑줄 친 부분의 목적으로 가장 적절한 것은?
(746)

> 우리나라에서는 2004년에 주민 투표가 도입되었지만, 실제로 시행된 경우는 매우 드물었다. 이에 행정 안전부는 주민 투표의 개표 요건을 완화하고 주민 투표 연령을 만 18세 이상으로 낮추었다.

① 국가 권력을 서로 독립된 기관이 나누어 맡도록 하기 위해서

② 헌법에 따라 국가 기관을 구성하고 권력을 행사하기 위해서

③ 국민이 나라의 일을 결정하고 스스로 다스릴 수 있도록 하기 위해서

④ 국가의 역할을 최대화하여 국민의 복지와 인간다운 삶을 보장하기 위해서

⑤ 국민이 직접 대표를 선출함으로써 주권을 실현할 수 있도록 하기 위해서

17 밑줄 친 부분을 통해 직접 실현하고자 하는 바로 가장 적절한 것은?
(747)

> 우리나라 헌법은 대통령이 직무를 수행하면서 헌법을 위반한 경우에는 탄핵을 통해 대통령의 지위에서 파면할 수 있도록 규정하고 있다.

① 인간의 존엄성, 자유와 평등의 이념을 실현한다.

② 국민이 직접 정치에 참여하여 주권을 행사하도록 한다.

③ 국가 권력의 견제와 균형을 통해 국민의 기본권을 보장한다.

④ 국가 권력의 남용을 방지하고 헌법에 따라 권력을 행사하도록 한다.

⑤ 모든 국가 권력의 성립과 행사는 국민의 동의가 바탕이 되도록 한다.

18 다음에서 설명하는 민주 정치의 기본 원리로 옳은 것은?
(748)

> 민주 국가의 주권은 소수가 아니라 다수의 국민에게 있다.

① 입헌주의의 원리   ② 국민 주권의 원리
③ 국민 자치의 원리   ④ 권력 분립의 원리
⑤ 지방 분권의 원리

19
749
다음 우리나라 헌법 조항이 공통으로 추구하는 목적으로 가장 적절한 것은?

> 제40조 입법권은 국회에 속한다.
> 제66조 행정권은 대통령을 수반으로 하는 정부에 속한다.
> 제101조 사법권은 법관으로 구성된 법원에 속한다.

① 직접 민주주의의 실현
② 간접 민주주의의 실현
③ 국민의 적극적인 주권 행사
④ 자유와 권리의 제한 없는 보장
⑤ 국가 기관 간의 견제와 균형 유지

20
750
다음 제도를 시행하는 근거가 되는 민주 정치의 원리로 가장 적절한 것은?

> 국가에 의해 헌법으로 보장된 권리를 침해당한 국민은 헌법 소원을 통해 헌법 재판소에 기본권을 구제해 줄 것을 요청할 수 있다.

① 입헌주의의 원리 ② 국민 주권의 원리
③ 국민 자치의 원리 ④ 권력 분립의 원리
⑤ 지방 분권의 원리

03 민주 정치와 정부 형태

21
751
다음 내용이 공통으로 가리키는 정부 형태에 대한 옳은 설명만을 〈보기〉에서 고른 것은?

> • 의회에서 다수당이 총리와 내각을 구성한다.
> • 입법부와 행정부가 상호 긴밀하게 협력한다.

· 보기 ·
ㄱ. 행정부는 법률안을 거부할 권리가 있다.
ㄴ. 국회와 행정부의 대립 시 조정이 곤란하다.
ㄷ. 국민의 요구에 민감하게 반응하는 장점이 있다.
ㄹ. 다수당에 의해서 단독으로 내각이 구성될 경우 다수당의 횡포가 나타날 수 있다.

① ㄱ, ㄴ ② ㄱ, ㄷ ③ ㄴ, ㄷ
④ ㄴ, ㄹ ⑤ ㄷ, ㄹ

22
752
㉠에 들어갈 정부 형태의 일반적 특징으로 옳지 않은 것은?

> (㉠)에서는 입법부와 행정부가 별도의 선거를 통해 구성되고, 서로 책임을 지지 않는다.

① 국민이 직접 선거를 통해 대통령을 선출한다.
② 대통령은 법률안을 제안할 수 있는 권한이 있다.
③ 대통령의 임기 동안 정책의 연속성이 보장된다.
④ 대통령은 행정부 수반의 지위와 국가 원수의 지위를 동시에 갖는다.
⑤ 입법부와 행정부가 엄격하게 분리되어 권력 분립의 원칙에 충실하다.

[23-24] (가), (나)는 서로 다른 정부 형태를 나타낸 것이다. 이를 보고 물음에 답하시오.

(가) 입법부 → 선출 → 총리 → 구성 → 행정부 / 선거 / 국민

(나) 입법부 → 대통령 → 구성 → 행정부 / 선거 / 선거 / 국민 / 국민

23
753
(가), (나) 정부 형태에 대한 옳은 설명만을 〈보기〉에서 고른 것은?

· 보기 ·
ㄱ. (가)는 의원 내각제, (나)는 대통령제이다.
ㄴ. (가)는 (나)와 달리 의회 의원이 각료를 겸직할 수 있다.
ㄷ. (나)는 (가)와 달리 의회의 내각 불신임권을 인정한다.
ㄹ. (나)는 다수당의 횡포에 대한 견제 수단이 없다.

① ㄱ, ㄴ ② ㄱ, ㄷ ③ ㄴ, ㄷ
④ ㄴ, ㄹ ⑤ ㄷ, ㄹ

24
754
(가), (나) 정부 형태에서 '행정부가 입법부를 견제하는 수단'을 옳게 연결한 것은?

	(가)	(나)
①	내각 불신임권	법률안 제출권
②	의회 해산권	법률안 거부권
③	법률안 제출권	내각 불신임권
④	법률안 거부권	의회 해산권
⑤	국정 감사 및 국정 조사권	탄핵 소추권

25 ㉠에 들어갈 대통령의 권한으로 적절한 것은?
(755)

> 미국의 버락 오바마 대통령이 만든 건강보험 개혁법에 대해서, 미국 의회는 이 법안을 무력화시키는 새로운 법안을 통과시켰다. 그러자 오바마 대통령은 의회의 새로운 법안에 대해 (㉠)을 행사하였다.

① 탄핵 소추권　　② 의회 해산권
③ 법률안 거부권　　④ 법률안 제출권
⑤ 내각 불신임권

26 우리나라의 정부 형태에 대한 설명으로 옳지 <u>않은</u> 것은?
(756)
① 국민의 직접 선거로 대통령을 선출한다.
② 국회 의원이 행정부 장관도 겸직할 수 있다.
③ 대통령은 국회를 해산할 수 있는 권리가 있다.
④ 대통령의 임기는 5년이며, 중임은 허용되지 않는다.
⑤ 국회는 대통령과 고위 공무원에 대한 탄핵 소추권을 갖는다.

★27 밑줄 친 ㉠이 나타난 우리나라의 헌법 조항만을 〈보기〉에서 고른 것은?
(757)

> 우리나라는 대통령제 정부 형태를 기본으로 하면서, 다양한 ㉠ <u>의원 내각제 요소</u>를 도입하고 있다.

┌─ 보기 ─
ㄱ. 국회 의원과 정부는 법률안을 제출할 수 있다.
ㄴ. 국회는 국무총리 또는 국무 위원의 해임을 대통령에게 건의할 수 있다.
ㄷ. 국회는 국정을 감사하거나 특별한 국정 사안에 대해서 조사할 수 있으며 …… 요구할 수 있다.
ㄹ. 대통령은 …… 그 직무를 수행함에 있어서 헌법이나 법률을 위반한 때에는 국회는 탄핵의 소추를 의결할 수 있다.
└─

① ㄱ, ㄴ　　② ㄱ, ㄷ　　③ ㄴ, ㄷ
④ ㄴ, ㄹ　　⑤ ㄷ, ㄹ

서술형 문제

28 다음 시를 읽고, 정치적 무관심이 민주주의에 미치는 영향을 서술하시오.
(758)

> **나치가 그들을 덮쳤을 때**
> 　　　　　　　　　마틴 니묄러
> 나치가 공산주의자들을 덮쳤을 때,
> 나는 침묵했다.
> 나는 공산주의자가 아니었으므로
> …(중략)…
>
> 그 다음에 그들이 유대인들에게 왔을 때,
> 나는 아무 말도 하지 않았다.
> 나는 유대인이 아니었으므로
>
> 그들이 나에게 닥쳤을 때는,
> 나를 위해 말해 줄 이들이 아무도 남아 있지 않았다.

_____

29 밑줄 친 ㉠을 통해 직접 실현하고자 하는 민주 정치의 기본 원리를 **두 가지** 서술하시오.
(759)

> 2007년 헌법 재판소는 배로 장기간 이동하는 선원들에 대해 선거에서의 투표 방법을 규정하지 않는 것은 위헌이라고 결정하였다. 이에 따라 2012년부터 ㉠ <u>선원들도 배에서 투표를 할 수 있게 되었다.</u>

_____

30 밑줄 친 '효과'의 내용을 내용을 **세 가지** 서술하시오.
(760)

> 갑: 우리나라도 정부 형태를 의원 내각제로 바꿔야 한다고 생각해.
> 을: 의원 내각제를 시행할 때 기대할 수 있는 <u>효과</u>에는 어떤 것이 있을까?

_____

정치 과정과
시민 참여

01 정치 과정과 정치 주체
~ 02 선거와 선거 제도

100명 의 교사가 정리한 교과서 핵심 내용

① 한눈에 쏙

• 정치 과정

의미	시민의 요구를 정책으로 만들고 집행하는 과정
↓	
이익 표출	개인이나 집단이 요구 사항 표현
이익 집약	표출된 이익을 모아 대안 제시
정책 결정	여론을 바탕으로 법률 제정 및 정책 결정
정책 집행	결정된 정책 집행
정책 평가	집행된 정책 평가

① 정치 과정의 이해

1 정치 과정의 의미와 양상

현대 사회에서는 구성원들의 가치관과 이해관계가 분화되고 복잡해짐에 따라 대립과 갈등도 다원화·전문화됨

(1) **정치 과정의 의미**: 사회에서 발생하는 대립과 갈등을 해결하기 위해 시민의 의견과 요구를 집약하여 •정책으로 만들고 집행하는 과정

(2) **정치 과정의 양상**

① 과거에는 주로 국가가 정치 과정을 주도함

② 현대 사회에서는 국회, 정부 등 국가 기관뿐만 아니라 정당, 이익 집단, 시민 단체, 언론 등이 활발하게 정치 과정에 참여함

2 정치 과정의 단계① 자료①

의견을 개인적으로나 집단적으로 표출하거나 언론을 통해 주장할 수 있음

이익 표출	의미	정치 과정에서 개인이나 집단의 요구 사항을 자유롭게 표현하는 것
	참여	개인, 이익 집단, 시민 단체 등
이익 집약	의미	표출된 이익을 모아 요약하고 대안을 제시하는 것
	참여	정당, 언론 등
정책 결정	의미	•여론을 바탕으로 관련 법률을 제정하고, 정책을 결정하는 것
	참여	의회, 정부
정책 집행	의미	결정된 정책을 구체적으로 집행하는 것
	참여	정부
정책 평가	의미	집행된 정책에 대해 평가하는 것
	참여	국민 등

교과서 속 자료 읽기 ① 진로 교육과 정치 과정

㉮ 학생의 소질과 적성을 실현하기 위해 진로 교육을 강화해야 한다는 개인이나 집단의 요구가 표출되었다.

㉯ 진로 교육의 강화와 관련한 의견을 모으기 위해 교사, 학부모, 교육 전문가 등이 참여하는 공청회가 실시되었다.

㉰ 국회가 진로 교육의 강화를 내용으로 하는 「진로 교육법」을 의결하였다.

㉱ 정부가 「진로 교육법」을 바탕으로 진로 체험 교육 과정 운영 등 구체적인 정책을 마련하여 실시하였다.

㉲ 정부의 진로 교육 정책과 관련하여 만족도가 높은 부분과 낮은 부분에 대한 국민의 평가가 이루어졌다.

㉮는 이익 표출, ㉯는 이익 집약, ㉰는 정책 결정, ㉱는 정책 집행, ㉲는 정책 평가 단계에 해당한다. 민주 정치에서는 이러한 정치 과정을 통해 다양한 이익과 가치들이 충돌하고 조정됨으로써 사회 통합이 이루어질 수 있다.

① 정치 과정의 단계

다원적 이익 표출
개인, 시민 단체, 이익 집단

↓

이익 집약
정당, 언론

↓

정책 결정
국회, 정부

↓ 환류

정책 집행
정부

↓

정책 평가
국민

정책 평가는 다시 이익 표출로 이어지면서 정치 과정이 계속되는 환류가 이루어진다.

3 정치 과정의 중요성

(1) 구성원 간의 대립과 갈등 및 사회 문제를 합리적인 방식으로 해결하는 데 기여함

(2) 개인과 집단의 가치와 이익을 조정하여 사회가 통합·발전할 수 있도록 함

용어 사전

• 정책 정부나 공공 기관이 공익을 실현하기 위하여 수행하는 활동의 방향이나 계획

• 여론 사회 현상이나 정치적 문제 등에 관한 다수 국민의 공통된 의견

❷ 정치 주체의 의미와 역할

1 정치 주체의 의미와 유형

(1) **의미**: 정치 과정에서 일정한 역할을 수행하며 영향력을 행사하는 개인이나 집단

(2) **유형**: 국가 기관, 정당, 이익 집단, 시민 단체, 언론 등

2 다양한 정치 주체

(1) **국가 기관** 자료❷ — 정책 결정 및 집행권을 가짐

① 의미: 정치 과정의 공식적인 참여 주체

② 역할: 여러 정치 주체들의 의견을 정치 과정에 반영함

③ 종류

국회	국민의 대표 기관으로 법률 제정 및 개정을 통해 국민의 생활에 영향을 미치는 정책을 마련함
정부	국회에서 제정한 법률에 기초해 여러 가지 정책을 수립하고 집행함
법원	법적 분쟁에 대해 법을 해석·적용하여 개인이나 집단 간의 다툼을 해결하고, 사회 질서를 유지하며, 국민의 권리를 보호함

(2) **정당** ❷ — 정치적 책임을 진다는 점에서 시민 단체, 이익 집단과 구별됨

① 의미: 정치적인 의견을 같이 하는 사람들이 모여 *정치권력을 획득하기 위해 활동하는 집단

② 역할: 정부와 의회를 연결하는 매개체 역할, 선거에 후보자를 추천하여 국민의 의사를 대변할 대표자 배출, 여론을 형성하고 조직화하여 정책에 반영 등

(3) **이익 집단** ❷ — 자기 집단의 이익 실현을 목적으로 한다는 점에서 시민 단체와 구별됨

① 의미: 이해관계를 같이 하는 사람들이 자신들의 특수한 이익을 실현하기 위해 만든 단체
┗ 자기 집단의 이익만을 강조하여 공익과 충돌할 수 있음

② 역할: 정치 과정에서 자기 집단의 이익 표출, 전문 지식으로 사회 문제의 해결책 제시, 정당의 부족한 점 보완 등

(4) **시민 단체** ❷ — 시민의 정치 참여를 유도하고 공익을 실현하기 위해 노력함

① 의미: 사회 전체의 이익을 추구하기 위해 시민들이 자발적으로 만든 단체

② 역할: 국가 기관이 하는 일을 감시·비판, 권력 남용 견제, 정부가 해결하기 어려운 사회 문제의 해결책 제시, 정치 과정에 시민의 참여 유도 등

(5) **언론** ❸ — 보도와 관련하여 신속성, 객관성, 정확성이 요구됨

① 의미: 정치 과정 전반을 안내하고, 그와 관련된 정보를 제공하는 주체

② 역할: 사실을 보도하고 *논평하여 여론 형성에서 주도적인 역할을 담당함

🌲 교과서 속 자료 읽기 ❷ **정치 주체로서 국가 기관의 역할**

- 문자 메시지로 유료 결제를 유도하는 사기가 심각해짐에 따라, 국회는 문자 결제 사기를 방지하기 위해 「전기 통신 사업법」을 개정하였다.
- 정부는 발신 번호를 임의로 변경한 사업자의 통신 서비스 이용을 금지하는 등 개정된 「전기 통신 사업법」의 집행에 필요한 정책을 마련하였다.
- 법원은 문자 결제 사기로 빼낸 다른 사람의 개인 정보를 이용하여 범죄를 저지른 피의자에게 징역 2년을 구형하였다.

국회는 법률을 제정하거나 개정하는 것으로 정책을 결정하고, 정부는 법률에 기초하여 정책을 집행하며, 법원은 법률에 근거하여 사회 질서를 유지한다.

---

❷ 한눈에 쏙

- **정치 주체**

국가 기관	• 공식적인 정치 참여 주체 • 국회, 법원, 정부
정당	정치권력을 획득하기 위해 활동하는 집단
이익 집단	특수 이익을 실현하기 위해 만든 단체
시민 단체	공익을 위해 시민들이 자발적으로 만든 단체
언론	정치 과정에 대한 정보를 제공하는 주체

❷ 정당, 이익 집단, 시민 단체의 비교

구분	정당	이익 집단	시민 단체
목적	정치권력 획득	사익 추구	공익 실현
관심 분야	사회 모든 분야	집단 이익 관련 분야	사회 모든 분야

❸ 언론의 책임

언론은 여론 형성에 중요한 역할을 하기 때문에 신속하고 정확하게 정보를 전달하고, 어느 한쪽에 치우치지 않고 객관성을 유지하면서 사회 현상을 해석해야 할 책임이 있다.

용어 사전

- **정치권력** 국가의 중요한 일들을 결정할 권리
- **논평** 어떤 사건 등에 대해 옳고 그름을 따지면서 비평함

③ 한눈에 쏙

• 선거의 기능과 원칙

선거	대표자 선출 절차
↓	
선거의 기능	• 대표자 선출 • 정당성 부여 • 대표자 통제 • 정치 참여 통로
민주 선거 기본 원칙	• 보통 선거 • 평등 선거 • 직접 선거 • 비밀 선거

④ 우리나라에서 시행되는 다양한 선거의 종류

대통령 선거	행정부의 수반인 대통령을 선출하는 선거로, 5년마다 실시함
국회 의원 선거	입법부인 국회의 구성원을 선출하는 선거로, 4년마다 실시함
지방 선거	지방 의회 의원과 지방 자치 단체의 장을 선출하는 선거로, 4년마다 실시함

⑤ 대리 선거와 간접 선거
대리 선거는 다른 사람이 선거권자를 대신하여 투표하는 것으로, 직접 선거에 대립되는 개념이다. 이에 비해 간접 선거는 유권자들이 지역마다 중간 선거인단을 뽑고 이들이 대표자를 선출하는 방식으로, 대표적으로 미국의 대통령 선거에서 적용되고 있다.

용어 사전

• **남용** 권리나 권한을 본래의 목적이나 범위를 벗어나게 함부로 행사함
• **유권자** 선거할 권리를 가진 사람으로, 우리나라에서는 만 18세 이상이면 선거권이 부여됨

---

③ 선거의 의미와 기능 ④

1 선거의 의미: 대의 민주주의에서 시민이 대표자를 선출하는 절차 → 시민의 대표적인 정치 참여 통로

2 선거의 기능 [이슈]

(1) **대표자 선출**: 시민의 뜻에 따라 나라를 운영할 대표자를 선출함

(2) **대표자에 정당성 부여**: 시민의 동의와 지지를 받아 선출된 대표자는 정치권력을 행사할 수 있는 정당성을 얻음

(3) **정치권력 통제**: 선출된 대표자가 권력을 *남용하거나 역할을 제대로 수행하지 못할 경우 선거를 통해 대표자를 통제함

(4) **시민의 정치 참여, 이익 표출**: 후보자는 여론을 기초로 공약을 제시하고, *유권자는 자기 의견과 이익에 따라 후보자를 선택함
└─ 선거는 주권을 행사하는 가장 기본적인 방법이고 가장 중요한 정치 참여 활동이기 때문에 '민주주의의 꽃'이라고도 함

생활 속 이슈 읽기 **선거는 어떻게 정치권력을 통제할까**

○○ 신문   2020년 11월 8일

미국의 제46대 대통령 선거에서 민주당의 바이든 후보가 현직 대통령인 트럼프를 누르고 당선되었다. 이로써 트럼프 대통령은 지난 1992년 조지 부시 대통령이 재선에서 빌 클린턴 후보에 패한 이후 28년 만에 재선에 실패한 대통령이 되었다.

미국에서는 대통령이 연임할 수 있기 때문에 현직 대통령이 대통령 선거의 후보자가 될 수 있다. 트럼프 대통령도 재선에 도전했지만, 지난 4년간 트럼프 행정부에 실망한 국민의 선택을 받지 못했다. 이처럼 선거는 대표자가 역할을 제대로 수행하지 못했을 때 시민이 정치권력을 통제하는 수단이 된다.

3 민주 선거의 기본 원칙 [자료③]
                         ┌─ 성별이나 재산, 교육 수준 등을 이유로 선거권을 제한할 수 없음

보통 선거	일정 연령 이상의 모든 국민에게 선거권을 부여한다는 원칙 ↔ 제한 선거
평등 선거	유권자가 행사하는 투표권의 개수와 가치가 같아야 한다는 원칙 ↔ 차등 선거
직접 선거	유권자가 대리인을 거치지 않고 직접 투표해야 한다는 원칙 ↔ 대리 선거 ⑤
비밀 선거	유권자가 어느 후보자에게 투표했는지 다른 사람이 알지 못하도록 해야 한다는 원칙 ↔ 공개 선거

└─ 다른 사람이 대신 투표권을 행사할 경우 나타날 수 있는 부정 선거 등의 문제를 예방함

교과서 속 자료 읽기 ③ **민주 선거의 기본 원칙**

▲ 보통 선거   ▲ 평등 선거   ▲ 직접 선거   ▲ 비밀 선거

우리나라를 포함한 대부분의 민주 국가에서는 자유롭고 공정한 선거를 실현하기 위해 보통 선거, 평등 선거, 직접 선거, 비밀 선거의 원칙을 헌법에 규정하고 있다.

④ 공정한 선거를 위한 기본 원칙과 제도

1 ˙선거구 법정주의 [자료 ④]

(1) **의미**: 선거구를 국회에서 만든 법률에 따라 정함
　　　　　　　　　[외우] 선거구를 어떻게 정하느냐에 따라 선거 결과가 달라질 수 있기 때문임

(2) **의의**: 선거구가 임의로 ˙획정되지 않도록 하여 공정한 선거에 기여함

📖 교과서 속 자료 읽기 ④ ── 선거구 법정주의가 필요한 이유를 잘 보여 줌

게리맨더링(Gerrymandering)의 유래

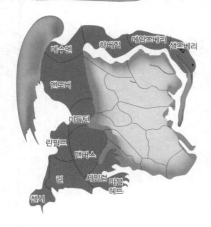

특정 정당이나 후보자에게 유리하도록 선거구를 임의로 결정하는 것을 게리맨더링이라고 한다. 게리맨더링은 1812년 미국의 매사추세츠주 상원 의원 선거에서 당시 주지사였던 게리가 속한 공화당은 5만 164표를 얻고 29명의 당선자를 낸 데 비해, 민주당은 5만 1,766표를 얻고도 11명의 당선자밖에 내지 못한 사건에서 유래하였다. 이는 선거 전에 주지사 게리가 자기 당에 유리하도록 선거구를 개정한 결과였는데, 당시 한 기자가 새로운 선거구의 모양을 전설 속의 불도마뱀인 샐러맨더에 비유한 데서 '게리맨더'라는 용어가 만들어졌다.

---

2 선거 공영제

── 우리나라 헌법 제116조 ①항에서는 "선거 운동은 각급 선거 관리 위원회의 관리하에 법률이 정하는 범위 안에서 하되, 균등한 기회가 보장되어야 한다."라고 하여 선거 공영제를 규정함

(1) **의미**: 공정한 선거를 위하여 국가가 선거 운동을 관리하는 제도

(2) **내용**

① 선거 관리 위원회가 선거를 중립적으로 관리함

② 선거 운동 비용의 일부를 국가나 지방 자치 단체가 지원함 ⑥

(3) **의의**

① 경제력에 상관없이 유능한 후보자에게 선거에 입후보할 기회를 보장함

② 후보자 간 선거 운동의 기회 균등을 보장함

③ 선거 운동이 지나치게 과열되는 것을 방지함

3 선거 관리 위원회 ⑦ [이슈]

(1) **의미**: 선거와 국민 투표의 공정한 관리 및 정당에 관한 사무를 담당하는 국가 기관
　　　[예] 후보자 등록, 선거 운동, 투표 및 개표 등
　　→ 헌법상 정치적 중립 기관

(2) **기능**: 선거 과정의 공정한 관리, 정당과 관련한 업무 처리, 유권자의 선거 참여 유도, 선거에 관한 교육 및 홍보 활동 등

🌱 생활 속 이슈 읽기 　**선거 관리 위원회는 선거 관리만 할까**

○○ 신문　　　　　　　　　　2020년 11월 8일

인천광역시 선거 관리 위원회는 '전 국민 기본 소득제' 도입을 주제로 고등학생 토론 대회를 개최하였다. 인천광역시 선거 관리 위원회는 이 대회가 학생뿐만 아니라 민주주의와 토론 문화에 관심을 가지고 있는 많은 유권자들에게도 올바른 토론 문화가 확산될 수 있도록 지역 사회의 토론 문화를 선도하는 중요한 역할을 할 것으로 기대한다고 밝혔다.

선거 관리 위원회는 선거 운동 감시, 표의 집계 등 선거 과정을 직접 관리하는 활동뿐만 아니라, 국민을 대상으로 선거와 관련하여 올바른 인식을 심어 주기 위한 교육 활동 등 다양한 업무를 담당한다.

---

④ 한눈에 쏙

• 공정 선거를 위한 원칙과 제도

선거구 법정주의	선거구를 국회에서 만든 법률에 따라 정함
선거 공영제	공정한 선거를 위해 국가가 선거 운동을 관리함
선거 관리 위원회	선거의 공정한 관리, 정당에 관한 사무

⑥ 선거 비용 지원

후보자가 법에 정해진 범위 안에서 지출한 선거 운동 비용은 선거가 끝난 후에 국가로부터 돌려받을 수 있다. 유효 득표수의 10% 이상을 얻은 후보자에게는 비용의 50%를 돌려주고, 15% 이상을 얻은 후보자에게는 비용의 100%를 돌려준다.

⑦ 선거 관리 위원회의 구성

선거 관리 위원회는 대통령이 임명하는 3명, 국회에서 선출하는 3명, 대법원장이 지명하는 3명, 총 9명의 위원으로 구성된다. 선거 관리 위원회 위원의 임기는 6년으로, 이들은 정치적 중립을 지켜야 하기 때문에 임기와 신분을 헌법에 법률에 따라 규정하고 있다.

용어 사전

• **선거구** 국회나 지방 의회 의원 등 대표자를 선출하는 단위로서, 전국을 지역적으로 구분하여 나눔

• **획정** 경계 등을 명확히 구분하여 정하는 것

1 정치 과정의 이해

🚩 이 주제에서는 어떤 문제가 잘 나올까?
• 정치 과정의 의미 이해하기
• 정치 과정의 단계 파악하기
• 정치 과정의 중요성 이해하기

● 정답 및 해설 **69**쪽

차근차근 기본 다지기

01 빈칸에 들어갈 용어를 쓰시오.
761
(1) (   )은/는 사회에서 발생하는 대립과 갈등을 해결하기 위해 시민의 의견과 요구를 정책으로 만들고 집행하는 과정이다.
(2) 정치 과정에서 일정한 역할을 수행하여 영향력을 행사하는 개인이나 집단을 (   )(이)라고 한다.

02 다음 설명이 맞으면 ○표, 틀리면 ✕표 하시오.
762
(1) 의회와 정부는 국가 기관으로서 정치 과정의 공식적인 참여 주체이다. (   )
(2) 언론과 정당을 통해 사회의 다양한 이해관계가 집약된다. (   )
(3) 정치 과정에서 결정된 정책은 수정할 수 없다. (   )
(4) 정치 과정을 통해 사회의 중요한 문제가 드러나고 구성원의 다양한 이익과 가치가 조정되면서 사회가 통합·발전할 수 있다. (   )

03 (1)~(4)에서 설명하는 용어를 퍼즐판에서 찾아 색칠하시오.
763

국	민	다	원	화
회	공	수	언	론
의	공	결	시	민
여	정	치	과	정
론	책	사	법	부

(1) 다양한 이해관계를 집약하여 정책으로 결정·집행하는 과정은?
(2) 공적인 목표를 달성하기 위해 정치적으로 타협하여 결정하는 정부나 공공 기관의 활동 방향이나 계획은?
(3) 법률의 제정 및 개정을 통해 정책을 마련하는 곳은?
(4) 정책을 수립하고 집행하는 곳은?

04 현대 사회의 대립과 갈등에 대한 설명으로 옳
764 지 않은 것은?

① 정치 과정을 통해 모두 해결할 수 있다.
② 사회의 분화에 따라 다원화·전문화되었다.
③ 구성원들의 가치관과 이해관계의 차이로 인해 발생한다.

05 다음에서 설명하는 정치 과정으로 가장 적절한
765 것은?

• 언론, 정당 등을 통해 이루어진다.
• 다수의 국민이 정치적 문제에 대한 공통된 의견을 형성한다.

① 정책 결정
② 정책 집행
③ 정책 평가
④ 이익 집약
⑤ 다양한 이익 표출

06 (개)~(마)에 나타난 정치 과정을 순서대로 옳게 나열한
766 것은?

> (가) 이익 집약
> (나) 정책 결정
> (다) 정책 집행
> (라) 정책 평가
> (마) 다양한 이익 표출

① (가) – (나) – (다) – (라) – (마)
② (나) – (다) – (라) – (마) – (가)
③ (다) – (라) – (마) – (가) – (나)
④ (라) – (가) – (마) – (나) – (다)
⑤ (마) – (가) – (나) – (다) – (라)

07 밑줄 친 ㉠에 해당하는 정치 과정의 단계에 대한 사례
767 로 가장 적절한 것은?

> 정부는 국민의 대표 기관인 국회가 제정한 법률
> 에 따라 결정된 ㉠ 정책을 구체적으로 집행한다.

① 상비약의 편의점 판매를 주장하는 목소리가 전
  국적으로 확대되었다.
② 상비약의 편의점 판매를 허용하는 법률안이 국
  회 본회의를 통과하였다.
③ 시민 단체와 정당이 상비약을 편의점에서 판매
  해야 한다고 주장하였다.
④ 정부는 일반 의약품 중에서 일부를 편의점에서
  판매할 수 있도록 하였다.
⑤ 상비약의 편의점 판매가 시작되었으나, 여전히
  비상약을 구하기 어렵다는 의견도 있었다.

08 다음 사례들에 공통으로 나타난 정치 과정의 단계는
768 무엇인지 쓰시오.

> • ○○시는 자녀를 세 명 이상 출산한 주민에게
>   출산 장려금을 지급하였다.
> • 교육부는 개정된 「진로 교육법」에 따라 진로 교
>   육 정책을 실시하고, 각 학교에 진로 교사에 대
>   한 교육 안내서를 보급하였다.

(   )

09 그림을 보고 물음에 답하시오.
769

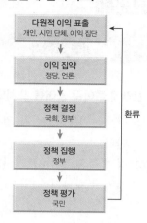

(1) 위 그림에 나타난 과정을 무엇이라고 하는지 쓰
  시오.

_____

(2) (1)의 과정이 필요한 이유를 **두 가지** 서술하시오.

_____

_____

10 밑줄 친 ㉠과 같은 활동이 정치 과정에서 해당하는 단
770 계와 그 의미를 서술하시오.

> 정부는 만 16세 미만의 청소년에 대해 게임 이용
> 시간을 제한하는 '강제적 셧다운제'를 도입하였다. 하
> 지만 ㉠ 게임업계 및 일부 게임의 중독성을 부정하는
> 단체 등에서는 게임의 공격성이 내면의 갈등과 스트
> 레스 해소에 도움이 될 수 있다면서 강제적 셧다운제
> 가 또 다른 사회 문제의 원인이 될 수 있다고 비판하
> 였다.

_____

_____

_____

_____

② 정치 주체의 의미와 역할

• 정답 및 해설 **70**쪽

▸ 차근차근 **기본 다지기**

01 빈칸에 들어갈 용어를 쓰시오.
771
(1) (   )은/는 정치 과정에서 일정한 역할을 수행하며 영향력을 행사하는 개인이나 집단을 의미한다.
(2) 정치 주체로서 (   )의 목적은 정치권력의 획득이고, 시민 단체의 목적은 공익 실현이다.
(3) 정치 주체로서 (   )은/는 지나치게 자기 집단의 이익만을 강조하여 공익과 충돌할 수 있다.

02 다음 내용이 맞으면 ○표, 틀리면 ✕표 하시오.
772
(1) 국회, 정부, 법원 등의 국가 기관은 정치 과정에서 공식적으로 정책을 결정할 수 있는 정치 주체이다. (   )
(2) 행정부는 법을 해석하고 적용하여 개인이나 집단 간의 다툼을 해결한다. (   )
(3) 정당은 정치적 책임을 진다는 측면에서 시민 단체, 이익 집단과 구별된다. (   )

03 (1)~(4)에서 설명하는 용어를 퍼즐판에서 찾아 색칠하시오.
773

정	치	권	력	여
당	시	청	언	론
원	국	민	주	권
이	익	집	단	리
행	정	부	법	체

(1) 이해관계를 같이하는 사람들이 집단의 특수한 이익을 실현하기 위해 만든 단체는?
(2) 사회 전체의 이익을 추구하기 위해 시민들이 자발적으로 만든 단체는?
(3) 정부와 의회를 연결하는 매개체 역할을 하는 정치 주체는?
(4) 정치 과정에서 정보를 제공하며 신속성, 객관성, 정확성을 요구받는 정치 주체는?

04 다양한 정치 주체에 대한 설명으로 옳지 않은 것은?
774
① 언론은 정치 과정에서 사실을 보도하고 논평한다.
② 이익 집단은 정치 과정에 압력을 행사하기도 한다.
③ 정당은 정치 과정에 참여하는 공식적 정치 주체이다.

05 다음 내용이 공통으로 가리키는 정치 주체로 가장 적절한 것은?
775

> • 정책에 대한 정보를 제시한다.
> • 여론 형성에서 주도적 역할을 한다.
> • 공정하고 객관적인 태도가 요구된다.

① 국회　　　　② 법원
③ 언론　　　　④ 이익 집단

[06-07] (가), (나)는 정치 주체의 유형을 분류한 것이다. 이를 보고 물음에 답하시오.

(가)	(나)
• 국회 • ㉠ 정부 • ㉡ 법원	• ㉢ 시민 단체 • ㉣ 정당 • ㉤ 언론

06 (가), (나)에 대한 옳은 설명만을 〈보기〉에서 고른 것은?
776

— 보기 —
ㄱ. (가)는 비공식적 정치 주체이고, (나)는 공식적 정치 주체이다.
ㄴ. (가)와 달리 (나)는 정치적 책임을 지지 않는다.
ㄷ. (나)와 달리 (가)는 정책 결정 및 집행권을 갖는다.
ㄹ. (가), (나)는 모두 정책 결정 과정에 영향력을 행사한다.

① ㄱ, ㄴ   ② ㄱ, ㄷ   ③ ㄴ, ㄷ
④ ㄴ, ㄹ   ⑤ ㄷ, ㄹ

07 밑줄 친 ㉠~㉤에 대한 설명으로 옳지 <u>않은</u> 것은?
777

① ㉠은 법을 토대로 정책을 구체적으로 수립하고 집행한다.
② ㉡은 법을 해석하고 적용하여 사회 질서를 유지한다.
③ ㉢에 해당하는 노동조합, 의사 협회 등은 전문성을 바탕으로 정책 결정에 도움을 준다.
④ ㉣은 정치적 의견을 같이하는 사람들이 모여 정권 획득을 목적으로 활동한다.
⑤ ㉤은 정책에 대한 정보 전달뿐만 아니라 이에 대한 비판과 해설도 제공한다.

08 ㉠에 들어갈 정치 주체는 무엇인지 쓰시오.
778

○○ 신문	2014년 10월 1일

조작된 번호로 문자 메시지를 보내 유료 결제를 유도하는 문자 결제 사기가 심각해지자, (㉠)은/는 「전기 통신 사업법」을 개정하였다. 바뀐 법률은 문자 결제 사기를 막는 데 필요한 내용을 담고 있다.

(   )

---

09 다음은 학원 수강료의 외부 공개에 대한 정치 주체들의 입장을 나타낸 것이다. 이를 읽고 물음에 답하시오.
779

갑: 소비자가 학원 수강료를 쉽게 비교할 수 있도록 수강료를 외부에 공개하는 제도를 실시하겠습니다.
을: 학원 수강료를 외부에 공개하면 학원 간의 경쟁을 유도하여 사회 전반적으로 교육비 부담이 줄어들 것입니다.
병: 학원 수강료를 외부에 공개하면 개인 과외나 불법 교습소보다 경쟁력이 떨어져 학원 운영이 어려워질 것입니다.

(1) 갑, 을, 병에 해당하는 정치 주체를 각각 쓰시오. (단, 갑, 을, 병은 각각 정부, 시민 단체, 이익 집단 중 하나이다.)

_____

(2) 갑, 을에 해당하는 정치 주체의 공통점과 차이점을 서술하시오.

_____

_____

10 밑줄 친 ㉠에 해당하는 정치 주체가 정치 과정에 참여하면서 발생할 수 있는 문제점을 서술하시오.
780

대부분의 학교에서 교복 공동 구매가 이루어지는 가운데, 교복 가격이 적정한지에 대한 논란이 계속 이어지고 있다. 학부모 단체의 대표는 여전히 교복 가격이 터무니없이 비싸다고 주장하고 있다. 이에 반해 ㉠ 교복 업체 대표들은 무조건 교복 가격을 내릴 수 없으며, 교복 가격을 너무 낮추다 보면 교복의 품질이 떨어질 수 있다고 주장한다.

— 조건 —
• ㉠이 해당하는 정치 주체를 밝힌다.
• ㉠이 해당하는 정치 주체가 추구하는 목적과 관련하여 문제점을 서술한다.

_____

_____

_____

3 선거의 의미와 기능

🚩 이 주제에서는 어떤 문제가 잘 나올까?
• 선거의 의의 이해하기
• 선거의 기능 파악하기
• 민주 선거의 기본 원칙 구분하기

• 정답 및 해설 **70**쪽

차근차근 기본다지기

01 빈칸에 들어갈 용어를 쓰시오.
781
(1) 선거는 국민이 (   )을/를 행사하는 가장 기본적인 방법이다.

(2) 대부분의 현대 민주 국가는 (   )을/를 통해 대표자를 선출하고, 이들이 국가를 운영하도록 하는 대의 민주주의를 실시하고 있다.

(3) (   )의 원칙은 유권자가 행사하는 표의 가치를 동등하게 인정하는 원칙이다.

02 다음 내용이 옳으면 ○표, 틀리면 ✕표 하시오.
782
(1) 선거에서 시민은 자신의 의견과 이익에 따라 후보자를 선택한다. (   )

(2) 우리나라는 가족이 대신 투표권을 행사할 수 있는 예외적인 경우를 규정하고 있다. (   )

(3) 우리나라는 선거에 출마하는 사람에게 투표권을 부여하지 않는다. (   )

03 (1)~(4)에 나타난 민주 선거의 기본 원칙을 바르게 연결하시오.
783

(1)   (2)   (3)   (4)

ㆍ   ㆍ   ㆍ   ㆍ

ㆍ   ㆍ   ㆍ   ㆍ
㉠ 비밀 선거   ㉡ 평등 선거   ㉢ 보통 선거   ㉣ 직접 선거

04 선거에 대한 설명으로 옳은 것은?
784
① 모든 국민이 참여한다.

② 대표자에 대한 통제 수단은 될 수 없다.

③ 대의 민주주의의 유지와 발전에 기여한다.

05 민주 선거의 기본 원칙이 <u>아닌</u> 것은?
785
① 보통 선거   ② 평등 선거

③ 간접 선거   ④ 비밀 선거

06 밑줄 친 부분을 통해 알 수 있는 선거의 기능으로 가
786 장 적절한 것은?

> 갑: 우리 지역의 국회 의원이 요즘 하는 활동을 보
> 면 아무래도 대표자를 잘못 선출한 것 같아.
> 을: 나도 그렇게 생각해. 지난 선거 때 이야기한
> 공약들을 거의 실천하지 않고 있잖아.
> 갑: 그 사람이 다음 국회 의원 선거에도 출마할 예
> 정이라니까, 이번에는 <u>다른 후보자를 뽑아야
> 겠어.</u>

① 대표자를 통제한다.
② 집단의 이익을 표출한다.
③ 직접 민주주의를 실현한다.
④ 선출된 대표자에게 정당성을 부여한다.
⑤ 정치권력의 행사를 거부하는 수단이 된다.

07 선거에 대한 설명으로 옳은 것은?
787
① 국회 의원 선거에서 대표자의 정당성은 대통령
이 부여한다.
② 선거는 직접 민주주의 국가에서 시행하는 '민주
주의의 꽃'이다.
③ 어린이에게 투표권을 주지 않는 것은 보통 선거
의 원칙에 어긋난다.
④ 투표 후 투표 용지를 접어 투표함에 넣는 것은
비밀 선거의 원칙을 실현하기 위한 것이다.
⑤ 여자를 제외한 남자에게만 투표권을 부여하는
것은 민주 선거의 원칙 중 평등 선거의 원칙에
어긋난다.

08 다음 사례들에서 공통으로 위배되고 있는 민주 선거
788 의 원칙은 무엇인지 쓰시오.

> • 정치에 대한 지식이 풍부한 전문가에게는 일반
> 시민보다 1표를 더 부여하였다.
> • 세금을 많이 낸 사람에게는 투표권을 2표, 세금을
> 적게 낸 사람에게는 투표권을 1표 부여하였다.

( )

서술형 문제

09 다음 사례를 읽고 물음에 답하시오.
789

> A국에서는 유권자가 투표소에 나가지 못할 정
> 도로 아픈 경우에는 함께 사는 가족이 대신 선거
> 에 참여하여 투표권을 행사할 수 있도록 하였다.

(1) 위 사례에서 위배되고 있는 민주 선거의 원칙은
무엇인지 쓰시오.

_____

(2) (1)의 원칙이 지켜지지 않을 경우에 나타날 수
있는 문제점을 서술하시오.

_____
_____

논술형 문제

10 자료를 바탕으로 의무 투표제 도입에 관한 자신의 생
790 각을 밝히고, 그 이유를 〈조건〉에 맞게 서술하시오.

〈여러 나라의 의회 선거 투표율〉

(단위: %)

국가	연도	투표율
오스트레일리아	2013	93.2
독일	2013	71.5
영국	2015	66.1
캐나다	2015	68.5
대한민국	2016	58
네덜란드	2017	81.9

우리나라의 투표율은 다른 나라와 비교해 볼 때
낮은 수준이다. 그래서 낮은 투표율을 높이기 위
해 의무 투표제를 도입해야 한다는 주장이 제기된
다. 의무 투표제란 정당한 이유 없이 투표에 참여
하지 않을 때 벌금을 부과하는 등의 불이익을 주
는 제도이다.

┌ 조건 ┐
찬성할 경우에는 도입할 경우의 효과를, 반대할
경우에는 도입할 경우의 문제점을 각각 제시한다.

_____
_____
_____
_____

🚩 **이 주제에서는 어떤 문제가 잘 나올까?**
· 공정한 선거를 위한 원칙 이해하기
· 공정한 선거를 위한 제도 파악하기

4 공정한 선거를 위한 기본 원칙과 제도

● 정답 및 해설 **71**쪽

● 차근차근 **기본 다지기** ●

01 빈칸에 들어갈 용어를 쓰시오.
791
(1) 선거구 법정주의는 공정한 선거가 치러지도록 하기 위해 선거구를 국회에서 만든 (   )(으)로 정하는 제도이다.
(2) (   )(이)란 국가 기관이 선거를 중립적으로 관리하고 국가나 지방 자치 단체가 선거 운동 비용의 일부를 지원하는 제도이다.
(3) 선거구 법정주의, 선거 공영제, 선거 관리 위원회 등의 원칙과 제도는 모두 (   )의 실현을 추구한다.

02 다음 설명이 옳으면 ○표, 틀리면 ✕표 하시오.
792
(1) 우리나라에서는 선거 공영제에 따라 정당이 선거 운동을 관리한다. (   )
(2) 선거 관리 위원회는 헌법과 법률에 의해 독립이 보장된다. (   )

03 (1)∼(4)에서 설명하는 용어를 퍼즐판에서 찾아 색칠하시오.
793

게	관	선	선	공
선	리	거	거	영
거	위	맨	공	제
법	원	운	더	재
률	회	동	지	링

(1) 특정 정당이나 후보자에게 유리하거나 불리하도록 선거구를 일방적으로 결정하는 것은?
(2) 선거구를 정하는 기준이 되는 것은?
(3) 선거와 국민 투표의 공정한 관리를 담당하는 국가 기관은?
  선거 ○○ ○○○
(4) 공정한 선거를 위해 국가가 선거 운동을 관리하는 제도는?
  선거 ○○○

04 선거 공영제에 대한 설명으로 옳은 것은?
794
① 선거 운동이 과열되도록 한다.
② 선거 운동의 기회 균등을 보장한다.
③ 선거구가 임의로 획정되지 않도록 한다.

05 밑줄 친 '이 기관'으로 가장 적절한 것은?
795

> 이 기관은 20대 국회 의원 선거를 앞두고 투표율을 높이기 위해 많은 노력을 하였다. '대한민국 선거의 역사'를 주제로 전시회를 열고, 선거와 관련 있는 미술 작품들을 전시하기도 하였다.

① 국회
② 법원
③ 헌법 재판소
④ 선거 관리 위원회

06
796

⑦에 들어갈 국가 기관으로 적절한 것은?

> 선거구를 어떻게 정하느냐에 따라 선거 결과가 달라질 수 있다. 따라서 대부분의 현대 민주 국가에서는 선거구를 (⑦)에서 만든 법률에 따라 정하도록 하고 있다.

① 국회
② 법원
③ 행정부
④ 헌법 재판소
⑤ 선거 관리 위원회

07
797

다음 신문 기사에 나타난 선거 관리 위원회의 활동이 추구하는 목적으로 가장 적절한 것은?

> ○○ 신문   2020년 1월 23일
>
> 선거 관리 위원회는 국회 의원 선거를 앞두고 정당과 국회 의원, 지방 자치 단체장, 입후보 예정자 등을 대상으로 선거법 위반 사례를 안내하고, 설 명절을 맞아 단속 인력도 대거 투입할 예정이다. 선거 관리 위원회는 귀향이나 귀경 버스를 제공, 선물 제공, 선거 운동 내용이 담긴 현수막 게시 등은 금지된다고 밝혔다.

① 신속한 선거를 실현한다.
② 공정한 선거를 실현한다.
③ 정부의 권한을 확대한다.
④ 국회 의원의 지위를 강화한다.
⑤ 선거에 대한 국가의 개입을 금지한다.

08
798

다음 사례들에 나타난 행위를 규제하는 국가 기관의 명칭을 쓰시오.

> • 국회 의원 선거에 출마한 A는 상대 후보자에 대한 허위 사실을 유포하였다.
> • 대통령 선거에 출마한 B는 선거 당일 투표소에서 자신을 지지해 달라는 선거 운동을 하였다.

(   )

서술형 문제

09
799

다음 사례를 읽고 물음에 답하시오.

> 1812년 미국의 매사추세츠주 상원 의원 선거에서 당시 주지사였던 게리는 ⑦ 자신이 속한 공화당에게 유리하도록 상원 의원 선거구를 개정하였다. 그 결과 선거에서 공화당은 29명의 당선자를 낸 데 비해, 민주당은 11명의 당선자밖에 내지 못하였다.

(1) 밑줄 친 ⑦과 같은 정치적 상황을 가리키는 용어를 쓰시오.

_____

(2) (1)의 상황을 방지하기 위해 우리나라에서 시행하고 있는 제도는 무엇인지 쓰고, 그 의미를 서술하시오.

_____

_____

논술형 문제

10
800

다음 우리나라 헌법 조항에서 규정하고 있는 제도에 대해 〈조건〉에 맞게 서술하시오.

> 제116조 ① 선거 운동은 각급 선거 관리 위원회의 관리하에 법률이 정하는 범위 안에서 하되, 균등한 기회가 보장되어야 한다.

> • 조건 •
> • 헌법 조항에서 규정하고 있는 제도의 명칭을 밝힌다.
> • 헌법 조항에서 규정하고 있는 제도의 의미와 의의를 포함하여 서술한다.

_____

_____

_____

_____

03 지방 자치와 시민 참여

• **지방 자치 제도**

의미	지역 주민이 스스로 선출한 기관을 통해 그 지역의 사무를 자율적으로 처리하는 제도
의의	• 권력 분립 실현 • 주민 자치 실현

① 지방 자치 제도의 의미와 의의

1 지방 자치 제도의 의미와 필요성

(1) **의미**: 일정한 지역에 사는 주민이 스스로 지방 자치 단체를 구성하여 그 지역의 일을 자율적으로 처리하는 제도

(2) **필요성**: 중앙 정부가 지역의 모든 일을 처리하고 다양한 요구에 반응하기가 어려움

2 지방 자치 제도의 의의 [자료①]

(1) **지방 자치 단체의 측면**: 권력 분립의 원리 실현 → 중앙 정부에 집중된 권력을 지방 정부에 •분산함①

(2) **지역 주민의 측면**: •주민 자치의 원리 실현 → 주민이 정치에 참여하는 기회가 확대되고, 지역의 문제를 주민 스스로 해결함

① 중앙 정부와 지방 정부

중앙 정부	국방과 외교를 비롯하여 국가 전체의 일을 처리하는 행정부
지방 정부	지방 자치에서 해당 지역과 관련한 일을 처리하는 단체

교과서 속 자료 읽기 ① 지방 자치 제도의 긍정적 측면과 부정적 측면

우리나라의 지방 자치 제도는 1952년부터 시행되었으나 5·16 군사 정변으로 중단되었다. 1987년 헌법 개정 후 지방 자치 제도가 부활하는 과정에서 지방 자치 제도에 대한 찬반 논쟁이 이루어졌다.

• 찬성 측의 입장에서는 주민들이 주권자로서의 정치 참여 기회를 보장받고 경제 개발의 불균형을 해결하는 등 지방 자치 제도의 실시에 따른 긍정적 측면을 근거로 제시하였다.

• 반대 측의 입장에서는 시민 의식이 미흡하고 가난한 지역이 더욱 낙후될 수 있다는 등 지방 자치 제도의 실시에 따른 부정적 측면을 근거로 제시하였다.

• 논쟁 이후에 많은 국민들의 지지 속에서 지방 자치 제도의 시행이 결정되어 1995년 지방 자치 제도가 다시 본격적으로 시행되었다.

3 지방 자치 제도에 대한 표현

(1) '민주주의의 학교'

① 지역 주민이 정치 과정을 통해 민주주의를 배우고 실천할 수 있음을 의미함

② 민주주의를 학습할 수 있다는 점을 강조함

(2) '풀뿌리 민주주의'

① 원래 시민들의 자발적 참여를 통한 대중적 민주주의를 뜻함

② 지역 주민의 자발적 참여를 통해 민주주의를 실현할 수 있다는 점을 강조함

용어 사전

• **분산** 한군데 모여 있는 것을 갈라져서 흩어지게 함

• **주민 자치** 주민들이 지역 사회의 공적 문제를 스스로 결정하고 집행하는 것

❷ 우리나라의 지방 자치 제도 [자료 ❷]

1 지방 자치 단체의 구성

(1) **구성 방법**: 4년마다 지방 선거를 통해 지역 주민이 직접 구성함

(2) **구성 요소**: 지방 의회 + 지방 자치 단체의 장

2 지방 의회

(1) **의미**: 지방 의회 의원으로 구성되는 의결 기관

(2) **역할**: 지역의 실정에 맞는 정책 결정, 지방 자치 단체가 사용할 예산의 심의·의결, 지역에 필요한 •조례 제정 등
　　　└─ 국회는 법률을 제정하고, 지방 의회는 조례를 제정함

3 지방 자치 단체의 장

(1) **의미**: 지방 자치 단체를 대표하는 집행 기관

(2) **역할**: 지방 의회가 결정한 정책 집행, 지방 의회에 예산안 제출, 지역에 필요한 •규칙 제정 등

📗 교과서 속 자료 읽기 ❷　　**우리나라의 지방 자치 단체**

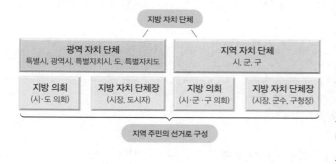

우리나라는 1991년에 지방 의회를 구성하고, 1995년에 지방 자치 단체장을 선출해 본격적으로 지방 자치 제도를 시행하였다. 지방 자치 단체는 특별시, 광역시, 특별자치시, 도, 특별자치도와 같은 광역 자치 단체와 시·군·구와 같은 기초 자치 단체로 구분된다.

---

❸ 지방 자치 제도와 주민 참여

1 주민 참여의 필요성

(1) **대표의 활동 조정**: 지방 의회 의원, 지방 자치 단체의 장 등 지역의 대표가 주민의 요구와 필요에 맞게 활동하도록 할 수 있음

(2) **정책의 방향 조정**: 지역의 정책이 주민이 원하는 방향으로 추진되도록 할 수 있음

2 주민의 다양한 참여 방법

(1) **지방 선거 참여**: 지방 의회 의원과 지방 자치 단체의 장을 선출함

(2) **청원**: 지방 자치 단체에 의견이나 요구 사항을 서면으로 제출함

(3) **공청회 참석**: 지역 사회의 문제와 관련한 공청회에 참석해 의견을 제시함

(4) **여론 형성**: 언론, 인터넷 등을 통해 여론을 형성함

(5) **직접 민주 정치 제도** ❷

주민 투표제	지역 사회의 주요한 문제를 주민이 직접 투표로 결정함
주민 소환제	선출된 지역의 공직자가 직무를 잘 수행하지 못할 경우 주민 투표로 •해임할 수 있음
주민 참여 예산제	지방 자치 단체의 예산 편성 과정에 주민이 직접 참여함

└─ 예산 집행 과정에서 투명성과 책임성을 높일 수 있음

---

❷ 한눈에 쏙

• 우리나라의 지방 자치 제도

의결 기관		집행 기관
지방 의회	+	지방 자치 단체의 장
↓		↓
시·도 의회 (광역), 시군구 의회(기초)		시장, 도지사(광역), 시장, 군수, 구청장(기초)

❸ 한눈에 쏙

• 주민 참여 방법

지방 선거	대표자 선출
청원	요구 사항 제출
공청회	의견 제시
여론 형성	언론, 인터넷 활용
직접 민주 정치 제도	주민 투표제, 주민 소환제, 주민 참여 예산제 등

❷ **기타 직접 민주 정치 제도**

• **주민 발의제**: 주민이 제정되기를 희망하는 조례안을 직접 만들어 지방 의회에 제출하는 제도

• **주민 감사 청구제**: 지역 주민이 특정한 행정 기관을 감사해 달라고 청구하는 제도

용어 사전

• **조례** 지방 자치 단체가 법령의 범위 안에서 지방 의회의 의결을 거쳐 그 지방의 사무에 관하여 제정하는 규범

• **규칙** 지방 자치 단체의 장이 법령 또는 조례가 위임한 범위 내에서 그 권한에 속하는 사무에 관하여 제정하는 규범

• **해임** 어떤 지위나 맡은 임무를 그만두게 하는 것

교사가 콕 찍은
주제별·유형별
대표문제

1 지방 자치 제도의 의미와 의의
2 우리나라의 지방 자치 제도

🚩 이 주제에서는 어떤 문제가 잘 나올까?
• 지방 자치 제도의 의미와 의의 이해하기
• 우리나라 지방 자치 단체의 구성과 역할 파악하기

• 정답 및 해설 72쪽

차근차근 기본다지기

01
801
다음 설명이 맞으면 ○표, 틀리면 ✕표 하시오.

(1) 지방 자치 제도는 지역 주민의 정치 참여 기회를 확대한다. (　　)

(2) 시장, 군수, 구청장은 기초 지방 자치 단체장에 해당한다. (　　)

(3) 지방 의회는 지방 자치 단체가 사용할 예산을 심의·의결하며, 지역에 필요한 규칙을 제정한다.
(　　)

02
802
빈칸에 들어갈 용어를 쓰시오.

(1) (　　　　)은/는 지역의 주민이 스스로 선출한 기관을 통해 그 지역의 고유한 사무를 자율적으로 처리하는 제도이다.

(2) 지방 자치 제도는 중앙 정부에 집중된 권력을 지방으로 분산시킴으로써 (　　　)의 원리를 실현할 수 있다.

(3) 우리나라의 지방 자치 단체는 의결 기관인 (　　　)와/과 집행 기관인 (　　　)(으)로 구성된다.

03
803
(1)~(4)에서 설명하는 용어를 퍼즐판에서 찾아 색칠하시오.

의	결	권	집	중
정	자	치	행	앙
책	예	산	기	정
풀	뿌	리	관	부
규	칙	조	례	리

(1) 지역 주민들의 자발적 참여를 통해 민주주의를 실현하는 것을 가리키는 말은? ○○○ 민주주의

(2) 지방 의회가 법령의 범위 안에서 그 지방의 사무에 관하여 제정하는 규범은?

(3) 지방 자치 제도에서 지방 자치 단체의 장이 하는 역할은? ○○ 기관

(4) 국가나 지방 자치 단체가 1년간 지역의 살림을 꾸리는 데 사용할 세입과 세출의 내용을 담고 있는 계획서는?

04
804
지방 자치 제도의 시행으로 인해 나타날 수 있는 현상으로 가장 적절한 것은?

① 지역 주민이 정치에 참여하는 기회가 줄어든다.

② 지방 정부에 대한 중앙 정부의 간섭이 강화된다.

③ 지역의 실정에 맞는 정책을 효율적으로 결정하고 집행할 수 있다.

05
805
밑줄 친 '이것'으로 가장 적절한 것은?

> 이것은 지역 주민이 지방 자치 제도를 통해 민주주의를 배우고 실천할 수 있다는 의미로, 민주주의를 배울 수 있다는 점을 강조한다.

① 직접 민주주의　　② 민주주의의 꽃

③ 풀뿌리 민주주의　④ 민주주의의 학교

06 그림은 우리나라 지방 자치 단체의 구성을 나타낸 것
806 이다. ㉠~㉺에 대한 설명으로 옳은 것은?

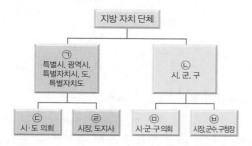

① ㉠은 기초 자치 단체, ㉡은 광역 자치 단체이다.
② ㉢이 ㉣을 임명한다.
③ ㉢은 집행 기관, ㉤은 의결 기관이다.
④ ㉣과 ㉥은 법령의 범위 내에서 조례를 제정한다.
⑤ ㉤이 정책을 결정하면 ㉥이 집행한다.

07 (가), (나)의 지방 자치 단체에 대한 설명으로 옳지 <u>않은</u>
807 것은?

> (가) ○○특별시장   (나) △△도 의회

① (가)의 임기는 4년이다.
② (가)는 법률을 제정할 수 있는 권한이 있다.
③ (나)는 지방 의회 의원으로 구성된다.
④ (나)는 지역 주민의 선거를 통해 선출된다.
⑤ (가), (나)는 모두 광역 자치 단체에 해당한다.

08 다음 우편 봉투에서 '보내는 사람'이 속한 광역 자치
808 단체와 기초 자치 단체가 어디인지 각각 쓰시오.

> 보내는 사람
> 경기도 화성시 남양읍 ○○로 123
>
> 받는 사람
> 부산광역시 강서구 ○○로 456

(   )

서술형 문제

09 다음 글을 읽고 물음에 답하시오.
809

> 우리나라의 지방 자치 제도에서 지방 의회
> 는 (㉠) 기관이고, 지방 자치 단체의 장은
> (㉡) 기관이다. 이들 지방 자치 단체는 지역
> 주민의 복리 향상을 목적으로 다양한 지역 사무를
> 처리한다.

(1) ㉠, ㉡에 들어갈 용어를 각각 쓰시오.

_____

(2) ㉠, ㉡의 역할을 각각 **두 가지**씩 서술하시오.

_____

_____

논술형 문제

10 그림은 우리나라에서 지방 자치 제도를 다시 도입할
810 때 반대한 사람들의 입장을 나타낸 것이다. 이와 비교
하여 찬성한 사람들의 입장을 〈조건〉에 맞게 서술하
시오.

> • 조건 •
> 반대하는 사람들의 입장에 동의할 수 없는 이유
> 를 포함하여 서술한다.

_____

_____

_____

_____

③ 지방 자치 제도와 주민 참여

• 정답 및 해설 **73**쪽

차근차근 기본다지기

01 빈칸에 들어갈 용어를 쓰시오.
811
(1) 주민이 지역 사회 문제의 해결에 참여하는 가장 기본적인 방법은 지역의 대표를 선출하는 (   )에 참여하는 것이다.
(2) (   )은/는 지역 주민이 지방 자치 단체의 중요한 문제를 직접 투표를 통해 결정할 수 있는 제도이다.
(3) 지역 주민은 (   )을/를 통해 지방 자치 단체의 예산 편성 과정에 직접 참여할 수 있다.

02 다음 설명이 맞으면 ○표, 틀리면 ✕표 하시오.
812
(1) 지방 자치 단체장은 주민의 직접 투표로 선출되기 때문에 정해진 임기 동안은 해임할 수 없다.
(   )
(2) 지역 사회 문제에 시민들이 직접 참여함으로써 대의 민주주의를 기본으로 하는 현대 민주 정치의 한계를 극복할 수 있다. (   )
(3) 청원, 공청회, 주민 투표, 주민 소환 등은 모두 지역 수준의 문제 해결에만 활용할 수 있고, 국가 수준의 문제 해결에는 활용할 수 없다. (   )

03 (1)~(3)에서 설명하는 용어를 퍼즐판에서 찾아 색칠하시오.
813

주	주	공	론	장
주	민	발	의	기
가	투	소	언	론
기	표	소	환	장
공	청	회	경	관

(1) 주민이 제정되기를 희망하는 조례안을 직접 만들어 지방 의회에 제출하는 것은?
(2) 선출된 지역의 공직자가 직무를 잘 수행하지 못할 경우 주민 투표로 해임할 수 있도록 하는 것은?
(3) 국가 기관이 정책이나 대안을 공개적으로 설명하고 그에 관해 사람들의 다양한 의견을 듣는 것은?

04 지역 주민의 정치 참여에 대한 설명으로 옳지 않은 것은?
814
① 대의 민주주의의 한계를 보완할 수 있다.
② 우리나라에서는 주민 투표제, 주민 소환제 등을 통해 제도적으로 보장하고 있다.
③ 지역의 문제에 대해 인터넷에 의견을 남기거나 공무원에게 편지를 쓰는 등의 활동은 정치 참여로 볼 수 없다.

05 다음에서 설명하는 주민의 정치 참여 방법으로 옳은 것은?
815

> 지방 의회 의원과 지방 자치 단체의 장을 해당 지역 주민의 직접 투표를 통해 선출한다.

① 지방 선거
② 주민 소환
③ 주민 투표
④ 주민 발의

06
816

㉠에 들어갈 제도에 대한 옳은 설명만을 〈보기〉에서 고른 것은?

○○ 신문   20○○년 ○○월 ○○일

○○시는 몇 년 전부터 (㉠)을/를 시행하여 수백억 원의 예산을 지역 주민이 직접 발굴하고 제안한 사업들에 투입해 오고 있다. ○○시가 (㉠)을/를 통해 예산을 편성하여 투입한 대표적 사업으로는 전통시장의 환경 개선, 보행 환경의 개선 등을 들 수 있다.

• 보기 •
ㄱ. 주민 참여 예산제이다.
ㄴ. 대표적인 간접 민주 정치 제도이다.
ㄷ. 지역 주민이 지방 자치에 참여하는 방법이다.
ㄹ. 예산 집행 과정에서 투명성을 약화시킬 수 있다.

① ㄱ, ㄴ   ② ㄱ, ㄷ   ③ ㄴ, ㄷ
④ ㄴ, ㄹ   ⑤ ㄷ, ㄹ

07
817

다음 글에 나타난 고대 아테네의 민주 정치 제도와 가장 관계 깊은 것은?

고대 아테네에서는 독재자의 출현을 방지하기 위해 국가에 해를 끼칠 가능성이 있는 사람의 이름을 조개껍질이나 도자기 파편에 적어 총 6천 표가 넘으면 국외로 10년간 추방하였다.

① 선거   ② 공청회
③ 주민 발의   ④ 주민 투표
⑤ 주민 소환

08
818

다음 사례에 나타난 직접 민주 정치 제도는 무엇인지 쓰시오.

○○구에서는 8,000여 명의 주민들이 학교 급식 식재료의 방사능 검사 기준을 강화하는 조례안을 지방 자치 단체에 제출하였다.

(   )

09
819

㈎에 들어갈 내용을 서술하시오.

교사: 주민이 지방 자치에 참여할 수 있는 방법에는 어떤 것이 있을까요?
갑: 4년마다 실시하는 지방 선거에 참여해 소중한 한 표를 행사해요.
을: 문제 해결을 위한 방안에 대해 청원을 하거나 서명 운동을 해요.
교사: 네, 모두 잘 이야기해 주었어요. 그렇다면 이러한 주민 참여가 필요한 이유는 무엇일까요?
병: _____ ㈎

10
820

우리나라의 지방 자치에서 밑줄 친 ㉠을 해결하기 위해 도입하고 있는 제도를 〈조건〉에 맞게 서술하시오.

규모가 커지고 복잡해진 현대 사회에서는 대부분의 국가에서 국민의 선거로 뽑힌 대표자가 나라의 중요한 일을 결정하는 대의 민주주의를 채택하고 있다. 그런데 이 과정에서 ㉠ 대표자가 국민의 의견을 제대로 정책에 반영하지 못하거나 선거 외의 정치 참여에서 소외되는 문제가 발생하기도 한다.

• 조건 •
제도를 세 가지 이상 제시하고, 그 의미를 서술한다.

01 정치 과정과 정치 주체

01
821

⊙에 들어갈 용어로 가장 적절한 것은?

> 현대 민주주의 사회에서 개인이나 집단이 표출하는 다양한 이해관계를 집약하여 공공 정책으로 결정하고 집행하는 과정을 (⊙) 과정이라고 하며, 이를 통하여 사회 문제가 해결된다.

① 선거　　② 정치　　③ 집행
④ 입법　　⑤ 사법

02
822

민주적 정치 과정에서 시민의 역할로 적절한 것만을 〈보기〉에서 고른 것은?

> ● 보기 ●
> ㄱ. 정부를 비판하고 감시한다.
> ㄴ. 언론 보도를 무조건 신뢰한다.
> ㄷ. 적극적으로 정치 과정에 참여한다.
> ㄹ. 항상 사회의 이익보다 개인의 이익을 중요시한다.

① ㄱ, ㄴ　　② ㄱ, ㄷ　　③ ㄴ, ㄷ
④ ㄴ, ㄹ　　⑤ ㄷ, ㄹ

03
823

그림은 정치 과정의 단계를 나타낸 것이다. ⊙~㉣에 들어갈 정치 주체를 옳게 연결한 것만을 〈보기〉에서 고른 것은?

> ● 보기 ●
> ㄱ. ⊙ – 개인, 집단　　ㄴ. ⓒ – 언론, 정당
> ㄷ. ⓒ – 시민 단체　　ㄹ. ㉣ – 정당

① ㄱ, ㄴ　　② ㄱ, ㄷ　　③ ㄴ, ㄷ
④ ㄴ, ㄹ　　⑤ ㄷ, ㄹ

04
824

다음은 ○○ 중학교의 교복 개선 과정을 나타낸 것이다. (가)~(마)를 정치 과정의 단계에 따라 순서대로 옳게 나열한 것은?

> (가) 학생과 학부모가 교복의 불편함을 호소하며 개선을 요구하였다.
> (나) 교복 관리 위원회에서 디자인과 품질이 개선된 교복을 선정하고 학생들이 이를 착용하였다.
> (다) 교복 관리 위원회의 활동 이후 교복의 디자인과 품질이 개선되었는지 학생과 학부모의 의견을 조사하고 반영하였다.
> (라) 학생, 학부모, 교사의 의견을 조사한 결과 착용이 불편한 교복의 디자인과 낮은 품질이 가장 큰 문제로 선정되었다.
> (마) 학생, 학부모, 교사 대표가 참여하는 교복 관리 위원회를 구성하여 교복의 디자인과 품질에 대한 문제를 개선하기로 결정하였다.

① (가) – (나) – (다) – (라) – (마)
② (가) – (라) – (마) – (나) – (다)
③ (나) – (다) – (라) – (마) – (가)
④ (다) – (가) – (나) – (마) – (라)
⑤ (라) – (다) – (가) – (나) – (마)

05
825

밑줄 친 ⊙~㉿ 중 옳지 않은 것은?

> 정치 과정에서 ⊙ 국회는 국민의 다양한 의사를 반영하여 ⓒ 법률을 만들거나 고침으로써 정책을 결정한다. ⓒ 정부는 법률에 근거하여 구체적인 정책을 수립하고 이를 실행에 옮긴다. 법률이나 정책은 그 내용이 추상적이므로, ㉣ 국회는 다양한 방법과 대책을 찾아 정책을 집행한다. 법원은 정책과 관련한 분쟁이 발생하였을 때 ㉿ 재판을 통해 판결함으로써 정치 과정에 영향을 미친다.

① ⊙　　　② ⓒ　　　③ ⓒ
④ ㉣　　　⑤ ㉿

06 다음 신문 기사 제목에 나타난 정치 과정의 단계로 가장 적절한 것은?

> ○○ 신문 　　　　20○○년 ○○월 ○○일
>
> **어린이집 CCTV 설치 의무화 법안,
> 국회 본회의 통과!**

① 이익 표출　② 이익 집약　③ 정책 결정
④ 정책 집행　⑤ 정책 평가

07 (가), (나)에 해당하는 정치 주체를 옳게 연결한 것은?

> (가) 사실을 보도하고 논평하여 여론을 형성하는 데 주도적인 역할을 담당한다.
> (나) 이해관계를 같이하는 사람들이 자신들의 특수한 이익을 실현하기 위해 만든 단체이다.

	(가)	(나)
①	정당	언론
②	정당	시민 단체
③	언론	시민 단체
④	언론	이익 집단
⑤	이익 집단	언론

08 정당에 대한 옳은 설명만을 〈보기〉에서 고른 것은?

> ┌ 보기 ┐
> ㄱ. 정치 권력의 획득을 목적으로 한다.
> ㄴ. 자기 집단의 이익 추구를 위해 노력한다.
> ㄷ. 국민의 의견을 수렴하여 정책을 마련한다.
> ㄹ. 법률을 만들거나 고침으로써 정책을 결정한다.

① ㄱ, ㄴ　　② ㄱ, ㄷ　　③ ㄴ, ㄷ
④ ㄴ, ㄹ　　⑤ ㄷ, ㄹ

09 그림에 나타난 정부의 정책에 대해 이익 집단이 보일 수 있는 반응으로 가장 적절한 것은?

> 정부는 의약의 합리화와 약품의 남용을 방지하기 위해 의사의 처방전에 의해 약을 조제받는 경우에만 건강보험을 적용하기로 하였습니다.
>
> 대한민국 정부

① 정책을 위반하는 약국을 처벌한다.
② 사회 전체의 이익을 고려하여 찬성한다.
③ 정책을 수행하는 모습을 공정하게 보도한다.
④ 자기 집단의 경제적 손실을 이유로 반대한다.
⑤ 국민의 요구를 반영하여 새로운 법률을 만든다.

02 선거와 선거 제도

10 다음 내용이 공통으로 가리키는 시민의 정치 참여 방법에 대한 옳은 설명을 〈보기〉에서 고른 것은?

> • 행정부의 수반인 대통령을 선출한다.
> • 입법부인 국회의 구성원을 선출한다.
> • 지방 의회 의원과 지방 자치 단체장을 선출한다.

> ┌ 보기 ┐
> ㄱ. 권력 통제의 수단은 아니다.
> ㄴ. '민주주의의 꽃'이라고 불린다.
> ㄷ. 시민의 대표적인 정치 참여 통로이다.
> ㄹ. 직접 민주주의에서 더욱 중요한 역할을 한다.

① ㄱ, ㄴ　　② ㄱ, ㄷ　　③ ㄴ, ㄷ
④ ㄴ, ㄹ　　⑤ ㄷ, ㄹ

11
831
자료는 어느 아파트 게시판에 붙은 벽보이다. 이를 통해 직접 알 수 있는 선거의 기능으로 가장 적절한 것은?

〈알림〉

국회 의원 선거 후보 홍길동과 함께하는
주민 간담회

주제: 우리 마을 푸른 숲 지키기
장소: 2단지 주민 센터 3층
일시: 20○○년 ○○월 ○○일(토) 오후 2시

① 대표자를 선출한다.
② 정치권력을 통제한다.
③ 국가 정책을 집행한다.
④ 정치권력에 정당성을 부여한다.
⑤ 시민의 다양한 의견을 수렴한다.

12
832
다음 글을 통해 알 수 있는 선거의 기능으로 적절하지 않은 것은?

오늘날에는 모든 국민이 한자리에 모여 국가의 중요한 일을 결정하는 것이 현실적으로 불가능하다. 따라서 대부분의 현대 민주 국가에서는 대표자가 국민을 대신하여 국정을 담당하고 있다.

① 대표자를 결정한다.
② 국민이 주권을 행사한다.
③ 정치권력에 정당성을 부여한다.
④ 대표자에게 절대적 권력을 부여한다.
⑤ 시민이 다양한 이익을 표현하도록 한다.

13
833
다음 대화에서 지켜지지 않은 선거의 기본 원칙은?

갑: 아픈 데는 괜찮아? 투표는 할 수 있겠어?
을: 아직 병원에 입원 중이라서 동생에게 대신 투표해 달라고 부탁했어.

① 보통 선거   ② 평등 선거   ③ 공개 선거
④ 직접 선거   ⑤ 제한 선거

14
834
(가), (나)에 해당하는 민주 선거의 기본 원칙에 대한 옳은 설명만을 〈보기〉에서 고른 것은?

(가)

(나)

보기
ㄱ. (가)는 평등 선거, (나)는 직접 선거에 해당한다.
ㄴ. (가)의 반대는 제한 선거이고, (나)의 반대는 공개 선거이다.
ㄷ. (가)는 성별이나 재산, 교육 수준 등을 이유로 선거권을 제한할 수 없다는 원칙이다.
ㄹ. (나)는 다른 사람이 대신 투표권을 행사할 경우 나타날 수 있는 부정 선거 등의 문제를 예방하기 위한 원칙이다.

① ㄱ, ㄴ   ② ㄱ, ㄷ   ③ ㄴ, ㄷ
④ ㄴ, ㄹ   ⑤ ㄷ, ㄹ

15
835
그림에 나타난 선거 방식의 문제점으로 가장 적절한 것은?

① 투표 시간이 오래 걸린다.
② 대리 선거가 나타날 수 있다.
③ 투표권의 차등이 발생할 수 있다.
④ 성별이나 성적에 따라 참여가 제한될 수 있다.
⑤ 자신의 양심에 따라 후보자를 선택하기가 어려울 수 있다.

16 밑줄 친 '이 기관'의 역할로 적절한 것만을 〈보기〉에서 고른 것은?
836

> 이 기관은 선거의 공정한 관리와 정당에 관한 사무를 처리하기 위해 설치된 국가 기관으로, 선거에서 국민의 뜻이 올바르게 반영될 수 있도록 노력한다.

• 보기 •
ㄱ. 선거법을 제·개정한다.
ㄴ. 선거 관련 정보를 제공한다.
ㄷ. 후보자의 인사 청문회를 실시한다.
ㄹ. 선거법 위반 행위를 예방하고 단속한다.

① ㄱ, ㄴ   ② ㄱ, ㄷ   ③ ㄴ, ㄷ
④ ㄴ, ㄹ   ⑤ ㄷ, ㄹ

17 ㉠, ㉡에 들어갈 용어를 옳게 연결한 것은?
837

> 선거를 시행하는 지역 단위인 선거구를 어떻게 정하느냐에 따라 특정 정당과 후보가 유리하거나 불리해질 수 있다. 따라서 우리나라는 선거구를 (㉠)에서 만든 (㉡)(으)로 정하도록 하고 있다.

	㉠	㉡
①	국회	법률
②	국회	헌법
③	정부	법률
④	정부	헌법
⑤	법원	법률

18 다음 글에 나타난 제도의 목적으로 적절하지 않은 것은?
838

> 우리나라는 국가나 지방 자치 단체가 선거의 진행을 관리하고 선거 운동 비용의 일부를 부담하는 제도를 실시하고 있다.

① 부정 선거 방지
② 선거 운동의 과열 방지
③ 모든 국민에게 선거권 보장
④ 선거 운동의 기회 균등 보장
⑤ 후보자의 경제적 차이에 의한 차별 방지

19 다음 교사의 질문에 대해 잘못 대답한 학생은?
839

우리나라의 지방 자치 제도에 대해 이야기해 볼까요?

① 갑: '풀뿌리 민주주의'라고도 합니다.
② 을: 지역 주민의 정치 참여를 높일 수 있습니다.
③ 병: 지방 자치 단체의 장은 대통령이 임명합니다.
④ 정: 지방 의회 의원은 4년마다 지방 선거로 선출합니다.
⑤ 무: 지역의 특성에 맞는 업무 처리가 이루어질 수 있습니다.

20 그림은 우리나라 지방 자치 단체의 구성을 나타낸 것이다. ㉠에 들어갈 기관의 역할로 적절한 것만을 〈보기〉에서 고른 것은?
840

• 보기 •
ㄱ. 예산을 심의하고 확정한다.
ㄴ. 지역에 필요한 규칙을 제정한다.
ㄷ. 지역에 필요한 조례를 제정한다.
ㄹ. 지방 자치 단체의 사무를 관리한다.

① ㄱ, ㄴ   ② ㄱ, ㄷ   ③ ㄴ, ㄷ
④ ㄴ, ㄹ   ⑤ ㄷ, ㄹ

21 그림은 우리나라 지방 자치 단체의 구성을 나타낸 것
841 이다. ㉠에 들어갈 지방 자치 기관으로 옳은 것은?

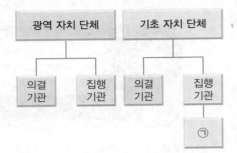

① 도지사   ② 구청장   ③ 구의회
④ 광역시장   ⑤ 특별시의회

22 ㉠에 들어갈 용어로 적절하지 <u>않은</u> 것은?
842

> 지방 자치 제도는 지방 자치에 참여하는 가장 기본적인 방법으로, 우리나라에서는 「지방 자치법」에 따라 지역 주민이 스스로 (㉠) 등의 대표를 선출한다.

① 시장   ② 구청장
③ 도지사   ④ 국회 의원
⑤ 지방 의원

★
23 다음 글에 나타난 주민 참여 제도로 옳은 것은?
843

> ○○군에서는 3,000여 명의 주민들이 청년 농업인이 안정적으로 농업에 종사하면서 농촌 사회에 정착할 수 있도록 청년 농업인을 육성하기 위한 조례안을 지방 자치 단체에 제출하였다. 이 조례안은 앞으로 군 의회에서 다루어질 전망이다.

① 주민 소환제   ② 주민 발의제
③ 주민 소송제   ④ 주민 투표제
⑤ 주민 참여 예산제

24 ㈎, ㈏에 해당하는 주민 참여 제도를 옳게 연결한 것은?
844

> ㈎ 특정한 기관을 감사해 달라고 청구할 수 있다.
> ㈏ 선출된 지역의 공직자가 직무를 잘 수행하지 못할 경우 주민 투표로 해임할 수 있다.

	㈎	㈏
①	청원	주민 발의제
②	주민 소환제	주민 투표제
③	주민 투표제	주민 소환제
④	주민 감사 청구제	주민 발의제
⑤	주민 감사 청구제	주민 소환제

25 ㈎에 들어갈 신문 기사의 제목으로 가장 적절한 것
845 은?

> | ○○ 신문 | 20○○년 ○○월 ○○일 |
> |---|---|
>
> ㈎
>
> ○○동 주민 자치회는 주민 총회를 통해 우선순위 사업들을 선정하였다. 총회에서의 투표 결과, 주민들이 가장 원하는 사업은 '쓰레기 분리배출 처리장 설치'였다. 이를 바탕으로 지방 자치 단체는 일반 주택 지역에도 아파트와 같은 쓰레기 분리 수거함을 설치해 골목 환경의 개선을 도모하였다. 인근 주민을 대상으로 분리배출 처리장의 필요성에 대한 홍보가 이루어지면서 주민의 참여가 확대되었고, 일반 주택가의 쓰레기 문제가 상당히 개선되었다.

① 주민 참여 예산제의 중요성
② 지방 자치 제도의 등장 배경
③ 쓰레기 분리배출 사업의 목적
④ 주민 참여를 통한 지역 사회 문제의 해결
⑤ 지역 문제의 해결을 위한 중앙 정부의 노력

[26-27] 다음 글을 읽고 물음에 답하시오.

> 식물의 잔뿌리들이 물과 양분을 흡수해서 열매를 맺는 것처럼, 지역 주민들이 자발적으로 참여하여 자신이 살고 있는 지역의 필요에 맞는 정치를 해 나간다는 의미에서 '풀뿌리 민주주의'라고도 한다.

26 윗글에서 설명하는 민주 정치 제도의 성공 조건으로 적절한 것만을 〈보기〉에서 고른 것은?
846

┌─ 보기 ─
ㄱ. 지역 주민이 적극적으로 참여한다.
ㄴ. 지방 자치 단체의 자율성을 보장한다.
ㄷ. 예산 편성에 중앙 정부의 참여를 유도한다.
ㄹ. 중앙 정부와 지방 정부 간에 수직적 관계를 확립한다.
└─

① ㄱ, ㄴ   ② ㄱ, ㄷ   ③ ㄴ, ㄷ
④ ㄴ, ㄹ   ⑤ ㄷ, ㄹ

27 윗글에서 설명하는 민주 정치 제도에 지역 주민이 참여할 수 있는 방법으로 적절한 것만을 〈보기〉에서 고른 것은?
847

┌─ 보기 ─
ㄱ. 자치 단체의 예산을 심의하고 의결한다.
ㄴ. 지방 의회에서 의결한 정책을 집행한다.
ㄷ. 자치 단체의 예산 편성 과정에 참여한다.
ㄹ. 지역 사회의 문제 해결을 위한 공청회에 참석한다.
└─

① ㄱ, ㄴ   ② ㄱ, ㄷ   ③ ㄴ, ㄷ
④ ㄴ, ㄹ   ⑤ ㄷ, ㄹ

28 (가)에 들어갈 내용을 서술하시오.
848

구분	이익 집단	시민 단체
차이점	사익 추구	공익 추구
공통점	(가)	

29 표는 영국의 선거권 확대 과정을 나타낸 것이다. 이 과정을 통해 확립된 민주 선거의 원칙은 무엇인지 쓰고, 그 의미를 서술하시오.
849

시기	선거권 인정 대상
시민 혁명 이후	귀족, 부자
1832년	중산 계층의 성인 남자로 확대
1867년	도시 노동자, 소작농으로 확대
1884년	광산 노동자, 농민으로 확대
1918년	21세 이상 남성으로 확대, 30세 이상 여성으로 확대
1928년	21세 이상 모든 남녀로 확대

30 다음 목적을 실현하기 위해 주민이 할 수 있는 노력을 두 가지만 서술하시오.
850

> • 지역의 정책이 주민이 원하는 방향으로 추진되도록 한다.
> • 지역의 대표가 주민의 요구와 필요에 맞게 활동하도록 유도한다.

일상생활과 법

01 법의 의미와 목적
~ 02 다양한 생활 영역과 법

① 한눈에 쏙

• 사회 규범의 종류

사회 규범	사회 질서 유지를 위해 지켜야 하는 기준

↓

관습	오랫동안 반복된 행동 양식이 사회적 기준으로 인정된 것
종교 규범	일정한 종교 사회에서 지켜야 할 교리, 계율
도덕	인간이 지켜야 할 바람직한 도리
법	사회 구성원의 합의를 통해 국가가 정한 사회 규범

① 법과 도덕의 비교

구분	법	도덕
규율 대상	행위의 결과 중시	행위의 동기 중시
특성	강제성	자율성
위반 시	국가에 의한 제재	양심의 가책, 사회적 비난

② 법의 강제성

법은 행동의 결과를 중시하여 외적으로 보이는 행동을 규율하고, 이를 지키지 않을 경우 국가가 일정한 제재를 가함으로써 사회 질서를 유지한다.

용어 사전

• 관혼상제 사람이 살면서 겪는 중요한 네 가지 예식으로 관례, 혼례, 상례, 제례를 말함
• 교리 종교적인 원리나 이치로, 각 종교가 진리라고 규정하는 신앙의 체계를 말함

---

① 법의 의미와 특성

1 사회 규범의 종류와 법의 특성 [자료 ①]

(1) 사회 규범의 의미와 종류

① 사회 규범의 의미: 사람들이 사회 질서를 유지하고 사회생활을 원활하게 하기 위해 지켜야 하는 기준

② 사회 규범의 종류 ①

관습	오랫동안 반복되는 행동 양식이 사회적 행위의 기준으로 인정된 것 예 의식주, •관혼상제 등
종교 규범	일정한 종교 사회에서 지켜야 할 •교리나 계율 예 십계명, 불경 등
도덕	인간이 지켜야 할 바람직한 도리 예 어른 공경, 효도 등
법	사회 구성원의 합의를 통한 사회적 약속으로, 국가가 정한 규범 예 민법, 초·중등 교육법, 도로 교통법 등

(2) 법의 특성

① 강제성: 법을 지키지 않을 경우 국가에 의해 제재를 받게 됨 ②
② 명확성: 다른 규범에 비해 해야 할 일과 하지 말아야 할 일을 구체적이고 명확하게 규정함

📖 교과서 속 자료 읽기 ① **법과 도덕의 차이**

(가)

당신은 법을 어기고 다른 사람의 재물을 허락 없이 가져갔으므로 체포합니다.

(나)

쯧쯧! 이웃 어른을 보고도 인사를 하지 않다니, 도덕이 땅에 떨어졌어.

• (가)에 나타난 사회 규범은 법이다. 법은 강제성을 띠고 있어, 위반할 경우에는 국가에 의한 제재가 이루어질 수 있다.
• (나)에 나타난 사회 규범은 도덕이다. 도덕은 강제성이 없고 자율성을 바탕으로 하고 있어, 위반할 경우 사회적 비난을 받을 수 있지만 국가에 의한 제재는 이루어지지 않는다.

---

2 일상생활과 법

주의 법은 우리의 생활을 규제하는 동시에 보호함

(1) 일상생활과 밀접하게 관련된 법: 우리는 일상생활 전반에서 법의 영향을 받음
예 교통 신호에 따라 길을 건너거나 자동차가 운행되는 것, 학교에서 배우는 내용을 법에 따라 정하는 것
└「도로 교통법」이 규율하는 내용임
└「초·중등 교육법」이 규율하는 내용임

(2) 일생 동안 영향을 미치는 법: 사람은 태어나서부터 죽을 때까지 전 생애에 걸쳐 법의 영향을 받음 예 출생 신고, 혼인 신고, 사망 신고 등

② 법의 목적과 기능

1 법의 목적 자료②

(1) •정의의 실현 ③

① 범죄자에게 그 범죄에 상응하는 처벌을 하거나, 개인의 능력에 따라 모든 사람이 정당한 대우를 받도록 함

② 법이 추구하는 궁극적 목적

(2) 공공복리 추구: 특정 집단이나 개인의 이익이 아니라 국민 다수의 행복과 이익을 실현하고자 함

교과서 속 자료 읽기 ② **정의의 여신상**

⚠ 서양의 정의의 여신상

⚠ 우리나라의 정의의 여신상

서양과 우리나라의 정의의 여신상이 모두 들고 있는 저울은 법의 형평성을 의미한다. 서양 정의의 여신상이 들고 있는 칼은 법을 엄정하게 집행하겠다는 법의 강제성을 의미하고, 우리나라 정의의 여신상이 들고 있는 법전은 규칙과 기준의 적용을 상징한다. 정의의 여신이 두 눈을 가리거나 눈을 감고 있는 경우도 있는데, 이는 어느 쪽에도 기울지 않고 공평한 자세를 지킨다는 것을 의미한다.

---

2 법의 기능 자료③

(1) 분쟁 예방 및 해결: 사회 구성원 간에 발생하는 <u>분쟁의 해결 기준 제시</u>, 각종 분쟁의 효율적이고 합리적인 해결

(2) 사회 질서 유지: 범죄로부터 사람들을 보호하여 <u>사회 질서 유지</u>, 범죄에 대한 처벌 기준을 제시하여 범죄 예방

(3) 개인의 권리 보호: <u>개인의 권리를 보장</u>하여 억울한 일을 당하지 않도록 보호, 권리를 침해당한 경우 물질적·정신적 보상을 받도록 도움

교과서 속 자료 읽기 ③ **법의 기능**

롤러블레이드의 결함 때문에 다쳤으니까 손해를 배상해 주세요.

타는 사람이 조심했어야죠. 배상은 못합니다!

제조물의 결함으로 신체에 손해를 끼쳤으므로 제조업자가 그 손해를 배상해야 합니다.

그림에는 상품을 산 사람과 상품을 판 사람 간에 발생한 분쟁이 법을 통해 해결되는 모습이 나타나 있다. 이처럼 법은 객관적이고 공정한 기준을 제공하여 분쟁을 해결하고, 손해 배상을 통해 침해당한 개인의 권리를 구제함으로써 권리를 보호한다.

---

② 한눈에 쏙

• 법의 목적과 기능

목적	• 정의 실현 • 공공복리 추구
기능	• 분쟁 예방 및 해결 • 사회 질서 유지 • 권리 보호

③ 정의의 유형

구분	평균적 정의	배분적 정의
의미	같은 가치를 가지고 있는 모든 사람을 동등하게 취급하는 것	사람들을 각각 자신의 능력과 가치에 따라 다르게 취급하는 것
성격	절대적 평등	상대적 평등
사례	범죄 처벌 등	차등 보상 등

용어 사전

• **정의** 모든 사람이 인간으로서 동등한 대접을 받고, 각자의 능력과 노력에 따라 정당한 대가를 받는 것

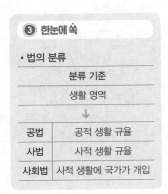

③ 한눈에 쏙

• 법의 분류

분류 기준
생활 영역

↓

공법	공적 생활 규율
사법	사적 생활 규율
사회법	사적 생활에 국가 개입

④ 생활 영역에 따른 법의 종류

```
          ┌ 헌법
          ├ 행정법
    공법 ─┼ 형법
          ├ 민사 소송법
          └ 형사 소송법
법 ─┤
    사법 ─┬ 민법
          └ 상법
          ┌ 노동법
  사회법 ─┼ 경제법
          └ 사회 보장법
```

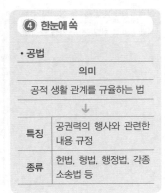

④ 한눈에 쏙

• 공법

의미
공적 생활 관계를 규율하는 법

↓

특징	공권력의 행사와 관련한 내용 규정
종류	헌법, 형법, 행정법, 각종 소송법 등

용어 사전

• **규율** 질서나 제도를 좇아 다스림
• **유류분** 상속을 받은 사람이 마음대로 처리하지 못하고, 일정한 상속인을 위해 법률상 반드시 남겨 두어야 하는 상속 재산의 일정 부분
• **공권력** 국가나 공공 단체가 국민에게 명령하고 강제할 수 있는 권력

③ 법의 분류

1 법의 분류 기준: 규율하는 생활 영역에 따라 구분함 ❹

2 법의 종류 자료 ❹

(1) **공법:** 공적인 생활 관계를 •규율하는 법

(2) **사법:** 개인과 개인 간의 관계를 규율하는 법

(3) **사회법**

　① 사회적 약자를 보호하기 위해 국가가 개인 간의 관계에 개입하는 법

　② 공법과 사법의 중간적인 성격의 법

교과서 속 자료 읽기 ❹　　**일상생활 속 법의 영역**

• ㈎에 나타난 국방의 의무는 헌법에 규정된 국민의 권리와 의무에 따른 것이다. 즉, 헌법에 따라 모든 국민은 국방의 의무를 지지만, 현행 헌법에서 군 복무의 의무는 남성에게만 부과된다. 이처럼 개인과 국가 간의 공적인 생활 관계를 규율하는 것은 공법의 영역이다.

• ㈏에 나타난 개인 간의 상속 문제는 민법을 통해 해결할 수 있다. 즉, 일정한 조건을 갖춘 상속인은 민법에 따라 상속 재산의 일부를 •유류분으로 청구할 수 있다. 이처럼 사적인 생활 관계를 규율하는 것은 사법의 영역이다.

• ㈐에 나타난 개인과 기업 간의 문제는 「산업 재해 보상 보험법」을 통해 해결할 수 있다. 즉, 아르바이트생도 근로자이므로 해당 법률에 따라 보상을 받을 수 있다. 이처럼 사적인 영역에 국가가 개입하여 사회·경제적 약자인 근로자를 보호하는 것은 사회법의 영역이다.

---

④ 공법(公法) 자료 ❺

1 의미

(1) 국가 공동체와 관련된 개인의 생활 영역을 규율하는 법

(2) 국가와 국민 또는 국가 기관 간의 공적 생활 관계를 규율하는 법

2 특징: 국가나 공공 단체 등이 •공권력을 행사하는 것과 관련한 내용을 규정함

3 종류

헌법	국가의 최고법으로 국민의 권리와 의무, 국가의 통치 조직 등 국가의 기본 원칙을 정해 놓은 법
형법	범죄의 유형과 그에 관하여 어떠한 형벌을 부과할 것인지 규정하는 법
행정법	행정 기관의 조직과 작용 및 행정 작용으로 침해당한 국민의 권리 구제에 관한 법
각종 소송법	재판을 진행하는 절차를 규정한 법 — 예 형사 소송법, 민사 소송법

⑤ 사법(私法) ⑤ [자료 ⑤]

1 의미: 개인과 개인 간의 <mark>사적 생활 관계를 규율하는 법</mark>

2 특징: 주로 개인과 개인 간의 갈등과 분쟁을 해결하는 데 필요한 내용을 규정함

3 종류

┌ 가족생활을 유지하고 개인의 재산권을 보호하는 역할을 함

민법	• 개인과 개인의 가족 관계, 재산 관계 등을 규정하는 법 • 재산권, 계약, 혼인과 이혼, 상속, 유언 등을 다룸
상법	개인이나 기업 사이의 경제생활 관계를 규정하는 법

🌳 교과서 속 자료 읽기 ⑤ 일상생활에서 적용되는 공법과 사법

「형법」 제329조(절도) 타인의 재물을 절취한 자는 6년 이하의 징역 또는 1천만 원 이하의 벌금에 처한다.	「민법」 제807조(혼인 적령) 18세가 된 사람은 혼인할 수 있다.

- 다른 사람의 물건을 훔치는 것과 같은 범죄 행위를 그대로 놓아둔다면 사회가 혼란해질 수 있다. 따라서 국가는 개인과 국가 간의 공적 생활 관계를 규율하는 공법 중 형법에 범죄의 종류와 그에 따른 형벌의 내용을 정해 놓고, 죄를 지으면 국가에 의해 제재를 받도록 한다.
- 개인이 서로 사랑하는 것은 사적인 일이지만, 현재 우리나라에서 혼인은 법적으로 인정되는 남녀 간의 결합을 의미한다. 따라서 국가는 개인과 개인 간의 사적 생활 관계를 규율하는 사법 중 민법에 혼인할 수 있는 연령 등을 규정함으로써 혼인과 관련된 사항을 통제한다.

⑥ 사회법

1 의미: <mark>개인 간의 사적인 생활 영역에 국가가 개입하여 이를 규율하는 법</mark>

2 등장 배경

(1) **산업 혁명 이후의 사회 문제:** 산업 혁명 이후 자본주의의 발전 과정에서 경제 성장은 이루어졌지만, 빈부 격차나 노사 갈등 같은 여러 가지 사회 문제가 발생함 ⑥

(2) **국가 개입의 필요성:** 개인의 힘만으로 해결하기 어려운 사회 문제를 해결하기 위해 사법 영역에 국가가 개입하여 사회·경제적 약자를 보호하기 위한 사회법이 등장함

ⓔ 근로자, 장애인, 저소득층 ┘

3 특징

(1) 사회적 약자 보호, 모든 국민의 인간다운 생활 보장을 목적으로 함

(2) 복지 국가에서 그 중요성이 커지고 있음

4 종류

노동법	<mark>근로자를 보호할 목적으로</mark> 근로자의 권리와 근로 조건 등을 규정하고, 근로자와 사용자 간의 이해관계를 조정하기 위해 만든 법 ⓔ •근로 기준법, 최저 임금법 등
경제법	공정한 경제 질서를 유지하여 기업 간의 공정한 경쟁을 유도하고 <mark>소비자의 권리와 이익을 보호할 목적으로,</mark> 일정 범위에서 경제 활동을 규제하고 조정하는 법 ⓔ 독점 규제 및 공정 거래에 관한 법률, 소비자 기본법 등
사회 보장법	질병, 실업, 장애, 노령, 빈곤 등으로 어려움에 처한 사람들을 돕고 <mark>모든 국민의 인간다운 생활을 보장하기</mark> 위한 법 ⓔ •국민 기초 생활 보장법, 국민 건강 보험법, 국민 연금법 등

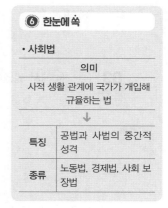

⑤ 한눈에 쏙

• 사법

의미
사적 생활 관계를 규율하는 법

↓

특징	개인 간의 갈등과 분쟁 해결에 필요한 내용 규정
종류	민법, 상법

⑤ 사법(私法)과 사법(司法)

사법(私法)은 개인 간의 권리와 의무에 관한 법을 의미하고, 사법(司法)은 법을 적용하는 국가의 작용을 의미한다. 사법(私法)은 개인의 자유와 권리를 중요시하기 시작한 근대 이후부터 강조되었다.

⑥ 한눈에 쏙

• 사회법

의미
사적 생활 관계에 국가가 개입해 규율하는 법

↓

특징	공법과 사법의 중간적 성격
종류	노동법, 경제법, 사회 보장법

⑥ 산업 혁명의 영향

산업 혁명 이후 자본주의의 발달에 따라 자본가들은 막대한 이익을 얻었지만, 노동자는 열악한 작업 환경에서 긴 시간의 노동에 시달리면서도 낮은 임금을 받아야 했다.

용어 사전

- **근로 기준법** 근로자의 인간다운 생활을 보장하기 위해 근로 계약 등 근로 조건의 기준을 규정한 법
- **국민 기초 생활 보장법** 국가가 저소득층에게 생계, 교육, 의료, 주거 등을 위해 필요한 경비를 주어 최소한의 생활을 보장하기 위한 법

1 법의 의미와 특성

• 정답 및 해설 **76**쪽

차근차근 기본다지기

01
851
다음 설명이 맞으면 ○표, 틀리면 ✕표 하시오.
(1) 일정한 종교 사회에서 지켜야 할 교리나 계율을 나타내는 규범은 관습이다. (   )
(2) 법은 행위의 동기보다 행위의 결과를 중시한다. (   )
(3) 우리의 일상생활과 법은 밀접한 관련을 맺고 있으며, 우리는 전 생애에 걸쳐 법의 보호와 규제를 받으며 살아간다. (   )

02
852
빈칸에 들어갈 용어를 쓰시오.
(1) 사회 질서를 유지하고 사회생활을 원활하게 하기 위해 사회 구성원이 지켜야 할 규칙을 (   )(이)라고 한다.
(2) 사회 규범 중에서 사회에서 오랫동안 반복되어 온 행동 양식이 사회적 행위의 기준이 된 것을 (   )(이)라고 한다.
(3) 법은 (   )을/를 가지고 있어 지키지 않을 경우 국가의 제재를 받게 된다.

03
853
(1)~(4)에서 설명하는 용어를 퍼즐판에서 찾아 색칠하시오.

혼	도	덕	소	종
인	관	민	제	교
신	수	사	법	규
고	사	회	규	범
양	성	화	관	습

(1) 사회에서 사람들이 지켜야 할 행동의 기준은?
(2) 십계명, 불경 등 특정 종교를 믿는 사람들이 지켜야 하는 규범은?
(3) 대다수 사람이 양심에 비추어 옳다고 여기는 행동의 기준으로, 인간이 마땅히 지켜야 할 도리는?
(4) 사회 구성원의 합의를 통해 국가가 정한 규범은?

04
854
법의 특성으로 옳은 것은?
① 양심과 동기를 판단 기준으로 삼는다.
② 어겼을 때 국가로부터 일정한 제재를 받는다.
③ 구체적인 내용이 무엇인지에 대해 사람마다 의견이 다를 수 있다.

05
855
다음 글을 통해 알 수 있는 법의 특징으로 옳지 않은 것은?

> 우리는 교통 신호에 따라 길을 건너거나 자동차를 운행한다.

① 강제적 규범이다.
② 우리를 보호한다.
③ 일상생활과 밀접하게 관련된다.
④ 일생에서 일정한 시기에만 영향을 미친다.

06 (가), (나)에 나타난 사회 규범의 종류를 옳게 연결한 것은?
856

> (가) A는 선거에서 부정을 저지른 혐의가 인정되어 징역형을 선고받았다.
> (나) 버스로 등교하는 B는 다리를 다쳐 움직임이 불편한 사람에게 자리를 양보해 주었다.

	(가)	(나)
①	법	도덕
②	법	관습
③	도덕	법
④	도덕	관습
⑤	관습	도덕

07 도덕과 법의 특성에 대한 설명으로 옳지 <u>않은</u> 것은?
857

① 도덕은 위반 시 사회적 비난의 대상이 되며, 법은 위반 시 국가에 의해 제재를 받는다.

② 도덕은 인간 내면의 양심이나 동기를, 법은 겉으로 드러나는 행위의 결과를 중요시한다.

③ 도덕은 양심에 따라 자율적으로 지키면 되지만, 법은 강제성이 있어 모든 사회 구성원이 반드시 따라야 한다.

④ 도덕은 구체적인 내용이 무엇인지에 대해 사람마다 의견이 달라질 수 있지만, 법은 그 내용이 구체적으로 정해져 있다.

⑤ 도덕과 법은 모두 사회 구성원 간의 분쟁과 갈등을 예방하고 사회 질서를 유지하기 위해 국가가 정한 규범이다.

08 그림에서 공통으로 나타나는 사회 규범의 종류는 무엇인지 쓰시오.
858

할머니, 새해 복 많이 받으세요.

오빠, 시험 잘 봐.

(   )

서술형 문제

09 다음 형법 조항을 통해 알 수 있는 법의 특성을 서술하시오.
859

> 제307조 ① 공연히 사실을 적시하여 사람의 명예를 훼손한 자는 2년 이하의 징역이나 금고 또는 500만 원 이하의 벌금에 처한다.
> ② 공연히 허위의 사실을 적시하여 사람의 명예를 훼손한 자는 5년 이하의 징역, 10년 이하의 자격 정지 또는 1천만 원 이하의 벌금에 처한다.

논술형 문제

10 밑줄 친 ㉠에 대한 자신의 생각을 밝히고, 그 이유를 〈조건〉에 맞게 서술하시오.
860

> A는 출근을 하다가 길에서 쓰러졌다. 당시 여러 사람이 A의 곁을 지나갔지만 아무도 그를 구조하지 않았고, 그는 결국 숨졌다. 이 사건이 언론에 보도되면서 ㉠ 우리 사회에도 '착한 사마리아인 법'이 필요하다는 주장이 제기되었다. '착한 사마리아인 법'이란 자신에게 위험이 발생하지 않는데도 위험에 처한 사람을 구조하지 않는 사람을 처벌하는 법을 말한다.

> • 조건 •
> 찬성이나 반대의 이유를 법과 도덕의 특성을 포함하여 서술한다.

100명의 교사가 쿡 찍은 주제별·유형별 대표문제

2 법의 목적과 기능

이 주제에서는 어떤 문제가 잘 나올까?
• 법의 목적 이해하기
• 법의 기능 이해하기
• 정의의 유형 파악하기

• 정답 및 해설 **77**쪽

차근차근 기본다지기

01 다음 설명이 맞으면 ○표, 틀리면 ✕표 하시오.
861
  (1) 법은 궁극적으로 정의의 실현을 목적으로 한다. (　　)
  (2) 국민 다수의 행복과 이익이 아니라 특정 집단이나 개인의 이익을 추구하는 것을 공공복리라고 한다. (　　)
  (3) 범죄자에게 그 범죄에 상응하는 처벌을 하는 것은 정의의 실현에 기여할 수 있다. (　　)

02 다음 괄호 안의 내용 중 알맞은 것에 ○표 하시오.
862
  (1) 같은 가치를 가지고 있는 인간을 모두 동등하게 대우하는 것을 (평균적 정의, 배분적 정의)라고 한다.
  (2) 사람들을 각각 자신의 능력과 가치에 따라 다르게 대우하는 것을 (평균적 정의, 배분적 정의)라고 한다.

03 다음 법의 기능과 그 내용을 바르게 연결하시오.
863
  (1) 사회 질서 유지　•
  (2) 개인의 권리 보호　•
  (3) 분쟁 예방 및 해결　•

  • ㉠ 범죄에 대한 처벌 기준을 제시함
  • ㉡ 사회 구성원 간에 발생하는 다툼의 해결 기준을 제시함
  • ㉢ 권리를 침해당한 경우 물질적·정신적 보상을 받도록 함

04 법의 목적에 대한 설명으로 옳은 것은?
864
  ① 공공복리의 증진을 추구한다.
  ② 분쟁의 해결이 아닌 예방을 목적으로 한다.
  ③ 개인이 아닌 특정 집단의 이익 증진을 목적으로 한다.

05 다음에서 설명하는 개념으로 옳은 것은?
865

> 모든 사람이 차별받지 않고 공평한 기회를 얻으며 자신의 능력과 노력에 따라 정당한 대가를 받는 것이다.

  ① 관습　　　　② 도덕
  ③ 정의　　　　④ 공공복리

06 밑줄 친 부분을 통해 직접 알 수 있는 법의 기능으로
866 가장 적절한 것은?

> A는 얼마 전 친구들 사이에 돌아다니는 자신의
> 사진을 보고 깜짝 놀랐다. 친구 B가 A의 우스꽝
> 스러운 모습을 몰래 찍어 누리 소통망(SNS)에 올
> 린 것이다. 이렇게 본인에게 동의도 받지 않고 함
> 부로 남의 사진을 인터넷에 올리는 것은 다른 사
> 람의 권리를 침해하는 행동이다. 이런 행동을 하
> 면 「정보 통신망 이용 촉진 및 정보 보호 등에 관
> 한 법률」에 따라 처벌받을 수 있다.

① 사회 구성원 간의 분쟁을 예방한다.
② 사회 구성원 간의 분쟁을 해결한다.
③ 범죄에 대한 처벌 기준을 제시한다.
④ 개인의 권리를 제한 없이 보호한다.
⑤ 권리를 침해당한 사람이 보상을 받도록 한다.

07 밑줄 친 '이것'으로 가장 적절한 것은?
867

> 이것은 개인의 노력이나 능력에 따라 사회 구성
> 원에게 각자가 받아야 할 정당한 몫을 주는 것으
> 로, 법이 실현하고자 하는 궁극적인 목적이다.

① 자유의 보장
② 정의의 실현
③ 평등의 실현
④ 공공복리 추구
⑤ 사회적 약자 보호

08 ㉠에 들어갈 용어를 쓰시오.
868

> (㉠)은/는 사회 구성원 전체에 공통되는 복
> 지나 이익으로, 법은 (㉠)의 추구를 목적으로
> 한다.

(   )

서술형 문제

09 다음 글을 읽고 물음에 답하시오.
869

> 정의에는 (㉠) 정의와 배분적 정의가 있다.
> (㉠) 정의는 범죄를 저지른 사람에게 그 범죄
> 에 어울리는 처벌을 하는 것을 의미하며, 배분적
> 정의는 _____ (개)

(1) ㉠에 들어갈 용어를 쓰시오.

_____

(2) (개)에 들어갈 배분적 정의의 의미를 서술하시오.

_____

_____

논술형 문제

10 그림에 나타난 문제를 법에 따라 해결할 때, 이와 관
870 련된 법의 기능을 아래 용어들을 모두 포함하여 서술
하시오.

> • 분쟁   • 기준   • 권리

_____

_____

_____

_____

100명의 교사가 콕 찍은 주제별·유형별 대표문제

③ 법의 분류
④ 공법(公法)

이 주제에서는 어떤 문제가 잘 나올까?
• 법의 분류 기준 이해하기
• 법의 종류 파악하기
• 공법의 의미와 특징 이해하기
• 공법의 종류 파악하기

• 정답 및 해설 **77**쪽

차근차근 기본 다지기

01 다음 설명이 맞으면 ○표, 틀리면 ✕표 하시오.
871
(1) 민사 소송법과 형사 소송법은 공법에 해당한다. (   )
(2) 형법은 범죄자와 가해자 사이에 발생하는 분쟁을 해결하는 데 필요한 내용을 규정하고 있으므로 사법으로 분류된다. (   )

02 ㉠~㉢에 들어갈 법의 종류를 각각 쓰시오. (단, ㉠~㉢는 각각 헌법, 형법, 소송법 중 하나이다.)
872

공적인 생활관계를 규율하는 법인가? →(예)→ 국가의 최고 법인가? →(예)→ ㉠
↓ 아니요
재판 진행 절차를 규정하는 법인가? →(예)→ ㉡
↓ 아니요
㉢

(   )

03 (1)~(4)에서 설명하는 용어를 퍼즐판에서 찾아 색칠하시오.
873

복	사	행	정	법
진	헌	오	진	감
윤	희	법	한	소
이	은	의	하	송
공	법	시	옥	법

(1) 재판을 진행하는 절차를 규정한 법은? 형사 ○○○
(2) 행정 기관의 조직과 작용 및 행정 작용으로 침해당한 국민의 권리 구제에 관한 법은?
(3) 국민의 권리와 의무, 국가의 통치 조직 등 국가의 기본 원칙을 정해 놓은 법은?
(4) (1)~(3)의 법을 모두 포함하는 법의 영역은?

04 형법을 공법으로 분류하는 이유로 가장 적절한 것은?
874
① 피해자와 가해자 사이에 적용되는 법이기 때문에
② 형사 재판을 진행하는 절차를 규정하고 있기 때문에
③ 국가가 범죄를 저지른 자에 대해 어떠한 형벌을 부과할 것인지 규정하고 있기 때문에

05 법을 공법, 사법, 사회법으로 분류하는 기준으로 가장 적절한 것은?
875
① 중요도
② 사용 빈도
③ 제정된 순서
④ 규율하는 생활 영역

06 개인과 국가 간 또는 국가 기관 간의 공적인 생활 관계를 규율하는 법으로 볼 수 <u>없는</u> 것은?
876

① 모든 국민은 직업 선택의 자유를 가진다.

② 만 18세가 된 사람은 혼인(결혼)할 수 있다.

③ 모든 국민은 인간으로서의 존엄과 가치를 가지며, 행복을 추구할 권리를 가진다.

④ 사람의 명예를 훼손한 자는 2년 이하의 징역이나 금고 또는 500만 원 이하의 벌금에 처한다.

⑤ 타인의 재물을 절취(훔치어 가진)한 자는 6년 이하의 징역 또는 1천만 원 이하의 벌금에 처한다.

07 (가) ~ (다)에 해당하는 법의 종류를 옳게 연결한 것만을 〈보기〉에서 고른 것은?
877

> (가) 법원은 소송 절차가 공정하고 신속하며 경제적으로 진행되도록 노력하여야 한다.
>
> (나) 사람을 협박한 자는 3년 이하의 징역, 500만 원 이하의 벌금, 구류 또는 과료에 처한다.
>
> (다) 사람의 신체를 상해(사람의 몸에 해를 입힘)한 자는 7년 이하의 징역, 10년 이하의 자격 정지 또는 1천만 원 이하의 벌금에 처한다.

> ┌ 보기 ┐
> ㄱ. (가) – 헌법 　　　 ㄴ. (가) – 소송법
> ㄷ. (나) – 민법 　　　 ㄹ. (다) – 형법

① ㄱ, ㄴ 　　 ② ㄱ, ㄷ 　　 ③ ㄴ, ㄷ
④ ㄴ, ㄹ 　　 ⑤ ㄷ, ㄹ

08 다음에서 설명하는 법의 종류는 무엇인지 쓰시오.
878

> • 국가나 공공 단체 등이 행사하는 공권력에 관해 규정한 법에 해당한다.
> • 행정 기관의 조직과 작용 및 행정 작용으로 침해당한 국민의 권리를 구제하는 방법을 규정한다.

(　　　　)

서술형 문제
09 다음 법 조항을 읽고 물음에 답하시오.
879

> 제1조 ① 대한민국은 민주 공화국이다.
> 　　　 ② 대한민국의 주권은 국민에게 있고, 모든 권력은 국민으로부터 나온다.
> 제11조 ① 모든 국민은 법 앞에 평등하다. 누구든지 성별·종교 또는 사회적 신분에 의하여 정치적·경제적·사회적·문화적 생활의 모든 영역에 있어서 차별을 받지 아니한다.
> 제39조 ① 모든 국민은 법률이 정하는 바에 의하여 국방의 의무를 진다.

(1) 위의 법 조항을 모두 포함하는 법의 종류는 무엇인지 쓰시오.

(2) (1)의 법이 규정하는 내용을 서술하시오.

논술형 문제
10 다음 글을 바탕으로 '폭행'을 다루는 법의 영역 및 법의 종류에 대해 서술하시오.
880

> '폭행'이란 문자적으로 '난폭하게 다루다', '학대하다' 등의 의미를 지닌다. 문자적인 의미로 볼 때, 폭행은 폭행을 행한 개인과 폭행을 당한 개인 사이에서 발생하는 갈등처럼 보인다. 하지만 폭행이라는 용어는 보통 신체에 대한 힘의 행사로 성립하는 범죄를 의미하는 용어로 쓰인다.

100명의 교사가 콕 찍은 주제별·유형별 대표문제 **⑤ 사법(私法)**

이 주제에서는 어떤 문제가 잘 나올까?
• 사법의 의미 파악하기
• 사법의 종류 파악하기
• 사례와 관련된 법의 영역 파악하기

 정답 및 해설 **78**쪽

차근차근 기본다지기

01 다음 설명이 맞으면 ○표, 틀리면 ×표 하시오.
881
(1) 사법은 개인과 개인 간의 사적인 생활 관계를 규율하는 법이다. (   )
(2) 사법의 종류로는 헌법, 형법, 행정법, 각종 소송법 등이 있다. (   )
(3) 사법은 산업 혁명 이후의 사회 문제를 해결하기 위해 새롭게 등장한 법의 영역이다. (   )

02 법의 종류와 규율하는 대상을 바르게 연결하시오.
882
(1) 민법 •
(2) 상법 •

• ㉠ 개인이나 기업 간의 경제생활 관계
• ㉡ 개인과 개인의 가족 관계 및 재산 관계

03 다음 괄호 안의 내용 중 알맞은 것에 ○표 하시오.
883
(1) 사법(司法)은 (법을 적용하는 국가의 작용, 개인 간의 권리와 의무에 관한 법)을 의미한다.
(2) 민법과 (상법, 헌법)은 개인과 개인 간의 사적인 생활관계를 규율하는 법이라는 공통점을 가지고 있다.
(3) 사법의 종류 중 (민법, 상법)은 재산권, 계약, 혼인, 상속, 유언 등에 대한 내용을 담고 있다.

04 사법이 적용되는 상황으로 적절하지 <u>않은</u> 것은?
884
① A는 길에서 떨어진 현금을 발견하고 주인이 없는 것을 확인한 후 자기 주머니에 넣었다.
② B는 친구에게 돈을 빌려준 후, 약속한 기간이 훨씬 지났는데도 돌려받지 못하고 있다.
③ 중학생 C가 스마트폰을 개통하려고 하자, 대리점 직원은 보호자와 함께 오라고 하였다.

05 사법에 대한 설명으로 옳은 것은?
885
① 현대 사회에서 강조되기 시작하였다.
② 재판의 진행 절차를 규정한 각종 소송법을 포함한다.
③ 국민의 권리와 의무, 국가의 통치 조직 등을 규정한 국가의 최고 법을 포함한다.
④ 주로 개인과 개인 사이에 발생하는 분쟁을 해결하는 데 필요한 내용을 규정한다.

06 다음 글에서 설명하는 법이 다루는 내용으로 적절하지 **않은** 것은?
886

> 개인 간의 사적인 재산 관계나 가족생활 등을 규정한 법으로, 개인은 자신의 의사에 따라 자유롭게 법률관계를 형성하고 그 결정에 스스로 책임을 진다는 원칙에 따른다.

① 계약　　② 상속　　③ 유언
④ 혼인　　⑤ 형벌

07 밑줄 친 ㉠에 대한 답으로 옳은 것은?
887

> 교사: 일상생활에서 법이 적용되는 사례를 한 가지씩 이야기해 볼까요?
> 갑: 법적으로 부부가 되기 위해서는 혼인 신고를 해야 해요.
> 을: 죄를 지었을 때에는 법에 따른 처벌을 받아요.
> 병: 미성년자는 거래 행위를 할 때 부모님의 동의를 얻어야 해요.
> 정: 다른 가게로 오해할 수 있는 가게 이름을 함부로 사용해서는 안 돼요.
> 무: 돌아가신 부모님의 재산을 자녀들이 나누어 가질 때에도 법이 적용돼요.
> 교사: 아주 다양한 사례를 이야기해 주었네요. 그렇다면 ㉠ <u>친구들이 발표한 사례 중 사법이 적용되는 상황은 모두 몇 개일까요?</u>

① 1개　　② 2개　　③ 3개
④ 4개　　⑤ 5개

08 밑줄 친 '이 법'에 해당하는 법의 종류는 무엇인지 쓰시오.
888

> 사랑하는 두 사람이 결혼하는 것은 두 사람 사이의 개인적인 일이라고 볼 수 있다. 따라서 혼인에 관해서는 가족생활을 다루는 이 법을 적용할 수 있다. 이 법에 따르면 만 18세가 된 사람은 혼인할 수 있고, 혼인한 부부는 서로 부양하고 협조해야 한다.

(　　　　　　　)

서술형 문제　④ + ⑤ 통합 문제

09 그림을 보고 물음에 답하시오.
889

(개)　　　　　　　(내)

(1) (개), (내)에 적용되는 법의 영역을 각각 쓰시오.

_____

(2) (개), (내)에 적용되는 법의 영역을 규율 대상을 기준으로 비교하여 서술하시오.

_____

_____

논술형 문제

10 그림의 사람에게 해 줄 수 있는 법적 조언을 〈조건〉에 맞게 서술하시오.
890

> 어머니께서 모든 재산을 ○○ 대학교에 기부한다는 유언을 남기고 돌아가셨습니다. 그럼 저는 유산을 한 푼도 받을 수 없나요?

• 조건 •
유언에 대해 규정한 법의 종류를 밝히고, 그 내용을 포함하여 서술한다.

_____

_____

_____

100명의 교사가 콕 찍은 **주제별·유형별 대표문제** | **6 사회법**

이 주제에서는 어떤 문제가 잘 나올까?
• 사회법의 등장 배경 파악하기
• 사회법의 특징 이해하기
• 사회법의 종류 구분하기

• 정답 및 해설 **79**쪽

차근차근 기본 다지기

01
891
다음 설명이 맞으면 ○표, 틀리면 ✕표 하시오.

(1) 사회법은 사회적 약자의 기본적인 권리를 보호하기 위한 법이다. (   )

(2) 현대 사회의 복지 국가에서는 사회법의 중요성이 더욱 커지고 있다. (   )

(3) 공적인 생활 영역에 국가가 개입하여 이를 규율하는 법을 사회법이라고 한다. (   )

02
892
사회법의 종류와 해당하는 법을 바르게 연결하시오.

(1) 경제법 •

(2) 노동법 •

(3) 사회 보장법 •

• ㉠ 근로 기준법, 최저 임금법

• ㉡ 국민 연금법, 국민 건강 보험법

• ㉢ 소비자 기본법, 독점 규제 및 공정 거래에 관한 법률

03
893
(1)~(4)에서 설명하는 용어를 퍼즐판에서 찾아 색칠하시오.

사	금	노	동	법
회	회	문	임	금
법	용	보	개	제
저	입	최	장	인
국	률	경	제	법

(1) 사법과 공법의 중간적인 성격을 띠는 법은?

(2) 노동자의 권리를 보호하기 위해 만든 사회법의 종류는?

(3) 모든 국민의 인간다운 삶을 보장하기 위한 사회법의 종류는?

(4) 공정한 경제 질서를 유지하여 중소기업이나 소비자를 보호하기 위한 사회법의 종류는?

04
894
사회법에 대한 설명으로 옳은 것은?

① 헌법, 형법, 행정법 등을 포함한다.

② 사회적 약자를 보호하기 위한 법이다.

③ 현대 복지 국가에서 그 중요성이 감소하고 있다.

05
895
다음에서 설명하는 사회법의 종류로 옳은 것은?

> 근로자의 권리와 근로 조건 등을 규정하고, 근로자와 사용자 간의 이해관계를 조정하기 위해 만든 법

① 민법

② 경제법

③ 노동법

④ 사회 보장법

06 밑줄 친 '이 법'에 대한 설명으로 옳지 <u>않은</u> 것은?
896

> 근대 이후 자본주의의 발달로 경제는 급속히 성장하였지만, 실업, 빈부 격차, 노동 문제, 환경 오염 등의 사회 문제는 더욱 심각해졌다. 이를 해결하기 위해 국가가 개인 또는 집단 간의 사적인 생활 관계에 개입하여 사회적 약자를 보호하기 위한 이 법이 등장하였다.

① 산업 혁명 이후 등장하였다.
② 사회적 약자를 보호하고자 한다.
③ 개인과 개인 간의 사적인 생활 관계를 규율한다.
④ 국민 경제의 균형적인 발전을 위한 경제법을 포함한다.
⑤ 모든 국민의 인간다운 생활을 보장하기 위한 사회 보장법을 포함한다.

07 ㉠에 해당하는 법의 영역에 대한 옳은 설명만을 〈보기〉
897 에서 고른 것은?

> (㉠)은 근로자의 인간다운 생활을 보장하기 위해 근로 계약 등 근로 조건의 기준을 규정하였다.

◦보기◦
ㄱ. 국가의 개입을 최소화한다.
ㄴ. 산업 혁명 이전에 등장하였다.
ㄷ. 공법과 사법의 중간적 성격을 갖는다.
ㄹ. 오늘날 복지 국가에서 중요성이 커지고 있다.

① ㄱ, ㄴ   ② ㄱ, ㄷ   ③ ㄴ, ㄷ
④ ㄴ, ㄹ   ⑤ ㄷ, ㄹ

08 A, B가 공통으로 도움을 받을 수 있는 법의 영역은 무
898 엇인지 쓰시오.

> • A는 몇 달째 일자리를 구하지 못해 생활비가 없어서 기본적인 생활을 유지할 수 없는 상태가 되었다.
> • B는 얼마 전에 구입한 전기 다리미를 사용하다가 갑자기 다리미의 온도가 높아지는 바람에 옷이 타 버리는 손해를 입었다.

(   )

09 다음 내용을 읽고 물음에 답하시오.
899

> • 근로자와 사용자 간의 이해관계를 조정하기 위해 만든 법
> • 모든 국민의 최소한의 인간다운 삶을 보장하기 위해 만든 법
> • 기업 간의 공정한 경쟁을 유도하고 소비자의 권리와 이익을 보호하기 위해 만든 법

(1) 위 법들을 모두 포함하는 법의 영역은 무엇인지 쓰시오.

_____

(2) (1)의 영역이 등장하게 된 배경을 서술하시오.

_____
_____

10 다음 사례의 돌쇠가 현재 우리나라에 살고 있다고 할
900 때, 사회법의 관점에서 해 줄 수 있는 조언을 〈조건〉에 맞게 서술하시오.

> 옛날 어느 마을에 돌쇠라는 사람이 살고 있었다. 돌쇠는 특별한 기술을 배운 적도 없고 가정 형편도 어려워서, 다른 사람들의 농사일을 도와주고 받은 품삯으로 겨우겨우 살림을 유지하고 있었다. 돌쇠는 조금이라도 돈을 더 벌고 싶은 마음에 쉬지 않고 열심히 일했지만, 돌쇠에게 일을 시키는 사람들은 돌쇠의 어려운 사정을 악용해 오랜 시간 어려운 일을 시키면서도 돈은 제대로 주지 않았다. 그러나 불만을 표시하거나 일을 거부하면 당장 굶어죽을 판이니, 돌쇠는 시키는 대로 일하고 돈은 주는 대로 받을 수밖에 없었다.

◦조건◦
사회법의 종류를 두 가지 포함하여 서술한다.

_____
_____
_____

03 재판의 종류와 공정한 재판

① 한눈에 쏙

- 재판의 의미와 종류

재판
법원이 분쟁에 법을 적용하여 옳고 그름을 판결하는 과정

↓

민사 재판	형사 재판
개인 사이에서 일어난 분쟁을 해결하기 위한 재판	범죄자를 가리고 범죄자에게 형벌을 가하기 위한 재판

① 재판의 의미와 종류 자료①

1 재판 — ➤예외 재판은 시간과 비용이 많이 들기 때문에 대화와 타협, 협상, 조정, 중재 등 재판 이외의 방법을 통해 분쟁을 해결하면 재판에 비해 쉽게 분쟁을 해결할 수 있음
(1) **의미**: 법원이 분쟁에 법을 적용하여 옳고 그름을 판결하는 과정
(2) **기능**: 사람들 사이의 분쟁 해결, 사회 질서 유지, 국민의 권리 보호 등
(3) **종류**: 민사 재판, 형사 재판, 가사 재판, 행정 재판, 선거 재판, 소년 보호 재판 등❶

2 민사 재판
(1) **의미**: 개인 간에 일어난 권리와 법률관계에 관한 분쟁을 해결하기 위한 재판
(2) **참여자**
　① 원고: 손해를 입었다고 주장하면서 소송을 제기한 사람
　② 피고: 원고의 주장에 의해 소송을 당한 사람
　③ 판사: 재판에서 판결을 내리는 사람
　④ 소송 대리인(변호사): 원고나 피고의 편에서 법률적 도움을 주는 사람
(3) **과정**: 분쟁 발생 → 원고의 *소장 제출 → 피고의 답변 제출 → *변론 → 판결

┌─── 우리나라는 형사 재판에서 피고인이 원할 경우 국민이 배심원으로 참여하도록 하는 국민 재판 제도를 실시하고 있음

3 형사 재판
(1) **의미**: 범죄가 발생한 경우 범죄자를 가리고 범죄자에게 형벌을 가하기 위한 재판 → 피고인의 유무죄 여부 판단, 형벌의 종류와 형량 결정
(2) **참여자**
　① 피고인: 범죄 혐의가 있어 형사 재판을 받는 사람
　② 검사: 범죄를 수사하고 공소를 제기하여 피고인의 처벌을 요구하는 사람
　③ 판사: 재판에서 판결을 내리는 사람
　④ 변호인: 피고인의 편에 서서 변호하는 사람
(3) **과정**: 사건 발생 → *고소 또는 *고발 → 수사 및 *공소 제기 → *신문, 변론 → 판결

❶ 다양한 재판의 종류

가사 재판	이혼, 상속 등 가족이나 친족 간에 벌어진 다툼을 해결하기 위한 재판
행정 재판	행정 기관이 국민의 권리를 침해하였는지 여부를 판단하기 위한 재판
선거 재판	선거와 당선의 유·무효를 가리기 위한 재판
소년 보호 재판	19세 미만 소년의 범죄 사건 등에 대해 보호 처분 등의 조치를 하기 위한 재판

용어 사전

- **소장** 소송을 제기하기 위해 법원에 제출하는 문서
- **변론** 원고와 피고가 재판에 참석하여 주장하거나 진술하는 것
- **고소** 범죄 피해자가 수사 기관에 범죄 사실을 직접 신고하는 것
- **고발** 범죄 피해자가 아닌 제3자가 범죄 사실을 신고하는 것
- **공소 제기** 검사가 형사 사건에 대해 법원에 재판을 청구하는 것으로, 기소라고도 함
- **신문** 증인이나 피고인 등에게 어떤 사건에 관하여 물어서 조사하는 것

🌳 교과서 속 자료 읽기 ①　**재판의 종류 구분하기**

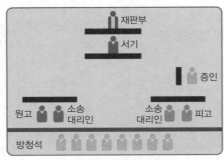

🔺 민사 재판 법정

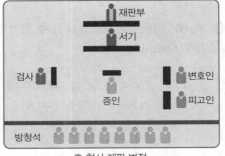

🔺 형사 재판 법정

민사 재판은 원고와 피고의 관계에서 발생한 분쟁을 해결하기 위한 재판이고, 형사 재판은 검사와 피고인의 관계에서 범죄의 유무 및 형벌의 종류와 형량을 결정하기 위한 재판이다.

❷ 공정한 재판을 위한 제도

1 사법권의 독립 ❷

(1) **의미**: 법원을 다른 국가 기관으로부터 독립시켜 재판이 외부 기관의 압력이나 간섭을 받지 않고 공정하게 이루어지도록 하는 제도

(2) **실현 방법**

재판의 독립	*법관이 헌법과 법률에 의하여 그 양심에 따라 독립하여 심판할 것을 규정함
법원의 독립	법원의 조직이나 운영을 다른 국가 기관으로부터 독립시켜 외부의 간섭이나 영향을 받지 않도록 규정함
법관의 신분 보장	법관이 공정한 판결을 내릴 수 있도록 법관의 임기를 규정함

└─ 대법원장의 임기는 6년으로 중임할 수 없고, 대법관의 임기는 6년으로 연임할 수 있으며, 일반 법관의 임기는 10년으로 연임할 수 있음

2 공개 재판주의와 증거 재판주의

(1) **공개 재판주의**: 원칙적으로 재판의 *심리와 판결을 공개해야 한다는 원칙 ❸

(2) **증거 재판주의**: 재판에서의 사실 인정은 명확한 증거에 의해 이루어져야 한다는 원칙

└─ 수의 형사 재판에서 피고인의 자백이 유일한 증거라면 자백만으로는 판결을 할 수 없음

3 심급 제도 [자료 ❷]

└─ 일반적으로 우리나라에서는 3심제를 원칙으로 하여 하나의 사건에 대해 세 번까지 재판을 받을 수 있음

(1) **의미**: 법원에 급을 두어 하나의 사건에 대해 여러 번 재판을 받을 수 있게 하는 제도

(2) **목적**: 법관의 잘못된 판결로 발생할 수 있는 피해 최소화, 공정한 재판을 통한 국민의 자유와 권리 보호

(3) **상소**

① **의미**: 재판 당사자가 하급 법원의 판결에 불만이 있을 때 상급 법원에 다시 재판을 청구하는 것

② **종류**: 항소, 상고

🌳 교과서 속 자료 읽기 ❷ **심급 제도**

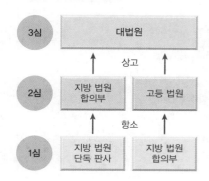

심급 제도는 국민의 기본권 보장을 위해 여러 번 재판을 받을 수 있도록 하는 제도이다. 재판 당사자가 1심 재판에 이의가 있어 상급 법원에 2심 재판을 청구하는 것을 항소라고 하고, 2심 재판에 이의가 있어 최고 법원인 대법원에 3심 재판을 청구하는 것을 상고라고 한다. 이러한 항소와 상고를 합쳐서 상소라고 한다.

---

4 피의자의 인권 보호를 위한 원칙 및 제도

영장주의	체포, 구속, 압수, 수색 시에는 반드시 *영장을 제시해야 함
미란다 원칙	범죄 용의자를 체포할 때 체포하는 이유와 변호인의 도움을 받을 수 있는 권리, 진술을 거부할 수 있는 권리 등이 있음을 알려 주어야 함
구속 적부 심사제	구속된 피의자가 법원에 구속의 적법성과 필요성을 판단해 달라고 요구할 수 있음
무죄 추정의 원칙	피의자는 유죄가 확정되기 전까지는 무죄로 대우받아야 함

❷ 한눈에 쏙

• 공정한 재판을 위한 제도

사법권 독립	재판이 외부 기관의 압력이나 간섭을 받지 않는 것
공재 재판주의	재판 과정을 공개하는 원칙
증거 재판주의	명확한 증거에 의해 재판이 이루어지는 원칙
심급 제도	여러 번 재판을 받을 수 있도록 하는 제도

❷ 사법권 독립에 관한 헌법 조항

제101조 ① 사법권은 법관으로 구성된 법원에 속한다.
제103조 법관은 헌법과 법률에 의하여 그 양심에 따라 독립하여 심판한다.

❸ 공개 재판주의의 예외

예외적으로 국가의 안전과 관련된 사건이나 사회 질서를 방해하거나 선량한 풍속을 해칠 염려가 있을 경우에는 법원의 결정에 따라 심리를 공개하지 않을 수 있다. 단, 판결은 예외 없이 공개해야 한다.

용어 사전

• **법관** 대법원장, 대법관, 판사 등 사법부를 구성하고 대법원과 각급 법원에서 재판과 관련한 일을 담당하는 공무원

• **심리** 재판의 기초가 되는 사실 관계 및 법률관계를 명확히 하기 위해 법원이 증거나 방법 등을 심사하는 행위

• **영장** 법원이 형사 사건에 관련된 사람이나 물건에 대해 체포, 구금, 압수 등의 강제 처분을 하라고 내어 주는 문서

① 재판의 의미와 종류

• 정답 및 해설 **80쪽**

차근차근 기본다지기

01 빈칸에 들어갈 용어를 쓰시오.
901

(1) (   )은/는 법원이 분쟁에 법을 적용하여 옳고 그름을 판결하는 과정이다.

(2) ㈎는 (   )의 법정 모습이고, ㈏는 (   )의 법정 모습이다.

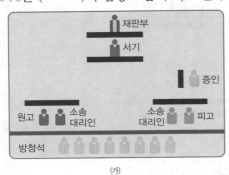

(가)

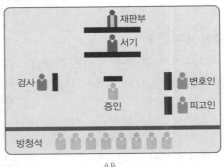

(나)

02 다음 재판의 종류와 그 의미를 바르게 연결하시오.
902

(1) 가사 재판 •

(2) 행정 재판 •

(3) 소년 보호 재판 •

• ㉠ 가족이나 친족 간에 벌어진 다툼을 해결하는 재판

• ㉡ 행정 기관에 의한 국민의 권리 침해 여부를 판단하는 재판

• ㉢ 19세 미만 소년의 범죄 사건 등에 대해 보호 처분 등의 조치를 하기 위한 재판

03 (1)～(4)에서 설명하는 용어를 퍼즐판에서 찾아 색칠하시오.
903

검	대	회	피	고
사	복	고	구	인
유	인	추	인	기
공	사	준	이	인
증	인	비	판	사

(1) 민사 재판에서 원고에 의해 소송을 당한 사람은?

(2) 범죄 혐의가 있어 형사 재판을 받는 사람은?

(3) 재판에서 판결을 내리는 사람은?

(4) 범죄를 수사하고 공소를 제기하는 사람은?

04 민사 재판에 대한 설명으로 옳은 것은?
904

① 피고의 신청에 의해 시작된다.

② 범죄자에게 형벌을 가하기 위한 재판이다.

③ 개인 간의 법률 관계에 대한 분쟁을 해결하고자 한다.

05 밑줄 친 '재판'의 종류로 적절한 것은?
905

> A는 물건을 훔친 혐의로 체포되어 <u>재판</u>을 받고, 징역 6개월을 선고받았다.

① 가사 재판   ② 민사 재판

③ 형사 재판   ④ 소년 보호 재판

06 다음 사례를 통해 알 수 있는 재판의 기능으로 가장 적절한 것은?

906

> 과거 미국에서는 흑인을 위한 학교와 백인을 위한 학교가 나누어져 있었다. 학부모들은 이러한 정책은 인종 차별적이므로 학생들이 인종에 따른 구별 없이 거주 지역에 있는 공립 학교에 입학해야 한다고 주장하면서 재판을 청구하였다. 재판 결과 연방 대법원은 최종적으로 학부모들의 손을 들어주었다. 이후 흑인과 백인 학생들의 통합 교육이 시도되었다.

① 형벌을 부과한다.
② 국민의 권리를 보호한다.
③ 특정한 개인의 이익을 추구한다.
④ 사회 질서를 안전하게 유지한다.
⑤ 피해자에게 금전적인 혜택을 준다.

07 형사 재판의 절차에 대한 설명으로 옳은 것은?

907

① ㉠에 따라 가해자는 피의자가 된다.
② ㉡에서 피해자가 신고하면 고발, 제3자가 신고하면 고소이다.
③ ㉢의 대상은 피고이다.
④ ㉤에서 피고인은 변호인의 조력을 받을 수 있다.
⑤ ㉣과 ㉥은 판사가 담당한다.

08 다음 사례에서 원고가 되는 사람은 누구인지 쓰시오.

908

> A가 B의 집 앞에 있던 낡은 건물을 사서 새로 지으면서 두 건물의 사이가 매우 가까워졌다. 이 때문에 B의 집에는 햇빛이 잘 들지 않게 되었다. B는 A에게 손해를 배상하라고 요구했지만 거절당하였고, 결국 B는 법원에 소장을 제출하였다.

(   )

서술형 문제

09 밑줄 친 ㉠에 해당하는 재판의 종류를 쓰고, 그 의미를 서술하시오.

909

_____

_____

논술형 문제

10 그림에서 갑의 입장에 대한 자신의 생각을 밝히고, 그 이유를 〈조건〉에 맞게 서술하시오.

910

┌─ 조건 ───────────────────────
 갑의 입장에 찬성하거나 반대하는 이유를 재판의 장점이나 단점을 포함하여 서술한다.
└──────────────────────────

_____

_____

_____

_____

2 공정한 재판을 위한 제도

🚩 이 주제에서는 어떤 문제가 잘 나올까?
• 사법권의 독립을 위한 헌법 규정 파악하기
• 공개 재판주의와 증거 재판주의의 의미 이해하기
• 심급 제도의 필요성 이해하기

• 정답 및 해설 **80**쪽

• 차근차근 **기본 다지기** •

01 빈칸에 들어갈 용어를 쓰시오.
911
(1) (   )은/는 법원을 다른 국가 기관으로부터 독립시켜 재판이 외부 기관의 압력이나 간섭을 받지 않고 공정하게 이루어지도록 하는 제도이다.
(2) 우리 헌법은 법관의 임기를 규정하여 법관의 (   )을/를 보장하고 있다.

02 ㉠, ㉡에 들어갈 용어를 쓰시오.
912

3심	㉠	

↑ 상고 ↑

2심	㉡	고등 법원

↑ 항소 ↑

1심	지방 법원 단독 판사	지방 법원 합의부
	판사 1명	판사 3명

(   )

03 (1)~(3)에서 설명하는 용어를 퍼즐판에서 찾아 색칠하시오.
913

심	급	제	도	구
화	리	주	시	수
서	원	와	신	상
피	고	인	판	소
해	태	잔	사	결

(1) 공개 재판주의에 따라서 공개해야 하는 대상은?
(2) 법원에 급을 두어 하나의 사건에 대해 여러 번 재판을 받을 수 있도록 하는 제도는?
(3) 재판 당사자가 하급 법원의 판결에 불만이 있을 때 상급 법원에 다시 재판을 청구하는 것은?

04 공정한 재판을 위한 제도에 대해 옳게 말한 사람은?
914
① 갑: 재판의 판결은 예외 없이 공개해야 해.
② 을: 증거가 없더라도 판사가 인정하는 경우 재판에서 사실로 인정돼.
③ 병: 1심 법원의 판결에 불복하여 2심 법원에 재판을 청구하는 것을 항고라고 해.

05 다음에서 설명하는 제도 및 원칙으로 가장 적절한 것은?
915

> 법원의 조직이나 운영을 다른 국가 기관으로부터 독립시켜 외부의 간섭이나 영향을 받지 않도록 한다.

① 심급 제도   ② 사법권의 독립
③ 공개 재판주의   ④ 증거 재판주의

06 심급 제도에 대한 설명으로 옳지 <u>않은</u> 것은?
916

① 법원에 급을 두어 실시한다.

② 하나의 사건에 대해서 여러 번 재판을 받을 수 있도록 한다.

③ 법관의 잘못된 판결로 발생할 수 있는 피해를 최소화하기 위한 제도이다.

④ 우리나라는 3심제를 원칙으로 하지만, 3심이 이루어지지 않는 재판도 있다.

⑤ 재판에 문제가 있을 경우, 재판 당사자 이외의 사람도 다시 재판을 해 달라고 요청할 수 있다.

07 다음 글에서 강조하는 공정한 재판을 위한 제도로 가장 적절한 것은?
917

> 대통령 각하, 마침내 *드레퓌스가 군사 법정에 섰습니다. 재판은 완전히 비공개로 진행되었습니다. 적에게 국경을 열어 독일 황제를 노트르담 성당까지 안내한 반역자라고 하더라도 이보다 더 쉬쉬하며 재판을 하지는 않았을 겁니다. 국민들은 대경실색한 채 온갖 풍문이 떠도는 이 무시무시한 드레퓌스의 배신 행위에 대해 수군거렸습니다.
>
> – 에밀 졸라, 「나는 고발한다」
>
> * 드레퓌스: 프랑스의 육군 장교로, 군사 정보를 독일 측에 알렸다는 혐의를 받고 종신형을 선고받았다.

① 심급 제도   ② 증거 재판주의

③ 공개 재판주의   ④ 비밀 재판주의

⑤ 사법권의 독립

08 다음 우리나라 헌법 조항에서 ㉠, ㉡에 들어갈 용어를 각각 쓰시오.
918

> 제103조 법관은 (㉠)과 법률에 의하여 그 (㉡)에 따라 독립하여 심판한다.

(   )

서술형 문제

09 ㉠에 들어갈 수 있는 내용을 세 가지 서술하시오.
919

> 우리나라 헌법은 사법권의 독립을 실현하기 위해 (㉠)을/를 규정하고 있다.

논술형 문제

10 다음 사례에 나타난 재판이 공정하다고 할 수 있는지 자신의 생각을 밝히고, 그 이유를 아래 〈기준〉에 따라 서술하시오. (단, A국의 사법 제도는 우리나라와 동일하다.)
920

> 군사 독재 정권이 다스리고 있는 A국에서 한 독서 모임의 회원들이 체포되었다. 그들은 심한 고문을 받은 끝에 현재의 정권을 무너뜨리기 위한 계획을 세웠다고 진술하였고, 검찰은 그 진술을 증거로 공소를 제기하였다. 지방 법원 재판부는 고문에 근거한 진술서는 증거가 될 수 없다며 무죄를 선고했지만, 이후 독재 정권의 협박을 받은 고등 법원과 대법원에서는 회원들에게 반란죄를 적용해 징역형을 선고하였다. 그 과정에서 고등 법원 재판부는 특별한 이유 없이 재판의 심리 과정을 공개하지 않았다.

> **기준**
> • 심급 제도가 적용되었는가?
> • 공개 재판주의가 지켜졌는가?
> • 증거 재판주의가 지켜졌는가?
> • 사법권의 독립이 보장되었는가?

01 법의 의미와 목적

01
921
법에 대한 옳은 설명만을 〈보기〉에서 고른 것은?

┌─ 보기 ─────────────────────────┐
ㄱ. 법을 어기면 국가로부터 제재를 받는다.
ㄴ. 법은 다른 사회 규범보다 내용이 분명하다.
ㄷ. 법은 현대 사회보다 전통 사회에서 중요시되었다.
ㄹ. 법은 법관과 같은 전문가들에게만 영향을 미친다.
└────────────────────────────┘

① ㄱ, ㄴ　　② ㄱ, ㄷ　　③ ㄴ, ㄷ
④ ㄴ, ㄹ　　⑤ ㄷ, ㄹ

02
922
㉠에 들어갈 용어로 적절한 것은?

┌────────────────────────────┐
갑: 친구가 내 사진을 몰래 찍어서 누리 소통망(SNS)에 올렸어.
을: 본인의 동의를 받지 않고 함부로 남의 사진을 인터넷에 올리면 (㉠)에 따라 처벌받게 돼.
└────────────────────────────┘

① 법　　② 관습　　③ 도덕
④ 양심　　⑤ 종교

03
923
㉠에 들어갈 용어로 가장 적절한 것은?

┌────────────────────────────┐
우리는 관습, 도덕, 종교 규범을 지키지 않을 때 사회적 비난을 받거나 양심의 가책을 느끼게 된다. 그런데 법은 다른 사회 규범과 달리 국가가 제정하여 (㉠)이 있기 때문에 이를 지키지 않을 경우 처벌을 받는다.
└────────────────────────────┘

① 객관성　　② 자율성　　③ 강제성
④ 독립성　　⑤ 변동성

04
924
(가), (나)에 해당하는 사회 규범을 옳게 연결한 것은?

(가) 　　(나)

살생은 안 됩니다.

　　(가)　　　　(나)
① 종교 규범　　법 규범
② 종교 규범　　관습 규범
③ 관습 규범　　법 규범
④ 관습 규범　　종교 규범
⑤ 관습 규범　　도덕 규범

05
925
밑줄 친 '이것'에 해당하는 사회 규범에 대한 설명으로 옳은 것은?

┌─────────────────────────────┐
○○ 신문　　　　　　　　2020년 11월 2일

이것은 자신의 보호·감독을 받는 아동을 유기하거나, 의식주를 포함한 기본적 보호·양육·치료 및 교육을 소홀히 하는 행위를 방임 학대로 규정하고 있다. ○○○ 국회 의원은 "지난달 초등학생 형제가 보호자가 없는 집에서 라면을 끓여 먹다가 화재가 발생한 사건 역시 방임 학대의 피해 사례"라고 주장하였다.
└─────────────────────────────┘

① 인간이 지켜야 할 바람직한 도리이다.
② 강제성과 명확성을 특징으로 하는 규범이다.
③ 국가가 합의 없이 일방적으로 만든 규범이다.
④ 일정한 종교 사회에서 지켜야 할 교리나 계율이다.
⑤ 오랫동안 반복되는 행동 양식이 사회적 행위의 기준으로 인정된 것이다.

06 사진은 서양의 정의의 여신상이다. 정의의 여신이 들고 있는 칼과 저울의 의미를 옳게 연결한 것은?

926

	칼	저울
①	법의 형평성	법의 강제성
②	법의 형평성	법의 독립성
③	법의 강제성	법의 형평성
④	법의 강제성	법의 독립성
⑤	법의 독립성	법의 강제성

07 다음 사례를 통해 알 수 있는 법의 기능으로 가장 적절한 것은?

927

> A는 몇 달 전 멕시코행 왕복 항공권을 구입했지만, 항공사의 일방적인 스케줄 변경으로 항공권이 취소되었다. A는 환불을 신청했지만, 항공사로부터 다음에 다시 항공권을 구입할 수 있는 증표로만 환불이 가능하고 현금으로 돌려줄 수는 없다는 답변을 받았다. 이에 A는 현금 환불을 요구하는 소송을 진행하였고, 법원은 항공사에 대해 항공권을 현금으로 환불하라고 판결하였다.

① 공공복리의 증진에 기여한다.
② 국가 권력의 강화에 기여한다.
③ 위반 시 양심의 가책을 느끼게 한다.
④ 분쟁이 발생했을 때 해결 기준을 제시한다.
⑤ 국가에 의해 부당하게 침해받은 권리를 구제한다.

08 다음 신문 기사에 나타난 법의 목적으로 가장 적절한 것은?

928

> ○○ 신문   2020년 10월 6일
>
> 미국 뉴저지주가 17일 고소득자에게서 세금을 더 많이 걷는 이른바 '백만장자세'를 도입하였다. 이에 따라 뉴저지주에서 연간 소득 100만 달러 이상 고소득자는 소득세율이 종전 8.97%에서 10.75%로 올라간다. 부자들에게서 더 걷는 돈은 가난한 사람들을 위해 사용될 것으로 보인다.

① 개인의 권리를 보장한다.
② 절대적 평등을 실현한다.
③ 배분적 정의를 실현한다.
④ 모든 인간을 똑같이 대우한다.
⑤ 분쟁을 효율적이고 합리적으로 해결한다.

09 그림을 통해 알 수 있는 법의 특징으로 가장 적절한 것은?

929

① 공익보다 사익을 중요시한다.
② 우리의 일상생활과 매우 밀접하다.
③ 행위에 대한 처벌을 목적으로 한다.
④ 개인의 권리 구제를 위해 존재한다.
⑤ 법을 어기면 국가에 의해 제재를 받는다.

02 다양한 생활 영역과 법

10 공법에 대한 설명으로 옳지 않은 것은?

930

① 민법과 상법을 포함한다.
② 공적인 생활관계를 규율한다.
③ 국가 기관 간의 관계를 규율한다.
④ 재판 진행 절차를 규정하는 법을 포함한다.
⑤ 공권력 행사와 관련된 내용을 규정하고 있다.

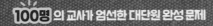

11
931
밑줄 친 ㉠~㉤ 중 법이 규율하는 생활 영역이 나머지 넷과 <u>다른</u> 것은?

> 오늘은 대통령 선거일이다. A는 아침 일찍 ㉠ 투표소에 가서 선거에 참여했다. 그리고 부동산 중개업소를 찾아가 새로 ㉡ 이사할 집을 계약했다. 집에 돌아와 ㉢ 군대에 가 있는 아들에게 편지를 쓰고, 작년에 구입한 자동차에 대한 ㉣ 세금을 냈다. 저녁 식사를 마치고 뉴스를 보다가 ㉤ 절도 사건의 용의자가 체포되었다는 소식을 접했다.

① ㉠   ② ㉡   ③ ㉢
④ ㉣   ⑤ ㉤

12
932
㉠에 들어갈 우리나라의 최고 법에 대한 설명으로 옳은 것은?

① 개인 사이의 재산 관계를 규정한 법이다.
② 범죄의 종류와 처벌의 기준을 규정한 법이다.
③ 근로자의 권리와 근로 조건 등을 규정한 법이다.
④ 국가 기관의 구성과 운영 원리를 규정한 법이다.
⑤ 기업을 중심으로 한 생활관계를 규율하는 법이다.

13
933
다음 사례들에 공통으로 나타난 법 영역에 대한 설명으로 옳은 것은?

> • A는 절도 혐의를 받고 경찰에 체포되었다.
> • B는 입영 통지서를 받고 군대에 입대하였다.
> • C는 불법 선거 운동을 하는 모습을 보고 선거 관리 위원회에 신고하였다.

① 사적인 생활 관계를 규율한다.
② 국가와 개인 간의 관계를 규율한다.
③ 사회적 약자를 보호하고자 등장했다.
④ 개인과 개인 사이의 관계를 규율한다.
⑤ 재산 관계나 가족생활을 규정한 법이다.

14
934
㉠, ㉡에 들어갈 법을 옳게 연결한 것은?

> ▶ 질문하기: 저는 '엄마 치킨'이라는 치킨 가게를 운영하고 있습니다. 그런데 얼마 전 저희 가게 바로 옆에 '아빠 치킨'이라는 가게가 생겼습니다. 비슷한 이름의 옆 가게 때문에 저희 가게의 매출은 크게 떨어졌습니다. 저는 어떤 법의 도움을 받을 수 있을까요?
>
> ▶ 답변하기: (㉠)의 도움을 받을 수 있습니다. (㉠) 중 특히 (㉡)에서는 부정한 목적으로 타인의 영업장으로 오인할 수 있는 상호를 사용하지 못한다고 규정하고 있습니다.

	㉠	㉡		㉠	㉡
①	사법	상법	②	사법	민법
③	공법	상법	④	공법	소송법
⑤	사회법	소송법			

15
935
다음 학습 목표에 따라 조사 주제를 가장 적절하게 정한 모둠은?

> **〈학습 목표〉**
> 모둠별로 개인과 개인 간의 사적인 생활 관계를 규율하는 법의 종류를 조사한다.

① A 모둠: 헌법, 형법
② B 모둠: 민법, 상법
③ C 모둠: 형법, 민법
④ D 모둠: 민법, 행정법
⑤ E 모둠: 행정법, 소송법

16 그림에 나타난 생활 관계를 규율하는 법 영역으로 옳은 것은?

① 헌법　　② 민법　　③ 형법
④ 상법　　⑤ 행정법

17 (가), (나) 상황과 직접 관련된 사회법의 종류를 옳게 연결한 것은?

> (가) ○○ 회사에서는 건물 청소부에게 매일 출근 시간 전에 청소할 것을 강요했다.
> (나) □□시는 지난 추석 연휴 기간 동안 취약 계층 어르신에 대한 돌봄을 강화하고, 결식 우려가 있는 노인을 대상으로 식료품을 전달했다고 밝혔다.

　　　　　(가)　　　　　　(나)
① 근로 기준법　　　국민 연금법
② 근로 기준법　　　사회 보장법
③ 최저 임금법　　　건강 보험법
④ 최저 임금법　　　국민 연금법
⑤ 최저 임금법　　　사회 보장법

18 사회법의 성격으로 옳지 <u>않은</u> 것은?

① 국민의 인간다운 생활을 보장한다.
② 개인 간의 관계에 국가가 개입한다.
③ 사법과 공법의 중간적인 성격을 띤다.
④ 복지 국가에서 중요성이 커지고 있다.
⑤ 자유로운 경제 활동을 최대한 보장한다.

03 재판의 종류와 공정한 재판

[19-20] (가)~(마)는 형사 재판의 절차이다. 이를 보고 물음에 답하시오.

> (가) 고소 또는 고발
> (나) 판사의 판결 선고
> (다) 피의자에 대한 경찰 수사
> (라) 검사가 법원에 재판 청구
> (마) 검사의 신문, 변호인의 변론

19 (가)~(마)를 형사 재판의 절차에 따라 옳게 나열한 것은?

① (가) － (다) － (라) － (마) － (나)
② (가) － (라) － (다) － (마) － (나)
③ (가) － (마) － (다) － (라) － (나)
④ (다) － (가) － (라) － (마) － (나)
⑤ (다) － (라) － (가) － (마) － (나)

20 (라)를 의미하는 법률 용어로 옳은 것은?

① 공소　　② 상고　　③ 항소
④ 항고　　⑤ 소장

21 재판에 대한 설명으로 옳지 <u>않은</u> 것은?

941

① 사회 정의를 실현한다.
② 사회 질서를 유지한다.
③ 국민의 인권을 보호한다.
④ 사회 구성원 간의 분쟁을 예방한다.
⑤ 분쟁을 해결하는 가장 바람직한 방법이다.

22 ㉠에 들어갈 재판으로 적절한 것은?

942

일반적으로 재판에는 많은 시간과 비용이 든다. 경제적으로 어려운 사람이 법의 보호를 받지 못한다면 공정한 재판은 이루어지기 어려울 것이다. 국선 변호인 제도는 범죄 사건에 대한 (㉠)에서 경제적 형편 등으로 변호인을 구하지 못한 피고인이 변호인의 변론을 받을 수 있도록 보장해 주는 제도이다.

① 민사 재판   ② 형사 재판
③ 행정 재판   ④ 선거 재판
⑤ 가사 재판

23 그림에 나타난 재판에 대한 설명으로 옳은 것은?

943

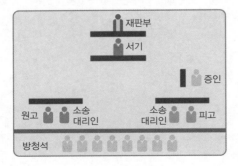

① 피고는 재판을 청구한 사람이다.
② 재판의 당사자는 원고와 피고이다.
③ 국민이 배심원으로 참여하고 있다.
④ 범죄에 따른 형벌 정도를 결정한다.
⑤ 폭력·절도 사건 등을 다루는 재판이다.

24 ㉠, ㉡에 들어갈 재판을 옳게 연결한 것은?

944

최근 층간 소음 문제로 인한 주민 간의 갈등이 깊어지면서 이와 관련된 소송이 늘어나고 있다. 층간 소음으로 피해를 본 아래층 주민이 위층 주민을 상대로 정신적·금전적 손해를 배상해 달라는 소송을 법원에 제기할 경우, 이 사건은 (㉠)의 대상이 된다. 한편, 층간 소음 때문에 화가 난 아래층 주민이 위층 주민을 직접 찾아가 폭행하고, 폭행을 당한 위층 주민이 폭행을 가한 아래층 주민을 고소하여 처벌을 원할 경우, 이 사건은 (㉡)의 대상이 된다.

	㉠	㉡
①	형사 재판	민사 재판
②	형사 재판	가사 재판
③	민사 재판	형사 재판
④	민사 재판	가사 재판
⑤	행정 재판	형사 재판

25 다음 제도에 대한 설명으로 옳지 <u>않은</u> 것은?

945

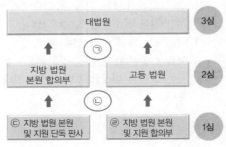

① ㉠은 상고, ㉡은 항소이다.
② ㉣은 판사 3명으로 구성된다.
③ ㉢은 간단한 사건을 판결한다.
④ 모든 재판은 3심제로 진행된다.
⑤ 판결에 대한 불복 신청을 할 수 있다.

26
(946)
다음 내용이 공통으로 추구하는 목적으로 적절한 것만을 〈보기〉에서 고른 것은?

> • 원칙적으로 재판의 심리와 판결은 공개해야 한다.
> • 재판에서의 사실 인정은 명확한 증거에 의해 이루어져야 한다.
> • 재판은 외부 기관의 압력이나 간섭을 받지 않고 공정하게 이루어져야 한다.

> ・보기・
> ㄱ. 신속한 재판
> ㄴ. 공정한 재판
> ㄷ. 사법부의 권한 강화
> ㄹ. 시민의 자유와 권리 보장

① ㄱ, ㄴ   ② ㄱ, ㄷ   ③ ㄴ, ㄷ
④ ㄴ, ㄹ   ⑤ ㄷ, ㄹ

27
(947)
다음 글에 나타난 재판을 불공정하다고 할 수 있는 이유로 적절하지 않은 것은?

> 잔 다르크는 백년 전쟁에서 프랑스를 구한 소녀로 잘 알려져 있다. 그러나 잔 다르크는 포로로 잡혀 억울한 누명을 쓰고 죽음을 맞이하였다. 변호인의 도움도 받지 못하고 여러 차례 심문을 받았다. 교회 성직자가 주관하는 비공개 재판에서 잔 다르크는 고문을 견디지 못하고 마녀라고 자백했다. 결국 자백만으로 그녀는 19세의 나이에 화형에 처해졌다.

① 여러 차례 심문을 했기 때문에
② 변호인의 도움을 받지 못했기 때문에
③ 재판의 진행을 공개하지 않았기 때문에
④ 증거 없이 자백만으로 재판을 했기 때문에
⑤ 당시의 재판은 대개 한 번만 이루어졌기 때문에

28
(948)
(가), (나)에 나타난 사회 규범의 종류를 각각 쓰고, 그 특징을 비교하여 서술하시오.

> (가) 술을 마시고 운전하다가 경찰에 적발되었다.
> (나) 어려움에 처한 친구를 대가 없이 도와주었다.

_____

_____

29
(949)
밑줄 친 부분과 같은 상황에서 등장한 법의 영역은 무엇인지 쓰고, 그 목적을 서술하시오.

> 영화 「모던타임즈」는 경제 상황이 좋지 않았던 1930년대 미국을 배경으로 하고 있다. 이 영화에는 '급식기'라는 기계가 등장한다. 이 기계를 사용하면 근로자가 일을 하는 동안 자동으로 음식을 먹여 주므로 별도의 점심시간이 필요하지 않다. 따라서 근로자는 공장의 생산량 증가를 위해 점심시간도 없이 계속해서 업무에 집중해야만 한다.

_____

_____

30
(950)
밑줄 친 ㉠, ㉡을 종합하여 알 수 있는 우리나라의 사법 제도는 무엇인지 쓰고, 그 목적을 서술하시오.

> A는 다리를 다쳐 의족을 사용해 왔는데, 아파트 경비원으로 근무하던 중 눈을 치우다가 미끄러져 다리를 심하게 다치고 의족도 파손되었다. ㉠ 1심과 2심 재판에서는 근로자의 부상은 신체에 상처를 입는 것을 의미하므로, 의족 파손은 부상이라고 할 수 없어 보상에서 제외된다고 판결하였다. 그러나 대법원은 ㉡ 3심 재판에서 의족은 신체의 일부인 다리를 실질적으로 대체하므로, 의족의 파손은 근로자의 부상에 포함되어야 한다고 판결하였다.

_____

_____

사회 변동과
사회 문제

01 현대의 사회 변동
~ 02 한국 사회의 변동

❶ 한눈에 쏙

• 사회 변동

의미	시간의 흐름에 따라 사회 모습이나 질서가 전반적으로 변화되는 현상
특징	• 급속한 변동 • 다차원적, 광범위

❶ 인류 사회의 변동

원시 사회	수렵과 채집 생활
농경 사회	토지, 노동을 바탕으로 한 농경 생활
산업 사회	노동, 자본을 바탕으로 2차 산업 중심의 생활
정보 사회	정보와 지식의 생산 및 거래

❷ 한눈에 쏙

• 현대 사회의 변동 양상

산업화	농업 위주의 사회에서 제조업 위주의 사회로 변화하는 과정
정보화	정보 통신 기술의 발달로 지식과 정보가 중심이 되는 사회로 변화하는 과정
세계화	국가 간의 교류가 활발해지고 상호 의존성이 높아지는 현상

용어 사전

• **문화 전파** 한 사회가 다른 사회와 교류하거나 접촉하는 과정에서 새로운 문화 요소가 전달되는 현상
• **대량 생산** 기계를 이용하여 동일한 제품을 대량으로 만들어 내는 일
• **인간 소외** 기계 문명이나 산업 조직 등이 중심이 되면서 인간의 존엄성이 약화되는 양상
• **정보 격차** 정보 기술에 접근할 수 있는 역량을 보유한 사람과 그렇지 못한 사람 간에 격차가 심화되는 현상

❶ 사회 변동의 의미와 특징

1 사회 변동의 의미와 요인❶

(1) **의미**: 시간의 흐름에 따라 의식주 문화, 규범, 가치, 제도 등의 사회 모습이나 질서가 전반적으로 변화되는 현상

(2) **요인**: 과학 기술의 발달, 가치관의 변화, 인구 증감, 자연환경의 변화, *문화 전파, 집단 간 갈등 등 ── 수능Tip 급격한 사회 변동의 가장 근본적인 요인에 해당함

2 사회 변동의 특징

(1) **급속한 변동**: 현대 사회에 들어서면서 사회 변동의 속도가 빨라지고 있음

(2) **다차원적이고 광범위한 변동**: 한 부분의 변화가 다른 부분의 변화를 유발·촉진하고, 물질적인 것뿐만 아니라 생활 양식과 사고방식에 이르기까지 광범위하게 변동함

❷ 현대 사회의 변동 양상과 문제점

1 산업화

(1) **산업화의 의미**: 1차 산업인 농업 위주의 사회에서 2차 산업인 제조업 위주의 사회로 변화하는 과정 및 그에 따른 사회·문화적 구조의 변화

(2) **산업화의 영향**

긍정적 영향	*대량 생산 활동에 따른 생활 수준 향상, 대중의 사회·경제적 지위 향상, 시민들의 정치 참여 확대 등 _{왜?} 교육 기회가 확대되고 대중 교육이 도입되었기 때문임
부정적 영향	환경 오염, 빈부 격차 심화, 근로자와 사용자 간의 갈등, 가치관의 혼란, *인간 소외 등

2 정보화

(1) **정보화의 의미**: 지식과 정보가 중심이 되어 사회의 변화를 이끌어 가는 현상

(2) **정보화의 영향**

┌ 정보 통신 기술이 정치에 활용되어 전자 민주주의가 실현됨

긍정적 영향	시민의 정치 참여 활성화, 지식과 정보를 이용하는 산업 발달, 시간과 공간의 제약 감소 등 _예 전자 상거래, 재택근무 등
부정적 영향	권력 기관에 의한 감시와 통제, 개인 정보 유출, 사이버 범죄, *정보 격차에 따른 빈부 격차 심화 등

3 세계화

(1) **의미**: 국가 간에 사람과 물자, 기술, 자본 등의 교류가 활발해지고 세계의 상호 의존성이 높아지는 현상

(2) **세계화의 영향**

긍정적 영향	자유 무역의 확대, 문화 교류를 통한 다양한 문화적 체험 기회 확대, 전 지구적 차원의 문제 해결을 위한 국제 협력 등
부정적 영향	국가 간 빈부 격차 심화, 문화의 획일화, 무역 분쟁 등

└ 세계화는 경쟁력이 우위에 있는 일부 선진국에게는 유리하지만, 경쟁력이 약한 저개발 국가에게는 불리하여 계층과 국가 간의 빈부 격차가 심화될 수 있음

③ 한국 사회 변동의 특징

1 한국 사회 변동의 양상

경제적 측면	'농업 사회 → 산업 사회 → 정보 사회'로의 급속한 변화 ❷
정치적 측면	*권위주의 사회에서 시민 중심의 민주주의 사회로 변화 ┐여성의 사회 참여 확대 등의 결과로 나타남
사회적 측면	닫힌 사회(중앙 집권적 문화, 남성 중심) → 열린 사회(개방적 문화, 양성평등)

2 한국 사회 변동의 영향

| 긍정적 영향 | 급속한 경제 성장으로 국민의 생활 수준 향상 |
| 부정적 영향 | 빈부 격차와 지역 간 격차의 심화, 산업 구조 간 불균형 심화 |

④ 한국 사회 변동의 최근 경향과 대응 방안

1 저출산·고령화 현상 ③

(1) **의미**: 태어나는 아이의 수는 줄어들고, 전체 인구에서 65세 이상 고령 인구의 비율은 높아지는 현상
└저출산 현상   └고령화 현상

(2) **영향**

| 저출산 | *비혼과 *만혼의 증가, 자녀 양육과 교육에 대한 경제적 부담, 개인주의 가치관의 확산, 결혼과 가족에 대한 가치관 변화 등 |
| 고령화 | 의학 기술의 발달과 생활 수준의 향상 등으로 평균 수명 증가 |

(3) **문제점**

① 노동력 부족 → 경제 성장 둔화, 국가 경쟁력 약화

② *사회 보장 비용 증가 → 노인 부양을 위한 사회적 부담 증가

③ 노인 빈곤과 질병, 노인 소외 문제 등

(4) **대응 방안**
┌ 예) 양육비 지원, 보육 시설 확충 등

① 사회적 지원을 통해 출산과 양육의 부담을 줄여 주어야 함

② 양성평등의 문화를 확립해야 함
         └ 남성과 여성이 함께 육아에 참여해야 함

③ 결혼과 출산을 포기하지 않도록 소득과 고용 안정 대책을 수립해야 함
      └ 예) 평생 교육 및 재취업 기회 제공, 연금 제도 개선, 의료 서비스를 통한 건강 보장 등

④ 노인 복지 정책을 마련하고, 개인적인 노후 준비를 강화해야 함

2 다문화 사회

(1) **의미**: 한 사회 안에서 민족, 인종, 언어, 종교 등 다양한 문화적 배경을 가진 사람들이 함께 어울려 사는 사회

(2) **영향**
         ┌ 다양한 문화의 증가는 우리 사회의 국제 경쟁력 강화에 도움을 주기도 함

| 긍정적 영향 | 문화 다양성 실현을 통해 문화 발전의 토대 마련, 이주 노동자 유입으로 노동력 부족 문제 해소 등 |
| 부정적 영향 | 언어 차이로 인한 의사소통의 어려움, 외국인들의 사회 부적응과 경제적 어려움, 이주민에 대한 사회적 차별 및 인권 침해 발생 등 |

(3) **다문화 사회의 대응 방안**

| 의식적 측면 | 개방적 태도를 통한 문화의 다양성 이해, 다양한 문화를 *편견 없이 이해하려는 관용의 자세 확립 |
| 제도적 측면 | 이주민에 대한 다양한 지원 제도 마련, 이주민들이 정체성을 지켜 나가면서 새로운 사회와 조화를 이룰 수 있도록 지원하는 *다문화 교육 확대 |

1 사회 변동의 의미와 특징
2 현대 사회의 변동 양상과 문제점

🚩 **이 주제에서는 어떤 문제가 잘 나올까?**
• 사회 변동의 의미와 특징 이해하기
• 현대 사회 변동의 양상 파악하기
• 현대 사회 변동의 문제점 파악하기

• 정답 및 해설 **83**쪽

● 차근차근 **기본 다지기** ●

01 빈칸에 들어갈 용어를 쓰시오.
951

(1) 한 사회를 구성하는 질서나 규범, 가치관, 제도, 기술 등이 시간을 거치면서 변화하는 것을
( )(이)라고 한다.

(2) ( )의 영향으로 교육의 기회가 확대되어 대중 교육이 도입되면서 대중의 사회·경제적 지위
가 향상되었다.

(3) 지식과 정보가 중심이 되어 사회의 변화를 이끌어 가는 현상을 ( )(이)라고 한다.

02 다음 설명이 맞으면 ○표, 틀리면 ✕표 하시오.
952

(1) 산업 사회의 주요 산업은 제조업이다. ( )

(2) 현대 사회에 들어서면서 사회 변동의 속도는 점차 빨라지고 있다. ( )

(3) 세계화로 선진국과 개발 도상국 간의 빈부 격차는 완화되고 있다. ( )

03 다음 괄호 안의 내용 중 알맞은 것에 ○표 하시오.
953

(1) (정보화, 세계화)의 확산으로 정보 통신 기술을 활용한 전자 민주주의가 가능해지면서 시민의 정
치 참여가 활성화되었다.

(2) 산업 사회에서는 (노동과 자본, 지식과 정보)을/를 부가 가치의 원천으로 하여 2차 산업 중심의 생
활이 이루어진다.

(3) 세계화 현상으로 국가 간의 교류가 활발해지면서 국가 간의 상호 의존성이 (높아지는, 낮아지는)
현상이 두드러지고 있다.

04 사회 변동에 대한 설명으로 옳지 <u>않은</u> 것은?
954

① 오늘날에는 다차원적이고 광범위한 변동
이 일어나고 있다.

② 대표적인 사회 변동의 양상으로 산업화,
정보화, 세계화가 있다.

③ 과거에는 주로 발견과 발명에 의해, 현대
사회에서는 주로 자연환경의 변화에 의
해 사회 변동이 이루어진다.

05 다음과 같은 사회 변동의 영향으로 가장 적절
955 한 것은?

> 1차 산업인 농업 위주의 사회에서 2차 산
> 업인 제조업 위주의 사회로 변화한다.

① 정보 격차 증가

② 사이버 범죄 증가

③ 전자 민주주의 발달

④ 대량 생산 체제 도입

06 다음 모습이 주로 나타나는 사회의 특징으로 적절하
956 지 <u>않은</u> 것은?

> 시간과 공간의 제약 없이 자유롭게 의사소통을 하고 수많은 정보를 주고받을 수 있다.

① 재택근무가 확산된다.
② 전자 민주주의가 가능해진다.
③ 자신도 모르게 개인 정보가 유출될 수 있다.
④ 노동과 자본이 부가 가치의 주요한 원천이 된다.
⑤ 누리 소통망(SNS)과 같은 뉴 미디어의 사용이 증가한다.

07 사진을 통해 알 수 있는 사회 변동의 영향으로 가장
957 적절한 것은?

🔼 케이팝(K-POP) 공연장에 모인 외국인들

① 정보 기술과 관련된 직업이 감소한다.
② 국경의 의미가 강화되어 생활 공간이 과거보다 좁아진다.
③ 단일 민족 국가 체제가 강화되어 시간과 공간의 제약이 커진다.
④ 각 나라의 문화 정체성이 강해지면서 문화 다양성이 약화된다.
⑤ 국가 간에 사람, 재화와 서비스, 기술, 자본 등의 교류가 활발해진다.

08 다음에서 공통으로 나타나는 현대 사회 변동의 요인
958 은 무엇인지 쓰시오.

> • 인공위성의 발명으로 날씨 예보, 기후 변화 예측, 이동 통신 서비스 이용 등이 가능해졌다.
> • 스마트폰 기술의 발달에 따라 쇼핑, 은행 업무, 요금 지불 등 주요한 경제생활을 휴대 전화 한 대만으로 모두 할 수 있게 되었다.

(   )

서술형 문제

09 다음 수업 시간의 대화를 읽고, 물음에 답하시오.
959

> 교사: 정보 사회의 특징에 대해 이야기해 볼까요?
> 갑: 시간과 공간의 제약이 감소하였습니다.
> 을: 정보화가 진전되면서 정보 격차가 줄어들어 사회적 갈등이 감소하였습니다.
> 병: 누리 소통망(SNS)의 쌍방향적 특징으로 전자 민주주의가 확대되고 있습니다.
> 정: 기술의 발달로 동일한 제품을 대량으로 생산할 수 있게 되었습니다.

(1) 위 대화에서 <u>잘못</u> 말한 학생만을 있는 대로 골라 쓰시오.

_____

(2) (1)에서 고른 학생의 설명을 옳게 고쳐 쓰시오.

_____

_____

논술형 문제

10 그림과 같은 상황의 배경이 되는 사회 변동의 양상을
960 제시하고, 이러한 양상의 부정적 영향을 〈조건〉에 맞게 서술하시오.

> 환경 파괴로 세계 언어의 4개 중 1개가 소멸 위기
>
> 경제 발전으로 사라질 위기에 처한 소수 언어
>
> 절박한 언어 소멸 위기, 국어 보존 노력 시급!

> • 조건 •
> 문화적 측면과 경제적 측면으로 구분하여 서술한다.

_____

_____

_____

_____

100명의

교사가 콕 찍은
**주제별·유형별
대표문제**

③ 한국 사회 변동의 특징

④ 한국 사회 변동의 최근 경향과 대응 방안

이 주제에서는 어떤 문제가 잘 나올까?
• 한국 사회 변동의 특징 이해하기
• 한국 사회 변동의 최근 경향 파악하기
• 한국 사회 변동의 대응 방안 제시하기

• 정답 및 해설 **84**쪽

차근차근 기본 다지기

01 빈칸에 들어갈 용어를 쓰시오.
961
(1) 한국 사회는 정치적 측면에서 (　　　) 사회에서 시민 중심의 (　　　) 사회로 변화하였다.

(2) (　　　) 현상은 태어나는 아이의 수가 줄어드는 것을 말하고, (　　　) 현상은 전체 인구에서 65세 이상 인구의 비율이 높아지는 것을 말한다.

(3) (　　　)(이)란 한 사회 안에서 민족, 인종, 언어, 종교 등 다양한 문화적 배경을 가진 사람들이 함께 어울려 사는 사회를 말한다.

02 다음 설명이 맞으면 ○표, 틀리면 ✕표 하시오.
962
(1) 한국 사회는 1960년대 중반 이후 정보 통신 기술의 발달로 정보 사회로 변화하였다. (　　　)

(2) 다문화 사회의 대응 방안으로 개방적 태도와 관용의 자세, 다문화 교육 확대를 들 수 있다. (　　　)

(3) 다문화 사회의 긍정적 영향으로 이주 노동자 유입에 따른 노동력 부족 문제 해소, 이주민에 대한 사회적 차별을 들 수 있다. (　　　)

03 (1)~(4)에서 설명하는 용어를 퍼즐판에서 찾아 색칠하시오.
963

초	사	회	질	다
자	고	령	화	문
유	참	령	참	화
권	평	등	사	사
공	농	업	사	회

(1) 한국 사회의 변동 과정에서 1960년대 초까지 머물렀던 사회 형태는?

(2) 새로운 문화의 유입으로 문화 다양성이 실현되어 문화 발전의 토대를 이룰 수 있는 사회는?

(3) 의학 기술의 발달과 생활 수준의 향상 등으로 평균 수명이 증가하면서 나타난 현상은?

(4) 65세 이상 인구가 총인구의 20% 이상을 차지하는 사회를 가리키는 단어는?

04 한국 사회의 변동에 대한 설명으로 옳은 것은?
964
① 1980년대 이후 정보 사회로 변화하였다.

② 농업 사회에서 바로 정보 사회로 변화하였다.

③ 사회 변동 과정에서 산업 구조 간 불균형이 완화되었다.

05 다음 글에서 설명하는 현상의 원인으로 가장 적절한 것은?
965

출산율 하락으로 국가 발전에 필요한 적정 인구를 채우기가 어려워진다.

① 의학 기술 발달

② 평균 수명 증가

③ 생활 수준 향상

④ 자녀 양육에 대한 경제적 부담

06 다음 글에 나타난 현상의 대응 방안으로 적절하지 <u>않은</u>
966 것은?

> 오늘날 우리 사회에서는 태어나는 아이의 수는
> 줄고, 노인 인구의 비율은 높아지는 현상이 나타
> 나고 있다.

① 직장 내 보육 시설을 확충한다.
② 육아 휴직 제도를 확대 시행한다.
③ 개방적 태도를 통해 문화의 다양성을 추구한다.
④ 양성평등 및 일·가정 양립 문화의 확산을 위해
　노력한다.
⑤ 노후 보장에 필요한 다양한 연금 및 노인 복지
　제도를 마련한다.

07 다음 상황에서 나타날 수 있는 현상으로 가장 적절한
967 것은?

> 우리나라는 국제결혼 이주민 및 외국인 노동자,
> 북한 이탈 주민들의 증가로 인해 다문화 사회로
> 변화하고 있다.

① 의사소통의 어려움
② 문화 다양성의 약화
③ 문화적 갈등의 해결
④ 노동력 부족 문제의 심화
⑤ 문화적 다수자에 대한 차별

08 다음 원인들로 인해 나타나는 사회 현상은 무엇인지
968 쓰시오.

> • 결혼을 하지 않거나 늦게 결혼하는 사람들이 증
> 　가하였다.
> • 자녀 한 명을 키우는 데 드는 양육비와 교육비
> 　가 증가하였다.
> • 맞벌이 부부가 증가하여 집에서 아이를 돌보기
> 　가 어렵고, 돌보미를 쓰는 비용도 많이 든다.

(　　　)

서술형 문제

09 다음 글에 나타난 갈등에 대응하기 위한 방안을 의식
969 적 측면과 제도적 측면에서 각각 서술하시오.

> 이주민들과의 문화적 차이로 인해 오해와 편견
> 이 생겨나고, 이로 인해 갈등이 발생하기도 한다.

_____

_____

논술형 문제

10 자료에 나타난 최근 한국 사회의 변동 경향을 제시하
970 고, 그에 따른 문제점을 <u>두 가지</u> 이상 서술하시오.

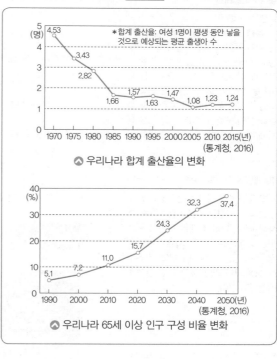

⊙ 우리나라 합계 출산율의 변화

⊙ 우리나라 65세 이상 인구 구성 비율 변화

_____

_____

_____

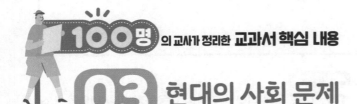

03 현대의 사회 문제

① 현대 사회의 사회 문제

— 폭우, 가뭄, 태풍 등은 자연 재해로서 사회 문제에 해당하지 않음

1 사회 문제의 이해 ①

(1) **의미**: 사회의 대다수 구성원이 개선해야 한다고 생각하는 사회 현상

(2) **원인**: 사회 변동, 가치관의 변화, 사회 구조나 제도의 결함 등

(3) **특징**

① 시대와 장소에 따라 다르게 나타나는 상대성을 가짐

② 발생 원인이 내부에 있고, 인간의 노력으로 해결 가능함

2 사회 문제의 양상

(1) 전 지구적인 환경 문제, 인구 문제, 노동 문제 등이 발생함

(2) 한 국가의 문제가 전 지구적으로 영향을 미침

(3) 해결을 위해 국제적인 차원에서 이해와 협력이 이루어져야 함

3 현대의 주요 사회 문제 ② 자료①

(1) **환경 문제** — 환경 문제는 전 지구적 차원에서 논의되고 해결 방안을 찾아야 하는 문제임

① 생활 쓰레기, 산업 폐기물, 폐수, 각종 배기가스 등으로 인한 환경 오염

② 과다한 화석 연료 사용으로 대기 중 온실가스 증가 → °지구 온난화 → 이상 기후, 해수면 상승 등

③ 삼림 훼손, 열대 우림 파괴 등으로 인한 °사막화 등 자연환경 파괴

(2) **인구 문제** ③

개발 도상국	인구 증가에 따른 식량 부족, 기아, 빈곤, 일자리 부족, 각종 시설 부족 등
선진국	저출산·고령화로 인한 노동력 부족, 노인 인구 부양을 위한 사회적 부담 증가 등

(3) **노동 문제**

① 경기 변동, 사회 변화 등으로 인해 발생하는 실업, °비정규직 노동자 증가

② 남성과 여성, 정규직과 비정규직 간의 임금 격차

③ 노동자와 사용자 간의 갈등

> 교과서 속 자료 읽기 ① **현대 사회의 다양한 사회 문제**

⬆ 환경 문제　　⬆ 인구 문제　　⬆ 노동 문제

북극의 빙하가 녹아 해수면이 상승하는 것은 환경 문제, 고령화로 노인 인구의 부양을 위한 사회적 부담이 증가하는 것은 인구 문제, 일자리를 구하지 못해 사람들이 채용 박람회에 몰리는 것은 노동 문제에 해당한다. 이처럼 현대 사회에서는 다양한 측면의 사회 문제가 나타나고 있다.

① 한눈에 쏙

• 현대 사회의 주요 문제

환경 문제	• 환경 오염 • 지구 온난화 • 자연 환경 파괴
인구 문제	• 급속한 인구 증가 • 저출산·고령화
노동 문제	• 실업 • 임금 격차 • 노사 갈등

① 사회 문제의 조건

• 사회 규범에 어긋나는 현상이어야 함
• 다수의 사람들에게 부정적인 영향을 미쳐야 함
• 원인이 인간에게 있는 현상이어야 함
• 다수의 사람들이 문제로 인식하여 해결이 필요하다고 생각해야 함

② 전쟁과 테러

전쟁은 주로 국가 간의 무력 투쟁이나 폭력 행위를 말하고, 테러는 폭력을 써서 적이나 상대편을 위협하거나 공포에 빠뜨리게 하는 행위를 말한다. 전쟁과 테러는 전 지구적으로 영향을 미치는 현대 사회의 문제 중 하나로, 분쟁 당사자들 간의 상호 존중과 협력을 통해 해결하거나 국제기구를 통해 해결해야 한다.

③ 개발 도상국과 선진국의 인구 문제

개발 도상국의 인구는 급증하고 있고, 선진국의 인구는 유지·감소하는 추세에 있다. 따라서 개발 도상국은 인구 증가에 따른 식량·자원·주거·환경 문제 등을 해결해야 하고, 선진국은 노동 인구의 감소에 따른 문제를 해결해야 한다.

용어 사전

• °**지구 온난화** 지구의 기온이 높아지는 현상
• °**사막화** 오랜 가뭄과 인간의 지나친 개방 등으로 숲이 사라지로 토지가 사막으로 변해 가는 현상
• °**비정규직** 근로 기간이 계약으로 정해져 있는 임시 혹은 시간제 근로자

❷ 현대 사회 문제의 해결 방안

1 현대 사회 문제의 일반적인 해결 방안 ④ [자료❷]

개인적·의식적 차원	· 사회 문제를 자신의 문제로 인식하는 **공동체 의식** · 사회 문제의 해결에 적극적으로 참여하려는 자세 · **배려와 나눔의 의식을** 일상생활에서 실천하려는 태도
사회적·제도적 차원	· 주요 사회 문제 해결을 위한 제도나 정책 마련 · 시민들의 참여를 활성화할 수 있는 제도 마련
국제적 차원	· 국경을 초월하여 나타나는 사회 문제들을 해결하기 위한 **국가 간 협력** · 국제기구나 국제 비정부 기구(NGO)의 노력

└─ 현대 사회의 문제를 해결하기 위해서는 개인적 차원의 노력,
사회적 차원의 노력, 국제적 차원의 노력이 함께 이루어져야 함

2 환경 문제의 해결 방안

개인적·의식적 차원	일회용품 사용이나 무분별한 에너지 소비를 줄이려는 개인과 기업의 의식과 노력 등
사회적·제도적 차원	· 환경 문제의 해결을 위한 제도적 장치 마련 · 친환경 기술의 개발을 위한 정책 마련
국제적 차원	· 환경 보전과 개발 간에 적절한 균형을 유지하려는 국제기구의 노력 · •지속 가능한 발전을 위한 국가 간 협력

3 인구 문제의 해결 방안

(1) **개발 도상국**: 출산율 억제 정책 실시, 식량 생산의 증대, 경제 개발을 위한 노력 등

(2) **선진국**: 출산 장려 및 육아, 직장과 가정의 조화를 위한 사회적 분위기 조성 등

4 노동 문제의 해결 방안

(1) **실업**: 개인의 직업 역량 함양, 기업의 투자 확대, 정부의 일자리 창출 노력과 직업 정보 제공 등

(2) **임금 격차**: 불공정한 임금 차별을 예방할 수 있는 제도 마련, 비정규직에 대한 처우 개선 등

(3) **노사 갈등**: 근로자와 사용자의 공동체 의식 발휘, 개방적이고 포용적인 태도, 공정하게 분쟁을 조정하려는 정부의 노력 등

교과서 속 자료 읽기 ❷ **현대 사회 문제의 해결 방안**

△ 저출산 문제의 해결 방안　　△ 환경 문제의 해결 방안

· 저출산 문제를 해결하기 위해서는 산전·산후 휴가 보장, 보육 시설 확충 등을 통해 직장생활과 가정생활을 조화롭게 병행할 수 있는 환경을 마련해야 한다.

· 환경 문제를 해결하기 위해서는 사회 구성원들이 물건 재활용, 쓰레기 분리배출 등에 적극적으로 참여해야 한다.

---

❷ 한눈에 쏙

· 현대 사회 문제의 해결 방안

개인적 차원	의식 개혁 및 실천 태도 함양
사회적 차원	제도나 정책 마련
국제적 차원	국가 간 협력

④ 사회 문제의 해결 절차

문제 인식	사회 문제의 현황 및 원인을 파악함
해결 방안 모색	원인에 알맞은 다양한 해결 방안을 찾아봄
결과 예측	해결 방안에 따른 결과를 예측함
해결 방안 선택	가장 적절한 해결 방안을 선택하여 실천함

용어 사전

• **지속 가능한 발전** 자연과 인간이 조화를 이루는 개발을 통해 미래 세대의 삶의 질 등을 보장하는 것

100명의 교사가 콕 찍은 **주제별·유형별 대표문제**

1 현대 사회의 사회 문제
2 현대 사회 문제의 해결 방안

🚩 **이 주제에서는 어떤 문제가 잘 나올까?**
• 현대 사회의 사회 문제 이해하기
• 현대 사회 문제의 해결 방안 제시하기

● 정답 및 해설 **85**쪽

● 차근차근 **기본다지기** ●

01 다음 설명이 맞으면 ○표, 틀리면 ✕표 하시오.
971
(1) 폭우, 가뭄 등의 자연 재해는 사회 문제에 해당한다. (　　)
(2) 사회 문제는 발생 원인이 사회 내부에 있고, 인간의 노력으로 해결할 수 있다. (　　)
(3) 개발 도상국에서는 저출산·고령화에 따라 노동 인구의 감소가 심각한 문제로 나타난다. (　　)

02 빈칸에 들어갈 용어를 쓰시오.
972
(1) 사회 문제가 되기 위해서는 그 현상이 (　　　)에 어긋난다는 판단이 필요하다.
(2) 경기 변동이나 사회 변화 등으로 인한 실업은 사회 문제 중 (　　　)에 해당한다.
(3) 환경 문제를 해결하기 위해서는 (　　　) 발전을 통해서 자연과 인간이 조화를 이루어야 한다.

03 다음 괄호 안의 내용 중 알맞은 것에 ○표 하시오.
973
(1) 사회 문제가 되기 위해서는 그 현상의 원인이 (자연적, 인위적)이어야 한다.
(2) 사회 문제는 시대와 장소에 따라 다르게 나타나는 (보편성, 상대성)을 지닌다.
(3) 현대 사회 문제를 해결하기 위해서는 국경을 초월한 (국내적, 국제적) 차원의 노력이 필요하다.
(4) 사회 문제를 해결하기 위해서는 법과 제도의 도입과 개혁 등 (개인적, 사회적) 측면의 노력이 필요하다.

04 사회 문제에 대한 설명으로 옳지 않은 것은?
974
① 태풍, 가뭄 같은 자연현상은 해당하지 않는다.
② 많은 사람들이 바람직하지 않은 것으로 생각한다.
③ 사회 변동이나 가치관의 변화와는 관계가 없다.

05 다음 글에 나타난 사회 문제에 대한 설명으로 옳지 않은 것은?
975

> 남태평양의 작은 섬나라였던 투발루는 지구 온난화에 따른 기후 변화 때문에 국토를 포기한다고 선언하였다. 지속적인 해수면 상승으로 투발루의 9개의 섬 중에 하나는 이미 바닷물에 잠겨 사라졌고, 나머지 섬들에서도 이러한 현상이 계속되어 더 이상 국가가 존립할 수 없게 되었다.

① 온실 가스가 주요 원인이다.
② 전 지구적으로 영향을 미치는 문제이다.
③ 인간의 노력으로는 해결할 수 없는 문제이다.
④ 지구의 평균 온도가 지속적으로 상승하는 현상이다.

06 자료에 나타난 사회 문제에 대한 설명으로 옳지 <u>않은</u>
976 것은?

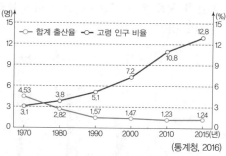

△ 합계 출산율과 고령 인구 비율 추이

① 저출산·고령화 현상이다.
② 선진국에서 주로 나타난다.
③ 노동력 부족의 원인이 된다.
④ 전 지구적으로 영향을 미친다.
⑤ 사회적 부담이 줄어드는 결과를 가져온다.

07 다음 상황에서 더욱 심화될 수 있는 현대 사회의 문제
977 로 가장 적절한 것은?

> 2050년에는 인공지능과 또 다른 미래 기술들,
> 예를 들면 합성 생물학, 나노 기술, 사물 인터넷,
> 자율 주행 자동차, 로봇 공학 등이 우리의 일상을
> 비롯하여 경제, 문화의 본질에 근본적인 영향을
> 미칠 것이다. 또한 기후 관련 미래 기술들이 지금
> 인간이 하고 있는 많은 일을 대체할 것이다.
> – 박영숙, 제롬 글렌, 「유엔 미래 보고서 2050」

① 기아   ② 실업
③ 인구 증가   ④ 지구 온난화
⑤ 열대 우림 파괴

08 다음 노력을 통해 해결할 수 있는 현대 사회의 노동
978 문제는 무엇인지 쓰시오.

> • 근로자와 사용자가 개방적이고 포용적인 태도
>   를 바탕으로 공동체 의식을 발휘한다.
> • 정부가 근로자와 사용자 간의 분쟁을 공정하게
>   해결하기 위해 노력한다.

(   )

서술형 문제

09 밑줄 친 ㉠, ㉡의 내용을 각각 서술하시오.
979

> 인구 문제는 지역별로 서로 다른 양상을 보인
> 다. 출산율이 높은 개발 도상국에서는 ㉠ 폭발적
> 인 인구 증가로 인한 문제가 발생하고 있다. 반면
> 에 출산율이 낮은 선진국에서는 ㉡ 인구 감소와
> 고령화로 인한 문제를 겪고 있다.

논술형 문제

10 자료를 통해 알 수 있는 우리나라의 사회 문제와 그
980 해결 방안을 〈조건〉에 맞게 서술하시오.

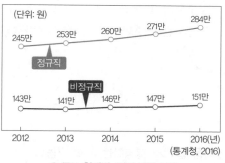

△ 근로 형태별 1인당 평균 임금

┌─ 조건 ─
│ • 사회 문제의 유형과 내용을 구체적으로 제시한다.
│ • 사회 제도나 정책의 관점에서 해결 방안을 서술
│   한다.

01 현대의 사회 변동

01 사회 변동에 대한 설명으로 옳지 않은 것은?
981

① 범위가 점점 넓어지고 있다.
② 양상은 사회마다 다르게 나타난다.
③ 속도는 현재보다 과거가 더 빠르다.
④ 사회 구조가 전반적으로 변화하는 현상이다.
⑤ 비물질 영역보다 물질 영역에서 더 빠르게 나타난다.

02 다음 글에 나타난 사회 변동의 요인으로 가장 적절한 것은?
982

> "지난 80년간 세계를 바꾼 사건은 무엇일까?" 2014년 영국 문화원이 10개국을 상대로 실시한 설문 조사의 제목이다. 조사 결과 가장 많은 사람들이 선택한 사건 1위는 인터넷망의 등장이었다. 그리고 2위는 페니실린의 대량 생산, 3위는 가정용 컴퓨터의 보급이 그 뒤를 이었다. 또한 휴대 전화의 보급과 발전이 15위에 올랐고, TV 방송의 시작과 신용카드 개발은 각각 24위, 34위를 기록했다.

① 교통의 발달 ② 정치적 사건
③ 가치관의 변화 ④ 자연환경의 변화
⑤ 과학 기술의 발달

03 다음 글에서 설명하는 사회 변동으로 인한 문제로 보기 어려운 것은?
983

> 생산 활동이 분업화되고 기계화되면서 전체 산업에서 공업이 차지하는 비율이 높아지고, 그에 따라 생활 양식이 변화한다.

① 인간 소외 현상이 나타난다.
② 도시와 농촌의 격차가 증가한다.
③ 무분별한 개발로 환경 오염이 나타난다.
④ 노동자와 사용자 간의 갈등이 증가한다.
⑤ 사이버 범죄나 개인 정보 유출이 증가한다.

04 자료를 통해 알 수 있는 정보 사회의 특징으로 가장 적절한 것은?
984

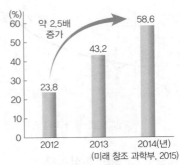

⊙ 스마트폰을 이용한 인터넷 쇼핑 이용률의 변화

① 문화의 획일화가 나타난다.
② 시간과 공간의 제약이 감소한다.
③ 소품종 대량 생산이 이루어진다.
④ 제조업 중심의 사회로 변화한다.
⑤ 농업 중심에서 공업 중심으로 변화한다.

05 다음은 인류 사회의 변동 과정을 나타낸 것이다. 이에 대한 옳은 설명만을 〈보기〉에서 고른 것은?
985

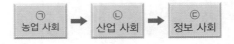

┌ 보기 ┐
ㄱ. ⊙은 토지와 노동을 주된 기반으로 한다.
ㄴ. ⓒ 시기에 제조업으로 생산성이 높아졌다.
ㄷ. ⓒ 시기에 양방향 의사소통이 가능해졌다.
ㄹ. ⓒ 시기에 인구가 촌락에서 도시로 급격하게 이동한다.

① ㄱ, ㄴ ② ㄱ, ㄷ ③ ㄴ, ㄷ
④ ㄴ, ㄹ ⑤ ㄷ, ㄹ

06 다음 사례를 통해 알 수 있는 사회 변동의 영향으로
986 적절한 것만을 〈보기〉에서 고른 것은?

> 서울에 사는 중학생 A의 가족은 일요일 점심식사로 중국산 콩이 들어간 잡곡밥과 오스트레일리아산 소고기로 만든 불고기, 노르웨이산 고등어로 만든 고등어구이를 먹었다. 식사 후에는 필리핀산 파인애플을 먹으면서 이야기를 나누었다.

• 보기 •
ㄱ. 도시의 일자리가 증가한다.
ㄴ. 소비자의 상품 선택 폭이 확대된다.
ㄷ. 대중의 사회 · 경제적 지위가 향상된다.
ㄹ. 다양한 문화와의 접촉 기회가 확대된다.

① ㄱ, ㄴ　　② ㄱ, ㄷ　　③ ㄴ, ㄷ
④ ㄴ, ㄹ　　⑤ ㄷ, ㄹ

02 한국 사회의 변동

07 밑줄 친 ㉠의 내용으로 적절하지 <u>않은</u> 것은?
987

> 우리나라는 1960년대 초반까지 전형적인 농업 사회였다. 이후 정부 주도의 경제 성장 정책을 통해 빠르게 산업 사회로 진입하게 되었고, 그 과정에서 ㉠ 다양한 사회 문제도 발생하였다.

① 가치관의 혼란　　② 환경 오염 증가
③ 지역 간 불균형　　④ 빈곤과 기아 증가
⑤ 빈부 격차의 심화

08 밑줄 친 ㉠의 목적으로 가장 적절한 것은?
988

> 스웨덴은 세계에서 처음으로 남성 육아 휴직을 도입한 나라로, 2016년부터는 ㉠ 여성과 똑같은 90일로 남성 의무 육아 휴직 기간을 확대하였다.

① 인구 증가를 억제하기 위해
② 출산 지원금을 확대하기 위해
③ 고령화 사회로 진입하기 위해
④ 직장 여성의 출산을 장려하기 위해
⑤ 남녀 성비 불균형을 해결하기 위해

[09-10] 자료를 보고 물음에 답하시오.

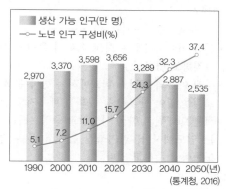

▲ 생산 가능 인구(15~64)와 65세 이상 인구 비율의 변화

09 위 자료를 바탕으로 예상할 수 있는 한국 사회의 변화
989 로 가장 적절한 것은?

① 고령화 사회에서 점차 벗어날 것이다.
② 외국인 노동자의 유입이 점점 감소할 것이다.
③ 노동력이 부족해져 경제 성장이 둔화될 것이다.
④ 노인 인구 부양에 필요한 비용이 감소할 것이다.
⑤ 정부가 출산율 감소를 위한 정책을 실시할 것이다.

10 위와 같은 현상으로 인해 나타날 수 있는 문제점에
990 대한 대응 방안으로 적절한 것만을 〈보기〉에서 고른
것은?

• 보기 •
ㄱ. 연금 제도 개선　　ㄴ. 노인 일자리 마련
ㄷ. 다문화 교육 실시　　ㄹ. 저임금 문제 해결

① ㄱ, ㄴ　　② ㄱ, ㄷ　　③ ㄴ, ㄷ
④ ㄴ, ㄹ　　⑤ ㄷ, ㄹ

11 다음 사례들을 통해 설명할 수 있는 주제로 가장 적절
991 한 것은?

> • 인천 차이나타운은 화교 고유의 문화와 풍습을 간직하고 있다.
> • 서래 마을의 프랑스 학교에서는 한국 문화 체험 교실을 열어 한국 전통 문화를 배우기도 한다.
> • 서울 이태원의 한국 이슬람교 중앙 사원 근처에는 인도네시아, 파키스탄 등에서 온 이슬람교도들이 거주하고 있다.

① 산업화의 영향
② 다양한 문화의 갈등
③ 이주민에 대한 차별
④ 외국인 노동자의 유입
⑤ 다문화 사회로의 변화

12 자료를 통해 알 수 있는 사회 변동의 영향으로 적절한
992 것만을 〈보기〉에서 고른 것은?

▲ 우리나라에 거주하는 외국인 주민 수 변화

> ┌─보기─
> ㄱ. 세대 간 갈등이 감소한다.
> ㄴ. 노인의 재취업 기회가 늘어난다.
> ㄷ. 새로운 문화 발전의 원동력이 된다.
> ㄹ. 노동력 부족 문제의 해결에 도움을 준다.

① ㄱ, ㄴ   ② ㄱ, ㄷ   ③ ㄴ, ㄷ
④ ㄴ, ㄹ   ⑤ ㄷ, ㄹ

03 현대의 사회 문제

13 사회 문제의 사례로 적절한 것만을 〈보기〉에서 고른
993 것은?

> ┌─보기─
> ㄱ. 매년 실업률이 상승하고 있다.
> ㄴ. 중학생 A의 중간고사 성적이 하락했다.
> ㄷ. 공장의 폐수 때문에 하천이 오염되었다.
> ㄹ. 갑자기 비가 많이 내려서 산사태가 발생하였다.

① ㄱ, ㄴ   ② ㄱ, ㄷ   ③ ㄴ, ㄷ
④ ㄴ, ㄹ   ⑤ ㄷ, ㄹ

14 다음 글에 나타난 사회 문제의 원인으로 가장 적절한
994 것은?

> 과거에는 먹을 것이 부족하여 굶주림에서 벗어나는 것이 중요하였다. 그런데 시대가 바뀌어 사람들의 생각이 달라지면서 비만을 질병으로 보게 되었고, 비만세를 부과하는 나라가 생길 정도로 비만이 중요한 사회 문제로 대두하였다.

① 인구 감소   ② 가치관의 변화
③ 자연환경의 변화   ④ 전쟁과 교역 증가
⑤ 과학 기술의 발달

15 다음 글에 나타난 인도의 인구 문제를 해결하기 위한
995 방법으로 가장 적절한 것은?

> 인도는 2018년 인구수가 13억 5300만 명으로 세계 2위이다. 인도는 현재 강제로 인구 증가를 억제하지 못하고 있기 때문에 조만간 중국의 인구를 넘어설 전망이다.

① 육아에 대한 사회적 지원을 강화한다.
② 가족 계획을 실시하여 출산율을 높인다.
③ 여성이 육아를 전담하는 제도를 마련한다.
④ 여성의 사회 진출을 제한하는 정책을 실시한다.
⑤ 식량 생산을 늘리고 경제 발전을 위해 노력한다.

16 우리 사회에서 나타나는 노동 문제로 적절한 것만을 〈보기〉에서 고른 것은?

> ● 보기 ●
> ㄱ. 남성과 여성의 임금 격차
> ㄴ. 정규직과 비정규직의 차별 대우
> ㄷ. 근로자와 사용자의 공동체 의식
> ㄹ. 전체 근로자 중 여성 근로자의 비율 증가

① ㄱ, ㄴ ② ㄱ, ㄷ ③ ㄴ, ㄷ
④ ㄴ, ㄹ ⑤ ㄷ, ㄹ

17 다음 사례들을 통해 추론할 수 있는 환경 문제의 특징으로 가장 적절한 것은?

> • 1992년 브라질 리우에서 국제적 생물 다양성 보호를 위한 「생물 다양성 보존 협약」에 각국의 정상들이 서명하였다.
> • 1994년 프랑스 파리에서 자원의 무분별한 개발과 토지의 잘못된 사용에 의한 지구 사막화를 막기 위해 「사막화 방지 협약」이 체결되었다.

① 특정 지역에만 영향을 미친다.
② 근대 산업 사회에서 시작되었다.
③ 지속 가능한 개발이 주요 원인이다.
④ 제도적 차원의 문제 해결이 가장 중요하다.
⑤ 문제 해결을 위해 국제적 협력이 필요하다.

18 사회 문제의 해결 방안 중 나머지 넷과 성격이 다른 것은?

① 실업 문제 해결을 위한 일자리 창출
② 노동 문제 해결을 위한 서명 운동 참여
③ 주택 문제 해결을 위한 주택 공급 증대
④ 인구 문제 해결을 위한 출산 및 육아 지원
⑤ 환경 문제 해결을 위한 폐수 처리 시설 확충

서술형 문제

19 다음 글을 읽고 물음에 답하시오.

> 정보 사회에서 나타나는 사회 문제 중 <u>이것</u>은 다양한 양상으로 나타난다. 예를 들어 정치적 측면에서 생각해 보면, 노인과 같이 인터넷에 접근하기가 상대적으로 어려운 집단은 자신의 정치적 의견을 표출하기가 쉽지 않다. 경제적 측면에서도 마찬가지이다. 스마트폰 애플리케이션을 이용하여 좀 더 싸게 물건을 사는 사람이 있는가 하면, 그렇지 못한 사람도 있고, 이들 간에는 경제적 격차가 발생한다.

(1) 밑줄 친 '이것'에 해당하는 사회 문제는 무엇인지 쓰시오.

_____

(2) (1) 문제의 의미를 서술하시오.

_____
_____

20 자료를 바탕으로 개발 도상국과 선진국에서 나타날 수 있는 인구 문제를 비교하여 서술하시오.

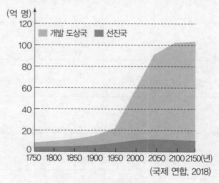

△ 세계 인구수의 변화

_____
_____

MEMO

100명의 사회 교사 1000개의 사회 문제

정답 및 해설

중학 사회 ①

김영사

100명의 사회 교사 1000개의 사회 문제

정답 및 해설

중학 사회 ①

정답 및 해설

I. 내가 사는 세계

01 지도를 통해 보는 세상 ~
02 위치에 따른 주민 생활(1)

❶ 지도에 나타난 다양한 정보 읽기

12~13쪽

01 (1) ○ (2) × (3) ○   **02** (1) 주제도 (2) 완만 (3) 북쪽
03 (1) 축척 (2) 일반도 (3) 등고선 (4) 위도   **04** ②
05 ②   **06** ④   **07** ③   **08** ㉠ 등고선, ㉡ 방위
09~10 해설 참조

04 출제 의도: 지도에 나타낸 정보 읽기
A는 유럽과 아시아 대륙인 유라시아, B는 대서양, C는 남아메리카 대륙이다.

05 출제 의도: 다양한 지도의 종류
대축척 지도는 좁은 지역을 자세하게 표현한 것이고, 소축척 지도는 넓은 지역을 간략하게 표현한 것이다. 일반도는 자연환경과 인문 환경을 종합적으로 나타낸 것이고 주제도는 특별한 목적에 따라 필요한 내용만 상세하게 나타낸 지도이다.

> **그래서 오답!**
> ① 넓은 지역을 상세하게 표현한 지도 (×) → 넓은 지역을 상세하게 표현하기 어려우며, 넓은 지역을 간략하게 표현한 것을 소축척 지도라고 한다.
> ③ 특별한 목적에 따라 필요한 내용만 상세하게 나타낸 지도 (×) → 주제도이다.
> ④ 자연환경과 인문 환경을 종합적으로 나타낸 지도 (×) → 일반도이다.

06 출제 의도: 지도에 나타난 다양한 정보 읽기
방위표가 없을 때는 위쪽이 북쪽, 아래가 남쪽, 오른쪽이 동쪽, 왼쪽이 서쪽이다. 따라서 중국 서부는 고원과 사막, 동부는 평야가 발달되어 있다. 이를 통해 지형은 동쪽이 낮고 서쪽이 높다는 것을 알 수 있다. 따라서 하천은 지형이 높은 서쪽에서 지형이 낮은 동쪽으로 흐르며, 동부 평야 지역에서 도시가 발달하기 유리하므로 인구 밀도가 높다는 것을 알 수 있다.

07 출제 의도: 지도에 나타난 다양한 정보 읽기
A는 축척으로 실제 거리를 지도상의 거리로 줄여서 나타낸 것이다. 따라서 축척을 통해서 실제 거리를 알 수 있다. B는 방

위를 나타낸 방위표이다. 방위표가 없을 때는 위쪽이 북쪽, 아래쪽이 남쪽이다. C는 도로와 가옥을 표시한 기호이다. 지도의 C에는 도로와 가옥 및 상가가 밀집되어 있음을 확인할 수 있다. 이렇게 지도에 표시된 축척, 방위, 등고선 및 다양한 기호를 통해 자연 및 인문 환경을 쉽게 파악할 수 있다.

> **그래서 오답!**
> ㄱ. A를 통해 해발 고도를 알 수 있다. (×) → A는 축척으로 실제 거리를 알 수 있다. 해발 고도는 등고선을 통해서 알 수 있다.
> ㄹ. A~C를 통해 인문 환경을 파악하기 어렵다. (×) → 축척을 통해서 실제 거리를, 방위표를 통해서 방위를, 기호를 통해서 도로 및 상가, 학교 등을 파악할 수 있다.

08 출제 의도: 지도에 나타난 정보 읽기
등고선은 해발 고도가 높은 지점을 연결한 선으로 그 간격이 넓으면 완경사, 간격이 좁으면 급경사이다. 방위표는 지도에서 방향을 나타낸 것으로 방위표가 없을 경우 지도의 위쪽을 북쪽으로 본다.

09 출제 의도: 지도에 나타난 정보 읽기

예시 답안
(1) ㉠, 우리나라는 유라시아 대륙 서쪽이 아니라 동쪽에 위치하고 있으며, 대서양과 접해 있지 않고 태평양과 접해 있다.
유라시아(Eurasia)는 유럽과 아시아를 하나로 묶어 부르는 이름이다. 즉 우랄산맥 및 캅카스산맥 등으로 나누어 생각하고 있는 유럽과 아시아의 양 대륙을 하나로 간주하였을 경우의 명칭이다. 면적 5492만km²로 세계 전 육지의 40%를 차지한다.
(2) 유라시아 대륙의 동쪽에 위치하고 태평양과 접해 있다.

핵심 단어 유라시아 대륙 동쪽, 태평양

등급	채점 기준
상	㉠을 쓰고, 틀린 부분을 모두 바르게 고쳐 서술한 경우
중	㉠을 쓰고, 틀린 부분 일부분만 바르게 고쳐 서술한 경우
하	㉠만 쓴 경우

10 출제 의도: 지도에 나타난 정보 읽기

예시 답안
(1) 사막은 오스트레일리아 가운데에 넓게 분포하고 산맥은 동쪽에 치우쳐 있다.
(2) 하천이 흐르는 남부 해안 지역에 도시를 건설할 것이다. 그 이유는 오스트레일리아 가운데 넓은 부분은 강수량이 적은 사막 지역이고, 동부 지역은 높은 산맥이 길게 뻗어 있어 인간이 살기에 적합하지 않다. 또한 오스트레일리아 북부 지역은 적도와 인접하여 기온이 높아 인간이 거주하기에 좋은 장소가 아니기 때문이다. 따라서 하천이 흐르고 평야가 발달해 있으며, 기후가 온난한 남부 해안 지역에 도시를 건설할 것이다.

❷ 공간 규모에 따른 위치 표현 및 경도에 따른 주민 생활

14~15쪽

01 (1) ◯ (2) ◯ (3) ✕ 02 (1) 동쪽 (2) 날짜 변경선
(3) 표준시 03 (1) ㉠, ㉢ (2) ㉡ 04 ③ 05 ④
06 ⑤ 07 ② 08 시차 09~10 해설 참조

04 출제 의도: 규모에 따른 위치 표현
위치는 일정한 장소에서 차지하고 있는 자리로, 해당 지역이나 국가를 이해하는 밑바탕이 되며, 위치는 공간의 규모에 따라 표현하는 방법이 달라진다.

05 출제 의도: 위도와 경도
세계 지도나 지구본에 위치를 쉽게 알 수 있도록 그려놓은 가상의 위선과 경선을 이용하여 위도와 경도로 위치를 정확히 표현할 수 있다.

그래서 오답!

① 가로선은 경선, 세로선이 위선이다. (✕) → 가로선이 위도를 나타내는 위선이고, 세로선이 경도를 나타내는 경선이다.
② 지구상에 실제로 그려놓은 선이다. (✕) → 위선과 경선은 위치 표현을 위해서 만들어 낸 가상의 선이다.
③ 지역 간 시차를 표현한다. (✕) → 시차는 경선을 통해 알 수 있으며, 위선과 경선이 만나는 점이 나타내고자 하는 위치이므로 위치를 표현하는 것이다.

06 출제 의도: 작은 규모의 위치 표현 방법
그림에서 우리집은 랜드마크나 주소 등을 이용하여 구체적으로 작은 규모의 위치를 표현하여 설명해야 한다. ①은 틀린 설명은 아니지만 ⑤가 더 구체적이고 정확한 표현이다. ③과 ④는 대륙이나 경위도를 이용하여 큰 규모의 위치를 표현한 예이다. ②는 그림만으로 알 수 없고, 완전한 도로명 주소를 사용하면 작은 규모의 위치 표현 방법이라 할 수 있다.

플러스 개념 규모에 따른 위치 표현

국가 규모의 위치 표현	국가 내 규모의 위치 표현
⇩	⇩
• 대륙이나 해양을 이용 • 위도와 경도를 사용 • 대륙이나 해양을 이용 • 위도와 경도를 사용	• 행정 구역을 근거로 한 도로명 주소 사용 • 랜드마크를 활용 • 행정 구역을 근거로 한 도로명 주소 사용 • 랜드마크를 활용

07 출제 의도: 시차와 주민 생활
그림에서 미국과 인도는 약 13시간의 시차를 활용하여 업무를 주고 받고 있다. 이를 통해 시차를 산업에 적극 활용하고, 업무의 연속성을 높였음을 알 수 있다. 이메일을 주고 받으며 어려움 없이 교류하고 있고(ㄴ), 어떤 산업인지 정확히 그림을 통해 알 수는 없으나 실제로 미국과 인도의 IT 산업에서 시차가 많이 활용되어 인도의 정보 기술 산업 발전에도 많은 영향을 주었다(ㄷ).

08 출제 의도: 시차의 의미
시차는 지구가 하루에 한 바퀴씩 서쪽에서 동쪽으로 자전하며 발생하는데, 하루 24시간에 한 바퀴 360°를 회전하므로 경도 15°마다 1시간씩 시차가 발생한다.

09 출제 의도: 세계의 표준시

예시 답안

(1) 시드니-런던-리우데자네이루-샌프란시스코
  시드니는 본초 자오선을 지나는 런던으로부터 동쪽으로 가장 멀리 떨어져 있으며, 날짜 변경선 넘어에 있는 리우데자네이루와 샌프란시스코는 런던의 서쪽에 위치하므로, 날짜 변경선에 가까울수록 시간이 더욱 느린 지역이다.
(2) 본초 자오선을 기준으로 동쪽으로 15° 이동할 때마다 시간이 1시간씩 빨라지고, 서쪽으로 15° 이동할 때마다 시간이 1시간씩 느려진다.

핵심 단어 본초 자오선, 동쪽, 15°, 빠르다, 서쪽, 느리다

등급	채점 기준
상	시간의 순서대로 지역을 바르게 나열하였고, 핵심 단어를 모두 포함하여 본초 자오선을 기준으로 동쪽과 서쪽의 시차를 바르게 비교한 경우
중	시간의 순서대로 지역을 바르게 나열하고 본초 자오선을 기준으로 동쪽과 서쪽의 시차를 서술하였으나 핵심 단어가 일부만 포함된 경우
하	시간의 순서대로 지역을 바르게 나열만 한 경우

10 출제 의도: 시차와 주민 생활

예시 답안

(1) 관광 산업이 발달하여 관광 소득이 증가한다.
(2) 유럽에서 열리는 세계적인 축구 리그는 대부분 새벽에 중계 방송된다. 또 우리나라 대표 선수들이 국제 경기를 뛸 때면 시차가 나는 지역에 먼저 가서 적응 훈련을 한다. 미국과 인도는 시차를 산업에 적극 활용하였고, 키리바시나 사모아와 같은 국가들은 국가 간 교류나 생활의 편리를 위해 표준시까지 바꿨다. 시차는 주민 생활에 있어 중요한 정보이고, 이를 적극 활용하면 주민 개개인은 물론 국가에도 큰 이익을 가져 올 수 있다.

핵심 단어 시차, 주민 생활

등급	채점 기준
상	시차와 관련된 2~3개 이상의 풍부한 사례를 들었고, 시차와 주민 생활의 관련성을 의미있게 서술한 경우
중	시차와 관련된 몇 개의 사례를 들었으나 시차와 주민 생활이 어떤 관련이 있는지 적절히 설명하지 못한 경우
하	사례가 시차와 관련이 없거나 시차가 주민 생활에 미치는 영향을 서술하지 않은 경우

① 위도에 따른 주민 생활

18~19쪽

01 (1) × (2) ○ (3) × **02** (1) 저위도 (2) 겨울 (3) 백야 **03** A: (③), B: (④), C: (①), D: (②) **04** ③
05 ③ **06** ① **07** ② **08** 백야 **09~10** 해설 참조

04 출제 의도: 위도에 따른 기온 차이
지구는 둥글기 때문에 위도에 따라 태양 에너지를 받는 양이 달라서 기온이 다르게 나타난다. 적도 부근(저위도)은 태양 에너지를 가장 많이 받아 연중 기온이 높고, 극지방(고위도)으로 갈수록 태양 에너지를 적게 받아 기온이 낮아진다.

05 출제 의도: 지구의 공전에 따른 계절의 변화
전 세계의 시간 차이는 지구의 자전에 의해 발생한다. 따라서, 경도에 따라 시차가 생긴다.

06 출제 의도: 위도에 따른 기후 차이
A는 저위도, B는 고위도이다. 저위도에서 고위도로 갈수록 태양 에너지를 적게 받아 열대-온대-냉대-한대 기후가 나타난다. 위도에 따른 기후 차이는 의식주 문화와 산업 활동 등 인간 생활에 많은 영향을 주고 있다.

07 출제 의도: 북반구와 남반구의 계절 차이
지구는 23.5° 기울어진 채로 태양 주위를 공전하기 때문에 북반구와 남반구 중위도 지역은 계절이 반대로 나타난다. 따라서, 북반구 중위도 지역에서 겨울의 크리스마스를 맞이할 때 남반구 중위도 지역에서는 한여름의 크리스마스를 맞이하게 된다.

08 출제 의도: 극지방의 백야 현상
지구가 23.5° 기울어진 채로 태양 주위를 공전하기 때문에 위도 66° 이상의 고위도 지방에서는 한여름에 태양이 지평선 아래로 내려가지 않아 백야 현상이 나타난다. 북극 지방에서 백야 현상이 나타날 때, 남극 지방에서는 극야 현상이 나타난다.

09 출제 의도: 지구의 공전에 따른 계절의 변화

예시 답안

(1) ㈎의 북반구는 여름, 남반구는 겨울이고, ㈏의 북반구는 겨울, 남반구는 여름이다.
(2) 지구의 자전축이 기울어진 상태로 태양 주위를 공전하기 때문에 북반구와 남반구의 계절은 반대로 나타난다.

핵심 단어 북반구, 남반구, 여름, 겨울, 자전축, 공전

등급	채점 기준
상	북반구와 남반구의 계절을 적고, 그 이유를 바르게 서술한 경우
중	북반구와 남반구의 계절을 적거나, 그 이유만 바르게 서술한 경우
하	북반구와 남반구의 계절과 그 이유도 바르게 서술하지 못한 경우

10 출제 의도: 북반구와 남반구의 계절 차이

예시 답안

(1) 북반구에 위치한 유럽 연합, 중국, 미국 등은 9~10월에 밀 수확이 이루어지고, 남반구에 위치한 오스트레일리아와 아르헨티나는 2월말~3월 경에 수확을 한다.
(2) 농작물의 수확 시기가 서로 다르므로 북반구와 남반구 사이에 농산물 교역이 이루어질 수 있다. 실제로 남반구 국가들은 북반구와 농작물 수확 시기가 달라 농산물 수출에 유리하다. 또 북반구가 겨울인 12~2월에 따뜻한 남반구로의 여행을 계획할 수 있다. 따라서, 남반구 국가들은 12~2월에 관광객 유치를 위해 노력하는 것이 유리하다.

핵심 단어 북반구, 남반구, 농산물 교역, 관광 산업

등급	채점 기준
상	북반구와 남반구의 밀 수확 시기 차이를 구분하고, 계절 차이를 이용한 농산물 교역이나 관광 산업 교류가 이루어질 수 있음을 서술한 경우
중	북반구와 남반구의 밀 수확 시기 차이를 구분하였으나, 계절 차이를 이용한 농산물 교역이나 관광 산업 교류에 대한 내용을 서술하지 못한 경우
하	북반구와 남반구의 밀 수확 시기 차이를 구분하지 못하고, 계절 차이를 이용한 농산물 교역이나 관광 산업 교류에 대한 내용도 서술하지 못한 경우

② 지리 정보와 지리 정보 기술의 활용

20~21쪽

01 (1) ○ (2) ○ (3) × **02** (1) 인터넷 전자 지도 (2) GPS (3) 내비게이션 **03** (1) ㉡ (2) ㉠ (3) ㉢ **04** ②
05 ② **06** ⑤ **07** ⑤ **08** 지리 정보 시스템(GIS)
09~10 해설 참조

04 출제 의도: 지리 정보 기술의 의미 및 특징
㉠은 지리 정보 기술이다. 원격 탐사, 위성 위치 확인 시스템(GPS), 지리 정보 시스템(GIS) 등이 있으며, 재난 관리, 국토 및 환경 관리, 도시 계획 수립 등의 공공 부문에서도 활용된다.

문제 자료 분석하기 지리 정보 기술 활용

② 일상생활에서는 널리 보편화 되었지만 공공 분야에서는 아직 보급되지 않은 상태이다. (×) → 지리 정보 기술은 스마트폰으로 맛집을 검색할 때, 휴일에 문을 여는 약국을 검색할 때 등 일상생활에서 널리 사용된다. 또 국가나 지방 자치 단체에서도 지리 정보 체계를 활용하고 있다.

05 출제 의도: 지리 정보 시스템의 과정
지리 정보 시스템은 ㈏ 지리 정보의 수집 → ㈐ 컴퓨터에 입력·저장 → ㈎ 사용자의 요구에 맞는 분석 → ㈑ 의사 결정에 활용 단계로 진행된다.

06 출제 의도: 일상생활에서 지리 정보를 활용한 사례

지리 정보 기술은 지역에 관한 폭넓은 정보를 제공해주는 장점이 있기에 일상생활에서 널리 활용되고 있다. ⑤ 단순히 잡지에서 건물의 사진을 스크랩하는 것은 지리 정보 기술을 활용한 사례로 보기 어렵다.

문제 자료 분석하기　일상생활에서 지리 정보 기술을 활용한 사례

① 기상청에서 제공하는 기상 정보를 실시간으로 제공받아 스마트폰 앱으로 볼 수 있다.
② 지능형 교통 체계를 기반으로 한 스마트폰의 버스 정보 제공 앱을 통해 버스 노선 정보, 버스 도착 시간 등을 알 수 있다.
③ 위성 위치 확인 시스템(GPS)을 활용한 길 안내 앱을 통해 현재 위치를 파악할 수 있다.
④ 현실 이미지나 배경에 3차원의 가상 이미지를 겹쳐서 영상으로 보여 주는 증강현실(AR) 기술로 전시된 유물의 정보를 알 수 있다.

07 출제 의도: 일상생활 및 공공 부문에서의 지리 정보 기술의 활용

㉠ 내비게이션은 위치 확인 시스템(GPS)과 지리 정보 시스템(GIS)을 결합한 것으로 최단 경로, 실시간 교통 정보 등을 바탕으로 소요 시간 파악에 유리하다. ㉡ 지리 정보는 공간 정보(위치에 대한 정보), 속성 정보(지리 현상의 특징에 대한 정보), 관계 정보(다른 지리 현상과의 관계에 대한 정보)로 나눌 수 있다. ㉢ 오늘날은 공공 부문(국가 및 지방 자치 단체)에서 지리 정보를 활용하는 사례가 늘어나고 있다.

문제 자료 분석하기　위치 기반 서비스(LBS)

㉣ 스마트폰으로 주변 음식점을 검색하는 것 (×) → 스마트폰을 통해 얻은 사용자의 위치를 바탕으로 여러 가지 위치와 관련된 정보를 제공하는 위치 기반 서비스(LBS)의 사례라고 할 수 있다.

플러스 개념　공공 부문에서 지리 정보 기술의 활용

국가 차원	지방 자치 단체 차원
⇩	⇩
• 국토 · 환경 관리 • 재해 · 재난 관리 • 교통 관리 • 주요 시설의 최적 입지 선정(공간적 의사결정)	• 지리 정보 체계(GIS) 구축 → 지역에 적합한 정책 수립 → 정보 제공을 통해 주민들의 합리적 의사결정을 조력

08 출제 의도: 지리 정보 시스템(GIS)의 개념

지리 정보 시스템(GIS, Geographic Information System)은 컴퓨터를 이용하여 다양한 지리 정보를 디지털 자료로 변환하여 저장하고, 이를 분석·활용하는 종합 관리 시스템을 의미

한다. 지리 정보 시스템을 이용하면 원하는 정보를 쉽게 추출하고, 사용자의 요구에 맞게 효과적으로 표현할 수 있다는 장점이 있다.

• 최초로 지리 정보를 성공적으로 활용한 사례
영국의 의사인 존 스노(John Snow, 1813~1858년)는 1854년 런던에 전염병인 콜레라가 퍼지자 콜레라로 사망한 사람들의 위치를 지도에 표시하였다. 그 결과 사망자가 집중된 브로드 지역 공동 펌프의 물에 문제가 있음을 발견하여 해당 펌프의 사용을 중단시키자 콜레라가 사라졌다.

　　　　　　　　　　　－ 하름 데 블레이, 『왜 지금 지리학인가』

09 출제 의도: 지리 정보 수집 도구의 특징

㈎ 종이 지도, ㈏ 인터넷 전자 지도, ㈐ 위성 사진을 나타낸 것이다.

예시 답안

(1) 확대와 축소가 자유롭기 때문에 다양한 축척의 지도 검색에 용이하다.
(2) 직접 가보기 어려운 곳의 실제 모습을 확인하고, 지표면의 변화 상태를 파악하기 쉽다.

핵심 단어　확대 및 축소, 다양한 축적의 지도, 실제 모습 확인, 지표면 변화 상태

등급	채점 기준
상	핵심 단어를 모두 넣어 ㈏의 장점과 ㈐의 장점을 모두 옳게 서술한 경우
중	핵심 단어를 일부만 넣어 ㈏의 장점과 ㈐의 장점을 옳게 서술한 경우
하	핵심 단어를 일부만 넣어 ㈏의 장점과 ㈐의 장점 중 한 가지만 서술한 경우

10 출제 의도: 커뮤니티 매핑의 특징

예시 답안

커뮤니티 매핑의 장점은 지역 사회의 잠재력을 파악하고 문제를 개선해나가는 시민 참여 활동이라는 점이다. 함께 지도를 만드는 과정을 통해 구성원들은 자신이 속한 사회를 보다 잘 이해할 수 있다는 장점이 있다. 내가 살고 있는 지역에서 커뮤니티 매핑을 한다면 학교 주변 밤길 안전 지도, 쓰레기 무단 투기가 많은 지역, 휠체어 통행로 설치 장소, 자전거 도로와 거치대의 위치, 장애인 승강기 설치 지역, 학교 주변의 노래방 및 피시(PC)방 등 유해 시설 지도 등을 만들 수 있다. 특히 휠체어 통행로 설치 장소와 관련된 지도 제작을 위해서 지역의 범위를 학교 주변 반경 10m 이상으로 하고, 관련된 지리 정보(도로의 경사도, 건물 출입구의 접근성, 승강기의 위치 등)를 수집할 수 있다.

등급	채점 기준
상	커뮤니티 매핑의 장점과 커뮤니티 매핑의 주제를 모두 옳게 서술한 경우
중	커뮤니티 매핑의 장점만 서술한 경우
하	커뮤니티 매핑의 주제만 서술한 경우

01 ②	02 ①	03 ④	04 ③	05 ②	06 ⑤
07 ③	08 ①	09 ③	10 ④	11 ⑤	12 ③
13 ⑤	14 ②	15 ①	16 ②	17 ①	18 ③
19 ①	20 ①	21 ①	22 ②	23 ③	24 ②
25 ③	26 ①	27 ③	28~30 해설 참조		

01 출제 의도: 지도의 의미
일반도는 지역의 자연환경과 인문 환경을 종합적으로 나타낸
지도로, 세계 전도, 우리나라 전도 등이 대표적이다.

02 출제 의도: 지도에 나타난 다양한 정보 읽기
② 아시아, ③ 아프리카, ④ 북아메리카, ⑤ 남아메리카 대륙
에 해당한다.

03 출제 의도: 지도에 나타난 다양한 정보 읽기
우리나라는 유라시아 대륙의 동쪽에 위치하며, 태평양과 접해
있다.

04 출제 의도: 주제도 구분하기
자연환경 정보를 나타내는 지도에는 지형도와 기후도가 있다.
인문 환경은 인간이 자연을 토대로 만들어낸 환경으로, 자연
환경에 대비되는 개념이다. 교통, 문화, 산업, 인구 등의 환경
이 여기에 속한다.

05 출제 의도: 지도에 나타난 다양한 정보 읽기
나일강은 지도의 남쪽에서 북쪽으로 흘러 지중해에 도달한다.

06 출제 의도: 지도의 종류
㈎ 좁은 지역을 자세히 표현한 대축척 지도, ㈏ 넓은 지역을
간략히 표현한 소축척 지도이다. 주요 도시의 분포를 확인하
기 위해서는 우리나라 전도처럼 소축척 지도를 활용하는 것이
적합하고 야외 조사에는 대축척 지도를 활용하는 것이 적합
하다.

07 출제 의도: 지도에 나타난 다양한 정보 읽기
아이슬란드의 수도는 레이캬비크이며, 공항은 케플라비크에
위치한다. 헤클라산은 비크를 기준으로 할 때, 북쪽에 위치
한다.

08 출제 의도: 공간 규모에 따른 위치 표현
세계에서 우리나라의 위치를 나타낼 때는 대륙과 바다, 주변
국가를 이용하여 표현할 수 있다. 도시 내부와 같이 공간 범위
가 좁은 지역에서는 랜드마크를 이용하여 자신의 위치를 설명
할 수 있다.

09 출제 의도: 일상생활에서의 위치 표현
공간 범위가 좁은 지역의 위치를 표현할 때에는 대륙과 해양
의 분포, 위도와 경도로는 나타내기 어렵다. 현재 우리나라에
서는 도로명과 건물 번호로 위치를 나타내는 도로명 주소 체
계가 시행되고 있다.

10 출제 의도: 우리나라의 위치 표현
우리나라는 북반구에 위치하고 있어 북위 33°~43° 혹은 33°
N~43°N으로 위치 표현을 한다.

플러스 개념 **위선과 경선**

- 위선은 위도가 같은 지점을 연결한 가상의 가로선으로, 지
  구의 둘레를 따라 평행하게 그어져 있다. 위도는 적도를
  기준으로 하여 북쪽으로 북위 0°~90°, 남쪽으로 남위 0°
  ~90°로 구분하여 나타낸다.
- 경선은 경도가 같은 지점을 연결한 가상의 세로선으로, 남
  극과 북극을 연결하고 있다. 경선의 기준은 영국 그리니치
  천문대와 양극을 잇는 본초 자오선이다. 경도는 본초 자오
  선을 기준으로 하여 동쪽으로 동경 0°~180°, 서쪽으로 서
  경 0°~180°로 구분하여 나타낸다.

11 출제 의도: 공간 규모가 좁은 지역 표현하기
랜드마크는 한 장소를 상징하는 대표적인 건축물이나 조형물
등을 말한다. 랜드마크는 주변 경관 중에서 눈에 가장 잘 띄기
때문에 사람들이 자신의 위치를 파악하는 데 도움을 준다.

12 출제 의도: 위도와 경도를 이용한 위치 표현하기
㈎ 적도, ㈏ 본초 자오선이다. 위도는 적도를 기준으로 하여
북쪽으로 북위 0°~90°, 남쪽으로 남위 0°~90°로 구분하여 나
타낸다. B는 북위 15°, 서경 60°에 위치하며, C는 남위 15°, 동
경 15°에 위치한다.

13 출제 의도: 위도에 따른 인간 생활의 차이 이해하기
지구는 둥글기 때문에 태양이 지표면을 비추는 각도에 따라 일
사량이 달라진다. 적도 부근은 태양이 수직으로 비추어 일사량
이 많고, 극지방은 태양이 비스듬히 비추어 일사량이 적다. 이
로 인하여 적도에서 극지방으로 갈수록 기온이 낮아지며, 열대
기후, 온대 기후, 냉대 기후, 한대 기후가 차례로 나타난다.

14 출제 의도: 백야 현상 이해하기
고위도 지방에서 하지를 전후로 해가 지지 않는 현상을 '백
야', 동지를 전후로 하루 종일 해가 뜨지 않는 현상을 '극야'라
고 한다.

15 출제 의도: 북반구와 남반구의 계절 차이 원인 이해하기
지구는 약 23.5° 기울어진 상태로 공전을 하기 때문에 북반구
와 남반구의 중위도 지역은 계절이 반대로 나타난다. 북반구
는 태양 에너지를 많이 받는 6~8월에 여름이 되고, 남반구는
이 시기에 태양 에너지를 적게 받아 겨울이 된다.

**16 출제 의도: 북반구와 남반구의 계절 차이가 인간 생활에 미치
는 영향 이해하기**
남반구와 북반구는 밀의 수확 시기가 다르기 때문에 전 세계
적으로 보면 밀은 일 년 내내 생산되는 셈이다. 주요 수출국인
미국, 캐나다 등의 밀 생산 기간이 5~8월에 집중되는 반면,
11월경이 되면 아르헨티나와 오스트레일리아 등 남반구의 국
가에서 밀이 생산된다. 8월과 11월 사이 약 2개월의 공백 기
간이 있어 이 시기에 전 세계적으로 밀 가격이 상승한다. 따라
서 남반구의 밀 생산 국가들은 11월에 생산한 밀을 비싼 가격
에 팔 수 있게 되는 것이다.

17 출제 의도: 세계의 시간대 이해하기

A 선은 본초 자오선이다. B 선은 날짜 변경선이다. 러시아에는 여러 개의 시간대가 있다. 예를 들어 모스크바와 블라디보스토크의 시차는 7시간이다. 자카르타는 서울보다 2시간 느리며, 런던보다는 7시간 빠르다. 서울은 런던보다 9시간 빠르며, 앵커리지는 런던보다 9시간 느리다. 따라서 서울과 앵커리지의 시차는 18시간이다. 런던, 자카르타, 리우데자네이루, 웰링턴 중에서 가장 빠른 시간대를 쓰는 도시는 웰링턴이다.

문제 자료 분석하기 세계의 시간대

지구는 24시간 동안 서쪽에서 동쪽으로 360° 회전하므로 경도 15°마다 1시간씩 차이가 난다. 시간 차이로 지역 간 교류에 불편함이 발생하자, 세계 여러 국가는 영국의 그리니치 천문대를 지나는 경선을 본초 자오선(0°)으로 정하고 이를 기준으로 세계 표준시를 정하였다. 이에 따라 나라마다 기준이 되는 경선을 정하고 그 경선의 시각을 국가의 표준시로 사용하는데, 우리나라는 동경 135° 선의 시각을 표준시로 사용한다. 본초 자오선의 시간보다 12시간이 빠른 동경 180° 선과 12시간이 늦은 서경 180° 선이 만나는 지점에서는 24시간의 시차가 발생한다. 따라서 이 선을 기준으로 날짜 변경선을 설정하였다.

18 출제 의도: 날짜 변경선이 구부러진 이유 이해하기

키리바시는 지역마다 날짜가 달라서 불편한 점 개선, 사모아는 인접 국가와의 원활한 교류를 위해 표준시를 변경하였다.

19 출제 의도: 시차 이해하기

표준 경선이 같을 경우 표준시가 같아 시차가 발생하지 않는다. 북반구와 남반구의 중위도 지역의 계절이 다른 이유는 지구가 공전하기 때문이다. 시차가 발생하는 이유는 지구가 자전하기 때문이다.

20 출제 의도: 시차 계산하기

지구는 1시간마다 15°씩 자전을 한다. 표준 경선 15° 차이는 1시간의 시차를 발생한다. 영국의 런던을 기준으로 서울과 로스앤젤레스 두 도시의 표준 경선 차이를 계산해보면 255°이다. 시차는 255°/15로 계산하면 17시간이 된다. 서울은 동경, 로스앤젤레스는 서경에 위치하고 있기 때문에 서울이 로스앤젤레스보다 시간이 빠르다. 우리나라 시간에서 17시간을 빼주면 로스앤젤레스의 시간을 알 수 있다.

21 출제 의도: 표준 경선 구하기

현지 시각보다 우리나라의 시각이 빠르기 때문에 우리나라는 동계올림픽 개최지보다 더 동쪽에 위치하고 있음을 알 수 있다. 시차가 5시간이기에 표준 경선 차이는 5시간×15°=75°이다. 우리나라의 표준 경선 135°에서 75°를 빼면 동경 60°가 된다.

22 출제 의도: 지리 정보 수집 도구의 특징

㈎ 종이 지도, ㈏ 인터넷 전자 지도이다. 인터넷 전자 지도는 지도의 확대와 축소가 쉽고, 찾는 지역의 위치와 사진 등을 빠르게 검색할 수 있다. 그리고 위성 사진과 항공 사진으로 전환하여 볼 수 있다.

23 출제 의도: 지리 정보의 종류

지리 정보는 다양한 지리 현상을 확인하고 분석하여 그 특성을 파악하는 데 필요한 자료를 의미한다. 지리 정보의 종류에는 공간 정보, 속성 정보, 관계 정보가 있다. 공간 정보는 지리 현상이 발생하는 위치에 관한 정보이고 속성 정보는 지리 현상의 특징에 관한 정보이다. 관계 정보는 다른 지리 현상과의 관계에 관한 정보이다.

24 출제 의도: 지리 정보 체계(GIS)의 활용

지리 정보 시스템은 도시 계획, 환경 관리, 각종 시설물과 사업체의 입지 선정 등 공간적 의사결정이 필요한 다양한 분야에서 활용되고 있다. 지표면의 여러 현상을 기호로 나타내는 것은 종이 지도의 특징이다.

25 출제 의도: 지리 정보 수집 도구의 특징

종이 지도는 가장 오래된 지리 정보 수집 도구이다. 위성 사진은 대기 중의 현상들을 사실적으로 관찰할 수 있지만, 확대와 축소가 자유롭지 않다.

26 출제 의도: 지리 정보 체계(GIS)의 활용

월 임대료 120만 원 미만인 곳은 C와 D이다. 둘 중에 D 구역의 인구가 400명 이상인 조건에 부합하기 때문에 적합한 지역이 된다.

27 출제 의도: 지리 정보 체계(GIS)의 중첩 분석

모든 조건을 부합하는 곳을 표시한 것은 ③이다. ①, ②, ④, ⑤은 초등학교에서 1km 이내 조건을 충족하지 못한다.

28 출제 의도: 지도에 나타난 정보 읽기

예시 답안

농작물은 원산지와 기후가 달라지면 재배가 어려워지므로 비슷한 위도대로 전파가 활발하게 이루어지고, 그에 따라 사람들의 이주도 동서 방향으로 나타났다. 아프리카 및 아메리카 대륙의 남북 방향으로 이동은 위도가 달라 문명 전파에 불리했다. 왜냐하면, 다양한 기후가 나타나 농작물의 전파와 사람들의 이주 및 적응이 어렵기 때문이다.

29 출제 의도: 시차를 산업에 활용한 사례

예시 답안

미국 로스앤젤레스와 인도 벵갈루루는 약 13시간 30분의 시차가 있다. 따라서 미국의 연구원들이 퇴근할 때 진행하던 업무를 온라인 상으로 인도 벵갈루루의 지사에 발송하고, 인도 연구원들이 퇴근할 때 다시 미국 본사로 업무를 넘기는 방식으로 모두 주간에만 근무하면서 24시간 동안 업무를 진행할 수 있다.

핵심 단어 대략 12~13시간의 시차 활용, 업무 교환 가능

등급	채점 기준
상	13시간 30분의 시차를 활용하여 로스앤젤레스와 벵갈루루 두 곳에서 24시간 동안 업무를 진행할 수 있다를 포함하여 서술한 경우
하	시차를 활용하여 두 도시에서 업무 교환이 가능하다고만 서술한 경우

30 출제 의도: 지리 정보 시스템의 과정과 활용

예시 답안

⑴ 컴퓨터에 입력 · 저장
⑵ 홍수나 태풍 등 자연재해의 상황을 파악하거나 대비할 수 있고, 지능형 교통 체계로 대도시의 교통 상황을 관리할 수도 있다.

II. 우리와 다른 기후, 다른 생활

01 세계의 기후 지역, ~
02 열대 우림 기후 지역의 생활 모습

① 세계의 기후 지역

01 ⑴ ○ ⑵ × ⑶ × **02** ⑴ 위도 ⑵ 18 ⑶ 10
03 ⑴ ㉠ ⑵ ㉣ ⑶ ㉢ ⑷ ㉤ ⑸ ㉡ **04** ① **05** ④
06 ② **07** ③ **08** 기온, 강수량 **09~10** 해설 참조

04 출제 의도: 기후 그래프 분석
기후 그래프를 통해 월평균 기온, 가장 더운 달과 가장 추운 달의 평균 기온, 연교차, 연평균 기온, 월별 강수량, 연 강수량 등의 정보를 분석할 수 있다. 서울은 온대 기후 지역으로 여름에 기온이 높고 강수량이 많으며 겨울에 기온이 낮고 강수량이 적다.

그래서 오답!

② 서울의 12월 강수량은 약 200mm이다. (×) → 막대 그래프의 오른쪽 세로축 눈금으로 서울의 12월 강수량은 약 30mm이다.
③ 기온은 막대 그래프를 이용하여 읽는다. (×) → 기후 그래프에서 기온은 꺾은선 그래프와 왼쪽 세로축 눈금으로 읽는다.

05 출제 의도: 냉대 기후의 경관
모스크바는 가장 추운 달의 평균 기온이 −3℃ 미만, 가장 더운 달의 평균 기온이 10℃ 이상인 냉대 기후이다. 냉대 기후는 타이가라고 불리는 침엽수림이 넓게 분포한다. ① 건조 기후, ② 열대 기후, ③ 한대 기후의 경관이다.

06 출제 의도: 날씨와 기후의 구분
㈎ 날씨, ㈏ 기후이다. 날씨는 짧은 시간에도 자주 변하지만 이러한 상태를 30년 정도의 오랜 기간을 두고 관찰하면 변화 모습이 거의 규칙적으로 반복하여 나타난다. 이렇게 여러 해 동안 반복적으로 나타나는 평균적인 대기 상태를 기후라고 한다. ② 기후에 대한 설명이다.

07 출제 의도: 열대 기후의 특징
글에서 설명하는 기후 지역은 열대 기후 지역이다. 열대 기후

는 가장 추운 달의 평균 기온이 18℃ 이상이다. 이 지역에서는 아마존 밀림과 같은 열대 밀림이 나타난다. ① 한대 기후, ② 온대 기후, ③ 열대 기후, ④ 건조 기후, ⑤ 냉대 기후 그래프이다.

08 출제 의도: 세계의 기후 지역의 구분
세계의 기후는 기온과 강수량을 기준으로 몇 개의 기후 지역으로 구분할 수 있다. 강수량을 기준으로 습윤 기후와 건조 기후로 나눌 수 있으며, 기온을 기준으로는 열대 기후, 온대 기후, 냉대 기후, 한대 기후로 구분할 수 있다.

09 출제 의도: 건조 기후의 구분

예시 답안

⑴ 지역: ㉡, ㉣
⑵ 이유: ㉡과 ㉣은 남 · 북위 20°~30° 일대(남 · 북회귀선 부근)에 분포하고 있다. 이들 지역은 강수량보다 증발량이 많아 건조 기후가 나타난다.

핵심 단어 남 · 북위 20°~30°, 남 · 북회귀선, 강수량, 증발량

등급	채점 기준
상	㉡, ㉣ 쓰고, 위치한 곳의 위도를 이용하여 강수량과 증발량 조건을 비교하여 바르게 서술한 경우
중	㉡, ㉣을 쓰고, 강수량과 증발량 조건만 비교하여 바르게 서술한 경우
하	㉡, ㉣만 쓴 경우

10 출제 의도: 세계의 연평균 기온 분포의 특징

예시 답안

적도에서 고위도로 갈수록 기온이 낮아진다. / 연평균 등온선은 위도와 대체로 평행하다. / 연평균 등온선은 대륙과 해양이 만나는 지점이나 대륙 내부에서 구부러져 나타난다.

핵심 단어 적도, 고위도, 위도, 대륙과 해양

등급	채점 기준
상	연평균 등온선의 모양이 대륙과 해양에서 차이가 있음을 언급하고, 연평균 등온선의 특징을 두 가지 이상 서술한 경우
중	연평균 등온선의 전반적인 모양을 언급하며, 연평균 등온선의 특징을 두 가지 서술한 경우
하	연평균 등온선의 수치가 다름을 언급하거나, 연평균 등온선의 특징을 한 가지만 서술한 경우

② 인간 거주에 영향을 미치는 다양한 기후

36~37쪽

01 ⑴ ○ ⑵ × ⑶ × **02** ⑴ 자연환경 ⑵ 기후 ⑶ 열대 계절풍 **03** ⑴ ㉡ ⑵ ㉠ ⑶ ㉢ ⑷ ㉠ ⑸ ㉡
04 ③ **05** ② **06** ⑤ **07** ① **08** 자연환경
09~10 해설 참조

04 출제 의도: 인간 거주에 유리한 온대 기후

온대 기후는 최한월 평균 기온이 −3~18℃인 기후를 말하며, 대체로 연 강수량이 500mm 이상이다. 온대 기후는 편서풍 대인 중위도를 중심으로 대륙 동안에서는 위도 20°~40°, 대륙 서안에서는 위도 30°~60°에 분포하며, 계절에 따라 기온의 변화가 뚜렷하다. 여름에는 태양 복사 에너지가 강하고 낮의 길이가 길어 평균 기온이 20~25℃에 이르지만, 겨울에는 태양 복사 에너지가 약하고 낮의 길이도 짧아 기온이 크게 낮아지므로 여름과 겨울의 기온 차가 크다. 이러한 온대 기후는 기온과 강수 조건이 식물이 생장하기에 적합하여 농업 활동에 유리하므로 인구가 밀집해 있으며, 높은 농업 생산력을 바탕으로 일찍부터 상공업과 도시가 발달하였다.

05 출제 의도: 인간 거주 환경의 변화

최근에는 과학 기술의 발달로 인해 자연환경을 극복하여 도시가 개발되는 지역이 늘어나고 있다. 하지만 열대 계절풍 기후 지역은 여름철 높은 기온과 풍부한 강수량으로 인간 거주에 유리한 지역으로 자연환경을 극복한 사례에 해당되지 않는다.

그래서 오답!

① 건조 기후인 두바이에 도시 건설 → 건조 기후 지역은 물이 부족하여 인간이 살기에 불리한 환경이지만 석유 개발로 인해 경제가 크게 성장하여 사막 한가운데 도시를 건설하였다.

③ 한대 기후인 미국 알래스카에서 석유 생산 → 알래스카는 한대 기후 중 툰드라 기후에 해당하는 지역으로 매우 추워 인간 거주에 불리한 자연환경이지만 석유를 생산하면서 도시가 발전하고 있다.

④ 열대 기후인 아마존강 유역의 관광 산업 개발 → 열대 기후인 아마존강 유역은 높은 기온과 습한 자연환경으로 인간 거주에 불리하지만 관광 산업 및 산림 개발로 인해 도시가 발달하고 있다.

06 출제 의도: 인간 거주에 영향을 미치는 자연환경

기후, 지형, 토양, 식생 등 자연환경은 인간의 거주에 많은 영향을 미친다. 안정적인 식량 확보를 위해 농업 활동에 유리한 기후 지역에 많이 거주하였다. 기온이 너무 낮거나 강수량이 부족하면 인간 생활과 농업 활동이 어려워 거주에 불리하다. 과학 기술이 발달한 오늘날에도 거주하기에 유리한 기후가 나타나는 지역에 많은 인구가 거주하고 있다.

문제 자료 분석하기 산업화와 도시화의 영향

⑤ 최근에는 산업화와 도시화가 진행되면서 자연환경 조건이 인간의 거주에 더 크게 영향을 미치고 있다. (×) → 최근에는 산업화와 도시화가 진행되어 자연환경 조건이 인간 거주에 미치는 영향이 과거보다 점차 줄어들고 있으며 과학 기술의 발달로 거주하기 어려웠던 자연환경을 극복하고 지역을 개척하는 사례가 증가하고 있다.

07 출제 의도: 인간 거주 기후 조건

(가) 강수량보다 증발량이 많아 물이 부족한 건조 기후 지역, (나) 사계절이 나타나고 농업에 유리한 온대 기후 지역 또는 냉대 기후 지역에 해당한다.

플러스 개념 인간 거주와 기후 조건

자연환경

유리한 기후	불리한 기후
온대 기후 온대 기후 주변 냉대 기후 열대 고산 기후 열대 계절풍 기후	열대 기후 건조 기후 한대 기후

이유	이유
• 적당한 기온 • 적당한 강수량 • 농업 생산 활동 유리 • 인간 생활 유리	• 너무 더운 기온 • 너무 적은 강수량 • 너무 추운 기온 • 농업 생산 활동 불리

08 출제 의도: 자연환경

자연환경은 인간 거주에 영향을 미치기 때문에 자연환경에 따라 인간 거주에 유리한 지역과 불리한 지역이 있다.

09 출제 의도: 기후에 따른 인구 밀도(인간 거주) 사례 분석

예시 답안

(1) 인구 밀도가 높은 지역은 ⓒ, 온대 기후가 나타난다.

(2) 열대 기후 지역은 기온이 너무 높아 인간 거주에 불리하고 건조 기후 지역은 물이 부족하여 농업 활동이나 인간 생활이 어려워 인간 거주에 불리하다.

핵심 단어 온대 기후, 열대 기후, 건조 기후

등급	채점 기준
상	ⓒ과 온대 기후를 쓰고, 열대 기후 지역과 건조 기후 지역의 특징을 이용하여 인간 거주에 불리한 이유를 모두 바르게 서술한 경우
중	ⓒ과 온대 기후 중 하나 이상을 쓰고, 열대 기후 지역과 건조 기후 지역의 특징 중 하나만 바르게 서술한 경우
하	ⓒ 또는 온대 기후만 쓴 경우

10 출제 의도: 열대 고산 기후의 특징

예시 답안

(1) 키토. 벨렝은 연 평균 기온이 약 23°로 연중 매우 더우며 강수량도 매우 많은 반면, 키토는 연평균 기온이 약 13°로 일 년 내내 봄과 같은 기후가 나타나는 열대 고산 기후이기 때문에 인간 거주에 더 유리하다.

(2) 열대 기후는 매우 높은 기온으로 인간 거주에 불리하지만 해발 고도가 높아지면 기온이 낮아져 고산 기후에서는 일 년 내내 온화한 기후가 나타나 인간이 거주하기에 적합하다. 하지만 온대 기후 지역은 평지의 기온이 온화하지만 해발 고도가 높아지면 기온이 매우 낮아지고 공기가 희박하여 인간이 거주하기에 불리하다. 예를 들면 중국의 티베트가 있다.

핵심 단어 | 키토, 열대 고산 기후, 인간 거주에 유리

등급	채점 기준
상	키토를 쓰고 열대 고산 기후가 인간 거주에 유리한 이유를 서술하였고, 열대 고산 기후와 온대 고산 기후의 특징을 비교하여 바르게 서술한 경우
중	키토를 쓰고 열대 고산 기후가 인간 거주에 유리한 이유를 서술하였고 온대 고산 기후의 특징을 상상하여 서술한 경우
하	키토 또는 열대 고산 기후의 특징만 쓴 경우

③ 열대 우림 기후 지역의 자연환경

38~39쪽

01 (1) ○ (2) × (3) × **02** (1) 작다 (2) 많다 (3) 높은
(4) 이산화 탄소 **03** (1) 적도 (2) 18 (3) 열대 우림 **04** ③
05 ① **06** ⑤ **07** ① **08** 스콜 **09~10** 해설 참조

04 출제 의도: 열대 우림 기후 지역의 분포

열대 우림 기후 지역은 아프리카 콩고 분지, 동남아시아의 인도네시아 일대, 남아메리카의 아마존강 유역 등 연중 태양 에너지를 많이 받는 적도 부근을 중심으로 분포한다.

05 출제 의도: 열대 우림 기후 그래프 해석

일 년 내내 기온이 높으며, 강수량이 많아 습한 것이 특징이다.

그래서 오답!

② 건기와 우기의 구분이 뚜렷하다. (×) → 열대 우림 기후 지역은 거의 매일 소나기가 내리기 때문에 연중 강수량이 매우 많고 습하다.

③ 기온의 연교차가 크게 나타난다. (×) → 가장 추운 달의 평균 기온이 18℃ 이상으로 연중 기온이 높다. 열대 우림 기후 지역은 연교차보다 일교차가 더 크게 나타난다.

③ 계절의 변화가 뚜렷하게 나타난다. (×) → 계절의 변화가 뚜렷하게 나타나는 것은 온대 기후 지역이며, 열대 우림 기후 지역은 계절의 변화 없이 연중 더운 날씨가 지속된다.

06 출제 의도: 열대 우림 기후 지역의 분포 확인 및 기후 특색 파악

지도에 표시된 지역은 아프리카 콩고 분지, 동남아시아의 인도네시아 일대, 남아메리카의 아마존강 유역으로 열대 우림 기후가 나타난다. 열대 우림 기후는 일 년 내내 기온이 높으며, 강수량이 많아 습한 것이 특징이다.

그래서 오답!

ㄱ. 기온의 연교차가 크게 나타난다. (×) → 열대 우림 기후 지역은 일 년 내내 여름과 같은 날씨가 나타나며 연교차에 비해 일교차 크다. 기온의 연교차가 크게 나타나는 것은 냉대 기후의 특징이다.

ㄴ. 강수량에 비해 증발량이 많은 편이다. (×) → 열대 우림 기후 지역은 연중 강수량이 매우 많다. 건조 기후가 나타나는 지역에서는 강수량에 비해 증발량이 많은 편이다.

07 출제 의도 : 열대 우림의 특징 파악

제시된 사진은 다양한 높이의 나무들이 빽빽하게 들어선 밀림인 열대 우림을 나타낸 것이다. 열대 우림 기후 지역은 비가 많이 내려 다양한 종류의 나무와 풀들이 자랄 수 있는 환경이 조성되어 있다. 열대 우림의 상층에는 키가 큰 나무들이 빽빽하게 들어서 있으며, 하층에는 햇빛이 잘 들지 않아 키가 작은 나무와 덩굴이 자라고 있다. ㄷ. 적도 부근의 열대 우림 기후 지역에 분포한다. ㄹ. 열대 우림은 식량 자원 및 의약품의 원료 공급지로 높은 잠재적 가치를 지닌다.

08 출제 의도: 열대 우림 기후 지역의 스콜

열대 기후 지역에서 태양열을 받아 증발한 수증기가 구름을 만들고 이로 인해 내리는 비를 '스콜'이라고 한다. 스콜은 거의 매일 오후에 내리는 열대성 소나기로 짧은 시간에 집중적으로 내려 한낮의 더위를 식혀주기도 한다.

09 출제 의도: 열대 우림 기후 그래프 해석

예시 답안

(1) 열대 우림 기후
(2) 기온은 연중 높으며 계절의 변화가 거의 나타나지 않는다. 강수량은 연중 강수량이 많아 매우 습하다.

핵심 단어 | 높다, 많다, 습하다 등

등급	채점 기준
상	열대 우림 기후를 쓰고, 기온과 강수량의 특징을 모두 바르게 서술한 경우
중	열대 우림 기후를 쓰고, 기온과 강수량의 특징 중 하나만 바르게 서술한 경우
하	열대 우림 기후만 쓴 경우

10 출제 의도: 열대 우림의 다양한 가치

예시 답안

첫째, 열대 우림은 다양한 동식물의 서식지가 되어 생물 다양성이 매우 높으며 생태계의 보고이기 때문이다. 둘째, 열대 우림은 이산화 탄소를 흡수하고 산소를 공급해 주며 지구 환경적 측면에서 온실 효과를 억제해 지구 온난화를 방지해 주기 때문이다. 셋째, 열대 우림은 식량 자원 및 의약품의 원료 공급지로 높은 잠재적 가치를 지니고 있기 때문이다.

④ 열대 우림 기후 지역의 주민 생활

40~41쪽

01 (1) × (2) × (3) ○ **02** (1) 향신료 (2) 급한 (3) 고상
가옥 **03** (1) 고상 가옥 (2) 화전 (3) 싱가포르 (4) 플랜테
이션 **04** ③ **05** ③ **06** 이동식 화전 농업 **07** ⑤
08 ① **09~10** 해설 참조

04 출제 의도: 열대 우림 지역의 주민 생활

열대 우림 지역의 주민들은 주로 얇고 가벼운 옷을 많이 입고, 통풍이 잘되는 개방적인 가옥에 살며, 부패를 막기 위해 기름에 뒤긴 요리를 즐겨 먹는다. 이 모든 것인 이 지역의 덥고 습한 기후 때문이다. 과즙이 풍부한 열대 과일은 이 지역 사람들

의 갈증을 달래주는 용도로 다양하게 활용되고 있다.

05 출제 의도: 열대 우림 지역의 주민 생활

덥고 습한 날씨로 인해 이 지역에선 음식이 부패될 염려가 크다. 이로 인해 기름에 식재료를 튀기거나 향신료를 다양하게 활용하여 부패를 막으려 노력한다.

그래서 오답!

① 밀 재배량이 많기 때문이다. (×) → 밀은 유럽과 신대륙의 넓은 평원에서 대규모 재배되는 경우가 많다. 열대 우림 기후 지역에선 연중 덥고 습한 기후를 활용해 일 년 내내 쌀을 재배하는 곳이 있고, 열대림을 제거하고 대규모로 옥수수를 재배하는 경우도 있다.

② 열대 과일이 풍부하기 때문이다. (×) → 열대 과일이 풍부한 것은 맞지만 이것이 향신료 사용과 관련되지는 않는다. 열대 기후는 다양한 작물이 자랄 수 있기 때문에 향신료 역시 풍부한 것이고, 이를 활용한 다양한 요리가 존재할 수 있다. 풍부한 향신료는 과거 유럽 제국들의 침략 원인이 되기도 하였다.

④ 자극적인 음식을 좋아하는 문화 때문이다. (×) → 덥고 습한 지역일수록 다양한 향신료를 활용하다 보니 다른 지역들에 비해 자극적인 음식이 많은 편이다. 이것은 주민들의 식성이나 음식 문화 때문에 나타난 것으로 보기 보다는 그 지역 기후로 인해 다양한 향신료가 재배되면서 나타난 결과물로 보는 것이 더 바람직하다. 또 해당 내용은 음식을 튀기는 것에 대한 설명이 되기 어렵다.

06 출제 의도: 열대 우림 지역의 농업

제시된 그림은 이동식 화전 농업을 보여 주고 있다. 많은 나무로 인해 농사를 지을 경지가 부족하여 이를 제거하고 태워서 밭을 형성하는 화전이 발전할 수밖에 없었고, 많은 비로 인해 지력을 유지하기가 어려워 주기적으로 이동하게 되면서 '이동식 화전 농업'이라는 독특한 농업 방식이 발달하게 된 것이다.

07 출제 의도: 이동식 화전 농업이 발달하게 된 이유

열대 우림 지역에는 스콜과 같은 비가 자주 내린다. 화전으로 인해 나무가 제거된 상태의 땅은 이런 비를 막아줄만한 것이 전혀 없는 상태에 놓이게 되고, 이로 인해 토양의 양분이 금방 씻겨나가게 된다. 그래서 원주민들은 일정 시간이 지난 후 다른 지역으로 이동하여 화전을 다시 진행해야 한다. 문제는 최근 인구 증가로 이동이 많아지고 자주 발생하게 되면서 땅이 다시 회복할 시간이 충분히 주어지지 않게 된다. 결국 전통 농법이 열대 우림을 파괴하는 문제를 낳게 되는 것이다.

08 출제 의도: 이동식 화전 농업의 특징

이동식 화전 농업은 주로 식량 작물 재배를 목적으로 하는 전통적인 자급 자족식 농업 방식이다. 카사바, 얌, 타로 등의 작물들이 대표적인 작물들이다. 하지만 ㄹ. 서구에 의한 식민 지배 과정에서 이 지역에서만 자랄 수 있는 바나나, 카카오, 천연고무 등의 기호 작물들이 집중적으로 대량 생산되는 플랜테이션이 이 지역 농업의 대부분을 차지하기 시작하였다. ㄷ. 이런 작물들은 식량으로서 가치는 떨어지지만 외국에 판매하여 수익을 얻는다는 점에서는 매우 상업적인 작물이라고 볼 수 있다. 최근 다국적 기업들이 열대 지역에서의 플랜테이션에 더욱 박차를 가하면서 그 규모는 커지게 되었다.

플러스 개념 열대 우림 지역의 농업

이동식 화전 농업	플랜테이션
자급적 농업	상업적 농업
식량 공급	경제적 이익
⇩	⇩
특징	특징
• 카사바, 얌, 타로 등 • 자급용 식량 작물 재배 • 가족 단위 소규모로 진행	• 바나나, 카카오, 천연고무 등 • 기호 작물 재배가 많음. • 대규모의 기업적 농업

09 출제 의도: 열대 우림 지역의 주거 환경

예시 답안

⑴ 고상 가옥

고상 가옥은 기둥에 세워져 지표면과는 떨어져있는 집들을 말한다.

⑵ 올라오는 열기와 습기를 피하고, 해충과 뱀 등의 침입을 막기 위한 것이다.

핵심 단어 지면, 열기, 습기, 해충, 뱀

등급	채점 기준
상	열기와 습기를 피하고, 해충과 뱀의 침입을 막으려 한다는 내용을 서술한 경우
중	열기와 습기를 피하는 점이나 해충과 뱀의 침입을 막으려 하는 점, 두 가지 중 하나만 서술한 경우
하	지면에서 떨어져 있다는 사실만 언급하고 그 이유는 전혀 쓰지 않거나 잘못된 내용을 서술한 경우

10 출제 의도: 열대 우림 지역의 농업

예시 답안

⑴ 플랜테이션

⑵ 상품 작물 재배를 늘리면서 식량 작물 재배지가 줄어들면서 생산량 감소로 인한 식량 작물의 수입 의존도가 높아지게 되고 자칫 식량 부족 문제를 겪을 수도 있다. 또 특정 작물에 국가 경제가 과도하게 의존하는 문제도 발생한다. 이를 해결하기 위해 농업 이외의 산업을 육성하여 경제를 발전시키고 이를 바탕으로 상품 작물의 재배를 줄이고 식량 작물의 생산과 수입을 안정적인 수준으로 만들어야 한다.

핵심 단어 상품 작물, 식량 작물, 수입 의존

등급	채점 기준
상	플랜테이션으로 인한 식량 작물의 생산량 변화와 이것이 미치는 영향을 자세히 설명했고, 이를 극복하기 위해 경제적 발달이 필요함을 서술한 경우
중	플랜테이션으로 인한 식량 작물의 생산량 변화와 그 영향은 바르게 서술하였으나 이를 극복하기 위한 방법에 대한 설명이 부족한 경우
하	플랜테이션이 미치는 영향을 제대로 서술하지 못한 경우

① 온대 기후 지역의 자연환경

44~45쪽

01 (1) × (2) ○ (3) ○ **02** (1) 동안 (2) 편서풍 (3) 건조한 **03** (1) 계절풍 (2) 편서풍 (3) 해양성 기후 (4) 대륙성 기후 **04** ② **05** ④ **06** ② **07** ① **08** 지중해성 기후 **09~10** 해설 참조

04 출제 의도: 온대 계절풍 기후

온대 계절풍 기후는 주로 대륙의 동안에서 나타나며, 계절풍의 영향을 받아 여름에는 덥고 비가 많이 내리며, 겨울에는 춥고 건조하다.

플러스 개념 다양한 온대 기후

- **서안 해양성 기후:** 대륙의 서안에서 나타나며, 편서풍과 난류인 북대서양 해류의 영향으로 여름에는 서늘하고, 겨울에는 따뜻한 편이다. 기온의 연교차가 작고, 계절별 강수량이 고른 것이 특징이다.
- **지중해성 기후:** 대륙의 서안에서 나타나며, 특히 여름에는 아열대 고압대의 영향으로 덥고 건조한 날씨가 지속된다. 겨울에는 온화하고 비교적 비가 많이 내리는 편이다.

05 출제 의도: 온대 기후 특징

온대 기후 지역은 주로 중위도 지역을 중심으로 분포한다. 계절에 따라 기온 차가 크며 계절 변화가 뚜렷하다. 인간이 생활하기에 가장 쾌적한 조건을 가지고 세계적인 인구 밀집 지역을 이루고 있다.

06 출제 의도: 서안 해양성 기후 특징

기후 그래프를 통해 여름철 7월의 기온이 평균 기온이 20℃를 넘지 않은 서늘한 기온을 보이고 있다. 또 1월 평균 기온이 영상이 넘는다. 강수는 연중 계절적 편차가 작게 나타남을 알 수 있다. 이를 통해 해당 기후 지역이 서안 해양성 기후임을 알 수 있다.

그래서 오답!

① 대륙 동안에서 나타난다. (×) → 서안 해양성 기후는 대륙의 서안에서 나타난다.
③ 여름철에 덥고 건조한 날씨가 나타난다. (×) → 기온 그래프를 보면 여름철 평균 기온이 20℃를 넘지 않는 서늘한 날씨가 나타난다.
④ 계절풍의 영향으로 겨울에는 춥고 건조하다. (×) → 계절풍의 영향을 받으면 연교차가 크게 나타난다. 하지만 해당 지역은 연중 바다에서 불어오는 편서풍의 영향을 받아 연교차가 작게 나타나고 있다.
⑤ 기온의 연교차가 큰 대륙성 기후가 나타난다. (×) → 연중 바다에서 불어오는 편서풍의 영향을 받아 기온의 연교차가 작은 해양성 기후의 특징을 보이고 있다.

07 출제 의도: 다양한 온대 기후의 특징

㈎는 서안 해양성 기후, ㈏는 온대 계절풍 기후, ㈐는 지중해성 기후 지역의 기후 그래프이다. 서안 해양성 기후는 온대 계절풍 기후보다 겨울철 기온이 높은 편이다. 또한 서안 해양성 기후는 지중해성 기후보다 강수의 계절적 편차가 작은 편이다.

그래서 오답!

ㄷ. ㈏는 ㈐보다 기온의 연교차가 작다. (×) → 가장 더운 달의 평균 기온과 가장 추운 달의 평균 기온의 차이를 기온의 연교차라고 한다. 따라서 ㈏는 ㈐보다 기온의 연교차가 크다는 것을 알 수 있다.
ㄹ. 겨울에 춥고 건조한 기후는 ㈐이다. (×) → ㈎, ㈐ 기후 모두 겨울철 평균 기온이 영상으로 온화한 편이다. ㈏ 기후는 겨울철 평균 기온이 영하임을 통해 춥다는 것을 알 수 있다. 또한 ㈏ 기후 그래프의 막대 그래프의 높이가 작다는 것을 통해 건조한 것을 알 수 있다. 따라서 겨울에 춥고 건조한 기후는 ㈏임을 알 수 있다.

08 출제 의도: 지중해성 기후

지중해성 기후는 대륙의 서안에서 나타나며, 아열대 고압대의 영향으로 여름철이 덥고 건조한 편이다.

09 출제 의도: 온대 계절풍과 서안 해양성 기후의 특징 비교

예시 답안

런던은 서안 해양성 기후 지역으로 연중 바다에서 불어오는 편서풍 및 난류인 북대서양 해류의 영향으로 겨울철에는 온화하다.

핵심 단어 편서풍, 난류, 북대서양 해류, 서안 해양성 기후

등급	채점 기준
상	편서풍과 난류의 영향으로 겨울철 기온이 따뜻하다는 것을 옳게 서술한 경우
중	편서풍과 난류의 영향 모두를 서술한 경우
하	편서풍과 난류 중 한 가지의 영향만 서술한 경우

10 출제 의도: 지중해성 기후의 특징

예시 답안

고흐가 방문한 지역은 지중해 근처의 프로방스 지방이다. 이곳의 여름철은 아열대 고압대의 영향으로 덥고 건조한 날씨가 지속되고 있었다. 하늘은 구름 한점 없이 맑고 높았다. 따라서 햇살은 강렬하고 따갑게 대지를 비치고 있었다. 그러나 공기가 건조한 탓에 나무 그늘 밑은 상대적으로 시원하였다.

② 온대 기후 지역의 주민 생활

46~47쪽

01 (1) × (2) ○ (3) × **02** (1) 많이 (2) 여름철 (3) 혼합 농업 **03** (1) 온돌 (2) 지중해 (3) 중위도 (4) 벽난로 (5) 난류 **04** ③ **05** ① **06** ③ **07** ⑤ **08** 서안 해양성 기후 **09~10** 해설 참조

04 출제 의도: 온대 계절풍 기후 지역의 주민 생활

여름철에 고온 다습한 지역은 계절풍 기후 지역으로서 온대 계절풍 기후에 해당하며, 이로 인해 벼농사가 발달하였다. 겨울철은 한랭 건조하여 농업에 불리해 이에 대비한 김장 문화가 발달하였다.

05 출제 의도: 서안 해양성 기후 지역의 농업

서안 해양성 기후 지역인 서부 유럽의 대도시 근교나 교통이 편리한 지역에서는 낙농업이 활발하게 이루어지고 있다. 낙농업은 젖소나 염소를 기르고 그 젖을 이용하여 우유, 버터, 치즈 등의 유제품을 생산하는 산업을 말한다. 오늘날에는 식량 생산 위주의 전통적인 혼합 농업은 많이 감소하였으며, 교통이 편리한 지역을 중심으로 낙농업, 원예 농업 등의 상업적 농업이 활발하게 이루어지고 있다.

06 출제 의도: 온대 기후 지역의 음식 문화

㉮는 올리브를 활용한 음식으로 지중해성 기후의 대표적인 수목 농업 작물이다. 지중해성 기후 지역은 지도에서 지중해 주변 지역인 B에 해당한다. 올리브, 포도, 레몬 등의 농산물이 풍부하여, 이를 활용한 음식이 많다. ㉯는 비빔밥으로 쌀과 각종 나물을 비벼 먹는 우리나라의 대표 음식이다. 우리나라는 온대 계절풍 기후로서 여름철 기온이 높고 강수량이 많아 벼농사를 주로 한다. 그 결과 쌀밥이 주식이 되었다. 따라서 C에 해당한다. ㉰는 우유와 밀가루, 달걀을 섞어 만든 푸딩과 쇠고기를 주로 먹는 것으로 보아 서안 해양성 기후 지역의 음식이라고 볼 수 있다. 따라서 서부 유럽인 A에 해당한다. 서안 해양성 기후는 여름이 서늘하고 흐린 날이 많아 곡물 재배에 불리하므로, 곡물과 함께 사료 작물을 재배하여 가축 사육을 겸하는 혼합 농업이 발달하였다. 혼합 농업의 결과로서 소고기와 밀농사, 달걀을 연결할 수 있으며, 낙농업과 우유를 연결할 수 있다.

플러스 개념 서안 해양성 기후 지역의 농업 발전

서안 해양성 기후 지역에서는 가축을 사육하면서 식량 작물과 사료 작물을 함께 재배하는 혼합 농업이 발달하였다. 산업 혁명 이후 도시 인구가 빠르게 증가하면서 곡물과 육류의 수요가 증가하고, 신대륙으로부터 값싼 곡물이 들어오면서 오히려 유럽 지역에서의 곡물 생산 경쟁력이 떨어지게 되었다. 주민들의 생활 수준이 향상되면서 혼합 농업에서 목축 부문이 고도로 전문화되어 낙농업이 발달하였다. 낙농업은 젖소나 염소를 기르고 그 젖을 이용하여 우유, 치즈, 버터 등의 유제품을 생산하는 산업으로 제품의 신선도가 중요하기 때문에 대도시 주변 또는 대도시와의 교통이 편리한 곳에서 주로 발달한다.

07 출제 의도: 온대 기후의 다양한 주민 생활

A는 서안 해양성 기후, B는 지중해성 기후, C는 온대 계절풍 기후 지역이다. 서안 해양성 기후(A) 지역은 흐리고 비 내리는 날이 많아 외출 시 우산과 가벼운 겉옷을 준비한다. 이곳 주민들은 늘 햇빛의 부족함을 느끼기 때문에 맑은 날에는 공원의 잔디밭이나 강변에서 일광욕을 즐기곤 한다. 지중해성 기후(B) 지역은 여름철 고온 건조한 기후로 인해 가옥의 벽을

두껍게 만들고 창문을 작게 하여 햇빛과 열기를 차단한다. 특히 외벽을 흰색으로 칠한 경우가 많은데 이는 햇빛을 반사해 기온을 낮출 수 있기 때문이다. 또 사람들은 낮 동안 태양 열기를 피해 '시에스타'라고 불리는 낮잠을 즐긴다. 온대 계절풍 (C) 기후 지역은 고온 다습한 여름철의 기후 조건을 바탕으로 벼농사가 발달하였으며 저위도의 경우 벼의 2기작이 이루어지기도 한다.

특히 우리나라는 고온 다습한 여름철의 기후 조건이 벼의 생육에 유리하여 벼농사가 발달하였다. 벼는 초봄에 씨앗을 뿌리고 늦봄이나 초여름에 모내기를 한 후, 무덥고 비가 많이 내리는 여름철에 주로 생육되어 맑고 건조한 가을에 수확한다. 또한 우리나라는 계절에 따라 기후의 변화가 크기 때문에 다양한 의복과 계절 음식이 발달해 있다. 의복을 살펴보면, 예부터 여름에는 모시, 겨울에는 목화로 된 옷을 지어 입었고, 오늘날은 여름에는 얇고 가벼운 옷을 입어 더위를 극복하고 겨울에는 방한성이 있는 옷감 및 털 등을 재료로 한 옷을 입어 추위를 극복하고 있다.

08 출제 의도: 서안 해양성 기후 지역의 경관

영국은 서안 해양성 기후의 대표적인 국가로 습윤한 기후 때문에 안개가 자주 낀다. 북대서양에서 흘러온 난류로 인해 따뜻하고 습한 공기가 유입되며, 이것이 차가운 북극 해류와 만나 온도차에 의해 대량의 안개를 만들며, 런던 거리를 뒤덮는다.

09 출제 의도: 지중해성 기후 지역의 빈번한 여름 산불 이유

예시 답안

유럽의 남부 지역으로 제시된 에스파냐, 이탈리아, 프랑스 남부는 지중해성 기후 지역에 해당하며, 이곳에 여름철 산불이 빈번한 이유는 고온 건조한 기후적 특징으로 인한 것이다.

10 출제 의도: 서안 해양성 기후와 온대 계절풍 기후의 특징

예시 답안

㉮ 서안 해양성 기후
㉯ 온대 계절풍 기후
프랑스 파리의 센강을 비롯한 영국의 템스강, 독일의 라인강은 모두 서안 해양성 기후 지역을 흐르는 강으로 수운이 발달하였다. 서안 해양성 기후 지역의 하천은 일 년 내내 강수량이 고르게 내려 높이가 연중 일정하게 나타나며 수심이 깊다. 이에 따라 하천에 뱃길을 만들어 물건이나 사람을 운반하는 수운 교통이 발달하였다. 반면 우리나라의 하천은 강수량이 계절에 따라 큰 차이를 보이기 때문에 하천의 유량 차가 커서 수운 교통의 발달에 불리하다.

핵심 단어 일년 내내 고른 강수량, 하천의 유량차, 수심

등급	채점 기준
상	㉮, ㉯ 기후를 제시하였으며, 서안 해양성 기후의 강수 특징과 온대 계절풍 기후의 강수 특징을 서로 비교하며 모두 서술한 경우
중	㉮, ㉯ 기후를 제시하였으며, 서안 해양성 기후의 강수 특징으로만 서술한 경우
하	㉮, ㉯ 기후만 쓴 경우

1 건조 기후 지역의 특징과 주민 생활

50~51쪽

01 (1) ○ (2) × (3) ○ **02** (1) 250~500mm (2) 한류
(3) 사막화 **03** (1) ○ (2) ○ **04** ① **05** ④ **06** ④
07 ① **08** 관개 **09~10** 해설 참조

04 출제 의도: 건조 지역의 기후 그래프 분석
제시된 기후 그래프의 지역은 연 강수량이 250mm 미만으로 사막 기후 지역에 해당한다. 기후 그래프에서 기온은 꺾은선 그래프, 강수량은 막대 그래프로 표현된다. 월별로 막대그래프가 거의 표시되지 않은 것으로 볼 때, 사막 기후에 해당한다.

05 출제 의도: 스텝 지역의 주민 생활
스텝은 짧은 우기 동안 키가 작은 풀들이 자라 초원을 이룬다. 전통적으로 아시아와 아프리카의 스텝 지역에서는 말, 염소, 양 등 가축을 이끌고 풀과 물을 찾아서 이동하는 유목 생활을 한다. 유목 생활에 편리하게 조립과 분해가 쉬운 이동식 가옥에 거주한다.

06 출제 의도: 건조 지역의 기후 특징과 관개 시설
카나트는 건조 기후 지역에서 나타나는 관개 시설이다. 건조 기후 지역은 연 강수량이 500mm 미만으로, 강수량이 부족하여 식물이 자라기 어려우므로 농업 활동을 하기에 불리하며, 기온의 일교차가 매우 크다.

07 출제 의도: 건조 지역의 변화
초원의 주민들은 전통적으로 가축을 기르며 유목 생활을 하고 생활용품을 다른 지역과 교환하며 생활했다. 하지만 최근에는 국가 간 이동이 어렵고, 도시가 발달하여 유목민들이 정착하는 경우가 많아지고 있다. 또한 대규모 수로를 건설하여 관개 농업을 하거나 도시에 물을 공급하고, 바닷물을 생활에 필요한 용수로 바꿔 물 부족을 해결하기도 한다. 서남아시아, 북부 아프리카 등 일부 국가들은 석유나 천연가스 등의 지하자원을 통해 얻은 대규모 자본을 토대로 자연을 인간이 살기에 유리한 환경으로 개발하고 있다.

그래서 오답!

ㄷ, ㄹ (×)
→ 선진국의 자본과 기술, 원주민의 노동력이 결합하여 고무, 카카오 등을 대량으로 재배하는 방식을 플랜테이션이라고 한다. 플랜테이션과 밀림은 열대 우림 기후 지역에서 볼 수 있는 농업 방식과 자연 경관이다. 아마존의 열대 우림은 무분별한 개발로 인해 삼림의 면적이 급속하게 줄어들고 있다.

08 출제 의도: 건조 지역의 관개 농업
물을 구하기 어려운 지역에서는 관개 농업을 해서 다른 지역에 있는 물을 끌어와 농사를 짓는다. 물길을 지하에 만드는 것이 특징인데 이는 물의 증발을 막기 위해서이다.

09 출제 의도: 사막 지역의 주민 생활

예시 답안

(1) 모래바람과 뜨거운 햇볕으로부터 몸을 보호하기 위해 헐렁한 옷으로 온몸을 감싼다.
(2) 흙, 작다. 일교차를 조절하고 뜨거운 바람을 막기 위해 벽을 두껍게 만들고 창문을 작게 낸다. 사막 기후 지역의 주민들은 주변에서 구하기 쉬운 흙으로 흙벽돌을 만들어 집을 짓는다. 기온의 일교차가 큰 사막에서는 한낮에는 더위를 피하고 밤에는 추위를 막기 위해 벽은 두껍고 창문은 작게 만든다. 또한 그늘이 생기도록 건물을 다닥다닥 붙여서 짓고, 비가 거의 오지 않으므로 지붕을 평평하게 만든다.

10 출제 의도: 관개 농업의 문제점

예시 답안

과도한 관개 농업은 사막화 현상의 인위적 원인 중의 하나이다. 관개 농업으로 인해 지하수가 고갈되거나 땅이 내려앉을 수 있다. 또 물이 과잉 공급되면 지하수면이 상승하는데, 이로 인해 지하수가 모세관 현상을 통해 지표로 나오게 된다. 지표로 나온 수분은 증발하고 물에 포함된 염류는 지표에 남아 토양이 염류화된다. 이로 인해 토양은 황폐화되어 사막화 현상이 심화된다.

핵심 단어 사막화, 지하수 고갈, 염류

등급	채점 기준
상	장기적으로 지하수가 고갈되거나 땅이 내려 앉는 현상, 토양의 염류화 현상을 유추하여 서술한 경우
중	지하수 고갈이나 땅이 내려 앉는 현상만을 서술한 경우
하	지하수 고갈만을 서술한 경우

2 툰드라 기후 지역의 특징과 주민 생활

52~53쪽

01 (1) × (2) ○ (3) ○ **02** (1) 여름 (2) 사냥·수렵·어로 (3) 폐쇄적인 가옥 **03** (1) ○ (2) ○ (3) ○
04 ③ **05** ② **06** ④ **07** ③ **08** 영구 동토층
09~10 해설 참조

04 출제 의도: 툰드라 지역의 분포와 기후 특색
가장 따뜻한 달에도 10℃를 넘지 않는 기후 특색을 지닌 툰드라 기후는 주로 위도 60° 이상의 고위도 지역에서 나타나며, 남반구에는 분포하지 않고 대체로 북극해를 둘러싸고 분포하고 있다.

05 출제 의도: 툰드라 기후 지역의 자연환경과 주민 생활
툰드라 기후 지역은 매우 추운 기후 지역이다. 이에 적응하여 살아가는 주민 생활에는 툰드라 기후 지역만의 독특한 경관이 관찰된다.

② 향신료를 많이 사용하여 만든 음식 (×) → 향신료를 많이 사용한 음식은 열대 우림 기후 지역의 식생활 양식으로 덥고 습한 기후와 관련이 있다. 그린란드는 대표적인 한대 기후 지역으로 기온이 낮아 음식이 상할 염려가 적다.

06 출제 의도: 툰드라 기후 지역의 주거 양식

툰드라 기후 지역의 고상 가옥은 얼어있던 영구 동토층이 난방 열기에 의해 녹아 가옥이 무너지는 것을 방지하고, 많은 눈으로 인해 가옥의 입구가 막히는 것을 방지하기 위해 영구 동토층까지 기둥을 박고 약간 띄운 형태로 짓는다.

플러스 개념 열대 기후와 툰드라 기후의 고상 가옥

열대 기후 지역	툰드라 기후 지역
⇩	⇩
특징	특징
• 벽은 얇게, 창문은 크게 만든 개방적인 가옥 • 지표면에서 올라오는 열기와 습기를 피하고, 해충과 뱀 등의 침입을 막기 위함 • 빗물이 잘 흐르도록 하는 가파른 지붕	• 벽은 두껍게, 창문은 작게 만든 폐쇄적인 가옥 • 얼어있던 토양층이 난방 열기에 의해 녹으면서 가옥이 붕괴하는 것을 방지 • 눈이 쌓여 집의 입구가 막히는 불편함 방지

07 출제 의도: 툰드라 기후 지역의 변화

최근 툰드라 기후 지역은 석유, 천연가스와 같은 지하자원의 개발로 인해 각종 개발 및 도시 발달이 활발한 지역이다. 또한 지구 온난화 현상으로 북극해 주변의 빙하와 영구 동토층이 녹으면서 인간이 거주 가능한 지역의 범위(외쿠메네)가 확대되고 있다.

플러스 개념 외쿠메네와 아뇌쿠메네

외쿠메네는 '거주 지역'으로 번역되기도 한다. 반대로 사람이 살지 못하는 비(非) 거주 지역을 아뇌쿠메네라고 한다. 고대 그리스인은 그들이 알고 있던 인간 거주의 세계에 대하여 외쿠메네라는 이름을 붙였는데, 그 후 그 범위는 시대에 따라 달라졌다. 즉 기술의 발달이나 인구의 증가에 따라 아뇌쿠메네가 외쿠메네로 개발되어 점차 확대되어 왔는데, 오늘날에는 빙설 기후 지역·사막 기후 지역 및 설산 이상의 고산 지역 등지만이 아뇌쿠메네로 남게 되었다. 외쿠메네의 한계는 주로 기후에 의해 결정되고, 식량의 생산 한계와 거의 일치한다.

08 출제 의도: 툰드라 기후 지역의 영구 동토층

영구 동토층은 툰드라 기후 지역에서 땅속 온도가 0℃ 이하를 유지하여 항상 얼어있는 토양층으로 여름철에도 형태를 유지한다.

09 출제 의도: 툰드라 기후 지역의 주민 생활

예시 답안

(1) 털가죽과 고기를 제공해 준다. / 썰매를 끌어주는 이동 수단이다.
툰드라 기후 지역에서 유목을 통해 길러지는 순록은 이 지역 사람들에게 중요한 역할을 하는 동물이다. 순록은 털가죽과 고기를 사람들에게 제공해 줄 뿐만 아니라 썰매를 끌며 이동 수단이 되어주는 중요한 가축이다.
(2) 조립이 가능하여 이동식 생활이 편리한 집이다.

핵심 단어 털가죽, 고기, 썰매, 이동 수단, 이동식 생활

등급	채점 기준
상	이동식 가옥의 장점을 쓰고, 순록에 대하여 털가죽과 고기, 이동 수단으로 도움을 유추하여 서술한 경우
중	이동식 가옥의 장점을 쓰고, 순록의 도움 중 털가죽과 고기만 유추하여 서술한 경우
하	한 문제점만 서술한 경우

10 출제 의도: 툰드라 기후 지역의 변화

예시 답안

(1) 지구 온난화
(2) 북극 항로를 통해 선박이 드나들면, 북극 빙하에 서식하던 북극곰의 이동이 제한되고, 서식지가 파괴될 수 있다. 또 선박이 끊임없이 드나들게 되면 물결로 인해 빙하가 다시 어는 것을 방해하여 지구 온난화 현상이 더욱 심해지게 되고, 선박이 이동하던 중 생기는 매연과 해운 사고로 생기는 기름 유출 등 청정 해역인 북극해의 환경 파괴가 우려된다.

대단원 완성문제 Ⅱ 우리와 다른 기후, 다른 생활

54~61쪽

01 ③	02 ④	03 ⑤	04 ⑤	05 ③	06 ③
07 ②	08 ③	09 ⑤	10 ⑤	11 ④	12 ⑤
13 ①	14 ⑤	15 ②	16 ③	17 ⑤	18 ⑤
19 ④	20 ⑤	21 ②	22 ③	23 ②	24 ①
25 ⑤	26 ①	27 ④	28 ④	29 ⑤	30 ①
31 ⑤	32 ②	33 ①	34 ⑤	35 ③	36 ①
37~40 해설 참조

01 출제 의도: 세계의 기후

A 열대 기후, B 건조 기후, D 냉대 기후, E 한대 기후에 해당한다.

플러스 개념 쾨펜의 기후 구분

독일의 기후학자이면서 식물학자인 쾨펜은 나무와 풀이 자라는 데 큰 영향을 주는 기온과 강수량을 기준으로 세계의 기후를 구분하였다.

열대 기후	가장 추운 달의 평균 기온이 18℃ 이상인 기후이다. 이 중에서 일 년 내내 강수량이 풍부한 기후를 열대 우림 기후라고 한다.
건조 기후	연 강수량이 500mm 미만인 기후로, 증발량이 강수량보다 많다. 연 강수량 250mm를 기준으로 스텝 기후와 사막 기후로 구분한다.
온대 기후	가장 추운 달의 평균 기온이 –3℃~18℃인 기후이다. 주로 대륙 서안에 분포하는 지중해성 기후, 서안 해양성 기후와 주로 대륙 동안에 분포하는 온난 습윤 기후, 온대 겨울 건조 기후 등이 있다.
냉대 기후	가장 추운 달의 평균 기온은 –3℃ 미만이고, 가장 따뜻한 달의 평균 기온은 10℃ 이상인 기후이다.
한대 기후	가장 따뜻한 달의 평균 기온이 10℃ 미만인 기후이다. 이 중에서 가장 따뜻한 달의 평균 기온이 0℃ 이상인 기후를 툰드라 기후라고 한다.

02 출제 의도: 세계의 기후

열대 기후는 적도를 중심으로 나타나며, 건조 지역은 강수량이 적다. 온대 기후 지역은 가장 추운 달의 평균 기온이 –3℃ 이상이며, 사계절의 변화가 비교적 뚜렷하다.

03 출제 의도: 위도별 일사량의 차이

햇볕이 수직으로 들어와 좁은 지역에 열이 집중되는 지역은 태양 에너지를 많이 받고, 햇볕이 지구 둥근 표면을 따라 비스듬하게 분산되면서 넓은 지역에 걸쳐 들어오면 태양 에너지를 적게 받는다. 이로 인해 저위도에서 고위도 지역으로 갈수록 기온이 낮아진다.

04 출제 의도: 세계의 기온 분포

연평균 기온은 적도에서 고위도로 갈수록 낮아지고, 연평균 등온선은 대체로 위도와 평행하다. 그러나 위도가 같은 지역이라도 대륙과 해양이 만나는 지점이나 대륙 내부에서는 위도와 평행하지 않고 구부러져 나타난다. 이는 대륙이 해양보다 가열 속도와 냉각 속도가 빨라 여름에는 해양보다 기온이 높고, 겨울에는 해양보다 기온이 낮기 때문이다. 열적도는 주어진 기간 동안 평균 온도가 가장 높은 지표면의 점들을 연결한 가상의 선이다. 지구 위의 평균 최고 기온의 등온선으로서, 지리적 적도와는 일치하지 않고 계절에 따라 그 위치가 변한다.

05 출제 의도: 세계의 강수량 분포

적도 부근과 성질이 다른 공기가 만나는 중위도 지역은 강수량이 많고, 일 년 내내 고기압의 영향을 받는 위도 20°~30°의 남회귀선·북회귀선 부근과 극지방은 강수량이 적다. (가)와 (나) 지역은 연 강수량 250mm 미만의 사막 지역으로 식생이 자라기 힘들다.

06 출제 의도: 세계의 기후 그래프

(가) 상하이는 온대 기후, (나) 이르쿠츠크는 냉대 기후, (다) 리야드는 사막 기후, (라) 베로는 툰드라 기후에 해당한다. 타이가는 냉대 기후 지역에서 볼 수 있다.

07 출제 의도: 인간 거주에 영향을 미치는 자연환경
산업은 인문 환경에 해당한다.

08 출제 의도: 인간 거주에 유리한 지역

온대 기후 지역과 냉대 기후 지역은 사계절이 나타나고, 기온과 강수 조건이 농업 활동에 유리하여 오래전부터 많은 사람이 살고 있다. 특히, 온대 기후 지역은 농업과 상공업이 발달하여 인구가 밀집하였다.

09 출제 의도: 인간 거주에 불리한 지역

높고 험준한 산지 지역은 기온이 낮고 산소가 부족하며 평탄한 땅을 찾기 어렵기 때문이다.

10 출제 의도: 고산 기후

적도 부근에 위치한 라파스는 비슷한 위도의 콘셉시온보다 고도가 높지만 인구가 더 많다. 일 년 내내 봄과 같은 온화한 날씨가 나타나기 때문이다.

11 출제 의도: 인간 거주 환경의 변화

그린란드는 석유, 천연가스 등 많은 지하자원이 매장되어 있으나 섬 면적의 약 85%가 얼음으로 덮여 있어 자원 개발에 어려움이 있었다. 그러나 지구 온난화의 영향으로 지표의 얼음이 녹으면서 지하자원 개발의 가능성이 높아지고 있다. 또한 일부 지역에서는 기온이 상승하면서 그동안 재배가 불가능했던 양상추, 감자 등의 농작물 재배도 이루어지고 있다.

12 출제 의도: 열대 우림 지역의 특징

열대 우림 기후 지역에서는 거의 매일 오후에 열대성 소나기인 스콜이 짧은 시간에 집중적으로 쏟아지며 강풍, 천둥, 번개가 따르기도 한다.

13 출제 의도: 열대 우림 지역의 음식 문화

덥고 습한 열대 우림 기후 지역의 사람들은 음식이 쉽게 상하지 않도록 조리할 때 기름이나 향신료를 많이 사용한다.

14 출제 의도: 플랜테이션 농업

유럽인의 식민 지배 이후 열대 우림 기후 지역에서는 플랜테이션이 행해지고 있다. 플랜테이션은 선진국의 기술 및 자본과 원주민의 노동력을 결합하여 상품 작물을 대규모로 재배하는 농업이다. 열대 우림 기후 지역에서는 주로 고온 다습한 기후 환경에서 잘 자라는 카카오, 고무나무, 야자나무, 바나나 등을 재배한다. 그러나 플랜테이션이 발달한 일부 지역에서는 상품 작물을 집중적으로 재배하기 때문에 곡물 생산량이 감소하면서 식량 부족 문제가 나타나기도 한다.

15 출제 의도: 이동식 화전 농업

열대 우림 지역에 거주하는 원주민들은 수렵과 채집을 통해 먹을 것을 구하기도 하지만, 이동식 화전 농업을 통해 카사바, 얌 등을 재배한다.

16 출제 의도: 열대 우림 지역의 가옥 특징

열대 우림 기후 지역에서는 집을 지을 때 벽을 얇게 하고 창문을 크게 하여 통풍이 잘되도록 한다. 특히 지면의 열기와 습기, 해충이나 짐승 등의 침입을 방지하기 위해 고상 가옥이나 수상 가옥을 주로 짓는다.

17 출제 의도: 열대 우림 지역의 변화

관개 농업 지역을 확대하거나 일자리를 제공하여 일정한 곳에 정착하여 생활하는 유목민들이 늘고 있는 지역은 건조 지역에 해당한다.

18 출제 의도: 온대 기후의 특징
서안 해양성 기후는 연중 바다에서 불어오는 편서풍과 난류의
영향으로 기온의 연교차가 작다.

19 출제 의도: 다양한 온대 기후
대륙의 서안에서 나타나는 온대 기후 지역은 바다의 영향을 많
이 받아 연교차가 작다. 반면, 우리나라는 여름에는 해양에서
고온 다습한 바람이 불어와 덥고 강수량이 많지만, 겨울에는
대륙에서 한랭 건조한 바람이 불어와 춥고 강수량이 적다.

20 출제 의도: 온대 지역의 주민 생활
고상 가옥은 열대 우림 지역, 유목 생활은 건조 지역에 대한
설명이다.

21 출제 의도: 지중해성 기후 지역의 특징
사진의 가옥은 지중해 연안 지역의 가옥으로 벽이 두껍고 창
문이 작으며, 하얀색으로 외벽을 칠했다. 지중해성 기후 지역
에서는 비교적 온난하고 다습한 겨울철에는 채소와 밀, 귀리,
보리 등의 곡물을 재배한다. 고온 건조한 여름철에는 포도, 올
리브, 오렌지, 코르크나무와 같이 뿌리가 깊고 잎이 단단한 나
무 위주의 수목 농업이 이루어진다.

22 출제 의도: 혼합 농업
서부 유럽은 여름철이 서늘하고 토양이 척박하여 곡물 재배에
불리하다. 그러므로 서늘한 기후에서도 잘 자라는 밀과 보리
등을 재배하면서 목초지를 따로 조성하여 소나 돼지 등의 가
축을 함께 기르는 혼합 농업이 발달하였다. 따라서 이 지역 주
민들의 식탁에는 빵과 함께 육류가 자주 오른다.

23 출제 의도: 서부 유럽의 농업
㈎ 혼합 농업, ㈏ 낙농업에 대한 설명이다. 서부 유럽에서는
교통이 편리한 지역을 중심으로 낙농업, 원예 농업 등의 상업
적 농업이 활발하게 이루어지고 있다. 낙농업은 가축을 사육
하여 우유, 버터, 치즈 등의 유제품을 만드는 농업이다. 원예
농업은 꽃, 채소 등을 재배하는 농업으로, 신선한 상태의 상품
을 소비자에게 공급하기 위해 주로 교통이 편리한 대도시 근
처에서 이루어진다.

24 출제 의도: 사막 기후 지역의 생활 모습
건조 기후 지역은 일사량이 많고 습도가 낮아 낮에는 지표면
이 빠르게 가열되지만, 밤이 되면 기온이 급격히 내려가는 일
교차가 크다.

25 출제 의도: 건조 지역 및 기후의 특징
건조 지역은 주로 아열대 고기압대의 영향을 받는 남회귀선·
북회귀선 부근을 따라 분포한다. 서남아시아와 북부 아프리
카, 오스트레일리아에 넓은 사막이 나타나는 것은 남회귀선과
북회귀선이 지나는 지역이기 때문이다. 바다로부터 멀리 떨어
져 있어 수증기의 공급이 적은 중앙아시아나 북아메리카 대륙
의 내륙 지역, 대기가 안정되어 공기가 상승하기 어려운 한류
가 흐르는 해안 지역에도 사막이 형성되기도 한다.

26 출제 의도: 사막 기후 분포
빗금 친 지역은 사막이 분포하는 지역을 표시한 것이다.

27 출제 의도: 건조 지역의 가옥 특징

사막 지역 사람들은 주변에서 쉽게 구할 수 있는 흙을 이용하
여 흙집이나 흙벽돌집을 짓는데, 일교차를 조절하고 뜨거운
바람을 막기 위해 벽을 두껍게 만들고 창문을 작게 낸다. 또한
골목길이 그늘지도록 건물을 다닥다닥 붙여서 지으며, 비가
거의 오지 않아 가옥의 지붕을 평평하게 한다.

28 출제 의도: 스텝 지역의 생활 모습
올리브, 포도, 오렌지 등의 수목은 고온 건조한 기후 조건에
잘 견딜 수 있다. 이러한 특성을 이용하여 지중해 연안 및 미
국의 캘리포니아, 남아메리카의 칠레 등의 지중해성 기후 지
역에서는 수목 농업을 해 왔다.

29 출제 의도: 스텝 지역의 가옥 특징
스텝 기후는 연 강수량이 250~500mm 미만으로 짧은 풀이
자라 초원이 나타난다. 유목 생활에 편리하게 조립과 분해가
쉬운 이동식 가옥에 거주한다. 집은 천막의 형태로, 몽골에서
는 게르라고 부른다.

30 출제 의도: 건조 지역의 변화
최근 서남아시아의 건조 기후 지역에서는 석유 개발을 통해
얻은 이익으로 강에 댐이나 인공 수로를 건설하여 대규모 관
개 농업을 한다. 또한 석유 자원의 고갈에 대비하여 태양 에너
지 개발 사업이나 관광 산업을 육성하는 등 새로운 산업이 발
달하고 있다. 플랜테이션은 열대 우림 지역, 오로라는 툰드라
지역에서 나타나는 모습이다.

31 출제 의도: 툰드라 기후 특징
툰드라 기후는 가장 더운 달의 평균 기온이 10℃ 미만으로,
기온이 너무 낮아 나무가 자라기 어렵다. 2~3개월의 짧은 여
름 동안에는 기온이 0℃ 이상으로 올라간다. 강수량은 적지만
기온이 낮아 증발량이 많지 않기 때문에 사막과 달리 지표는
다습한 편이다.

32 출제 의도: 툰드라 지역의 모습
툰드라는 '나무가 없는 땅'이라는 뜻이다. 툰드라 기후 지역은
기온이 매우 낮은 편으로, 이 지역의 지표 밑에는 여름에도 녹
지 않고 얼어있는 영구 동토층이 있다. 영구 동토층 위의 지표
면 부근 토양층에는 짧은 여름철에 눈과 얼음이 녹아서 생긴
습지가 곳곳에 분포한다.

33 출제 의도: 툰드라 지역의 생활 모습
툰드라 기후는 유라시아 대륙 북부와 북아메리카 대륙 북부,
그린란드 등 북극해 주변 지역에서 나타난다. 툰드라 지역에
사는 사람들은 신선한 채소와 과일을 구하기 어렵기 때문에
생선과 고기를 날것으로 먹으면서 부족해지기 쉬운 비타민과
철분을 보충하였다. 그러나 오늘날에는 대부분의 주민들이 도
시에 거주하면서 조리된 음식을 주로 먹는다.

34 출제 의도: 툰드라 지역의 생활 모습
지표면이 녹아 토양층이 움직일 때 파이프라인이 손상되는 것
을 막기 위해 지면에서 어느 정도 띄워 설치한다.

35 출제 의도: 툰드라 지역의 특징
툰드라 기후 지역의 전통 가옥은 순록의 가죽으로 만든 천막
집이었다. 지금도 이러한 집에서 살아가는 유목민들이 있다.
기온이 낮아 폐쇄적인 가옥 구조가 나타나며, 짧은 여름철에

지표면이 녹아 가옥이 붕괴될 수 있어 고상 가옥이 나타난다.

36 출제 의도: 열대 우림 지역의 고상 가옥

덥고 습한 열대 우림 기후 지역의 사람들은 바람이 잘 통하도록 집의 벽을 얇게 하고 문과 창문을 크게 내며, 빗물이 쉽게 흘러내리도록 지붕의 경사를 급하게 만든다. 지표면에서 전달되는 열기와 습기를 피하고 해충과 뱀 등의 침입을 막기 위해 바닥을 지면에서 띄운 고상 가옥을 짓는다.

37 출제 의도: 런던과 서울의 기후 특징

예시 답안

(1) 런던: 기온의 연교차가 작고, 계절별 강수량이 고르게 나타난다.
서울: 기온의 연교차와 강수량의 계절 차가 커서 여름에는 덥고 비가 많이 오지만, 겨울에는 춥고 비나 눈이 적게 내린다.

(2) 런던은 바다에서 불어오는 편서풍의 영향으로 여름에는 서늘하고 겨울에는 따뜻하며, 연중 비가 고르게 내리는 서안 해양성 기후가 나타난다. 우리나라는 대륙 동안에 위치하여 계절풍의 영향을 많이 받는다. 여름에는 바다에서 불어오는 계절풍의 영향으로 기온이 높고 비가 많이 내리며, 겨울에는 대륙에서 불어오는 계절풍의 영향으로 춥고 건조하다.

핵심 단어 편서풍, 계절풍

등급	채점 기준
상	대륙 서안과 동안의 위치를 포함하여 편서풍, 계절풍 핵심 단어를 서술한 경우
중	편서풍, 계절풍 핵심 단어를 포함하여 서술한 경우
하	런던과 서울의 기후 특징만을 비교하여 서술한 경우

38 출제 의도: 사막 지역의 의복 특징

예시 답안

사막 기후 지역에 사는 사람들은 낮에는 강한 햇볕과 모래바람으로부터 피부를 보호하고, 밤에는 추위로부터 몸을 보호하기 위해 손과 얼굴의 일부를 제외하고 온몸을 감싸는 헐렁한 옷을 입는다.

39 출제 의도: 건조 기후와 지하 관개 수로

예시 답안

산지에 내린 비가 흘러들면서 만들어진 지하수층에 우물을 판 후, 지하 수로를 통해 마을과 농경지로 끌어들여 생활용수로 이용하였다. 이는 강수량보다 증발량이 많은 건조 기후 지역의 특징을 반영한 시설이다.

40 출제 의도: 툰드라 지역의 생활 모습

예시 답안

(1) 툰드라 지역에서 순록은 발굽이 발달되어 눈 위를 잘 걸어 다닐 수 있고, 털이 길어 추위를 잘 견딘다. 툰드라 기후 지역의 원주민인 라프족과 이누이트는 순록을 가축화하여 유목하고 있으며, 순록이 끄는 썰매는 이들의 중요한 이동 수단이다. 순록의 젖과 고기는 먹고, 가죽은 의복과 텐트, 구두, 장갑, 가죽끈 등의 생활용품을 만드는 데 사용된다.

또한 순록의 뼈와 뿔로는 칼이나 장식품을 만든다.

(2) 툰드라 지역에서는 곡물이나 채소를 구하기 어렵기 때문에 주민들은 육류나 생선을 주로 먹는다. 특히, 열을 가하지 않은 날고기를 먹는 것은 부족한 비타민과 무기질을 보충하기 위한 것이다.

III. 자연으로 떠나는 여행

01 산지 지형으로 떠나는 여행

1 산지 지형의 형성

66~67쪽

01 (1) × (2) × (3) ○　　**02** (1) 습곡 (2) 고원 (3) 화산
03 (1) 안데스산맥 (2) 풍화 (3) 융기 (4) 화산섬　　**04** ②
05 ①　　**06** ⑤　　**07** ③　　**08** 히말라야산맥
09~10 해설 참조

04 출제 의도: 세계의 산지 지형 중 고원

해발 고도는 높지만 높낮이의 변화가 작은 산지 지역을 고원이라 한다. 이는 퇴적이나 침식으로 평탄해진 땅이 전체적으로 융기하거나, 화산 활동으로 흘러나온 용암이 굳어져 형성된 것이다. 세계적으로 유명한 고원으로는 중국 서부의 시짱(티베트)고원, 아프리카 동부의 아비시니아 고원, 브라질 동부의 브라질 고원, 중앙아시아 남동부의 파미르 고원 등이 있다.

05 출제 의도: 세계 산지 지형의 특징 중 고기 습곡 산지

고기 습곡 산지는 과거에는 지각 운동으로 높은 산지였으나 오랜 기간 동안 풍화와 침식을 받으면서 해발 고도가 낮아지고 경사도 완만해졌다.

그래서 오답!

② 고도가 높고 경사가 가파르다. (×)
③ 형성 시기가 오래되지 않은 편이다. (×)
④ 지진이나 화산 활동이 잦은 편이다. (×)
→ 모두 신기 습곡 산지의 특징에 해당한다.

플러스 개념 신기 습곡 산지 vs. 고기 습곡 산지

신기 습곡 산지	고기 습곡 산지
• 비교적 최근에 형성 • 해발 고도 높고 험준 • 지각 불안정 • 알프스, 히말라야, 안데스, 로키, 아틀라스산맥	• 오래 전 형성 • 해발 고도 낮고 완만 • 지각 안정 • 우랄, 스칸디나비아, 애팔래치아, 그레이트디바이딩산맥

06 출제 의도: 지형 형성 작용

지형 형성 작용에는 지구 내부의 힘에 의한 것과 지구 외부의

힘에 의한 것이 있다.

플러스 개념 지구 내부의 힘과 지구 외부의 힘

지구 내부의 힘	지구 외부의 힘
지구 내부의 열에너지가 지각에 작용	지구 외부의 태양 에너지에 의한 물과 공기의 순환
지표의 기복 형성	지표 평탄화
융기, 침강, 습곡, 단층, 화산 활동	하천, 빙하, 강수, 바람 등에 의한 침식 · 운반 · 퇴적 · 풍화 작용

07 출제 의도: 산지 지형 중 화산

화산은 땅속의 마그마가 지표면을 뚫고 나와 형성되며 일본, 인도네시아, 아이슬란드, 페루 등 주로 지각이 불안정한 지역에 분포한다. 화산은 폭발하여 큰 피해를 주기도 하지만, 화산 주변에서는 관광 산업이 발달하기도 한다.

그래서 오답!

① 지구 외부의 힘에 의해 형성되었다. (×) → 화산 활동은 지구 내부의 마그마가 지각에 작용한 것으로 지구 내부의 힘에 의한 지형 형성과 관계가 있다.
② 판과 판이 충돌하여 땅이 솟아올랐다. (×) → 산지를 형성하는 일반적인 지각 운동이며 화산 활동에 대한 설명은 아니다.
④ 하천에 의한 침식이 활발하게 이루어졌다. (×) → 하천 침식에 의한 지형은 V 자곡이나 폭포 등을 들 수 있다.
⑤ 오랜 기간 동안 풍화와 침식을 받아 경사가 완만하다. (×) → 산지 지형 중 고기 습곡 산지에 대한 설명이다.

08 출제 의도: 신기 습곡 산지의 대표적인 산맥인 히말라야산맥

히말라야산맥은 해발 고도 8000m 이상의 봉우리들이 14개나 있는 높고 험준한 산맥으로, 인도 · 오스트레일리아판과 유라시아판의 충돌로 융기하여 형성되었다. 땅이 솟아올라 히말라야산맥이 만들어졌고 주변에는 시짱(티베트)고원이 만들어졌다.

09 출제 의도: 세계 주요 신기 습곡 산맥의 위치와 특징

예시 답안

(1) A: 알프스산맥, B: 히말라야산맥, C: 로키산맥, D: 안데스산맥
(2) 모두 신기 습곡 산맥으로 판과 판이 충돌하여 형성되었으며 형성 시기가 오래되지 않아 해발 고도가 높고 험준하며 지각 운동이 활발하여 지진, 화산 활동이 일어나기도 한다.

핵심 단어 신기 습곡 산맥, 높고 험준, 지진 · 화산

등급	채점 기준
상	A, B, C, D의 명칭을 모두 바르게 쓰고 신기 습곡 산맥이라는 특징을 사용하고 그 특징을 바르게 설명한 경우
중	(1)의 A, B, C, D를 전부 맞게 쓰고 (2)에 부분적으로 답하거나 (1)을 쓰지 못했지만 (2)에 신기 습곡 산맥의 특징을 정확히 쓴 경우
하	(1)과 (2) 중 한 가지에만 부분적으로 맞게 쓴 경우

10 출제 의도: 세계 산지 지형의 분포와 특징

예시 답안

나는 안데스산맥 지역을 방문해 보고 싶다. 안데스산맥은 세계에서 가장 긴 산맥으로 남아메리카 서부에 위치해 있으며 아르헨티나, 볼리비아, 칠레, 콜롬비아, 에콰도르, 페루, 베네수엘라 등 7개 국가에 걸쳐 자리잡고 있다. 나는 이 중에서 페루쪽으로 가서 과거 잉카 문명의 유적지를 보고 싶다. 안데스산맥은 형성 시기가 오래되지 않아 험준하고 해발 고도가 높으므로 정상까지 일반인이 등반하기는 어려워 보이므로 비행기를 이용해 리마에서 쿠스코로 이동하는 것이 좋을 것 같다. 안데스산맥 지역은 해발 고도가 높은 지역에 도시가 발달하여 고산병 문제가 심각하기 때문에 이에 대비하여 고산병을 예방하고 극복할 수 있는 방법을 미리 조사하여 문제가 생기지 않도록 해야겠다.

② 산지 지역의 주민 생활

68~69쪽

01 (1) ○ (2) × (3) × **02** (1) 이목 (2) 고산 (3) 셰르파 **03** (1) ㉠ (2) ㉢ (3) ㉡ **04** ② **05** ② **06** ③ **07** ④ **08** 마추픽추 **09~10** 해설 참조

04 출제 의도: 고산 도시의 위치와 기후

도시들의 공통점은 저위도 지역의 고산 도시이다. 고산 도시는 해발 고도 2,000m 이상의 고지대에 발달한 도시로 연중 봄처럼 따뜻한 날씨가 나타난다.

05 출제 의도: 다양한 산지 지역의 주민 생활

같은 산지 지역이지만 지역마다 생활 모습은 조금씩 다르다. 특히 안데스 산지와 히말라야 산지에서 기르는 동물이 다르다. 안데스 산지의 경우 야마, 라마, 알카파를 기르고 히말라야 산지에서는 야크를 기른다.

그래서 오답!

① 스키가 발달하였다. (×) → 스키가 발달한 지역은 알프스 산지이다.
③ 계절에 따라 이목을 한다. (×) → 계절에 따라 이목을 하는 지역은 알프스 산지이다.
④ 야마, 라마, 알카파를 사육한다. (×) → 야마, 라마, 알카파를 사육하는 지역은 안데스 산지이다.

06 출제 의도: 다양한 산지 지역의 주민 생활 모습

㈎는 알파카를 통해 안데스 산지, ㈏는 짐을 나르는 셰르파를 통해 히말라야 산지, ㈐는 스키장의 사진을 통해 알프스 산지임을 알 수 있다.

문제 자료 분석하기 다양산 산지 지역의 주민 생활 모습

㈎ 알파카와 원주민 사진
알파카를 기르는 지역은 안데스 산지이다. 안데스 산지에서는 알파카 이외에도 비슷하게 생긴 라마를 기르는데 이러한 동물은 안데스 산지의 특징을 나타내는 것으로 꼭 알고 있어야 한다.

(내) 히말라야 산지의 셰르파 사진

셰르파는 히말라야 산지가 위치한 네팔의 티베트 계열의 사람을 부르는 말로 크고 무거운 짐을 들고 산을 오르는 모습으로 표현하고 있다. 따라서 셰르파의 모습은 히말라야 산지의 특징을 나타내는 것으로 꼭 알고 있어야 한다.

(다) 알프스 산지의 스키장

알프스의 경우 히말라야, 안데스 산지에 비해 스키가 발달하였다. 오늘날 스키는 많은 사람들이 즐기는 대중 스포츠가 되었지만 알프스 지역을 나타내는 가장 대표적인 모습이기도 하다.

07 출제 의도: 다양한 산지 지역의 주민 생활 모습

(가)는 알프스 산지, (나)는 몽골고원, (다)는 필리핀, (라)는 페루이다. (가)의 알프스 산지는 계절에 따른 기온 변화가 뚜렷하여 더운 여름철에는 고지대에도 풀이 자라 가축을 기를 수 있지만 겨울철에는 가축을 기르기 힘들기 때문에 고지대에 비해 기온이 높고 마을이 있는 저지대로 가축과 함께 이동한다. 이러한 것을 이목이라고 한다. (나)의 몽골고원은 넓은 초원으로 계절에 따라 기온이 달라 풀을 찾아 이동하며 가축을 기른다. 이러한 것을 유목이라고 한다. (다)와 (라)는 산지 지역의 계단식 경작지로 평지에 비해 인간이 살기 불리한 지형 조건이다. 계단식 경작지는 기온과 강수량에 따라 각각 논과 밭의 형태로 이용된다. 논에서는 주로 벼를 재배하는데, 벼는 (다)와 같이 고온다습한 기후에서 잘 재배된다. 이에 비해 밭에서는 (라)와 같이 서늘한 기후에서 잘 자라는 감자, 옥수수 등을 재배한다.

08 출제 의도: 안데스 산지의 마추픽추

페루의 마추픽추는 해발 고도 2,200m에 자리 잡은 잉카 문명의 흔적이 남아 있는 도시이다. 도시는 계단식 형태로 발달하여 있으며 해마다 많은 관광객이 찾는 남아메리카의 유명한 관광지이다.

09 출제 의도: 고산 도시의 발달 원인

예시 답안

(1) 해발 고도가 높아짐에 따라 기온이 하강하였기 때문이다.
(2) 저위도 지역은 다른 위도대(중위도, 고위도)보다 연평균 기온이 높다. 따라서 저위도 지역의 고지대는 다른 위도대의 고지대에 비해 기온이 높아 연중 봄과 같이 선선하여 인간이 살기에 적합하기 때문이다.

핵심 단어 저위도의 높은 기온, 선선한 기후(봄과 같은 기후)

등급	채점 기준
상	고도 증가에 따른 기온 하강과, 저위도 지역이 다른 위도대에 비해 기온이 높은 점을 서술하고, 해발 고도 2,000m 이상인 지역에서도 기후가 선선하여(봄과 같아) 살기 좋다고 서술한 경우
중	고도 증가에 따른 기온 하강과, 해발 고도 2,000m 이상인 지역에서도 기후가 선선하여(봄과 같아) 살기 좋다고 서술한 경우
하	고도 증가에 따른 기온 하강만 서술한 경우

10 출제 의도: 산지 지역의 여행 준비

예시 답안

고산병의 원인은 저지대에 비해 고지대에서 산소가 부족하기 때문에 발생한다. 따라서 고산 도시를 여행하기 위해서는 첫째, 산소 스프레이를 준비하여 산소가 부족하여 매우 힘든 상황이 되면 산소를 흡입한다. 둘째, 고산병 약을 준비하여 현기증과 두통을 미리 대비한다. 셋째, 추위를 대비하기 위해 두툼한 옷을 준비하고 충분한 물을 준비하여야 한다.

핵심 단어 산소 부족, 산소 스프레이, 고산병 약, 두툼한 옷, 충분한 물

등급	채점 기준
상	산소 부족을 쓰고, 제시문에 대한 준비해야 할 것들을 두 가지 모두 논술한 경우
중	산소 부족을 쓰거나 제시문에 대한 해결책을 한 가지 논술한 경우
하	산소 부족만을 쓴 경우

02 해안 지형으로 떠나는 여행 ~ 03 우리나라의 자연 경관

① 다양한 해안 지형의 형성과 주민 생활

74~75쪽

01 (1) ○ (2) (3) ○ **02** (1) 곶 (2) 모래 해안 (3) 양식업 (4) 증가 **03** (1) ㄴ (2) ㄹ (3) ㄱ (4) ㄷ **04** ② **05** ④ **06** ⑤ **07** ⑤ **08** ㉠ 해식애 ㉡ 해식동 ㉢ 시 스택 ㉣ 사빈 **09~10** 해설 참조

04 출제 의도: 다양한 해안 지형의 특징

하천에 의해 운반된 모래나 주변에서 침식된 물질이 파도에 의해 해안에 퇴적되어 형성된 모래사장을 사빈이라고 부른다. 해안을 따라 길게 모래사장이 분포하면 사빈이다. 오스트레일리아 골드코스트, 브라질의 코파카바나 해안이 세계적인 사빈이며 해당 사진은 브라질의 코파카바나 해안의 모습이다.

05 출제 의도: 해안 지역의 주민 생활

① 해안 지역의 주민들은 전통적으로 어업, 양식업에 종사하고 있다.
② 해안 지역은 국가간 교류 증대에 따라 무역항이나 공업도시로 성장하기도 한다.
③ 해안 지역은 내륙에 비해 따뜻하고 온화한 기후를 보여 인간 거주에 유리하다.
④ 독특하고 아름다운 자연 경관을 바탕으로 많은 관광객들이 찾아와 서비스 산업(숙박업소, 음식점, 각종 편의시설)에 종사하는 주민들은 지속적으로 증가하고 있다.

06 출제 의도: 해안 지형의 형성 과정 및 특징

곶은 육지가 바다 쪽으로 돌출한 곳으로 파랑 에너지가 집중되어 파랑의 침식 작용이 활발하다. 해안 절벽, 돌기둥, 동굴 등 해안 침식 지형이 발달한다. 만은 바다가 육지 쪽으로 들어간 곳으로 파랑 에너지가 분산되어 파랑의 퇴적 작용이 활발하다. 모래사장, 갯벌 등 해안 퇴적 지형이 발달한다.

그래서 오답!

> ㄱ. 만은 파랑의 침식 작용이 활발하다. (×) → 만은 파랑의 퇴적 작용이 활발한 지역이다.
> ㄴ. 파랑 에너지가 분산되는 곳은 곶이다. (×) → 파랑 에너지가 분산되는 곳은 만이다.

07 출제 의도: 해안 지역 관광 산업의 긍정적·부정적 영향 및 지속 가능한 관광지로의 발전

해안 지역이 지속 가능한 해안 관광지로 발돋움하기 위해서는 자연환경의 훼손을 최소화(인공 구조물 설치, 자연을 복구하거나 보전하기 위한 활동 증가), 개발의 이익이 외부 지역으로 유출되지 않고 지역 주민에게 돌아가도록 해야 한다. 또한 환경 보존, 지역 주민의 복지를 생각하면서 생태계를 체험하는 생태 관광을 추구해야 한다.

문제 자료 분석하기 해안 지역 관광 형태 변화

> ㉢ 개발의 이익이 외부 지역에게 돌아가도록 함. (×) → 개발의 이익이 외부 지역으로 유출되지 않고 지역 주민에게 돌아가도록 해야 함.

08 출제 의도: 다양한 해안 지형의 특징

㉠은 해안가에 형성된 절벽으로 '해식애(해안 절벽)'이다. ㉡은 해안가 주변의 약한 암석이 침식된 동굴로 '해식동(해식 동굴)'이다. ㉢은 해안 침식으로 남은 돌기둥으로 '시 스택'이다. ㉣은 만에 위치한 모래사장으로 '사빈'이다.

09 출제 의도: 다양한 해안 지형의 특징

예시 답안

(1) 〈가로열쇠〉 ① 해식애 ② 시 아치
 〈세로열쇠〉 ③ 석호
(2) 〈세로열쇠〉 ① 해안가 주변의 약한 암석의 일부분이 오랜 기간 깎여서 움푹 파인 동굴 ② 암석의 단단한 부분이 침식에 견디어 돌기둥으로 남은 부분 ①과 ②의 공통점은 첫째, 해안 침식 지형(파랑의 침식 작용이 활발한 지역에서의 형성)이다. 둘째, 암석 해안(곶)에서 주로 발달한다.

핵심 단어 해식 동굴: 침식, 동굴, 시 스택 : 침식, 돌기둥, 공통점: 해안 침식 지형, 암석 해안, 곶

등급	채점 기준
상	해식 동굴, 시 스택의 정의와 공통점 두 가지를 모두 바르게 쓴 경우
중	해식 동굴, 시 스택의 정의와 공통점 한 가지만 쓴 경우
하	해식 동굴, 시 스택의 정의만 쓴 경우

10 출제 의도: 해안 지역 관광 산업의 긍정적·부정적 영향

예시 답안

(1) 지역 주민들은 호텔을 비롯한 관광 산업과 관련된 새로운 일자리를 갖게 되었다.
 (추가 허용 가능한 답안: 관광 산업 발달에 따른 국가 수익이 증가되었다, 관광 산업 발달에 따른 도로, 통신 등 기반 시설이 개선되었다.)
(2) 〈찬성의 입장〉 관광재로 개발해야 한다. 국가 수익의 증대, 서비스업의 일자리 창출로 지역 경제 활성화 등 긍정적인 효과가 많기 때문이다.
 〈반대의 입장〉 관광지로 개발해서는 안된다. 무분별한 해안 생태계가 파괴되고, 쓰레기 배출로 인한 환경 오염, 물 부족 문제, 주민과 관광객들의 갈등 등 다양한 문제가 발생하기 때문이다.

❷ 우리나라의 산지 지형과 해안 지형

76~77쪽

> **01** (1) × (2) × (3) ○ **02** (1) 동쪽에서 서쪽 (2) 화강암
> (3) 서·남해안 **03** (1) 동고서저 (2) 다도해 (3) 해식애
> (4) 리아스 **04** ③ **05** ③ **06** ① **07** ⑤
> **08** 동고서저 **09~10** 해설 참조

04 출제 의도: 우리나라 산지 지형의 특징

우리나라 산지의 대부분은 한반도의 북동부에 위치하며 단면도를 보면 태백산맥과 같은 높은 산지는 동해안에 가깝게 분포한다. 이로 인하여 유로가 길고 규모가 큰 하천들은 주로 A의 서해안으로 유입된다.

05 출제 의도: 우리나라의 해안별 특징

동해안은 수심이 깊고 해안선이 단조로우며 파랑의 퇴적 작용이 활발한 곳에서는 모래사장이나 석호가, 파랑의 침식 작용이 활발한 곳에서는 해식애, 시 스택 등이 발달한다. 남해안은 해안선이 복잡하고 섬이 많은 다도해로, 다도해 해상 국립 공원, 한려 해상 국립 공원과 같은 해상 국립 공원으로 지정된 곳이 많다.

그래서 오답!

> 2. 갯벌이 발달하기에 유리한 조건은?
> 답: 파랑의 퇴적 작용이 활발해야 한다.
> → 갯벌은 파랑이 아닌 조류의 퇴적 작용으로 발달한다. 조류의 퇴적 작용이 활발하기 위해서는 조차가 커야 한다.

06 출제 의도: 돌산의 형성 과정

돌산은 기암 괴석이 절경을 이루어 암벽 등반을 위한 관광객이 많이 방문하며 설악산, 북한산, 금강산이 대표적인 돌산에 해당한다.

07 출제 의도: 서해안의 형성 과정

빙하기에는 서·남해안의 대부분이 육지 상태였다. 그러나 후빙기에 해수면이 상승하면서 골짜기와 같이 낮은 지대로는 바닷물이 들어와 만이 되었고, 산봉우리는 해수면 위에 남아서

섬이 되었다. 서해안은 수심이 얕고 해안선이 복잡하며 조차가 커서 갯벌이 발생하며 서쪽에 위치하고 드넓은 갯벌이 펼쳐져 있어서 해가 질 때의 낙조를 관람하는 관광객들이 많이 방문한다.

플러스 개념 동해안과 서·남해안 비교하기

구분	수심	해안선	조차	발달 지형
동해안	깊다	단조롭다	작다	퇴적: 모래사장, 석호
				침식: 해식애, 시 스택
서·남해안	얕다	복잡하다	크다	리아스 해안, 갯벌

08 출제 의도: 우리나라 산지 지형의 특징

우리나라는 장기간에 걸쳐 침식을 받아 평평해진 땅이 동쪽으로 치우쳐 융기하여 높은 산지들이 동해안에 가깝게 분포한다. 이러한 지형을 동고서저 지형이라 한다.

09 출제 의도: 우리나라의 해안 지형

예시 답안

(1) 염전, 양식장

조차가 커서 갯벌이 발달하는 서해안에서는 어민들이 주로 염전, 양식장 등으로 활용한다. 이 외에도 생태계의 보고인 갯벌을 활용하여 관광지나 생태 학습장으로도 활용한다.

(2) 동해안은 서해안에 비하여 수심이 깊어 조차가 크지 않으며, 이로 인하여 조류의 작용이 미약하다. 따라서 동해안에는 갯벌이 형성되기가 어렵다.

핵심 단어 동해안의 깊은 수심, 조류의 작용 미약

등급	채점 기준
상	수심과 조류의 작용을 모두 고려하여 동해안에 갯벌이 형성되기 어려운 이유를 정확하게 설명한 경우
중	수심과 조류의 작용 중 한 가지만 고려하여 동해안에 갯벌이 형성되기 어려운 이유를 설명한 경우
하	동해안에 갯벌이 형성되기 어려운 이유를 설명 못한 경우

10 출제 의도: 우리나라의 산지 지형과 해안 지형의 특징

예시 답안

• 1반은 육지와 바다 사이를 주제로 갯벌을 여행하고자 한다. 갯벌은 조차가 큰 해안에 발달하며 염전, 양식장, 생태 학습장 등으로 활용된다. 따라서 갯벌에서 조개 잡기, 갯벌 생물 채집하기 등의 활동이 가능하다.

• 2반은 아름다운 한국의 산을 주제로 지리산을 여행하고자 한다. 지리산은 변성암이 오랜 풍화와 침식을 받아 형성된 흙산으로 기암 괴석이 절경을 이루는 돌산과 대비된다. 따라서 경사가 완만하고 평탄하므로 지리산 둘레길과 같이 평탄한 산책로를 걷는 활동이 가능하다.

• 3반은 맑은 동해 푸른 파도를 주제로 경포대를 여행하고자 한다. 동해안에 있는 경포대는 파랑의 퇴적이 활발하여 모래사장이 형성되어 있다. 따라서 동해안의 파랑을 체험할 수 있는 파도타기(서핑) 활동을 하거나 해수욕장에서 모래 찜질을 하는 체험을 할 수 있다.

③ 우리나라의 화산 지형과 카르스트 지형

78~79쪽

01 (1) × (2) ○ (3) ○ **02** (1) 용암 동굴 (2) 백록담
(3) 돌리네 **03** (1) ㄹ (2) ㄴ (3) ㄱ, ㄷ **04** ③ **05** ①
06 ⑤ **07** ⑤ **08** 한라산 **09~10** 해설 참조

04 출제 의도: 카르스트 지형의 특징 이해

강원도 남부 지역에는 석회암이 물에 녹아 형성된 다양한 지형이 분포한다. 사진은 돌리네를 나타낸 것이다. 돌리네는 석회암이 빗물이나 지하수에 녹아 형성된 움푹 파인 지형이다. ① 기생 화산은 제주도에 분포하며, ② 돌리네는 물이 지하로 스며들어 주로 밭으로 이용된다.

05 출제 의도: 제주도 세계 자연 유산 파악

우리나라의 세계 자연 유산은 한라산, 성산 일출봉, 거문오름 용암 동굴계이다. 마라도는 세계 자연 유산이 아니라 우리나라의 천연 기념물이다.

06 출제 의도: 매력적인 자연 경관 분포지 파악

용암 동굴은 제주에 분포하고 석회 동굴은 강원 남부, 충북 북부 등지에 분포한다. 따라서 금강은 C, 소백은 B이다. A에는 용암 대지가 분포한다.

07 출제 의도: 백두산 천지와 한라산 백록담 특징 이해

(가)는 백두산 정상부의 천지, (나)는 한라산 정상부의 백록담이다. ⑤ 천지와 백록담 모두 화산 활동으로 형성된 곳에 물이 고여 있다.

그래서 오답!

① (가)가 위치한 산은 세계 자연 유산에 등재되었다. (×) → (나) 백록담이 있는 한라산은 세계 자연 유산에 등재되었다.
② (가)는 우리나라 최고봉에 위치한다. (×) → 우리나라 최고봉은 백두산인데, 천지는 백두산 정상부에 있다.
③ (나)는 (가)보다 수심이 깊다. (×) → 천지가 백록담보다 호수의 수심이 깊다.
④ (나)는 (가)보다 둘레의 길이가 길다. (×) → 천지가 백록담보다 호수의 규모가 크다.

08 출제 의도: 제주도의 특징 이해

한라산은 화산 활동으로 형성되었으며 남한에서 가장 높은 산이다. 또한 한라산의 산정부에는 백록담이라는 호수가 있으며 세계 자연 유산에 등재되었다.

플러스 개념 제주도 세계 자연 유산

• 한라산

제주도의 중심 봉우리이며, 해발 고도 1,950m로 남한에서 가장 높은 산이다. 한라산은 정상부의 백록담 분화구, 영실기암의 가파른 암벽과 약 40여 개의 오름 등 다양한 화산 지형을 갖고 있다. 특히, 백록담은 화구의 서쪽 절반은 조면암, 동쪽 절반은 현무암으로 구성되어 있는 매우 독특한 분화구로 조면암질 용암돔이 형성된 이후 현무암질 용암이 분출하여 분화구가 만들어졌다.

또한 우리나라에서 자라는 4,000여 종의 식물 가운데 2,000여 종이 서식하고 있어 '살아있는 생태 공원'으로 불리는데 특히 정상부의 구상나무 숲은 세계 최대 규모이다. 뛰어난 경관과 지질학·생물학적 가치로 인해 2002년 유네스코 생물권 보전 지역, 2007년 세계 자연 유산, 2010년 세계 지질 공원으로 인증받았다.

• 성산 일출봉

높이 180m의 성산 일출봉은 약 5천 년 전 얕은 바다에서 용암이 분출하여 형성되었다. 지하에서 올라온 뜨거운 마그마와 물이 만나 격렬하게 반응하면서 분출된 화산재가 쌓여 일출봉이 형성되었다. 바닷바람과 파도에 의한 침식 작용으로 드러난 지층을 통해 화산 폭발 당시 형성된 퇴적 구조를 관찰할 수 있다. 형성 초기에 육지와 떨어져 있었던 성산 일출봉은 파도에 의해 침식된 퇴적물들이 해안으로 밀려들어와 쌓이면서 육지와 연결되었다. 거대한 성의 모습을 닮아 성산(城山)이라 부르던 이곳은 해 뜨는 모습이 아름답다는 의미가 더해져 지금은 성산 일출봉(城山日出峰)이라 부른다.

• 거문오름

거문오름은 분화구 내 울창한 산림 지대가 검고 음산한 기운을 띠는데서 유래되었으며, '신령스러운 산'이라는 뜻을 포함하고 있다. 정상에는 깊이 팬 화구 안에 솟은 작은 봉우리와 용암이 흘러나가며 만든 말굽형 분화구의 형태를 보인다. 겉모습 그 자체로 왕성한 화산 활동을 증명하는 거문오름은 벵뒤굴과 만장굴, 김녕굴, 용천동굴, 당처물동굴이라는 용암동굴을 생성시킨 모체이다.

– 제주 세계 자연 유산 센터

09 출제 의도: 용암 동굴의 형성 과정 이해

예시 답안

(1) 용암 동굴
(2) 용암이 지표면을 덮고 흐를 때 표면이 먼저 식어서 굳고, 안쪽의 용암이 흘러나가 빈 공간이 생기면서 만들어진다.

핵심 단어 용암, 표면

등급	채점 기준
상	용암이 흐른다는 것, 용암의 표면과 속의 식는 속도가 다르다는 것, 용암의 겉이 굳어도 속은 더 흐른다는 내용을 모두 포함하여 옳게 서술한 경우
중	용암 동굴 형성의 세 단계 내용 중 2개를 포함하여 옳게 서술한 경우
하	용암 동굴 형성의 세 단계 내용 중 1개를 포함하여 옳게 서술한 경우

10 출제 의도: 매력적인 자연 경관 분포 지역의 개발을 둘러싼 갈등

예시 답안

찬성 의견: 수산 동굴과 공항 부지는 500m 이상 떨어져 있어 현재로서는 훼손될 가능성이 작아보인다. 공항 건설 과정에서

환경 영향 평가와 문화재 지표 조사 등을 통해 정확히 파악하고 보존 대책을 마련할 것이다. 제주에는 수산 동굴 이외에 많은 동굴이 있고 수산동굴도 개발 과정에서 보존 대책을 마련할 것이다. 용암 동굴의 보호도 필요하지만 매력적인 제주도의 모습을 보기 위한 방문객을 위한 편의 시설 설치 또한 중요하다. 따라서 피해를 최소화하려는 노력과 함께 개발이 필요하다.

반대 의견: 수산 동굴은 공항 예정 부지 방향으로 길게 뻗어가는 모양이며 수많은 가지굴이 있을 가능성이 있다. 공사 중이나 완공 후에 비행기 이착륙으로 인한 진동 충격으로 동굴이 훼손될 수 있다. 천연 기념물로 지정될 정도로 가치 있는 용암 동굴이 비행장 건설로 파괴되는 것은 매력적인 자연 경관이 사라지는 것이다. 한 번 파괴된 용암 동굴은 다시 복구될 수 없고, 제주를 방문하는 관광객이 보고 싶은 것은 개발된 제주의 모습이 아니라 매력적인 자연 경관이기 때문에 보존해야 한다.

대단원 완성 문제 Ⅲ 자연으로 떠나는 여행

80~85쪽

01 ①	02 ①	03 ⑤	04 ①	05 ②	06 ⑤
07 ④	08 ③	09 ③	10 ⑤	11 ③	12 ④
13 ①	14 ①	15 ③	16 ④	17 ③	18 ⑤
19 ②	20 ②	21 ①	22 ④	23 ④	24 ②
25 ④	26 ②	27 ④	28~30 해설 참조		

01 출제 의도: 지형 형성 작용

지구 내부의 힘(내인적 작용)은 습곡, 융기, 침강, 화산 활동을 통해 지형을 변화시켰다. (가)는 침식·운반·퇴적·풍화 작용 등 지구 외부의 힘(외인적 작용)을 나타낸 것으로 지구 내부의 힘에 의해 형성된 지형은 외인적 작용을 끊임없이 받으면서 더욱 다양한 지형을 만든다.

02 출제 의도: 지형 형성 작용

① 화산 활동으로 내인적 작용에 해당한다. ② 석회 동굴로 용식 작용, ③ 사구로 퇴적 작용, ④ 호른으로 침식 작용, ⑤ 버섯 바위로 침식 작용을 나타낸다. ②~⑤ 외인적 작용에 해당한다.

03 출제 의도: 세계의 산맥과 산지

산지는 지층이 습곡 작용을 받아 휘어지거나, 땅속 깊은 곳의 뜨거운 마그마가 땅 위로 분출하는 화산 활동과 같은 지구 내부의 힘으로 만들어진다. 이러한 산지는 하천과 빙하, 비와 바람의 작용으로 높이나 형태 등이 변화한다.

04 출제 의도: 신기 습곡 산지

지도의 표시된 지역은 신기 습곡 산지로 형성 시기가 오래되지 않아 해발 고도가 높고 가파르다. 알프스산맥, 히말라야산맥 등이 대표적인 예이다.

05 출제 의도: 신기 습곡 산지와 고기 습곡 산지

산맥은 형성 시기에 따라 신기 습곡 산지와 고기 습곡 산지로 구분할 수 있다. ㉡ 우랄산맥으로 고기 습곡 산지에 해당한다.

고기 습곡 산지는 오랫동안 침식을 받아 신기 습곡 산지에 비해 해발 고도가 낮고 완만하다. 그레이트디바이딩산맥, 우랄산맥, 애팔래치아산맥 등지가 대표적인 예이다.

06 출제 의도: 고산 도시
페루의 쿠스코 고산 도시로 연중 온화한 기후가 나타나 오래전부터 사람들이 모여 살았다.

07 출제 의도: 히말라야 산맥의 형성 과정
세계에서 가장 높고 험한 산맥으로, 6,000만 년 전에는 바다였지만, 인도·오스트레일리아 대륙판과 유라시아 대륙판이 충돌하는 과정에서 땅이 솟아올라 만들어졌다.

08 출제 의도: 산지의 주민 생활
산맥과 산지는 각종 지하자원과 물 자원, 삼림 자원이 풍부할 뿐만 아니라 외부로부터 방어에 유리하다. 따라서 산지의 주민들은 경사지를 농경지나 목초지로 개간하여 이용하거나 임산물을 채취하면서 살아간다.

09 출제 의도: 알프스 산지의 이목
이목은 계절에 따라 목초지를 옮겨 다니며 가축을 키우는 방식이다. 알프스 산지에서는 여름에 더위를 피해 산 위에서 양이나 소를 키우고 겨울에는 산 아래로 내려와 축사에서 가축을 키우는 이목 형태의 목축업이 이루어진다.

10 출제 의도: 곶과 만의 지형 형성 작용
파랑의 침식 작용이 활발하게 일어나는 곳에서는 해안 절벽, 돌기둥, 동굴 등이 형성되고, 파랑의 퇴적 작용이 활발하게 일어나는 만에서는 모래사장 등이 형성된다.

문제 자료 분석하기 곶과 만의 지형 형성 작용

파랑 에너지는 파도가 가지고 있는 힘을 말하며, 바닷물이 지속적으로 밀려오면서 발생하는 에너지이다. 파랑 에너지가 흩어져 파도가 잔잔한 만에서는 모래사장, 갯벌과 같은 해안 퇴적 지형이 잘 만들어진다. 모래사장은 하천 또는 인근 해안에서 운반되어 온 모래가 쌓여 형성된다. 파랑 에너지가 집중되어 파도가 강한 곳에서는 해안 절벽, 바위섬과 같은 해안 침식 지형이 잘 만들어진다. 해안 절벽은 오랜 시간 동안 파도의 침식 작용으로 형성된다.

11 출제 의도: 암석 해안
바다와 육지가 만나는 해안은 구성하는 물질에 따라 암석 해안, 모래 해안, 갯벌 해안, 산호초 해안 등으로 구분할 수 있다. 암석 해안에는 파도의 침식 작용으로 형성된 해안 절벽인 해식애와 다양한 모양의 암석 기둥인 시 스택 등이 나타나며, 해식 동굴이 형성되기도 한다.

12 출제 의도: 해안 지형
㉠ 해식애, ㉡ 사빈, ㉢ 해식 동굴, ㉣ 석호이다.

13 출제 의도: 파랑의 침식 작용
프랑스의 에트르타는 파랑에 의해 깎이고 남은 바위의 모습이 촛대(시 스택)와 코끼리(시 아치)를 닮아서 유명하다.

14 출제 의도: 산호 해안과 모래 해안
오스트레일리아 북동부 해안을 따라 발달한 그레이트배리어리프(대보초)는 길이가 약 2,000km에 이르는 세계 최대의 산호초로 세계 자연 유산으로 지정되었다. 퀸즐랜드주 남동부에 있는 골드코스트 해안에는 5km에 이르는 모래사장이 길게 펼쳐져 있다. 이곳의 해변에는 일광욕뿐만 아니라 다양한 해양 스포츠를 즐기려는 관광객이 많이 방문한다.

15 출제 의도: 해안 지역의 주민 생활
관광지에서 발생한 수입이 외부 지역으로 유출되면서 지역 경제에 이익을 가져다주지 못하는 경우도 발생한다.

16 출제 의도: 관광 산업이 해안 지역에 미치는 영향
해안 지형이 관광지로 개발되면 숙박 시설과 음식점이 들어서면서 지역 주민의 일자리가 생기고, 소득이 늘어나는 등 경제적 효과가 나타난다. 그러나 해안 지역이 관광지로 개발되면서 집값이나 임대료가 상승하거나 과도한 개발로 환경이 파괴되기도 하며, 쓰레기와 하수 처리로 인한 환경 오염 문제가 나타난다.

17 출제 의도: 간척 사업의 특징
간척지 조성은 농경지·택지·공장 부지 등 용지 공급 면에서 이점이 있다고 할 수 있지만, 자연 생태계의 파괴와 어민의 생존권 등의 문제가 뒤따르기 때문에 개발과 보존 사이에서 많은 갈등과 대립을 겪고 있다.

18 출제 의도: 바람직한 해안 지역의 개발 방향
해안 지역이 지속 가능한 관광지로 발전하기 위해서는 자연환경을 보호하고, 개발 이익이 지역 주민에게 돌아가는 방안을 모색해야 한다. 관광객은 지역과 지역 주민에 대한 이해와 배려의 자세를 가져야 한다. 또 관광의 형태도 환경의 피해를 최소화하면서 해안 생태계를 체험하고 즐기는 여행 방식인 생태 관광으로 변하고 있다.

19 출제 의도: 우리나라의 지형
우리나라에서는 해안 사막과 피오르 해안을 볼 수 없다.

20 출제 의도: 우리나라의 지형
우리나라는 오랫동안 침식을 받아 평평했던 땅이 동쪽으로 치우쳐 융기하여 동고서저 지형이 나타난다. 이로 인해 북동부 지역에는 높은 산지가 나타나고, 남서부 지역에는 낮은 산지와 평야가 나타난다. 대부분의 큰 하천도 동쪽의 산지에서 시작하여 황해로 흘러들어 간다.

21 출제 의도: 돌산과 흙산
㉮ 돌산, ㉯ 흙산이다. 금강산, 설악산, 북한산, 월출산 등은 돌산으로, 화강암 바위가 드러나 있어 기암 괴석이 절경을 이룬다. 이 절경을 만들어 내는 화강암은 땅속 깊은 곳에서 형성되었는데, 화강암을 덮고 있던 암석층이 오랜 시간 침식으로 제거되면서 오늘날과 같은 모습을 갖게 되었다. 그리고 지리산, 덕유산 등은 바위 위에 두꺼운 토양층이 덮여 있는 흙산으로, 돌산에 비해 부드럽고 포근한 느낌을 준다.

22 출제 의도: 우리나라의 해안 지역
서·남해안은 해안선의 드나듦이 복잡하고 조차가 커서 갯벌이 넓게 발달하였다.

플러스 개념 리아스 해안

우리나라의 서·남해안에는 만이 발달하여 해안선의 드나듦이 복잡하고 섬이 많이 분포하는 리아스 해안이 나타난다. 빙하기에 황해와 남해는 대부분 육지였다가 후빙기 해수면 상승으로 바닷물이 육지로 들어오면서 골짜기는 만이 되고 산봉우리는 섬으로 변하였다.

23 출제 의도: 우리나라의 동해안

우리나라의 동해안은 섬이 적고 해안선이 단조롭다. 또한 수심이 깊고 밀물과 썰물의 차이가 작아 갯벌은 발달하지 않는다. 동해안에는 모래 해안을 따라 바다와 마주보는 호수인 석호가 형성되어 해수욕장과 함께 주요 관광지로 이용된다.

24 출제 의도: 석호

우리나라의 동해안에서는 원래 바닷물이 들어오던 만의 입구에 모래가 쌓여 형성된 호수인 석호가 발달했다. 석호는 원래 바닷물이 들어온 만이었는데, 파도가 모래를 운반하면서 만의 입구를 막아 호수로 변한 것이다.

25 출제 의도: 제주도

우리나라의 화산섬인 제주도는 다양한 화산 지형이 나타나며, 한라산, 성산 일출봉, 거문오름 용암 동굴계는 지형학적 가치를 인정받아 유네스코 세계 자연 유산으로 지정되었다. 전체적으로 완만한 형태의 한라산의 봉우리에는 화구호인 백록담이 있으며, 한라산을 중심으로 360여 개의 오름이 나타난다.

26 출제 의도: 제주도의 지형

(나) 성산 일출봉으로 얕은 바닷가에서 용암이 분출되고 화산재가 쌓여 형성되었다. (라) 주상 절리로 용암이 흘러내리면서 식는 과정에서 규칙적인 균열이 생겨 형성되었다.

27 출제 의도: 카르스트 지형

우리나라 강원도 남부, 충청북도 북동부, 경상북도 북부 지역에는 석회암이 넓게 분포한다. 석회암은 이산화 탄소가 포함된 물에 의해 녹는 성질이 있다. 이 과정에서 석회암이 물에 녹아 움푹 파여 만들어진 돌리네와 같은 지형이 나타난다. 특히 땅속의 석회암이 지하수에 의해 녹으면 종유석, 석순, 석주 등이 나타나는 석회 동굴이 만들어진다.

28 출제 의도: 산지 지역의 음식 문화

예시 답안

산지 지역은 해발 고도가 높아 평지에 비해 기온이 낮기 때문에 농업에 불리하다. 그래서 농업보다는 가축을 기르는 목축업이 이루어지기 때문에 우유, 치즈, 버터 등을 이용한 음식이 많으며 척박한 땅에서도 잘 자라는 감자와 옥수수를 이용한 음식이 발달해 있다.

29 출제 의도: 파랑의 침식 작용

예시 답안

빅토리아주의 그레이트오션 로드는 기둥 모양의 바위와 해안 절벽이 장관을 이룬다. 12사도 바위는 파도에 깎여 나가 현재 8개만이 남아 있지만, 파도의 침식 작용이 계속되면 그 수는 줄어들 것이다.

30 출제 의도: 자연 경관을 보존해야 하는 이유

예시 답안

자연 경관이 훼손된 이후에 복원되는데 시간이 오래 걸린다. 아름다운 자연 경관은 경제적으로도 관광 산업의 중요한 자원이 되며, 문화적으로나 인류적으로도 당대의 사람들뿐만 아니라 후손들도 함께 누려야 할 위대한 유산이기 때문에 보존해야 한다.

IV. 다양한 세계, 다양한 문화

01 세계의 다양한 문화 지역

① 세계의 문화 지역

90~91쪽

> **01** (1) × (2) ○ (3) × **02** (1) 유사한 (2) 자연환경
> (3) 라틴 아메리카 **03** (1) ㉠ (2) ㉢ (3) ㉡ (4) ㉥ (5) ㉣
> **04** ② **05** ③ **06** ④ **07** ② **08** 문화 경관
> **09~10** 해설 참조

04 출제 의도: 문화의 특징

지역별로 자연환경과 인문 환경의 차이에 따라 다양한 문화가 형성된다. 문화 지역은 기준에 따라 달라질 수 있어 한 지역이 여러 개의 문화 지역에 포함되기도 한다.
*점이 지대: 서로 다른 두 지역 사이에서 두 지역의 성격이 모두 나타나는 경계 지역이다.

05 출제 의도: 동아시아 문화 지역

한국, 일본, 중국 등을 포함하는 동아시아 문화 지역은 유교, 불교, 한자, 벼농사, 젓가락 사용 등의 공통된 생활 양식이 나타난다.

그래서 오답!

> ① 유럽 문화 지역 (×) → 크리스트교 문화가 발달하였으며, 일찍 산업화를 이루었다.
> ② 아프리카 문화 지역 (×) → 유럽의 식민 지배를 받았으며, 부족 중심의 생활을 한다.
> ④ 오세아니아 문화 지역 (×) → 유럽인이 개척한 지역으로 원주민 문화의 전통이 남아 있다.

06 출제 의도: 세계의 문화 지역

A- 유럽 문화 지역으로 크리스트교 문화 발달, 산업 혁명의 발상지로 일찍 산업화를 이룬 지역이다. B- 북극 문화 지역으로 툰드라 지역을 중심으로 순록을 유목하는 지역으로 추운 기후에 적응한 생활 양식이 나타나는 지역이다. C- 아프리카 문화 지역으로 유럽의 식민 지배를 받은 국가가 많고, 부족 단위의 공동체 문화가 남아있는 지역이다. D- 동남아시아 문화

지역으로 인도와 중국의 영향을 많이 받았으며 고온 다습한 기후를 이용해 벼농사를 주로 짓는 지역이다. E- 라틴 아메리카 문화 지역은 가톨릭교 문화가 발달하였으며, 주로 에스파냐어와 포르투갈어를 사용하고 원주민·백인·흑인·혼혈족의 문화가 형성된 지역이다.

07 출제 의도: 건조 문화 지역
A- 유럽 문화 지역, B- 아랍(건조) 문화 지역, C- 인도 문화 지역, D- 동남아시아 문화 지역, E- 라틴 아메리카 문화 지역이다. 건조 기후, 이슬람교, 아랍어, 유목 생활, 관개 농업은 아랍(건조) 문화 지역의 특징이다.

08 출제 의도: 문화 경관
문화 경관은 인간이 자연환경에 적응하는 과정에서 땅 위에 만들어 놓은 모든 생활 모습을 의미한다. 종교 경관, 언어 경관, 건축 경관이 대표적이다.

09 출제 의도: 아메리카의 문화 지역 구분

예시 답안

(1) A – 앵글로아메리카 문화 지역,
영국의 앵글로색슨족이 이주하여 영국 문화의 영향이 뚜렷한 지역이다. 대표적인 나라로는 미국, 캐나다가 있다.
(2) 라틴 아메리카 문화 지역은 남부 유럽의 영향을 받아서 주민들의 대부분이 에스파냐어와 포르투갈어를 사용하고 가톨릭교를 믿는다.

핵심 단어 앵글로색슨족, 에스파냐어, 포르투갈어, 가톨릭교

등급	채점 기준
상	A 문화 지역 명칭과 대표적인 나라, B 문화 지역이 남부 유럽 영향을 받아 나타난 특징 두 가지를 모두 바르게 서술한 경우
중	A 문화 지역 명칭과 대표적인 나라를 쓰고, B 문화 지역이 남부 유럽 영향을 받아 나타난 특징 한 가지만 바르게 서술한 경우
하	A 문화 지역 명칭과 대표적인 나라만 서술한 경우

10 출제 의도: 다양한 문화 지역 구분

예시 답안

(1) ㉠ 종교, ㉡ 언어
(2) 문화 지역의 구분 기준이 다르기 때문이다. 종교를 기준으로 아프리카 대륙을 크리스트교, 이슬람교, 기타의 종교(원시 신앙) 즉 3개의 문화 지역으로 구분하고, 언어를 기준으로 아프리카 대륙을 아랍어, 영어, 프랑스어, 기타 언어 등 4개의 문화 지역으로 구분할 수 있다.

핵심 단어 종교, 언어, 문화 지역 구분

등급	채점 기준
상	(1) ㉠ 종교, ㉡ 언어, (2) 아프리카의 문화 지역 범위가 종교적, 언어적으로 다른 이유를 바르게 서술한 경우
중	(1) ㉠ 종교, ㉡ 언어, (2) 아프리카의 문화 지역 범위가 종교적으로만(또는 언어적으로만) 다른 이유를 바르게 서술한 경우
하	㉠ 종교, ㉡ 언어만 적은 경우

② 자연환경과 경제·사회적 환경에 따른 문화의 지역 차

92~93쪽

01 (1) ○ (2) ○ (3) × **02** (1) 한대 (2) 급 (3) 이슬람교
03 (1) ㉡ (2) ㉢ (3) ㉠ **04** ② **05** ③ **06** ②
07 ⑤ **08** 할랄 **09~10** 해설 참조

04 출제 의도: 건조 기후 지역의 의복
건조 기후 지역에서는 사막의 모래 바람을 피하고 열기를 막기 위해 길고 헐렁한 옷을 입게 되었다.

05 출제 의도: 자연환경의 영향에 따른 음식 문화
여름철 기온이 높고 강수량이 풍부한 동남아시아, 남부아시아 등에서는 벼농사가 발달하여 쌀로 만든 음식이 많다. 특히 베트남의 쌀국수는 유명하다.

06 출제 의도: 자연환경에 따른 의복 문화의 차이
(가)는 열대 기후 지역의 의복, (나)는 한대 기후 지역의 의복 모습이다. 문화는 지역의 기후, 지형 등 자연환경에 따라 다르게 나타난다. 특히 기후는 지역의 농업, 의복, 가옥 등과 같은 문화의 차이가 나타나는 데 큰 영향을 미친다.

07 출제 의도: 종교에 따른 행동 양식의 차이
힌두교는 소를 신성시하여 쇠고기를 먹지 않으며, 불교는 살생을 금지하여 채식 위주의 식생활을 한다.

그래서 오답!

ㄱ. 불교에서는 소를 신성시하여 쇠고기를 먹지 않는다. (×) → 불교의 계율 중에 살생을 금지하는 항목이 있어서 사찰에서는 고기를 먹지 않는다.
ㄴ. 유대교에서는 살생을 금지하여 채식 위주의 식생활을 한다. (×) → 유대교에서는 문어, 오징어, 독수리, 말 등을 먹지 않으며, 돼지는 부정한 동물로 취급한다.

08 출제 의도: 이슬람교의 음식 문화
이슬람교를 믿는 사람들은 돼지고기나 술을 먹지 않고 할랄 식품만 먹는다. '할랄'은 아랍어로 '허용된 것'이라는 뜻으로 이슬람율법으로 허용되어 이슬람교도가 먹을 수 있는 식품을 의미한다.

09 출제 의도: 건조 기후 지역과 열대 기후 지역 가옥의 구조 비교

예시 답안

(1) (가) 건조 기후, (나) 열대 기후
지역마다 집을 짓는 재료나 집의 구조가 서로 다르다. 열대 기후 지역에서는 나무, 건조 기후 지역에서는 흙, 냉대 기후 지역에서는 통나무 등을 주된 재료로 사용한다. 또 더운 지역은 바람이 잘 통하는 개방적인 가옥 구조를 보이며, 강수량이 많은 지역은 지붕의 경사가 급하다.
(2) 건조 기후 지역은 모래바람과 뜨거운 열기를 막기 위해 가옥의 창문을 작게 만든다.

건조 기후 지역은 나무를 구하기 어려운 지역이기 때문에 주로 흙으로 집을 짓는다. 일교차가 크고 건조한 기후에 대비하여 벽을 두껍게 하고 창문은 작게 만든다.

핵심 단어 가옥 구조, 흙집

등급	채점 기준
상	(1)의 (가), (나)를 쓰고, (2)의 (나) 가옥 구조에서 창문이 작은 이유를 기후와 관련하여 서술한 경우
중	(1)을 하나만 쓰고, (2)의 이유를 기후와 관련하여 서술한 경우
하	(1)만 쓰고, (2)의 이유를 설명하지 못한 경우

10 출제 의도: 종교에 따른 종교 경관과 생활 관습의 차이

예시 답안

(1) (가) 크리스트교, (나) 불교, (다) 이슬람교
(2) 문화는 자연환경의 영향뿐만 아니라 각 지역의 경제 발달 수준, 종교 및 관습 등과 같은 사회적 환경의 영향에 따라 차이가 발생하기도 한다. 특히 종교에 따른 생활 관습은 주민 생활에 공통성을 부여하며, 사회 체제를 유지하는 데에도 큰 영향을 미친다. 또한 종교 때문에 주변과는 다른 독특한 문화 경관이 나타나기도 한다.

---

02 세계화에 따른 문화 변용 ~
03 문화의 공존과 갈등

① 세계화에 따른 문화 변용

96~97쪽

01 (1) ○ (2) ○ (3) ×　　**02** (1) 문화 전파 (2) 문화 변용
(3) 문화 융합　　**03** (1) 문화 전파 (2) 문화 접촉 (3) 변용
(4) 획일화　　**04** ②　　**05** ①　　**06** ⑤　　**07** ⑤　　**08** 획일화　　**09~10** 해설 참조

04 출제 의도: 문화 전파
문화 전파는 문화 접촉이 반복적으로 이루어지면서 한 지역의 문화가 다른 지역으로 이동하거나 주변으로 퍼져 나가는 현상으로 사람들의 이동과 교류, 인터넷 통신 및 대중 매체 등을 통해 전파된다.

05 출제 의도: 문화 접촉과 문화 전파의 개념
문화 접촉이 반복적으로 이루어지면서 문화 전파가 이루어지며 문화 전파의 사례는 청바지나 커피 등이 대표적이다.

06 출제 의도: 문화 변용의 사례
냉대 기후의 통나무집은 침엽수림을 이용하여 가옥의 재료로 사용한 것으로서 문화가 결합되어 변형된 문화 변용으로 보기 어렵다.

① 서양의 케익+우리나라의 떡 문화
② 이슬람교+아프리카의 흙집 문화
③ 가톨릭 문화+브라질의 인종 문화
④ 서양의 햄버거 문화+쌀을 주식으로 하는 문화

07 출제 의도: 햄버거로 알 수 있는 문화 변용 사례
햄버거가 세계 각지로 전파되면서 각 지역의 고유한 음식 문화와 결합하여 다양하게 변화하는 사례로써 다른 지역으로 이동한 문화가 그 지역의 문화와 결합하여 변형된 문화 변용의 사례이다.

그래서 오답!

① 한 번 형성된 문화는 변하지 않는다. (×) → 한 번 형성된 문화일지라도 문화 전파나 문화 접촉 등에 의해 변화하기도 한다.
② 문화는 모든 지역에서 동일하게 나타난다. (×) → 문화는 각 지역의 자연환경과 인문 환경에 의해 다양하게 나타난다.
③ 문화는 사람들 간의 직접적인 이동으로만 전파된다. (×) → 문화는 사람들 간의 이동으로도 전파되지만 인터넷, 통신, 텔레비전, 신문 등의 대중 매체를 통해서도 전파된다.
④ 필리핀에서 쌀을 주식으로 하는 것은 종교적 원인이다. (×) → 종교적 원인보다는 쌀이 잘 재배되는 기후와 지형 등 자연환경적 요인으로 볼 수 있다.

08 출제 의도: 문화의 획일화
문화의 획일화로 인해 전통문화의 소멸과 문화적 다양성과 정체성이 훼손될 수 있다.

09 출제 의도: 문화 변용이 문화에 미치는 영향

예시 답안

(1) 문화 변용
(2) 외부에서 들어온 문화가 각 지역의 특성에 맞게 재구성되고 융합되면서 새로운 문화를 생성하여 문화가 더욱더 풍성해 질수 있다.

핵심 단어 재구성, 융합, 새로운 문화 창조, 문화의 다양성

등급	채점 기준
상	문화 변용, 문화가 전파되어 재구성되고 융합하여 새로운 문화가 창조된다는 점이 모두 서술된 경우
중	문화 변용을 쓰고, 문화가 전파되어 재구성되고 융합하여 새로운 문화가 창조된다는 서술이 미약한 경우
하	문화 변용만 쓴 경우

10 출제 의도: 문화의 세계화의 장점과 단점

예시 답안

문화의 세계화는 활발한 문화 교류로 인해 문화가 전파되고 결합되어 새로운 문화가 창조되는 장점을 지닌 반면에 영향력 있는 문화가 전파되어 획일화될 수 있으며 전통문화와 소수 문화가 사라지는 단점이 발생할 수 있다.

2 서로 다른 문화의 공존과 갈등

98~99쪽

01 (1) ○ (2) ○ (3) × **02** (1) 문화 공존 (2) 문화 갈등 (3) 문화 상대주의 **03** (가) 독일어 (나) 이탈리아어 (3) 프랑스어 **04** ② **05** ③ **06** ① **07** ① **08** (가) 싱가포르, (나) 스위스 **09~10** 해설 참조

04 출제 의도: 종교 갈등 지역 파악

지도는 카슈미르 지역으로 이슬람교와 힌두교의 갈등이 있는 지역이다.

05 출제 의도: 언어 갈등 지역 파악

캐나다 대부분의 주는 영국의 식민 지배를 받아 영어를 사용하지만 프랑스의 식민 지배를 받았던 퀘벡주는 대다수가 프랑스어를 사용하고 프랑스 문화를 고수하며 살고 있다. 퀘벡주는 캐나다로부터의 독립을 위한 주민 투표를 시행하기도 하였다.

06 출제 의도: 문화 공존과 갈등 지역의 이해

다양한 문화가 유입되면서 문화가 공존하는 지역도 나타나지만, 문화 갈등이 나타나는 지역도 있다. ① 브라질은 원주민, 유럽계, 아프리카계, 혼혈인이 함께 거주하며, 주민들 간 경제 격차는 있지만, 인종과 민족 갈등은 거의 없다.

> **그래서 오답!** 문화 공존과 문화 갈등
>
> ② ㄴ – 인도는 다양한 공용어가 있다. → 인도는 공용어를 몇 개의 언어로 제한하지 않고 자국의 언어 상황을 현실적으로 받아들이고 많은 언어가 공존하는 방안을 마련하였다.
> ③ ㄷ – 스리랑카에서는 불교와 힌두교 간의 갈등이 있다. → 스리랑카에서는 불교도인 신할리즈족과 힌두교도인 타밀족 간의 갈등이 있다.
> ④ ㄹ – 싱가포르, 말레이시아 등이 해당된다. → 싱가포르와 말레이시아는 다양한 문화가 조화롭게 공존할 수 있도록 법과 제도가 마련되었다.
> ⑤ ㅁ – 문화 상대주의적 관점에서 해결해야 한다. → 문화 상대주의란 모든 문화가 서로 다른 환경에 따라 고유한 가치를 지닌다는 생각으로 다른 문화를 이해하고 인정하는 태도이다.

07 출제 의도: 언어 분쟁 지역 이해

A는 벨기에로 네덜란드어, 프랑스어, 독일어가 사용되고 있다. B는 스위스로 독일어, 프랑스어, 이탈리아어, 레토 로망스어의 4개 언어가 사용되고 있다. C는 인도로 20여 개의 공용어가 사용되고 있다.

ㄱ. 벨기에는 서로 다른 언어를 사용하는 사람들 간의 갈등이 심각하게 나타나고 있다. 북쪽 플랑드르 지역에 사는 '플라밍'들은 전 국민의 57%로 네덜란드어를 쓴다. 남쪽 왈롱 지역에 사는 '왈롱'은 인구의 32% 정도인데 프랑스어를 사용한다. 그밖에 인구의 1%밖에 안 되지만 독일어를 공용어로 쓰는 지역도 있다. 게다가 지방 정부의 힘이 워낙 강해 1993년에 출범한 연방 정부가 갈등을 잘 조정하지 못하고 있다.
— 한국경제, 2016. 3. 23.

ㄴ. 스위스는 4개의 공용어 사용이 자유롭게 인정되는 사회적 분위기를 바탕으로 서로 다른 문화가 조화롭게 공존하고 있다.

> **그래서 오답!** 언어로 인한 문화 갈등 지역
>
> ㄷ. C는 언어권별로 독립을 요구하고 있다. (×) → 인도는 언어가 충돌 없이 공존하는 방안을 마련하였다. 인도 화폐에는 15개의 언어로 표기되어 있다.
> ㄹ. A~C 모두 언어로 인한 문화 갈등 지역에 속한다. (×) → 스위스 주민들은 서로 다른 언어를 사용하면서도 조화롭게 살아가고 있다.

08 출제 의도: 문화 공존 지역 파악

(가)는 싱가포르, (나)는 스위스이다.

> **플러스 개념** 4개의 공용어를 사용하는 스위스
>
> (가) 싱가포르는 말레이 반도 남쪽 끝에 위치한 도시 국가이다. 싱가포르는 인도양과 태평양을 잇는 해상 교역로인 믈라카 해협에 위치하여 일찍부터 국제 교역이 활발히 이루어지는 무역항으로 성장하였다. 싱가포르는 토착 민족인 말레이계 외에도 타이계, 타밀계, 영국계, 중국계 등 다양한 민족이 거주하고 있으며, 영어 · 중국어 · 말레이어 · 타밀어가 공용어로 사용되고, 주요 종교의 기념일이 국가 공휴일로 지정되어 있다.
> (나) 스위스의 언어는 민족 분포에 따라 독일어, 프랑스어, 이탈리아어 순으로 많이 사용된다. 라틴어와 이탈리아어가 혼합된 레토 로망스어는 일부 지역에서만 사용되며, 사용 인구가 갈수록 줄어들고 있다. 모든 학교에서는 주로 사용하는 언어 이외에 다른 언어를 하나 이상 배우도록 의무화하고 있다.

09 출제 의도: 종교 갈등의 이해

예시 답안

(가)는 이스라엘인과 팔레스타인인의 분쟁 지역이다. 제2차 세계 대전 이후 대부분 이슬람교를 믿고 있는 팔레스타인 지역에 유대교를 믿는 이스라엘이 건국되자 수차례 전쟁이 발생하였으며, 분쟁이 지속되고 있다.
(나)는 인도와 파키스탄 접경 지대에 위치한 카슈미르 지역이다. 이 지역은 주민의 대다수가 이슬람교를 믿기 때문에 파키스탄에 귀속될 예정이었다. 그러나 이곳을 통치하던 지도자가 주로 힌두교를 믿고 있는 인도에 통치권을 넘기면서 인도령이 되었다. 하지만 주민의 대부분은 파키스탄에 귀속되기를 바라면서 분쟁이 발생하였다.

핵심 단어 이슬람교, 유대교, 힌두교

등급	채점 기준
상	이슬람교와 유대교, 이슬람교와 힌두교를 바르게 서술한 경우
중	이슬람교와 유대교, 이슬람교와 힌두교 중 1개만 틀린 경우
하	이슬람교와 유대교, 이슬람교와 힌두교 중 2개 이상 틀린 경우

10 출제 의도: 언어 갈등 지역 파악

⑴ 고유 언어가 없는 벨기에는 지정학적 위치에 의해 프랑스어, 네덜란드어, 독일어를 공용어로 사용하고 있다. 역사적 배경을 바탕으로 지속되고 있는 북부 지역과 남부 지역 간의 갈등은 국가 통합에 큰 걸림돌이 되고 있다.

⑵ 캐나다는 영어와 프랑스어를 공용어로 사용하고 있는데, 프랑스어를 주로 사용하는 퀘벡주에서 분리·독립을 하려는 움직임이 있다.

대단원 완성문제 Ⅳ 다양한 세계, 다양한 문화

100~105쪽

01 ②	02 ③	03 ④	04 ④	05 ⑤	06 ①
07 ④	08 ②	09 ⑤	10 ①	11 ③	12 ⑤
13 ④	14 ③	15 ①	16 ④	17 ③	18 ②
19 ①	20 ③	21 ⑤	22 ①	23 ④	24 ②
25 ②	26 ⑤	27 ③	29~30 해설 참조		

01 출제 의도: 문화 지역의 구분

문화 지역은 구분 기준에 따라 다양하게 분류될 수가 있다. ㈎ 남부 유럽(가톨릭교), 북서부 유럽(개신교), 동부 유럽(동방 정교) 및 러시아에 따라 3지역으로 구분되는 것으로 보아 종교에 따라 문화 지역이 구분되었음을 알 수 있다. ㈏ 북서부 유럽, 남부 유럽, 동부 유럽 및 러시아에 따라 구분이 되며, 헝가리와 핀란드가 다른 문화 지역 구분된 형태로 보이고 있어 민족(인종)에 따른 문화 지역 구분에 해당됨을 알 수 있다.

02 출제 의도: 유럽 문화 지역의 이해

유럽 문화 지역은 크리스트교 문화를 기반으로 발전하였다. 영국을 중심으로 산업 혁명이 발생하였고, 이는 근대 자본주의의 출발점이 되었다.

03 출제 의도: 문화 지역의 특징

인도 문화권에서는 더운 기후로 인하여 음식이 쉽게 상하는 것을 막기 위해 향신료를 많이 사용하고 굽거나 튀긴 조리법이 발달하였다.

① A 건조 문화 지역으로 열기를 차단하기 위하여 두꺼운 벽과 작은 창문을 가진 흙집이 나타난다.

② B 동아시아 문화 지역으로 유교와 불교를 중심으로 문화가 발달하였다.

③ C 중남부 아프리카 문화 지역으로 열대 기후가 주로 나타나 통풍이 잘 되는 간편한 옷을 입으며, 모래바람을 차단하기 위해 전신을 감싸는 헐렁한 옷을 입는 곳은 건조 문화 지역이다.

⑤ E 동남아시아 문화권으로 동부 아시아와 남부 아시아의 문화와 식민지 지배기를 거치면서 유럽 문화의 영향을 받아 다양한 문화가 공존하고 있다.

04 출제 의도: 동아시아 문화 지역

동아시아 문화 지역은 한자 문화권이며, 유교와 불교가 사상에 영향을 주었다는 공통점이 있다. 또 대부분의 지역에서 젓가락을 사용하지만 각 지역의 환경과 식생활에 맞춰 젓가락의 모양이 다르다.

05 출제 의도: 건조 문화 지역과 인도 문화 지역의 비교

A는 건조 문화 지역으로 햇빛을 가리기 위한 온몸을 감싸는 옷, 연료가 부족하여 비교적 조리법이 간단한 음식이 발달하였다. 반면 D는 인도 문화 지역(남부 아시아 문화권)으로 힌두교의 영향으로 바늘구멍이 없는 옷을 입고, 다양한 향신료를 사용하는 요리가 발달한다.

06 출제 의도: 아메리카 문화 지역의 비교

A 앵글로아메리카, B 라틴 아메리카로 리오그란데강을 기준으로 구분된다. A 초기 영국인이 정착하였고, 이후 북서부 유럽, 남부와 동부 유럽 출신의 이주민들과 노예 제도로 인한 강제 이동으로 아프리카계 주민이 이주하였다. B는 에스파냐와 포르투갈의 남부 유럽 출신의 라틴계 출신 이주민이 많았고, 이로 인하여 종교와 언어 등 사회 문화적으로 라틴 문화의 영향을 받았다.

07 출제 의도: 자연환경에 따른 의복 문화

건조 기후에서는 햇빛을 차단하기 위해 부르카, 디쉬다샤와 같이 온몸을 감싸는 옷이 발달하였다.

08 출제 의도: 문화 지역 형성의 이해

공업이 발달한 지역은 도시적 경관이, 농업이 발달한 지역은 농촌 경관이 나타난다. 즉 산업은 문화 지역의 형성에 영향을 준다.

09 출제 의도: 자연환경에 따른 가옥 문화

가옥 주변에서 쉽게 얻을 수 있는 재료를 사용한다. A는 순록 유목을 하는 지역으로 동물의 가죽을 이용한 이동식 가옥이나 얼음을 이용한 이글루를 짓는다. B는 냉대 기후 지역으로 침엽수림을 이용한 통나무집이 발달한다. C는 돌을 이용한 가옥이 나타나는 지역으로 특히 C의 그리스에서는 고온 건조한 여름에 햇빛을 차단하기 위한 흰 벽돌집이 나타난다. D는 건조 기후 지역으로 흙집이 발달한다. E는 열대 우림 기후 지역으로 고온 다습한 기후를 극복하기 위해 지붕 경사가 급하고 통풍을 위한 고상 가옥이 나타난다.

10 출제 의도: 종교 문화 지역의 특징

A 크리스트교, B 유대교, C 이슬람교, D 힌두교, E 불교에 해당한다. ㉡ B가 아니라 E의 불교에 대한 설명이며, ㉣ E가 아니라 B의 유대교에 대한 설명이다.

세계의 종교

1. 크리스트교: 성지 예루살렘, 유럽 문화의 기반이 됨. 가톨릭, 개신교, 그리스 정교(동방 정교)로 구분되며, 각 종파마다 독특한 종교 경관이 나타남. 종교과 관련하여 종교 의식에 사용하기 위한 포도가 전파되었다.

2. 이슬람교: 성지 메카와 예루살렘. 코란을 경전으로 함. 서남아시아에서 시작되어 북부아프리카와 중앙아시아, 동

남아시아로 전파됨. 5개의 기둥이라고 불리우는 희사, 라마단의 금식, 신앙 고백, 예배, 성지 순례를 중시하며 이슬람 사회 문화 전반에 영향을 주었다. 종교적 율법으로 허용된 할랄 음식을 먹으며, 돼지고기와 술을 먹지 않는다.

3. 불교: 인도 북부 룸비니와 부다가야를 성지로 하며, 살생을 금기시 하여 사찰에서는 채식 위주의 식생활을 한다.

4. 힌두교: 인도의 민족 종교로 다신교이다. 소를 신성시 여겨 소고기를 먹지 않는다.

5. 유대교: 예루살렘을 성지로하며, 크리스트교와 이슬람교 형성에 영향을 주었다. 율법으로 허용된 코셔 음식을 먹으며 비늘이 없는 물고기인 문어나 오징어, 말 등을 먹지 않으며, 돼지고기는 부정한 것으로 여긴다.

11 출제 의도: 문화 변용의 의미

문화 전파 등에 의해 기존 문화가 변화하거나 새로운 문화가 만들어지는 것을 문화 변용이라고 한다.

12 출제 의도: 문화 전파

축구는 공과 공간이 있으면 쉽게 경기를 할 수 있어 전 세계적으로 확산되었으나, 크리켓은 다양한 도구와 규칙이 장벽의 역할을 하여 영국의 영향을 강하게 받은 일부 지역에서만 경기가 이루어진다. 따라서 지도는 문화의 장벽에 따라 문화의 속도와 범위에 차이가 있다는 주제를 담고 있다.

13 출제 의도: 라틴 아메리카의 문화 변용

라틴 아메리카는 남부 유럽의 영향을 받아 가톨릭을 주로 믿으며, 에스파냐어와 포르투갈어를 사용한다. 남부 유럽의 영향을 받았으나 라틴 문화와 원주민 문화가 공존하기도 하고, 두 문화가 결합하여 과달루페 성모상과 같이 새로운 모습을 보여주기도 한다.

14 출제 의도: 문화 공존(문화 병존)

로스앤젤레스는 이주민에 의한 다양한 문화가 공존하는 지역이다. 사진의 코리아타운에서는 한글을 그대로 사용하고 있는 모습을 보여 준다. 이것은 두 개의 문화적 요소가 모두 존재하는 문화 공존에 해당한다. ①, ④, ⑤번은 문화 융합, ②번은 자극 전파 사례이다.

> **플러스 개념** 문화와 관련한 용어 정리
>
> 1. 문화 전파: 한 지역의 문화가 다른 지역으로 전파되는 현상
> 2. 자극 전파: 문화 자체가 전파되는 것이 아니라 문화의 요소가 전파되는 현상
> 3. 문화 변용: 기존 문화가 변화하거나 새로운 문화가 만들어짐
> 4. 문화 공존: 2개 이상의 문화가 한 지역 내에 평화롭게 존재함
> 5. 문화 동화: 소수의 문화가 다수의 문화에 편입되어 사라짐

15 출제 의도: 문화 동화

제시된 글은 다수가 사용하는 영어로 인하여, 원주민이 사용하는 소수 언어가 사라지고 있는 예로 문화 동화에 해당한다.

16 출제 의도: 햄버거의 세계화

사진은 햄버거가 세계화되어 전 세계 어디서나 먹을 수 있지만, 지역의 자연환경과 사회 문화적 요소를 고려하여 다양한 모습으로 나타남을 보여 주고 있다. 따라서 ④ 틀린 내용이다.

17 출제 의도: 문화의 획일화

대화에서 선진국의 대형 영화사의 영화가 세계화되어 다양한 나라의 문화가 담긴 영화가 사라진다는 것으로 보아 문화 획일화임을 알 수 있다.

18 출제 의도: 세계화의 영향

ㄱ과 ㄷ은 세계화의 긍정적인 측면, ㄴ과 ㄹ은 세계화의 부정적인 측면에 해당된다.

19 출제 의도: 문화의 공존과 갈등

문화의 갈등은 정부의 법적, 제도적 노력뿐만 아니라 문화 상대주의적 관점에서 다른 문화를 존중하고 이해하는 관용적인 태도가 함께 이루어져야 해결 가능하다.

20 출제 의도: 싱가포르의 문화 공존

지도와 글을 통해 싱가포르에서는 불교, 크리스트교, 이슬람교, 힌두교 등 다양한 문화가 공존하고 있음을 알 수 있다.

21 출제 의도: 언어 문화에 따른 공존과 갈등

㉮는 스위스로 프랑스어, 독일어, 이탈리아어, 레토로망스어를 공용어로 사용하고 있고, 정부의 정책과 제도를 기반으로 문화 갈등을 해결하였다. ㉯는 벨기에로 남부 왈롱 지역의 프랑스어를 사용하는 주민과 북부 플랑드르 지방의 네덜란드어를 사용하는 주민 간의 갈등이 발생하고 있다.

22 출제 의도: 카슈미르의 종교 갈등

카슈미르 분쟁은 남부 아시아가 영국의 식민 지배로부터 독립하면서, 인도와 파키스탄으로 국가가 분리되면서 나타났다. 북부의 카슈미르 지역의 대부분의 주민들은 이슬람교를 믿고 있어, 이슬람 국가인 파키스탄으로 귀속되기를 원했으나, 지배층이 힌두교도들로 구성이 되어 있어 주민의 의사가 고려되지 않은 채 인도로 편입되면서 갈등이 촉발되었다.

23 출제 의도: 언어와 종교 분쟁

㉮ 캐나다에서는 프랑스어를 사용하는 퀘벡주가 분리, 독립을 요구하고 있다. ㉯ 스리랑카는 불교 신자(주로 싱할라족)가 국민의 약 69%를 차지하며, 그 밖에 힌두교 신자(주로 티밀족), 이슬람교 신자, 크리스트교 신자가 있다.

24 출제 의도: 이스라엘-팔레스타인 분쟁

왼쪽은 예루살렘, 오른쪽은 이스라엘-팔레스타인을 보여 준다. 이스라엘은 유대교를 기반으로 히브리어를 사용하는 유대인으로 구성되어 있으며, 팔레스타인은 이슬람교를 기반으로 아랍어를 사용하는 팔레스타인인으로 구성되어 있다. 팔레스타인 지역은 637년 이슬람교 아래 단결한 아랍인들이 로마를 격파하면서 1900년대까지 이슬람교의 영향 아래 있었으나, 1차 세계 대전 이후 시오니즘에 입각한 유대 국가의 건설 운동에 따라 팔레스타인 지역에 이스라엘이 건설되면서 문화 갈등이 발생하였다.

25 출제 의도: 세계의 다양한 문화 갈등

A는 나이지리아로 북부에서 전파된 이슬람교와 식민지 시대를 거치면서 유입된 크리스트교도 간의 갈등이 발생하고 있다. B는 수단으로 남부와 북부의 종교 차이와 석유 자원 개발에 따른 경제적 이권 다툼이 결부되어 갈등이 발생하여 남수단과 북수단으로 분리되었다. C는 카슈미르 분쟁으로 힌두교도와 이슬람교도 간의 갈등이다. D는 스리랑카로 불교를 믿는 신할리족과 인도에서 유입되어 힌두교를 믿는 타밀족 간의 갈등이 나타난다. E는 캐나다 퀘백으로 다른 지역과 달리 프랑스계 이주민이 정착하여 프랑스어를 사용하는 지역으로 분리 독립 운동이 나타난다.

26 출제 의도: 문화 갈등의 해결

문화 갈등을 해결하기 위해서는 문화 상대주의적 관점으로 다른 문화를 이해하기 위한 노력이 필요하다.

27 출제 의도: 다양한 세계 다양한 문화의 정리

① 자연환경, ② 문화 지역, ③ 상호 작용, ④ 문화 전파, ⑤ 문화 획일화이다.

28 출제 의도: 북극 문화 지역

예시 답안

일 년 내내 냉량한 기후가 나타나는 한대 기후 지역이다. 이 지역에서는 난방열로 영구 동토층이 파괴되는 것을 막기 위해 고상 가옥을 짓는다.

핵심 단어 한대 기후, 영구 동토층 파괴, 고상 가옥

등급	채점 기준
상	고상 가옥이 나타나는 이유를 영구 동토층의 지역 환경과, 한대 기후의 특성과의 인과 관계를 고려하여 제시하는 경우
중	고상 가옥이 나타나는 이유를 한대 기후의 특성과의 관계를 고려하여 제시하는 경우
하	한대 기후의 특징을 단순히 제시한 경우

29 출제 의도: 문화 변화

예시 답안

(1) A: 문화 공존, B: 문화 동화, C: 문화 변용
(2) 멕시코의 과달루페 성모상, 우리나라의 김치 냉장고나 돌침대, 이슬람 지역의 케밥 버거 등

핵심 단어 문화 공존, 문화 동화, 문화 변용

등급	채점 기준
상	A: 문화 공존, B: 문화 동화, C: 문화 변용 예시를 1개 이상 제시하고, 문화 변용의 사례인 이유를 설명한 경우
중	A: 문화 공존, B: 문화 동화, C: 문화 변용 예시를 1개 이상 제시한 경우
하	A: 문화 공존, B: 문화 동화, C: 문화 변용 예시를 제시하지 못한 경우

30 출제 의도: 문화 인식 태도

예시 답안

문화적 차이에 따른 갈등을 줄여나가려면 문화 상대주의적 관점에서 상대방의 문화 특히 소수의 문화를 존중하는 자세와 다양한 문화를 이해하고 인정하는 관용적 태도가 필요하다.

핵심 단어 문화 상대주의, 관용적인 태도, 존중

등급	채점 기준
상	핵심 단어를 모두 포함하여 다른 문화를 이해하는 바람직한 태도를 논리적으로 설명한 경우
중	핵심 단어를 1~2개 포함하여 다른 문화를 이해하는 바람직한 태도를 설명한 경우
하	자신의 생각을 표현하였으나 핵심 단어가 포함되지 않은 경우

V. 지구 곳곳에서 일어나는 자연재해

01 자연재해의 발생 ~ 02 자연재해와 주민 생활

① 지각 변동 및 기상에 의한 자연재해

110~111쪽

01 (1) × (2) × (3) ○ **02** (1) 지각판 (2) 토네이도 (3) 환태평양 조산대 **03** (1) 자연재해 (2) 지진 (3) 화산 폭발 (4) 폭설 **04** ② **05** ④ **06** ④ **07** ⑤ **08** 사헬 지대 **09~10** 해설 참조

04 출제 의도: 기상(기후적 요인)에 의한 재해

가뭄, 홍수, 태풍(열대 저기압) 등은 기상에 의한 자연재해이며, 지진, 해일, 화산 활동 등은 지각 변동에 의한 자연재해이다.

05 출제 의도: 지진 해일의 발생 과정

지진 해일(쓰나미)은 해양 지각에서 발생한 지진, 화산 활동으로 바닷물이 일시적으로 멀리까지 빠져나갔다가 높은 파도와 함께 해안으로 밀려오면서 해안 지역에 큰 피해를 주는 현상이다. 파도가 해안에 접근할수록 매우 높아지며, 발생 지점에서부터 수천 km 떨어진 곳까지 영향을 주기도 한다.

06 출제 의도: 홍수와 가뭄 피해 발생 지역

㈎는 홍수 피해, ㈏는 가뭄 피해를 겪고 있는 지역이다. 홍수는 고온 다습한 계절풍의 영향을 받아 집중 호우가 내리는 동남아시아나 동아시아의 대하천 유역, 북극해로 유입되는 하천에서 겨울철에 내렸던 눈이 봄에 급격히 녹는 지역 등에서 자주 발생한다. 가뭄은 오랜 시간에 걸쳐 넓은 범위에서 발생하는 것이 특징이다. 아프리카 사헬 지대, 중국 내륙, 인도 서부, 북아메리카 중서부 지역 등이 해당된다.

07 출제 의도: 지진과 화산 활동의 발생 사례 및 특징

(가)는 알프스·히말라야 조산대에 해당하는 네팔에서 발생한 지진의 피해 사례이고, (나)는 환태평양 조산대에 위치한 인도네시아에서 발생한 화산 활동의 피해 사례이다. 지진과 화산 활동은 지각 변동에 의해 발생하는 자연재해로, 지각판들이 부딪치거나 분리되는 경계면인 조산대에서 주로 발생한다.

> **문제 자료 분석하기**
>
> ⑤ (가), (나) 모두 지각판의 한 가운데 위치하여 지각 변동의 영향을 많이 받는다. (×) → 지각판의 한 가운데 보다는 서로 다른 지각판이 부딪치거나 분리되며 충격이 가해지는 경계 부분에서 지진과 화산 활동이 주로 일어난다.

08 출제 의도: 사헬 지대

사헬 지대는 사하라 사막 남부의 사막 기후와 스텝 기후가 만나는 지대로 사막화가 빠르게 진행되면서 가뭄의 피해가 커지고 있다.

09 출제 의도: 열대 저기압의 발생 지역 및 원인

예시 답안

(1) A: 사이클론, B: 태풍, C: 허리케인
  열대 저기압의 이름은 발생하는 지역에 따라 다른데, 인도양 일대에서는 사이클론, 북태평양 서부에서는 태풍, 북아메리카에서는 허리케인이라고 부른다.

(2) 열대 저기압은 해수면의 온도가 높고 대기가 따뜻하며 공기 중에 수증기가 많은 열대 해상에서 주로 발생한다.

핵심 단어 해수면 온도, 열대 해상

등급	채점 기준
상	A, B, C를 모두 쓰고, 열대 저기압이 발생하는 지역의 특징을 바르게 서술한 경우
중	A, B, C 중 2개를 바르게 쓰고, 열대 저기압이 발생하는 지역의 특징을 서술한 경우
하	A, B, C만 쓴 경우

10 출제 의도: 지진과 화산 활동의 발생 지역 및 배경

예시 답안

(1) B-환태평양 조산대 / 환태평양 조산대를 일명 '불의 고리'라고도 일컫는다. 불의 고리는 뉴질랜드에서 인도네시아~타이완 등을 거쳐 알래스카~북아메리카~남아메리카의 안데스산맥~칠레 해안까지 이어지는 총연장 4만 km에 이르는 지역이다. 이곳에는 전 세계 활화산 및 휴화산의 약 75%가 있고, 전 세계 지진의 약 90%가 발생하고 있다.

(2) 지구 표면은 여러 개의 지각판으로 구성되어 있고, 이 판들은 지구 내부의 에너지에 의해 끊임없이 움직이고 있다. 지진, 지진 해일, 화산 활동은 지각판이 움직이며 서로 부딪치거나 분리되면서 흔들리거나, 갈라진 틈으로 마그마가 분출하며 일어난다. 이는 엄청난 에너지가 지구 표면에 전달되는 판의 경계면인 조산대에서 빈번히 발생하기 때문에 지도에 표시된 판의 경계에서 지진과 화산 활동이 자주 일어나는 것이다.

---

② **지각 변동에 의한 자연재해가 많이 발생하는 지역의 주민 생활**

112~113쪽

> 01 (1) ○ (2) × (3) ○ 02 (1) 목조 (2) 비옥 (3) 지열
> 03 (1) 온천 (2) 지열 발전 (3) 내진 설계 (4) 화산쇄설류
> 04 ③ 05 ④ 06 ② 07 ④ 08 내진 설계
> 09~10 해설 참조

04 출제 의도: 화산 활동이 활발한 지역의 주민 생활

곳곳에 간헐천이 솟구치고 지열 에너지로 난방을 할 정도로 1인당 지열 에너지의 사용이 가장 많은 나라는 ⑤ 아이슬란드이다.

05 출제 의도: 지진과 화산 활동이 활발한 지역의 주민 생활

알프스·히말라야 조산대, 환태평양 조산대에 위치한 지역은 다른 지역에 비해 화산 활동과 지진의 발생 빈도가 높다. 이 지역의 주민들은 집을 지을 때 내진 설계를 한다. 이밖에 비옥한 토양을 이용하여 농사를 짓거나, 온천과 화산 지형을 관광 산업의 소재로 활용하기도 한다.

06 출제 의도: 화산 활동에 의한 피해 모습

사진은 화산 활동이 나타나고 있는 모습을 나타낸 것이다. 화산이 폭발하면 용암과 화산재의 유출로 마을과 농경지가 훼손되는 피해가 발생한다. 강한 바람과 많은 비를 동반한 피해를 유발하는 자연재해는 태풍이며, 각종 용수 및 식수 부족으로 인한 피해가 발생하는 자연재해는 가뭄이다. 하천 주변 농경지와 가옥의 침수로 인한 피해가 발생하는 자연재해는 홍수이며, 많은 눈이 쌓여 구조물이 붕괴되고, 도로 교통이 마비되는 자연재해는 폭설이다.

플러스 개념 **지진과 화산 활동으로 인한 피해**

지진	화산 활동
• 각종 시설물 붕괴 • 화재 및 산사태 발생 • 수도·전기·가스·통신망 파괴 • 지진 해일로 인한 수몰 피해	• 용암이나 화산쇄설류에 따른 마을, 농경지, 삼림 훼손 • 화산재로 인해 항공기 운항에 지장 • 전 지구적 기온 하강

07 출제 의도: 화산 활동이 활발한 지역의 주민 생활

인도네시아는 지각이 불안정하여 화산 활동이 자주 발생한다. 화산 활동이 활발한 인도네시아에서는 ㄴ. 품질 좋은 유황이 다량으로 생산되며, ㄹ. 지열을 이용하여 전력을 생산하기에 유리하다.

플러스 개념 **화산 활동이 활발한 지역의 주민 생활**

• 농업: 화산재가 쌓여 비옥해진 토양을 활용한 농업 발달
• 광업: 구리, 유황 등의 지하 자원 채취
• 관광 산업: 온천과 독특한 화산 지형을 활용한 관광 산업 발달
• 에너지: 지열 발전을 통한 에너지 생산에 유리

08 출제 의도: 지진이 자주 발생하는 지역의 주민 생활

내진 설계는 지진에 견딜 수 있도록 건축물의 내구성을 높이거나 충격을 흡수하는 설계 방식을 말한다.

09 출제 의도: 화산 활동이 활발한 지역의 주민 생활

예시 답안

화산 활동이 활발한 지역은 지열 발전에 유리하고, 온천과 다양한 화산 지형을 이용한 관광 산업이 발달하기에 유리하다.

핵심 단어 화산, 지열 발전, 온천

등급	채점 기준
상	지열 발전과 온천을 활용한 관광 산업을 모두 바르게 서술한 경우
중	지열 발전과 온천을 활용한 관광 산업 중 하나만 바르게 서술한 경우
하	지열 발전과 온천이라는 핵심 단어만 서술한 경우

10 출제 의도: 지진과 화산 활동이 활발한 지역의 주민 생활

예시 답안

세계 여러 지역 사람들이 온천과 화산 지형의 아름다운 경관을 보기 위해 이곳을 찾아 관광 산업에 종사하는 사람이 많다. 어떤 사람들은 비옥한 토지 속에서 첨단 스마트 농법을 활용하여 농사를 짓고, 로봇을 활용하여 유황을 채취한다. 그동안 유황을 채취하는 과정에서의 위험 부담이 줄어 다행이다. 삶에 필요한 대부분의 에너지를 지열 발전을 통해 얻으며, 지열 발전을 통해 생산한 전력을 다른 지역에 수출하기도 한다. 지진과 화산 활동을 미리 예측하고 예보하는 시스템이 잘 갖춰져 이에 대한 걱정도 크게 줄었다.

❸ 기상에 의한 자연재해와 주민 생활

114~115쪽

01 (1) ○ (2) × (3) ○	**02** (1) 터돋움집 (2) 적조 현상
(3) 가뭄 **03** (1) ㉢ (2) ㉡ (3) ㉠	**04** ② **05** ②
06 ④ **07** ③ **08** 열대 저기압	**09~10** 해설 참조

04 출제 의도: 폭설 피해 지역의 주민 생활

일본의 삿포로, 캐나다의 퀘벡, 캐나다 로키산맥은 지형과 바람의 영향, 고위도에 위치한 지리적 특징으로 세계적인 다설지이다. 눈이 많은 지역은 폭설에 대비하는 가옥 구조, 눈을 이용한 관광 산업이 발달하였다.

05 출제 의도: 가뭄이 발생하는 지역의 주민 생활

편지 내용은 가뭄으로 인해 피해를 겪고 있는 상황이다. 가뭄이 발생하는 지역은 용수 및 식수 부족으로 어려움을 겪는다. 가뭄 피해가 심각한 지역에서는 경작지와 초지를 잃어 식량 부족 문제가 발생한다.

06 출제 의도: 홍수가 발생하는 지역의 주민 생활

여러 자연재해 중 가장 많은 사람들에게 피해를 주는 것은 홍수이다. 홍수로 인해 침수 피해가 발생하면 2차적으로 가축의 배설물이나 쓰레기 등으로 인해 전염병 피해가 커지기도 한

다. 홍수는 토양에 영양분을 공급해 벼농사에 도움을 주기도 한다. 세계적인 벼농사 지역은 대부분 반복적으로 홍수 피해가 발생하는 지역이다.

플러스 개념 기상 재해와 주민 생활

구분	주민 생활
홍수	• 비옥한 토양을 이용한 농업 • 터돋움집을 지음
가뭄	• 지하수 및 해수 이용 • 물 보존 방법 개발
열대 저기압	• 강한 바람과 폭우에 대비하는 가옥 구조 • 피해를 최소화하기 위한 예방 시스템 마련
폭설	• 급경사 지붕, 고립에 대비하는 가옥 구조 • 스키장, 축제 등 관광 산업 발달

07 출제 의도 : 가뭄이 발생하는 지역의 주민 생활

미국 로스엔젤레스(LA)에서는 저수지에 '그늘 공(Shade ball)'이라 불리는 고무공을 풀어 물의 증발을 막는 것이다. 그늘 공 하나의 크기는 사과 한 알 크기 정도이며, 개당 생산비는 36센트(약 400원)이다. 전체 그늘 공 설치 비용은 400억 원 정도로 덮개 방식보다 2억 5,000만 달러(약 3,000억 원)의 비용 절감 효과가 있는 것으로 추산되고 있다. 더욱이 그늘 공의 내구 연한이 25년 정도로 긴 것도 장점이다. 극심한 가뭄에 시달리던 로스엔젤레스는 이 방법을 통해 저수지 물의 증발을 85~90% 막아 냈다.

그래서 오답!

② 지하수를 개발하는 (×) → 그늘 공은 물의 증발을 막기 위한 것이다.
⑤ 물의 사용을 억제하는 (×) → 물에 뜨는 플라스틱 그늘 공은 물의 사용에 제약을 주지 않으면서 증발을 억제해 큰 호응을 얻고있다.

08 출제 의도: 열대 저기압의 영향을 받는 지역의 주민 생활

열대 저기압에 대한 설명이다. 열대 저기압은 적도 부근에서 발생하여 고위도로 이동하는 과정에서 강한 바람과 비를 뿌려 많은 피해를 주는 자연재해이다.

플러스 개념 열대 저기압의 지역별 명칭

지역	명칭
북서태평양(동아시아)	태풍
인도양, 남태평양	사이클론
북미 연안	허리케인

09 출제 의도: 홍수가 미치는 긍정적 영향

예시 답안

⑴ 홍수

⑵ 상류에서 내려온 영양분이 강 유역에 쌓여 비옥한 토지를 만들었고

핵심 단어 영양분, 비옥한 토지

등급	채점 기준
상	(1) 홍수를 쓰고, (2) 강의 범람에 의해 토양에 영양분을 공급한다는 내용을 바르게 서술한 경우
중	(1) 홍수를 쓰고, (2) 토양에 영양분 공급 외 홍수의 긍정적 영향을 서술한 경우
하	(1) 홍수만 쓴 경우

10 출제 의도: 홍수와 가뭄에 영향을 받는 주민 생활 비교

예시 답안

㈎는 자연 재해 중 홍수로 농경지, 가옥 침수, 산사태 발생에 따른 인명 및 재산 피해가 발생한다. ㈏는 가뭄으로 용수 및 식수 부족 때문에 주민 생활에 어려움을 가져온다. 일부 지역에서는 산불이 발생하고, 식량난으로 난민이 발생하기도 한다. 홍수가 자주 발생하는 지역에서는 농경지에 비옥한 토양이 공급되어 농업이 발달하는 경우도 있다. 가뭄이 심한 지역의 주민들은 지하수를 개발하고 해수 담수화 시설을 이용해 용수를 확보하는 등 자연에 적응하는 모습을 보여 준다.

03 자연재해를 줄이기 위한 노력

① 인간 활동에 의한 자연재해

118~119쪽

01 (1) × (2) ○ (3) ○　02 (1) 홍수 (2) 도시화 (3) 사막화　03 (1) 하천 직선화 (2) 가뭄 (3) 아랄해 (4) 도시화
04 ②　05 ③　06 ①　07 ④　08 사헬 지대
09~10 해설 참조

04 출제 의도: 사막화의 피해 지역

사막화는 사막 주변의 초원 지대가 인간의 지나친 개발과 오랜 가뭄으로 사막과 같이 황폐해진 땅으로 변하는 현상이다.

05 출제 의도: 홍수 피해 증가 과정

도시화로 인해 녹지 면적이 콘크리트와 아스팔트 등으로 포장되게 되면 빗물이 토양으로 흡수될 수 없어 하천으로 바로 유출된다. 따라서 하천의 유량이 급격하게 증가하고 홍수 피해가 증가한다.

06 출제 의도: 자연재해에 영향을 미치는 인간 활동

인간 활동에 의한 인위적인 환경 변화는 자연환경의 균형을 파괴하여 자연재해의 피해가 증가하는 데 영향을 미친다. 홍수 피해에 영향을 미치는 인간 활동에는 산업화, 도시화와 산지의 무분별한 개발, 하천 유로의 직선화 등이 있고 사막화에 영향을 미치는 인간 활동에는 과도한 농경지 개발과 방목, 무분별한 삼림 벌채, 관개 농업을 위한 지나친 지하수 사용 등이 있다.

07 출제 의도: 사막화의 발생 과정

사막화는 인구가 증가하는 지역에서 피해가 증가하는 자연재해이다. 더 많은 식량과 땔감이 필요해 나무를 베고 농경지를 개척하고 과다한 방목을 하여 삼림과 초원이 파괴되었고 지구 온난화에 의한 가뭄이 겹쳐 사막화가 진행되게 된다.

그래서 오답! 인위적 요인으로 인한 자연재해

ㄱ. ㈎에 들어갈 말은 나무심기 운동이다. (×) → 사막화가 진행되는 지역은 인구의 증가로 인해 더 많은 땔감이 필요하게 되었고 그로 인해 무분별한 삼림 벌채가 이루어진다.
ㄷ. ㈏는 지구 온난화와 같은 인위적 요인으로 인한 자연재해이다. (×) → 지구 온난화에 의한 가뭄은 사막화의 자연적 원인이다.

08 출제 의도: 사막화의 피해 지역

사헬 지대는 사하라 사막 주변의 건조 지대로, 제2차 세계 대전 이후 서구 의학이 도입됨에 따라 인구가 늘어나 인구 부양 압력이 커졌다. 늘어난 인구를 부양하기 위해 가축 수를 늘리는 과도한 목축이 진행되면서 초원 지대가 파괴되었고, 농경지를 늘리기 위해 나무를 베어 내고 개간을 하면서 숲이 제거되었다. 식생이 제거되면 가뭄에 취약해져서 바람에 의한 토양 침식이 증가한다. 현재 인구 증가로 인한 과도한 목축과 농경으로 인해 현재 세계에서 가장 사막화가 심각하게 진행되고 있는 지역이다.

09 출제 의도: 자연재해에 영향을 미치는 인간 활동

예시 답안

(1) 인간의 활동, 인간의 활동으로 인해 자연재해의 피해 정도가 변화한다.
(2) 도시화, 산업화로 인해 녹지 공간이 아스팔트와 콘크리트로 뒤덮여 빗물의 토양 흡수를 방해하여 홍수 피해가 증가하였다. 인구 증가로 인한 과도한 농경지 개발과 무분별한 방목으로 삼림과 초원이 파괴되고 땅이 황폐해져 사막화가 진행되었다.

핵심 단어 도시화, 빗물의 토양 흡수 방해, 과도한 농경지 개발, 무분별한 방목

등급	채점 기준
상	인간의 활동을 쓰고, 홍수와 사막화의 피해 증가에 영향을 미친 인위적인 환경 변화를 모두 바르게 서술한 경우
중	인간의 활동을 쓰고, 홍수와 사막화의 피해 증가에 영향을 미친 인위적인 환경 변화 중 하나만 바르게 서술한 경우
하	인간의 활동만 쓴 경우

10 출제 의도: 자연재해에 영향을 미치는 인간 활동

예시 답안

(1) 무분별한 개발, 홍수와 사막화 모두 인간에 의한 무분별한 개발로 인해 피해가 증가하였다.
(2) 지나치고 무분별한 개발로 인해 인위적인 환경 변화가 진행되었다. 그 결과로 자연환경의 균형이 파괴되어 자연재해의 피해가 증가된다. 이러한 피해를 줄이기 위해서는 무분별한 개발보다는 최대한 자연환경의 균형을 파괴하지 않는 한에서의 지속 가능한 발전이 필요하다. 친환경적인 개발을 통하여 자연재해의 피해를 줄이고 쾌적한 생활 환경을 만들어 나가야 한다.

등급	채점 기준
상	무분별한 개발을 쓰고, 개발로 인한 자연재해의 피해가 증가된 다고 서술하였으며 친환경적인 방법을 통해 자연재해의 피해를 줄이면서 개발할 수 있는 방법을 서술한 경우
중	무분별한 개발을 쓰고, 개발로 인한 자연재해의 피해가 증가된 다고만 서술한 경우
하	무분별한 개발만 쓴 경우

② 자연재해의 대응 방안

120~121쪽

01 (1) ○ (2) X (3) X **02** (1) 내진 설계 (2) 홍수터 (3) 열 대 저기압 **03** (1) ㉠ (2) ㉣ (3) ㉤ (4) ㉡ (5) ㉢ **04** ②
05 ③ **06** ⑤ **07** ④ **08** 녹색댐 **09~10** 해설 참조

04 출제 의도: 홍수 피해를 막기 위한 노력
홍수 피해를 막기 위한 방법으로는 다목적 댐 및 제방 건설, 빗물 처리장과 같은 배수 시설 정비, 나무를 심어 숲의 물 저장능력을 활용하는 방법, 하천 주변에 홍수터 조성 등의 방법이 있다. 습지는 홍수 시 물을 저장하는 역할을 하며, 아스팔트는 빗물이 땅속으로 스며드는 것을 막기 때문에 아스팔트 도로 확장은 홍수 피해를 줄이기 위한 대책으로 적절하지 않다.

05 출제 의도: 자연재해 피해 예방을 위한 노력
지진으로 인한 피해를 줄이기 위해서는 지진 정보 체계를 갖추고 비상 대피 훈련을 자주 실시해야 한다.

그래서 오답!

① 가뭄 예방을 위해 인공 하천을 만든다. (X) → 인공 하천은 화산으로 인한 피해가 예상되는 지역에서 용암의 이동 경로를 미리 정하기 위해 조성한다.
② 산사태를 막기 위해 선박을 대피시킨다. (X) → 열대 저기압으로 인해 해일이나 강풍 피해가 예상될 경우 선박을 대피시킨다.
④ 화산 피해 예방을 위해 제설 장비를 점검한다. (X) → 제설 장비는 눈이 많이 내리는 폭설 피해를 예방하기 위해 점검이 필요하다.

06 출제 의도: 화산, 열대 저기압 피해 예방을 위한 노력
㈎는 화산 활동에 의한 피해를 예방하기 위한 대책이다. 인공 벽은 사전에 용암이 흘러내릴 수 있는 길목을 차단하여 용암이 흘러 발생할 수 있는 피해를 예방한다. ㈏는 열대 저기압에 의한 피해를 예방하기 위한 대책이다. 열대 저기압에 의한 피해를 줄이기 위해 열대 저기압의 발생 시기와 이동 경로, 영향권 등을 예측하여 위력이 강할 경우 주민과 해안가 선박들을 미리 대피시킬 필요가 있다. 제방과 축대, 담장 등의 시설물을 점검하여 해일이나 강풍에 의한 피해를 줄여야 한다. 또한 갯벌이나 늪 같은 습지를 보존하는 것만으로도 피해를 줄일 수

있다.

07 출제 의도: 생활 수준에 따른 자연재해 대응
자연재해의 피해 정도는 발생지역의 사회 · 경제적 상황에 따라 달라지기도 한다. 칠레와 아이티 모두 비슷한 시기에 지진이 발생했지만 그 피해는 다르게 발생했다. 칠레는 내진 설계와 지진 대비 교육 등 지진에 대한 대비가 잘 되어 있어 아이티보다 강한 규모의 지진이 발생했음에도 불구하고 사망자가 더 적게 발생하였다.

08 출제 의도: 숲의 기능
숲은 댐과 같이 빗물을 머금었다 천천히 흘려보내면서 홍수를 조절하는 능력이 있기 때문에 녹색댐이라고 불린다.

09 출제 의도: 지진 해일에 의한 피해 대비

예시 답안

(1) 지진 해일(쓰나미)이다.
(2) 지진 해일(쓰나미)로 인한 피해를 줄이기 위해서는 평소 정밀한 예보 체계를 마련하는 것이 중요하다. 지진 해일 발생 시 적절한 대처 방법으로는 높은 곳에 위치한 대피소로 대피하는 것이다.

등급	채점 기준
상	자연재해의 명칭이 지진 해일(쓰나미)임을 서술하고, 예방책과 대처 방법을 모두 서술한 경우
중	자연재해의 명칭이 지진 해일(쓰나미)임을 서술하였으나, 예방책과 대처 방법 중 한 가지만 서술한 경우
하	자연재해의 명칭이 지진 해일임만을 서술한 경우

10 출제 의도: 지진에 의한 피해 대비

예시 답안

(1) 지진에 의한 피해를 보여 주는 사진이다.
(2) 지진 발생 시 피해를 최소화하기 위한 행동 요령으로는 탁자 밑으로 들어가 몸 숨기기, 출입문을 열어 대피 경로 확보하기, 전기와 가스를 차단하기, 엘리베이터를 타고 있을 경우 가장 가까운 층에서 내려 계단으로 대피하기, 대피 시 머리를 보호하며 이동하기, 담벼락 근처에 있을 경우 벗어나 운동장이나 공원 등 넓은 공간으로 대피하기 등이 있다.

대단원 완성 문제 Ⅴ 지구 곳곳에서 일어나는 자연재해

122~127쪽

01 ②	02 ④	03 ①	04 ④	05 ⑤	06 ①
07 ⑤	08 ①	09 ②	10 ③	11 ①	12 ②
13 ①	14 ①	15 ③	16 ①	17 ④	18 ④
19 ⑤	20 ④	21 ④	22 ⑤	23 ⑤	24 ③
25 ⑤	26 ④	27 ③	28~30 해설 참조		

01 출제 의도: 지형에 의한 자연재해
지형에 의한 자연재해로는 화산 활동, 지진, 지진 해일(쓰나

미) 등이 있고, 기후에 의한 자연재해로는 홍수, 가뭄, 폭설, 열대성 저기압, 한파 등이 있다.

02 출제 의도: 우리나라에서 발생하는 자연재해
우리나라에서 가장 많은 피해를 주는 것은 호우이다.

우리나라의 자연재해

우리나라는 기후와 관련된 자연재해가 계절별로 다르게 발생한다. 봄에는 가뭄, 여름에는 홍수·태풍·폭염, 겨울에는 폭설(대설)과 한파 등이 주로 발생한다. 그중 호우와 태풍, 폭설에 의한 피해가 가장 크다. 한편 우리나라는 지각판의 경계에서 떨어져 있어 지각 운동이 활발하지 않지만, 최근에는 크고 작은 규모의 지진 발생이 늘고 있다.

03 출제 의도: 지진과 화산
화산 활동은 지각판의 경계에서 자주 발생하며, 지각판의 내부는 지진과 화산 발생이 적으며 지각이 안정되어 있다.

04 출제 의도: 조산대
A는 히말라야 산맥으로 대륙판과 대륙판이 충돌하여 지각이 두꺼워 용암이 지표로 뚫고 올라오지 못하여 지진은 활발하지만, 화산 활동은 거의 없다. B는 해양판과 해양판이 부딪치는 곳이다. C에서는 지진과 화산 활동 둘 다 일어난다.

05 출제 의도: 지진 해일
지진 해일이 발생하는 순서는 ㄷ, ㄴ, ㄹ, ㄱ이다.

06 출제 의도: 홍수
여름철 집중 호우로 인한 자연재해는 홍수이다.

07 출제 의도: 열대 저기압
㈎ 열대 저기압에 해당된다. 열대 저기압은 적도 주변 열대 해상에서 발원하여 중위도로 이동한다. 열대 해상은 수온이 높아 수증기의 유입이 많고 상승 기류가 형성되어 강한 저기압이 형성되어, 이것이 성장하면 태풍으로 변화된다. 태풍은 바람에 의한 건물 붕괴 등 많은 피해를 주기도 하지만, 지구 열균형을 유지하고 바다의 적조 현상을 완화하는 긍정적인 측면도 있다.

08 출제 의도: 열대 저기압의 지역별 종류
열대 저기압은 지역에 따라 부르는 명칭이 다르다. A는 태풍, B 사이클론, C 허리케인에 해당한다. 열대 저기압은 중심 풍속이 17m/s 이상이며, 대기가 불안정하다.

② 남태평양에서 발원하여 뱅골만 지역으로 이동하면서 강한 홍수 피해를 주는 것은 B 사이클론이다.
③ B는 사이클론이며, 열대 저기압은 육지로 이동하면 수분 공급이 줄어들면서 세력이 약화된다.
④ C는 허리케인이다.
⑤ 열대 저기압은 저기압으로 대기가 불안정하다.

09 출제 의도: 홍수와 가뭄
㈎ 홍수, ㈏ 가뭄에 해당된다. 홍수는 고온 다습한 계절풍의

영향을 강하게 받는 동남 및 남부 아시아나 북극해로 유입하는 하천 주변 저지대에서 자주 발생한다. 가뭄은 장기간에 걸쳐 넓은 범위에 피해를 주는 것이 특징으로 아프리카 사헬지대, 중국 내륙, 인도 서부 등지에서 나타난다.

10 출제 의도: 자연재해와 주민 생활
자연재해가 많이 발생하는 지역에서 주민들이 사는 이유는 자신이 그동안 살아왔던 지역에 대한 애착을 가져 떠나기 싫어하는 경우가 많고, 대규모의 인구가 이주할 곳이 없기 때문이다. 또한 이주가 가능해도 안전 불감증으로 인하여 이주하지 않기도 한다.

11 출제 의도: 자연재해가 발생하는 지역의 주민 생활
㈎ 이집트 사람들은 나일강 수위를 측정하는 시설인 나일로미터를 활용하여 주기적으로 홍수를 예측하고 대비하였다. ㈏ 일본에서는 화산 활동이 자주 발생하지만, 온천을 이용하여 관광 산업을 발달시키기도 하였다.

12 출제 의도: 홍수의 긍정적인 측면
홍수는 강수가 많이 내려 발생하는 경우가 많아 오랫동안 비가 내리지 않는 지역에서는 가뭄 문제를 해결하기도 하고, 하천의 범람으로 비옥한 토양이 쌓여 농경이 발달할 수 있게 한다.

13 출제 의도: 가뭄과 인간 생활
공업 활동에는 공업용수가 필요하기 때문에 비가 적당히 내리거나 하천이 발달한 지역이 유리하다.

14 출제 의도: 열대 저기압의 긍정적 측면
열대 저기압은 저위도의 열을 중위도로 이동시켜 지구의 열균형을 유지해준다. 이로 인해 무더위를 식혀주고 가뭄을 해결해 주며, 적조 현상이 완화된다.

15 출제 의도: 화산 지대의 주민 생활
사진은 화산으로 화산 지대의 긍정적인 측면은 화산재가 쌓여 비옥한 토양인 화산회토가 형성되어 농업이 유리해진다.

16 출제 의도: 지진과 주민 생활
사진은 지진에 의해 건물이 무너진 모습이다. 지진이 빈번하게 나타나는 지역에서는 재난 예보 및 경보 체계를 갖추고 있으며, 주기적인 대피 훈련을 한다. 또한 재난 발생 시 안전을 위해 건물을 건설할 때 내진 설계를 하거나, 건물 내 대피로를 만들기도 한다.

17 출제 의도: 화산 활동이 빈번한 지역의 이용
㈎와 ㈏는 화산 활동이 빈번한 지역에서의 인간 활동이다. 화산 활동이 빈번한 인도네시아 가와이젠 화산에서는 유황을 채굴하여 경제 활동을 하고 있다. 아이슬란드에서는 간헐천과 온천을 이용하여 관광 산업을 발달시켰으며, 지열 발전을 하고 있다.

18 출제 의도: 폭설과 주민 생활
폭설은 교통 문제를 발생시키며, 눈이 건물 위로 두껍게 쌓여 지붕을 붕괴시키기도 한다. 이로 인해 눈이 많이 내리는 지역에서는 방설벽을 설치하거나, 건물 붕괴를 막기 위해 지붕의 경사를 급하게 짓는다.

19 출제 의도: 도시 홍수

그림은 도시화로 인하여 포장 면적이 증가하여 토양으로 흡수되는 물은 감소하고, 지표 위를 흘러 하천으로 유입하는 유량이 많아지면서 하천의 범람이 잦아지는 모습을 나타낸 것이다.

20 출제 의도: 도시 홍수의 해결 방법

포장 면적 증가로 인한 도시 홍수를 해결하기 위해서는 빗물 저장소, 투과성 아스팔트 설치, 하천의 복원, 옥상 정원 설치 등의 방법이 있다.

> **플러스 개념** 도시 하천과 홍수
>
> 1. 원인
>   ① 포장 면적 증가로 인한 빗물의 토양 흡수량이 감소
>   ② 숲이 감소하여 하천으로 유입되는 빗물의 양이 증가
>   ③ 하천의 직선화로 유속이 빨라지며 하류의 유량 증가 속도가 빨라짐
>   ④ 무분별한 산지 개발이나 하천 주변 저지대의 개발
> 2. 결과
>   ① 하천으로 유입되는 빗물의 양이 증가하고, 유속이 빨라져 하천 하류의 유량이 증가하여 홍수 발생 위험이 높아짐
>   ② 비가 오지 않을 때 저장된 물이 부족하여 토양과 하천이 건조해지는 가뭄 현상이 나타남
> 3. 해결 방법
>   ① 하천을 자연 상태로 복원
>   ② 옥상 정원 조성
>   ③ 투과성 아스팔트 및 빗물 저장소 설치

21 출제 의도: 사헬 지대의 사막화 현상

사헬 지대는 사하라 사막 남쪽 가장자리를 의미한다. 이 지역은 인구 증가로 인해 식량 요구량이 증가하면서 농경지 확보를 위해 무분별한 삼림 개발, 과다한 방목과 목축 등이 이루어지고, 지구 온난화로 오랜 가뭄이 지속되어 사막화가 진행되고 있다.

22 출제 의도: 사막화 현상

사막화 현상의 해결을 위해 유엔 사막화 방지 협약을 체결하였다.

23 출제 의도: 녹색댐

녹색댐은 홍수와 가뭄 등을 예방하기 위한 목적으로 삼림을 조성하는 것이다. 숲은 홍수 시 물을 저장하였다가 갈수기에 수분을 내뿜어 가뭄을 완화한다.

24 출제 의도: 산사태

사진은 삼림 지대를 개발하여 농산물 수확 전(왼쪽), 수확 후(오른쪽) 모습이다. 농경지는 모습과 식생이 제거되고, 토양이 노출되면서 비나 눈에 의해 토사가 쓸려 내려가는 토사 유출이 나타나면서 산사태의 피해가 발생한다.

25 출제 의도: 홍수와 인간 생활

㉮와 ㉯는 홍수 피해를 줄이기 위한 인간의 노력이며, ㉰~㉱

의 활동은 홍수 피해를 증가시킨다.

26 출제 의도: 지진 발생 시 행동 요령

샌 안드레아스는 지진을 배경으로 한 영화이다. 지진 발생 시 엘리베이터를 이용하면 추락의 위험이 있으므로 아파트 등 고층건물에 있을 시 계단을 이용하여 신속하게 탈출해야 한다.

27 출제 의도: 폭설 발생 시 행동 요령

폭설 발생 시에는 대중 교통을 이용하고, 사람들이 길에서 미끄러져 부상을 입는 것을 방지하기 위해서 자기 집 앞의 눈을 쓴다.

28 출제 의도: 세계의 홍수와 가뭄

예시 답안

㉮ 홍수이다. ㉯ 가뭄이다. A는 북극해로 유입하는 하천으로 겨울철 북극해가 얼면, 하천의 물이 바다로 유입되지 못하고 주변으로 넘쳐 홍수가 자주 발생한다.

핵심 단어 홍수, 가뭄, 북극해

등급	채점 기준
상	㉮ 홍수, ㉯ 가뭄을 쓰고, 북극해가 얼면 바다로 하천의 물이 유입되지 못하여 홍수가 발생한다는 점을 인과 관계에 의거하여 자신의 생각을 서술한 경우
중	㉮ 홍수, ㉯ 가뭄을 쓰고, 북극해로 유입하는 하천에서 홍수가 자주 발생한다는 이유를 서술한 경우
하	㉮ 홍수, ㉯ 가뭄을 쓰고, A의 이유를 서술하지 못한 경우

29 출제 의도: 조산대

예시 답안

A 알프스 히말라야 조산대, B 환태평양 조산대이다. '가' 지역에서 지진은 자주 일어나지만 화산 활동이 발생하지 않는 이유는, 대륙판과 대륙판이 충돌하여 지각판이 두꺼워 용암이 지각을 뚫고 분출하지 못하기 때문이다.

핵심 단어 알프스 히말라야 조산대, 환태평양 조산대, 대륙판, 충돌

등급	채점 기준
상	A 알프스 히말라야 조산대, B 환태평양 조산대를 서술하고, '가' 지역에서 화산 활동이 일어나지 않는 이유를 대륙판과 대륙판이 충돌하여 지각판이 두꺼워 용암이 뚫지 못한다는 점을 논리적으로 서술한 경우
중	A 알프스 히말라야 조산대, B 환태평양 조산대를 서술하고, '가' 지역에서 화산 활동이 일어나지 않는 이유를 지각이 두껍기 때문이라는 점을 제시한 경우
하	A 알프스 히말라야 조산대, B 환태평양 조산대만을 서술한 경우

30 출제 의도: 화산 활동의 장·단점

예시 답안

'나' 지역에서 자주 발생하는 자연재해는 화산 활동이다. 화산 활동의 단점으로는 용암류나 화산쇄설물에 의한 인명 및 재산 피해가 발생하고, 화산재가 상공으로 날려 항공 교통을 마비시킨다. 장점으로는 화산재가 쌓여 비옥한 토양인 화산회토가

형성되어 농업이 발달하며, 온천이나 간헐천을 이용하여 관광 산업이 발달하고, 지열 발전을 한다.

핵심 단어 화산 활동, 장점과 단점

등급	채점 기준
상	㈏에서 자주 발생하는 자연재해가 화산 활동이라는 점을 제시하고, 화산 활동의 단점·장점을 각각 1개 이상 서술한 경우
중	㈏에서 자주 발생하는 자연재해가 화산 활동이라는 점을 제시하고, 화산 활동의 단점(또는 장점)만 제시한 경우
하	㈏에서 자주 발생하는 자연재해가 화산 활동이라는 점을 제시하고, 화산 활동의 단점과 장점을 제시하지 못한 경우

VI. 자원을 둘러싼 경쟁과 갈등

01 자원 분포와 자원을 둘러싼 갈등

① 자원의 의미와 특성

132~133쪽

01 (1) ○ (2) ○ (3) × **02** (1) 천연 (2) 문화적 (3) 인적
03 (1) ㉡, ㉣ (2) ㉠, ㉢, ㉤ **04** ③ **05** ④ **06** ③
07 ④ **08** (자원의) 유한성 **09~10** 해설 참조

04 출제 의도: 자원의 특성
자원의 가치는 시대와 장소, 과학 기술의 발달, 사회적, 문화적 배경 등에 따라 변화하는데, 대기 중의 공기의 경우 과거에는 판매하지 않았으나 급속한 대기 오염으로 공기의 가치가 변화한 것이다. 따라서 가변성에 해당한다.

05 출제 의도: 자원의 종류
천연자원에는 식량 자원, 광물 자원, 에너지 자원(석유, 석탄, 철광석 등)이 있고, 인적 자원에는 노동력, 창의력, 기술 등이 있다. 문화적 자원에는 사회 제도, 종교, 전통 등이 해당한다. 따라서 의미에 따른 자원의 종류 중에서 세 가지 자원의 분류를 모두 포함하는 경우는 넓은 의미의 자원을 말한다.

그래서 오답!

① 천연자원이다. (×) → 석유와 철광석 자원에만 해당한다.
② 재생 자원이다. (×) → 재생 자원은 태양광, 풍력, 수력과 같은 자원의 종류를 구분할 때이다.
③ 좁은 의미의 자원이다. (×) → 좁은 의미의 자원은 천연자원만을 포함하므로 노동력, 종교를 포함하지 못한다.

06 출제 의도: 자원의 특성
국가별 식량 자원의 소비 특성이 다른 모습을 보여 준다. 중국의 경우 돼지고기의 소비가 높은 반면, 사우디아라비아의 경

우 종교적인 이유로 돼지고기를 금기시하고 있다. 이것은 돼지고기라는 식량 자원이 지역의 문화적 배경에 따라 가치가 달라짐을 보여 주는 사례이다.

07 출제 의도: 자원의 의미
자원은 자연 가운데 인간 생활에 유용하고 기술적으로 개발이 가능하며 경제적으로 이익이 될 때 개발하므로 현재 사용하는 자원의 의미가 된다.

08 출제 의도: 자원의 특성
가채 연수는 어떤 자원의 확인된 매장량을 그해의 연간 생산량으로 나눈 값으로, 자원의 매장량에 한정되어 있다는 것을 알 수 있다. 따라서 자원의 유한성과 관련되어 있다.

09 출제 의도: 자원의 특성

예시 답안

(1) 자원의 편재성(편재성), 희토류는 스마트폰, 전기 자동차 배터리 등을 만들 때 필수적인 자원이다. 그러나 매장량이 매우 적고, 전 세계 매장량의 1/3 이상을 중국이 보유하고 있어 편재성이 심하다.
(2) 자원이 지역적으로 고르게 분포하지 않고, 일부 지역에 집중적으로 분포하는 것이다.

핵심 단어 고르게 분포하지 않음, 집중적 분포

등급	채점 기준
상	자원의 특성을 제시하고, 제시된 용어 2개를 모두 적절히 활용하여 편재성의 특성을 올바르게 서술한 경우
중	자원의 특성을 제시하고, 제시된 용어 1개를 적절히 활용하여 편재성의 특성을 올바르게 서술한 경우
하	자원의 특성만을 서술한 경우

10 출제 의도: 자원의 특성

예시 답안

(1) 시대의 변화와 과학 기술의 발달, 자원은 가치가 변하는 가변성의 특성을 가진다. 자원의 가치는 시대와 장소, 과학 기술의 발달, 사회적, 문화적 배경 등에 따라 변화한다. 제시된 자료의 석유 자원은 시대와 과학 기술의 발달로 석유 자원이 기술적으로 활용이 가능해지게 되어 세계적으로 많이 사용하게 되었다.

핵심 단어 과학 기술의 발달

(2) 그림은 석유 자원의 이동이다. 석유는 일부 지역에 매장량이 편중되어 나타나는 편재성이 있어 국제적인 이동이 많다. 또 석유 자원은 고갈되는 자원이므로 매장량에 한계가 있는 유한성 특징을 가진다. 마지막으로 석유 자원은 쓸모없는 자원에서 현재 가장 많이 사용하는 자원으로 시대와 과학 기술의 변화에 따른 가변성의 특징을 지닌다.

핵심 단어 석유의 이동, 편재성, 고갈 자원, 유한성, 가치의 변화, 가변성

등급	채점 기준
상	(1)의 내용과 (2) 편재성, 유한성, 가변성의 특징을 모두 이유와 함께 서술한 경우

중	(1)의 내용과 (2) 편재성, 유한성, 가변성의 특징 중 두 가지를 이유와 함께 서술한 경우
하	(1)의 내용만 서술한 경우

② 자원의 분포와 소비

134~135쪽

01 (1) × (2) ○ (3) × **02** (1) 석유 (2) 오스트레일리아
(3) 아시아 계절풍 **03** (1) ㉢ (2) ㉣ (3) ㉡ (4) ㉠ **04** ③
05 ② **06** ④ **07** ⑤ **08** 천연가스 **09~10** 해설
참조

04 출제 의도: 자원 분포의 편재성
석유, 천연가스는 자원 분포의 편재성이 매우 크다. 석유는 서남아시아 지역에 집중해 있으며, 천연가스도 석유와 비슷한 지역에 분포한다. 쌀은 아시아 지역에서 주로 생산되나 생산지에서 대부분 소비된다.

그래서 오답!

① 국제적 이동량이 많다. (×) → 쌀은 생산지에서 대부분 소비되기 때문에 국제 이동량이 적다.
② 아메리카 대륙에서 주로 생산된다. (×) → 석유는 서남아시아 지역에 집중해 있으며, 쌀은 아시아의 평야 지대에서 많이 생산된다.

05 출제 의도: 식량 자원의 분포와 소비
쌀은 고온 다습한 아시아 계절풍 기후 지역에서 생산되고, 생산지에서 대부분 소비되어 국제 이동량이 적다. 밀은 기후 적응력이 높아 서늘하거나 건조한 곳에서도 잘 자라 세계적으로 널리 재배되며 소비지가 널리 분포하여 국제 이동량이 많다.

06 출제 의도: 석유와 석탄의 분포와 이동
A는 석유, B는 석탄을 나타낸다. 석유는 지역적으로 불균등하게 분포하며, 세계에서 가장 많이 사용하는 에너지 자원이다. 또한 석유는 경제 발전 수준이 높거나 공업이 발달한 국가에서 많이 수입하는 반면, 석탄은 화력 발전을 많이 하는 국가에서 주로 소비한다.

플러스 개념 화력 발전의 연료

자원	석유	석탄
분포	페르시아만에 집중	지역적으로 비교적 고르게 분포
국제적 이동량	많음	적음
특징	운송 수단의 연료, 공업 제품의 원료	화력 발전의 연료

07 출제 의도: 물 자원의 분포와 소비
물 자원은 지역적으로 불균등하게 분포한다. 적도 지방은 강수량이 많아 물 자원이 풍부하지만, 건조 지역은 물 자원이 많

이 부족하다. 부족한 물 자원을 확보하기 위해 댐 건설, 해수 담수화 시설 설치, 지하수 개발 등 다양한 노력이 이루어지고 있다.

그래서 오답!

ㄱ. 적도 지방은 물 자원이 많이 부족하다. (×) → 적도 지방은 물 자원이 풍부하며, 물 자원이 부족한 지역은 건조 지역이다.
ㄴ. 물은 지역적으로 균등하게 분포되어 있다. (×) → 물 자원은 강수량과 증발량의 영향을 크게 받아 지역적으로 불균등하게 분포되어 있다.

08 출제 의도: 천연가스의 분포와 특징
천연가스는 연소할 때 대기 오염 물질의 배출이 적고, 최근 냉동 액화 기술과 수송 수단의 발달로 이용량이 많이 증가하였다.
천연가스의 특징
• 산업용과 가정용 연료로 주로 사용됨.
• 냉동 액화 기술과 수송 수단이 발달하면서 수요가 급증함.
• 신생대 제3기층 배사 구조에 석유와 함께 매장되어 있는 경우가 많음.
• 석탄 및 석유보다 연소 시 대기 오염 물질의 배출량이 적음.

09 출제 의도: 식량 자원의 분포와 이동

예시 답안

(1) A: 쌀, B: 밀, A는 아시아 계절풍 지역에서 집중 생산되며, 국제 이동량이 적은 편인 쌀에 해당한다. B는 세계적으로 널리 재배되고 소비지도 널리 분포하여 국제 이동량이 많은 밀에 해당한다.
(2) A(쌀)는 대부분 아시아 지역에서 생산되고 생산지에서 대부분 소비되므로 국제 이동량이 적은 편이나, B(밀)는 소비 지역이 널리 분포하고, 미국, 아르헨티나, 오스트레일리아 등지의 나라에서 수출하고 아시아의 여러 나라에서 수입하여 국제 이동량이 많다.

핵심 단어 생산지, 소비지

등급	채점 기준
상	A는 쌀, B는 밀을 쓰고, 밀의 국제 이동량이 많은 이유를 쌀과 비교하여 서술한 경우
중	A는 쌀, B는 밀을 쓰고, 밀의 국제 이동량이 많은 이유만 서술한 경우
하	A는 쌀, B는 밀만 쓴 경우

10 출제 의도: 석유 자원의 편재성과 유가 변동

예시 답안

세계에서 가장 많이 사용하는 에너지 자원인 석유는 편재성이 매우 크다. 그중 사우디아라비아는 세계 제1의 석유 생산국이다. 따라서 사우디아라비아 최대 석유 시설이 드론 공격으로 인한 화재로 석유 생산에 지장을 받게 되면, 사우디아라비아의 공급 차질이 전 세계 석유 공급량에도 영향을 미쳐 국제 석유 가격이 상승할 수 있다.

③ 자원을 둘러싼 갈등

136~137쪽

01 (1) ○ (2) × (3) ○ **02** (1) 석유 (2) 상류 (3) 식량
03 (1) ㉠ 티그리스강 (2) ㉡ 유프라테스강 (3) ㉢ 나일강
(4) ㉣ 메콩강 **04** ① **05** ② **06** ① **07** ⑤
08 애그플레이션(agflation) **09~10** 해설 참조

04 출제 의도: 북극해의 자원 갈등
최근 지구 온난화로 석유와 천연가스가 풍부하게 매장되어 있는 북극해의 개발 가능성이 커지면서 북극해를 향한 '콜드 러시' 현상이 나타나고 있다.

05 출제 의도: 티그리스·유프라테스강의 물 자원 갈등
티그리스·유프라테스강은 터키, 시리아, 이라크를 지나는 국제 하천이다. 상류에 위치한 터키가 물과 전기 공급을 위해 댐을 건설하면서 시리아와 이라크는 물 부족, 물 오염 문제를 겪고 있다. ② 터키의 댐 건설지 인근에는 메소포타미아 문명의 발원지가 위치하고 있다. 댐이 건설되면 유적지가 수몰되기 때문에 이에 반대하는 목소리가 끊이지 않고 있다.

06 출제 의도: 석유 자원을 둘러싼 갈등
A 카스피해는 다량의 석유와 천연가스가 매장되어 있는 것으로 알려지면서 주변 국가 간에 갈등이 발생하였다. 최근 5개국은 카스피해를 기본적으로 바다로 규정하되, 세부 조항에서는 특수한 법적 지위를 부여해 대부분 공동 이용 수역으로 관리하고, 연안 5개국에만 귀속되는 해저 자원은 각국에 나누기로 결정하였다.

07 출제 의도: 식량 자원을 둘러싼 갈등
최근 기상 이변으로 자연재해가 증가하고, 농경지가 파괴되면서 식량 생산량이 감소하여 국제 곡물 가격이 폭등하고 있다.

그래서 오답!

① 가격이 오르면 즉시 공급을 확대할 수 있다. (×) → 가격이 오르더라도 즉시 수요를 줄이거나 공급을 확대할 수 없으며, 쌀과 밀, 옥수수 등이 대표적이다.
② 육류 소비 증가로 곡물 수요는 줄어들고 있다. (×) → 육류 소비 증가에 따라 사료용 곡물 수요가 증가하고 있다.
③ 자연환경은 식량 자원에 미치는 영향이 적다. (×) → 자연환경이 농업에 불리하여 농업 생산성이 낮은 지역은 식량 자원이 부족하다.
④ 국제 식량 대기업의 영향력은 점차 감소하고 있다. (×) → 국제 식량 대기업의 영향력이 확대되면서, 국제 곡물 가격이 급등할 때 곡물을 충분히 수입하기 어려운 국가는 식량 부족 문제가 발생하기도 한다.

08 출제 의도: 애그플레이션(agflation)의 의미
기후 변화로 사막화가 진행되고 자연재해가 증가하면서 농경지가 파괴되어 곡물 생산량 감소에 영향을 미치고 있다. 곡물 생산량이 부족하면 가축의 사료로 사용되는 곡물 가격도 폭등하고 덩달아 소고기, 돼지고기, 닭고기 및 각종 유제품의 가격도 오르게 된다.

09 출제 의도: 메콩강의 물 자원 갈등

예시 답안

(1) 메콩강, 지도의 A는 메콩강으로 동남아시아에서 가장 긴 국제 하천이다. 메콩강은 중국, 미얀마, 라오스, 타이, 캄보디아, 베트남 6개국을 지나 바다로 흐르는 강이다.
(2) 상류에 위치한 중국이 용수 확보, 전기 생산 등을 이유로 댐을 건설하면서 하류 국가들이 물 부족 현상을 겪고 있다.

핵심 단어 상류, 중국, 댐, 하류, 물 부족

등급	채점 기준
상	메콩강을 쓰고, 상류에 위치한 국가의 댐 건설 이유와 하류에 위치한 국가가 겪는 문제를 모두 바르게 서술한 경우
중	메콩강을 쓰고, 상류에 위치한 국가의 입장과 하류에 위치한 국가의 입장 중 하나만 바르게 서술한 경우
하	메콩강만 쓴 경우

10 출제 의도: 석유 자원 갈등의 원인과 안정적 자원 확보 노력

예시 답안

(1) 자원 민족주의
(2) 석유는 오늘날 소비량이 가장 많은 에너지이며 석유 자원이 부족한 우리나라는 석유 자원의 안정적인 확보를 위해 노력해야 한다. 우선 다양한 국가에서 석유를 수입해야 한다. 또한 석유를 수입하는 동시에 해외 유전에 직접 투자하여 석유를 개발하여야 한다. 산유국과 긴밀한 외교 관계를 유지하는 자원 외교를 펼쳐 석유 자원을 안정적으로 공급받도록 해야 한다.

핵심 단어 자원 민족주의, 석유 수입, 해외 유전, 자원 외교

등급	채점 기준
상	자원 민족주의를 쓰고, 우리나라의 안정적인 석유 자원 확보 방안을 적절하게 서술한 경우
중	우리나라의 안정적인 석유 자원 확보 방안을 적절하게 서술한 경우
하	자원 민족주의만 쓴 경우

02 자원 개발과 주민 생활의 변화 ~ 03 지속 가능한 자원 개발

① 자원의 개발과 주민 생활의 변화

140~141쪽

01 (1) ○ (2) ○ (3) × **02** (1) 내전 (2) 악마의 배설물
03 (1) ㉡ (2) ㉠ (3) ㉢ **04** ① **05** ④ **06** ⑤
07 ② **08** 나우루 공화국 **09~10** 해설 참조

04 출제 의도: 풍부한 자원으로 경제 성장을 이룬 나라
지문의 내용은 풍부한 자원으로 경제 성장을 이룬 나라들 중에서도 서비스업 비중이 높고, 산업 구조가 고도화되었으며, 삶의 질이 높은 국가를 묻고 있다. 따라서 ① 캐나다가 정답이다.

05 출제 의도: 자연을 매개로 한 연결

지문의 내용은 구보 씨가 별 생각 없이 잠시 동안 소비한 커피한 잔이 여러 국가의 농작물들과 생산품이 얽혀 있는 모습을 보여준 것으로 정답은 ④ '자원을 소비하는 과정에서 우리는 다른 지역의 삶과 연결된다.'가 가장 알맞다.

06 출제 의도: 자원 개발의 부정적 영향

ㄱ은 자원 개발의 긍정적 영향이다. 나머지 ㄴ, ㄷ, ㄹ은 자원 개발의 부정적 영향이 맞다.

플러스 개념 자원이 풍부한 지역

풍부한 자원	
⇩	⇩
긍정적 영향	부정적 영향
• 국가 경제 성장 • 주민 생활 수준 향상	• 환경 문제 • 빈부 격차 심화 • 높은 자원 의존도
미국, 캐나다, 오스트레일리아 등	나이지리아, 콩고 민주 공화국 등

07 출제 의도: 자원이 풍부한 국가의 1인당 국내 총생산

그래프의 모든 국가들은 자원이 풍부한 국가들인데 오스트레일리아와 캐나다는 1인당 국내 총생산이 높고, 콩고 민주 공화국과 나이지리아는 1인당 국내 총생산이 낮은 것을 확인할 수 있다. 이를 통해서 알 수 있는 사실은 ②의 내용인 '자원이 많다고 해서 모두 경제 성장을 이루는 것은 아니다.'이다.

그래서 오답!

① 캐나다는 석유를 토대로 1인당 국내 총생산이 높아졌다. (×) → 그래프를 통해서는 캐나다가 석유를 토대로 1인당 국내 총생산이 높아졌을 것이라는 추측할 수 없다.

③ 오스트레일리아와 캐나다는 자원 수출 의존도가 높을 것이다. (×) → 오스트레일리아와 캐나다보다는 콩고 민주 공화국과 나이지리아가 더 자원의 수출 의존도가 높을 것이다.

④ 콩고 민주 공화국은 정부군과 반군이 지속적으로 갈등하고 있다. (×) → 옳은 내용이지만 그래프를 통해서는 알 수 없다.

⑤ 오스트레일리아와 캐나다의 1인당 국내 총생산이 10,000달러 이상 차이가 난다. (×) → 오스트레일리아와 캐나다의 1인당 국내 총생산은 10,000 달러까지 차이가 나지 않는다.

08 출제 의도: 나우루 공화국

태평양의 가난한 국가에서 인광석의 발견으로 순식간에 부유한 국가가 되었지만 벌어들인 돈을 함부로 소비했을 뿐만 아니라 미래에 대한 대비를 전혀 하지 않아 인광석이 고갈된 후 환경 파괴와 생활고에 시달리고 있는 나우루 공화국이다.

09 출제 의도: 석유가 많이 매장된 나라들의 경제 성장

그래프의 '어느 국가'는 대표적인 산유국인 사우디아라비아이다.

예시 답안

⑴ 그래프를 통해 알 수 있는 사실은 석유 생산량이 증가하면서 1인당 국내 총생산도 계속 증가하고 있다는 것이다.

⑵ 위와 비슷한 모습을 보인 국가는 대표적인 산유국인 사우디아라비아, 쿠웨이트, 아랍 에미리트 등이 있다.

10 출제 의도: 산유국들의 지속적 발전

예시 답안

⑴ 석유

⑵ 아랍 에미리트, 사우디아라비아, 쿠웨이트 등의 산유국은 석유를 통해 많은 이익을 얻게 되었다. 이러한 산유국들이 석유가 고갈되어도 지속적인 경제 수준을 누리기 위해서는 도로, 항만, 공항 등 사회 기반 시설 확충하고, 관광ㆍ서비스업ㆍ제철 산업의 개발, 또한 신ㆍ재생 에너지 개발에 박차를 가해야 한다.

핵심 단어

등급	채점 기준
상	석유 자원을 쓰고, 아랍 에미리트가 지속적인 발전을 위해서 해야 할 일을 두 가지 이상 서술한 경우
중	석유 자원을 쓰고, 아랍 에미리트가 지속적인 발전을 해야 할 일을 한 가지만 서술한 경우
하	석유 자원만 쓴 경우

② 지속 가능한 자원 개발

142~143쪽

01 ⑴ × ⑵ ○ ⑶ ○ **02** ⑴ 일사량 ⑵ 신에너지 ⑶ 바이오 디젤 **03** ⑴ ㉡ ⑵ ㉠ ⑶ ㉢ **04** ③ **05** ③ **06** ② **07** ② **08** 탄소 포인트제 **09~10** 해설 참조

04 출제 의도: 지열 발전의 특징

지열을 활용하기 좋은 지역은 판의 경계에 위치하여 지각이 불안정해 지진과 화산 활동이 활발한 곳이다.

05 출제 의도: 신ㆍ재생 에너지의 특징

신ㆍ재생 에너지 개발은 초기에 많은 투자 비용이 발생하여 경제성이 낮고 에너지로 활용하기까지 복잡한 공정과 기술이 필요한 때도 있어 국가별 기술력의 차이에 따라 개발 속도와 비중이 달라진다.

문제 자료 분석하기

③ 초기 개발 비용이 낮아 경제성이 높다는 (×) → 초기 개발 비용이 높아 경제성이 낮다.

06 출제 의도: 풍력 에너지의 특징

풍력 에너지는 무공해 청정 에너지로 무한 사용 가능하다. 풍력 발전은 해상이나 육상에 모두 설치가 가능한데, 해상에 설치하면 자연 훼손이 적다는 장점이 있다. 아일랜드와 영국 사

이에 위치한 아일랜드해 바다 위에 설치된 월니 익스텐션은 세계 최대의 연안 풍력 발전소이다.

플러스 개념 재생 에너지의 특징

태양 에너지	・일사량이 풍부한 지역이 유리함 ・태양광 에너지, 태양열 에너지
풍력 에너지	・바람의 운동 에너지를 이용하여 전기를 만들어 내는 청정 에너지 ・풍속이 매우 강한 해안과 높은 산지 지역이 유리, 일정한 바람의 세기가 필요
해양 에너지	・조력 발전: 조석 간만의 차이가 큰 지역에서 유리 ・파력 발전: 바람이 강하여 파도가 센 지역에서 유리 ・조류 발전: 바닷물의 유속이 빠른 지역에서 유리
바이오 에너지	・생물체를 직접 태우거나 동물의 배설물 및 옥수수・사탕수수 등의 식물을 분해하여 얻는 에너지 ・옥수수 및 사탕수수 같은 농산물의 생산이 많은 지역이 유리
기타 에너지	・지열 에너지: 땅속의 지열을 이용, 화산 활동 및 지진이 빈번한 조산대 지역이 유리 ・수력: 물의 낙차나 흐름을 이용하여 전기를 생산하는 방식, 유량이 풍부하고 낙차가 큰 하천의 중・상류 지역이 유리, 최근 소수력 발전에 관심 증가 ・폐기물 에너지: 사업장, 가정 등에서 발생되는 폐기물을 가공 처리하여 연료로 생산

07 출제 의도: 재생 에너지의 특징

동식물의 유기물 등을 열분해하거나 발효하면 메탄, 에탄올, 수소와 같은 액체나 기체 상태의 연료를 얻을 수 있는데, 바이오 에너지는 모든 생물 유기체를 통해 확보한 에너지를 말한다.

문제 자료 분석하기

② 온실 가스를 증가시키는 주된 원인이다. (×) → 온실 가스의 감축에 도움을 준다.

08 출제 의도: 탄소 포인트제의 의미

생활 속 자원 절약의 실천 방법 중 탄소 포인트제에 관한 내용이다. 이외에도 냉난방 절제, 대중 교통 이용, 에너지 소비 효율 등급 표시제, 탄소 성적 표지제 등이 있다.

09 출제 의도: 재생 에너지의 장점

예시 답안

(1) (가)는 풍력, (나)는 태양광이다.
(2) 신・재생 에너지는 기존의 화석 연료와는 달리 고갈되지 않고, 지속적으로 사용할 수 있으며, 온실 가스도 거의 배출하지 않는 장점이 있다.

핵심 단어 풍력, 태양광, 지속적, 온실 가스

등급	채점 기준
상	(가), (나) 명칭을 쓰고, 신・재생 에너지의 장점을 기존 화석 에너지와 비교하여 정확하게 서술한 경우
중	신・재생 에너지의 장점만 정확하게 서술한 경우
하	(가), (나) 명칭만 쓴 경우

10 출제 의도: 조력 발전의 입지와 특징

예시 답안

조력 발전은 밀물과 썰물의 높이 차인 조차를 이용하는 방식으로, 조차가 크게 나타나는 서해안이 건설하기에 적합한 지역이다. 온실 가스의 배출이 거의 없는 신・재생 에너지에 속하며, 무한 재생이 가능하다. 하지만 발전 시간대가 하루 두 번으로 제한되어 있으며, 초기 투자 비용이 많이 든다는 단점이 있다.

등급	채점 기준
상	조력 발전의 입지와 특징을 모두 정확하게 서술한 경우
중	조력 발전의 특징만 정확하게 서술한 경우
하	조력 발전의 입지 관련 요인만 정확하게 서술한 경우

대단원 완성 문제 Ⅵ 자원을 둘러싼 경쟁과 갈등

144~149쪽

01 ④	02 ③	03 ③	04 ①	05 (1) ㉡ (2) ㉠	
06 ②	07 ⑤	08 ⑤	09 ②	10 ⑤	11 ④
12 ①	13 ①	14 ④	15 ②	16 ⑤	17 ④
18 ④	19 ①	20 ④	21 ③	22 ③	23 ⑤
24 ②	25 ②	26 ④	27 ②	29~30 해설 참조	

01 출제 의도: 자원의 편재성

㉠은 자원이 지구상에 고르게 분포하는 것이 아니라 일부 지역에 집중되어 있다는 것으로 보아 자원의 편재성에 대한 설명이다.

02 출제 의도: 자원의 특성

(가)의 가채 연수는 자원 고갈에 대한 것으로 자원의 유한성에 대한 설명이며, (나)는 지역에 따라 같은 자원이라도 가치가 달라질 수 있다는 점으로 자원의 가변성에 대한 설명이다.

플러스 개념 자원의 특성

① 자원의 희소성: 인간의 욕구에 비하여 욕구를 충족하는 수단인 자원이 질적이나 양적으로 제한되어 있다는 것
② 자원의 가변성: 자원의 의미와 가치는 시대와 장소에 따라 달라짐
③ 자원의 유한성: 자원은 매장량의 한계로 언젠가는 고갈됨 → 자원의 고갈 문제 발생
④ 자원의 편재성: 주요 자원은 특정 지역에 편중되어 분포 → 자원 민족주의 발생

03 출제 의도: 재생 가능한 자원과 재생 불가능한 자원

③ 노동력, 창의력 등의 인적 자원은 넓은 의미의 자원이다.

04 출제 의도: 석유 자원

A 서남아시아, 러시아 지역에서 산업이 발달한 유럽, 동부 아시아, 미국으로 이동하는 것으로 보아 석유임을 알 수 있다.

05 출제 의도: 석유 자원의 이동
⑴ 일본과 우리나라는 경제 발전 수준이 높고 석유 자원에 대한 수요는 많으나 석유가 거의 매장되어 있지 않아 대부분 해외에서 수입하고 있다. ⑵ 미국은 석유 매장량이 많으나 대부분 자국내에서 소비하고 부족한 부분은 해외에서 수입한다.

06 출제 의도: 자원 분쟁
A 북극해로 자원 매장량이 많아 주변 국가들 간 분쟁이 발생하고 있다. 영유권 주장이 금지된 곳은 남극 대륙이다. B 카스피해 분쟁으로 옳은 설명이다. C 아부무사섬으로 이란과 아랍 에미리트 간의 석유 수송로를 두고 갈등이 발생하고 있다. D 남중국해 분쟁으로 석유와 천연가스 등을 둘러싸고 중국, 타이완, 필리핀, 브루나이, 말레이시아 등의 국가들 간의 갈등이 발생하고 있다. E 동중국해 분쟁으로 중국과 일본 간에 가스전으로 두고 갈등이 발생하고 있다.

07 출제 의도: 수자원 분쟁
A 상류인 수단에서 댐을 건설하여 하류인 이집트와의 갈등이 발생하고 있다. B 티그리스·유프라테스강으로 터키와 이라크 간의 갈등이 발생하고 있다. C 오비강과 D 황허는 국제 하천이 아니어서 수자원 분쟁은 발생하지 않는다. E 메콩강으로 상류인 중국이 댐을 건설하면서 물 공급이 원활하지 않은 동남아시아 국가들과 수자원 분쟁이 발생하고 있다.

08 출제 의도: 국제 하천
여러 나라를 가로지르는 하천을 국제 하천이라고 한다.

09 출제 의도: 식량 자원
A는 B보다 국제적 이동량이 적고, 동남아시아 지역에서 주로 수출하는 것으로 보아 '쌀'이다. B는 국제적 이동이 많고, 주로 오스트레일리아와 미국의 신대륙에서 유럽이나 아시아의 구대륙으로 이동하는 것으로 보아 '밀'이다.

10 출제 의도: 식량 자원
A의 쌀은 성장기에는 고온 다습하고, 수확기에는 건조한 자연환경이 필요하다. 쌀은 주로 아시아 계절풍 기후 지역의 평야 지대에서 주로 재배한다. 반면 B의 밀은 냉량한 지역에서도 건조한 지역에서도 잘 자라 재배 면적이 넓다. 최근 바이오 에너지 원료로 사용하는 곡물은 옥수수이다.

11 출제 의도: 자원의 안정적 공급
⑺ 식량 자원의 안정적 공급을 위해 해외 농장 사업을 시행하고 있고, ⑼ 우리나라는 석유와 천연가스의 안정적 공급을 위해 해외에서 에너지 자원을 개발하고 있다.

12 출제 의도: 자원이 풍부한 지역의 장점
자원이 풍부하다고 해서 항상 1인당 국민 총생산이 높은 것은 아니다. 자원 개발이 이익을 둘러싼 갈등이 심하고, 자원 개발로 인한 이윤이 소수 계층에게 집중되는 지역에서는 빈부 격차가 심하고 열악한 환경에서 일하는 등의 문제점이 발생한다. 이러한 지역은 1인당 국민 총생산이 낮게 나타난다.

13 출제 의도: 자원이 풍부한 지역의 주민 생활
A 오스트레일리아로 인구 수는 전 대륙에서 가장 적지만 자원이 풍부하게 매장되어 있다. 이러한 자원을 개발하여 일자리를 창출하고 경제를 활성화시켰다. 오스트레일리아의 서부에는 철광석, 동부에는 석탄, 북부에는 보크사이트가 다량 매장되어 있고, 내륙의 건조 지역에 찬정을 개발하여 농목업을 발달시켰다.

14 출제 의도: 자원이 풍부한 지역의 주민 생활
사우디아라비아는 석유 자원이 풍부하게 매장되어 있어, 석유 자원 개발을 통해 얻은 이익을 국내 기반 시설에 투자하여 경제 성장을 이루고 있다.

15 출제 의도: 자원 개발의 문제점
자원 개발과 관련된 산업이 국내 산업의 대분인 경우 산업이 불균형적으로 발전하여 지역 불균형 문제를 유발하기도 한다.

16 출제 의도: 자원 개발의 문제점을 극복한 국가
원료 상태로 자원을 수출하여 소득을 올리던 카자흐스탄은 천연자원의 국제 가격이 하락하면서 경기 침체 위기를 맞았다. 이에 정부가 나서서 석유 화학, 건축 자재 등으로 산업 다변화를 꾀하고 교육을 통한 사회, 경제 각 부문의 경쟁력을 강화하여 자원 개발의 문제점을 극복하였다.

17 출제 의도: 자원의 이동과 인간 생활
글의 구보씨는 다양한 국가에서 생산한 자원을 이용한 물품을 사용하며 하루를 보내고 있다. 따라서 답은 자원의 이동과 우리 생활의 관계이다.

18 출제 의도: 자원이 풍부한 지역의 주민 생활
⑺ 브루나이는 자원개발을 통해 얻은 이익을 교육과 복지에 투자하면서 안정적 국가 운영이 가능해졌다. 반면 ⑼ 나이지리아는 자원 개발의 이권과 자원으로 얻은 이익이 소수 계층에게 분배되면서 갈등이 발생하였다.

19 출제 의도: 윤리적 소비
윤리적 소비란 소비 활동이 개인의 이익만을 추구하는 것이 아니라 공적 행동이자 사회적 활동이라는 인식을 바탕으로 하는 소비를 의미한다. 밑줄 친 내용은 스마트폰의 소비가 다른 국가나 지역에 해로운 영향을 줄 수 있다는 점을 인식하고 있다는 점에서 윤리적 소비에 해당한다.

20 출제 의도: 지속 가능한 자원
지속 가능한 자원인 수력이나 풍력, 조력 등은 이산화 탄소를 배출하지 않으나 대규모 발전소를 짓는 과정에서 생태계를 파괴하고, 소음 문제를 발생하는 등 환경 문제를 유발한다.

21 출제 의도: 태양광 발전
사진은 태양광 패널로 햇빛을 이용하여 전기를 생산하는 태양광 발전에 해당한다.

22 출제 의도: 조력 발전
사진은 조력 발전으로 밀물과 썰물의 높이 차이를 이용하여 전기를 생산하는 발전 방식이다. 우리나라에서는 조석 간만의 차가 큰 서해안에 발달한다.

23 출제 의도: 바이오 에너지
가축의 분뇨, 톱밥, 나무토막, 유채, 옥수수, 사탕수수 등을 이용하여 에너지를 생산하는 것을 바이오 에너지라고 한다.

24 출제 의도: 풍력 발전

풍력 발전은 장애물이 없어 바람이 강하게 부는 해안가나 고원 지역에 건설한다.

25 출제 의도: 지속 가능한 자원의 문제점

② 지속 가능한 자원의 긍정적인 면이다.

26 출제 의도: 세계의 지속 가능한 자원

D는 뉴질랜드 북섬으로, 환태평양 조산대에 있어 지열이 풍부하여 많은 전력을 지열 발전을 이용하여 생산하고 있다.

그래서 오답!

① A 북해 연안으로, 강한 바람을 이용한 풍력 발전이 주로 나타난다.

② B 에스파냐로, 지중해성 기후 지역으로 맑고 건조한 기후를 이용하여 태양열 발전이 나타난다. 특히 안다솔 지역은 세계 최대의 태양열 발전소로 지중해성 기후의 강한 태양열을 이용하여 약 15만 가구에게 공급할 수 있는 전력을 생산할 수 있다.

③ C 우리나라의 서해안으로, 조석 간만의 차가 큰 특징을 이용하여 조력 발전을 하고 있다. 특히 시화호 조력 발전소는 세계 최대 규모를 자랑한다.

⑤ E 이과수 폭포가 있는 브라질의 이타이푸 발전소로 높은 낙차를 이용하여 수력 발전을 하고 있다. 이타이푸 수력 발전소에서는 브라질의 일부 전력과 파라과이 전력의 절반 이상을 생산하고 있다.

27 출제 의도: 바이오 에탄올

A는 바이오 에탄올로 옥수수와 사탕수수를 정제하여 휘발유를 대체할 수 있는 에너지 자원이다. 바이오 에탄올의 원료를 수확하기 위해 초지를 태우기 때문에 환경 문제를 유발하기도 하며, 바이오 에탄올의 수요가 증가하면서 원료가 되는 옥수수의 가격이 폭등하면서 옥수수를 주식으로 하는 멕시코 등 라틴 아메리카 지역의 식량 문제를 가지고 왔다.

28 출제 의도: 식량 자원

예시 답안

식량 부족 문제가 발생할 것으로 예상되는 지역은 아프리카와 아시아이다. 아프리카와 아시아는 식량의 수출에 비해 수입이 상대적으로 많은 지역이다. 국내 식량 생산이 적어 해외에서 식량을 수입하고 있어 경제 발전이 낮아 식량 수입이 어려운 지역의 경우 식량 부족 문제가 나타날 수 있다.

핵심 단어 아시아, 아프리카, 수출, 수입, 경제 발전

등급	채점 기준
상	식량 부족 문제가 발생하는 지역으로 아프리카와 아시아를 모두 제시하고, 그 이유를 그래프를 분석하여 식량의 수입과 수출량의 차이를 이해하여, 경제력에 따라 식량 부족 문제가 발생할 수 있음을 서술한 경우
중	식량 부족 문제가 발생하는 지역을 1개 제시하고 그 이유를 식량의 수입과 수출량의 차이만으로 설명한 경우
하	식량 부족 문제가 발생하는 지역만 제시한 경우

29 출제 의도: 자원 민족주의

예시 답안

(1) ㉠은 석유 수출국 기구(OPEC)이다.

(2) 석유 수출국 기구(OPEC)는 국제 석유 자원의 생산량을 결정하여 자원을 자국의 이권을 위한 무기로 사용하는 자원 민족주의가 나타날 수 있다.

핵심 단어 석유 수출국 기구, 자원의 무기화, 자원 민족주의

등급	채점 기준
상	석유 수출국 기구(OPEC)를 제시하고, 자원을 이용하여 자국의 이권을 위한 무기로 사용하는 자원 민족주의가 나타날 수 있다는 문제점을 논리적으로 설명한 경우
중	석유 수출국 기구(OPEC)를 제시하고, 자원 민족주의가 나타날 수 있다는 점을 단순히 설명한 경우
하	석유 수출국 기구(OPEC)만 제시한 경우

30 출제 의도: 지속 가능한 자원 이용

예시 답안

화석 연료 사용을 줄이기 위해 냉난방 절제, 대중교통 이용 등 생활 속에서 자원 절약을 습관화하고, 에너지 소비효율 등급 표시제, 탄소 포인트제, 탄소 성적 표지제 등 자원 절약을 위한 여러 정책을 확충해 나가야 한다. 또 화석 연료를 대체할 수 있고, 고갈 위험이 적으며, 기후 변화 등의 환경 문제를 줄일 수 있는 신·재생 에너지를 개발하고 이용을 늘리는 등의 노력을 기울여야 한다

핵심 단어 생활 속 자원 절약 습관, 신재생 에너지 개발

등급	채점 기준
상	지속 가능한 자원 이용을 위한 방안을 개인적 측면과 국가 및 국제적 측면으로 구분하여 각 사례를 제시하고, 그 설명이 논리적인 경우
중	지속 가능한 자원 이용을 위한 방안을 개인적 측면과 국가 및 국제적 측면으로 구분하여 제시한 경우
하	지속 가능한 자원 이용 방안을 단순히 제시한 경우

VII. 개인과 사회생활

01 사회화와 청소년기의 특징

① 사회화의 의미와 기능
② 사회화의 과정과 사회화 기관

154~155쪽

01 (1) × (2) × (3) × **02** (1) 재사회화 (2) 가정 (3) 학교
03 (1) – ㉡ (2) – ㉢ (3) – ㉠ **04** ② **05** ③ **06** ①
07 ④ **08** 가정 **09~10** 해설 참조

04 출제 의도: 사회화의 의미와 특징
② 사회화는 태어나면서 죽을 때까지 지속되는 것으로, 유년기부터 노년기까지 평생에 걸쳐 진행된다.

> **그래서 오답!**
> ① 언어적 상호 작용을 통해서만 이루어진다. (×) → 사회화는 말과 글 등 언어적 상호 작용을 통해 이루어지기도 하지만, 행동이나 표정 등 비언어적 상호 작용을 통해서도 이루어진다.
> ③ 모든 사회에서 동일한 내용과 방식으로 이루어진다. (×) → 사회화의 내용이나 방식은 시대나 사회에 따라 달라질 수 있다.

05 출제 의도: 사회화의 기능
개인적 측면에서 사회화의 기능은 사회 구성원으로서의 소속감 형성, 사회생활에 필요한 행동 양식 및 규범 학습, 개인의 자아 정체성 형성 등이다. 이에 비해 사회적 측면에서의 사회화의 기능은 사회의 규범과 가치 등의 세대 간 전승, 사회의 유지와 존속 및 발전에의 기여 등이다.

06 출제 의도: 성장 시기별 사회화 과정
① 유아기와 유년기에는 말하는 것 등의 가장 기초적인 사회화가 주로 가정을 통해서 이루어진다.

> **그래서 오답!**
> ② 청소년기 – 주로 재사회화가 이루어진다. (×) → 재사회화는 사회 변화에 따라 새롭게 요구되는 지식, 규범과 가치 등의 생활 양식을 배우는 과정을 말한다. 청소년기에는 사회화가 주로 이루어진다.
> ③ 청소년기 – 또래 집단의 영향을 크게 받아 인간관계의 범위가 축소된다. (×) → 청소년기에는 또래 집단의 영향을 크게 받지만, 인간관계의 범위는 확대된다.
> ④ 성인기 – 주로 가정에서 기본적인 인성과 가치관의 토대를 마련한다. (×) → 가정에서 기본적인 인성과 가치관의 토대를 마련하는 것은 유아기와 유년기에 대한 설명이다.
> ⑤ 노년기 – 다양한 상호 작용 속에서 자아 정체성을 형성한다. (×) → 자아 정체성을 형성하는 시기는 청소년기이다. 노년기에는 노인 대학이나 대중 매체 등을 통해 재사회화가 이루어지며, 청소년기에 형성된 자아 정체성은 계속 변화할 수 있다.

07 출제 의도: 사회화 기관의 유형
텔레비전은 사회화 기관으로서 대중 매체에 해당하고, 중학교는 사회화 기관으로서 학교에 해당한다.
④ 학교는 사회화를 목적으로 설립된 기관으로, 공식적이고 체계적인 사회화가 이루어진다.

> **그래서 오답!**
> ① ㉠은 가장 기초적인 사회화를 담당한다. (×) → 가장 기초적인 사회화를 담당하는 사회화 기관은 가정이다.
> ② ㉠은 노년기의 사회화에 영향을 미치지 않는다. (×) → 대중 매체는 노년기의 재사회화에 주로 영향을 미치는 사회화 기관이다.
> ③ ㉡을 통해 사회화가 완료된다. (×) → 사회화는 평생에 걸쳐 지속되는 과정이므로 학교에서 완료된다고 보기 어렵다.
> ⑤ ㉠은 ㉡과 달리 사회의 유지와 존속에 기여하는 역할을 한다. (×) → 대중 매체와 학교는 모두 사회화 기관으로서 사회의 유지와 존속에 기여한다.

08 출제 의도: 사회화 기관으로서 가정의 역할
가정은 가장 중요하고 기초적인 사회화 기관으로서, 인간은 유아기와 유년기에 가정에서 기본적인 욕구를 충족하고 인성과 가치관의 토대를 마련한다.

09 출제 의도: 재사회화의 사례

예시 답안
(1) 재사회화
(2) 정보 통신 기술의 발달로 인터넷이나 스마트폰 사용 방법을 배운다. 다문화 사회로의 변화 과정에서 필요한 가치와 태도를 습득한다. 등

핵심 단어 기술 발달, 사회 변화, 습득

등급	채점 기준
상	재사회화의 사례를 정확히 서술한 경우
하	단순히 생활 양식을 학습하는 사례를 서술한 경우

10 출제 의도: 사회화의 기능

예시 답안
사회화는 개인적 측면에서 사회생활에 필요한 행동 양식 및 규범을 학습하고, 사회 구성원으로서의 소속감과 자아 정체성을 형성하도록 한다. 또한 사회적 측면에서는 사회의 규범과 가치 등을 공유하고 세대 간에 전승하도록 하며, 사회의 유지와 존속 및 발전에 기여한다.

핵심 단어 사회화, 행동 양식, 규범, 소속감, 자아 정체성, 가치 공유, 전승, 사회의 유지와 존속

등급	채점 기준
상	사회화를 쓰고, 개인적 측면과 사회적 측면의 기능을 모두 서술한 경우
중	사회화를 쓰고, 개인적 측면과 사회적 측면의 기능 중 한 가지만 서술한 경우
하	사회화라고만 쓴 경우

③ 청소년기의 사회화

156~157쪽

01 (1) 또래 집단 (2) 질풍노도 (3) 자아 **02** (1) ○ (2) ×
(3) × **03** (1) 거울 자아 (2) 자아 정체성 (3) 청소년기
(4) 주변인 **04** ③ **05** ③ **06** ⑤ **07** ④ **08** 자아
09~10 해설 참조

04 출제 의도: 청소년기의 특징
③ 청소년기는 사회화 과정에서 긍정적인 자아 정체성을 형성하는 데 매우 중요한 시기이므로 다양한 노력이 이루어져야 한다.

그래서 오답!

① 주로 가정에서 기본적인 욕구를 충족한다. (×) → 유아기와 유년기에 대한 설명이다. 청소년기에는 주로 학교나 또래 집단, 대중 매체 등의 영향을 많이 받고, 사회생활에 필요한 지식과 기술, 가치관 등을 습득한다.
② 또래 집단의 영향을 많이 받지 않기 때문에 '심리적 이유기'라고 부른다. (×) → 청소년기는 경제적으로 부모의 보살핌을 받지만 심리적으로 부모로부터 독립하고자 하는 모습을 보이기 때문에 심리적 이유기라고 한다. 청소년기에는 친구를 중요시하면서 부모보다 오히려 또래 집단의 영향을 크게 받는다.

05 출제 의도: 청소년기에 관한 표현
③ 지적 능력이 발달하고 독립심이 증가하면서 부모나 기성세대의 질서에 저항하여 갈등을 겪는 청소년기의 특징을 가리켜 '제2의 반항기'라고 한다.

그래서 오답!

① 주변인 (×) → 성인과 아동 중 어디에도 속하지 못하고 주변을 맴 도는 청소년기의 특징을 나타낸다.
② 심리적 이유기 (×) → 심리적으로 부모로부터 독립하고자 하는 청소년기의 특징을 나타낸다.
④ 질풍노도의 시기 (×) → 감정적으로 매우 불안정한 청소년기의 특징을 나타낸다.

06 출제 의도: 청소년기와 중요성
⑤ 청소년기는 긍정적인 자아 정체성 형성에 매우 중요한 시기이다. 자아를 찾으려는 본인의 적극적인 노력과 더불어 가정, 또래 집단, 학교 등 다양한 요소와의 활발한 상호 작용이 더해져야 건강하고 긍정적인 자아 정체성이 형성될 수 있다.

07 출제 의도: 청소년기의 사회화 기관
청소년기는 부모에게 거의 전적으로 의존하는 유아기 및 유년기와는 다르게 부모로부터 독립하여 다른 사회화 기관의 영향을 많이 받는데, 특히 공식적인 사회화 기관인 학교와 비공식적인 또래 집단, 대중 매체 등의 영향을 크게 받는다. 이 중 비슷한 연령대의 친구 집단으로 심리적인 위안과 소속감을 얻는 사회화 기관은 또래 집단이다.

플러스 개념 주요 사회화 기관의 특징

가정	가장 중요하고 기초적인 사회화 기관
또래 집단	비슷한 연령대의 친구 집단
학교	공식적인 사회화 기관
직장	직업 수행과 관련된 행동 양식 학습
대중 매체	현대 사회에서 영향력이 매우 커지고 있는 사회화 기관

08 출제 의도: 거울 자아
제시된 그림에서 학생은 자신에 대한 다른 사람의 판단을 기준으로 자기 자신을 생각하고 있다. 이렇게 거울에 비친 자신의 모습을 보는 것처럼 주변 사람들이 자신을 어떻게 생각하는지를 거울삼아 자아를 만드는 것을 거울에 비친 자아(거울 자아)라고 한다. 주변의 평가에 크게 신경을 쓰게 되는 청소년기에는 거울 자아의 형성이 빈번하게 이루어진다.

09 출제 의도: 청소년기의 중요성

예시 답안

(1) 자아
(2) 청소년기에 자아 정체성을 어떻게 형성하느냐에 따라 성인기의 삶이 달라질 수 있습니다.

문제 자료 분석하기 자아 정체성 확립의 중요성

『지킬 박사와 하이드』
선한 자아(지킬 박사)와
악한 자아(하이드)의 대립
⇩
자아 정체성의 형성이 미치는 영향
⇩
바람직한 자아 정체성 형성의 필요성 인식

핵심 단어 자아 정체성, 청소년기, 성인기

등급	채점 기준
상	청소년기 자아 정체성의 형성과 성인기의 관계를 서술한 경우
하	청소년기에 바람직한 자아 정체성을 형성해야 한다고만 서술한 경우

10 출제 의도: 청소년기의 특징

예시 답안

• 나는 제2의 반항기를 겪고 있다. 왜냐하면 생각이나 가치관의 차이 때문에 부모님과 자주 갈등을 겪고 있기 때문이다.
• 나는 심리적 이유기를 겪고 있다. 비록 부모님으로부터 경제적으로 지원을 받기는 하지만, 더 이상 부모님의 간섭을 받기 싫기 때문이다.
• 나는 질풍노도의 시기를 겪고 있다. 왜냐하면 '빠르게 부는 바람과 거센 물결'처럼 불안한 감정 상태를 겪고 있기 때문이다. 그래서인지 모든 일이 걱정되고, 감정의 변화 폭이 하루 동안에도 매우 크게 나타난다.

제2의 반항기, 심리적 이유기, 질풍노도의 시기

등급	채점 기준
상	선택한 용어의 의미를 포함하여 자신의 상황을 설명한 경우
하	청소년기의 일반적인 특징을 적용하여 자신의 상황을 설명한 경우

플러스 개념 청소년기의 특징

질풍노도의 시기	감정적으로 매우 불안한 상태
주변인	성인과 아동 중 어디에도 속하지 않음
심리적 이유기	부모로부터 심리적으로 독립하고자 함
제2의 반항기	기성세대의 질서에 저항하여 갈등을 겪음

02 사회적 지위와 역할 ~ 03 사회 집단과 차별 문제

① 지위와 역할의 의미
162~163쪽

01 (1) 사회적 지위 (2) 사회적 역할 (3) 귀속 지위, 성취 지위
02 (1) ㉠, ㉢, ㉥ (2) ㉡, ㉣, ㉦ **03** (1) ○ (2) × (3) ×
(4) ○ **04** ② **05** ① **06** ① **07** ⑤ **08** 남자,
아들, 손자, 조카, 사촌동생, 중학생, 청소년 **09~10** 해설
참조

04 출제 의도: 사회적 지위의 특징
② 개인은 다양한 집단과 사회에 속하여 여러 개의 지위를 동시에 가지고 있다.

05 출제 의도: 귀속 지위와 성취 지위
① 귀속 지위란 선천적으로 타고나거나 시간의 흐름에 따라 자연적으로 얻게 되는 지위로, 여자와 남자 같은 성별은 귀속 지위에 해당한다.

그래서 오답!

②, ③, ④는 모두 개인의 능력이나 노력에 따라 얻어지는 지위로, 성취 지위에 해당한다.

06 출제 의도: 귀속 지위와 성취 지위
① 제시된 지위는 모두 개인의 능력이나 노력에 의해 후천적으로 얻게 되는 성취 지위에 해당한다.

그래서 오답!

② 전통 사회에서 중시되는 지위이다. (×) → 현대 사회에서 중시되는 지위이다.
③ 남자, 누나와 같은 유형의 지위이다. (×) → 남자, 누나는 모두 귀속 지위이다.
④ 개인의 노력과 상관없이 얻을 수 있는 지위이다. (×) → 개인의 노력에 따라 얻을 수 있는 지위이다.

⑤ 태어날 때부터 선천적으로 갖게 되는 지위이다. (×) → 후천적으로 얻어지는 지위이다.

07 출제 의도: 사회적 지위와 사회적 역할
⑤ 제시된 그림의 '나'는 학생이다. 수업 내용을 이해하기 쉽게 강의하는 것은 교사의 역할에 해당한다.

08 출제 의도: 사회적 지위
A는 중학생이자 청소년이고, 부모님의 아들이며, 조부모님의 손자이고, 사촌형의 사촌동생이며, 큰아버지와 큰어머니의 조카이다.

09 출제 의도: 역할 행동에 따른 보상과 제재

예시 답안

(1) 역할 행동
(2) 학급 친구들에게는 비난을 받고, 담임선생님에게는 제재를 받을 수 있다.

핵심 단어 역할 행동, 비난, 제재

등급	채점 기준
상	비난이나 제재를 받는다고 서술한 경우
하	비난과 제재 중 한 가지만 서술한 경우

10 출제 의도: 귀속 지위와 성취 지위 비교

예시 답안

신분제 사회였던 전통 사회에서는 성별이나 신분에 따라 삶이 달라지기 때문에 귀속 지위가 매우 중시되었다. 하지만 신분제가 폐지된 현대 사회에서는 자신의 능력이나 노력에 따라 얻을 수 있는 성취 지위로 인해 삶이 다양하게 변화할 수 있기 때문에 성취 지위의 중요성이 커지고 있다.

핵심 단어 전통 사회, 귀속 지위, 현대 사회, 성취 지위

등급	채점 기준
상	전통 사회와 현대 사회의 특징을 바탕으로 귀속 지위보다 성취 지위의 중요성이 커지고 있는 이유를 서술한 경우
중	현대 사회의 특징을 바탕으로 성취 지위의 중요성이 커지고 있는 이유를 서술한 경우
하	성취 지위의 중요성이 커지고 있다고만 서술한 경우

② 역할 갈등의 의미와 해결 방안
164~165쪽

01 (1) × (2) ○ (3) × (4) × **02** (1) - ㉠ (2) - ㉡, ㉢, ㉣
03 (1) 역할 갈등 (2) 역할 갈등 (3) 우선순위 **04** ②
05 ③ **06** ④ **07** ③ **08** 역할 갈등 **09~10** 해설
참조

04 출제 의도: 역할 갈등의 특징
② 역할 갈등은 사회 혼란이나 범죄의 원인이 되기도 한다. 따라서 역할 갈등을 원만하게 해결하지 못하고 그대로 두면 사회적 혼란으로 이어질 수도 있다.

05 출제 의도: 역할 갈등의 해결 방안

개인적으로 역할 갈등을 해결하기 위해서는 먼저 지위에 따른 역할을 분석하고, 역할의 우선순위를 정한 후, 그 우선순위에 따라 역할을 수행해야 한다.

06 출제 의도: 역할 갈등의 해결 방안

역할 갈등을 해결하기 위한 사회적 측면의 방안으로는 역할 간 중요성에 대해 사회적 합의를 이루는 것, 한 개인이 여러 가지 역할을 동시에 수행할 수 있도록 제도적 장치를 마련하고 지원하는 것 등을 들 수 있다.

07 출제 의도: 역할 갈등의 사례

제시된 사례에서 A는 천주교 신부라는 지위에 따른 역할과 시민이라는 지위에 따른 역할이 서로 충돌하여 갈등하고 있는 상태이다.

08 출제 의도: 역할 갈등의 의미

첫 번째 사례에서는 교사라는 한 가지 지위에 대해 서로 다른 역할이 요구되면서 역할 갈등이 발생하고 있고, 두 번째 사례에서는 공직자로서의 역할과 친구로서의 역할이 서로 충돌하면서 역할 갈등이 발생하고 있다.

09 출제 의도: 역할 갈등의 의미

> **예시 답안**

(1) 잘 먹고 건강하게 자라는 아들, 착하고 복스럽게 자라는 아들, 용감하고 슬기롭게 자라는 동생

(2) '내 동생'이 자신에게 요구되는 서로 다른 역할 사이에서 심리적 갈등을 겪으며 고민해야 한다.

> **문제 자료 분석하기** 자아 정체성 확립의 중요성
>
> | **'내 동생'의 지위** |
> |---|
> | 엄마의 아들, 아빠의 아들, 누나의 동생 |
>
> ⇩
>
> **'내 동생'의 지위에 따른 역할**
> • 엄마의 아들로서의 역할: 잘 먹고 건강하게 자라는 아들
> • 아빠의 아들로서의 역할: 착하고 복스럽게 자라는 아들
> • 누나의 동생으로서의 역할: 용감하고 슬기롭게 자라는 동생
>
> ⇩
>
> **'역할 갈등'의 발생**
> 동생이 자신에게 주어진 세 가지 역할 사이에서 어떻게 역할을 수행해야 할지 몰라 고민하게 되면 역할 갈등이 발생함

> **핵심 단어** 심리적 갈등, 고민

등급	채점 기준
상	핵심 단어를 모두 사용하여 서술한 경우
중	핵심 단어를 1개만 사용하여 서술한 경우
하	핵심 단어 외의 표현을 사용하여 서술한 경우

10 출제 의도: 역할 갈등의 해결 방안 제시

> **예시 답안**

개인적 측면에서는 사회적 지위에 따른 역할을 분석하고, 역할 간의 우선순위를 정한 후 그에 따라 역할을 수행해야 한다. 그리고 사회적 측면에서는 역할 간 중요성에 대한 사회적 합의를 이루고, 한 개인이 여러 가지 역할을 동시에 수행할 수 있도록 제도적 장치를 마련하고, 그에 따라 지원이 이루어져야 한다.

> **핵심 단어** 역할 갈등, 우선순위, 사회적 합의, 동시 수행

등급	채점 기준
상	개인적 측면의 해결 방안과 사회적 측면의 해결 방안을 〈조건〉에 맞게 모두 서술한 경우
중	개인적 측면의 해결 방안과 사회적 측면의 해결 방안을 〈조건〉에 맞게 일부 서술한 경우
하	개인적 측면의 해결 방안과 사회적 측면의 해결 방안 중 한 가지만 서술한 경우

③ 사회 집단의 의미와 유형

166~167쪽

01 (1) × (2) × (3) ○ (4) ×	**02** (1) 내집단 (2) 공동 사회
(3) 2차 집단	**03** (1) 회사 (2) 우리 학교 (3) 또래 집단

04 ③　　**05** ③　　**06** ④　　**07** ③　　**08** 가족

09~10 해설 참조

04 출제 의도: 사회 집단의 의미

③ 사회 집단은 둘 이상의 사람들이 소속감을 가지고 지속적으로 상호 작용을 하는 집단이다.

> **그래서 오답!**
>
> ① 구성원이 한 명인 경우도 있다. (×) → 사회 집단은 둘 이상의 사람들이 모인 집단이다.
> ② 같은 공간에 모여 있는 사람들은 모두 사회 집단이다. (×) → 같은 공간에 있다고 하더라도 소속감과 지속적인 상호 작용이 없다면 사회 집단에 해당하지 않는다.

05 출제 의도: 준거 집단의 영향

③ 제시문에서 밑줄 친 '이것'은 준거 집단이다. 준거 집단은 개인의 신념이나 태도에 영향을 미치면서 행동의 기준이 되기 때문에, 청소년기의 진로 선택 과정에서 청소년들에게 큰 영향을 미친다.

> **그래서 오답!**
>
> ① 모든 공동 사회를 포함한다. (×) → 공동 사회는 자신의 의지와 상관없이 속한 집단으로, 모든 공동 사회가 준거 집단인 것은 아니다.
> ② 개인이 소속한 집단과 항상 일치한다. (×) → 소속 집단과 준거 집단은 일치하기도 하고, 그렇지 않기도 하다.
> ④ 소속 집단과 일치할 경우에는 불만을 초래한다. (×) → 소속 집단과 준거 집단이 일치하지 않을 경우 소속 집단에 대한 불만이 초래된다.

06 출제 의도: 사회 집단의 의미

④ 사회 집단은 둘 이상의 사람들이 모여 소속감을 가지고 지속적으로 상호 작용을 하는 집단을 말한다. 따라서 축구장의 관중과 축구 동호회는 모두 둘 이상의 사람들이 모여 있지만, 지속적인 상호 작용이 있는 축구 동호회만 사회 집단에 해당한다.

> **그래서 오답!**
>
> ① ㈎는 2차 집단에 해당한다. (×) → 축구장의 관중은 사회 집단에 해당하지 않는다.
> ② ㈏는 공동 사회에 해당한다. (×) → 조기 축구회는 구성원들이 목적을 위해 선택하여 구성한 집단이므로 이익 사회에 해당한다.
> ③ ㈎, ㈏는 접촉 방식에 따라 구분되는 사회 집단이다. (×) → 접촉 방식은 사회 집단을 구분하는 기준이므로 사회 집단이 아닌 축구장의 관중에는 적용되지 않는다.
> ⑤ ㈎, ㈏는 모두 구성원 간에 지속적인 상호 작용이 이루어지지 않는다. (×) → 축구 동호회는 구성원 간에 지속적인 상호 작용이 이루어지는 사회 집단이다.

> **플러스 개념** 지속적인 상호 작용
>
> 단순한 사람들의 모임과 사회 집단의 가장 중요한 차이 중 하나는 지속적인 상호 작용이다. 축구장에 모인 관중과 같이 단순히 한 번 만났다가 헤어지는 관계가 아니라, 축구 동호

회와 같이 일정 기간 이상 지속적으로 교류하면서 상호 작용을 하는 경우가 사회 집단에 해당한다. 단, 축구장에 모인 관중 중 축구단 팬클럽의 경우에는 지속적인 상호 작용이 이루어지므로 사회 집단에 해당한다.

07 출제 의도: 사회 집단의 분류

또래 집단은 일반적으로 친밀한 접촉과 전인격적인 인간관계가 이루어진다는 점에서 1차 집단에 해당하고, 회사는 일반적으로 목적 달성을 위한 수단적 만남과 형식적인 인간관계가 이루어진다는 점에서 2차 집단에 해당한다. 이처럼 1차 집단과 2차 집단은 접촉 방식에 따라 구분된다. 가족은 대표적인 1차 집단이고, 정당은 대표적인 2차 집단이다.

③ 또래 집단과 회사 모두 그 집단에 소속된 구성원에게는 내집단에 해당한다.

08 출제 의도: 사회 집단의 분류

㈎는 접촉 방식을 기준으로 친밀한 접촉이 나타난다는 점에서 1차 집단이고, ㈏는 결합 의지를 기준으로 자신의 의지와 상관없이 속한 집단이라는 점에서 공동 사회이다. 가족은 대표적인 1차 집단이자, 의지와 상관없이 형성되었다는 점에서 공동 사회에 해당한다.

09 출제 의도: 준거 집단과 소속 집단의 관계

> **예시 답안**

(1) 준거 집단
(2) 농구팀에 들어갈 경우에는 준거 집단과 소속 집단이 일치하여 소속감과 만족감을 느낄 수 있지만, 들어가지 못할 경우에는 준거 집단과 소속 집단이 일치하지 않아 불만이 생길 수 있다.

> **핵심 단어** 준거 집단, 소속 집단, 만족감, 불만

등급	채점 기준
상	준거 집단과 소속 집단이 일치할 경우와 그렇지 못할 경우에 나타날 수 있는 현상을 모두 서술한 경우
하	준거 집단과 소속 집단이 일치할 경우와 그렇지 못할 경우 중 한 가지 경우에 나타날 수 있는 현상만 서술한 경우

10 출제 의도: 사회 집단의 정의

> **예시 답안**

사회 집단으로 볼 수 있습니다. 제시문에서 대회 참가자들은 일회성 행사에 참석한 사람들이 아니라 지속적인 상호 작용을 하면서 친밀한 접촉을 하고 있기 때문입니다.

> **핵심 단어** 지속적인 상호 작용

등급	채점 기준
상	지속적인 상호 작용이 이루어진다는 점을 포함하여 사회 집단으로 볼 수 있다고 서술한 경우
중	지속적인 상호 작용 외에 친밀한 접촉 등의 표현을 사용하여 사회 집단으로 볼 수 있다고 서술한 경우
하	사회 집단으로 볼 수 있다고만 서술한 경우

④ 사회 집단에서 나타나는 차별 문제

168~169쪽

01 (1) × (2) ○ (3) ○　　**02** (1) 관용 (2) 다양성 (3) 차별
03 (1) 장애 차별 (2) 인종 차별 (3) 인간의 존엄성　　**04** ①
05 ④　**06** ③　**07** ④　**08** 성차별　**09~10** 해설
참조

04 출제 의도: 차이와 차별
① 차별 문제를 해결하기 위해서는 차이를 인정하고 차별을
거부하는 의식을 함양해야 한다.

> **플러스 개념**　차이와 차별
>
> • 차이: 선천적·후천적 요인에 의해 서로 같지 않고 다른
> 것 → 자연스러운 것
> • 차별: 차이를 이유로 어떤 사람이나 집단을 부당하고 불합
> 리하게 대우하는 것 → 극복하고 해결해야 하는 것

05 출제 의도: 적극적 우대 조치
④ 적극적 우대 조치란 인종, 피부색, 종교, 성별, 출신 국가
등에서 비롯되는 차별을 없애기 위해 도입된 정책이나 조
치를 말한다. 적극적 우대 조치의 대표적 사례로는 여성 고
용 할당제나 장애인 의무 고용제 등이 있다.

06 출제 의도: 차별의 사례
③ 차별이란 합리적 이유 없이 어떤 사람이나 집단을 부당하
고 불합리하게 대우하는 것이다. 흑인이라는 이유로 백인
과 같은 버스에 타지 못하도록 하는 것은 인종에 따른 사회
적 차별의 사례이다.

> **그래서 오답!**
>
> ① A는 키가 크고, B는 키가 작다. (×) → 선천적 요인에 의해 다
> 른 것은 차별이 아니라 차이이다.
> ② C는 치킨보다 피자를 좋아한다. (×) → 어떤 것을 더 좋아하
> 는 것은 차별이 아니라 기호이다.
> ④ E는 장애가 있어 비장애인과 다른 조건에서 수능 시험을 본다.
> (×) → 차이를 배려하는 것은 사회적으로 인정되는 합리적
> 차별의 사례이다.
> ⑤ F와 G는 같은 시간, 같은 종류의 일을 하고, 같은 임금을 받는
> 다. (×) → 동일 시간, 동일 노동에 대해 같은 임금을 받는 것
> 은 차별이 아니라 공정한 대우이다.

07 출제 의도: 차별의 해결 방안
제시된 법률들은 모두 여성, 장애인, 고령자, 지방 대학 학생
등 사회적 약자들을 존중하고 배려하여 차별을 해소함으로써
모든 국민의 인간다운 삶을 보장하기 위한 제도적 노력이다.
④ 차이에 대한 고정 관념이나 편견은 차별의 원인이 되기도
한다. 따라서 차별을 해소하기 위해서는 고정 관념이나 편
견을 거부하는 태도를 가져야 한다.

08 출제 의도: 차별의 유형
'유리 천장 지수'는 성차별의 정도를 보여 주는 대표적 지수
이다.

> **플러스 개념**　차별의 유형
>
> • 성차별: 성별을 이유로 직업, 소득 등에 대해 차별하는 것
> • 장애인 차별: 신체적 또는 정신적 장애를 이유로 취업, 진
> 학 등에 대해 차별하는 것
> • 인종 차별: 피부색을 이유로 임금 등에 대해 차별하는 것

09 출제 의도: 차별의 해결 방안

예시 답안

(1) 차별(인종 차별)
(2) 의식적 측면에서는 차이를 인정하고 차별하지 않는 의식을
함양하고, 부당한 차별을 거부하며, 다른 사람을 배려하고
존중하는 자세를 확립해야 한다. 그리고 제도적 측면에서
는 차별을 금지하는 법이나 제도를 제정하고, 인간다운 삶
을 보장할 수 있는 복지 제도를 마련해야 한다.

핵심 단어　차이 인정, 배려, 존중, 차별 금지, 복지 제도

등급	채점 기준
상	의식적 측면의 해결 방안과 제도적 측면의 해결 방안을 모두 서술한 경우
하	의식적 측면의 해결 방안과 제도적 측면의 해결 방안 중 한 가지만 서술한 경우

10 출제 의도: 사회적 차별

예시 답안

차별이 아니다. 차별이란 차이를 이유로 어떤 사람이나 집단
을 부당하고 불합리하게 대우하는 것을 의미한다. 하지만 입
사 후에 담당할 직무와 관련된 사항을 이력서에 적도록 하는
것은 직무 적합성을 판단하기 위한 것이므로 부당하고 불합리
하게 대우하는 차별이라고 볼 수 없다.

핵심 단어　차별, 부당하고 불합리한 대우

등급	채점 기준
상	차별이 아니라고 밝히고, 그 이유를 차별의 의미를 포함하여 서술한 경우
중	차별이 아니라고 밝히고, 그 이유를 차별의 의미를 포함하지 않고 서술한 경우
하	차별이 아니라고만 쓴 경우

대단원 완성 문제　Ⅶ 개인과 사회생활

170~175쪽

01 ②	**02** ⑤	**03** ①	**04** ③	**05** ②	**06** ②
07 ⑤	**08** ③	**09** ③	**10** ①	**11** ④	**12** ④
13 ①	**14** ②	**15** ②	**16** ⑤	**17** ③	**18** ⑤
19 ④	**20** ②	**21** ⑤	**22** ②	**23** ⑤	**24** ②
25 ⑤	**26** ①	**27** ④	**28~30** 해설 참조		

01 출제 의도: 사회화의 특징

② A국은 남녀 모두 성품이 부드럽고, B국은 남녀 모두 성품이 사납고 공격적이지만, C국은 남성과 여성의 성품이 다르게 나타난다. 이처럼 사회마다 성별에 따른 차이가 달라진다는 것을 통해 성별에 따른 차이가 사회적 상황과 맥락에 따라 학습된 행동임을 파악할 수 있다.

그래서 오답!

> ① 선천적으로 타고나는 것이다. (×) → 각국에서 나타나는 부드러운 성품, 사납고 공격적인 성품 등은 해당 사회의 구성원들에게서는 동일하게 나타나므로 선천적으로 타고났다기보다는 사회적 영향을 받아 학습되었다고 보는 것이 더 적절하다.
> ③ 자신이 속한 사회와 무관하게 형성된다. (×) → 자신이 속한 사회에 적응하는 과정에서 성별에 따른 특성을 배우게 되고, 그 결과 자신의 자아 정체성을 형성하게 된다.
> ④ 급격한 사회 변화에 대처하기 위한 것이다. (×) → 재사회화에 대한 설명이다.
> ⑤ 개인의 노력에 따라 자신만의 자아 정체성을 형성하는 것이다. (×) → 성별 차이는 자신이 속한 사회 내의 사회화 과정에서 학습된 것으로, 개인이 노력하여 자아 정체성을 형성한 것으로 보기는 어렵다.

02 출제 의도: 사회화의 중요성

⑤ 제시문에는 유년기에 실종되었다가 18년 만에 발견된 사람에게 인간의 언어와 생활 습관을 가르쳤지만 학습이 제대로 이루어지지 않고 적응에 어려움을 겪는 모습이 나타나 있다. 이를 통해 인간은 성장 단계에 맞게 적절한 사회화를 경험해야만 사회생활에 필요한 인간다운 모습을 갖출 수 있다는 점을 추론할 수 있다.

그래서 오답!

> ① 인간의 행동은 생물학적 본능에만 영향을 받는다. (×) → 인간의 행동은 생물학적 본능뿐만 아니라 사회적 규범의 영향도 받는다.
> ② 사회화는 모든 사회에서 동일한 내용으로 이루어진다. (×) → 사회마다 환경, 사회적 맥락, 역사적 상황 등에 따라 서로 다른 내용의 사회화가 이루어진다.
> ③ 문화를 다음 세대에 전달하여 사회를 유지·존속해야 한다. (×) → 제시된 프니엥의 사례를 통해 직접 파악할 수 있는 내용은 아니다.
> ④ 사회 변화에 따라 새로운 기술을 습득하기 위해 노력해야 한다. (×) → 재사회화에 대한 설명이다.

03 출제 의도: 사회화된 행동

① 사회화된 행동이란 사회 규범이 반영되어 학습된 행동을 말한다. 졸리면 하품을 하는 것은 생리적 현상으로 사회화된 행동이 아니다. 단, 하품을 할 때 입을 가리는 것은 사회화된 행동에 해당한다.

04 출제 의도: 사회화의 특징

㉠에 들어갈 용어는 사회화이다. 식사 예절과 인사 방식은 사회화를 통해 사회가 요구하는 규범을 학습한 사례에 해당한다.

그래서 오답!

> ㄱ, ㄷ은 생물학적 특징에 해당하므로 사회화의 내용으로 볼 수 없다.

05 출제 의도: 재사회화의 의미

② 재사회화란 사회 변화에 적응하기 위해 새롭게 요구되는 지식, 기술, 가치 등을 학습하는 것을 말한다. 유아기에 언어와 기초적인 생활 양식을 학습하는 것은 재사회화가 아니라 사회화에 해당한다.

06 출제 의도: 사회화 기관의 특징

② 대중 매체는 신문, 인터넷, 텔레비전 등을 통해 정보와 지식 등을 제공하는 사회화 기관으로 현대 사회에서 영향력이 커지고 있다.

그래서 오답!

> ① ㉠과 ㉢은 모두 전문적인 사회화를 담당한다. (×) → 텔레비전(대중 매체)과 친구(또래 집단)는 모두 사회화 기관에 해당하지만, 전문적인 사회화를 담당하는 기관이라고 보기는 어렵다.
> ③ ㉠과 ㉣은 항상 매체를 통해 새로운 정보를 전달한다. (×) → 항상 매체를 통해 새로운 정보를 전달하는 것은 대중 매체만의 특징이다.
> ④ ㉡과 ㉣은 모두 공식적 사회화 기관이다. (×) → 학교는 사회화를 목적으로 설립된 공식적 사회화 기관이지만, 환경 보호 단체는 그렇지 않다.
> ⑤ ㉢은 ㉣과 달리 구성원에게 공동체 의식과 소속감을 부여한다. (×) → 환경 보호 단체는 사회 집단으로 구성원에게 공동체 의식과 소속감을 부여한다.

07 출제 의도: 사회화의 기능

청소년은 학교에서 사회생활에 필요한 지식과 가치, 행동 양식 등을 습득하며, 자신만의 독특한 개성과 자아를 형성한다.

그래서 오답!

> ㄱ. 가장 기초적인 생활 양식을 학습한다. (×) → 가장 기초적인 생활 양식을 학습하는 사회화 기관은 학교가 아니라 가정이다.

08 출제 의도: 청소년기의 특징

신체적·심리적으로 급격하게 변화하는 모습, 감정의 기복이 심하고 충동적으로 행동하는 모습, 부모의 간섭에서 벗어나 정서적으로 독립하려고 하는 모습, 아동과 성인 중 어디에도 속하지 못하고 방황하는 모습 등은 모두 제시된 사례의 라일리에게서 확인할 수 있다.

③ 라일리에게는 미래에 대비하면서 자신의 모습을 구체적으로 계획하고 수립하는 모습은 나타나지 않는다.

09 출제 의도: 청소년기의 특징

③ 재사회화는 성인기 이후에 주로 나타나며, 청소년기는 유아기와 유년기를 지나 본격적인 사회화가 이루어지는 시기에 해당한다.

사춘기	육체적·정식적으로 어린이에서 어른이 되는 시기로, 청소년들이 아동기를 벗어나면서 큰 변화를 겪는 시기임
청소년기	또래 집단의 영향을 많이 받는 시기로, 학교에서 사회화 과정을 통해 필요한 지식과 기술 등을 습득함
심리적 이유기	경제적으로는 부모님의 보살핌을 받지만, 심리적으로는 부모로부터 독립하고자 하는 청소년기의 특징을 나타냄
질풍노도의 시기	'빠르게 부는 바람과 거센 물결'이라는 뜻으로, 감정적으로 불안한 청소년기의 감정 상태를 의미함

10 출제 의도: 청소년기와 자아 정체성의 관계
청소년기에 바람직한 자아 정체성을 형성하기 위해서는 '내가 생각하는 나의 모습'과 '타인이 생각하는 나의 모습' 사이에서 적절한 조화를 이루어야 한다. 또한 성찰을 통해 자신의 모습을 이해하고 가치 있는 삶의 목표를 세우면서 바람직한 자아 정체성을 형성해 나가야 한다.

그래서 오답!

> ㄷ. 부모님의 보호를 벗어나 낯선 곳에서 스스로 독립해야 한다. (×) → 청소년기에는 부모에게 거의 전적으로 의존하던 모습에서 벗어나 독립하려는 특징이 두드러지는 시기이지만, 충동적으로 집을 나선 라일리에게 하는 조언으로는 적합하지 않다.
> ㄹ. 자신에 대한 주변 사람들의 생각을 무조건적으로 수용한다. (×) → 다른 사람의 의견을 무조건적으로 수용하기보다 올바른 조언을 잘 가려서 수용해 나가야 한다.

11 출제 의도: 사회적 지위와 역할
④ 링컨이 독학으로 공부하여 변호사 시험에 합격한 것은 링컨의 역할 행동에 대한 보상으로 볼 수 있다.

그래서 오답!

> ① ㉠과 ㉡은 모두 귀속 지위이다. (×) → 아버지, 목수는 모두 링컨 아버지의 성취 지위이다.
> ② ㉠과 ㉤은 모두 선천적으로 타고난 지위이다. (×) → 신분제 사회에서 서민은 귀속 지위일 수 있지만, 아버지는 성취 지위이다.
> ③ ㉢은 ㉠의 성취 지위이다. (×) → 상인은 링컨의 성취 지위이다.
> ⑤ ㉤은 링컨의 준거 집단이다. (×) → 서민 정치가로 활동했다고 해서, 서민 자체가 링컨의 준거 집단이었다고 판단하기는 어렵다.

12 출제 의도: 사회적 지위의 특징
지위는 한 번 결정되면 바꿀 수 없는 것이 아니라 후천적 능력이나 노력에 따라 달라질 수 있고, 현대 사회에서는 귀속 지위보다 성취 지위의 중요성이 커지고 있으며, 한 사람은 여러 개의 지위를 동시에 가질 수 있다.

13 출제 의도: 귀속 지위와 성취 지위
① 학생 회장, 어머니, 의사는 모두 능력이나 노력에 따라 얻어지는 성취 지위인 데 비해, 장남은 태어날 때부터 갖게 되는 귀속 지위이다.

14 출제 의도: 공식적 사회화 기관
② 학교는 사회화를 목적으로 설립된 공식적 사회과 기관이다. 이에 비해 연극 동아리는 사회화에 영향을 미치기는 하지만 사회화 자체를 목적으로 하는 공식적 사회화 기관은 아니다.

그래서 오답!

> ① ㉠과 ㉤은 모두 A의 성취 지위이다. (×) → A는 현재 영화배우가 아니고 여왕은 실제 지위가 아니라 배역일 뿐이므로 모두 성취 지위에 해당하지 않는다.
> ③ ㉣은 A의 사회화에 영향을 미치지 않았다. (×) → 영화는 대중 매체의 하나로 개인의 사회화에 영향을 미친다.
> ④ ㉥은 ㉠의 역할 행동이다. (×) → 열심히 연습한 것은 연극 동아리 회원으로서의 역할 행동이지 영화배우로서의 역할 행동이 아니다.
> ⑤ Ⓐ은 ㉤의 역할 행동에 대한 보상이다. (×) → 관객에게 박수를 받은 것은 여왕으로서가 아니라 연극 동아리 회원으로서의 역할 행동에 대한 보상이다.

15 출제 의도: 역할 갈등의 사례
역할 갈등이란 한 개인이 가지고 있는 여러 가지 지위에 따른 역할이 충돌하여 나타나는 심리적 갈등을 말한다. 따라서 역할 갈등이 성립하기 위해서는 여러 가지 지위에 따른 역할이 존재해야 하고, 그 역할들이 충돌을 빚어야 한다.
ㄱ. 손주라는 지위에 따른 역할과 학생이라는 지위에 따른 역할이 충돌하여 갈등을 겪고 있으므로 역할 갈등에 해당한다.
ㄴ. 엄마라는 지위에 따른 역할과 회사원이라는 지위에 따른 역할이 충돌하여 갈등을 겪고 있으므로 역할 갈등에 해당한다.

그래서 오답!

> ㄷ. 변호사나 영화감독이 되고 싶은데, 법학과에 가야 할지 영상정보학과에 가야 할지 고민하는 고등학생 (×) → 고등학생이 변호사가 될지 영화감독이 될지 고민하는 것은 현재의 지위가 아니므로 여러 가지 지위에 따른 역할이 갈등하는 사례로 볼 수 없다. 따라서 역할 갈등이 아니라 진로 고민의 사례에 해당한다.

16 출제 의도: 역할 갈등의 특징
⑤ 대부분의 역할 갈등은 시간이 지난다고 해서 저절로 해결되지 않는다. 따라서 해결을 위해 개인과 사회가 함께 적극적으로 노력해야 한다.

17 출제 의도: 사회 집단의 성립 조건
사회 집단이란 둘 이상의 사람들이 소속감이나 공동체 의식을 가지고 지속적인 상호 작용을 하는 모임을 말한다. ㄴ, ㄷ은 같은 직장에서 함께 일하는 사람들이므로 사회 집단의 사례에 해당한다.

ㄱ. ○○ 축구팀의 경기를 관람하는 관중 (×)
ㄹ. 매일 같은 시간에 같은 위치에서 지하철을 타는 사람들 (×)
→ 두 사례는 모두 둘 이상의 사람들이 함께 있더라도 소속 감이나 공동체 의식이 없고 지속적인 상호 작용도 하지 않 으므로 사회 집단이라고 볼 수 없다.

18 출제 의도: 사회 집단의 유형

가족은 1차 집단으로, 구성원 간에 친밀한 대면 접촉을 바탕 으로 전인격적인 인간관계가 형성되고, 기초적인 사회화가 이 루어진다. 이에 비해 학교는 2차 집단이자 공식적 사회화 기 관으로, 구성원 간에 수단적 만남과 형식적 인간관계가 주로 이루어진다.

ㄱ. A는 '가족', B는 '학교'이다. (×) → A는 학교, B는 가족이다.
ㄴ. ㈎에는 '자연 발생적으로 형성된 집단인가?'가 들어갈 수 있 다. (×) → 자연 발생적으로 형성된 집단은 가족이다.

플러스 개념 1차 집단과 2차 집단

1차 집단	친밀한 대면 접촉으로 개인의 인성 형성과 정서적 안정에 큰 영향을 끼치는 집단으로, 주로 비공식적 수단으로 구성원을 제재함
2차 집단	구성원 간의 인간관계가 도구적이고 형식적인 집단 으로, 구성원에 대해 규칙과 법률에 따른 공식적 제 재가 이루어짐

1차 집단과 2차 집단은 구성원 간의 접촉 방식을 기준으로 분류된다. 단, 2차 집단이라고 해서 반드시 도구적이고 형식 적인 인간관계만 이루어지는 것은 아니며 1차 집단의 특성 처럼 친밀한 관계를 형성하는 경우도 있다.

19 출제 의도: 귀속 지위와 성취 지위

④ 아버지는 개인의 능력이나 노력에 따라 얻어지는 성취 지위 인 데 비해, 아들과 청소년은 태어나면서부터 부여되거나 시간의 흐름에 따라 자연스럽게 얻어지는 귀속 지위이다.

① A는 내집단과 준거 집단이 일치하고 있다. (×) → A는 현재 자신이 소속된 중학교에 소속감을 느끼지 못하는 상태이므 로 소속 집단과 준거 집단이 일치한다고 볼 수 없다.
② A는 ㉡에서 재사회화를 경험하고 있다. (×) → 청소년기에 중학교에서 학습하는 내용은 사회화에 해당한다. 또한 제시 문에서 A가 현재 재사회화를 경험하고 있는지에 대한 정보 역시 찾을 수 없다.
③ ㉣은 역할 갈등에 해당한다. (×) → A가 어려움을 겪고 있는 것은 역할 갈등 때문이 아니라 새로운 학교에 적응하지 못하 고 있기 때문이다.
⑤ ㉡, ㉢은 모두 공식적 사회화 기관이다. (×) → 중학교는 공 식적 사회화 기관에 해당하고, 가족은 기초적인 사회화가 이 루어지는 기관이다.

20 출제 의도: 집단의 유형과 특징

② 교육청은 특정한 목적을 달성하기 위해 만들어진 2차 집단 의 특징, 선택적 의지에 따라 형성된 이익 사회의 특징이 동시에 나타난다.

문제 자료 분석하기

㉠ 교육청 출장 → 2차 집단, 이익 사회
㉡ 학교 체육 대회 학급 경기 응원 → A의 내집단, 2차 집단, 이익 사회
㉢ 우체국 택배 발송 → A의 외집단, 2차 집단, 이익 사회
㉣ 가족 저녁식사 → A의 내집단, 1차 집단, 공동 사회
㉤ 유기견 보호소 봉사 활동 → 2차 집단, 이익 사회

21 출제 의도: 준거 집단의 의미

⑤ 준거 집단은 그 집단에의 소속 여부와 상관없이 개인이 자 신의 신념, 태도, 가치 등을 정하는 데 있어 행동의 지침으 로 삼는 집단이다. 제시된 사례에서 A는 초등학교 교사, B 는 가수를 준거 집단으로 삼고 있다.

22 출제 의도: 공동 사회와 이익 사회

② 제시된 대화에서는 교사가 교육이라는 목적을 가진 구성원 들의 결합 의지가 반영되어 만들어진 학교는 B의 사례라고 하였으므로 B는 이익 사회이다. 따라서 A는 가족과 같이 자연 발생적으로 발생하는 공동 사회에 해당할 것이다.

① ㉠에는 '개인의 소속감'이 들어갈 수 있다. (×) → 소속감에 따라 집단을 분류하는 것은 내집단과 외집단이다. 결합 의지 에 따라 이익 사회와 공동 사회를 구분하기 때문에 ㉠에는 '결합 의지'가 적합하다.
③ A는 특정한 목적을 위해 설립된 기관이다. (×) → A는 공동 사회이고, 가족과 촌락 사회가 이에 해당한다. 공동 사회는 자연 발생적이고 친밀한 인간관계를 바탕으로 비공식적 제 재를 통해 구성원을 통제한다.
④ A와 B의 구분은 소속감을 기준으로 이루어진다. (×) → 소 속감을 기준으로 하는 것은 내집단과 외집단의 분류이다.
⑤ B는 A와 달리 구성원 간에 전인격적인 인간관계가 이루어진 다. (×) → 전인격적 관계는 공동 사회의 특징이다.

23 출제 의도: 부당한 차별의 사례

⑤ 시각 장애인에게 비장애인보다 1.5배 더 시험 시간을 부여 하는 것은 제도적 보완을 통해 조건에 따른 불평등을 극복 하는 것으로, 부당한 차별에 해당하지 않는다.

플러스 개념 결과의 평등

결과의 평등은 궁극적인 평등의 시작점으로서, 불평등을 해 소하기 위해 다양한 사회 집단에 서로 다른 정책이나 과정 을 적용하는 것이다. 예를 들면, 교육이나 직업적 선발에서 여성이나 흑인 혹은 도시 내의 빈민에게 유리하도록 차별 대우를 하는 것은 조건의 불평등을 극복함으로써 실질적인 평등의 기회를 보장하기 위한 것이다.

② 성별과 출신 지역 등 직무와 관련이 적거나 없는 정보를 이력서에 적지 않도록 하는 것은 부당한 차별을 막기 위한 것이다. 이에 비해 학과나 관련 자격증은 업무 능력이나 직무 적합성을 판단하기 위한 자료로서 요구할 수 있다.

25 출제 의도: 차별의 사례

제시된 사례에서 인도인 B가 외국인이라는 이유로 한국인들에게 겪은 차별에는 인종과 국적의 다양성을 존중하지 않는 태도가 나타나 있으므로 이를 극복하기 위한 조언이 이루어져야 한다.

⑤ 역차별은 부당한 차별을 받는 쪽을 보호하기 위한 제도나 장치가 너무 강하여 오히려 반대편이 차별을 받는 현상을 의미한다. 역차별에 해당하는 내용은 나타나 있지 않다.

26 출제 의도: 차별의 해결 노력

(가), (나) 모두 제도 개선을 통해 성차별을 바로잡고 기회의 평등을 보장하기 위한 노력에 해당한다.

그래서 오답!

> ㄷ. (가), (나)는 모두 차이를 고려하지 않은 사례이다. (×) → 입학 자격 제한 철폐, 교칙 폐지 등은 모두 차이를 고려하여, 성별이라는 차이가 차별의 이유가 될 수 없도록 제도적으로 보완한 사례이다.
> ㄹ. (가), (나)는 모두 개인적 차원에서 차별을 없애려는 노력이다. (×) → 입학 자격 제한 철폐, 교칙 폐지 등은 모두 사회적 차원에서 성차별 문제를 해결하려는 노력이다.

27 출제 의도: 차별 문제의 해결 노력

④ 제시된 제도들은 모두 소수자에 대한 차별을 철폐하기 위한 '적극적 우대 조치'로, 특정 인종을 우대하거나 장애인 의무 고용을 강제함으로써 더 적극적으로 차별을 없애기 위한 노력이다.

그래서 오답!

> ① 개인의 능력이나 노력을 인정하지 않는다. (×) → 개인의 능력이나 노력을 인정하지 않는다고 보기 어렵다.
> ② 차별을 받지 않는 사람들에게 불이익을 준다. (×) → 차별을 받지 않는 사람들에게 불이익을 주기 위한 제도는 아니지만, 적극적 우대 조치가 지나칠 경우 역차별의 문제점이 생길 수 있다.
> ③ 신체적·문화적 차이로 인한 차별을 강화한다. (×) → 신체적·문화적 차이로 인해 기존에 존재해 왔던 차별을 개선하기 위한 제도들이다.
> ⑤ 개인 간의 차이를 인정하지 않는 관용의 자세를 확립한다. (×) → 관용은 개인 간의 차이를 인정하고 존중하는 데서부터 시작된다.

28 출제 의도: 사회화 기관의 특징

예시 답안

가정은 가장 기초적인 사회화 기관으로, 언어와 기본적인 생활 방식 등을 학습하고 전 생애에 걸쳐 영향을 미친다. 이에 비해 학교는 체계적인 사회화를 담당하는 공식적 사회화 기관으로, 사회가 중요시하는 기술, 지식, 가치, 규범 등을 학습하고, 아동기와 청소년기에 주로 큰 영향을 미친다.

핵심 단어 기초적 사회화 기관, 공식적 사회화 기관

등급	채점 기준
상	사회화 기관으로서의 성격, 학습 내용, 영향을 미치는 시기를 모두 비교하여 서술한 경우
하	사회화 기관으로서의 성격, 학습 내용, 영향을 미치는 시기 중 일부만 비교하여 서술한 경우

29 출제 의도: 거울 자아의 형성 과정

예시 답안

제시된 사례에서 아이들은 거울을 보면서 자신이 한 개 이상의 쿠키를 가져갔을 때 다른 사람이 자신을 어떻게 평가할지를 생각해 보고 이를 내면화한 결과로서 거울이 있는 방에서 보다 엄격하게 행동하였다.

핵심 단어 다른 사람이 보는 모습, 다른 사람의 평가

등급	채점 기준
상	다른 사람이 보는 자신의 모습이나 자신에 대한 다른 사람의 평가를 인식했다는 내용을 포함하여 서술한 경우
하	다른 사람을 신경 썼다고만 서술한 경우

30 출제 의도: 사회적 차별의 유형

예시 답안

성차별을 해결하기 위한 제도이다. 성차별은 성별이 다르다는 이유로 직업, 소득 등에 대해 차별하는 것을 말한다.

핵심 단어 성차별, 다른 성별, 직업, 소득

등급	채점 기준
상	성차별을 쓰고, 그 의미를 서술한 경우
하	성차별이라고만 쓴 경우

VIII. 문화의 이해

01 문화의 의미와 특징 ~ 02 문화를 바라보는 태도

1 문화의 의미와 특성
2 문화의 속성

182~183쪽

01 (1) ○ (2) ○ (3) ×　**02** (1) 보편성 (2) 학습성 (3) 공유성 (4) 축적성　**03** (1) 비물질 문화 (2) 변동성 (3) 전체성
04 ③　**05** ①　**06** ②　**07** ①　**08** 전체성
09~10 해설 참조

04 출제 의도: 문화의 넓은 의미와 좁은 의미

③ 음식 문화에서의 문화는 한 사회의 구성원들이 공유하는 생활 양식을 의미하므로 넓은 의미의 문화에 해당한다.

그래서 오답!

①, ②에서 '문화'는 좁은 의미의 문화에 해당한다.

플러스 개념 문화의 의미

구분	좁은 의미의 문화	넓은 의미의 문화
의미	예술, 문학, 공연과 관련 있는 것, 세련되고 교양 있는 것	한 사회의 구성원이 공통적으로 가지고 있는 전반적인 생활 양식
사례	문화생활, 문화 상품권, 문화재	한국문화, 농촌 문화, 청소년 문화

05 출제 의도: 문화의 공유성

제시문에서 한국 사람들은 파이팅이라는 말을 응원과 격려의 의미로 보는 구성원 간의 생각을 공유하고 있지만, 외국인은 이 문화를 이해하지 못하는 것으로 보아 문화의 속성 중 공유성이 나타나는 것을 알 수 있다.

06 출제 의도: 문화의 보편성과 특수성

모든 문화에는 공통적으로 나타나는 특징이 있는데, 이를 문화의 보편성이라고 한다. 한편, 문화는 사회가 처한 환경에 따라 각각 다르게 형성되어 왔다. 따라서 각 사회의 문화는 고유한 특징을 가지며 서로 다른 모습으로 나타나는데, 이를 문화의 특수성이라고 한다.

07 출제 의도: 문화의 공유성과 축적성

㈎ 꽃 장식을 하고 달리는 자동차만 보아도 그 사회 구성원들은 부부가 신혼여행을 가는 것으로 이해하는 것은 공통의 문화를 공유하고 있다는 의미가 되므로 문화의 공유성을 파악할 수 있다.

㈏ 시간의 흐름에 따라 휴대 전화에 새로운 기능이 추가되고 문화가 풍부해지고 다양해지는 것을 통해서는 문화의 축적성을 파악할 수 있다.

08 출제 의도: 문화의 전체성

떡볶이를 즐겨먹는 문화는 독립된 문화가 아니라 쌀을 주식으로 하는 우리나라의 농경문화와 밀접한 관련이 있다. 이를 통해 문화 요소는 개별적으로 존재하는 것이 아니라 서로 긴밀하게 연결되어 있다는 것을 알 수 있고, 이는 문화의 속성 중 전체성과 관련이 있다.

09 출제 의도: 문화인 것과 문화가 아닌 것

예시 답안

(1) ㈐, ㈒, ㈓

(2) 문화는 한 사회의 구성원이 공통으로 가지고 있는 전반적인 생활 양식을 의미하며, 자연 현상이나 본능적인 행위, 개인적인 습관이나 버릇 등은 문화에 해당하지 않기 때문이다.

문제 자료 분석하기

㈎ 잠을 충분히 자지 못하면 계속 하품이 나온다.
→ 본능에 따른 행동은 문화가 아니다.

㈏ 알래스카에서는 몇 개월 동안 밤에도 해가 보인다.
→ 자연 현상은 문화가 아니다.

㈐ 석기 시대 사람들은 돌을 도구로 사용하여 사냥했다.
→ 석기 시대 사람들이 돌을 사용해 사냥한 것은 구성원들이 만들어 낸 공통적인 문화라고 할 수 있다.

㈑ 나이가 들면 피부에 주름이 생기고 체력이 떨어진다.
→ 시간이 지남에 따라 자연스럽게 나타나는 노화 현상은 문화가 아니다.

㈒ 명절이 되면 교통 혼잡을 무릅쓰고 고향에 다녀온다.
→ 명절이 되면 고향에 다녀오는 것은 우리 사회의 구성원들이 공통으로 공유하고 있는 문화이다.

㈓ 가뭄이 계속되면 비가 오기를 기원하는 제사를 지낸다.
→ 비가 오기를 기원하는 제사는 한 사회의 구성원들이 만들어 낸 문화이다.

핵심 단어 자연 현상, 본능적인 행위, 습관, 버릇

등급	채점 기준
상	문화인 것과 문화가 아닌 것의 특징을 모두 서술한 경우
하	문화인 것과 문화가 아닌 것의 특징 중 한 가지만 서술한 경우

10 출제 의도: 문화의 학습성과 축적성

예시 답안

㈎에 나타난 문화의 속성은 학습성이고, ㈏에 나타난 문화의 속성은 축적성이다. 문화의 학습성을 보여 주는 사례로는 젓가락을 사용하여 음식을 먹는 것, 할아버지가 누리 소통망(SNS)의 사용법을 배우는 것 등을 들 수 있고, 문화의 축적성을 보여 주는 사례로는 사전에 새로운 용어가 추가되면서 그 내용이 풍부해지고 다양해지는 것, 김치 만드는 기술이 말이나 글을 통해 다양한 모습으로 계승되어 나타나는 것 등을 들 수 있다.

핵심 단어 학습성, 축적성

등급	채점 기준
상	학습성과 축적성을 쓰고, 그 사례를 모두 제시한 경우
중	학습성과 축적성을 쓰고, 그 사례를 한 가지만 제시한 경우
하	학습성과 축적성이라고만 쓴 경우

③ 문화를 바라보는 여러 가지 태도

184~185쪽

01 (1) 자문화 중심주의 (2) 문화 사대주의　　**02** (1) ✕
(2) ✕ (3) ◯　　**03** ㉠ 문화 상대주의, ㉡ 있음　　**04** ③
05 ③　　**06** ①　　**07** ⑤　　**08** 문화 사대주의
09~10 해설 참조

04 출제 의도: 문화 상대주의

티베트 사람들의 인사법을 그 나라의 역사, 문화 등을 고려하여 이해하는 것은 문화 상대주의에 해당하므로 바람직한 문화 이해 태도로 볼 수 있다.

그래서 오답!

① 혀를 내밀고 인사를 하다니 정말 미개한 민족이에요. (×) → 어떤 사회의 문화를 미개하다고 평가하는 절대적인 기준을 인정하는 태도는 바람직하지 못하다.
② 문화는 우월한 것과 그렇지 않은 것으로 나눌 수 있어요. (×) → 문화는 우월한 것과 열등한 것으로 구분할 수 없다.

05 출제 의도: 문화 상대주의

문화 상대주의는 한 사회의 문화를 그 사회가 처한 역사적 배경, 사회적 맥락, 자연환경의 특징 등을 고려하여 이해해야 한다는 관점이다.

③ 문화 상대주의에서는 문화를 우열의 기준으로 판단할 수 없다고 본다.

06 출제 의도: 문화 사대주의와 자문화 중심주의

㉠은 문화 사대주의, ㉡은 자문화 중심주의에 해당한다. 자문화 중심주의와 문화 사대주의는 문화를 평가할 때 절대적인 기준이 존재하며, 문화에 우열이 있다고 본다.

그래서 오답!

② 문화를 이해하는 바람직한 태도이다. (×) → 자문화 중심주의와 문화 사대주의는 바람직한 문화 이해 태도가 아니다.
③ 모든 문화는 나름의 의미와 가치가 있다고 본다. (×) → 문화 상대주의에 대한 설명이다.
④ 다른 문화는 우수하고 자기 문화는 열등하다고 본다. (×) → 문화 사대주의에만 해당하는 설명이다.
⑤ 각 사회의 문화를 그 사회의 배경을 고려하여 이해하는 태도이다. (×) → 문화 상대주의에 대한 설명이다.

07 출제 의도: 문화 이해 태도의 문제점

제시된 사례에 나타난 문화 이해 태도는 자문화 중심주의이다. 자문화 중심주의는 자기 문화만을 우수하다고 생각하고 다른 사회의 문화를 열등하다고 보는 태도로, 문화 제국주의, 다른 문화와의 갈등, 세계화 시대에의 고립 등으로 이어질 수 있다.

⑤ 자기 문화를 낮게 평가하여 문화적 정체성을 잃을 수 있는 문화 이해 태도는 문화 사대주의이다.

플러스 개념 문화 제국주의

한 나라가 경제력이나 군사력을 바탕으로 자신들의 종교, 언어, 생활 양식 등을 다른 나라에 강요하는 것을 말한다. 일제 강점기에 일본은 천황을 숭배하는 신사를 세우고 우리나라 국민에게 강제로 참배하도록 하였는데, 이는 우리나라를 문화적으로도 침략하기 위한 것이었다.

08 출제 의도: 문화 사대주의

제시된 사례들에서처럼 다른 사회의 문화를 우수한 것으로 믿고 높게 평가하면서 자신의 문화를 열등한 것으로 생각하는 태도를 문화 사대주의라고 한다. 이러한 태도를 가진 사람은 다른 문화만을 따르고 자기 문화는 낮게 평가한다.

09 출제 의도: 문화 사대주의의 문제점

예시 답안

(1) 문화 사대주의
(2) 자신의 문화적 정체성을 잃을 수 있다. 다른 사회에 문화적으로 종속될 수 있다.

핵심 단어 문화적 정체성, 문화적 종속

등급	채점 기준
상	문화 사대주의의 문제점을 두 가지 서술한 경우
하	문화 사대주의의 문제점을 한 가지만 서술한 경우

10 출제 의도: 자문화 중심주의와 문화 상대주의

예시 답안

갑의 문화 이해 태도는 자문화 중심주의, 을의 문화 이해 태도는 문화 상대주의에 해당한다. 문화 상대주의적 관점에서 한 사회의 문화는 그 사회의 환경이나 역사적 맥락에서 이해해야 한다고 본다. 그런데 자문화 중심주의는 문화의 다양성을 인정하지 않고, 문화 간의 우열이 존재한다고 생각한다. 하지만 문화는 인간이 환경에 적응하면서 형성된 것이므로 어느 사회의 문화가 더 우월하고 열등한지 평가할 수 없다.

플러스 개념 문화 이해 태도

문화 이해 태도	의미	절대적 평가 기준
자문화 중심주의	자기 문화는 우수하고 다른 문화는 열등하다고 봄	있음
문화 사대주의	다른 문화는 우수하고 자기 문화는 열등하다고 봄	있음
문화 상대주의	문화는 그 사회의 환경과 상황 등을 고려하여 이해해야 한다고 봄	없음

핵심 단어 문화의 다양성, 문화 간 우열

등급	채점 기준
상	문화 상대주의의 의미를 제시하고, 자문화 중심주의를 비판한 경우
하	문화 상대주의의 의미를 제시하지 않고, 자문화 중심주의를 비판한 경우

④ 다른 문화를 이해하는 바람직한 태도

186~187쪽

01 (1) × (2) × (3) ○　　**02** (1) – ㉡ (2) – ㉠ (3) – ㉢
03 (1) 문화 상대주의 (2) 극단적 문화 상대주의　　**04** ③
05 ②　**06** ③　**07** ③　**08** 비교하여 이해하기(비교론적 관점)　**09~10** 해설 참조

04 출제 의도: 바람직한 문화 이해 태도

③ 문화가 나타난 사회의 환경과 맥락에 따라 문화를 파악하는 문화 상대주의는 바람직한 문화 이해 태도이다.

그래서 오답!

① 갑: 외국에서 산 가방이라 질이 아주 좋은 것 같아. (×)
 → 문화 사대주의로 바람직하지 못한 문화 이해의 태도이다.
② 을: 인도인들은 음식을 손으로 먹더라. 너무 지저분해. (×)
 → 자문화 중심주의로 바람직하지 못한 문화 이해의 태도이다.

05 출제 의도: 바람직한 문화 이해 태도

제시문에서는 암소를 숭배하는 문화를 종교뿐만 아니라 생계 유지를 위한 현실적 이유와 연결 짓고 있다. 즉, 사회의 여러 가지 문화 요소와의 관계 속에서 문화를 바라보고 있으므로 총체론적 관점에 해당한다.

06 출제 의도: 바람직한 문화 이해 태도

한 나라의 문화는 그 사회의 환경과 필요에 따라 형성되어 고유한 가치를 지니고 있다. 따라서 문화 간에 우열을 평가하는 것은 바람직하지 않다.

플러스 개념 문화를 이해하는 바람직한 태도

• 문화의 상대성을 인정하는 태도: 보편적 가치를 훼손하지 않으면서도 다른 사회의 가치를 인정하는 태도
• 총체적으로 이해하는 태도: 한 사회의 문화를 그 사회의 다양한 요소들과 연계하여 전체적 맥락에서 이해하는 태도
• 비교하여 이해하는 태도: 각 문화의 비교를 통해 문화 간의 보편성, 특수성을 이해하는 태도

07 출제 의도: 바람직한 문화 이해 태도

갑은 자문화 중심주의, 을은 문화 상대주의를 나타내고 있다. 최근 세계화의 진전으로 다양한 문화가 공존하고 있는 다문화 사회가 되어 가고 있는 상황에서 문화 상대주의적 태도를 지니는 것은 매우 중요하다.

그래서 오답!

① 갑은 문화를 평가하는 기준이 없다고 본다. (×) → 자문화 중심주의는 문화를 평가하는 기준이 있다고 본다.
② 갑의 태도는 문화의 다양성을 인정하여 문화를 풍부하게 만든다. (×) → 자문화 중심주의는 문화의 다양성을 인정하지 않는다.
④ 을의 태도는 다른 문화와 갈등을 일으키는 원인이 될 수 있다. (×) → 자문화 중심주의에 대한 설명이다. 자문화 중심주의는 국수주의나 문화 제국주의로 이어져 다른 문화와 갈등을 일으키는 원인이 될 수 있다.
⑤ 갑과 을의 태도는 문화적 정체성을 상실할 위험성이 높다. (×) → 문화의 정체성을 상실할 위험성이 높은 것은 문화 사대주의이다.

08 출제 의도: 비교하여 이해하기

제시된 자료에서처럼 서로 다른 문화 간의 공통점과 차이점을 비교하여 문화의 보편성과 특수성을 파악하는 관점은 비교론

적 관점이다. 비교하여 이해하는 태도를 통해 자기 문화의 특징을 더 잘 이해할 수 있을 뿐만 아니라 다른 문화에 대한 이해의 폭을 넓힐 수 있다.

09 출제 의도: 총체적으로 이해하기

예시 답안

총체적으로 이해하기(총체론적 관점)로, 한 사회의 생활 양식인 문화는 정치, 경제, 법, 종교 등 다양한 요소로 구성되어 있기 때문에 전체적인 맥락에서 이해해야 한다는 것이다.

핵심 단어 총체적으로 이해하기, 총체론적 관점

등급	채점 기준
상	총체적으로 이해하기를 쓰고, 그 의미를 서술한 경우
하	총체적으로 이해하기만 쓴 경우

10 출제 의도: 문화 상대주의의 한계

예시 답안

정당하지 않다. 다양한 문화의 상대성을 인정하는 태도는 필요하지만, 명예 살인과 같이 인간의 존엄성을 훼손하는 문화까지 인정하는 '극단적 문화 상대주의'는 옳지 않다. 바람직한 문화로 인정되기 위해서는 인간의 보편적 가치를 바탕으로 그 사회의 맥락을 통해 문화를 이해하는 태도가 필요하다.

핵심 단어 인간의 존엄성, 보편적 가치, 극단적 문화 상대주의

등급	채점 기준
상	정당하지 않다고 밝히고, 문화로 인정받기 위한 조건과 문화 상대주의의 한계를 모두 서술한 경우
중	정당하지 않다고 밝히고, 문화로 인정받기 위한 조건과 문화 상대주의의 한계 중 한 가지만 서술한 경우
하	정당하지 않다고만 쓴 경우

03 대중 매체와 대중문화

① 대중 매체와 대중문화의 이해
② 대중 문화의 바람직한 수용 태도   190~191쪽

01 (1) 대중 매체 (2) 대중문화 (3) 뉴 미디어 **02** (1) ○
(2) ○ (3) ○ (4) × **03** (1) — ㉣ (2) — ㉢ (3) — ㉠ (4) — ㉡
04 ② **05** ③ **06** ④ **07** ④ **08** 영상 매체
09~10 해설 참조

04 출제 의도: 전통적 대중 매체

② 전통적 대중 매체는 전문 제작자에 의해 생산되어 일방향적으로 전달된다.

그래서 오답!

① 일반 대중에 의해서 정보가 생산된다. (×) → 전통적인 대중 매체는 전문 제작자에 의해서 정보가 생산된다.

③ 인터넷, 누리 소통망(SNS) 등이 대표적인 사례에 해당한다. (×) → 인터넷, 누리 소통망(SNS) 등은 뉴 미디어의 대표적 사례이다. 전통적 대중 매체의 사례로는 신문, 라디오, 텔레비전 등이 있다.

05 출제 의도: 대중 매체의 의사소통 방향

③ 제시된 자료에는 쌍방향적인 의사소통이 나타나 있다. 따라서 인터넷, 스마트폰, 누리 소통망(SNS) 등과 같은 뉴 미디어의 의사소통 방향에 해당한다.

전통 대중 매체	뉴 미디어
신문, 라디오, 텔레비전 등	인터넷, 누리 소통망(SNS) 등
일방적 정보 전달	쌍방향적 정보 교환
전문 제작자에 의해 정보 생산	누구나 정보 생산 가능

06 출제 의도: 대중문화의 특징

제시된 신문 기사에는 상품으로 생산되는 대중문화의 상업성에 대한 내용을 담고 있다. 대중문화는 대중문화를 생산하는 사람들이 이윤을 추구하므로 소비하는 과정에서 상업성을 띠기 쉽다.

07 출제 의도: 대중문화의 바람직한 수용 태도

대중은 대중문화의 긍정적 측면과 부정적 측면을 동시에 이해하면서, 잘못된 내용에 대해서는 적극적으로 문제를 제기하고 이를 개선하려는 자세를 가져야 한다.

그래서 오답!

ㄱ. 대중문화를 있는 그대로 받아들인다. (×) → 대중문화를 비판적으로 수용해야 한다.
ㄷ. 대중문화의 부정적 측면보다 긍정적 측면에 집중한다. (×) → 대중문화의 긍정적 측면과 부정적 측면을 균형적으로 이해해야 한다.

08 출제 의도: 대중 매체의 변화

제시된 자료는 시대에 따른 대중 매체의 변천을 보여 주고 있다. 대중 매체는 인쇄 매체에서 음성 매체, 영상 매체, 그리고 뉴 미디어로 변화해 왔다.

09 출제 의도: 대중문화의 문제점

예시 답안

(1) 대중문화
(2) 상업성을 지녀 문화의 질적 수준을 저하시킬 수 있고, 획일화로 인해 사람들을 몰개성화하고 문화의 다양성을 훼손할 수 있다.

핵심 단어   상업성, 획일화

등급	채점 기준
상	대중문화의 문제점을 두 가지 서술한 경우
하	대중문화의 문제점을 한 가지만 서술한 경우

10 출제 의도: 간접 광고(PPL)의 영향

예시 답안

시청자의 입장에서는 지나친 간접 광고가 편안한 시청을 방해하고 작품의 질을 떨어뜨릴 수 있다. 따라서 간접 광고에 대해 적절한 규제가 필요하다.

핵심 단어   자본, 편안한 시청 방해, 작품의 질 저하

등급	채점 기준
상	간접 광고의 문제점을 두 가지 포함하여 서술한 경우
하	간접 광고의 문제점을 한 가지만 포함하여 서술한 경우

대단원 완성문제 Ⅷ 문화의 이해

192~197쪽

01 ①	02 ⑤	03 ④	04 ①	05 ③	06 ③
07 ③	08 ①	09 ①	10 ②	11 ②	12 ④
13 ④	14 ③	15 ③	16 ⑤	17 ④	18 ④
19 ①	20 ⑤	21 ④	22 ③	23 ①	24 ⑤
25 ④	26 ③	27 ①	28~30 해설 참조		

01 출제 의도: 문화의 의미

인사 문화에서 '문화'는 인간의 사회적 생활 양식의 총체를 뜻하는 넓은 의미로 사용되었다.

① 문화생활에서 '문화'는 예술적인 것, 세련되고 교양 있는 것 등의 좁은 의미로 사용되었다.

02 출제 의도: 문화 상대주의의 필요성

문화는 그 문화가 나타난 사회의 자연환경, 역사적 배경, 사회적 상황 등에 따라 다양하게 나타난다. 따라서 각 사회가 처한 환경을 고려해 그 사회의 문화를 이해하는 문화 상대주의적인 태도가 필요하다.

03 출제 의도: 문화의 이해

문화에는 법, 관습, 가족 제도 등과 같은 비물질 문화를 비롯해 인간생활에 필요한 물건과 그것을 이용하는 물질문화가 있다. 문화는 나라마다 사회적 배경과 환경이 달라 고유한 특징을 발달시켜 왔으며, 시간의 흐름에 따라 사회적 상황에 맞게 변화해 왔다.

그래서 오답!

ㄴ. 본능적인 행동이나 개인의 버릇도 문화적 행위에 해당한다. (×) → 자연현상, 본능적인 행위, 개인적인 습관이나 버릇은 문화가 아니다.

04 출제 의도: 문화의 보편성

대부분의 사회에서 의식주와 관련된 문화가 나타나 사람 사는 곳은 다 똑같다고 말하는 것은 문화의 특징 중 보편성을 나타낸다.

05 출제 의도: 문화의 구성 요소

인간 생활에 필요한 물건과 그것을 만들고 이용하는 기술 등

을 가리켜 물질문화라고 한다. 따라서 스마트폰과 전자 통신 기술은 물질문화에 해당한다.

그래서 오답!

> ㉠, ㉣의 예술과 언어는 모두 관념 문화로 비물질 문화에 해당한다.

06 출제 의도: 문화의 학습성

외국인이 우리나라에 살면서 김치를 즐겨 먹게 된 것, 생물학적 특성이 거의 비슷한 쌍둥이의 언어와 행동이 시간에 따라 달라진 것은 모두 문화가 선천적인 것이 아니라 후천적 학습에 의해 형성되는 생활 양식임을 보여 준다. 따라서 두 사례를 통해 도출할 수 있는 문화의 속성은 학습성이다.

그래서 오답!

> ① 시간이 흐르면서 형태나 내용이 변화한다. (×) → 변동성
> ② 세대 간 전승을 통해 더 풍부하고 다양해진다. (×)
>   → 축적성
> ④ 사회 구성원 간 원활한 상호 작용의 토대가 된다. (×)
>   → 공유성
> ⑤ 한 부분이 변화하면 다른 부분에 연쇄적인 변화를 초래한다.
>   (×) → 전체성

07 출제 의도: 문화의 공유성

상복을 입은 모습을 본 사람들은 물어보지 않아도 장례를 치루고 있다는 것을 이해한다. 이것은 행동의 동질성을 형성하여 상대방의 행동을 쉽게 예측할 수 있게 하는 공유성의 특징이다.

그래서 오답!

> ㄱ. 여러 구성 요소들이 밀접하게 영향을 미친다. → 전체성
> ㄹ. 세대 간 전승되면서 새로운 요소가 추가되어 더 풍부해진다. → 축적성

08 출제 의도: 문화의 속성

① 시험을 앞둔 사람에게 찹쌀떡이나 엿을 선물하는 것은 합격을 바라는 마음을 전하는 것으로 문화의 공유성을 보여 주는 사례이다.

그래서 오답!

> ② 외국인이 우리나라에서 젓가락으로 음식을 먹는다. (×)
>   → 학습성
> ③ 사람들이 명절 기간에 성묘 대신 가족여행을 떠난다. (×)
>   → 변동성
> ④ 벌레를 먹는 음식 문화는 단백질 보충이 어려운 자연환경과 관련되어 나타났다. (×) → 전체성
> ⑤ 목축업이 도입되면서 유제품과 육류의 소비가 늘어나고 양모를 활용한 의복이 발달하였다. (×) → 전체성

플러스 개념 문화의 공유성

• 의미: 한 사회 구성원이 공통의 문화를 공유하는 것
• 특징: 사회 구성원들은 특정한 상황에서 다른 사람들의 행

동을 예측하고 자신이 어떻게 행동할지 결정함으로써 원활한 사회생활을 할 수 있게 해 줌

09 출제 의도: 문화의 전체성

사람들이 많은 고기를 소비하는 것은 목초지를 늘리는 것에 영향을 미치고, 목초지를 늘리게 되면 목초지를 만들기 위해 숲이 파괴된다. 숲이 파괴되면 지구 온난화가 가속화된다. 이처럼 문화는 한 요소가 변화하면 상호 연관성으로 인해 다른 부분에도 연쇄적인 영향을 미치게 되는데, 이를 전체성이라고 한다.

10 출제 의도: 문화의 의미와 특징

명절은 제도로 비물질 문화에 해당하고, 의상과 소품은 인간 생활에 필요한 물질문화이다. 놀이 문화와 외국 문화는 모두 사회적 생활 양식의 의미로 사용되어 넓은 의미의 문화에 해당한다.

그래서 오답!

> ㄴ. ㉡은 전승된 문화를 바탕으로 새로운 문화가 창출된다는 것을 보여 준다. (×) → 핼러윈 축제는 예로부터 우리나라에서 전승된 문화가 아니고, 새로운 문화가 만들어지고 있다고 보기도 어렵다.
> ㄹ. ㉣은 문화 사대주의를 심화시킬 것이다. (×) → 무분별한 외국 문화의 도입을 걱정하는 비판의 목소리는 문화 사대주의를 완화시킬 수 있다.

11 출제 의도: 문화의 속성

② 최근에 돌잔치를 여는 대신 가족들끼리 간단하게 식사를 하는 것은 시간의 흐름에 따라 문화에 변화가 나타났음을 보여 준다. 따라서 축적성이 아니라 변동성의 사례에 해당한다.

12 출제 의도: 문화의 전체성

제시문은 인도에서 암소를 잡아먹지 않는 문화가 나타난 이유를 인도의 종교 및 농경문화와 관련지어 설명한다. 따라서 문화는 여러 구성 요소들이 서로 밀접하게 관계를 유지하면서 하나의 전체로서 의미를 갖는 생활 양식이라는 문화의 전체성을 확인할 수 있다.

그래서 오답!

> ① 선천적이기보다는 후천적으로 학습된다. (×) → 학습성
> ② 세대 간에 전승되면서 점점 더 풍부해진다. (×) → 축적성
> ③ 구성원의 사고와 행동의 동질성을 형성한다. (×) → 공유성
> ⑤ 새로운 특성이 추가되거나 소멸하는 등 시간의 흐름에 따라 변화를 겪는다. (×) → 변동성

13 출제 의도: 자문화 중심주의

④ 자문화 중심주의는 자신이 속한 사회의 문화에 대해 자부심을 느끼게 하고, 내부의 결속력을 강화하는 데 기여할 수 있다.

① 다른 문화를 거울삼아 자기 문화를 파악한다. (×) → 자문화 중심주의는 자기 문화를 기준으로 다른 문화를 평가하는 태도이다.
② 다른 문화를 적극적으로 수용하려는 태도이다. (×) → 자문화 중심주의는 다른 문화의 수용에 부정적인 태도이다.
③ 모든 문화의 고유한 가치를 존중하려는 태도이다. (×) → 자문화 중심주의는 다른 문화의 고유한 가치를 존중하지 않는다.
⑤ 문화를 그 사회의 사회적 상황과 연결시켜 이해한다. (×) → 자문화 중심주의는 문화가 나타난 사회의 상황을 고려하지 않는다.

14 출제 의도: 문화 이해 태도

제시된 대화에서 갑은 자문화 중심주의, 을은 문화 상대주의에 해당한다.
③ 문화 상대주의는 다른 사회의 문화를 그 문화가 나타난 사회적 상황과 연결시켜 파악한다.

① 갑: 문화를 이해의 대상으로 본다. (×) → 갑은 문화를 평가의 대상으로 본다.
② 을: 다른 문화와 갈등을 겪을 가능성이 높다. (×) → 갑의 태도는 다른 문화와 갈등을 겪을 가능성이 높다.
④ 을: 특정 기준으로 다른 문화를 평가할 수 있다고 본다. (×) → 갑은 특정 기준으로 다른 문화를 평가할 수 있다고 본다.
⑤ 갑, 을: 국수주의로 이어질 수 있다. (×) → 갑의 태도는 국수주의로 이어질 수 있다.

15 출제 의도: 문화 이해 태도

(가)는 자문화 중심주의, (나)는 문화 상대주의, (다)는 극단적 문화 상대주의이다.
③ 문화 상대주의는 극단적 문화 상대주의와 달리 인간의 존엄성 등 인간의 보편적 가치를 훼손하는 문화에 대해서는 인정하지 않는다.

① (가)는 (나)와 달리 타문화 수용에 적극적이다. (×) → 타문화 수용에 개방적인 문화 이해 태도는 문화 상대주의이다.
② (가)는 (다)와 달리 문화의 우열을 가릴 수 없다고 본다. (×) → (가)는 문화의 우열이 있다는 생각하는 태도이다.
④ (나)는 (가), (다)와 달리 모든 문화의 고유한 가치를 존중한다. (×) → (다) 역시 모든 문화의 상대성을 인정한 나머지 극단적인 문화까지 이해하려는 태도이다.
⑤ (다)는 (가), (나)와 달리 문화의 다양성 보존에 기여한다. (×) → (나)는 다른 문화의 고유한 가치를 인정하므로 문화의 다양성 보존에 기여한다.

16 출제 의도: 극단적 문화 상대주의

제시문에서 인류의 보편적 가치에 위배되는 전족 풍습까지 고유한 문화로서 존중해야 한다는 것은 극단적 문화 상대주의에 해당한다.

⑤ 문화의 상대성은 인정하되 극단적으로 치우치지 않고 인류의 보편적 가치를 중시하는 태도를 가져야 한다.

① 자기 문화의 정체성을 상실해서는 안 된다. (×) → 문화 사대주의에 대한 비판에 해당한다.
② 자기 문화의 우월성을 바탕으로 다른 문화를 수용해야 한다. (×) → 자문화 중심주의에 해당하는 내용이다.
③ 여러 문화를 비교해 보고 공통점과 차이점을 파악해야 한다. (×) → 비교론적 관점에 해당하는 내용이다.
④ 모든 문화가 나름대로 가치를 지니고 있다는 점을 인정해야 한다. (×) → 극단적 문화 상대주의는 모든 문화의 가치를 인정하는 태도이므로 적절한 비판이 아니다.

17 출제 의도: 문화 절대주의

첫 번째 사례는 문화 사대주의, 두 번째 사례는 자문화 중심주의에 해당한다. 문화 사대주의와 자문화 중심주의의 공통점은 문화의 절대적인 기준이 존재한다고 보고 우열을 가리려 한다는 것이다.

ㄱ. 문화의 다양성 보존에 유리하다. (×) → 문화 상대주의에 대한 설명이다.
ㄷ. 모든 문화는 고유한 가치가 있다고 본다. (×) → 문화 상대주의에 대한 설명이다.

18 출제 의도: 문화 이해 태도

A는 자문화 중심주의, B는 문화 사대주의, C는 문화 상대주의이다.
④ 문화 상대주의는 자문화 중심주의와 달리 다른 문화의 고유한 가치를 인정한다.

① A는 자기 문화의 정체성을 상실할 우려가 있다. (×) → 문화 사대주의에 대한 설명이다.
② B는 자문화를 가장 우수한 것으로 믿고 다른 문화를 평가한다. (×) → 자문화 중심주의에 대한 설명이다.
③ C는 인류의 보편적 가치를 침해하는 문화도 인정한다. (×) → 극단적 문화 상대주의에 대한 설명이다.
⑤ B는 C와 달리 문화의 다양성을 보존하는 데 기여한다. (×) → 문화의 다양성을 보존하는 데 기여하는 것은 문화 상대주의이다.

19 출제 의도: 문화 이해 태도

갑은 문화를 비교하여 이해하는 태도이고, 을은 문화를 총체적으로 이해하는 태도이다.
① 문화를 비교하여 이해하는 태도는 문화의 보편성과 특수성을 파악함으로써 문화를 객관적으로 이해할 수 있도록 하는 장점이 있다.

② 을은 문화 제국주의로 흐를 가능성이 있다. (×) → 자문화 중심주의에서 나타날 수 있는 문제점이다.

③ 갑은 을과 달리 문화가 부분이 아니라 전체로서 의미가 있는 생활 양식임을 강조한다. (×) → 을은 갑과 달리 문화가 부분이 아니라 전체로서 의미가 있는 생활 양식임을 강조한다.

④ 을은 갑과 달리 다른 문화를 거울삼아 자기 문화를 파악하는 데 유리하다. (×) → 갑은 을과 달리 다른 문화를 거울삼아 자기 문화를 파악하는 데 유리하다.

⑤ 을은 갑과 달리 문화를 비교해서 자기 문화를 객관적으로 이해하려고 한다. (×) → 갑은 을과 달리 문화를 비교해서 자기 문화를 객관적으로 이해하려고 한다.

20 출제 의도: 총체적으로 이해하기

제시문에서 티베트의 조장 풍습을 티베트의 자연환경과 관련지어 이해하는 것은 문화를 총체적으로 이해하는 태도이다.

21 출제 의도: 자문화 중심주의

서양 국가들이 자문화의 우월성을 기준으로 동양 문화에 대해 평가하는 오리엔탈리즘은 자문화 중심주의에 해당한다.

22 출제 의도: 대중 매체의 특징

ㄴ. 인터넷은 쌍방향 의사소통이 가능한 뉴 미디어이다.

ㄷ. 라디오는 음성 매체로, 인쇄 매체보다 정보 전달 속도가 빠르다.

그래서 오답!

ㄱ. TV는 소비자가 직접 제작한 콘텐츠를 전달하기 위한 매체이다. (×) → 전문가가 제작한 콘텐츠를 전달하기 위한 매체이다.

ㄹ. 신문은 문자와 사진 등 시각 자료를 이용해 정보를 전달하고, 정보 전달 속도는 가장 빠르다. (×) → 신문은 인쇄 매체로서 정보 전달 속도가 상대적으로 느리다.

23 출제 의도: 대중 매체의 특징

제시문에는 '모세의 기적'이라는 방송 프로그램을 통해 응급 상황 시에 도로에서 차들이 비켜 주지 않아서 구급차나 소방차가 골든타임을 놓치는 사회 문제에 대한 사람들의 인식을 개선한 사례가 나타나 있다.

24 출제 의도: 대중 매체의 특징

A는 뉴 미디어, B는 신문이다.

⑤ 신문은 전통적인 대중 매체로 정보 생산자가 소비자에게 정보를 일방향으로 전달한다.

그래서 오답!

① A는 신문, B는 뉴 미디어이다. (×) → A는 뉴 미디어, B는 신문이다.

② ㉮에는 '시각 정보를 통한 깊이 있는 정보를 전달함'이 들어갈 수 있다. (×) → 시각 정보를 통해 깊이 있는 정보를 전달하는 것은 신문의 특징이다.

③ ㉮에는 '영상 정보를 통해 생동감 있는 정보 전달이 용이함'이 들어갈 수 있다. (×) → 라디오는 음성 정보를 전달하는 대중 매체이다.

④ ㉯에는 '정보의 복제와 재가공이 용이함'이 들어갈 수 있다. (×) → 정보의 복제와 재가공이 용이한 대중 매체는 뉴 미디어이다.

25 출제 의도: 대중 매체의 문제점

④ 제시문에는 인터넷 뉴스 기사들이 자극적인 제목을 내세워 조회 수를 높이려는 문제를 지적하고 있다. 이러한 선정적 보도는 대중 문화의 질적 저하를 가져온다.

26 출제 의도: 언론 보도의 책임성

제시된 사례에서는 언론이 대중에게 왜곡된 정보를 제공해 피해를 초래한 것이 문제가 된다. 따라서 객관적이고 공정한 보도를 하는 것이 중요하다.

그래서 오답!

ㄱ. 국가가 보도 내용을 사전에 검열해야 한다. (×) → 국가가 보도 내용을 사전 검열하는 것은 언론 자유의 침해이다.

ㄹ. 기사 내용이 사실이더라도 피해자가 생길 경우에는 보도하면 안 된다. (×) → 공익과 관련된 내용이라면 특정 사회 구성원이 피해를 보더라도 국민의 알 권리를 위해서 보도할 수 있다. 하지만 보도 내용이 왜곡되어서 관련이 없는 제3자가 피해를 겪어서는 안 된다.

27 출제 의도: 대중 매체 수용의 비판적인 자세

제시된 자료에서 동일한 기사의 내용이 언론사에 따라 전혀 다른 관점에서 서술된 것을 알 수 있다. 따라서 소비자는 대중 매체가 제공하는 정보를 무조건적으로 수용해서는 안 되고, 정보의 객관성을 비교하여 검토해야 한다.

28 출제 의도: 문화인 것과 문화가 아닌 것

예시 답안

문화는 학습성을 가지므로 언어, 문자와 같은 상징 능력을 활용해 후대에게 전승되고 지속되어야 한다. 따라서 직접 목격한 사실에 대해서만 학습 능력을 보이는 원숭이의 행동은 문화라고 볼 수 없다.

핵심 단어 문화, 학습성, 언어, 문자

등급	채점 기준
상	문화의 학습성을 근거로 들어 이유를 서술한 경우
하	문화의 학습성에 대한 언급 없이 이유를 서술한 경우

29 출제 의도: 문화 사대주의의 문제점

예시 답안

을의 문화 이해 태도는 문화 사대주의이다. 문화 사대주의는 다른 사회의 문화를 기준으로 자신이 속한 문화를 낮게 평가하여 자기 문화에 대한 주체성이나 정체성이 상실될 수 있다.

핵심 단어 문화 사대주의, 주체성 상실, 정체성 상실

등급	채점 기준
상	문화 사대주의를 쓰고, 그 문제점을 서술한 경우
하	문화 사대주의만 쓴 경우

30 출제 의도: 대중 매체의 기능

예시 답안

(1) 뉴 미디어

(2) 대중문화를 있는 그대로 받아들이기보다 비판적으로 수용하면서 주체적으로 향유하려는 태도를 가져야 한다.

핵심 단어 비판적 수용, 주체적 향유

등급	채점 기준
상	비판적 수용 자세, 주체적 향유 자세를 모두 포함하여 서술한 경우
중	비판적 수용 자세, 주체적 향유 자세 중 한 가지만 포함하여 서술한 경우
하	비판적 수용 자세, 주체적 향유 자세 외에 다른 내용을 서술한 경우

IX. 정치 생활과 민주주의

01 정치의 의미와 기능 ~
02 민주 정치의 발전과 민주주의

① 정치의 의미와 기능

204~205쪽

01 (1) 정치권력 (2) 정치 (3) 사회 질서 **02** (1) × (2) ×
(3) ○ **03** (1) – ㉠, ㉣ (2) – ㉡, ㉢ **04** ② **05** ②
06 ④ **07** ③ **08** 정치 **09~10** 해설 참조

04 출제 의도: 정치의 의미
② 정치는 구성원 간의 대립과 갈등을 완화하고, 이해관계를 조정하는 활동이다.

그래서 오답!
① 국가와 관련된 정치인들만의 활동 (×) → 좁은 의미의 정치에만 해당하는 내용이다.
③ 공동체의 이익보다 개인의 이익을 우선시하는 활동 (×)
→ 정치는 공동체의 이익과 개인의 이익 간에서 조화를 추구한다.

플러스 개념 정치의 다양한 의미

좁은 의미	정치권력을 획득하고 유지하며 행사하는 활동
넓은 의미	사회 구성원 간의 대립과 갈등을 조정하여 공공 문제를 해결하는 모든 활동

05 출제 의도: 정치의 기능
② 정치는 특정 집단이나 개인의 이익을 실현하는 것이 아니라 공동체가 직면한 문제를 해결하여 사회가 나아가야 할 방향을 모색하는 기능을 한다.

06 출제 의도: 좁은 의미의 정치와 넓은 의미의 정치
갑은 정치를 좁은 의미로 보고 있고, 을은 정치를 넓은 의미로 보고 있다.

그래서 오답!
ㄱ. 갑은 정치가 일상생활에서 흔히 나타나는 보편적인 현상이라고 생각한다. (×) → 을에 대한 설명이다.
ㄷ. 갑은 을에 비해 정치를 폭넓게 이해하고 있다. (×) → 을은 갑에 비해 정치를 폭넓게 이해하고 있다.

07 출제 의도: 사례에 나타난 정치의 기능
제시된 사례에서 ○○시는 정책을 둘러싼 대립과 갈등을 조정하기 위해 오랫동안 노력하였다. 이를 통해 대립과 갈등을 조정하여 해결하는 정치의 기능을 확인할 수 있다.

08 출제 의도: 정치의 다양한 의미
첫 번째 내용은 좁은 의미의 정치, 두 번째 내용은 넓은 의미의 정치에 대한 설명이다.

09 출제 의도: 정치의 개념
예시 답안
학급 회의는 학급 구성원 간의 서로 다른 의견을 조정하여 대립과 갈등을 완화하고 문제를 해결하는 활동이기 때문이다.

핵심 단어 의견 조정, 대립과 갈등 완화, 문제 해결

등급	채점 기준
상	의견 조정, 대립과 갈등 완화, 문제 해결을 모두 포함하여 서술한 경우
중	의견 조정, 대립과 갈등 완화, 문제 해결 중 두 가지만 포함하여 서술한 경우
하	의견 조정, 대립과 갈등 완화, 문제 해결 중 한 가지만 포함하여 서술한 경우

10 출제 의도: 정치를 통한 갈등 해결
예시 답안
두 지역 간에 이해관계의 차이로 대립과 갈등이 발생하고 있다. 이러한 대립과 갈등을 조정하여 원만하게 해결하지 못하면 사회 질서를 해칠 수 있기 때문에 대립과 갈등을 완화하고 이해관계를 조정하는 정치의 역할이 필요하다.

핵심 단어 이해관계 차이, 대립과 갈등, 사회 혼란, 대립과 갈등 완화, 이해관계 조정

등급	채점 기준
상	갈등의 내용, 정치의 의미, 정치의 기능을 모두 서술한 경우
중	갈등의 내용, 정치의 의미, 정치의 기능 중 두 가지만 서술한 경우
하	갈등의 내용, 정치의 의미, 정치의 기능 중 한 가지만 서술한 경우

② 국가와 시민의 역할

206~207쪽

01 (1) ○ (2) × (3) ○ **02** (1) 국민 (2) 국가 (3) 참여
03 (1) 정치권력 (2) 사회적 약자 (3) 참여 **04** ③ **05** ③
06 ② **07** ② **08** 정치권력 **09~10** 해설 참조

04 출제 의도: 정치 생활에서 국가의 바람직한 역할

③ 정치 생활에 있어 국가는 국민의 정치적 무관심을 유도하는 것이 아니라 국민의 적극적 관심과 참여를 유도할 수 있도록 다양한 제도를 만들어 시행해야 한다.

05 출제 의도: 정치 생활에서 시민의 바람직한 역할

③ 시민은 공동체 의식을 갖고, 공동체의 이익과 조화를 이루면서 자신의 자유와 권리를 추구해야 한다.

06 출제 의도: 정치 생활에서 시민의 바람직한 역할

② 제시된 사례들에는 시민이 적극적으로 정치에 참여하는 모습이 나타나 있다. 따라서 이를 통해 바람직한 정치의 실현을 위한 시민의 노력을 설명할 수 있다.

07 출제 의도: 정치 생활에서 시민의 바람직한 역할

정치 생활에서 시민은 국가 권력을 감시하고 비판하면서 적극적으로 정치에 참여해야 한다.

그래서 오답!

> ㄴ. 정치권력을 정당하게 행사한다. (×) → 시민이 아니라 국가의 역할이다.
> ㄹ. 자신의 이익보다 공익을 항상 우선시한다. (×) → 자신의 이익과 공익을 조화시키기 위해 노력해야 한다.

08 출제 의도: 정치권력의 의미

제시문은 정치권력의 필요성에 대한 설명이다. 국가는 국민의 동의와 지지를 바탕으로 형성된 정치권력을 정당하게 행사해야 한다.

09 출제 의도: 정치 생활에서 시민의 바람직한 역할

예시 답안

주인 의식을 바탕으로 정책에 대해 자신의 의견을 표현하는 등 자발적이고 적극적으로 정치에 참여해야 한다.

핵심 단어 주인 의식, 정책, 의견 표현, 정치 참여

등급	채점 기준
상	정책에 대한 의견 표현, 적극적 정치 참여를 모두 서술한 경우
하	정책에 대한 의견 표현, 적극적 정치 참여 중 한 가지만 서술한 경우

10 출제 의도: 정치권력의 정당성

예시 답안

정당하지 않다. 처음 동물들의 동의와 지지를 바탕으로 정당성을 부여받았던 정치권력을 전체 공동체의 이익이 아니라 자신만의 이익을 위해 함부로 행사했기 때문이다.

핵심 단어 정치권력, 정당성, 동의와 지지, 공익, 사익

등급	채점 기준
상	정치권력의 행사가 정당성을 갖기 위한 조건을 포함하여 서술한 경우
하	사익을 위해 정치권력을 행사했다고만 서술한 경우

③ 민주 정치의 발전 과정

208~209쪽

> **01** (1) ○ (2) × (3) × **02** (1) 민회 (2) 시민 혁명 (3) 대의 (간접) **03** (1) 사회 계약설 (2) 미국 (3) 명예혁명 (4) 국민 투표 **04** ③ **05** ④ **06** ④ **07** ③ **08** 시민권을 가진 성인 남성 **09~10** 해설 참조

04 출제 의도: 고대 아테네의 민주 정치

③ 고대 아테네에서는 공동체의 중요한 일을 모든 시민이 참여하는 민회에서 직접 토의하여 결정하였다.

05 출제 의도: 현대 민주 정치의 특징

④ 20세기 중반 이후 대부분의 민주 국가에서는 일정한 나이 이상의 모든 국민에게 제한 없이 선거권이 주어지는 보통 선거 제도를 실시하고 있다.

06 출제 의도: 근대 민주 정치의 특징

근대 민주 정치는 시민의 대표로 구성된 의회를 중심으로 간접적으로 주권을 행사하는 대의 민주 정치를 특징으로 하며, 여성, 노동자, 농민 등은 정치에 참여할 수 없었기 때문에 제한된 민주 정치에 해당한다.

그래서 오답!

> ㄱ. 직접 민주 정치 (×) → 고대 아테네 민주 정치의 특징
> ㄷ. 보통 선거 제도 (×) → 현대 민주 정치의 특징

07 출제 의도: 민주 정치의 발전 과정

③ 근대 민주 정치는 의회를 중심으로 하는 대의 민주 정치를 가장 큰 특징으로 한다.

그래서 오답!

> ① 고대 아테네에서는 성인이면 누구나 정치에 참여할 수 있었다. (×) → 고대 아테네에서는 노예, 외국인, 여성을 제외한 자국의 성인 남성에게만 시민의 지위가 제한적으로 부여되었다.
> ② 근대 시민 혁명으로 모든 사회 구성원들이 참정권을 갖게 되었다. (×) → 근대 민주 정치에서는 일정한 수준 이상의 재산을 가진 남성들만 참정권을 행사하였다.
> ④ 현대 민주 정치에서는 국민 투표, 국민 소환 등 간접 민주 정치 요소를 시행하고 있다. (×) → 국민 투표, 국민 소환은 직접 민주 정치 요소이다.
> ⑤ 오늘날 대부분의 민주 국가에서는 모든 시민이 직접 참여하여 국가의 중요한 일을 토론을 통해 결정한다. (×) → 오늘날 대부분의 민주 국가에서는 국민의 선거로 뽑힌 대표자가 나라의 중요한 일을 결정하는 대의 민주 정치를 채택하고 있다.

08 출제 의도: 고대 아테네 민주 정치의 한계

고대 아테네의 민주 정치는 제한적 민주 정치의 형태로, 노예와 외국인, 여성을 제외한 자국의 시민권을 가진 성인 남성에게만 시민의 지위를 부여하였다.

09 출제 의도: 현대 민주 정치의 한계

국가의 중요한 의사를 국민이 직접 투표로 결정하는 국민 투표, 국민의 의사에 따라 공직자를 임기가 끝나기 전에 해직시키는 국민 소환제 등 직접 민주 정치 요소를 시행한다.

핵심 단어 직접 민주 정치 요소, 국민 투표, 국민 소환 등

등급	채점 기준
상	직접 민주 정치 요소의 사례를 두 가지 제시한 경우
하	직접 민주 정치 요소의 사례를 한 가지만 제시한 경우

10 출제 의도: 근대 민주 정치와 현대 민주 정치

예시 답안

근대 민주 정치는 대의 민주 정치와 제한적 민주 정치를 특징으로 하였다. 차티스트 운동 등 참정권 확대 운동을 통해 현대 민주 정치에서는 모든 유권자에게 제한 없이 선거권이 부여되는 보통 선거 제도가 확립되었다.

핵심 단어 대의 민주 정치, 제한적 민주 정치, 보통 선거 제도

등급	채점 기준
상	근대 민주 정치와 현대 민주 정치의 특징을 모두 서술한 경우
하	근대 민주 정치와 현대 민주 정치의 특징 중 한 가지만 서술한 경우

④ 민주주의의 이념

210~211쪽

01 (1) 민주주의 (2) 평등　**02** (1) 관용 (2) 적극적 자유
(3) 실질적 평등　**03** (1) 민주주의 (2) 다수결 (3) 자유 (4) 평등
04 ③　　**05** ④　　**06** ②　　**07** ③　　**08** 민주주의
09~10 해설 참조

04 출제 의도: 민주주의의 의미와 이념

③ 민주주의는 왕이나 소수의 귀족이 아닌 다수 국민의 의사에 따라 국가가 운영되는 정치 형태이다.

05 출제 의도: 생활 양식으로서의 민주주의

④ 다양한 의견이 표출되는 민주주의 국가에서는 만장일치에 의한 의사 결정이 현실적으로 불가능하다. 따라서 어떤 문제에 관한 결정을 내릴 때 다수의 의견을 따르는 다수결의 원리를 적용한다.

플러스 개념 생활 양식으로서의 민주주의

- 관용: 나와 다른 가치관이나 사고방식을 인정하고 포용하는 태도
- 대화와 타협: 자유롭게 의견을 주고받는 과정에서 서로의 입장이나 이익을 양보하여 의견의 차이를 좁혀 나가는 것
- 비판과 토론: 다른 사람의 주장이나 행동, 공공 기관의 정책이나 제도 등에 대해 객관적인 근거를 들어 분석하고 평가하며, 서로의 의견을 주고받는 것

06 출제 의도: 인간의 존엄성

인간은 그 자체로 존중받을 자격이 있음을 의미하는 인간의 존엄성은 민주주의가 추구하는 근본이념이자 궁극적인 목표이다.

그래서 오답!

- ㄴ. 자유와 평등이 보장되지 않아도 실현될 수 있다. (×) → 자유와 평등이 보장되어야 실현될 수 있다.
- ㄹ. 공동체의 이익을 위해 필요한 경우에는 포기할 수 있다. (×) → 인간의 존엄성은 어떤 경우에도 포기할 수 없는 근본 가치이다.

07 출제 의도: 민주주의의 이념

③ ㈎는 공동체의 의사 결정 과정에 참여하여 자신의 의견을 제시하는 것으로 적극적 자유에 해당한다. ㈏는 모든 학생에게 학생회장 선거에 입후보할 수 있는 동일한 기회를 부여하는 것으로 형식적 평등에 해당한다. ㈐는 사회적 약자를 배려하는 것으로 실질적 평등에 해당한다.

플러스 개념 자유와 평등

- 소극적 자유와 적극적 자유

소극적 자유	국가나 타인으로부터 부당한 간섭을 받지 않을 자유
적극적 자유	• 국가의 정치 과정에 참여할 수 있는 자유 • 국가에 인간다운 삶의 보장을 요구할 수 있는 자유

- 형식적 평등과 실질적 평등

형식적 평등	모든 사람을 동등하게 대우하며, 기회를 균등하게 보장하는 것
실질적 평등	개인의 선천적·후천적 차이를 고려하여 사회적 약자를 배려하는 것

08 출제 의도: 민주주의의 의미

첫 번째 내용은 정치 형태로서의 민주주의에 대한 설명이고, 두 번째 내용은 생활 양식으로서의 민주주의에 대한 설명이다.

09 출제 의도: 평등의 실현

예시 답안

(1) 평등
(2) 성별, 종교, 재산 등에 따라 차별하지 않고 균등하게 기회를 부여하여, 법 앞에서 모든 사람을 동등하게 대우하는 것

핵심 단어 차별, 기회 균등, 법 앞의 평등

등급	채점 기준
상	기회 균등, 법 앞의 평등을 모두 서술한 경우
하	기회 균등, 법 앞의 평등 중 한 가지만 서술한 경우

10 출제 의도: 자유와 평등의 바람직한 관계

예시 답안

자유를 지나치게 강조하면 평등의 실현이 어려워질 수 있고,

평등을 지나치게 강조하면 자유가 제한되거나 침해될 수 있다. 따라서 자유와 평등은 어느 한쪽에 치우치지 않고 조화를 이룰 수 있도록 해야 한다.

핵심 단어 자유 제한, 평등 실현 곤란, 조화

등급	채점 기준
상	자유와 평등 중 어느 한쪽에 치우칠 경우의 문제점을 제시하고, 조화를 이루어야 한다고 서술한 경우
하	자유와 평등이 조화를 이루어야 한다고만 서술한 경우

⑤ 민주 정치의 기본 원리

212~213쪽

01 (1) 존엄성 (2) 국민 주권의 원리 (3) 균형 **02** (1) 국민 자치 (2) 직접 (3) 헌법 **03** (1) 주권 (2) 국민 투표 (3) 권력 분립 (4) 사법부 **04** ① **05** ① **06** ③ **07** ② **08** ㉠ 입법부, ㉡ 행정부, ㉢ 사법부 **09~10** 해설 참조

04 출제 의도: 국민 주권의 원리 실현 방안
① 선거는 국민이 대표를 선출해 주권을 실현하는 대표적인 방법이다.

그래서 오답!

② 주민 소환 (×) → 주민 소환은 대표를 선출하는 것이 아니라, 주민들이 지방 자치 단체장에게 문제점이 있다고 판단할 경우 통제할 수 있는 제도이다.
③ 국민 투표 (×) → 국민 투표는 대표를 선출하는 것이 아니라, 국가의 중대한 사항을 주권자인 국민의 의사를 물어 결정하기 위한 투표 제도이다.

05 출제 의도: 헌법 속의 민주 정치 원리
헌법 제10조는 입헌주의의 원리를 나타낸 것으로, 국가 권력의 남용 방지를 통한 국민의 자유와 권리를 규정하고 있다.

06 출제 의도: 직접 민주 정치와 간접 민주 정치
㈎는 직접 민주 정치, ㈏는 간접 민주 정치에 대한 설명이다.
③ 직접 민주 정치는 인구가 많고 영토가 넓은 나라에서는 적용하기가 어렵다.

07 출제 의도: 민주 정치의 기본 원리와 헌법 조항
국회가 국정 감사를 통해 정부를 견제하고, 대통령이 법률안 거부권을 통해 국회를 견제하는 것은 국가 권력을 서로 독립된 기관이 나누어 맡도록 해야 한다는 권력 분립의 원리에 해당한다.

08 출제 의도: 권력 분립의 원리
법 제정은 입법부, 법 집행은 행정부, 법 적용은 사법부가 담당함으로써 권력 분립의 원리를 실현할 수 있다.

09 출제 의도: 입헌주의의 원리

예시 답안

입헌주의의 원리로, 헌법에 따라 국가 기관을 구성하고 권력을 행사해야 한다는 원리이다.

핵심 단어 입헌주의의 원리, 헌법

등급	채점 기준
상	입헌주의의 원리를 쓰고, 그 의미를 옳게 서술한 경우
하	입헌주의라고만 쓴 경우

10 출제 의도: 간접 민주 정치의 한계와 민주 정치의 원리

예시 답안

간접 민주 정치에서 투표율이 낮게 나타나는 등 정치적 무관심이 심화되면, 국가의 의사를 결정하는 최고 권력인 주권이 국민에게 있다는 국민 주권의 원리와 주권을 가진 국민이 스스로 국가를 다스려야 한다는 국민 자치의 원리가 제대로 실현되기 어렵다.

핵심 단어 낮은 투표율, 정치적 무관심, 국민 주권의 원리, 국민 자치의 원리

등급	채점 기준
상	국민 주권의 원리, 국민 자치의 원리를 모두 포함하여 간접 민주 정치의 한계를 서술한 경우
중	국민 주권의 원리, 국민 자치의 원리 중 한 가지만 포함하여 간접 민주 정치의 한계를 서술한 경우
하	민주 정치의 기본 원리와 관계없이 간접 민주 정치의 한계를 서술한 경우

03 민주 정치와 정부 형태

① 민주 국가의 정부 형태

216~217쪽

01 (1) 행정부 (2) 의원 내각제 (3) 대통령제 **02** (1) × (2) ○ (3) ○ **03** ㉠ 입법부(의회), ㉡ 행정부(내각) **04** ③ **05** ② **06** ② **07** ⑤ **08** 법률안 거부권 **09~10** 해설 참조

04 출제 의도: 대통령제의 특징 이해
③ 제시문은 대통령제에 대한 설명이다. 대통령제는 입법부와 행정부의 구분이 엄격하며, 상호 견제와 균형이 이루어진다.

그래서 오답!

① 입법부와 행정부가 상호 긴밀하게 협력한다. (×) → 의원 내각제의 특징이다.
② 의회 의원이 총리나 내각 각료를 겸직할 수 있다. (×) → 의원 내각제의 특징이다.

05 출제 의도: 국정 감사권
② 대통령제 정부 형태에서는 국회가 행정부와 대통령의 국정 수행에 문제가 있다고 판단할 경우 국정 감사권을 행사하여 견제할 수 있다.

06 출제 의도: 의원 내각제의 특징

② 내각 불신임권은 의원 내각제에서 입법부가 행정부를 견제하기 위한 수단이다.

07 출제 의도: 의원 내각제의 특징

⑤ 제시된 내용이 가리키는 정부 형태는 의원 내각제이다. 의원 내각제에서는 행정부의 각료와 의회 의원의 겸직이 가능하다.

> **그래서 오답!**
>
> ① 대통령이 의회에 대해 책임을 진다. (×) → 의원 내각제에서 의회에 대해 책임을 지는 것은 총리(내각)이다.
> ② 행정부의 구성에 의회가 개입할 수 없다. (×) → 의원 내각제에서는 행정부 각료의 구성에 의회가 긴밀하게 관여한다.
> ③ 행정부와 의회가 대립하면 조정이 어렵다. (×) → 대통령제에 대한 설명이다.
> ④ 대통령이 행정부의 수반이자 국가 원수이다. (×) → 대통령제에 대한 설명이다.

08 출제 의도: 대통령제에서 대통령의 권한

전형적인 대통령제 정부 형태에서 대통령은 법률안을 제출할 수 없지만, 의회의 법률안에 대해 거부권은 행사할 수 있다.

09 출제 의도: 대통령제의 특징

> **예시 답안**

A국의 의회는 국정 감사권과 탄핵 소추권 등을 통해, 행정부는 법률안 거부권을 통해 상호 견제하며 균형을 추구한다.

> **핵심 단어** 국정 감사권, 탄핵 소추권, 법률안 거부권

등급	채점 기준
상	의회와 행정부의 권한을 모두 옳게 고쳐 쓴 경우
하	의회와 행정부의 권한 중 한 가지만 옳게 고쳐 쓴 경우

10 출제 의도: 대통령제의 장점과 단점

> **예시 답안**

대통령제 정부 형태이다. 대통령제는 대통령의 임기 동안 행정부가 안정적으로 연속성 있는 정책을 수행할 수 있고, 대통령이 법률안 거부권을 행사하여 다수당의 횡포를 견제할 수 있다는 장점이 있다. 반면, 대통령이 행정부 수반과 국가 원수의 지위를 동시에 가지므로 독재의 위험성이 있고, 행정부와 의회가 대립하면 국정이 효율적으로 운영되기 어렵다는 단점이 있다.

> **핵심 단어** 대통령제, 연속성 있는 정책 수행, 다수당의 횡포 견제, 독재의 위험성, 행정부와 의회 대립 시 해결 곤란

등급	채점 기준
상	대통령제를 쓰고, 장점과 단점을 모두 서술한 경우
중	대통령제를 쓰고, 장점과 단점 중 한 가지만 서술한 경우
하	대통령제라고만 쓴 경우

② 우리나라의 정부 형태

218~219쪽

> **01** (1) × (2) ○ (3) × **02** (1) 단원제 (2) 대통령 (3) 가능, 있다 **03** (1) ㉠ (2) ㉡, ㉢ **04** ③ **05** ② **06** ③ **07** ① **08** 탄핵 소추권 **09~10** 해설 참조

04 출제 의도: 국가 기관의 상호 견제 수단

③ 우리나라에서 국회는 국무 위원에 대한 해임 건의권을 갖는다.

> **그래서 오답!**
>
> ①, ②는 의원 내각제의 특징이다.

05 출제 의도: 우리나라의 정부 형태와 헌법 조항

② 제시된 내용이 설명하는 정부 형태는 의원 내각제이다. 국무총리제는 우리나라 정부 형태에서 채택하고 있는 의원 내각제 요소이다.

> **그래서 오답!**
>
> ①, ③, ④는 모두 대통령제 정부 형태의 특징이다.

06 출제 의도: 우리나라 정부 형태의 특징

㉠은 대통령제 요소, ㉡은 의원 내각제 요소에 해당한다.

③ 법률안 거부권은 전형적인 대통령제의 특징이다.

07 출제 의도: 여러 나라의 정부 형태

미국은 대통령제, 영국은 의원 내각제 정부 형태를 채택하고 있다. 우리나라는 대통령제를 기본으로 의원 내각제 요소를 일부 도입하고 있다. ㈎에는 우리나라와 미국의 공통점이 들어가야 하고, ㈏에는 우리나라와 영국의 공통점이 들어가야 한다.

① 국가 원수와 행정부 수반이 동일한 것은 우리나라와 미국의 공통점이다.

> **그래서 오답!**
>
> ② ㈎ – 의회 의원은 각료를 겸직할 수 있는가? (×)
> → 우리나라와 영국의 공통점이다.
> ③ ㈎ – 행정부는 의회에 법률안을 제출할 수 있는가? (×)
> → 우리나라와 영국의 공통점이다.
> ④ ㈏ – 대통령의 법률안 거부권이 인정되는가? (×)
> → 우리나라와 미국의 공통점이다.
> ⑤ ㈏ – 국민의 직접 선거로 행정부가 구성되는가? (×)
> → 우리나라와 미국의 공통점이다.

08 출제 의도: 국가 기관의 상호 견제 수단

제시문의 밑줄 친 '이것'은 탄핵 소추권이다. 탄핵 소추권은 대통령 및 고위 공직자들의 위법 행위를 제재할 수 있는 권한으로 행정부에 대한 입법부의 견제 수단이다.

09 출제 의도: 우리나라 정부 형태의 특징

> **예시 답안**

(1) 법률안 제출권

⑵ 행정부의 법률안 제출권과 같은 의원 내각제 요소를 일부
도입하고 있다.

핵심 단어 행정부의 법률안 제출권, 의원 내각제 요소

등급	채점 기준
상	의원 내각제 요소를 일부 도입하고 있다고 서술한 경우
하	의원 내각제 요소 외에 다른 특징을 서술한 경우

10 출제 의도: 우리나라 정부 형태의 변화

예시 답안

정책의 연속성이 강화되지만, 대통령에 의한 독재가 이루어질
가능성은 커진다.

핵심 단어 정책의 연속성, 대통령의 독재

등급	채점 기준
상	4년 연임 대통령제로 개편할 경우의 장점과 문제점을 모두 서술한 경우
하	4년 연임 대통령제로 개편할 경우의 장점과 문제점 중 한 가지만 서술한 경우

대단원 완성 문제 ❼ **정치 생활과 민주주의**

220~225쪽

01 ③	02 ④	03 ①	04 ⑤	05 ①	06 ⑤
07 ②	08 ②	09 ③	10 ④	11 ①	12 ②
13 ⑤	14 ①	15 ④	16 ③	17 ④	18 ②
19 ⑤	20 ①	21 ⑤	22 ②	23 ①	24 ②
25 ③	26 ③	27 ①	28~30 해설 참조		

01 출제 의도: 정치의 의미

대통령, 국회 의원 등 국가나 정부에 한정되어 나타나는 권력
활동을 좁은 의미의 정치라고 한다.

그래서 오답!

> ①, ②, ④, ⑤는 모두 넓은 의미의 정치에 해당한다.

02 출제 의도: 정치의 의미

㉠은 좁은 의미의 정치, ㉡은 넓은 의미의 정치이다. 국회 의
원의 입법 활동은 좁은 의미와 넓은 의미에서 모두 정치로 보
고, 학급의 교칙 개정 과정은 넓은 의미에서만 정치로 본다.

그래서 오답!

> ㄴ. ㉠은 ㉡보다 현대 사회의 다원화된 정치 현상을 설명하기에
> 적합하다. (✕) → 현대 사회의 다원화된 정치 현상을 설명
> 하는 데는 좁은 의미의 정치보다 넓은 의미의 정치가 더 적
> 합하다.

03 출제 의도: 정치의 기능

제시된 사례에 나타난 경기 부양을 위한 특별 지원금은 경제

발전, 복지 증진, 사회 문제 해결 등 다양한 목적을 위한 정부
의 정치 활동이다.
① 집단 간 대립과 갈등을 강제로 조정하는 내용은 나타나 있
지 않다.

04 출제 의도: 시민의 역할

시민은 정치권력이 정당하고 올바르게 행사될 수 있도록 적극
적으로 참여해야 하며, 국가가 시민의 자유와 권리를 침해하
지 않고 잘 보장하도록 감시하고 견제해야 한다.

그래서 오답!

> ㄱ, ㄴ은 국가의 역할에 해당한다.
> ㄱ. 국민의 삶의 질 향상, ㄴ. 사회 질서 확립과 관련 있다.

05 출제 의도: 국가의 역할

제시된 사례들은 국가가 정책 결정과 같은 공적 영역에 시민
의 적극적 참여를 이끌어 낸 것이다.
① 국민의 참여는 정책의 신속성과 효율성을 오히려 저하시킬
수도 있다.

06 출제 의도: 고대 아테네 민주 정치와 근대 민주 정치

㈎는 고대 아테네 민주 정치, ㈏는 근대 민주 정치의 특징에 해
당한다.
⑤ 고대 아테네 민주 정치에서는 추첨과 윤번제를 실시함으로
써 되도록 많은 시민에게 공직 참여의 기회를 제공하고자
하였다.

07 출제 의도: 고대 아테네 민주 정치

고대 아테네에서는 '다수의 지배'를 의미하는 민주주의를 통해
다수의 시민들이 스스로 지배하고 통치하는 정치 체제를 운영
하였다. 하지만 고대 아테네에서 시민은 성인 남성만을 의미
하였으며, 여자와 노예, 외국인은 정치 과정에 참여하지 못하
고 배제되었다.

08 출제 의도: 고대 아테네 민주 정치의 특징

② 고대 아테네는 영토가 작고 인구가 적은 도시 국가였기 때
문에 직접 민주주의가 정착할 수 있었으며, 여성이 가사
노동을 담당하고 노예가 일반 노동에 종사하였기 때문에
시민들이 정치에 참여할 수 있었다.

09 출제 의도: 보통 선거 제도의 확립

근대 민주 정치 과정에서 소외되었던 노동자와 여성 등의 참
정권 확대 운동을 통해 모든 유권자에게 선거권이 부여되는
보통 선거 제도가 확립되었다.

10 출제 의도: 근대 민주 정치의 특징

제시된 그림은 근대 시민 혁명을 나타낸 것이다. 근대 시민 혁
명의 결과 민주주의 이념이 확산되고 대의 민주 정치가 확립
되었지만, 여성과 노동자, 농민 등은 여전히 참정권을 부여받
지 못했다.

그래서 오답!

> ㄹ. 일정한 연령에 도달하면 투표권을 부여하는 보통 선거 제도
> 가 확립되었다. (✕) → 보통 선거 제도는 현대 민주 정치에
> 서 확립되었다.

11 출제 의도: 현대 민주주의의 특징

① 직접 민주 정치에 대한 설명이다. 현대 민주 정치에서는 국민의 대표가 국가의 중요한 문제를 결정하는 대의 민주 정치를 기본으로 한다.

12 출제 의도: 민주 정치의 발전 과정

권리 장전은 영국의 명예혁명 과정에서 나타난 문서이고, 프랑스 인권 선언은 프랑스 혁명 과정에서 나타난 문서이다.

> **그래서 오답!**
>
> ㄴ. (나)는 영국의 지나친 과세 때문에 발생하였다. (×) → 미국 독립 혁명에 대한 설명이다.
> ㄷ. (가), (나)를 통해 보통 선거 제도가 확립되었다. (×) → 보통 선거 제도는 현대 민주 정치에서 확립되었다.

13 출제 의도: 민주 정치의 이념

⑤ 제시문에서 콜빈은 헌법에 규정된 평등권, 즉 성별, 인종, 재산 등을 기준으로 부당하게 차별받지 않을 권리의 보장을 주장하였다.

14 출제 의도: 민주주의의 이념

집회·결사의 자유와 미란다 원칙은 각각 적극적 자유와 소극적 자유를 실현하기 위한 것으로, 국민이 국가로부터 부당한 간섭과 제약을 받지 않도록 하는 것을 목적으로 한다.

15 출제 의도: 실질적 평등

실질적 평등이란 사람들의 선천적·후천적 차이를 고려하여 사회적 약자를 배려하는 것을 말한다.

> **그래서 오답!**
>
> ㄱ, ㄷ은 형식적 평등을 실현하기 위한 사례들이다.

16 출제 의도: 주민 투표

주민 투표 연령을 낮추어 참여를 활성화하면 주권을 가진 국민이 스스로 국가를 다스려야 한다는 국민 자치의 원리를 실현하는 데 기여할 수 있다.

> **그래서 오답!**
>
> ① 국가 권력을 서로 독립된 기관이 나누어 맡도록 하기 위해서 (×) → 권력 분립의 원리
> ② 헌법에 따라 국가 기관을 구성하고 권력을 행사하기 위해서 (×) → 입헌주의의 원리
> ④ 국가의 역할을 최대화하여 국민의 복지와 인간다운 삶을 보장하기 위해서 (×) → 복지 국가의 원리
> ⑤ 국민이 직접 대표를 선출함으로써 주권을 실현할 수 있도록 하기 위해서 (×) → 국민 주권의 원리와 관련된다. 주민 투표는 국민 주권의 원리를 실현하는 데 기여할 수 있지만, 국민이 직접 대표를 선출하는 제도는 아니다.

17 출제 의도: 탄핵 제도와 입헌주의의 원리

대통령에 대한 탄핵 제도는 국가 권력의 남용을 방지하고 헌법에 따라 국가 권력을 행사하도록 함으로써 입헌주의의 원리를 실현하기 위한 제도이다.

> **그래서 오답!**
>
> ③ 국가 권력의 견제와 균형을 통해 국민의 기본권을 보장한다. (×) → 권력 분립의 원리에 대한 설명이다. 탄핵 소추가 국회에 의해 이루어진다는 점에서 관련이 있지만, 밑줄 친 부분을 통해 직접 확인할 수 있는 내용은 아니다.

18 출제 의도: 국민 주권의 원리

민주 국가의 주권이 다수 국민에게 있다는 것은 국민 주권의 원리에 대한 설명이다.

19 출제 의도: 권력 분립의 원리

제시된 헌법 조항들은 모두 국가 권력을 여러 기관에 분산하여 서로 견제하고 균형을 이루도록 해야 한다는 권력 분립의 원리를 추구한다.

20 출제 의도: 입헌주의의 원리

제시된 제도는 헌법 소원이다. 헌법 소원은 법률 또는 국가 권력에 의해 기본권을 침해당한 사람이 권리 구제를 요청할 수 있는 수단이다. 따라서 국가의 모든 권력 작용이 헌법에 의해 이루어져야 한다는 입헌주의의 원리를 근거로 하는 제도이다.

21 출제 의도: 의원 내각제의 특징

제시된 내용이 공통으로 가리키는 정부 형태는 의원 내각제이다. 의원 내각제는 책임 정치가 실현될 수 있지만, 다수당의 횡포에 대응하기 어렵다.

> **그래서 오답!**
>
> ㄱ, ㄴ은 대통령제 정부 형태의 특징이다.

22 출제 의도: 대통령제의 특징

② ㉠에 들어갈 정부 형태는 대통령제이다. 일반적인 대통령제에서는 행정부의 법률안 제출권을 인정하지 않는다. 법률안 제출권은 의원 내각제의 특징이다.

23 출제 의도: 정부 형태의 특징 이해

(가)는 의원 내각제, (나)는 대통령제이다. 의원 내각제 정부 형태에서는 의회 의원이 내각의 각료를 겸직할 수 있다.

> **그래서 오답!**
>
> ㄷ. (나)는 (가)와 달리 의회의 내각 불신임권을 인정한다. (×) → 내각 불신임권은 의원 내각제에서 의회가 행정부를 견제하는 수단이다.
> ㄹ. (나)는 다수당의 횡포에 대한 견제 수단이 없다. (×) → 의원 내각제에 대한 설명이다.

24 출제 의도: 행정부와 입법부의 견제와 균형

의원 내각제 정부 형태에서 행정부는 의회 해산권을 통해 입법부를 견제할 수 있고, 대통령제 정부 형태에서 행정부는 법률안 거부권을 통해 입법부를 견제할 수 있다.

25 출제 의도: 법률안 거부권

제시된 사례에서 오바마 대통령은 의회가 만든 법률안에 대해 거부권을 행사함으로써 입법부인 의회를 견제하였다.

26 출제 의도: 우리나라의 정부 형태
③ 의회 해산권은 의원 내각제의 특징으로, 우리나라에서는 보장되고 있지 않다.

27 출제 의도: 의원 내각제 요소
행정부의 법률안 제출권과 국무총리 제도는 우리나라가 채택하고 있는 대표적인 의원 내각제 요소이다.

28 출제 의도: 시민의 역할

예시 답안

시민이 정치에 참여하지 않고 무관심하면 독재 정권이 출현하여 국민의 기본권이 침해되고 국민의 자유와 권리가 보장되는 민주주의가 제대로 실현되기 어렵게 된다.

핵심 단어 기본권 침해, 민주주의의 실현 곤란

등급	채점 기준
상	기본권이 침해되고 민주주의가 제대로 실현되기 어렵다고 서술한 경우
하	민주주의가 제대로 실현되기 어렵다고만 서술한 경우

29 출제 의도: 선거와 민주 정치의 원리

예시 답안

주권이 국민에게 있다는 국민 주권의 원리와 주권을 가진 국민이 스스로 국가를 다스려야 한다는 국민 자치의 원리를 실현하고자 한다.

핵심 단어 국민 주권의 원리, 국민 자치의 원리

등급	채점 기준
상	국민 주권의 원리와 국민 자치의 원리를 모두 서술한 경우
하	국민 주권의 원리와 국민 자치의 원리 중 한 가지만 서술한 경우

30 출제 의도: 의원 내각제의 장점

예시 답안

입법부와 행정부가 긴밀하게 협조하고, 행정부가 국민의 요구에 민감하게 대응하며, 입법부와 행정부의 대립 시 해결이 쉽다.

핵심 단어 긴밀한 협조, 국민의 요구에 민감, 입법부와 행정부의 대립 해결

등급	채점 기준
상	의원 내각제의 장점을 세 가지 서술한 경우
중	의원 내각제의 장점을 두 가지만 서술한 경우
하	의원 내각제의 장점을 한 가지만 서술한 경우

X. 정치 과정과 시민 참여

01 정치 과정과 정치 주체 ~ 02 선거와 선거 제도

1 정치 과정의 이해

232~233쪽

01 (1) 정치 과정 (2) 정치 주체 **02** (1) ○ (2) ○ (3) ×
(4) ○ **03** (1) 정치 과정 (2) 정책 (3) 국회 (4) 정부 **04** ①
05 ④ **06** ⑤ **07** ④ **08** 정책 집행 **09~10** 해설
참조

04 출제 의도: 현대 사회의 특징
현대 사회는 과거보다 사람들의 가치관이 다양해지고 이해관계가 복잡해졌다. 이에 따라 구성원간의 대립과 갈등도 증가하였다.
① 모든 갈등을 정치 과정을 통해 해결할 수 있는 것은 아니다.

05 출제 의도: 이익 집약
④ 다양한 이익이 집약되면서 여론이 형성된다. 여론은 주로 정당, 언론, 선거 등을 통해 집약된다.

06 출제 의도: 정치 과정의 단계
정치 과정은 '다양한 이익 표출 - 이익 집약 - 정책 결정 - 정책 집행 - 정책 평가'의 순서로 진행된다.

07 출제 의도: 정책 집행
제시문의 밑줄 친 ㉠은 정책 집행 단계에 해당한다. 정책 집행 단계에서는 정부가 결정된 정책을 집행한다.

그래서 오답!

① 상비약의 편의점 판매를 주장하는 목소리가 전국적으로 확대되었다. (×) → 이익 집약 단계에 해당한다.
② 상비약의 편의점 판매를 허용하는 법률안이 국회 본회의를 통과하였다. (×) → 정책 결정 단계에 해당한다.
③ 시민 단체와 정당이 상비약을 편의점에서 판매해야 한다고 주장하였다. (×) → 다원적 이익 표출 단계에 해당한다.
⑤ 상비약의 편의점 판매가 시작되었으나, 여전히 비상약을 구하기 어렵다는 의견도 있었다. (×) → 정책 평가 단계에 해당한다.

08 출제 의도: 구체적인 정치 단계(정책 집행)
제시된 사례는 모두 정부가 결정된 정책을 집행하는 정책 집행 단계에 해당한다.

09 출제 의도: 정치 과정의 필요성

예시 답안

(1) 정치 과정
(2) 구성원 간의 대립과 갈등 및 사회 문제를 합리적으로 해결한다. 개인과 집단의 가치와 이익을 조정하여 사회가 통합·발전할 수 있도록 한다.

등급	채점 기준
상	정치 과정이 필요한 이유를 두 가지 서술한 경우
하	정치 과정이 필요한 이유를 한 가지만 서술한 경우

10 출제 의도: 정치 과정의 단계

예시 답안

정책 평가 단계로, 시민이 집행된 정책에 대해 평가하고 의견을 표출하면서 그 결과가 다시 정치 과정에 반영된다.

핵심 단어 정책 평가, 의견 표출

등급	채점 기준
상	정책 평가를 쓰고, 그 의미를 서술한 경우
하	정책 평가라고만 쓴 경우

② 정치 주체의 의미와 역할

234~235쪽

01 (1) 정치 주체 (2) 정당 (3) 이익 집단   **02** (1) ○ (2) ×
(3) ○   **03** (1) 이익 집단 (2) 시민 단체 (3) 정당 (4) 언론
04 ③   **05** ③   **06** ⑤   **07** ③   **08** 국회
09~10 해설 참조

04 출제 의도: 다양한 정치 주체
③ 정당은 정치 과정에 참여하는 비공식적 정치 주체이다.

05 출제 의도: 정치 주체로서의 언론
정치 주체로서 언론은 방송, 인터넷, 신문 등을 통해 정치적 쟁점이나 사회 문제에 대한 정보를 제공하고, 정책에 대한 정보를 제시함으로써 여론을 형성한다. 따라서 언론은 공정하고 객관적인 태도를 가져야 한다.

06 출제 의도: 정치 주체의 종류와 특징
㈎는 공식적 정치 주체, ㈏는 비공식적 정치 주체이다. 공식적 정치 주체는 정책 결정 및 집행권을 갖는다.

그래서 오답!

ㄱ. ㈎는 비공식적 정치 주체이고, ㈏는 공식적 정치 주체이다. (×) → ㈎는 공식적 정치 주체이고, ㈏는 비공식적 정치 주체이다.
ㄴ. ㈎와 달리 ㈏는 정치적 책임을 지지 않는다. (×) → ㈏에서 정당은 비공식적 정치 주체이지만, 선거에서 정치적 책임을 진다.

07 출제 의도: 정치 주체의 종류와 특징
③ 노동조합과 의사 협회는 이익 집단이다. 시민 단체는 공익의 실현을 위해 자발적으로 결성된 단체이다.

08 출제 의도: 공식적 정치 주체
제시된 신문 기사에서 법률을 제정하거나 개정하는 것은 공식적 정치 주체인 국가 기관 중 국회의 역할이다. 국회는 국민의 대표 기관으로 국민의 의견을 바탕으로 법률을 제·개정한다.

정부는 제정된 법률에 근거하여 구체적인 정책을 수립하고 집행하며, 법원은 정책을 집행하는 과정에서 분쟁이 발생했을 때 재판을 통해 갈등을 해결한다.

09 출제 의도: 다양한 정치 주체

예시 답안

(1) 갑: 정부, 을: 시민 단체, 병: 이익 집단
(2) 정부와 시민 단체는 사회 전체의 이익, 즉 공익을 추구한다는 점에서 공통적이다. 하지만 정부는 공식적 정치 주체이고, 시민 단체는 비공식적 정치 주체라는 점에서 차이점이 있다.

핵심 단어 정부, 시민 단체, 공익, 공식적 정치 주체, 비공식적 정치 주체

등급	채점 기준
상	정부와 시민 단체의 공통점과 차이점을 모두 서술한 경우
하	정부와 시민 단체의 공통점과 차이점 중 한 가지만 서술한 경우

10 출제 의도: 이익 집단의 특징과 문제점

예시 답안

이익 집단이 자기 집단만의 특수한 이익을 지나치게 추구할 경우 공익과 충돌하거나 정책 결정에 혼란을 가져올 수 있다.

핵심 단어 특수 이익, 공익과 충돌, 정책 결정에 혼란

등급	채점 기준
상	이익 집단을 쓰고, 그 문제점을 두 가지 서술한 경우
중	이익 집단을 쓰고, 그 문제점을 한 가지만 서술한 경우
하	이익 집단이라고만 쓴 경우

③ 선거의 의미와 기능

236~237쪽

01 (1) 주권 (2) 선거 (3) 평등 선거   **02** (1) ○ (2) × (3) ×
03 (1) – ㉢ (2) – ㉡ (3) – ㉣ (4) – ㉠   **04** ③   **05** ③
06 ①   **07** ④   **08** 평등 선거   **09~10** 해설 참조

04 출제 의도: 선거의 등장 배경과 기능
③ 선거는 대의 민주주의가 유지하고 발전할 수 있는 근본 토대가 된다.

그래서 오답!

① 모든 국민이 참여한다. (×) → 우리나라에서 선거는 18세 이상의 국민이 참여한다.
② 대표자에 대한 통제 수단은 될 수 없다. (×) → 대표자가 권력을 남용하거나 역할을 제대로 수행하지 못할 경우 선거를 통해 대표자를 통제할 수 있다.

05 출제 의도: 민주 선거의 기본 원칙
③ 민주 선거의 기본 원칙은 보통 선거, 평등 선거, 직접 선거, 비밀 선거의 네 가지이다.

06 출제 의도: 선거의 기능

제시된 대화에서 갑, 을은 선거를 통해 당선된 대표자에 대해 만족하지 못하고 있다.

① 선거는 자질이 부족한 대표자를 교체하거나 자질이 뛰어난 대표자를 재신임함으로써 대표자를 통제하는 기능을 수행한다.

07 출제 의도: 민주 선거의 기본 원칙

④ 어느 후보나 정당에 투표하였는지 다른 사람이 알지 못하도록 하는 원칙은 비밀 선거이다. 투표장에서 투표 후 투표 용지를 접어 다른 사람이 보지 못하도록 하는 것은 비밀 선거의 원칙과 관련된다.

> **그래서 오답!**
>
> ① 국회 의원 선거에서 대표자의 정당성은 대통령이 부여한다. (×) → 국민의 대표를 뽑는 선거에서 대표자의 정당성은 유권자인 국민이 부여한다.
> ② 선거는 직접 민주주의 국가에서 시행하는 '민주주의의 꽃'이다. (×) → 선거는 대의 민주주의 국가에서 시행하는 제도이다.
> ③ 어린이에게 투표권을 주지 않는 것은 보통 선거의 원칙에 어긋난다. (×) → 보통 선거의 원칙은 일정 연령 이상의 모든 국민에게 투표권을 부여하는 것이므로, 어린이에게 투표권을 주지 않는 것은 보통 선거의 원칙과 관련이 없다.
> ⑤ 여자를 제외한 남자에게만 투표권을 부여하는 것은 민주 선거의 원칙 중 평등 선거의 원칙에 어긋난다. (×) → 평등 선거의 원칙은 모든 사람의 표의 가치가 같아야 한다는 것이다. 여자를 제외한 남자에게만 투표권을 부여하는 것은 보통 선거의 원칙에 어긋난다.

08 출제 의도: 민주 선거의 기본 원칙

모든 유권자는 동등한 표의 개수와 가치를 가져야 한다. 제시된 사례에서는 일정 조건에 따라 한 사람에게 부여되는 표의 개수를 달리하고 있으므로 평등 선거의 원칙에 어긋난다.

09 출제 의도: 민주 선거의 기본 원칙

> **예시 답안**

(1) 직접 선거

(2) 직접 선거의 원칙이 지켜지지 않아 다른 사람이 대신 투표권을 행사하는 대리 선거가 이루어질 경우 부정 선거 등의 문제가 나타날 수 있다.

> **핵심 단어** 대리 선거, 부정 선거

등급	채점 기준
상	부정 선거 등의 문제가 나타날 수 있다고 서술한 경우
하	부정 선거 외의 다른 문제점을 서술한 경우

10 출제 의도: 의무 투표제

> **예시 답안**

• 찬성한다. 의무 투표제를 실시하면 국민의 의견이 정치에 반영되고, 국민의 정치적 무관심이 해소될 것이다.

• 반대한다. 투표를 하는 것도 개인의 자유이지만, 투표를 하

지 않는 것도 개인의 자유이다. 따라서 불이익을 주어 투표를 강제하는 것은 개인의 자유에 대한 침해이며, 진정한 국민의 의사 표현이라고 보기도 어렵다.

> **핵심 단어** 의견 반영, 정치적 무관심 해소, 투표를 하지 않을 자유

등급	채점 기준
상	의무 투표제 도입의 효과나 도입 시의 문제점을 정확히 서술한 경우
하	의무 투표제 도입의 효과나 도입 시의 문제점에 대한 언급 없이 찬반 의사만 밝힌 경우

❹ 공정한 선거를 위한 기본 원칙과 제도

238~239쪽

> **01** (1) 법률 (2) 선거 공영제 (3) 공정한 선거 　**02** (1) ×
> (2) ○ **03** (1) 게리맨더링 (2) 법률 (3) 관리 위원회 (4) 공영제
> **04** ② 　**05** ④ 　**06** ① 　**07** ② 　**08** 선거 관리 위원회
> **09~10** 해설 참조

04 출제 의도: 선거 공영제의 의미 및 기능

② 선거 공영제는 선거 과정에서 후보자들의 균등한 기회 보장을 목적으로 하기 때문에 선거 비용의 일부를 국가에서 지원해 준다.

> **그래서 오답!**
>
> ① 선거 운동이 과열되도록 한다. (×) → 선거 공영제의 목적은 선거 운동이 과열되지 않도록 하는 것이다.
> ③ 선거구가 임의로 획정되지 않도록 한다. (×) → 선거구의 임의적 획정을 방지하는 것은 선거구 법정주의에 대한 설명이다.

05 출제 의도: 선거 관리 위원회의 활동 및 기능

④ 선거 관리 위원회는 선거에 유권자들이 적극적으로 참여하도록 홍보하고, 선거에 관한 올바른 인식을 심어 주는 등의 활동을 한다.

06 출제 의도: 선거구 법정주의

선거구의 분할 방법 및 절차를 국회의 법률로 정하는 것을 선거구 법정주의라고 한다. 선거구 법정주의를 통해 특정 정당이나 후보자에게 유리한 결과가 나오는 것을 방지하여 공정한 선거를 실현할 수 있다.

07 출제 의도: 선거 공영제의 기능 및 내용

제시된 신문 기사에는 국회 의원 선거를 앞두고 선거법 위반 행위를 위반 및 단속하는 선거 관리 위원회의 활동이 나타나 있다. 이러한 선거 관리 위원회의 활동은 공정한 선거를 실현하는 데 그 목적을 두고 있다.

08 출제 의도: 선거 관리 위원회의 역할

제시된 사례에는 선거법을 위반하는 행위들이 나타나 있다. 공정한 선거를 위해 만들어진 선거 관리 위원회는 이러한 행위를 규제함으로써 공정한 선거를 실현하고자 한다.

09 출제 의도: 게리맨더링

(1) 게리맨더링
(2) 선거구 법정주의로, 선거구를 국회가 만든 법률에 따라 정해야 한다는 원칙이다.

핵심 단어 선거구 법정주의, 선거구, 국회, 법률

등급	채점 기준
상	선거구 법정주의를 쓰고, 그 의미를 서술한 경우
하	선거구 법정주의라고만 쓴 경우

10 출제 의도: 선거 공영제

예시 답안

선거 공영제로, 선거 운동을 국가가 관리하고 선거 운동 비용의 일부를 국가나 지방 자치 단체가 지원하는 제도이다. 선거 공영제는 후보자 간 선거 운동의 기회 균등을 보장하고, 선거 운동의 지나친 과열을 방지한다.

핵심 단어 공정한 선거, 시민 참여

등급	채점 기준
상	선거 공영제를 쓰고, 그 의미와 의의를 모두 서술한 경우
중	선거 공영제를 쓰고, 그 의미와 의의 중 한 가지만 서술한 경우
하	선거 공영제라고만 쓴 경우

03 지방 자치와 시민 참여

① 지방 자치 제도의 의미와 의의
② 우리나라의 지방 자치 제도

242~243쪽

01 (1) ○ (2) ○ (3) × **02** (1) 지방 자치 제도 (2) 권력 분립
(3) 지방 의회, 지방 자치 단체의 장 **03** (1) 풀뿌리 (2) 조례
(3) 집행 (4) 예산 **04** ③ **05** ④ **06** ⑤ **07** ②
08 광역 자치 단체 – 경기도, 기초 자치 단체 – 화성시
09~10 해설 참조

04 출제 의도: 지방 자치 제도의 특징

③ 지방 자치 제도를 실시하면 각 지역의 실정에 맞는 정책을 효율적으로 결정하고 집행할 수 있다.

그래서 오답!

① 지역 주민이 정치에 참여하는 기회가 줄어든다. (×) → 지역 주민이 정치에 참여하는 기회가 확대된다.
② 지방 정부에 대한 중앙 정부의 간섭이 강화된다. (×) → 중앙 정부의 간섭이 줄어들고, 지방 정부의 자율성이 강화된다.

05 출제 의도: 지방 자치 제도의 의의

④ 지역 주민이 지역의 주인으로서 실생활과 연결된 문제를

직접 해결하면서 민주주의를 학습하게 된다는 것은 '민주주의의 학교'와 관련된다.

06 출제 의도: 우리나라 지방 자치 단체의 구성

⑤ ⑩은 지방 의회로서 지역 주민의 의견을 수렴하여 지역의 실정에 맞는 정책을 결정하고, ⑭은 지방 자치 단체의 장으로서 지방 의회가 결정한 정책을 집행한다.

그래서 오답!

① ⑦은 기초 자치 단체, ⓒ은 광역 자치 단체이다. (×) → ⑦은 광역 자치 단체, ⓒ은 기초 자치 단체이다.
② ⓒ이 ⓔ을 임명한다. (×) → ⓒ에 해당하는 광역 지방 의회와 ⓔ에 해당하는 시장, 도지사는 모두 지역 주민의 선거로 선출된다.
③ ⓒ은 집행 기관, ⑩은 의결 기관이다. (×) → ⓒ은 광역 지방 의회, ⑩은 기초 지방 의회로 모두 의결 기관에 해당한다.
④ ⓔ과 ⑭은 법령의 범위 안에서 조례를 제정한다. (×) → ⓔ은 광역 자치 단체장, ⑭은 기초 자치 단체장으로 법령 또는 조례가 위임한 범위 내에서 규칙을 제정한다.

07 출제 의도: 지방 의회와 지방 자치 단체장

② ㈎는 광역 지방 자치 단체장에 해당하며, 법령 또는 조례가 위임한 범위 내에서 규칙을 제정할 수 있다. 법률을 제정할 수 있는 권한은 입법부인 국회에게 있다.

08 출제 의도: 광역 자치 단체와 기초 자치 단체 구분

광역 자치 단체는 특별시, 광역시, 특별자치시, 도, 특별자치도에 해당하며, 기초 자치 단체는 시, 군, 구에 해당한다. 보내는 사람의 주소가 '경기도 화성시 남양읍 ○○로 123'이므로 주소의 맨 앞에 해당하는 경기도가 광역 자치 단체, 그 뒷부분인 화성시는 기초 자치 단체가 된다.

09 출제 의도: 우리나라의 지방 자치 제도

예시 답안

(1) ⑦ 의결, ⓒ 집행
(2) 지방 의회는 조례를 제정하고, 지역 정책과 예산을 결정한다. 지방 자치 단체의 장은 규칙을 제정하고, 지방 의회의 의결 사항을 집행하며, 예산안을 제출한다.

핵심 단어 조례 제정, 지역 정책과 예산 결정, 규칙 제정, 정책 집행, 예산안 제출

등급	채점 기준
상	지방 의회와 지방 자치 단체의 장의 역할을 모두 서술한 경우
하	지방 의회와 지방 자치 단체의 장 중 한 가지의 역할만 서술한 경우

10 출제 의도: 지방 자치 제도에 대한 찬반 입장

예시 답안

지방 자치 제도를 실시하면 지역 주민이 지역의 주인으로서 실생활과 연결된 문제를 직접 해결하면서 정치 참여 기회와 경험이 확대되고, 주인 의식과 책임감이 향상될 것이다. 또한 지방 자치의 실시로 지역 맞춤형 정책이 실시되면 균형 있는 경제 발전을 이루는 데 기여할 수 있다.

핵심 단어 정치 참여 기회와 경험, 주인 의식, 책임감, 균형 있는 경제 발전

등급	채점 기준
상	두 가지 반대 의견에 동의할 수 없는 이유를 모두 서술한 경우
하	한 가지 반대 의견에 동의할 수 없는 이유만 서술한 경우

③ 지방 자치 제도와 주민 참여
244~245쪽

01 (1) 지방 선거 (2) 주민 투표 (3) 주민 참여 예산제
02 (1) × (2) ○ (3) ×　　**03** (1) 주민 발의 (2) 주민 소환
(3) 공청회　　**04** ③　　**05** ①　　**06** ②　　**07** ⑤
08 주민 발의제　　**09~10** 해설 참조

04 출제 의도: 지역 주민의 정치 참여 방법
③ 지역 주민은 주민 투표제나 주민 소환제와 같이 제도적인 방법 이외에도 인터넷에 의견 남기기, 공무원에게 편지 쓰기, 지역 소식지 만들기, 지역 문제 토론하기, 서명 운동에 참여하기 등 비제도적인 방법을 통해서도 정치에 참여할 수 있다.

그래서 오답!

① 대의 민주주의의 한계를 보완할 수 있다. (○) → 지역 주민의 정치 참여를 통해 국민의 의견이 대표자에 의해 왜곡되거나 국민이 정치에서 소외되는 대의 민주주의의 한계를 보완할 수 있다.
② 우리나라에서는 주민 투표제, 주민 소환제 등을 통해 제도적으로 보장하고 있다. (○) → 우리나라에서는 지역 주민의 정치 참여를 보장하기 위해 주민 투표제, 주민 소환제, 주민 발의제, 주민 참여 예산제 등을 시행하고 있다.

05 출제 의도: 지역 주민의 정치 참여 방법
① 지방 의회 의원과 지방 자치 단체의 장을 해당 지역 주민의 직접 투표를 통해 선출하는 것은 지방 선거이다.

06 출제 의도: 주민 참여 예산제
주민이 지역의 예산을 편성하는 과정에 참여하여 의견을 제시하는 주민 참여 예산제는 지역 주민이 지방 자치에 참여하는 방법이다.

그래서 오답!

ㄴ. 대표적인 간접 민주 정치 제도이다. (×) → 지방 자치 제도에 주민이 직접 참여할 수 있는 직접 민주 정치 제도이다.
ㄹ. 예산 집행 과정에서 투명성을 약화시킬 수 있다. (×) → 예산 집행 과정에서 투명성을 강화시킬 수 있다.

07 출제 의도: 지역 주민의 정치 참여 방법
⑤ 제시문에서 도편 추방제가 시민의 직접 투표를 통해 국가에 해를 끼칠 가능성이 있는 사람을 추방한 제도였다는 점을 고려할 때, 이와 가장 관련이 깊은 제도는 주민 소환제

이다. 주민 소환제는 선출된 지역의 공직자가 직무를 잘 수행하지 못할 경우 주민의 직접 투표를 통해 해임할 수 있도록 하는 제도이다.

08 출제 의도: 지역 주민의 정치 참여 방법
제시된 사례에서와 같이 조례안에 서명을 받아 지방 자치 단체에 제출함으로써 지역 주민이 직접 입법권을 행사하는 것은 주민 발의제이다.

09 출제 의도: 시민 참여의 의의

예시 답안

지역 주민의 직접적인 정치 참여를 통해 대의 민주 정치의 한계를 보완할 수 있어요. 시민들의 자발적인 참여를 통한 풀뿌리 민주주의를 실현할 수 있어요. 지역 주민이 정치 과정을 통하여 민주주의를 배우고 실천할 수 있어요. 등

핵심 단어 대의 민주 정치의 한계, 풀뿌리 민주주의, 민주주의의 학습

등급	채점 기준
상	핵심 단어를 포함하여 주민 참여가 필요한 이유를 서술한 경우
하	핵심 단어 외의 다른 표현을 사용하여 주민 참여가 필요한 이유를 서술한 경우

10 출제 의도: 지역 주민의 정치 참여 방법

예시 답안

지역 사회의 주요한 문제를 주민이 직접 투표로 결정하는 주민 투표제, 선출된 지역의 공직자가 직무를 잘 수행하지 못할 경우 주민 투표로 해임할 수 있는 주민 소환제, 지방 자치 단체의 예산 편성 과정에 주민이 직접 참여하는 주민 참여 예산제 등이 있다.

핵심 단어 주민 투표제, 주민 소환제, 주민 참여 예산제

등급	채점 기준
상	직접 민주 정치 제도를 세 가지 이상 서술한 경우
중	직접 민주 정치 제도를 두 가지만 서술한 경우
하	직접 민주 정치 제도를 한 가지만 서술한 경우

대단원 완성 문제 Ⅹ 정치 과정과 시민 참여
246~251쪽

01 ②	**02** ②	**03** ①	**04** ②	**05** ④	**06** ③
07 ④	**08** ②	**09** ④	**10** ③	**11** ⑤	**12** ④
13 ④	**14** ⑤	**15** ⑤	**16** ④	**17** ①	**18** ③
19 ③	**20** ④	**21** ②	**22** ④	**23** ②	**24** ⑤
25 ④	**26** ①	**27** ⑤	**28~30** 해설 참조		

01 출제 의도: 정치 과정의 의미
제시문은 정치 과정에 대한 설명이다. 현대 민주주의 사회에서는 사람들이 다양한 가치나 이익을 실현하기 위해 노력한다.

이 과정에서 때로는 개인이나 집단의 의견이 서로 대립하여 충돌하기도 하는데, 이러한 갈등을 해결하기 위해 정치 과정이 필요하다.

02 출제 의도: 민주 정치와 바람직한 시민의 역할

정치 과정을 통해 결정된 정책은 우리의 생활에 큰 영향을 미치기 때문에 우리는 정치 과정에 관심을 가지고 적극적으로 참여해야 한다.

> **그래서 오답!**
>
> ㄴ. 언론 보도를 무조건 신뢰한다. (×) → 언론 보도를 비판적 관점에서 바라보아야 한다.
> ㄹ. 항상 사회의 이익보다 개인의 이익을 중요시한다. (×) → 사익과 공익의 조화를 추구해야 한다.

03 출제 의도: 정치 주체

제시된 그림에서 ㉠은 개인과 집단, ㉡은 언론과 정당, ㉢은 국가 기관(국회, 정부, 법원), ㉣은 정부(행정부)가 들어가야 한다.

04 출제 의도: 정치 과정

㈎는 다양한 이익 표출, ㈏는 정책 집행, ㈐는 정책 평가, ㈑는 이익 집약, ㈒는 정책 결정 단계에 해당한다. 정치 과정의 단계는 '다양한 이익 표출 → 이익 집약 → 정책 결정 → 정책 집행 → 정책 평가'의 순서로 이루어진다.

05 출제 의도: 정치 주체의 역할

㉣ 다양한 방법과 대책을 찾아 정책을 집행하는 것은 정부이다. 국회는 법률을 만들거나 고침으로써 정책을 결정한다.

06 출제 의도: 정치 과정 단계

③ 국회 본회의에서 법률이 통과된 것은 국회가 여론을 바탕으로 관련 법률을 제정한 것이다. 따라서 정치 과정에서 정책 결정 단계에 해당한다.

07 출제 의도: 정치 참여 주체

㈎는 언론, ㈏는 이익 집단에 해당한다. 언론은 사실의 보도뿐만 아니라 여론 형성을 주도하고, 공정하고 객관적인 태도로 정책에 대한 해설을 제공할 것을 요구받는다. 한편, 이익 집단은 다양한 집단의 이익을 대변하고, 전문성을 바탕으로 사회 문제의 해결책을 제시한다. 언론과 이익 집단 모두 국가 기관의 활동을 감시하고 비판하는 역할을 한다.

08 출제 의도: 정당의 역할

정당은 정치권력을 획득하기 위해 정치적 의견을 같이하는 사람들이 만든 단체로 여론을 집약하여 정책안을 마련한다. 또한 시민의 다양한 의견을 반영하여 국회나 정부에 전달하고 정책을 수립한다. 선거에 후보자를 추천하는 역할도 한다.

> **그래서 오답!**
>
> ㄴ. 자기 집단의 이익 추구를 위해 노력한다. (×) → 이익 집단에 대한 설명이다.
> ㄹ. 법률을 만들거나 고침으로써 정책을 결정한다. (×) → 법률을 만들거나 고치는 것은 국회의 역할이다.

플러스 개념 정당, 이익 집단, 시민 단체

구분	정당	이익 집단	시민 단체
목적	정권 획득	특수 이익 실현	공익 실현
관심 영역	사회 모든 분야	자기 집단 이익 관련 분야	사회 모든 분야
정치적 책임	있음	없음	없음
공통점	• 비공식적 정치 주체 • 정책 결정 과정에 영향력 행사		

09 출제 의도: 이익 집단의 성격

이익 집단은 자신의 특수한 이익을 실현하기 위해 만든 단체로 노동 조합, 의사 협회 등이 있다. 이익 집단은 정책에 대해서도 자기 집단에 유리한지 불리한지를 따져 찬성하거나 반대할 것이다.

10 출제 의도: 선거의 의미

제시된 내용은 모두 선거를 가리킨다. 선거는 시민의 대표적인 정치 참여 통로로 '민주주의의 꽃'이라고 불린다.

> **그래서 오답!**
>
> ㄱ. 권력 통제의 수단은 아니다. (×) → 선거는 권력 통제의 수단으로 작용한다.
> ㄹ. 직접 민주주의에서 더욱 중요한 역할을 한다. (×) → 선거는 간접 민주주의의 근간이 되는 제도이다.

11 출제 의도: 선거의 기능

제시된 자료에서 국회 의원 선거 후보자와 주민이 간담회를 갖는 것은 후보자는 시민의 의견을 듣고, 시민은 자신의 의견을 후보자에게 표현하는 기회가 된다. 이처럼 선거는 시민의 다양한 의견을 수렴하여 정치 과정에 반영하는 수단이 될 수 있다.

12 출제 의도: 선거의 기능

④ 현대 민주주의 사회에서는 대표자가 맡은 일을 제대로 수행하지 않을 경우 국민은 다음 선거에서 책임을 물어 권력을 통제할 수 있다. 또한 국민의 기본권을 침해하는 국가 권력의 불법적 행사에 대하여 국민은 그 복종을 거부하거나 실력 행사를 통하여 저항할 수 있는 국민의 권리, 즉 저항권이 있으므로 대표자는 절대적 권력을 행사할 수 없다.

13 출제 의도: 민주 선거의 원칙

선거권을 가진 사람이 직접 투표소에 가지 않고 동생에게 대신 투표해 달라고 부탁하는 것은 투표권을 가진 후보자가 직접 투표해야 한다는 직접 선거의 원칙에 위배된다.

14 출제 의도: 민주 선거의 원칙

㈎에서 일정한 연령 이상의 모든 시민에게 투표권을 부여하는 것은 보통 선거의 원칙이고, ㈏에서 선거권을 가진 시민이 직접 투표소에 나가 투표하는 것은 직접 선거의 원칙이다.

> **그래서 오답!**
>
> ㄱ. ㈎는 평등 선거, ㈏는 직접 선거에 해당한다. (×) → ㈎는 보통 선거, ㈏는 직접 선거에 해당한다. 보통 선거는 선거권

을 주는 자격을 제한하지 않아야 한다는 원칙이고, 평등 선거는 어떤 사람의 선거권이든 선거 결과에 기여하는 힘이 똑같아야 한다는 원칙이다.

ㄴ. ㈎의 반대는 제한 선거이고, ㈏의 반대는 공개 선거이다.
(×) → ㈎의 반대는 제한 선거이고, ㈏의 반대는 대리 선거이다.

15 출제 의도: 비밀 선거
제시된 그림에서 선거를 할 때 어떤 후보자에게 찬성하는지 반대하는지 손을 들도록 하는 것은 누구에게 투표했는지 다른 사람이 알지 못하도록 해야 한다는 비밀 선거의 원칙에 어긋난다.

16 출제 의도: 선거 관리 위원회의 역할
제시문의 밑줄 친 '이 기관'은 선거 관리 위원회이다. 선거 관리 위원회는 후보자 등록, 선거 운동 및 투·개표 과정 관리, 유권자의 선거 참여를 유도하기 위한 홍보 활동, 정당과 관련한 업무 처리, 선거법 위반 행위의 예방 및 단속 등을 수행한다.

그래서 오답!

ㄱ, ㄷ을 하는 주체는 국회이다.

17 출제 의도: 선거구 법정주의
선거구 법정주의는 선거구 획정의 공정성을 확보하고 게리맨더링(Gerrymandering), 즉 특정 후보자나 특정 정당에 유리하도록 선거구를 자의적으로 획정하는 것을 방지하기 위한 목적에서 비롯되었다. 게리맨더링은 1812년 미국 매사추세츠 주지사였던 게리(Gerry)가 자신이 소속된 공화당에 유리하도록 선거구 개정을 강행하였는데, 그 결과로 만들어진 기형적인 모양의 선거구가 그리스 신화에 나온 괴물 '샐러맨더(salamander)'와 닮았다고 하여 반대당에서 게리의 이름과 결합하여 비난한 데서 유래한 것이다. 이후 여러 나라에서 선거법에 자의적인 선거구 획정을 제한하는 조치를 취하게 하는 주요한 계기가 되었다. 우리나라에서는 선거구의 공정한 획정을 위해 국회에 선거구 획정 위원회를 두고 있다.

18 출제 의도: 선거 공영제의 목적
선거 공영제는 공정한 선거를 위하여 선거에 들어가는 선거 비용의 일부를 국가가 부담하고 정부가 선거를 관리하는 제도이다. 선거 공영제는 선거 운동의 과열을 방지하고 후보자 간 선거 운동의 기회 균등을 보장함으로써 선거가 공정하게 치러지는 것을 추구한다. 우리나라의 헌법에서는 선거에 들어가는 경비는 법률이 정하는 바를 제외하고는 정당이나 후보자에게 부담시킬 수 없으며, 선거 관리 위원회의 관리하에 균등한 기회가 보장되어야 한다고 명시하고 있다.
③ 선거권은 일정한 연령 이상의 유권자에게 보장되며, 이는 선거 공영제의 목적과 직접적인 관계가 없다.

19 출제 의도: 우리나라의 지방 자치 제도
③ 지방 자치 단체장의 선출 방법은 나라마다 다르다. 프랑스와 독일에서는 의회 의원들이 간접 선거로 선출하고, 우리나라를 비롯하여 일본 등의 나라에서는 주민이 선거를 통해 직접 선출한다.

20 출제 의도: 지방 자치 단체장의 역할
우리나라의 지방 자치 단체는 광역 자치 단체와 기초 자치 단체로 구분되며, 각 지방 자치 단체는 의결 기관인 지방 의회와 집행 기관인 지방 자치 단체장으로 구성된다. ㉠에 들어갈 기관은 지방 자치 단체의 장이며, 규칙 제정, 지역의 재산 관리 및 예산 집행, 지방 자치 단체의 사무 관리 및 집행을 담당한다.

그래서 오답!

ㄱ, ㄷ은 모두 지방 의회의 역할이다.

21 출제 의도: 지방 자치 단체의 구성
각 지방 자치 단체는 광역 자치 단체와 기초 자치 단체로 구분되는데, 예를 들어 인천광역시 남동구에 거주할 경우, 광역 자치 단체는 인천광역시이고, 기초 자치 단체는 남동구가 된다. 인천광역시의 의결 기관은 인천광역시 의회, 집행 기관은 인천광역시장이고, 남동구의 의결 기관은 남동구 의회, 집행 기관은 남동구청장이다. 따라서 ㉠에 들어갈 지방 자치 기관은 구청장이다.

22 출제 의도: 지방 선거
우리나라는 지방의 살림을 꾸리는 지방 자치 단체의 단체장(시장, 도지사, 군수, 구청장)과 지방 자치 법규를 제정하고 지방 자치 단체를 감시하는 지방 의회 의원(시·도 의회, 시·군·구 의회), 교육 정책을 책임지는 교육감을 지방 선거로 선출한다.
④ 국회 의원은 국회를 구성하는 국회 의원 선거를 통해 4년마다 선출된다.

23 출제 의도: 주민 발의제
② 제시문에는 주민이 직접 조례안을 작성하여 지방 의회에 제출할 수 있는 주민 발의제가 적용된 사례가 나타나 있다.

플러스 개념 지역 주민의 정치 참여 방법

• 주민 소환제: 직무를 잘 수행하지 못한 지역의 대표를 임기 중에 주민 투표로 해임할 수 있는 제도
• 주민 소송제: 지방 자치 단체의 위법한 행위에 대해 지역 주민이 위법한 행위의 시정을 법원에 청구할 수 있는 제도
• 주민 투표제: 지역 사회의 주요 현안에 대하여 주민이 직접 투표로 결정하는 제도
• 주민 참여 예산제: 지방 자치 단체의 예산 편성 과정에 주민이 직접 참여하는 제도

24 출제 의도: 주민 참여 방법
㈎는 주민 감사 청구제에 대한 설명이고, ㈏는 주민 소환제에 대한 설명이다. 두 제도 모두 주민이 지방 자치에 참여하는 대표적인 방법이다.

25 출제 의도: 지역 사회의 주민 참여
제시된 신문 기사에는 지역 주민들로 구성된 주민 자치회에 의해 주민들이 원하는 지역 사업을 실시해 지역 문제를 해결한 사례가 나타나 있다. 즉, 주민 참여를 통해 지역 사회의 문제를 해결한 사례이다.

26 출제 의도: 지방 자치의 성공 조건

지방 자치가 성공하기 위해서는 지방 정부가 중앙 정부의 간섭 없이 지역의 사무를 스스로 처리할 수 있는 자율성을 확보하고, 재정적으로 자립해야 한다. 그리고 주민의 자발적인 참여를 통해 자치 역량을 강화해야 한다.

27 출제 의도: 주민의 정치 참여 방법

주민의 다양한 참여 방법으로 지방 선거, 주민 투표, 주민 발의, 주민 소환, 주민 청원, 주민 참여 예산제, 주민 감사 청구제, 공청회 참가, 주민 회의 참가, 서명 운동, 시·도청 누리집에 의견 올리기 등이 있다.

> **그래서 오답!**
>
> ㄱ. 자치 단체의 예산을 심의하고 의결한다. (×) → 지방 의회의 역할이다.
> ㄴ. 지방 의회에서 의결한 정책을 집행한다. (×) → 지방 자치 단체장의 역할이다.

28 출제 의도: 이익 집단과 시민 단체

예시 답안

비공식적인 정치 주체로 정책 결정에 영향력을 행사하고, 정당과 달리 정치적 책임을 지지 않는다.

핵심 단어 비공식적 정치 주체, 정치적 책임

등급	채점 기준
상	비공식적 정치 주체라는 것, 정치적 책임을 지지 않는다는 것을 모두 서술한 경우
하	비공식적 정치 주체라는 것, 정치적 책임을 지지 않는다는 것 중 한 가지만 서술한 경우

29 출제 의도: 보통 선거

예시 답안

보통 선거로, 일정한 연령에 이르면 어떠한 조건에 따른 제한 없이 모든 국민에게 선거권을 주는 제도이다.

핵심 단어 보통 선거, 일정한 연령, 모든 국민, 선거권

등급	채점 기준
상	보통 선거를 쓰고, 그 의미를 서술한 경우
하	보통 선거라고만 쓴 경우

30 출제 의도: 주민 참여 방법

예시 답안

지방 의회 의원과 지방 자치 단체의 장을 선출하는 지방 선거에 참여한다. 지방 자치 단체에 요구 사항을 청원한다. 공청회에 참석해 의견을 제시한다. 등

핵심 단어 지방 선거 참여, 청원, 공청회

등급	채점 기준
상	주민의 참여 방법을 두 가지 서술한 경우
하	주민의 참여 방법을 한 가지만 서술한 경우

XI. 일상생활과 법

01 법의 의미와 목적 ~ 02 다양한 생활 영역과 법

① 법의 의미와 특성

258~259쪽

> **01** (1) × (2) ○ (3) ○   **02** (1) 사회 규범 (2) 관습 (3) 강제성
> **03** (1) 사회 규범 (2) 종교 규범 (3) 도덕 (4) 법   **04** ②
> **05** ④   **06** ①   **07** ⑤   **08** 관습 규범   **09~10** 해설 참조

04 출제 의도: 법의 특성

② 법은 국가가 제정하여 강제성이 있기 때문에 이를 지키지 않을 경우 국가의 제재를 받는다.

> **그래서 오답!**
>
> ① 양심과 동기를 판단 기준으로 삼는다. (×) → 법은 행위의 결과를 판단 기준으로 삼는다.
> ③ 구체적인 내용이 무엇인지에 대해 사람마다 의견이 다를 수 있다. (×) → 법은 명확성을 가지고 있기 때문에 다른 규범에 비해 해야 할 일과 하지 말아야 할 일을 구체적이고 명확하게 구분한다.

05 출제 의도: 일상생활과 법

제시문에는 우리의 생활을 규제하는 법의 역할이 나타나 있다. 법은 우리의 일상생활과 깊은 관련을 맺으며, 강제적 규범으로서 우리를 규제하는 동시에 보호한다.

④ 법은 전 생애에 걸쳐 영향을 미친다.

06 출제 의도: 사회 규범의 종류

선거에서 부정을 저질러 징역형이 선고된 것은 법이 적용된 사례이다. 한편, 버스에서 자리를 양보한 행위는 자발적이고 양심에서 나온 행동으로, 인간이 지켜야 할 바람직한 도리인 도덕에 해당한다.

07 출제 의도: 법과 도덕의 특성

⑤ 분쟁과 갈등을 예방하고 사회 질서를 유지하기 위해 국가가 정한 규범은 법이다. 도덕은 인간이 지켜야 할 바람직한 도리로서 국가가 강제하는 규범이 아니다.

08 출제 의도: 관습 규범

설날에 세배를 하거나 시험을 앞둔 사람에게 엿을 선물하는 것은 우리 사회에서 오랫동안 반복되어 내려온 행동 양식이 사회 규범화된 것으로, 관습 규범에 해당한다.

09 출제 의도: 법의 특성

예시 답안

법은 해야 할 일과 하지 말아야 할 일을 명확히 규정하고 있으며, 강제성을 가지고 있어 이를 지키지 않을 경우 국가에 의해 일정한 제재(처벌)를 받는다.

핵심 단어 내용의 명확성, 강제성, 국가의 제재(처벌)

등급	채점 기준
상	명확성과 강제성을 모두 쓰고, 위반 시 효과를 옳게 서술한 경우
하	명확성, 강제성, 위반 시 효과 중 일부만 쓴 경우

10 출제 의도: 착한 사마리아인 법

예시 답안

도입해야 한다. 자신에게 특별한 위험을 초래하지 않음에도 위험에 처한 사람을 구해 주지 않는 것은 사회 구성원으로서 옳지 못한 행동이기 때문이다. 자율성을 가진 도덕에 국가가 강제성을 부여함으로써 이기적인 사회를 극복하고 따뜻한 사회를 조성해 나가기 위해 착한 사마리아인 법을 도입해야 한다.

핵심 단어 옳지 못한 행동, 도덕, 자율성, 강제성

등급	채점 기준
상	법과 도덕의 특성을 포함하여 이유를 서술한 경우
하	법과 도덕의 특성에 대한 언급 없이 이유를 서술한 경우

② 법의 목적과 기능

260~261쪽

01 (1) ○ (2) × (3) ○   **02** (1) 평균적 정의 (2) 배분적 정의
03 (1) − ㉠ (2) − ㉢ (3) − ㉡   **04** ①   **05** ③   **06** ③
07 ②   **08** 공공복리   **09~10** 해설 참조

04 출제 의도: 법의 목적

① 법의 목적은 정의의 실현과 공공복리 추구 두 가지이다.

그래서 오답!

② 분쟁의 해결이 아닌 예방을 목적으로 한다. (×) → 분쟁 예방 및 해결은 법의 목적이 아니라 법의 기능 중 하나이다.
③ 개인이 아닌 특정 집단의 이익 증진을 목적으로 한다. (×) → 법은 특정 집단이나 개인의 이익이 아니라 국민 다수의 행복과 이익을 추구하는 것을 목적으로 한다.

05 출제 의도: 정의

제시문은 정의에 대한 설명이다. 정의는 모든 사람이 인간으로서 동등하게 대접받고 노력한 만큼의 몫을 받는 것을 뜻한다.

06 출제 의도: 법의 기능

「정보 통신망 이용 촉진 및 정보 보호 등에 관한 법률」은 본인의 동의 없이 다른 사람의 사진을 함부로 누리 소통망(SNS)에 유포하는 범죄를 규정한 법률이다. 밑줄 친 부분에서 해당 법률에 따라 처벌받을 수 있다는 것을 통해 범죄에 대한 처벌 기준을 제시함으로써 범죄를 예방하는 법의 기능을 파악할 수 있다.

07 출제 의도: 법의 목적

법은 정의의 실현, 공공복리의 추구 등을 목적으로 한다. 이 중에서도 정의의 실현을 궁극적인 목적으로 하는데, 제시문은 이에 대한 설명이다.

08 출제 의도: 공공복리

공공복리는 사회 구성원 일부의 복지나 이익을 말하는 것이 아니라 사회 구성원 전체에 공통으로 적용되는 복지나 이익을 의미한다.

09 출제 의도: 정의의 유형

예시 답안

(1) 평균적
(2) 사람들을 각각 자신의 능력과 가치에 따라 다르게 취급하는 것이다.

핵심 단어 능력과 가치, 다르게 취급

등급	채점 기준
상	사람들을 능력과 가치에 따라 다르게 취급하는 것이라고 서술한 경우
하	배분적 정의가 아닌 정의의 일반적 의미를 서술한 경우

10 출제 의도: 법의 기능

예시 답안

법은 객관적이고 공정한 기준을 제공하여 분쟁을 해결하고, 손해 배상을 통해 침해당한 개인의 권리를 구제함으로써 권리를 보호한다.

핵심 단어 공정한 기준, 분쟁 해결, 손해 배상, 침해당한 권리 구제, 권리 보호

등급	채점 기준
상	제시된 용어를 모두 포함하여 서술한 경우
중	제시된 용어 중 두 가지만 포함하여 서술한 경우
하	제시된 용어 중 한 가지만 포함하여 서술한 경우

③ 법의 분류
④ 공법(公法)

262~263쪽

01 (1) ○ (2) ×   **02** ㉠ 헌법, ㉡ 소송법, ㉢ 형법   **03** (1) 소송법 (2) 행정법 (3) 헌법 (4) 공법   **04** ③   **05** ④
06 ②   **07** ④   **08** 행정법   **09~10** 해설 참조

04 출제 의도: 형법의 규율 범위

③ 형법은 국가가 범죄의 유형을 정하고 그에 관하여 어떠한 형벌을 얼마나 부과할지 규정하고 있기 때문에 공법으로 분류된다.

그래서 오답!

① 피해자와 가해자 사이에 적용되는 법이기 때문에 (×) → 피해자 개인과 가해자 개인 사이에 적용되는 법은 사법으로 분류된다.
② 형사 재판을 진행하는 절차를 규정하고 있기 때문에 (×) → 형사 재판을 진행하는 절차는 형사 소송법에서 규정하고 있다.

05 출제 의도: 법의 분류 기준

④ 법이 규율하는 생활 영역에 따라 국가와 국민 또는 국가 기관 간의 공적인 생활 관계를 규율하는 공법, 개인과 개인 간의 사적인 생활 관계를 규율하는 사법, 사회적 약자를 보호하기 위해 국가가 개인 간의 관계에 개입하는 중간적인 성격을 가진 사회법으로 나눈다.

06 출제 의도: 공법의 내용

공적인 생활 관계를 규율하는 공법에는 국민의 권리와 의무, 국가의 통치 조직 등을 규율하는 헌법, 범죄의 유형과 그에 관한 형벌을 규정하는 형법, 행정 기관의 조직과 작용 및 권리 구제에 관한 행정법, 재판을 진행하는 절차를 규정하는 각종 소송법이 포함된다.

② 혼인(결혼)은 개인과 개인 간의 사적인 관계에 관련된 내용이므로 사법(私法)에서 규율한다.

07 출제 의도: 공법의 종류

(가)는 소송의 절차에 대해 규정하고 있으므로 소송법이고, (나)는 협박죄에 대해 규정하고 있으므로 형법이며, (다)는 상해죄에 대해 규정하고 있으므로 역시 형법이다.

08 출제 의도: 행정법의 내용

행정법은 행정 기관의 조직과 작용, 그 작용으로 인해 발생한 공권력에 의하여 국민의 권리가 침해된 때에 그 권리 구제의 내용과 방법 등을 규정하고 있다.

09 출제 의도: 헌법의 내용

예시 답안

(1) 헌법

(2) 국민의 권리와 의무, 국가의 통치 조직 등 국가의 기본 원칙을 규정한다.

핵심 단어 국민의 권리와 의무, 국가의 기본 원칙

등급	채점 기준
상	국민의 권리와 의무, 국가의 기본 원칙을 모두 포함하여 서술한 경우
하	국민의 권리와 의무, 국가의 기본 원칙 중 한 가지만 포함하여 서술한 경우

10 출제 의도: 공법 영역과 범죄

예시 답안

폭행은 범죄이므로 개인과 국가 간 또는 국가 기관 간의 공적인 생활 관계를 규율하는 공법 중 범죄의 종류 및 형벌의 내용에 관하여 규정한 형법에 의해 다룬다.

핵심 단어 범죄, 공법, 공적인 생활 관계, 형법, 범죄의 종류 및 형벌의 내용

등급	채점 기준
상	공법의 영역 중 형법에 의해 다룬다고 서술한 경우
하	형법에 의해 다룬다고만 서술한 경우

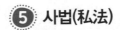

⑤ 사법(私法)

264~265쪽

01 (1) ○ (2) × (3) × **02** (1) – ㉡ (2) – ㉠ **03** (1) 법을 적용하는 국가의 작용 (2) 상법 (3) 민법 **04** ① **05** ④
06 ⑤ **07** ④ **08** 민법 **09~10** 해설 참조

04 출제 의도: 사례와 관련된 법의 영역

① 길에 떨어진 현금을 가지는 것은 법에 의해 처벌 대상이 되는 범죄 행위이다. 국가가 법률로써 일정한 행위를 범죄로 규정하는 것은 개인의 생활 영역 중 국가가 공권력을 행사하는 것과 관련되므로 공법이 적용되는 상황이다.

05 출제 의도: 사법의 특징과 종류

④ 사법은 주로 개인 간 분쟁을 해결하는 데 필요한 내용을 규정한다.

그래서 오답!

① 현대 사회에서 강조되기 시작하였다. (×) → 사회법에 대한 설명이다.
② 재판의 진행 절차를 규정한 각종 소송법을 포함한다. (×) → 각종 소송법은 공법에 해당한다.
③ 국민의 권리와 의무, 국가의 통치 조직 등을 규정한 국가의 최고 법을 포함한다. (×) → 국가의 최고 법인 헌법은 공법에 해당한다.

06 출제 의도: 민법의 특징

제시문은 민법에 대한 설명이다. 대표적인 사법인 민법은 개인과 개인의 가족 관계, 재산 관계 등을 규정하는 법으로 재산권, 계약, 혼인과 이혼, 상속, 유언 등을 그 내용으로 한다.

⑤ 형벌은 형법에서 규정하는 내용이다. 형법은 범죄와 형벌을 다루는 법으로 대표적인 공법에 해당한다.

07 출제 의도: 사례와 관련된 법의 영역

을을 제외한 모든 학생이 일상생활에서 사법이 적용되는 사례를 발표하였다.

을. 죄를 지었을 때 법에 따른 처벌을 받는 것은 공법 중 형법에 대한 설명이다.

08 출제 의도: 민법의 특징

제시문의 밑줄 친 '이 법'은 두 사람 사이의 개인적인 일을 다루며, 혼인에 대한 내용을 담은 법이어야 한다. 이러한 내용을 다루는 법은 민법이다. 민법은 개인과 개인의 가족 관계, 재산 관계 등을 규정하는 법으로 재산권, 계약, 혼인과 이혼, 상속, 유언 등을 그 내용으로 한다.

09 출제 의도: 법의 영역

예시 답안

(1) (가) 공법, (나) 사법

(2) 공법은 국가 공동체와 관련되어 있는 공적인 생활 영역을 규율하고, 사법은 개인과 개인 간의 사적인 생활 영역을 규율한다.

등급	채점 기준
상	공법과 사법의 규율 대상을 비교하여 서술한 경우
하	공법과 사법의 규율 대상 중 한 가지만 서술한 경우

10 출제 의도: 민법의 특징

예시 답안

민법은 개인과 개인의 가족 관계, 재산 관계 등을 규정한 법으로 상속과 유언에 대한 내용을 담고 있습니다. 따라서 민법에 규정된 내용에 따라 어머니의 유산 중 일부에 대한 권리를 주장할 수 있으니, 변호사에게 법적인 도움을 받는 것이 어떨까요?

핵심 단어 민법

등급	채점 기준
상	민법의 내용을 포함하여 서술한 경우
하	민법의 내용을 포함하지 않고 법적 도움을 받으라고만 서술한 경우

⑥ 사회법

266~267쪽

01 (1) ○ (2) ○ (3) ×　　**02** (1) – ⓒ (2) – ㉠ (3) – ⓛ
03 (1) 사회법 (2) 노동법 (3) 사회 보장법 (4) 경제법　**04** ②
05 ③　**06** ③　**07** ⑤　**08** 사회법　**09~10** 해설 참조

04 출제 의도: 사회법의 특징

② 사회법은 사회적·경제적 약자를 보호하고, 국민의 인간다운 생활을 보장하기 위한 법이다.

그래서 오답!

① 헌법, 형법, 행정법 등을 포함한다. (×) → 헌법, 형법, 행정법 등은 공법에 해당한다.
③ 현대 복지 국가에서 그 중요성이 감소하고 있다. (×) → 사회법은 현대 복지 국가에서 그 중요성이 강조되고 있다.

05 출제 의도: 사회법의 종류

사회법에는 노동법, 경제법, 사회 보장법이 있으며, 이중 근로자의 권리와 근로 조건 등을 규정하고, 근로자와 사용자 간의 이해관계를 조정하기 위해 만든 법은 노동법이다.

그래서 오답!

① 민법 (×) → 개인과 개인의 가족 관계, 재산 관계 등을 규정하는 법으로, 사법에 해당한다.
② 경제법 (×) → 기업 간의 공정한 경쟁을 유도하고 소비자의 권리와 이익을 보호하기 위해 만든 법으로, 사회법에 해당한다.
④ 사회 보장법 (×) → 국민의 최소한의 인간다운 삶을 보장하기 위해 만든 법으로, 사회법에 해당한다.

플러스 개념 사회법의 종류

노동법	근로자의 권리와 근로 조건 등을 규정하고, 근로자와 사용자 간의 이해관계를 조정하기 위해 만든 법
경제법	기업 간의 공정한 경쟁을 유도하고, 소비자의 권리와 이익을 보호하기 위한 법
사회 보장법	질병, 장애, 실업, 빈곤 등으로 어려움에 처한 사람을 보호하고, 국민의 최소한의 인간다운 삶을 보장하기 위한 법

06 출제 의도: 사회법의 등장 배경 및 특징

③ 제시문의 밑줄 친 '이 법'은 사회법이고, 개인과 개인 간의 사적인 생활 관계를 규율하는 법은 사법이다.

07 출제 의도: 근로 기준법의 특징

㉠에 들어갈 법은 근로 기준법이고, 근로 기준법은 사법과 공법의 중간적인 성격을 갖는 사회법에 해당한다.

그래서 오답!

ㄱ. 국가의 개입을 최소화한다. (×) → 사회법은 사적인 생활 영역에 대한 국가의 개입을 확대하였다.
ㄴ. 산업 혁명 이전에 등장하였다. (×) → 사회법은 산업 혁명 이후 자본주의의 발전 과정에서 나타난 문제를 해결하기 위해 등장하였다.

08 출제 의도: 사회법의 종류

첫 번째 사례에서 A는 사회 보장법의 도움을 받을 수 있고, 두 번째 사례에서 B는 경제법의 도움을 받을 수 있다. 사회 보장법과 경제법은 모두 사회법에 속한다.

09 출제 의도: 사회법의 등장 배경

예시 답안

(1) 사회법
(2) 사회법은 산업 혁명 이후 발생한 빈부 격차, 노사 갈등과 같은 여러 가지 사회 문제를 해결하기 위해 사법 영역에 국가가 개입하여 사회·경제적 약자를 보호하기 위해 나타났다.

문제 자료 분석하기

• 근로자와 사용자 간의 이해관계를 조정하기 위해 만든 법 → 노동법
• 모든 국민의 최소한의 인간다운 삶을 보장하기 위해 만든 법 → 사회 보장법
• 기업 간의 공정한 경쟁을 유도하고 소비자의 권리와 이익을 보호하기 위해 만든 법 → 경제법

핵심 단어 산업 혁명 이후, 국가 개입, 사회·경제적 약자 보호

등급	채점 기준
상	핵심 단어 3개를 모두 사용하여 서술한 경우
중	핵심 단어를 2개만 사용하여 서술한 경우
하	핵심 단어를 1개만 사용하여 서술한 경우

10 출제 의도: 사회법의 특징

예시 답안

노동법 중 근로 기준법에 의해 근로 시간이나 근로 조건 등을 보호받고, 최저 임금법에 의해 최저 임금도 보장받아야 합니다. 그리고 사회 보장법에 의해 최소한의 인간다운 생활을 위해 필요한 지원을 받을 수 있습니다.

핵심 단어   노동법, 사회 보장법

등급	채점 기준
상	노동법과 사회 보장법을 모두 사용하여 서술한 경우
중	노동법과 사회 보장법 중 한 가지만 사용하여 서술한 경우
하	사회법의 도움을 받을 수 있다고만 서술한 경우

03 재판의 종류와 공정한 재판

1 재판의 의미와 종류

270~271쪽

01 (1) 재판 (2) 민사 재판, 형사 재판   **02** (1) – ㉠ (2) – ㉡ (3) – ㉢   **03** (1) 피고 (2) 피고인 (3) 판사 (4) 검사   **04** ③   **05** ③   **06** ②   **07** ④   **08** B   **09~10** 해설 참조

04 출제 의도: 민사 재판

③ 민사 재판은 개인과 개인 간의 권리와 법률관계에 대한 분쟁을 해결하기 위한 재판이다.

그래서 오답!

① 피고의 신청에 의해 시작된다. (×) → 원고의 신청에 의해 시작된다.
② 범죄자에게 형벌을 가하기 위한 재판이다. (×) → 범죄자에게 형벌을 가하기 위한 재판은 형사 재판이다.

05 출제 의도: 재판의 종류

범죄를 저지른 자에게 형벌을 가하는 재판은 형사 재판에 해당한다.

06 출제 의도: 재판의 기능

제시된 사례에서는 흑인 아동과 학부모들의 교육권이 침해된다고 보아 재판을 통해 이를 구제하였다. 따라서 국민의 권리를 보호하는 재판의 기능을 확인할 수 있다.

07 출제 의도: 형사 재판의 절차

④ 신문 및 변론의 전 과정에서 피고인은 변호인의 조력을 받을 수 있다.

그래서 오답!

① ㉠에 따라 가해자는 피의자가 된다. (×) → 가해자가 피의자가 되는 것은 사건 발생이 아니라 수사 시작에 따른 결과이다.

② ㉡에서 피해자가 신고하면 고발, 제3자가 신고하면 고소이다. (×) → 피해자가 신고하면 고소, 제3자가 신고하면 고발이다.
③ ㉢의 대상은 피고이다. (×) → 수사의 대상은 피의자이다.
⑤ ㉣과 ㉥은 판사가 담당한다. (×) → 공소 제기는 검사가 담당하고, 판결은 판사가 담당한다.

08 출제 의도: 민사 재판의 구성원

원고는 소송을 제기한 사람이고, 피고는 소송을 제기당한 사람이다. 따라서 제시된 사례에서 원고는 B이고, 피고는 A이다.

09 출제 의도: 민사 재판의 목적과 절차

예시 답안

민사 재판으로, 개인 간의 권리와 의무에 관한 분쟁을 해결하기 위한 재판이다.

핵심 단어   민사 재판, 개인 간의 분쟁 해결

등급	채점 기준
상	민사 재판을 쓰고, 그 의미를 서술한 경우
하	민사 재판이라고만 쓴 경우

10 출제 의도: 분쟁 해결의 방법

예시 답안

• 갑의 입장에 찬성한다. 재판을 통해 해결하면 법에 따라 정확하고 분명하게 해결할 수 있기 때문이다.
• 갑의 입장에 반대한다. 재판을 통해 해결하면 시간과 비용이 많이 들고, 인간관계가 어려워지는 등의 문제가 발생할 수 있기 때문이다.

핵심 단어   법에 따른 해결, 정확하고 분명한 해결, 시간과 비용 소모, 인간관계 어려움

등급	채점 기준
상	재판의 장점이나 단점을 포함하여 이유를 서술한 경우
하	재판의 장점이나 단점에 대한 언급 없이 이유를 서술한 경우

2 공정한 재판을 위한 제도

272~273쪽

01 (1) 사법권의 독립 (2) 신분   **02** ㉠ 대법원, ㉡ 지방 법원 합의부   **03** (1) 심리와 판결 (2) 심급 제도 (3) 상소   **04** ①   **05** ②   **06** ⑤   **07** ③   **08** ㉠ 헌법, ㉡ 양심   **09~10** 해설 참조

04 출제 의도: 공정한 재판을 위한 제도

① 공개 재판주의의 예외로서 재판의 심리는 비공개할 수 있지만, 재판의 판결은 예외 없이 공개해야 한다.

그래서 오답!

② 을: 증거가 없더라도 판사가 인정하는 경우 재판에서 사실로 인정돼. (×) → 증거 재판주의에 따라 명확한 증거가 있을 경우에만 사실로 인정된다.

③ 병: 1심 법원의 판결에 불복하여 2심 법원에 재판을 청구하는 것을 항고라고 해. (×) → 1심 법원의 판결에 불복하여 2심 법원에 재판을 청구하는 것은 항소라고 한다.

05 출제 의도: 사법권의 독립

법원의 조직이나 운영을 다른 국가 기관으로부터 독립시켜 외부의 간섭이나 영향을 받지 않도록 규정한 것은 법원의 독립을 나타내며, 이는 사법권의 독립을 실현하기 위해 헌법에서 규정한 내용이다.

06 출제 의도: 심급 제도

⑤ 재판 당사자는 재판에 문제가 있다고 생각하는 경우에 상소를 하여 다시 판단해 달라고 요청할 수 있다. 하지만 재판 당사자 이외의 사람은 원칙적으로 재판을 해 달라고 요청할 이익이 없는 사람이라고 보기 때문에 이를 허용하지 않는다.

07 출제 의도: 공개 재판주의

제시된 자료에서 에밀 졸라는 드레퓌스 사건의 재판이 완전히 비공개로 진행된 점을 비판하고 있다. 따라서 공개 재판주의의 필요성을 강조한 것으로 볼 수 있다.

08 출제 의도: 사법권의 독립

제시된 헌법 조항은 재판의 독립을 규정한 것이다. 해당 규정에 따라 법관은 헌법과 법률에 의하여 그 양심에 따라 독립하여 심판할 수 있다.

09 출제 의도: 사법권의 독립

예시 답안

법관이 헌법과 법률에 의하여 그 양심에 따라 독립하여 심판한다는 재판의 독립을 규정하고 있다. 법원의 조직이나 운영을 다른 국가 기관으로부터 독립시켜 외부의 간섭이나 영향을 받지 않도록 한다는 법원의 독립을 규정하고 있다. 법관이 공정한 판결을 내릴 수 있도록 법관의 임기를 규정하는 법관의 신분 보장을 규정하고 있다.

핵심 단어 재판의 독립, 법원의 독립, 법관의 신분 보장

등급	채점 기준
상	재판의 독립, 법원의 독립, 법관의 신분 보장을 모두 서술한 경우
중	재판의 독립, 법원의 독립, 법관의 신분 보장 중 두 가지만 서술한 경우
하	재판의 독립, 법원의 독립, 법관의 신분 보장 중 한 가지만 서술한 경우

10 출제 의도: 공정한 재판의 조건

예시 답안

공정하지 않다. 고등 법원과 대법원이 독재 정권(행정부)의 협박을 받았다는 점에서 사법권의 독립이 지켜지지 않았고, 특별한 이유 없이 심리 과정을 공개하지 않았다는 점에서 공개 재판주의가 지켜지지 않았으며, 고문에 따른 진술서를 증거로 했다는 점에서 증거 재판주의가 지켜지지 않았다. 한편, 대법원까지 세 번의 재판을 받도록 하여 심급 제도는 형식상 지켜졌다.

핵심 단어 사법권의 독립, 공개 재판주의, 증거 재판주의, 심급 제도

등급	채점 기준
상	세 가지 이상의 〈기준〉에 따라 재판의 공정성을 판단한 경우
중	두 가지 〈기준〉에 따라 재판의 공정성을 판단한 경우
하	한 가지 〈기준〉에 따라 재판의 공정성을 판단한 경우

대단원 완성 문제 ⅩⅠ 일상생활과 법

274~279쪽

01 ①	02 ①	03 ③	04 ②	05 ②	06 ③
07 ④	08 ③	09 ②	10 ①	11 ②	12 ④
13 ②	14 ①	15 ②	16 ②	17 ②	18 ⑤
19 ①	20 ①	21 ⑤	22 ②	23 ②	24 ③
25 ④	26 ④	27 ①	28~30 해설 참조		

01 출제 의도: 법의 특성 파악

ㄱ. 법은 사회 질서를 유지하기 위해 사회 구성원들이 사회생활에서 지켜야 할 행동의 기준으로, 법을 지키지 않을 경우 국가에 의해 제재를 받게 된다(강제성).
ㄴ. 법은 해야 할 일과 하지 말아야 할 일을 구체적으로 명확하게 규정하고 있다(명확성).

그래서 오답!

ㄷ. 법은 현대 사회보다 전통 사회에서 중요시되었다. (×) → 법은 어느 사회에서나 질서를 유지하기 위해 필요하지만, 현대 사회에서는 사회의 다원화에 따라 법의 종류가 매우 다양해진 만큼 현대 사회보다 전통 사회에서 법이 더 중요시되었다고 보기는 어렵다.
ㄹ. 법은 법관과 같은 전문가들에게만 영향을 미친다. (×) → 법은 법관과 같은 전문가들만의 영역이 아니라 사회 구성원 모두와 밀접한 관련을 맺고 있다.

02 출제 의도: 법의 특성

법은 지키지 않으면 국가에 의해 제재를 받으므로 강제적이고 규범적인 힘이 있다. 이에 비해 관습, 도덕, 종교와 같은 사회 규범은 위반 시 양심의 가책을 느끼고 사회적 비난을 받지만, 국가로부터 처벌은 받지 않는다.

03 출제 의도: 법의 특성

③ 법은 강제성을 띤 사회 규범이다. 법은 사회 규범에 속하지만, 지키지 않으면 처벌을 받는 강제성 때문에 도덕이나 종교 같은 다른 사회 규범과 구별된다.

04 출제 의도: 사회 규범의 종류

㉮는 일정한 종교에서 지켜야 할 교리나 계율을 나타내므로 종교 규범이고, ㉯는 한 사회에서 오랫동안 지켜 내려온 행동 양식이므로 관습 규범이다.

05 출제 의도: 일상생활 속의 법

제시된 신문 기사에 나타난 사건은 법 규범 중 아동 복지법의 규율 대상이다. 즉, 아동 복지법에는 아동에게 해서는 안 되는 행동과 이를 어긴 사람에게 주어지는 처벌이 규정되어 있다. 이처럼 법은 강제성과 명확성을 특징으로 한다.

그래서 오답!

> ① 인간이 지켜야 할 바람직한 도리이다. (×) → 도덕에 대한 설명이다.
> ③ 국가가 합의 없이 일방적으로 만든 규범이다. (×) → 법은 국가가 합의에 따라 만든 규범이다.
> ④ 일정한 종교 사회에서 지켜야 할 교리나 계율이다. (×) → 종교 규범에 대한 설명이다.
> ⑤ 오랫동안 반복되는 행동 양식이 사회적 행위의 기준으로 인정된 것이다. (×) → 관습에 대한 설명이다.

06 출제 의도: 법의 목적

정의의 여신상은 대개 한 손에 저울을, 다른 한 손에는 칼을 쥐고 있다. 여기서 저울은 옳고 그름을 가리는 데 있어 편견을 버리고 공평하고 정의롭게 하겠다는 형평성을 의미하고, 칼은 사회 질서를 파괴하는 자에 대하여 제재를 가한다는 강제성을 의미한다. 또한 선악을 판별하여 벌을 주는 정의의 여신상은 두 눈을 안대로 가리고 있기도 하다. 이는 정의를 실현하기 위해서는 어느 쪽에도 기울지 않는 공평무사한 자세를 지킨다는 것을 의미한다.

07 출제 의도: 법의 기능

제시된 사례에서는 법원의 판결을 통해 분쟁을 해결하는 모습이 나타난다. 이처럼 법은 분쟁의 해결 기준을 제시함으로써 사회 질서의 유지에 기여한다.

08 출제 의도: 정의의 실현

법은 정의의 실현을 목적으로 한다. 정의는 평균적 정의와 배분적 정의로 나뉘는데, 제시된 신문 기사에서 고소득자에게 세금을 더 많이 걷는 것은 개인의 차이를 고려한 배분적 정의에 해당한다.

09 출제 의도: 법의 특성

제시된 그림은 법이 출생부터 인생의 각 시기에서 우리의 생활과 밀접한 관련이 있음을 보여 준다. 이처럼 우리의 모든 생활은 법과 밀접한 관련이 있다.

10 출제 의도: 공법의 성격

공법은 개인과 국가 간 또는 국가 기관 간의 공적인 생활 관계를 규율하는 법이다. 공법은 세금, 선거, 병역, 관공서의 행정 업무처럼 국가나 공공 단체 등이 공권력을 행사하는 것과 관련된 내용을 규정한다.
① 민법과 상법은 개인과 개인 간의 사적인 생활 관계를 규율하는 사법에 해당한다.

11 출제 의도: 법이 규율하는 생활 영역

㉠은 선거법, ㉡은 민법, ㉢은 병역법, ㉣은 세법, ㉤은 형법과 관련이 있다. 이중 ㉡은 사법이고, 나머지는 모두 공법에 해당한다.

플러스 개념 공법의 종류

헌법	한 나라의 최고 법으로 국민의 권리와 의무 등을 정해 놓은 법
형법	범죄의 종류와 형벌을 규정한 법
행정법	행정 기관의 조직과 작용 및 권리 구제에 관한 법
소송법	재판이 이루어지는 절차를 정해 놓은 법 ㉠ 민사 소송법, 형사 소송법
기타	세법, 병역법, 공직 선거법 등

12 출제 의도: 헌법의 특징

㉠에 들어갈 우리나라의 최고 법은 헌법이다. 헌법은 한 나라의 최고 법이며, 모든 법의 상위법이다. 법이 우리의 일상생활을 규제하고 보호한다면, 헌법은 법의 전체적인 질서를 나타내며 법 위의 법이라고 할 수 있다. 모든 법은 헌법에 위배될 수 없다. 헌법은 국민의 권리와 의무, 국가의 통치 조직 및 국가 운영 원리 등을 정해 놓았다.

13 출제 의도: 사례를 통한 법의 유형

첫 번째 사례는 형법, 두 번째 사례는 병역법, 세 번째는 공직 선거법의 규율 대상이다. 형법, 병역법, 공직 선거법은 모두 공법에 해당하는데, 공법은 개인과 국가 간 또는 국가 기관 간의 공적인 생활 관계를 규율한다.

14 출제 의도: 사법의 성격

가게 상호명을 두고 분쟁이 발생한 경우 개인과 개인 간의 사적인 생활 관계를 규율하는 사법 중 기업을 중심으로 전개되는 생활 관계를 규율하는 상법을 통해 분쟁을 해결할 수 있다.

15 출제 의도: 사법의 종류

개인과 개인 간의 사적인 생활 관계를 규율하는 법은 사법이다. 사법은 개인과 개인 간의 사적인 생활 영역 안에서 발생하는 각종 분쟁을 해결하는 기준을 제시한다.
② 민법과 상법은 사법에 해당한다.

16 출제 의도: 민법의 내용

민법상 성년은 만 19세가 되는 해의 생일을 맞은 때부터다. 민법상 성년이 되면 집, 차, 휴대 전화 등의 계약 같은 경제 활동을 스스로 할 수 있다. 미성년자가 휴대 전화를 개통하려면 법정 대리인의 동의가 필요하며, 법정 대리인의 동의를 얻지 않고 한 행위에 대해서는 취소할 수 있도록 하고 있다.

17 출제 의도: 사회법의 종류

㈎에서 근로 조건과 관련된 문제는 근로 기준법과 관련되고, ㈏에서 고령으로 어려움을 겪고 있는 노인에 대한 돌봄 서비스는 사회 보장법과 관련된다.

18 출제 의도: 사회법의 성격

사회법이란 공법도 아니고 사법도 아닌, 공법과 사법이 혼합된 법으로서 제3의 법 영역이다.
⑤ 사회법은 원래 사적 영역이었던 부분에 국가가 개입하는 것으로, 기업가의 이윤 획득 등 자유로운 경제 활동을 어느 정도 제한하는 요소가 있다.

19 출제 의도: 형사 재판의 절차

형사 재판은 절도, 폭행 등의 범죄가 발생한 경우 죄를 저지른 것으로 의심받는 사람에게 죄가 있는지, 죄가 있다면 어떤 처벌을 받아야 하는지 결정하는 재판이다. 형사 재판은 '고소 또는 고발 → 피의자에 대한 경찰 수사 → 검사가 법원에 재판 청구 → 검사의 신문, 변호인의 변론 → 판사의 판결 선고' 순으로 이루어진다.

20 출제 의도: 공소의 의미

공소는 검사가 형사 사건에 대하여 법원의 재판을 청구하는 것이다. 공소권은 법원에 공소를 제기할 수 있는 검사의 권리를 말하는 것으로, 검사가 형사 사건에 대해 공소를 제기하고 이를 수행하는 권한을 말한다. 이러한 신청의 절차를 공소의 제기 또는 기소라고 한다.

21 출제 의도: 재판의 기능

⑤ 개인 간에 문제가 생겼을 때 가장 바람직한 해결 방법은 사건 당사자들끼리 합의를 하는 것이다. 재판은 시간과 비용이 많이 들고 인간관계에서도 어려움을 겪을 수 있기 때문에 가장 바람직한 방법이라고는 하기 어렵다.

22 출제 의도: 국선 변호인 제도

국선 변호인은 형사 사건 피고인이 경제 사정 등으로 스스로 변호인을 선임할 수 없는 경우, 법원이 피고인의 변론을 맡기는 변호인을 말한다.

23 출제 의도: 민사 재판

제시된 그림은 개인 간 분쟁을 둘러싼 민사 재판의 모습이다.
② 민사 재판에서 소송을 제기한 사람은 원고, 소송을 당한 사람은 피고라고 하며, 이들 원고와 피고가 재판의 당사자이다.

24 출제 의도: 민사 재판과 형사 재판

층간 소음 문제 등과 관련하여 개인 간에 발생하는 손해 배상 문제는 민사 재판으로 해결할 수 있고, 폭행과 같은 범죄 사실은 형사 재판의 대상이 된다.

25 출제 의도: 심급 제도

④ 심급 제도에서 모든 재판이 3심제로 이루어지는 것은 아니다. 특허 소송은 2심제, 대통령 선거 소송이나 비상 계엄 하의 군사 재판은 단심제로 진행된다.

26 출제 의도: 공정한 재판을 위한 제도

첫 번째 내용은 공개 재판주의, 두 번째 내용은 증거 재판주의, 세 번째 내용은 사법권의 독립에 해당한다. 이는 모두 공정한 재판을 실현함으로써 시민의 자유와 권리를 보장하기 위한 것이다.

27 출제 의도: 공정한 재판의 조건

공정한 재판을 위한 조건에는 사법권의 독립, 심급 제도, 공개 재판주의, 증거 재판주의 등이 있다.
① 심문의 횟수 자체가 재판의 공정성을 판단하는 기준이 되기는 어렵다.

28 출제 의도: 법과 도덕의 비교

예시 답안

㉮는 법이고, ㉯는 도덕이다. 법은 행위의 결과를 중시하고, 도덕은 행위의 동기를 중시한다. 법은 위반 시 국가로부터 제재를 받는 강제성을 지닌 반면, 도덕은 양심에 따른 자율성을 지닌다.

핵심 단어 법, 도덕, 행위의 결과, 행위의 동기, 강제성, 자율성

등급	채점 기준
상	핵심 단어를 모두 포함하여 법과 도덕의 특징을 비교한 경우
하	핵심 단어 중 일부만 포함하여 법과 도덕의 특징을 비교한 경우

29 출제 의도: 사회법의 목적

예시 답안

사회법이다. 사회적 약자를 보호하고, 모든 국민의 인간다운 생활을 보장한다.

핵심 단어 사회법, 사회적 약자 보호, 인간다운 생활 보장

등급	채점 기준
상	사회법을 쓰고, 사회적 약자 보호와 모든 국민의 인간다운 생활 보장을 모두 서술한 경우
중	사회법을 쓰고, 사회적 약자 보호와 모든 국민의 인간다운 생활 보장 중 한 가지만 서술한 경우
하	사회법이라고만 쓴 경우

30 출제 의도: 심급 제도

예시 답안

심급 제도이다. 법관의 잘못된 판단으로 발생할 수 있는 피해를 줄임으로써 공정한 재판을 통해 국민의 권리를 보장한다.

핵심 단어 심급 제도, 공정한 재판, 권리 보장

등급	채점 기준
상	심급 제도를 쓰고, 공정한 재판과 권리 보장을 모두 서술한 경우
중	심급 제도를 쓰고, 공정한 재판과 권리 보장 중 한 가지만 서술한 경우
하	심급 제도라고만 쓴 경우

XII. 사회 변동과 사회 문제

01 현대의 사회 변동 ~ 02 한국 사회의 변동

① 사회 변동의 의미와 특징
② 현대 사회의 변동 양상과 문제점

284~285쪽

01 (1) 사회 변동 (2) 산업화 (3) 정보화 **02** (1) ◯ (2) ◯ (3) ✕
03 (1) 정보화 (2) 노동과 자본 (3) 높아지는 **04** ③ **05** ④
06 ④ **07** ⑤ **08** 과학 기술의 발달 **09~10** 해설 참조

04 출제 의도: 사회 변동의 특징

③ 전통 사회에서는 자연 환경의 변화, 인구의 증감, 전쟁, 무역 등이 사회 변동의 주된 요인이었다. 이에 반해 현대 사회에서는 교통·통신이나 과학 기술의 발달이 사회 변동의 주된 요인이 되고 있다.

05 출제 의도: 산업화의 영향

제시문에서 설명하는 사회 변동은 산업화이다. 산업화에 따른 이촌 향도 현상으로 도시화가 촉진되었으며, 대량 생산 체제가 도입되었다. 인류는 농업 사회를 오랫동안 지속하다가 산업 혁명과 함께 산업 사회로 변모하게 되면서 제조업 위주의 사회로 변화해 갔고, 대량 생산 체제의 도입으로 대중 사회가 도래하였다.

그래서 오답!

①, ②, ③은 모두 정보화의 영향에 해당한다.

06 출제 의도: 정보 사회의 특징

제시문에는 정보 사회의 모습이 나타나 있다. 정보 사회에서는 시간과 공간의 제약 감소로 의사소통이 자유롭게 이루어지기는 하지만, 개인 정보 유출, 익명성으로 인한 악성 댓글 문제, 사이버 범죄도 증가하고 있다.

④ 노동과 자본이 부가 가치의 주요한 원천으로 작용하는 사회는 산업 사회이다. 정보 사회에서는 지식과 정보가 부가 가치의 원천이 된다.

07 출제 의도: 세계화의 영향

제시된 사진에 나타난 한류 열풍을 통해 세계화 현상을 확인할 수 있다.

⑤ 세계화의 영향으로 국가 간에 사람, 재화와 서비스, 기술, 자본 등의 교류가 활발해진다.

그래서 오답!

① 정보 기술과 관련된 직업이 감소한다. (×) → 정보 기술과 관련된 직업은 오히려 증가한다.

② 국경의 의미가 강화되어 생활 공간이 과거보다 좁아진다. (×) → 국경의 의미는 과거보다 약화되고, 생활 공간은 과거보다 넓어진다.

③ 단일 민족 국가 체제가 강화되어 시간과 공간의 제약이 커진다. (×) → 시간과 공간의 제약이 줄어들어 다양한 민족이 서로 교류한다.

④ 각 나라의 문화 정체성이 강해지면서 문화 다양성이 약화된다. (×) → 활발한 문화 교류로 인해 문화가 다양해지기는 하지만, 약소국의 문화 정체성은 약화되는 경우가 있다.

08 출제 의도: 현대 사회의 변동 요인

제시된 사례들에서는 오늘날 정보 통신 기술, 즉 과학 기술의 발달에 따라 급격하게 나타나고 있는 사회 변동의 모습을 확인할 수 있다.

09 출제 의도: 정보 사회의 특징

예시 답안

(1) 을, 정

(2) 을: 정보화가 진전되면서 정보 격차가 늘어나 빈부 격차가 심해지고 사회적 갈등이 증가하였습니다.

정: 정보 통신 기술의 발달로 개인의 취향에 맞춘 다양한 종류의 상품이 소량 생산되고 있습니다.

핵심 단어 정보 격차, 사회적 갈등, 다양한 종류의 상품 소량 생산

등급	채점 기준
상	을, 정의 설명을 모두 옳게 고쳐 쓴 경우
하	을, 정 중 한 사람의 설명만 옳게 고쳐 쓴 경우

10 출제 의도: 세계화의 영향

예시 답안

세계화의 영향으로 나타난 현상이다. 세계화가 진전되면 문화적으로는 상대적으로 영향력이 작은 집단의 고유한 문화가 약화되거나 소멸되고, 국가 간 불평등 현상이 심해지면서 선진국과 개발 도상국 간의 빈부 격차는 더욱 커진다.

핵심 단어 고유 문화 약화(소멸), 빈부 격차 확대

등급	채점 기준
상	세계화를 쓰고, 문화적 측면의 영향과 경제적 측면의 영향을 모두 서술한 경우
중	세계화를 쓰고, 문화적 측면의 영향과 경제적 측면의 영향 중 한 가지만 서술한 경우
하	세계화라고만 쓴 경우

플러스 개념 세계화의 두 얼굴

긍정적 영향	• 전 지구적 문제 해결을 위해 전 지구적 차원의 노력이 확대됨 • 다양한 문화를 접할 수 있게 되면서 문화적 체험의 기회가 확대됨 • 소비자는 다양한 상품을 접하게 됨
부정적 영향	• 국가 간 빈부 격차 심화 • 강대국의 문화가 침투하여 약소국의 문화적 정체성이 약화될 우려가 높아짐 • 경쟁력이 우위에 있는 선진국에게 유리함

③ 한국 사회 변동의 특징
④ 한국 사회 변동의 최근 경향과 대응 방안
286~287쪽

01 (1) 권위주의, 민주주의 (2) 저출산, 고령화 (3) 다문화 사회
02 (1) × (2) ○ (3) ×　　**03** (1) 농업 사회 (2) 다문화 사회
(3) 고령화 (4) 초고령 사회　　**04** ①　　**05** ④　　**06** ③
07 ①　　**08** 저출산 현상　　**09~10** 해설 참조

04 출제 의도: 한국 사회 변동의 특징

① 한국 사회는 1980년대 이후 정보 통신 기술의 발달로 정보 사회로 변화하였다.

05 출제 의도: 저출산 현상의 원인

제시문에서 설명하는 현상은 저출산 현상이다. 저출산 현상의 원인으로는 비혼과 만혼의 증가, 자녀 양육과 교육에 대한 경제적 부담, 개인주의 가치관의 확산, 결혼과 가족에 대한 가치관 변화 등을 들 수 있다.

06 출제 의도: 저출산·고령화의 현상 대응 방안

③ 개방적 태도를 통해 문화의 다양성을 이해하는 것은 다문화 사회에 대한 의식적 측면의 대응 방안에 해당한다.

플러스 개념 고령화 단계

고령화 사회	65세 이상 인구가 총인구의 7% 이상을 차지하는 사회
고령 사회	65세 이상 인구가 총인구의 14% 이상을 차지하는 사회
초고령 사회	65세 이상 인구가 총인구의 20% 이상을 차지하는 사회

우리나라는 2000년에 고령화 사회에 진입하였으며, 2017년에는 고령 사회에 진입하였고, 2026년에는 초고령 사회에 진입할 것으로 예측하고 있다.

07 출제 의도: 다문화 사회의 영향

제시문에는 다문화 사회로의 변화가 나타나 있다. 다문화 사회가 우리 사회에 미치는 긍정적 영향으로는 새로운 문화의 유입으로 문화 다양성 실현을 통해 문화 발전의 토대가 될 수 있고, 이주 노동자들의 유입으로 노동력 부족 문제가 해소되어 경제 성장의 원동력이 될 수 있다는 점이다. 한편, 부정적 영향에는 언어 차이로 인한 의사소통의 어려움, 외국인들의 사회 부적응과 경제적 어려움, 문화적 소수자들에 대한 사회적 차별 및 갈등, 이주민의 사회적 차별 및 인권 침해 발생 등이 있다.

08 출제 의도: 저출산 현상

오늘날 우리나라는 비혼과 만혼의 증가, 자녀 양육비 및 교육비 부담, 가족에 대한 가치관 변화, 맞벌이 부부 증가 등으로 인해 아이를 적게 낳는 저출산 현상이 심화되고 있다.

09 출제 의도: 다문화 사회의 갈등

예시 답안

의식적 측면에서는 다양한 문화를 편견 없이 이해하려는 관용의 자세를 확립하고, 제도적 측면에서는 이주민의 사회 부적응과 경제적 어려움을 줄이기 위한 생활, 고용, 의료, 교육 등의 지원 제도를 마련한다.

핵심 단어 관용의 자세, 지원 제도

등급	채점 기준
상	의식적 측면과 제도적 측면의 대응 방안을 모두 서술한 경우
하	의식적 측면과 제도적 측면의 대응 방안 중 한 가지만 서술한 경우

10 출제 의도: 저출산·고령화 현상

예시 답안

저출산·고령화 현상이 나타나고 있다. 일할 수 있는 사람의 수가 줄어 노동력이 부족해질 수 있으며, 이로 인해 경제 성장이 느려질 우려가 있다. 그리고 노후의 삶과 건강을 유지하는 데 들어가는 비용이 늘면서 사회 전반적으로 사회 보장 비용이 증가할 수 있다.

핵심 단어 저출산, 고령화, 노동력 부족, 사회 보장 비용 증가

등급	채점 기준
상	저출산·고령화 현상을 쓰고, 노동력 부족과 사회 보장 비용 증가를 모두 서술한 경우
중	저출산·고령화 현상을 쓰고, 노동력 부족과 사회 보장 비용 증가 중 한 가지만 서술한 경우
하	저출산·고령화 현상이라고만 쓴 경우

플러스 개념 한국 사회 변동의 대응 방안

저출산·고령화	• 출산과 양육 부담 감소 정책 • 안정적인 소득과 고용 정책 • 사회 보장 정책
다문화 사회	• 개방적 태도와 관용의 자세 • 다문화 교육 지원 정책

03 현대의 사회 문제

① 현대 사회의 사회 문제
② 현대 사회 문제의 해결 방안

290~291쪽

01 (1) × (2) ○ (3) ×　　**02** (1) 사회 규범 (2) 노동 문제 (3) 지속 가능한　**03** (1) 인위적 (2) 상대성 (3) 국제적 (4) 사회적　**04** ③　**05** ③　**06** ⑤　**07** ②　**08** 노사 갈등 **09~10** 해설 참조

04 출제 의도: 사회 문제의 정의

③ 사회 문제는 자원 고갈, 환경 문제, 빈곤 문제 등과 같이 인간의 사회적 행위와 관계에서 발생하며, 그 원인이 사회 변동이나 가치관의 변화 등과 같이 사회 내부에 있다.

05 출제 의도: 환경 문제

③ 환경 문제는 인간의 노력으로 해결할 수 있는 사회 문제이다.

06 출제 의도: 인구 문제

제시된 자료에는 저출산·고령화 현상이 나타나고 있다.

⑤ 저출산·고령화 현상이 지속되면 노인 부양을 위한 사회적 부담은 계속 증가하게 된다.

07 출제 의도: 현대 사회의 문제

제시문에서 지적하고 있는 것처럼 기후 관련 미래 기술들이 지금 인간이 하고 있는 많은 일을 대체하게 되면, 새로운 환경에 적응하지 못한 많은 사람들이 일자리를 잃으면서 실업 문제가 심화될 수 있다.

08 출제 의도: 노동 문제

제시된 내용은 현대 사회의 노동 문제 중 노사 갈등을 해결하기 위한 노력에 해당한다.

09 출제 의도: 개발 도상국과 선진국의 인구 문제

예시 답안

㉠ 식량 부족, 기아, 빈곤, 일자리 부족, 각종 시설 부족 등이 나타난다.

㉡ 노동력 부족, 노인 인구 부양을 위한 사회적 부담 증가 등이 나타난다.

핵심 단어 식량 부족, 기아, 빈곤, 노동력 부족, 사회적 부담 증가

등급	채점 기준
상	개발 도상국과 선진국의 인구 문제를 모두 사례를 들어 제시한 경우
하	개발 도상국과 선진국의 인구 문제 중 한 가지만 사례를 들어 제시한 경우

10 출제 의도: 비정규직 차별 문제

예시 답안

노동 문제 중에서 정규직과 비정규직 간의 임금 차별 문제이다. 이를 해결하기 위해서는 비정규직에 대한 임금 차별을 해소하고, 고용 안정을 보장하는 법과 제도가 마련되어야 한다.

핵심 단어 비정규직, 임금 차별, 고용 안정

등급	채점 기준
상	비정규직 임금 차별을 쓰고, 임금 차별 해소와 고용 안정 대책을 모두 서술한 경우
중	비정규직 임금 차별을 쓰고, 임금 차별 해소와 고용 안정 대책 중 한 가지만 서술한 경우
하	비정규직 임금 차별이라고만 쓴 경우

대단원 완성문제 ⅩⅡ 사회 변동과 사회 문제

292~295쪽

01 ③	02 ⑤	03 ⑤	04 ②	05 ①	06 ④
07 ④	08 ④	09 ③	10 ①	11 ⑤	12 ⑤
13 ②	14 ②	15 ⑤	16 ①	17 ⑤	18 ②
19~20 해설 참조					

01 출제 의도: 현대 사회 변동의 특징

사회 변동은 시간이 흐름에 따라 사회의 모습이나 질서에 일정한 정도 이상의 변화가 나타나는 현상이다.

③ 사회 변동의 속도는 현대 사회에 들어서면서 점점 더 빨라지고 있다.

02 출제 의도: 사회 변동의 요인

⑤ 인터넷망, 월드와이드웹, 페니실린의 대량 생산, 가정용 컴퓨터의 보급 등은 모두 과학 기술의 발달에 따른 사회 변동이다.

03 출제 의도: 산업화로 인한 사회 문제

농업 중심의 사회에서 공업 중심의 사회로 변화하는 현상을 산업화라고 한다. 산업화의 문제점으로 빈부 격차 심화, 환경 오염 심화, 노사 갈등, 인간 소외 현상, 농촌과 도시의 격차 심화 등이 나타난다.

⑤ 사이버 범죄, 개인 정보 유출로 인한 사생활 침해는 정보 사회의 문제점이다.

04 출제 의도: 정보 사회의 특징

② 정보 사회는 지식과 정보가 중심이 되어 사회 변화를 이끌어 가는 사회 형태이다. 제시된 자료에서는 정보 통신 기술의 발달로 인터넷 쇼핑 이용률이 점차 증가하는 것으로 보아 시간적·공간적 제약의 약화로 생활 편의가 증대되고 있음을 알 수 있다.

05 출제 의도: 시간의 흐름에 따른 사회 변동

인류 사회의 변동 모습은 '토지와 노동을 바탕으로 한 농경 사회 → 노동과 자본을 바탕으로 한 산업 사회 → 지식과 정보가 생산되고 거래되는 정보 사회'로 나타난다.

그래서 오답!

ㄷ. ㉡ 시기에 양방향 의사소통이 가능해졌다. (×) → 양방향 의사소통은 정보 사회의 특징이다.

ㄹ. ㉢ 시기에 인구가 촌락에서 도시로 급격하게 이동한다. (×) → 인구가 촌락에서 도시로 급격하게 이동하는 이촌 향도 현상은 산업 사회에서 나타났다.

06 출제 의도: 세계화의 긍정적 측면

제시된 사례에서와 같이 세계화의 영향으로 국경이 사라지고 세계가 마치 하나의 마을처럼 긴밀하게 연결되어 우리의 식탁에는 세계의 다양한 음식들이 등장하고 있다.

07 출제 의도: 우리나라 산업화의 문제점

우리나라는 1960년대 중반 이후 정부 주도로 경제 개발 정책을 추진하면서 빠르게 산업화가 이루어졌다. 이에 따라 산업 구조의 불균형, 빈부 격차 심화, 환경 오염, 권위주의적 정부의 등장 등 다양한 사회 문제도 발생하였다.

④ 우리나라는 산업화로 빈곤과 기아에서 벗어날 수 있었다.

08 출제 의도: 저출산 현상의 해결 방안

④ 남성의 의무 육아 휴직 기간을 확대한 것은 저출산 문제를 해결하기 위해서이다. 저출산 문제의 대응 방안으로는 이밖에도 영유아 보육비 지원, 양성평등 문화 확립, 일과 가정을 양립할 수 있는 문화 확산 등이 있다.

09 출제 의도: 고령화 현상

③ 저출산 · 고령화 현상은 우리 사회에 노동력 부족으로 인한 경제 성장 저하와 사회 보장 부담의 증가와 같은 문제를 야기한다.

그래서 오답!

> ① 고령화 사회에서 점차 벗어날 것이다. (×) → 고령화 사회를 넘어 초고령 사회로 진입하고 있다.
> ② 외국인 노동자의 유입이 점차 감소할 것이다. (×) → 노동력 부족 문제를 해결하기 위해 외국인 노동자의 유입이 증가할 것이다.
> ④ 노인 인구 부양에 필요한 비용이 감소할 것이다. (×) → 노인 인구 증가로 노인 인구 부양비가 증가할 것이다.
> ⑤ 정부가 출산율 감소를 위한 정책을 실시할 것이다. (×) → 생산 가능 인구의 증가를 위해 정부는 출산율을 높이기 위한 정책을 실시해야 한다.

10 출제 의도: 고령화 현상의 대응 방안

65세 이상 인구 비율의 증가는 고령화 현상의 심화를 나타내며, 이에 대한 대응 방안으로 연금 제도 개선, 노년층의 경제 활동 장려 방안 마련 등을 들 수 있다.

11 출제 의도: 다문화 사회

제시된 사례들은 모두 각국의 사람들이 우리나라에서 살아가는 모습을 보여 준다. 이처럼 오늘날 우리나라에서는 외국인 노동자, 국제결혼 이민자, 외국인 유학생, 북한 이탈 주민 등의 국내 유입이 증가하면서 다문화 사회로의 변동이 가속화되고 있다.

12 출제 의도: 다문화 사회의 긍정적 측면

제시된 자료에서 우리나라에 거주하는 외국인 주민 수가 점점 증가하고 있는 것을 알 수 있다. 이는 우리 사회가 다문화 사회로 변화하고 있다는 것을 의미한다.

그래서 오답!

> ㄱ. 세대 간 갈등이 감소한다. (×) → 빠르게 변화하는 사회에서는 세대 간 갈등이 심화된다.
> ㄴ. 노인의 재취업 기회가 늘어난다. (×) → 외국인 주민 수가 증가하면 일자리 경쟁이 이루어져 노인의 재취업 기회는 오히려 줄어들 수 있다.

13 출제 의도: 사회 문제의 의미

사회 문제의 조건으로는 인간의 노력으로 해결 가능할 것, 사회적 가치에서 벗어날 것, 다수에게 부정적인 영향을 미칠 것, 사회 제도 및 구조에 원인이 있을 것 등이 있다.

그래서 오답!

> ㄴ. 중학생 A의 중간고사 성적이 하락했다. (×) → 발생 원인이 개인에게 있기 때문에 사회 문제가 아니다.
> ㄹ. 갑자기 비가 많이 내려서 산사태가 발생하였다. (×) → 발생 원인이 사회에 있지 않고, 인간의 노력으로 해결할 수도 없기 때문에 사회 문제가 아니다.

14 출제 의도: 사회 문제의 원인

과거에는 비만을 사회 문제라고 인식하지 않았지만, 오늘날에는 사람들의 가치관이 변화하여 비만을 사회 문제로 여긴다.

15 출제 의도: 개발 도상국의 인구 문제 해결 방안

개발 도상국에서는 산업화로 사망률이 낮아지고 출생률은 높아져 인구가 급격히 증가하였지만, 인구 부양 능력이 함께 성장하지 못해 식량 부족, 자원 부족 등의 문제가 발생하고 있다. 이에 출산 억제 정책 및 경제 성장과 식량 증산 정책이 함께 이루어져야 한다.

16 출제 의도: 노동 문제

우리 사회의 노동 문제에는 임금 인상, 노동 환경의 개선을 둘러싼 노동자와 사용자의 대립 등과 관련된 노사 갈등 문제, 비정규직 · 여성 · 외국인 노동자에 대한 임금 차별 및 저임금 문제, 실업 문제 등이 있다.

17 출제 의도: 환경 문제의 특징

생물 다양성 보존 협약과 사막화 방지 협약은 환경 문제가 국경을 초월하여 나타나는 문제이므로 개별 국가를 넘어 인류가 공동으로 협력하여 대응해야 한다는 것을 보여 준다.

18 출제 의도: 사회 문제의 해결 방안

일자리 창출, 주택 공급 증대, 출산 및 육아 지원, 폐수 처리 시설 확충은 모두 사회적 · 제도적 측면의 해결 방안이다.
② 서명 운동 참여는 개인적 차원의 해결 방안이다.

19 출제 의도: 정보 격차의 의미

예시 답안

(1) 정보 격차
(2) 새로운 정보 기술에 접근할 수 있는 능력을 보유한 사람과 그렇지 못한 사람 사이에 경제적 · 사회적 격차가 심화되는 현상이다.

핵심 단어 정보 기술 접근 능력, 새로운 정보 기술, 경제적 · 사회적 격차

등급	채점 기준
상	정보에 접근할 수 있는 능력의 정도에 따라 경제적 · 사회적 격차가 심화된다고 서술한 경우
하	정보의 유무에 따라 경제적 격차가 발생한다고만 서술한 경우

20 출제 의도: 개발 도상국과 선진국의 인구 문제

예시 답안

개발 도상국은 폭발적 인구 증가로 기아와 빈곤 문제 등이 나타나고, 선진국은 저출산 · 고령화 현상으로 노동력이 부족하고 노인 부양 부담의 증가 등이 나타난다.

핵심 단어 폭발적 인구 증가, 저출산 · 고령화

등급	채점 기준
상	개발 도상국과 선진국의 인구 문제를 모두 정확히 서술한 경우
하	개발 도상국과 선진국 중 한쪽의 인구 문제만 정확히 서술한 경우

MEMO

100명의
사회 교사
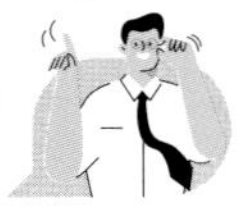
1000개의
사회 문제

대한민국 대표 인문고전 교과서
NEW 서울대 선정 인문고전 60선

독후활동지 수록

손영운 외 글 | 동방광석 외 그림 | 236쪽 내외 | 주제(분류): 인문(교양만화) | 독자대상: 초등 5학년~청소년

2007 소년한국일보 우수어린이도서
2008 우리만화연대 어린이만화연구회 우수도서